국가보안법 개폐론의 허와 실
-자유민주주의 수호를 중심으로-

이진우 지음

서 문 당

목　차

제2부. 국가보안법과 정치·사회적 상황

부 록

책을 내면서

국가보안법안에는 우리의 모습이 그대로 담겨 있다. 국가보안법을 우리의 안전과 희망을 수호해주는 법률이라고 평가하는 사람들이 있다. 다른 한편에는 국가보안법을 우리의 치부이자 원수라고 생각하는 사람들이 있다.

국가보안법만큼 이를 바라보는 사람들의 시각이 극과 극으로 대립하는 법률은 없을 것이다. 국가보안법에 대한 이 시각의 대립은 극한적이고 사생결단적이다. 시각을 달리하는 사람들 상호간에는 감정과 투쟁이 있을 뿐 대화나 논리가 개입될 가능성은 거의 없다. 상호간의 타협과 양보를 기대한다는 것은 매우 어렵게 되어 있다.

국가보안법에 관한 갈등과 대결은 우리의 새 시대 진입을 가로막는 장애요인이자 아픔이다. 그러므로 이 문제는 조속한 시일 안에 극복되어야 할 우리의 민족적 과제이다. 그것은 뜨거운 감자처럼, 저절로 식기를 기다리면서, 지켜보고만 있어야 할 대상은 아니다.

국민회의(민주당의 전신)는 1999. 11. 국가보안법 개정을 국회에 제안했다. 그 개정안은 말이 국가보안법 개정안이지 실질적으로는 국가보안법 폐지안이나 다름없는 내용을 담고 있었다. 그러므로 이 개정안은 국가보안법의 존폐 여부를 결정짓게 될 중대한 의미를 가지고 있었다. 그것은 국가보안법이 50년 동안 겪게 된 일곱 차례의 국가보안법 개정 중 어느 것과도 비교될 수 없는 것이었다.

정부와 국민회의는 그 국가보안법 개정안을 1999년 국회본회의 기간 중에 통과시키기 위하여 만반의 태세를 갖추고 있었던 것으로 알려지고 있었다.

그러나 그 국가보안법 개정안에 대해서, 공동여당인 자민련과의 공조에 문제가 생기면서 국회회기 내의 통과가 실패로 돌아갔다. 그리고 회기 종료로 인하여 그 법안은 폐기되었다. 그러나 많은 국민들은 정부와 여당이 제16대 새 국회가 구성되면 다시 같은 내용의 국가보안법 개정안을 제안하게 될 것으로 보고 있었다. 그때 가서 국가보안법에 대한 격론은 다시 불붙게 될 것이다. 그것은 무서운 충돌을 불러일으킬 것으로 예상되었다. 이 무서운 예상은 지금 현실로 우리 앞에 다가서고 있다.

국가보안법 폐지론자들의 공통적인 출발점은 국가보안법을 구제불능인 악법으로 평가하고 있다는 사실이다. 그러한 주장을 펴고 있는 사람들 중에는 정치인·종교계지도자·대학교수·일반 시민 등 각양각색의 사람들이 들어 있다. 그런데 여기서 재미있는, 그러면서 부끄러운 사실 하나를 짚고 넘어갈 필요가 있다고 생각한다.

그것은 국가보안법의 수호를 주장하는 사람이나 그 폐지를 주장하는 사람들이 거의 한결같이, 국가보안법의 내용을 잘 모르고 있다는 사실이다. 국가보안법에 대한 찬반의 소리는 요란한데 국가보안법에 대한 연구와 지식은 부족하다는 말이다. 이것은 우리의 부끄러운 치부이다. 국가보안법에 관한 우리의 논란은 이성과 논리의 터 위에서 전개되는 것이 아니다. 국가보안법의 광장에는 감정과 독선이 난무하는 삭풍이 휘몰아치게 마련이다. 국가보안법에 대한 우리의 무지와 독선을 드러내어 보여주는 사례 세 가지만을 우선 살펴보고자 한다.

첫째 사례

1999.10.28 KBS의 100분 토론시간에 국가보안법에 관한 토론이 있었다. 국가보안법 폐지를 주장하는, 우리나라 최일류대학의 형법 교수인 H씨의 논리는 우리가 깊이 생각해야 할 과제를 남겼다. 그 교수의 말을 그대로 옮겨본다.

"우리나라에는 국가보안법이 폐지되면 국가안보침해사범을 처벌할 수 있는 법이 없어진다고 주장하는 사람들이 많이 있습니다. 그러나 이것은 잘못된 주장입니다. 형법은 그러한 국사범을 다룰 수 있는 많은 규정을 가지고 있습니다. 예컨대 국가보안법상의 간첩죄(동법 제4조 제1항 제2

호) 해당범죄는 형법 제98조의 간첩죄로 처벌하면 되는 것입니다".

그러나 H교수의 주장은 근본적으로 잘못된 것이다. 형법의 간첩죄는 '적국을 위한 간첩'행위를 처벌하게 되어 있다. 그런데 위 H교수를 위시해서 우리나라의 국가보안법 폐지론자들은 북한을 '반국가단체'로 보는 시각 자체가 보수반동적인 냉전사고의 산물이라고 규탄하고 있다. 북한이 '반국가단체'도 아니라고 하면 '북한'을 위한 간첩행위를 어떤 방법으로 '적국'을 위해 간첩행위와 동일하게 처벌할 수 있다는 말인가?

그날 나의 이 반론에 H교수는 얼굴을 붉힌 채 한 마디의 답변도 하지 못했다. 이것이 우리나라 최고대학교 법과대학 형법학 교수의 국가보안법 지식의 현주소이다.

둘째 사례

2000. 3. 1 MBC의 100분 토론시간에 일어난 사건이다. 국가보안법이 논의의 대상으로 떠오르자 소위 우리나라 정부계도지의 K주필은 열을 내면서 다음과 같이 주장했다. "흔히들 학자들도 국가보안법이 마치 자유당 정권에서 만들어진 법으로 생각을 하는데 이것은 1907년에 조선통간부에서 만든 법률입니다. 조선통간부법률 제2호로 만들었다고요. 82년 전 3.1 운동의 만세를 불렀던 많은 민중들이 이 국가보안법에 의해서 처벌을 당했습니다. 이런 것들이 바로 일제 잔재인데 우리는 그런 것들을 잘 모르고 지나가고 있는 그런 것도 좀 이런 기회에 시정을 했으면 하는…"

국가보안법은 일제에 의하여 만들어진 법률이고 이 법률에 의해서 수많은 우리의 애국지사들이 극심한 곤욕을 치렀다는 것이 K주필의 주장이다.

우리 국민은, 일제의 통치와 법률제도에 대해서 저항감 내지 증오심을 가지고 있다. 그들의 법이 우리 겨레와 문화를 말살하기 위해서 제정된 것으로 보는 사람들이 매우 많다. 일본의 통치에 대한 우리 국민들의 이러한 증오심은 국가보안법 폐지론으로 연결되어야 한다는 것이 K주필의 생각이다.

그런데 문제는 '1907년 일제에 의해서 만들어진 법률 제2호'는 국가보안법이 아니고 그냥 '보안법'으로서 법률의 이름부터 다르다고 하는 점에 있다. 우리의 국가보안법은 해방 후인 1948.12. 1. 법률 제10호로 제정된 것으로 위 보안법과는 근본적으로 다른 법률이다.

K주필의 국가보안법 폐지론이 아무리 숭고한(?) 목적에서 출발한 것이라고 하더라도 그 근본논리가 반역사적인 토대 위에서 출발한 것이라고 하면 그의 주장은 설득력을 전혀 가질 수 없는 것이다.

뿐만 아니라 K주필은 이런 엄청난 거짓말 또는 잘못에 대해서 대언론인으로서 마땅히 책임을 져야 할 것이다. 이것은 무지나 착오로서 양해될 수 있는 일이 아니다. 악의에 의한 역사조작이 아닌가 하는 의심을 받아 마땅하다.

그 어느 쪽이든간에 정부계도지의 주필이, 수많은 국민들이 지켜보고 있는 면전에서, 이처럼 무책임하고 무지한 말을 함부로 쏟아낸다는 것은 상상조차 할 수 없는 일이다.

셋째 사례

1999년 3월 하순 법무부는 국가보안법의 처벌대상을 '북한을 이롭게 하는 행위'에서 '우리 안보를 침해하는 행위'로 바꾼다는 것을 주내용으로 하는 '국가보안법 개정 기본방향'을 발표했다. 국가안전보장의 기준을 남에게서 구하지 말고 스스로에게서 찾아야 한다는 취지이다. 바꾸어 말하면 현행 국가보안법은 '북한을 이롭게 하는 행위'를 처벌하는 체제를 취하고 있는데 이것은, "사촌이 논을 사면 배가 아프다"는 것과 같은, 놀부의 심술에서 나온 법이라는 것이다. 우리는 '우리 안보만' 지키면 되는 것이지 '북한의 이익'에 관심을 쏟을 필요가 없다는 논리이다. 언뜻 들어보면 말이 되는 말 같기도 하다. 그러나 이 논리에는 무서운 문제가 내재하고 있다.

구 국가보안법(1991. 3. 30까지 유효)에 의하면 '북한을 이롭게 하는 행위'가 국가보안법의 처벌대상이었다. 그러나 1991. 5. 31 개정된 현행 국가보안법은 '국가의 존립안전이나 자유민주주의적 기본 질서를

위태롭게 한다는 점을 알면서' 일정한 행위를 하는 경우에 이를 처벌하
는 것으로 바뀌어졌다. 이것은 바로 법무부가 말하는 '우리 안보를 침해
하는 행위'가 아니고 무엇인가?

결국 법무부의 국가보안법 개정요강은 말장난에 불과한 것으로 낙찰
된다. 그것은 국가보안법이 범죄로 규정하고 있는 '우리 안보를 침해하
는 행위'를 개정해서 다시 '우리 안보를 침해하는 행위'를 처벌하도록 고
치겠다는 것으로 된다. 이것은 코미디다.

그런데 이 점에 관해서는 보다 더 근본적인 문제가 있다는 것을 지적
하지 않을 수 없다. 우리나라 형벌법규의 기본법인 형법은 '대한민국의
이익을 해하는 행위'와 '적국에 이익을 공여하는 행위'를 동일한 것으로
보고 있다(형법 제99조 일반이적죄 참조). 그렇다면 '북한을 이롭게 하
는 행위'와 '우리 안보를 침해하는 행위'를 구별하려는 법무부의 기도는
근본적으로 무의미한 것이 되고 만다.

'북한을 이롭게 하는 행위'와 '우리 안보를 침해하는 행위'는 '국가안보'
에 관한 한 동의어(synonym)이다. 그러므로 그것들은 동어반복(Tau-
tologie)이 아니면 유개념(Gattungsbegriff)일 수밖에 없다. 그런데
이 어휘들을 논리적 기교를 부려서, 굳이 반대어(antonym)로 규정하
려는데 문제가 있다.

법무부가 어떤 부서인가? 법률 엘리트들의 집결체이자 국가보안법 문
제에 관한 주무부서가 아닌가? 이러한 법무부가 국가보안법의 체제에
대한 상식이하의 혼동을 일으키고 있다는 것은 너무나 실망스럽고 놀라
운 일이 아닐 수 없다.

나는 우리나라에서 최고 수준을 점하고 있는 전문가 또는 정부의 국
가보안법 폐지론(국가보안법 폐지에 버금가는 명목상의 국가보안법 개
정론 포함)의 사례 세 가지를 위에서 살펴보았다. 우리는 그들 논리의
허구성과 무책임성을 보고 큰 실망과 분노를 느끼지 않을 수 없다. 이것
이 우리나라 국가보안법 폐지론자들의 국가보안법 지식의 현주소이다.

그러면 이들과 반대입장에 서 있는 국가보안법 사수론자들의 국가보
안법 지식은 어떠한가? 나는 그들의 국가보안법 지식도 국가보안법 폐

지론자들의 그 지식수준을 크게 벗어나지는 못한다고 생각한다.

그러나 나는 국가보안법 찬성론에 대한 평가기준과 국가보안법 폐지론에 대한 평가기준은 서로 달라야 한다고 생각한다. 국가보안법 찬성론자들은 국가보안법의 입법취지와 그 기능을 긍정적으로 받아들이려는 자세를 취하고 있다. 그들은 법률의 제정을 맡고 있는 국회의 선의와 법률의 해석 적용을 맡고 있는 국가기관의 경륜을 원칙적으로 신뢰하는 입장을 취하고 있다.

그런데 국가보안법 폐지론자들은 국가보안법의 존재이유 자체를 근본적으로 부정하고 있다. 그들의 눈에는 입법기관과 법집행기관을 가리지 아니하고 증오와 저주의 대상으로 비춰지고 있다. 그러므로 국가보안법 수호론은 방어의 논리이고 국가보안법 폐지론은 공격의 논리이다. 전술학적으로도 공격은 방어보다 훨씬 더 많은 전력을 요구하는 것으로 알려지고 있다.

이처럼 명백한 전술학적 원리를 받아들인다고 하면 공격적 논리를 펴고 있는 국가보안법 폐지론자들은 방어적 논리를 구사하게 될 국가보안법 수호론자들보다 훨씬 설득력 있는 논리를 개발해야 하는 것이다. 국가보안법 폐지론자들에게 국가보안법 수호론자들보다 훨씬 더 정교한 논리의 전개와 무거운 책임의식이 요구되는 이유는 여기에 있다.

이 저서의 집필방향이 주로 국가보안법 폐지론의 허실을 살피는 일에 집중되고 있는 이유도 같은 맥락에서 이해될 수 있다고 본다.

우리나라에서의 국가보안법 논쟁은 국가보안법 폐지론자들에 의해서 불붙여졌다. 그들은 법률학적 논리와 정치적 논리를 총동원하여 국가보안법이 폐지되어야 한다는 당위론을 전개했다. 그러므로 우리의 국가보안법 논쟁은 국가보안법 폐지론의 허실을 검토하는 일에서 출발하고 여기서 끝맺음 내지 않을 수 없는 것이다.

그런데 우리 국가보안법 논쟁의 가장 큰 문제점은 국가보안법 토론의 광장지식과 이성을 전제로 한 논리의 대결장이 되지 못하고 있다는 사실 가운데 있다고 생각한다. 그 광장은, 무지와 감정이 난무하는 독선과 투쟁의 무대가 되고 있다. 이것은 극복되어야 할 우리의 치부라고 생각

한다. 이러한 치부의 극복은 겸허한 자기성찰과 새로운 자기결단을 필요
로 한다고 생각한다.

이것을 위해서는 국가보안법에 대한 정확한 지식의 추구에서부터 출
발해야 한다. 지식 없는 논리는 공리공담(空理空談)에 그치고 이성 없는
감정은 독선적 흑백론으로 흐를 수밖에 없게 된다.

그러므로 나는 국가보안법에 대한 우리 국민의 기본입장은 국가보안
법에 대한 이성적인 이해와 우리 사회의 상황에 대한 정확한 분석에서
부터 출발해야 한다고 본다. 나는 우리가 이러한 국가보안법 철학을 세
우는데 작은 보탬을 주고 싶은 마음으로 이 책을 펴낸다.

국가보안법에 관해서 우리가 먼저 해야 할 일은 그 법에 대한 심도 있
는 연구와 활발한 토론이다. 나는 이 책의 독자들을 국가보안법에 대한
연구와 대화의 광장으로 초대하는 마음에서 이 책을 출판한다. 국가보안
법의 실체는 무엇이며 그 문제점은 무엇인가 하는 점에 관하여, 감정과
고집이 아닌, 이성과 대화를 통한 접근을 시도하고자 한다.

그러나 나는 이 저서의 저자로서 지금, 독자들 앞에서 솔직한 고백 하
나를 하지 않을 수 없다고 본다. 나는 국가보안법의 정신에 관하여 심오
한 법철학적 연구를 한 일이 없다. 그렇다고 해서 국가보안법의 내용에
관한 법률학적 지식을 구비하고 있는 것도 아니다. 나는 생활인의 한 사
람으로서, 동료 생활인과 대화를 나누는 마음으로 이 글을 쓴다.

나는, 이 저서를 출판하면서, 그 중 상당한 부분을 새로 집필했다. 그
러나 적지 않은 부분은 내가 이미 발표한 글이다. 그래서 이 저서는 그
출판을 위해서 새로 집필한 부분과 그 전에 발표한 부분으로 구성된 것
이다. 그러므로 이 저서는 논리전개의 연결성 면에서 미흡한 점이 있다
는 것을 시인하지 않을 수 없다. 또 한편으로는 같은 사안에 대한 중복
되는 설명이 있게 된 것도 부인하지 못한다. 나는 이 문제점을 최소화하
기 위해서 노력했지만 큰 소득을 얻지 못했던 것 같다. 이 점에 관해서
독자들의 이해를 바란다.

그런데 우리는 국가보안법의 실체에 대한 접근을 시도하면서 상호간
의 양해사항으로 짚고 넘어가야 할 일이 하나 있다고 생각한다.

그것은 우리 한국사람이 이성과 토론보다는 감정과 논쟁에 더 익숙해져 있다고 하는 사실이다. 이것을 굳이 강조하는 이유는 우리가 대화와 토론문화의 체질을 가지고 있지 아니하다고 하는 자신의 약점을 인정하고 이를 극복하기 위해서 노력하는 것이 이 문제해결에 다소나마 도움을 준다고 하는 믿음 때문이다.

이러한 견지에서 나는 가능한 한 선입견과 고정관념에서 벗어나서 상식과 논리를 중시하는 대화와 토론의 장으로 우리의 관심과 무대를 옮겨보고자 한다. 이러한 말 자체가 자신의 주장과 편견을 상대방에게 강요하는 명분론에 불과하다고 한다면 내게 할 말은 없다. 그러나 나의 진의는 조국의 내일을 함께 생각해보기 위해서 가슴과 머리를 열고 몸과 마음을 부딪혀보자는 데 있다는 것을 다시 한번 강조한다.

대한민국은 나의 조국이자 또한 우리들의 조국이다. 우리가 이 조국을 버릴 수는 없다. 민족과 조국은 우리의 숙명이기 때문이다. 우리의 민족공동체인 조국 대한민국은 우리의 존재이유이자 우리의 생명이다. 민족 없는 대한민국은 없고 대한민국 없는 조국도 있을 수 없다.

그렇다면 대한민국의 정체성은 무엇인가? 대한민국으로 하여금 대한민국일 수밖에 없도록 만드는 정체성(Identitaet, eigentliche Gestalt)은 무엇인가? 그것은 '자유민주주의 공화국'(liberal demokratiche Republik, republique liberal demokratique)이라는 국체(Staats-form)이다.

대한민국은 민주공화국이다. 민주공화국의 넋은 대한민국 안에서 살아 숨쉬고 있다. 민주공화국이 아닌 대한민국은 생각할 수 없고 대한민국과 무관한 민주공화국은 우리에게 있어서 아무런 의미도 가질 수 없는 것이다. 그런데 지금 대한민국과 민주공화국의 필연적인 유대를 절단하여 대한민국과 민주공화국을 분리하려는 세력이 우리 주변에서 날뛰고 있다. 그 주인공은 민족의 통일과 평등에 대해서, 자유민주주의를 능가하는, 최고 가치를 인정하려는 사람들이다.

그러나 대한민국 안에서 자유민주주의를 능가하는 가치는 없다. 또 있어서도 안 된다. 혹시 만에 하나라도 그런 가치가 있다고 하면 그것은 환상이요, 기망이다. 자유민주주의가 없는 통일은 통일이 아니다. 그것은 분열이다. 자유민주주의가 없는 조국은 조국이 아니다. 그것은 망국이다.

국가보안법은 대한민국으로 하여금 대한민국 되게 하는 기본가치(Grundwert)이자 기본질서(Grundordnung)이다. 국가보안법 폐지론자들은 국가보안법이 가상 공산주의자(양심범)들을 죄인으로 몰아붙이는 악법이라고 주장하고 있다. 그러나 국가보안법은 특정인의 처벌을 위해서 존재하는 법률이 아니다. 특정인이 가상 공산주의자이든 속칭 양심범이든 상관없다. 국가보안법의 안중에는 그러한 사람들에 대한 관심이 없다.

국가보안법의 안중에 있는 것은 오로지 대한민국의 안전과 국민의 생존 그리고 자유의 확보이다. 그런데 대한민국의 안전과 국민의 생존·자유는 자유민주주의를 통해서만 보존되는 것이다.

대한민국이 자유민주주의를 최고의 가치로 유지·보존해야 하는 한 국가보안법은 철저하게 지켜져야 한다. 대한민국은 우리 겨레의 숙명이자 사명이기 때문이다. 나는 나의 이 졸저가 존경하는 독자들로 하여금, 대한민국의 정체성과 자유민주주의 가치를 더 깊게 이해하는 일에 조금이라도 기여할 수 있기를 바라 마지않는다.

제1부
국가보안법 개폐론의 허와 실

제1장. 우리의 토론문화와 국가보안법 논쟁

1. 지성과 감정의 대결

나는 대한민국(자유민주주의)의 운명과 우리의 생명을 좌우하고 있는 국가보안법에 관한 대화와 토론의 공간에 독자들을 초청하기 위하여 이 글을 쓴다. 이 일을 시작하면서 나는 무엇보다 먼저 우리 자신의 토론문화와 대화자세에 관해서 깊은 생각을 해보았다.

나는 우리나라 사람들이 사색과 논리보다는 행동과 감정에 더 익숙해져 있다고 생각한다. 그것은 우리가 머리보다 가슴을 더 귀하게 생각하는 경향을 가지고 있다는 말이 된다. 그래서 우리는 철학이나 과학보다는 예술이나 예능에 더 많은 재능을 보여주고 있는 것이 아닌가 생각한다.

우리는 예로부터 춤과 노래를 사랑해왔고 글씨와 그림을 귀하게 다루어왔다. 그래서 우리는 멋과 맛과 풍류를 아는 민족이라 자부해오고 있다. 우리나라 국민정신의 축이 '신바람'에 있다라는 주장도 결국 이러한 자부심과 맥을 같이한다고 볼 수 있다.

신바람과 감정은 깨끗하게 승화하면 예술로, 아름다움으로, 풍요로움으로 이어져 나간다. 이것은 귀한 일이다. 우리의 언어가 다른 나라의 말에 비해서 매우 정밀하게 발달된 형용사와 부사를 가지고 있다는 것도 이러한 맥락에서 이해될 수 있다고 본다. 우리나라 사람들은 국가가 위기에 처했을 때 결사적인 나라 사랑의 행동을 할 수 있었다. 외롭고 괴로운 이웃들에 대해서 놀라운 사랑을 베풀었다. 이러한 사실은 바로 우리의 서정지향적 성격을 보여주는 것이라고 나는 생각한다.

그러나 우리의 감정지향적 성향은, 위에서 살펴본 바와 같은, 순기능만을 가지고 있는 것이 아니고 역기능의 측면도 함께 가지고 있다는 것을 부인할 수 없다. 그러한 역기능 중에서도 우리가 가장 심각하게 받아들여야 할 것은 우리 민족이, 다른 나라 사람들에 비해서 매우 뒤떨어진 토론문화를 가지고 있다는 점이라고 생각한다.

수준 높은 토론문화는 세련된 지성과 차분한 화술을 요구한다. 격앙된 감정과 독선적인 언동은 대화에의 길을 가로막고 논쟁의 길을 열어놓는다. 대화를 논쟁으로 만드는 것은 대화자의 품위를 떨어뜨리는데 그치지 아니하고 민주주의의 터를 붕괴시킨다는 점에서 보다 큰 아픔을 안고 있다 할 것이다. 민주주의는 대화의 터 위에서만 존립할 수 있기 때문이다.

백두산의 높이(2,744미터)에 관해서 서로 견해를 달리하는 사람들이 각기 자기주장을 펴다가 시간이 지날수록 이야기는 토론으로 변하고 토론은 싸움판으로 바뀌는 경우를 우리는 종종 본다. 서로 자신의 기억이 정확하다고 우기다가 급기야는 '목벨 내기를 하자'는 단계에까지 이른다. 백두산의 높이에 목을 걸어야 할 정도로 우리는 감정적이라는 것을 생각해본다.

때로는 자기주장의 정당성을 강조하기 위하여 "만약 내 말이 틀렸다면 성(姓)을 바꾸겠다"라고 말하기도 한다. 우리나라 사람들에게 있어서 "성을 바꾼다"는 것은 인간이라는 유개념(類槪念) 내에서의 자리바꿈을 말하는 것이 아니다. 그것은 다시 말하면 '인종간의 이동' 또는 '성씨(姓氏)간의 이동'을 뜻하는 것이 아니다. 그것은 '인간에서 동물에로의 이동'을 의미하는, 무서운 말이다. 이러한 격정의 소유자들에게는 참된 의미의 대화나 토론은 있을 수 없는 것이다.

국가보안법 또는 자유민주주의의 실체에 관한 토론에 있어서는 토론 참여자들이 극한적인 상황으로 치닫게 마련이다. 국가보안법이나 자유민주주의에 관한 의견진술을 펼 수 있는 사람은 우리나라에서, 그래도 상당한 지성의 소유자로 평가될 수 있는 사람이라고 본다. 그러나 이러한 수준의 사람들도 국가보안법의 토론에 관한 한 우리의 숙명적인 대화 부적성의 예외가 될 수 없다는 것이 일반적인 평가이다. 대화는 쉬 논쟁으로 발전하고 논쟁은 곧 폭언으로 이어간다.

"알고 보니 너는 빨갱이구나" 하는 욕설에 대항해서 "너야말로 보수반동이 아닌가?" 하는 대꾸가 튀어나오는 데까지 가서야 말싸움은 끝나게 되는 것이다. 이것은 우리의 약점이자 치부이다. 우리가 이 약점과 이 치부를 극복하기 위해서는 대화를 대화에 머물게 하고 주장을 주장에 그치게 하는 지혜와 노력을 추구해야 한다고 생각한다. 사람은 지성과 감정을 모두 갖추게 될 때 참사람이 되는 것이다.

방향을 바꾸어서 이 문제를 좀더 생각해보기로 한다. 감정에 치우치는 사회는 후진사회로 평가되고 있는 것이 사실이다. 이 말은 정치라는 사회현상이 낮은 가치의 사회현상이라는 뜻을 함축하고 있는 것이 아니다.

정치는 인간 활동의 총체적인 종합예술이다. 그러므로 거기에는 진(眞)과 선(善)과 미(美)가 있는 것이고 또 있어야 한다.

그러나 선진사회에서는 정치나 정치인이 그 사회 안에서 차지하는 비중이 비교적 낮은 것이 사실이다. 이에 비해서 후진사회에서는 정치가 차지하는 비중이 매우 높다고 할 것이다. 공공생활은 말할 것도 없고 사생활의 거의 모든 분야에 걸쳐서 정치의 힘이 미치게 되는 것이다.

논리적 사회와 감정적 사회의 차이점은 다음과 같다고 말할 수 있다. 논리적 사회에서는 정치적인 문제를 법률적으로 풀어나가려고 한다. 감정적 사회는 법률적 문제까지도 정치적으로 풀어나가려고 한다.

이러한 현상은 국가안보에서 확연하게 드러난다. 국가보안법에 관한 자신의 의견을 논쟁전개, 구호제창, 현수막게양, 시위감행 등 정치적 방법으로 해결하려고 하는 것은 감정적 사회에서 쓰여지는 작전이다. 논리적 사회는 연구와 지성, 대화와 조화로 문제를 풀어나가는 것이다.

요컨대 우리는 성숙된 선진사회의 구성원답게 차분히 그리고 합리적으로 국가보안법론을 전개해야 한다고 본다.

2. 자유민주주의와의 대화

우리 생활과 의식 가운데서 이성과 논리 대신에 감정과 행동이 현저하게 드러나는 곳은 대화의 영역이라고 생각한다. 대화가 대화일 수 있기 위해서는 감정과 흥분은 절대 금물이다.

감정과 흥분에 의하여 그 성격이 좌우되는 대화는 이미 대화가 아니다. 그것은 논쟁이다. 대화는 철저하게 지성과 논리를 토대로 전개되어야 한다. 그렇기 때문에 대화는 차분하고 조용할 때만 대화일 수 있는 것이다. 그래서 지성과 논리는 교양과 윤리의식의 산물로 평가되는 것이다. 자유민주주의가 대화와 관용의 토대 위에서만 성장할 수 있는 이유도 여기에 있다.

대화 없는 자유민주주의는 가짜 자유민주주의이다. 언어의 관용이 없는 법치주의는 거짓 법치주의이다. 그래서 감정과 독단에 흐르는 경향이 있는 우리는 자유민주주의에 대한 친근성을 가지고 있지 아니하다고 고백하지 아니할 수 없다. 특히 우리의 토론대상이 국가보안법으로 될 때 우리는 지성과 관용의 한계에 이르게 되는 경우가 허다하다.

대화를 위한 올바른 지혜와 노력을 추구하는 기준으로 나는 다음과 같은 제안을 하고자 한다.

(1) 첫째로 추상적이고 감정적인 흑백론을 피하자는 것이다. 우리는 종래 국가보안법의 개폐문제가 대두하면 으레히 국가보안법이 대한민국 헌법의 기본정신에 비추어 유효한가? 죄형법정주의 정신에 어긋나는 것이 아닌가 하는 문제에 관한 논쟁을 편다. 그러나 이것은 비생산적이고 소모적인 논쟁을 촉발하는 일 외에는 별다른 효과를 가져오지 못한다.

그것은 필연적으로 극한적인 감정론의 대결로 치달을 수밖에 다른 길이 없기 때문이다. 어느 누가 상대방의 주장을 받아들여 "그래 국가보안법은 헌법정신에 위배한다"라고 승복할 것인가? 반대로 "국가보안법이 죄형법정주의 원리에 충실한 법률이라는 것을 시인한다"라고 승복할 국가보안법 폐지론자가 있겠는가?

결국 추상적인 원리를 내세우는 흑백론은 감정의 격화 외에는 아무런 소득을 거두지 못하는 것이다.

이 점과 관련하여 되새겨보고 싶은 명언이 하나 있다. 그것은 제1차 세계대전 당시 영국 수상 로이드 조지가 한 말이다. 그의 말을 그대로 옮겨본다. "Doctrinaires are the vultures of principle. They feed upon principle after it is dead". 그의 말은 다음과 같이 번역될 수 있다고 본다. "공상적 교조주의자(空想的敎條主義者)들은 원리를 먹고 사는 맹금류들이다. 그들은 죽은 원리를 먹고 살아간다".

우리도 국가보안법에 관한 토론을 전개하는 과정에서 쉽게 격앙하고 추상적인 원칙론만 되풀이하게 되면 시육(屍肉)을 먹고 살아가는 독수리나 매로 전락하고 말 것이다.

(2) 둘째로 국가보안법에 관한 토론은 그 법의 현실적인 실용여부에 관한 문제에 그 논의의 대상을 한정하여야 한다고 생각한다. 우리나라의 안보현황이 국가보안법의 보존을 필요로 하고 있는가? 아니면 국가보안법을 폐지하여도 대한민국의 안전보장에 아무런 문제가 없는가? 국가보안법 중 일부를 개정하는 것으로 문제해결이 가능한가? 다른 대체입법이 필요한 것인가? 하는 것 등이 바로 그러한 실용주의적 문제 접근방법의 핵심을 이룬다고 본다.

그러므로 이 책에서는 가능한 한 추상적인 헌법정신론 또는 형벌법규원리 등을 중심으로 한 논의는 피하고 실용주의적 접근방법을 통한 논리만을 전개하고자 한다. 다만 종래 국가보안법 폐지론자들이 내세운 국가보안법 위헌론 또는 형벌법규원리 위배론에 대해서는, 방어적 차원에서, 최소한도의 의견개진을 하고자 한다.

그러나 어떤 논리를 전개하든지간에 내가 이 책에서 전개하는 주장은 합리주의적 이성을 근거로 한 대화적 접근방법의 표현이라고 하는 것을 독자들이 인정해 주리라고 믿고 또 그러기를 기원한다.

제2장. 국가보안법 폐지론의 허와 실

1. 국가보안법 폐지론의 두 가지 사례

(1) 서 론

국가보안법을 부정적으로 보는 우리 국민들 중에는 두 가지 부류의 사람들이 있다. 하나는 국가보안법 폐지론자들이고 다른 하나는 국가보안법 개정론자들이다. 알아듣기 쉽게 설명하면 첫째 부류의 사람들은 국가보안법을 '악법'(evil law)으로 단정하고 있다. 그들의 주장에 의하면 악법은 없애버리는 것이 가장 올바른 대책이 된다.

그들은 "악법도 법이다"(Dura lex, sed lex)라는 주장을 가장 혐오한다. 그것은 정의와 인간의 존엄을 파괴하는 범죄라는 것이다.

둘째 부류의 국가보안법 개정론자들은 첫째 부류의 국가보안법 폐지론자들과는 다른 주장을 내세운다. 그들은 국가보안법에는 "독소조항"(poisonous clause)이 들어 있다는 것이다. 그러므로 국가보안법에 함유되어 있는 독소조항을 제거하면 그 법은 존립의 명분을 가질 수 있다는 것이다.

편의상 먼저 국가보안법 폐지론의 허실을 살펴보고자 한다. 다음으로 국가보안법 개정론의 실체를 알아보려고 한다. 이해의 효과를 극대화하기 위하여 추상적 이론 전개보다 국가보안법 폐지론의 구체적 사례부터 검토해보기로 한다.

(가) 개 론

국가보안법 폐지론도 이것을 추상적인 총론의 입장에서 다루게 되면 공리공담(空理空談)에 흐를 위험성이 크다. 그러므로 이 문제를 구체적으로 살펴보기 위해서 먼저 민주당 소속 송석찬의원(현 자민련 소속)을 필두로 한 여야의원 21명이 2000.11.27자로 국회에 발의한 국가보안법 폐지 법률안을 중심으로 동법 폐지론의 내용을 살펴본 다음 천주교 교구 사제단의 국가보안법 폐지론의 논리를 챙겨보기로 한다.

(2) 국가보안법 폐지 법률안에 담긴 동법 폐지론

(이 부분은 경제풍월, 2001년 2월호에 실렸던 것이다)

(가) 제안 이유의 허와 실

민주당 소속 송석찬의원(현 자민련 소속)을 필두로 여야의원 21명이 2000. 11. 27자로 국가보안법(이하 보안법이라 한다) 폐지 법률안을 국회에 발의하였다. 이 사실은 우리 사회에 큰 충격을 가져다 주는 일대 사건이 아닐 수 없다. 경우에 따라서는 이 법안의 발의로 인하여 국론이 크게 분열될지도 모른다는 우려를 하고 있는 사람들이 적지 않다. 이 법안 제안 이유에 담겨 있는 국가보안법 폐지 이유를 살펴본다.

(나) 시대적 요청

이 법안의 제안 의원들은 우리가 처해 있는 역사적 현실이 국가보안법의 폐지를 요구하고 있다는 주장을 펴고 있다. 그들이 보고 있는 역사적 현실은 다음과 같다. "정부의 햇볕정책의 지속적인 추진성과로 남북 정상이 화해와 협력의 포옹을 하고 6.15 공동선언이라는 역사적 쾌거를 통해서 55년 냉전을 마감하고 상생의 새 시대로 도약하기 위한 절호의 기회를 맞이하여 분단과 대결에서 화해와 협력의 동반자적 남북관계를 구축하여야 한다는 시대적 요청에 직면해 있다".

이 국가보안법 폐지 이유를 읽어보면서, 우리는, 우선 하나의 가벼운 당혹감을 느끼게 된다. 그것은 북한이 소위 6.15 정상회담을 남한의 '햇별정책'의 성과라고 보는 것을 지극히 싫어하고 있다는 데서 오는 당혹감이다. 북한은 햇볕정책이라는 말 자체에 대해서 강한 저항의식을 느끼고 있다. 그 말이 북한을 수혜의 대상으로 폄하하고 있을 뿐 아니라 북한은 햇볕만 쬐게 되면 아무데서나 옷을 벗는 바보로 취급한다는 것을 의미하기 때문이라고 한다.

그들은 남북정상회담이 순전히 '김정일위원장'의 결단과 추진으로 이루어진 것이라고 홍보하고 있다. 우리 정부와 언론 그리고 사회는 북한의 비위를 거스르는 언동을 지극히 삼가고 있다. 그런데 이 법안을 제안한 국회의원들은, 이러한 분위기를 무시하고, 공공연하게 남북정상회담이, '김정일위원장의 결단'에 의한 것이 아니고 '정부의 햇볕정책의 지속적인 추진'의 성과라고 들고나선 것이다.

과연 국회의원들은, 정부의 발표나 언론의 보도와는 달리, 자신의 소신과 결단에 따라서, 그러한 주장을 하고 있는 것인가? 그래서 '상생의 새 시대'를 놓고 다시 '냉전'의 시대를 맞이하는 한이 있어도 역사적 진실을 분명히 밝히겠다는 결연한 태도를 보여주고 있는 것인가? 참으로 당혹스럽다.

여기서 우리는 우선 햇볕정책이라는 말의 의미부터 한번 살펴보고자 한다. 형식은 내용(소재-素材)을 결정하고 개념은 실체를 대표하는 경우가 많기 때문이다.

햇볕정책은 국민의 정부가 지향하는 대북포용정책의 속칭 트레이드마크이다. 햇볕정책은 보통 Sunshine policy라고 번역되고 있다. 주지하는 바와 같이, 햇볕정책이란 이름은 이솝의 우화 <바람과 해>에서 따온 것이다. 그런데 햇볕정책과 이솝의 위 우화에는, 햇볕과 햇볕을 받고 옷을 벗는 사람이 똑같이 등장하지만 양자 사이에는 결정적인 차이점이 하나 있다.

이솝우화에서는 따뜻한 햇볕을 받고 옷을 벗게 되는 나그네가, 태양이 자신의 옷을 벗기기 위해서 햇볕을 내려쪼이고 있다는, 사실을 모르고 있다. 그런데 북한 주민들은 대한민국이 그들의 옷을 벗기기 위해서 햇볕을 보내고 있다는 사실을 한 사람도 빠짐없이 모두 알고 있다. 우리가 북한 주민들의 옷을 벗기기 위해서 햇볕을 보내고 있다는 사실을 온 세상에 선포했기 때문이다. 이것은 중대한 의미를 가지고 있는 사실이다. 그 의미를 되새겨보는데 참고가 될 일화를 하나 소개하고자 한다.

2000.1. 4 보스워즈(Bosworth) 전 주한대사가 자민련 초청으로 국회에서 한반도의 남북현황에 관하여 강연한 일이 있다. 그는 자신의 지식과 경험을 토대로 하여 한반도의 남북상황을 폭넓고 깊이 있게 분석하는 한편 앞으로의 전망까지 곁들여 말했다. 그는 한반도의 문제해결을 위한 모든 계획과 활동은 남북한 대결의 긴장관계를 극복하려 하는 데서부터 출발하여야 한다고 힘주어 말했다. 소위 햇볕정책도 이러한 인식과 결의가 수반되어야 한다고 말했다.

나는 그의 강연이 끝난 후 질문시간에 이런 문제를 제기했다. 그 질문이란 이런 것이었다. "북한에 대한 포용정책을 햇볕정책이라고 부르게 된 아이디어의 출발점은 이솝우화이다. 그런데 북한은 이솝우화에 나오는 나그네와는 달리 남한이 북한의 옷을 벗기기 위하여 햇볕을 보내고 있다는 사실을 알고 있다. 대사는, 그럼에도 불구하고, 북한이 쉽게 옷을 벗을 것이라고 생각하는가?"

보스워즈대사의 눈이 번쩍 빛나는 듯하더니 그는 단호한 자세로 이렇게 대답했다. "절대로 그렇지 않다고 생각한다"라는 것이었다. 그리고 그는 한 걸음 더 나아가서 질문 받지도 않은 사항에 대해서까지 한 마디 언급했다. "나는 공산주의자와의 대화와 협상은, 힘을 배경으로 하지 아니하는 한, 무의미한 것이라고 생각한다"라는 것이었다.

그의 인식과 판단이 옳은 것인가 하는 문제는 생각하지 않기로 한다. 그러나 이것은 우리에게 많은 것을 생각하게 하는 말이라고 받아들여야 할 것이다.

적어도 국가보안법 폐지안 제안의원들의 위 법률제안 이유 중 '6.15 공동선언이라는 역사적 쾌거가 정부의 햇볕정책의 지속적인 추진성과'라는 부분은 다시 한번 생각해야 할 대목이라고 느껴진다. 법률안 제안의원들의 '시대적 요청관'에 대해서 문제를 제기하는 것이 아니다. 그 표현의 타당성과 효과를 생각해보자는 것이다.

위 법률안 제안의원들이 높이 평가하고 있는 '남북정상이 화해와 협력의 포옹을 한 6.15 공동선언'은 대한민국과 북한 사이에 이루어진 '역사적 쾌거'이다. 어느 한쪽만의 '화해와 협력'으로 이루어진 것이 아니다. '포옹'은 혼자서 할 수 없는 것이기 때문이다.

그런데 '햇볕정책'은 대한민국 정부의 정책이지 남북한의 공동정책이 아니다. 그러므로 6.15 공동선언이, 대한민국 정부에 의한 지속적인 햇볕정책의 추진성과라고 선언하는, 햇볕정책 예찬론이 북한으로부터 이의를 받게 되는 것은 무리가 아니라 할 것이다.

그런 의미에서 국가보안법 폐지 법률안 제안의원들의, 햇볕정책을 찬양하는, 제안 이유는 잘못된 것이거나 부적절한 것이다. 이것은 동시에 국가보안법 폐지 법률안이 잘못된 것이거나 부적절한 것이라는 논거도 된다고 본다.

(다) 평화통일

이 법안의 발의의원들이 내세우고 있는 제안 이유 요지의 제2는 다음과 같다. "국가보안법은 남북정상이 합의한 평화통일 등에 대해서 장애요소가 되므로 이를 폐지하여야 한다"는 것이다. 그들이 국가보안법 폐지의 가장 큰 명분으로 내세우고 있는 '평화통일'은 '남과 북'의 평화통일이다.

그런데 보안법 폐지 법률안은, 위에서 말한 것처럼, '남과 남' 사이에 국론분열을 크게 일으킬 위험성을 내포하고 있다. 그렇다면 '남과 남'의 '분열'을 용인하는 '남과 북'의 '통일'은 어떤 통일인가? 남과 남의 '투쟁'을 조장하는 남과 북의 '평화'는 있을 수도 없거니와 있어서도 안 되는 것이다. 그러므로 '남북의 평화통일'을 위해서 국가보안법이 폐지되어야 한다는 논리는 얼토당토아니한 억지이다.

그런데 국가보안법 폐지 법률안 제안의원들의 '남북 평화통일관'에 대해서는 짚고 넘어가야 할 보다 큰 문제가 하나 있다. 그것은 '남북정상' 사이에 진짜로 '평화통일 합의'가 이루어졌는가? 또 그것이 사실로 이루어진 것이라고 하면 그 합의는 믿을 수 있는 것인가? 하는 문제이다.

김대통령은 6.15 공동선언으로 말미암아 "이제 한반도에서 전쟁은 영원히 사라졌다"라고 선언한다. 참말로 한반도에서 전쟁이 영원히 사라진 것이라면 무엇 때문에 방대한 국방비를 소모하면서 국군을 유지해야 하는지 그 이유가 설시되어야 할 것이다.

또 북한이 자신의 국력(?)으로써는 생각할 수도 없는 120만 대군을, 그것도 전병력의 70%를 휴전선 근처에, 전진 배치해 놓고 있는 이유도 설명해야 할 것이다. 북한이 대한민국 국군의 을지연습을 전쟁놀이라는 천박한 이름을 붙여 신경질적인 반응을 나타내면서 자신은 해가 갈수록, 특히 6.15 공동선언 후에, 강도 높은 전쟁놀이의 군사훈련을 강화해 나가는 이유도 밝혀야 할 것이다.

국내외의 많은 인사들, 특히 적지 않은 군사전문가들은 6.15 공동선언에서 남북의 평화정착을 위한 조치를 전혀 발견할 수 없다고 말하고 있다. 북쪽의 김정일위원장의 입을 통해서는 한반도 평화정착에 관한 언급이 한 번도 없었다. 그가 평화정착에 대한 약속을 했다는 김대통령의 전언이 있을 뿐이다.

김대통령의 말을 믿을 수 없다는 뜻으로 이러한 문제를 제기하는 것은 아니다. 국제사회에서는 상대국의 약속이나 선언을 무조건 믿어서는 안 된다는 것이 상식으로 되어 있다. 특히 독재자의 말을 액면 그대로 믿는 것은 어리석은 바보들의 짓으로 평가되고 있다.

북한이 대한민국과의 관계에 있어서 뿐만 아니라 다른 모든 나라와의 관계에서 신뢰받을 만한 집단이 아니라고 하는 평가를 받아온 것은 어제오늘의 일이 아니다.

조지테닛 미국 중앙정보국(CIA) 국장은 2001년 2월 7일 미국 상원 정보위원회 증언에서 미국의 국익을 위협하는 지역과 요소들을 구체적으로 진술하였다는 언론보도가 있다. 그가 지목하는 위 지역 중에는 북한이, 중국 및 러시아와 함께 들어 있다. 그가 지목하는 북한의 위협요소는 그 군사력이다.

테닛국장은 북한 외교적으로는 외부세계와의 접촉을 적극적으로 확대해왔지만 군사적으로는 여전히 미국과 한국의 국익에 대해서 위협적인 존재로 남아 있다고 단정했다. 그는 북한이, 현역 병력 100여만 명에 예비병력 500만 명이라는, 세계 제5위의 군사대국이라는 사실을 강조했다. 그러면서 북한은 여전히 다른 목표들을 희생하며 군대에 대규모의 투자를 집중하는 '군사 우위' 정책을 유지하고 있다는 것이다. 그는 북한이 장거리미사일을 지속적으로 개발함으로써 미국을 위협하는 한편 단거리 및 중거리미사일의 비축을 늘려 미국의 우방국을 위험에 빠뜨리고 있다고 덧붙였다. 미국이 북한을 위협의 대상으로 본다는 것은 얼른 납득하기 힘든 일이다. 미국과 북한과의 거리, 미국의 국력과 군사력, 세계정세, 그 어느 것을 보아도 그렇다고 생각된다.

한국의 정치지도자들 중에는 북한이 전쟁도발의 의사를 전혀 가지고 있지 않은 것으로 보고 있는 사람들이 있다. 그들은, 한 걸음 더 나아가서, 북한이 한반도의 긴장극복과 평화정착을 위한 확고한 의지를 가지고 있는 것으로 평가하고 있다. 만약 한국 지도자들의 이 평가가 옳은 것이라고 가정한다면 미국이 북한을 위협적 존재로 인식하고 있다는 것은 어처구니없는 일이 된다. 그것은 호들갑스러운 겁쟁이의 기우로 볼 수밖에 없는 것이다.

그렇다면 조지테닛국장을 보잘것없는 겁쟁이로, 미 상원에서의 그의 보고를 경박한 호들갑으로 치부해 버려도 좋은가. 그런데 문제는 미국에, 조지테닛국장처럼, 대북한 경계의 절대적 필요성을 역설하고 있는 사람들이 한둘이 아니라고 하는 점에 있다.

여기서는 북한의 실체에 관한 대한민국 정치지도자들의 낙관론과 미국 조야지도자들의 경계론 중 어느 것이 옳은 것인가 하는 점에 대한 분석이나 평가를 하지 않으려고 한다. 그것은 나의 능력 밖의 일이기 때문이다. 그러나 이 문제와 관련하여, 어리석은 일인지는 모르나, 두어 가지 문제에 대해서 나의 의견을 피력하고자 한다.

첫째, 동서고금을 막론하고 무기와 전쟁시설은 일단 준비된 뒤에는 그냥 폐기된 사례가 거의 없다고 하는 사실을 상기하고자 한다. 무기와 전쟁시설의 본성은, 그것들이 일단 설치되고 나면 그 설치목적대로 사용되기 전에는 결코 폐기되지 않는다고 하는 점에 있다. 무기와 전쟁시설은 설치된 본래의 목적대로 쓰여져야 한다고 하는 특성을 가지고 있다는 말이다. 그렇다면 북한의 막강한 병력과 가공할 파괴력을 가진 무기 그리고 전국토 요새화의 목적하에 설치된 공포의 군사시설 등은 어떻게 될 것인가?

남한지도자들의 한반도 평화정착 선언에도 불구하고 북한은 병력과 무기의 처리에 대한 아무런 언급도 하지 아니하고 있다. 북한이 병력축소나 무기·군사시설의 축소를 약속한다고 하더라도 우리가 그 약속을 그대로 믿을 수 있는가 하는 것은 새로운 문제이다. 그런데 북한이 그러한 약속마저 하지 않고 있는데 우리의 평화공존론은 무엇을 근거로 쏟아져나오고 있느냐 하는 점에 대하여 적잖은 국민들이 우려하고 있는 것이 사실이다.

둘째, 전쟁의 발생 위험성 유무에 대한 판단은 확률학적 분석방법에 따라서 해서는 안 된다는 것이 나의 의견이다. 예컨대 새로운 사업을 시작하려고 할 때 그 사업의 성공률이 50%를 능가하는 것으로 판단되면 한번 창업의 모험을 해볼 만하다고 생각한다. 자신의 대학교 수능시험 성적이, 희망하는 대학의 합격권 내에 들어갈 확률이 50%를 능가할 때도 그 대학에 입학원서를 제출하는 모험은 한번 해볼 만한 것이라고 본다. 이것이 통상적 생활인의 통계학적 상식에 따른 결단기준이다. 자신의 희망사항이 그대로 이루어질 수 있는 가능성이 50%를 능가한다고 판단되면 그것을 결행하는 것이 보통 상식인의 생활철학이라는 말이다.

그러나 전쟁 발생 위험성 유무에 대한 판단, 특히 거기에 대한 대비는 이러한 통상적인 확률학적 기준에 따라서 행해서는 안 된다는 것이 나의 신념이다. 전쟁에 관해서만은, 그 발생 위험성의 확률이 1%에 그치는 경우에도, 전쟁은 100%의 확률을 가지고 일어나고야 만다고 하는 전제하에서 이를 대비하여야 한다는 것이 나의 또다른 확신이다.

그리고 전쟁 발발 가능성이 1%라고 해서 전쟁대비가 1%에 그치면 되는 것은 아니라고 본다. 그런 경우에도 전쟁대비의 강도도 100%를 채워야 한다는 것이 나의 소신이다.

우리는 여기서 지난날의, 쓰라린 오욕의, 우리 역사 한 토막을 되새겨

봐야 한다고 생각한다. 그것은 임진왜란의 부끄러운 역사이다. 우리의 선각자 이율곡선생은 일본의 한반도 침략야욕을 꿰뚫어보고 이에 대한 사전대비책으로 10만 대군 양성론을 제기했다.

그러나 당시 우리의 조야는 10만 대군 양성이 평지풍파를 일으키는 일이라고 반대했다. 이율곡선생의 '왜란' 대비론은 무산되고 나라는 아비규환의 수라장으로 변해 버렸다.

조그마한 평지풍파론의 무사안일주의가 엄청난 국가적 비극을 초래했던 것이다. 임진왜란으로 희생된 방대한 우리 군민의 사상자, 소실된 막중한 재산과 시설의 규모, 초토화된 우리의 산과 들, 이 손실은 필설로 다 표현할 수 없다.

특히 이 사태로 인하여 생겨난 우리 백성의 패배의식과 허탈감은 극한 상황에 이르렀던 것이다.

"풍신수길은 조선반도를 침공할 인물이 아니다"라는 당시의 엉뚱한 평화론자 김성일도 왜국과 조선 사이에 전쟁은 없다고 하는 주장에 자기 나름의 이유를 달았다. 그 이유가 무책임하기 그지없는 거짓말 이유였다고 하는 점에 문제가 있었다.

그러나 그보다 더 큰 문제는 당시 정부의 지도자들이, 경솔하게 안일하고 달콤한 평화론에 쉽사리 현혹되어 '유비무환'의 길을 버렸다고 하는 데에 있다. 임진왜란이야말로 우리에게 있어서 큰 비극이고 수치이다. 역사의 비극과 수치가 역사적인 교훈이 되게 하기 위해서는 같은 실수를 두 번 다시 반복하지 아니하도록 해야 하는 것이다.

우리는 스스로 통탄해 마지아니할 정도로 임진왜란 후에 같은 실수를 수없이 반복해왔다.

병자호란이 그러한 실수의 반복사례이고 한일합방이 그런 것이고 6.25 사변이 그러한 사례들이다. 모두가 무사안일주의 아니면 평화공존주의가 원인으로 작용한 민족의 비극이다.

우리에게는 "개도 한번 부딪힌 막대기 근처에는 안 간다"라는 옛말이 있다. 이처럼 훌륭한 생활의 지혜가 담긴 격언을 가진 우리가 '한번 부딪힌 막대기'에 세 번 네 번 부딪힌다고 하면 우리는 누구인가.

임진왜란, 병자호란, 한일합방과 6.25 전쟁 직전에 팽배해 있던 무사안일주의와 평화예찬론이 오늘 이 시점에 한반도를 휩쓸고 있다는 우려의 소리가 우리의 강산을 메우고 있다. 그 소리를 발하는 사람들은 우리가 겪은 위와 같은 전쟁이 반드시 일어난다는 주장을 펴고 있는 것이 아니다.

그러나 그들은 한반도에 전쟁이 영원히 없다는 주장은 성급한 장밋빛 평화론이 아닌가 하는 의구심을 가지고 있는 것이다. 만일에 발생할지도 모르는 불상사에 대한 대비가 너무 소홀한 것이 아닌가 하는 것이 그들의 염려이다.

자유민주주의 국가의 국민이면 누구를 막론하고 이러한 의구심과 염려를 표현하는 자유를 가져야 한다는 것은 상식으로 되어 있다. 그런데 이러한 주장을 하는 사람들은 한결같이, 평화주의적 낙관론은 온 강산을 떠들썩하게 메우고 있는데 자신들의 긴장대비론은 외쳐도 외쳐도, 들리지 않는다고 말하고 있다.

그들의 이러한 소리마저 반통일분단주의자, 냉전고착주의자의 몸부림 치는 소리로 묵살되어 버릴 때 우리에게는 내일이 없는 것이다.

평화정착이나 평화통일의 문제와 직접적인 관계를 가지고 있는 것은 아니지만 북한측이 내어 놓는 선언이나 약속의 신뢰성과 관련하여 생각할 또 하나의 문제가 있다. 그것은 6.15 남북공동선언 제2항 통일조항이다.

김대통령은 자신의 끈질긴 설득의 힘으로 북한이 종래 철저하게 고집해오던(높은 단계의) '연방제 통일방안'에서 '낮은 단계의 연방제 통일방안'으로 일 보 후퇴하게 되었다고 말했다. 남북정상이 합의한 '국가연합과 낮은 단계의(느슨한) 연방제'는 동일한 것이고 결국 북한이 우리 견해를 따른 것이라는 설명이다.

그런데 북한은 계속해서 남북통일은 연방제를 따라서 해야 하고 '공화국'은 '한반도의 사회주의 통일'을 위해서 매진한다고 선언하고 있다. 우리가 '낮은 단계의 연방제' 합의를 오해하고 지레 좋아했는지 아니면 북한이 우리를 속인 것인지 알 수가 없다.

결국 6.15 공동선언으로 성취된 남북간의 평화통일을 완성시키기 위해서 국가보안법이 폐지되어야 한다는 동법 폐지안 제안의원들의 논리는 전혀 잘못된 것이라는 점이 밝혀진 것이다.

(라) '반국가단체'의 문제점

국가보안법 폐지 법률안 제안의원들은 현행 국가보안법이 '북한을 반국가단체로 명시하고 북한 주민을 그 구성원으로 규정'함으로써 민족의 분열과 대결을 제도화하고 있는 것이라고 단정하고 있다. 그러나 이 단정은 '악의' 아니면 '무책임'의 소산이다. 현행 국가보안법 어디에서도 '북한을 반국가단체로 명시'하고 있는 규정은 발견되지 아니한다. 그러므로 국가보안법이 '북한을 반국가단체로 명시'하고 있기 때문에 이를 폐지해야 한다는 동법 폐지안 제안의원들의 주장은 그 출발점에서부터 잘못된 것이다.

국가보안법 폐지 법률안 제안의원들이 굳이 국가보안법, 그 중에서도 특히 동법 제2조를, 없애야 한다고 주장하는 것은 자신들의 자유이다. 그러나 그들이 내세워야 할 이유는, 설득력을 갖춘, 논리적인 것이어야 한다. 그들이 내세우고 있는 지금의 이유처럼 무책임하고 비논리적인 것이 되어서는 안 될 것이다.

북한이, 현재 대한민국과의 관계에 있어서 '반국가단체'로 평가되는 것은 사실이다(반국가단체의 의미에 대해서는 뒤에 살펴보기로 한다). 그러나 북한이 반국가단체가 되는 것은, 전술한 바와 같이 '국가보안법이 북한을 반국가단체로 명시'하고 있기 때문이 아니다.

북한이 반국가단체로 되는 것은 국가보안법의 해석과 그 적용의 결과에 불과하다. 국가보안법 제2조(반국가단체의 정의)가 규정하고 있는 바와 같이 '대한민국을 변란할 것을 목적으로 하는 국내외의 결사 또는 집단으로서 지휘 통솔체제를 갖춘 단체'가 반국가단체로 되는 것이다. 그러므로 '반국가단체'는 북한에 한정된 개념이 아니다. 북한 말고도 국내외를 막론하고 지금까지 허다한 반국가단체가 있어왔고 또 앞으로도 있을 것이다.

사법부가 북한을 반국가단체로 단정하고 있는 이유는 다음과 같다.

"국가보안법상 반국가단체라 함은 정부를 참칭하거나 국가를 변란할 것을 목적으로 하는 국내외의 집단을 말하는 것인바 북한은 …중략… 대한민국을 전복하기 위하여 6.25 동란을 일으키는 등 무력 도발행위를 계속하고 선전 선동으로 대한민국 내부로부터의 붕괴를 지속적으로 획책하고 있으므로 국가보안법상 반국가단체에 해당한다 할 것이다.

비록 정부가 자유민주적 기본질서에 입각한 평화통일정책을 수립하고 이를 추진하기 위하여 북한과 대화를 도모한다 하더라도 위와 같은 결론에는 영향이 없으므로 북한이 국가보안법상 반국가단체가 아니라는 주장은 받아들일 수 없다"(90도 2607호, 94도 930호, 93도 1730호, 99도 2317호, 서울고법 93노 3764호).

대한민국의 국민이라면 사법부의 이 판단에 대해서 반론을 제기할 수 있는 사람이 한 사람도 없을 것이다.

북한은 우리를 '원쑤', '적' 또는 '미제국주의의 괴뢰'로 보고 있다. 우리는, 북한이 대한민국을 전복하려는 범죄행위를 하고 있을 때, 북한을 '반국가단체'라고 불러서 안 될 이유가 무엇인가? 우리가 맏형이기 때문이가? 맏형은, 아우가 자신을 죽이기 위하여 칼을 가슴에 품고 있는 줄 알면서도, 그 아우를 포용하기만 해야 하는가?

북한이 반국가단체라고 해서 북한은 때와 장소를 가리지 아니하고 항상 반국가단체가 되는 것은 아니다. 국가보안법은 형벌법규이다. 형벌법규는, 행정법규나 민사법규와는 달리, 형식이나 지위를 이유로 책임을 묻는 것이 아니다. 실체와 행위를 이유로 책임을 묻는 법규이다.

예컨대 특정 시장이 문제된 행정처분에 대하여 직접 관여한 일이 없다고 하더라도 그의 명의로 내려진 행정행위가 무효이거나 불법한 것으로 밝혀지는 경우 그는 행정관청으로서의 행정법상의 책임을 지게 되는 것이다. 그가 문제의 행정처분이 내려지는 기간 외국 출장중에 있었다고 하더라도 결론은 마찬가지다. 이것이 지위책임과 형식책임의 특색이다.

민사상의 책임도 마찬가지이다. 법인의 구성원이 민사상의 불법행위를 저지른 결과 그 불법행위에 대한 책임이 법인에게 귀속되는 경우를 생각해보자. 설령 법인의 대표자인 대표이사가 해외 출장 등의 사유로 인하여 그 불법행위가 저질러진 사실을 전혀 몰랐다고 하더라도 이것은 법인의 면책사유가 되지 못한다.

이것은 행정법규상의 책임과 민사법규상의 책임이 다같이 형식과 지위를 이유로 한 책임이라는 말의 내용을 밝혀주는 것이 된다. 그런데 형벌법규상의 책임은, 행정법규상의 책임이나 민사법규상의 책임과 다르다. 그것은 형식책임이 아니고 실질책임이며 지위책임이 아니고 행위책임이기 때문이다.

시장 또는 법인의 직무와 관련된 범죄행위가 있었다고 가정하자. 그 범죄행위가 아무리 중대한 것이라고 하더라도 그 범죄행위에 직접 관여하지 아니한 사람은 행정관청 또는 법인의 임원이라는 형식적인 이유나 그 지위 때문에 형사책임을 지게 되는 일은 결코 없다. 형사책임은, 전술한 바와 같이, 형식이나 지위를 기준으로 해서 지워지는 것이 아니기 때문이다.

국가보안법상의 책임은, 두 말할 필요도 없다, 형사상 책임이다. 그러므로 북한은, '반국가단체'라고 하는 형식이나 지위 때문에, 시간과 공간을 가리지 아니하고 언제나 그리고 어디서나 국가보안법상 책임의 주체가 되는 것이 아니다.

국가보안법은 일반적인 범죄행위를 처벌하는 법률이 아니다. 대한민국의 국기(國基)를 파괴하는 중대범죄를 규율하는 법률이다. 북한에 대하여 국가보안법상의 책임을 물을 수 있는 중대범죄는 예컨대 다음과 같은 것이다. 북한이 제2의 6.25 사변을 일으키거나 새로운 청와대 무력침공, KAL기 공중폭파, 아웅산 테러사건, 잠수함 간첩남파 등을 야기하는 때이다.

그리고 북한이 이처럼 대한민국의 국기를 흔드는 국가 파괴적 범죄, 반인륜적 범죄를 저지르는 경우 그것을 반국가단체 이외의 어떤 명칭으로 불러야 하는가?

북한을 반국가단체로 본다면 대한민국은 반국가단체와 회담하고 교류하고 협력해야 하는 것이 되므로 북한을 반국가단체로 봐서는 안 된다는 주장이 있다. 이것이야말로 무책임하고 법률논리 파괴적이며 반국가적인 논리에서 출발한 것이다.

북한이 우리와 회담을 하는 동안 그들은 우리와의 '대화자'이다. 그들이 우리와 교류협력을 하는 경우 그들은 우리의 '협력자'이다. 그리고 실제에 있어서 우리는 국가보안법이 엄존하고 있는 상태하에서도 남북정상회담을 위시해서 많은 대담을 했다. 이산가족의 상봉과 많은 문물의 교류도 이룩했다. 국가보안법이 이러한 남북간의 대담과 교류를 방해한다는 많은 주장이 모두 거짓말이었다는 것이 백일하에 드러난 것이다.

여기서 '반국가단체'라는 용어 자체에 대해서 알레르기성 반응을 보이고 있는 사람들과 함께 생각해 보고 싶은 개념이 하나 있다. 그것은 국방부가 2000.12.4자 <2000년 국방백서>에 북한을 지칭하고 있는 '주적'(main enemy 또는 main threat)이라는 개념이다. '반국가단체'라는 말은 '국가(대한민국)를 반대하는 단체'라는 소극적인 의미를 가지고 있다. 그런데 '敵'이라는 말은 대한민국의 실체를 전복하려는 원수를 의미하는 적극적 개념이다. '敵' 특히 '主敵'은 '반국가단체'라는 말과 비교도 될 수 없는, 철천지원수를 뜻하는 말이다.

북한이 자신을 '주적'으로 결정한 대한민국의 국방부와 국방부장관에 대해서 신경질적인 반응을 보이고 있는 그 심정은 충분히 이해할 수 있다. 그러나 국방부의 주적 판단은 너무나 당연한 것이다. 이 당연한 조치에 대해서, 북한은 6.15 공동선언의 정신에 정면으로 위배하는, 무례한, 반응을 보였다. 북한의 이 무례한 태도에 대해서 우리가 충분한 대응조치를 취하지 아니하고 있는 것은 매우 안타까운 일이라고 할 것이다.

국가보안법은 북한을 '반국가단체'로 보고 있다. 이 법률안 폐지 제안 의원들은 북한을 반국가단체로 보는 사고가 반통일적 냉전사상의 산물이라고 단정하고 있다.

이 법안이 통과되면(그럴 리는 없다고 확신한다) 국회는 북한을 민족공동체의 구성원으로 보게 되고, 정부는 북한을 '주적'으로 보게 되는 셈이다. 이 무슨 해괴망측한 노릇인가?

(마) 당의 방침과 당원의 소신

위 국가보안법 폐지 법률안의 제안이유와는 직접적인 관계가 없기는 하나 위 법안의 성격을 규명하기 위해서 짚고 넘어가야 할 문제가 하나 있다고 생각한다. 그것은 국가보안법 폐지문제와 같은 중대사안에 대해서 당원이 소속당의 당론을 무시하고, 자신의 신념을 구실로 하여, 독자적인 자유행동을 취할 수 있는가 하는 문제이다.

국회 내에서의 정치활동의 주체는, 원칙적으로, 정당이다. 그러므로 국회의원이 소속정당의 당론을 지킨다는 것은 기초적인 요건이다. 그러나 국회의원은 신념과 소명의 주인공이어야 한다. 그런데 국회를 구성하는 정당의 당론과 국회의원의 소신간에는 충돌과 갈등이 발생할 가능성이 적지 아니하다.

정당소속 정치인들의 소신이 모여서 당론을 이루게 되고 당론은 정당소속 정치인들의 소신을 제약하게 된다. 그러므로 정치인의 소신과 소속정당의 당론은 어느 것이 먼저인지 구분하기 힘들다.

그러나 정당소속 정치인은 그 정당의 당명을 따라야 하는 것이 마땅한 일이다. 당론을 결코 따를 수 없다는 확신을 가지고 있는 정당인은 그 정당을 떠나야 한다. 이것이 정치인의 확고한 행동규범이다.

특히 국회 내에서 정치활동의 주체는 원칙적으로 정당이다. 그러므로 국회의원이 소속정당의 당론을 지킨다는 것은 기초적인 요건이다. 그러나 국회의원은 신념과 소명의 주인공이어야 한다. 그런데 국회를 구성하는 정당의 당론과 국회의원의 소신간에는 충돌과 갈등이 발생할 가능성이 적지 아니하다.

이 충돌과 갈등을 해결하는 국회의 제도가 있다. 교차투표(cross voting 또는 자유투표)라는 것이 그것이다. 이것은 의원의 소신에 따라서 소속정당을 달리하는 상대정당 소속의원의 발의에 대해서 공동보조를 맞추는 것을 허용하는 제도이다. 그런데 이 cross voting제도에는 엄격한 제한이 있다. 그것은 cross voting이 소속정당의 허가가 있는 경우에 한정된다는 점이다.

이번의 보안법 폐지 법률안 제의를 이 cross voting의 원리에 비추어 살펴본다. 보안법 개폐의 문제는 국회를 구성하고 있는 정당에게 있어서 사활이 걸린 최대의 관심사가 될 수밖에 없다. 그러므로 그것은 어느 정당을 막론하고, 국회의원 개인의 소신에 따른 cross voting에 맡길 대상이 될 수 없다. 이 점에 관한 한 국회의원은 소속정당의 당론에 복종할 수밖에 없는 것이다. 이것은 분명한 사실이다. 이렇게 볼 때 이 법안은 도무지 이해할 수 없는 의문을 우리에게 안겨준다.

국가보안법 폐지 법률안을 제의한 국회의원들은 21명이다. 그 21명 중 17명은 민주당 소속이고 4명은 한나라당 소속이다. 우리가 알기로는 국가보안법 개폐에 대한 민주당과 한나라당의 당론은 그 법률의 '폐지'가 아니고 '개정'이다. 그럼에도 불구하고 이 법률안 폐지 제안의원 21명은 하나 빠짐없이, 자신의 양심과 소신의 관철을 명분으로 내세워, 당론을 무시하는 조직파괴적인 행동을 취한 것이다.

국가보안법 폐지 법률안 제안의원들은 이러한 파격적인 행위를 할 수밖에 없었던 점에 대하여 좀더 명확한 설명을 해야 할 것이다. 소속정당과 국회를 떠나는 한이 있더라도 국가보안법은 반드시 폐지되어야 한다는 소신을 가지고 있다는 것인가? 아니면 여야정당이 모두 국가보안법의 개정을 당론으로 내세우고 있으나, 그것은 전략적인 명분론에 불과하고, 실체적인 목표는 국가보안법 폐지에 있다는 것인가? 만약 후자가 맞는 것이라면 무서운 결론이 나올 수밖에 없다. 이번에 제안된 국가보안법 폐지 법률안은 국가보안법 폐지 당론을 위한 여론조성용 법안이 되는 것이다.

국가보안법 폐지 법률안 제안의원들의, 국론분열을 촉발하는 가능성이 큰, 조직파괴적 행위에 대해서 여야정당이 모두 아무런 반응을 보여주지 않고 있다는 사실이 우리의 궁금증을 더해주고 있다. 국민들은 답답하고 불안하기만 하다.

국회의원 개인에 관한 문제제기를 하는 일은 바람직하지 아니한 일이다. 그러나 국가보안법의 존폐가 달려 있는 사항에 있어서는 이런 것을 생각할 여유가 없으므로 이 문제를 무릅쓰고 상황을 살펴보는 일이 양해될 줄 믿는다.

국가보안법 폐지 법률안의 제안의원 중 민주당 소속의원 한 사람은 그 후 민주당에서 자민련으로 당적을 옮겼다. 이 사건은 정치계, 언론계, 일반사회 할 것 없이 '의원임대'라는 부끄러운 이름과 함께 세상에 널리 회자되고 있다. 그리고 적지 않은 사람들은 이 의원임대가 김대통령이 2001년 신년벽초에 선포한 '정도정치' 정신에 일치하는 것인가 하는 문제에 대해서 떠들썩하게 논란을 벌였다.

김대중대통령은, '의원임대'가 '광의의 정도정치'에 속한다는 주석을 붙인, 궁색한 해명을 내었다. 그 문제에 관해서는 뒤에 다시 언급하고자 한다. 다만 국가보안법 개폐문제와 정당의 당론문제에 대해서는 한 가지 점은 지금 짚고 넘어가려고 한다.

민주당 소속의원 몇 사람이 당적을 옮겨간 자민련은 국가보안법에 관해서 개정도 인정하지 않는, 사수론을 펴고 있다. 이것은 온 세상이 다 알고 있는 사실이다. 자민련으로 당적을 옮겨간 민주당 소속의원들은 비록 자신들의 몸은 당적을 옮겼지만 마음은 민주당에 남아 있다라고 자신들의 속마음을 털어놓았다. 이것은 대한민국 정당사상 초유의, 괴이한, 사건이다. 다른 나라의 정당사에서도 유례를 발견할 수 없는 일이다.

당적이전을 한 세 의원의 말을 억지로 이해한다고 하더라도 국가보안법 사수를 표방하는 정당의 당원이 그 법의 폐지를 주장할 수 있는가 하는 점에 대해서는 당혹을 금할 수 없다.

이러한 점을 보더라도 국가보안법 폐지론은 국민들에 대하여 설득력 있는 해명을 할 수 없는 것이라고 본다. 국민들이 이해 못할 일은 여기에서 그치는 것이 아니다. 당적을 민주당에서 자민련으로 옮겨간 송석찬 의원은 자신의 국가보안법 폐지주장을 굽히지 않고 있다. 송의원은 한 걸음 더 나아가서 2001년 2월 15일 제 218회 국회 본회의에서, 자민련 소속의원의 자격으로, 대정부질문을 펴면서 다음과 같은 연설을 했다.

"국가보안법은 1948년 12월 1일 제정된 이후에 일곱 차례에 걸쳐 개정되면서 국가안보보다는 정권유지를 위한 인권유린의 도구로서 반민주악법으로 악용되어 왔던 것입니다… 국민의 정부가 들어서서도 지난해까지 907명이 구속되어 시대가 바뀌어도 국가보안법의 위력만큼은 전혀 시들지 않아 국가안보보다는 정권유지 차원에서 악용되어 왔다고 하는 것입니다… 이제 냉전시대의 유산물인 국가보안법은 화해와 협력의 시대, 남북교류의 시대를 맞이하여 폐지되어야 한다고 생각하는데 이에 대한 정부의 견해도 아울러 밝혀주시기를 부탁드립니다".

송의원의 국가보안법관에 대해서는 별다른 논평을 가할 생각이 없다. 그러나 그가 국가보안법 사수를 당론으로 삼고 있는 자민련에 이적해온 후에도 자민련의 당론과 신념을 근본적으로 파괴하는 발언을, 국회 본회의장에서, 거침없이 내뱉고 있는 점에 관해서는 놀라지 않을 수 없다.

이는 송의원과 다른 당적이전 의원 두 사람이 함께 자신들이 몸으로는 비록 민주당을 떠났지만 마음은 여전히 민주당에 남아 있다라고 고백한다고 해서 정당화될 수 있는 일이 아니다. 이 점에 대해서 자민련이 아무런 문제를 제기하지 않는 것은 더욱 해괴한 일이라고 생각하지 아니할 수 없다.

(바) 자유민주주의 수호와 국가보안법

누가 뭐라고 하더라도 국가보안법의 핵심적 정체성은 그 법률이 '자유민주주의 수호법'이라고 하는 점에 있다. 대한민국의 참된 국민은 한 사람도 이 사실을 부인할 수 없을 것이다.

대한민국의 국시는 자유민주주의와 시장경제원리이다. 대한민국의 이 국시는 어떤 가치와도 바꿀 수 없는 최고지상의 가치이다. '민족'과 '통일'도 우리에게 있어서 귀한 가치이다. 그러나 '민족'과 '통일'이 아무리 귀중한 것이라고 하더라도 그것을 얻는다는 구실로 '자유민주주의'와 시장경제원리를 포기하거나 경시할 수는 없는 것이다.

우리는 자유민주주의가 없는 통일보다 자유민주주의가 있는 분단을 택해야 할 것이다. 우리는 민족을 위한다는 명목으로 시장경제원리를 포기할 수 없다. 이 점을 좀더 정확하게 이해하려고 하면 남덕우 전 국무총리가 4월 20일 한나라당 정치학 대학원에서 행한 특강 내용에 귀를 기울일 필요가 있다고 생각한다. 그는 그 특강에서 다음과 같이 말했다.

"21세기 한국의 기본과제는 경제의 성장기조를 유지하면서 민주적 대의 정치를 구현한 뒤 남북통일을 실현하는 것이다. 김대중대통령은 한국사회가 정치적 근대화, 즉 민주적 대의정치를 구현하는 과제를 해결하지 못한 단계에서 그 다음 단계인 남북통일에 역점을 둠으로써 내부적 문제에 봉착하게 됐다". 남 전 총리는 '민족의 통일이 모든 가치에 우선한다는 통일지상주의자들의 주장은 매우 공허한 것'이라고 단정하는 한편 "자유민주와 독재체제가 공존하는 통일이라면 진정한 의미의 통일이라고 할 수 없다"고 잘라 말했다. 남 전 총리는 또 "민주화 운동가들은 남한의 상대적 독재에 대해서는 소리를 높이지만 북한의 절대적 독재에 대해서는 별로 말이 없다"라고 개탄하기도 했다.

남 전 총리는 그 장소에서 다음과 같은 따가운 지적도 했다는 것이 언론의 보도내용이다. "김영삼, 김대중 두 대통령은 천신만고의 민주화 투쟁 끝에 대통령이 됐지만 정치권의 병폐는 여전하다. 결국 두 대통령의 민주주의가 정권획득을 위한 구호의 정도를 넘지 못했고 민주주의에 대한 깊은 이해와 경륜이 있었던 것이 아니라는 생각이 든다".

김대중대통령은 공군사관학교 2000년도 졸업식에서 소신에 찬, 감명 깊은 치사를 했다. "세계가 지지하는 대북 포용정책은 우리 군의 철저한 안보능력을 바탕으로 할 때만 성공할 수 있다. 안보 없이는 자유도, 경제성장도, 한반도 평화도 없다"라는 것이었다.

우리는, 자기 나라의 안보와 체제를 지키기 위한 법률을 가지고 있지 아니한 국가가 이 지구상에 하나도 없다라고 하는 사실을 꿈에도 잊어서는 안 된다.

우리의 안보는 자유민주주의와 시장경제원리의 수호로 지켜지는 것이다. 그런데 지금 한반도를 휩쓸고 있는 핑크색의 화해열기와 민족지상주의 열풍 속에서 추구되는 통일은 적화통일일 수밖에 없다라고 하는 진실을 재삼 확인해야 할 것이다.

국가보안법 폐지 법률안을 제의한 의원들은 국가보안법을 폐지하더라도 자유민주주의의 수호에 아무런 문제가 발생하지 않는다고 하는 이유를 설득력 있게 설명해야 할 것이다.

(3) 천주교 교구 사제단의 국가보안법 폐지론

(가) 개 론

국가보안법 폐지를 주장하는 또다른 구체적 사례 하나를 천주교 사제들의 주장에서 찾아보기로 한다. 천주교 사제들의 국가보안법 철폐주장은 수없이 많지만 그 중 한 가지를 예로 든다. 그 '국가보안법 철폐를 위한 천주교 수원교구 사제연대'가 '끝이 아닌 새로운 시작으로'라는 이름으로 1999년 11월 5일자 발표한 국가보안법 폐지주장의 선언이다.

천주교 사제는 국민들로부터 신뢰와 존경을 받는 직위이다. 그러므로 그들이 국가보안법의 폐지를 주장하게 되면 그것이 국민들에게 주는 정신적 영향력은 매우 큰 것이라고 본다. 그런 의미에서 그들의 국가보안법 폐지선언은 충분히 고찰대상이 될 가치를 가지고 있다 할 것이다.

위 선언에 참여한 천주교 사제들은 73명이다. 그들이 자신들 나름의 순수한 동기로 그러한 선언을 하였다는 것은 충분히 이해할 수 있다. 그러나 동기의 순수성이 행위의 정당성을 보증하는 것은 아니다. 만약 위 선언이 객관적 타당성을 일실한, 감정적인 것이라고 판명되면 국가보안법 폐지 일반론의 실체를 이해하는데 큰 도움을 주는 계기가 된다고 생각한다.

(나) 사제들의 '참담한 심정'

사제들은 위 선언의 서두에서 국가보안법이 존재하고 있다는 사실 자체가 자신들에게 '슬픔과 분노로 얼룩진 참담한 심정'을 안겨주는 것이라고 주장하고 있다. 이 얼마나 감정적이고 흑백론적인 출발인가? 양식과 관용을 겸비하고 있는 것으로 알려진 종교지도자들의 가슴에 이러한 증오와 격정이 응어리져 있다는 것을 발견할 때 우리는 '슬픔과 분노로 얼룩진 참담한 심정'을 품게 된다.

그들이 '성직자'답지 않은, 이런 격정에 사로잡히게 된 것은 '지난 반세기 동안 의로운 노동자와 학생, 청년, 교수들을 차디찬 감옥으로 내몰아쳤던 국가보안법이 반인륜적이고 반민주적인 악법'이란 사실 때문이라고 그 이유를 설명하고 있다.

여기서 몇 가지 문제점을 제기해본다.

첫째 문제는 이러하다. "지난 반세기 동안 국가보안법 위반죄로 유죄 판결을 받았던 노동자, 학생, 청년, 교수들은, 하나도 빠짐없이, 의로운 사람들이었던가?" 그들 중에 살인죄와 방화죄 같은 '반인륜적'인 범죄 또는 '반민주적'인 공산주의의 앞잡이가 되어 '간첩죄·잠입, 탈출죄·자진 지원 금품수수죄' 등을 저지른 사람들은 없었는가?

둘째 질문을 던져본다. 사제들은 "대한민국의 검찰이나 법원이 권력이나 금력에 눌려 의로운 양심인사들에게 전과자의 낙인을 마구 찍고 있는 '불의한 범죄집단'이라고 생각하는가?"

셋째 질문은 이러하다. 국민의 대의기관인 국회에서 제정된 법률이 자신의 가치관이나 기호에 맞지 않으면 이에 대해서 온갖 더럽고 추한 평가를 가해서 법의 권위를 떨어뜨리고 질서파괴적인 언동을 해도 무방한 것인가?

넷째 질문을 던져본다. 김대중대통령도 한때는 국가보안법 폐지론자였다. 그러나 그는 대통령으로 당선된 후 한때 국가보안법 사수론자로 돌아섰다가 다시 국가보안법 일부개정론자로 태도를 바꿨다. 그렇다면 국가보안법의 수호 또는 그 일부개정을 주장하면서 국가보안법의 폐지를 반대하고 있는 김대중대통령에 대해서 '반인륜적'이며 '반민주적'이라는 비난을 퍼부어야 하는가?

(다) 자민련과 야당에 대한 비판과 자유민주주의

그런데 사제들은 이 사건 선언문에서 김대중대통령과 국민회의(민주당)의 국가보안법관에 대해서는 아무런 언급을 하지 아니하고 있다. 그러면서도 '자민련과 야당'의 그것에 대해서는 맹렬한 비난을 가하고 있다. 사제들은 자민련과 야당이 '당리당략이나 개인의 이익에 얽매어 양심과 도의에 어긋나는 자세'를 취하고 있다는 것이다.

자유민주주의는 다양한 의견의 존재를 인정한다. 자유민주주의 체제에 있어서 의견의 다양성은 정과 부정, 선과 악의 대립이 아니다. 서로

틀리는 의견의 대립일 뿐이다. 그런데 사제들처럼, 자신들의 의견과 다른 의견에 대해서, '반인륜적'·'반민주적'이라는 폭언적 판단을 내리고 있는 것은 실로 '반인륜적이고 비민주적'인 태도라고 아니할 수 없다.

사제들은 "국가보안법의 횡포에 대해서 침묵하고 무관심했던 점에 대해서 사제로서 부끄럽기까지 합니다"라고 고백하고 있다. 그들이 사제로서 윤리적인, 종교적인 고해성사를 하고 있다고 볼 것이다.

그것은 국가보안법의 집행과 적용을 몸으로 저지하지 못한 점에 대한 자기비판이다. 가장 숭고한 양심의 고백으로 들릴 수 있는 말이다. 그러나 자유민주주의의 생명이라고 알려진 법치주의의 견지에서 볼 때 법의 적용과 집행을 몸으로 막는다는 것은, 그 명분이야 어디에 있든간에, 얼마나 무서운 비민주주의적인 독선적 발상인가 하는 것을 생각할 때 이는 참으로 전율할 일이다.

사제들은 국가보안법이 왜 '반인륜적이고 반민주적인 악법'이냐 하는 점에 대해서는 일언반구의 이유설시를 하지 아니하고 있다. '성직자'인 '사제들'이 '반인륜적이고 반민주적'이라는 판단만 내리면 그 법은 무조건 '반인륜적·반민주적법'으로 전락하게 된다는 뜻으로 받아들여야 한다는 것이 아닌가? 그렇다면 이 이상 '반인륜적이고 비민주적'인 발상이 어디에 또 있는가 하고 물어보고 싶다.

(ㄹ) 인권침해론

사제들은 또 국가보안법이 "심하게 인권을 침해하고 인간의 의사표현 및 양심의 자유를 억압하는 도구로 쓰여졌다"라고 단정하기도 한다. 그러나 사제들은 그러한 단정의 근거에 대해서는 침묵을 지키고 있다. 아마 많은 국가보안법 폐지론자들이 내세우고 있는 주장을 맹목적으로 반복하고 있는 것이 아닌가 생각된다. 그러므로 국가보안법 폐지론자들의 주장을 살피는 항목에서 사제들의 이 주장도 함께 고찰해보기로 한다. 거기서 밝혀지듯이 국가보안법을 위요한 문제는 법 자체의 문제라기보다 그 법의 집행과 관련된 문제로 낙착된다. 결국 사제들의 국가보안법 비분감개론은 감상적인 흥분론에 그치고 마는 것이다.

 사제들은 '양심수들을 가족의 품으로' 돌려보내기 위해서는 국가보안법의 폐지가 필수적 전제조건이라는 논리를 펴고 있는 듯하다. 그러나 이 주장은 사제들답지 않은, 무책임한, 논리의 비약이다. 법치주의 국가에서는 '양심범'이란 범인이 존재하지도, 존재할 수도 없다. 그리고 우리나라에서 일반적으로 알려지고 있는 양심범은 실제에 있어서 비양심범이고 파렴치·흉악범이다. 그 실체는 뒤에서 살펴보고자 한다.

 그런데 사제들은 위 선언 중 양심범의 석방을 주장하는 부분에서, 엉뚱하게도 국가보안법 위반 구속피고인의 실형선고 비율에 관해서 언급하고 있다. 그들의 주장을 그대로 옮겨본다. "지난해 초부터 올해 9월말까지 국보법 위반 구속자 465명 가운데 이적단체 구성 가입 혐의자가 335명으로 전체의 72%를 차지한 것으로 나타났습니다. 그러나 재판결과 법원이 이들에게 실형을 내린 것은 전체의 10%도 미치지 못했습니다".

 사제들이 이런 주장을 펴는 이유를 알 수 없다. 만약 법관들이 국가보안법의 적용에 있어서 실형선고에 신중을 기하고 있다는 뜻으로 이 말을 하고 있는 것이라면 "국가보안법이 정권의 인권탄압 수단으로 전락하고 있다"는, 구차한 항변을 늘어놓을 필요가 없다. 한 걸음 더 나아가서 국가보안법은 그 적용면에 앞서서 본질적인 차원에서 악법이라는 주장도 설 자리를 잃게 된다. 악법에는 좋은 집행이 따를 수 없기 때문이다.

 사제들은 '집행유예'가 선고될 국가보안법 위반사건을 구속 기소하는 것이 불법한 법집행이라고 보고 있는 듯하다. 그러나 그러한 논리는 일고의 가치도 없는 억지이다.

(마) 기독교와 국가보안법

 사제들은 마지막으로 '그리스도의 가르침과 복음의 정신'에 비추어보아 국가보안법은 폐지되어야 한다고 주장한다. 이것은 또 얼마나 독선적인 단정인가? 기독교 국가에는 법과 정치가 필요 없다는 의미로 이 말을 하고 있는가? 아니면 기독교 국가는 악법을 수용해서는 안 된다는 의미로 이 말을 하고 있는가?

자유민주주의 체제하에서는 각자가 자신의 소신에 따라서 자유롭게 행동할 수 있다. 그러나 여기서는 문제된 특정상황과 관련하여 자기판단만이 옳고 그와 다른 견해는 모두 악의 산물로 보는 독선적 주장은 용인되지 아니한다. 사제들의 주장만이 맞는 것이라고 하면 기독교 국가에는 신앙만이 있어야 하는 대신 법과 정치는 없어야 한다는 것으로 된다.

그런데 예수님은 '가이사의 것은 가이사에게, 하나님의 것은 하나님께'라고 가르쳐주셨다. 사도 바울은 국가의 권위와 법률에 순종하라(롬 13: 7)고 가르쳐주셨다. 그렇다면 사제들의 위 주장은 예수님의 가르치심이나 사도 바울의 교훈에 위배되는 것이다.

사제들이 내세우는 다음의 주장들은, 자유민주주의를 최고의 가치로 삼고 있는, 법치주의 국가에서는 도무지 용납할 수 없는 법질서 파괴적인 발상에서 나온 것이라고 확신한다. 그들 주장의 마지막 부분을 그대로 옮겨본다.

(바) 사제들의 결의

"우리는 국가보안법에 대한 부분개정이 아니라 전면적 철폐의 그날까지 선의를 가진 모든 사람들과 정의로운 행동을 함께 할 것입니다. 하나, 우리는 국가보안법으로 감옥에 갇힌 양심수들이 전원 석방될 때까지 양심수와 그 가족들의 아픔에 동참할 것입니다".

사제들의 이 주장은 논리적인 선언이 아니다. 감정적인 선동이다. 위 선언문이 실정법 파괴를 위한 집단행동의 촉구와 공동투쟁참여의 선언을 담고 있기 때문이다.

'국가보안법으로 감옥에 갇힌 양심수들 전원'이란 사제들의 표현이 구체적으로 무엇을 뜻하는지 애매하다. 언뜻 생각하면 이 말은 '국가보안법 위반죄로 감옥에 갇힌 죄수들' 중에는 '양심범'과 '양심범 아닌 죄수'가 있다는 뜻으로 해석될 수 있는 틈을 주고 있다. 그러나 사제들의 진의는 거기에 있는 것이 아닌 것으로 짐작된다.

'국가보안법으로 감옥에 갇힌 죄수'는 하나 빠짐없이, '전원', '양심범'이라는 뜻으로 위와 같은 선언을 한 것으로 보인다. '국가보안법으로 감옥에 갇힌 자'는, 다른 사유는 전혀 보지 않고, 자동적으로 전원 양심범의 자격(?)을 취득하게 된다는 말이다.

이러한 주장의 문제점에 대해서는, 앞에서도 잠깐 언급했지만, 나중에 '양심범의 실체'를 논하는 자리에서, 양심범론의 비논리성, 상식파괴성과 관련하여 상세하게 살펴보고자 한다.

(4) 소 결론

지금까지 국가보안법 폐지론자들의 주장을, 국가보안법 폐지 법률안 제안이유와 천주교 사제들의 선언을 통해서 구체적으로 살펴보았다. 우리는 그 두 가지 사례가 모두 다 우리의 이성과 상식에 어긋나는 것임을 확신하기에 이르렀다고 본다. 지금부터는 우리나라 여러 분야에 산재해 있는 많은 국가보안법 폐지론자들의 주장을 일반론으로 정리하여 그 논리의 당부를 살펴보기로 한다.

2. 국가보안법 폐지론 일반(국가보안법 악법론)

(1) 악법과 독소조항의 뜻

국가보안법 폐지론자들 중에는, 전술한 바와 같이, 국가보안법이 악법이므로 이를 폐지해야 한다고 주장하는 사람들이 있는가 하면 동법에는 많은 독소조항(poisonous clause)이 들어 있으므로 이를 없애야 한다고 주장하는 사람들이 있다.

국가보안법이 독소조항을 함유하고 있다고 주장하는 사람들은 다시 두 부류로 갈라지고 있다. 첫째 부류의 국가보안법 독소조항 함유론자들은 국가보안법에서 문제되는 독소조항을 없애야 한다는 주장을 편다. 이에 반해서 둘째 부류의 독소조항론자들은 국가보안법이 너무 많은 독소조항을 가지고 있기 때문에 개별적인 독소조항 제거만으로는 문제의 근본적 해결이 불가능하다고 주장한다.

첫째 부류의 독소조항론자들은 대개 국가보안법 개정론으로 흐르게 되고 둘째 부류의 독소조항론자들은 국가보안법 폐지론을 주장하게 된다.

그러나 이 주장(악법론 또는 독소조항론)은 국가보안법에 대한 맹목적인 악평에서 나온 것이라고 생각한다. 이 주장을 펴는 사람들의 대부분은 국가보안법이 악법이라고 격렬하게 매도하면서도 어떤 점에서 그 법이 악법인가 하는 문제에 대해서는 명백한 대답을 피하는 경우가 대부분이다.

'독소조항'에 관한 주장도 마찬가지다. 국가보안법의 무슨 규정이 무엇 때문에 독소조항으로 평가되어야 하는가라고 하는 점에 논의가 집중되게 되면 이 주장을 펴는 사람들은 대체적으로 논리의 핵심을 흐려버리기가 일쑤다.

일부의 사람들은 악법론과 독소조항론의 근거를 조심스럽게 개진하는 경우도 더러 있기는 하다. 그런 주장들을 차례로 살펴보기로 한다.

(2) 애매한 표현과 인권

국가보안법의 폐지를 주장하는 사람들 중 일부는 "(1)국가보안법(또는 그 일부규정)이, 애매모호한 표현으로 말미암아 인권을 침해할 가능성을 내포하고 있다. (2)법의 적용과 집행이 자의적 기준에 의하여 행해진다라는 것 등으로 집결된다"라고 주장한다. 그런데 (1)과 (2)의 주장은 결국 뿌리를 같이하는 논리에서 출발한 것으로 봐야 할 것이다. 국가보안법의 애매모호한 규정은 필연적으로 동법의 적용과 집행을 수사기관과 사법기관의 자의에 넘겨줄 수밖에 없도록 만들게 된다. 그 결과 불이익과 침해를 받게 되는 것은 그 법률의 적용 집행대상이 되는 국가보안법 위반피의자와 그 피고인의 인권뿐이다.

이 주장은 국가보안법의 적용 집행에는 필연적으로 이현령비현령(耳懸鈴鼻懸鈴)식 해석이 뒤따르게 마련이라는 뜻을 담고 있다. 국가보안법이 수사기관과 법관의 자의에 의하여, 귀에 걸려지기도 하고 코에 걸려지기도 한다는 것이다. 이와 같은 유동적이고 불안한 법해석으로 인하여 국민의 기본권은 설자리를 잃게 된다는 것이 이 주장의 요점이다.

나는 전술한 바와 같이, 이러한 주장들이 매우 감정적이고 독선적인 가치판단 기준에서 비롯된 것이라고 생각한다. 그러므로 그것들은 학문적이거나 과학적인 주장이라고 보기 어렵다.

국가보안법의 성격을 '악법'이라는 점에서 찾으려고 하는 태도는 근본적인 오류를 범하고 있는 것이다. 엄격하게 말하면 모든 법률 특히 형벌법규는, 예외 없이, 결과적으로 '악법'이 될 수밖에 없다. 법은 본질적으로 강제규범(Zwangsnorm)이다. '강제'는 '악'이다. '강제'(Zwang)는 본질상 자율(Autonomie, Freiheit)을 제약하는 것이기 때문이다.

'형벌'이 '강제'가 아니라고 말하는 사람은 하나도 없을 것이다. 그러므로 '형벌법규'는 어느 것이나 예외 없이 '악의 법' 즉 '악법'이 될 수밖에 없다. 다만 법의 '강제' 또는 '형벌'은 사회의 질서유지를 위해서 없어서는 안 될 '필요한 악'(necessary evil)일 뿐이다. '독소조항'이라는 말도 결국은 이러한 필요악의 한 형태를 나타내고 있는데 불과한 것이다.

그러므로 국가보안법이 '악법'이라거나 '독소조항'을 내포하고 있다는 이유로 이를 없애야 한다는 것은 감상적인 흑백론에서 나온 것이다. "국가보안법은 다른 형벌법규와 비교될 수 없는 악법이다"라는 주장을 앞세우더라도 이것 역시 국가보안법 폐지론의 논거는 될 수 없다. 법률은 규범과 가치의 세계에 속하는 것이다. 규범과 가치의 세계에서는 양의 다과를 가지고 법과 불법의 분류기준으로 삼을 수는 없다. 질의 문제가 그 기준이 될 수 있을 뿐이다.

그러므로 우리는 "국가보안법이 악법이다"라는 공상적 교조론에 대해서 "악법도 법이다"(Dura lex, sed lex)라는 궁색한 변명을 내세울 필요는 없다고 생각한다. 그러나 여기서 짚고 넘어가야 할 문제가 하나 있다. 우리나라에서 국가보안법에 관한 논쟁은 바로, 위에서 본 바와 같이, "국가보안법이 악법인가, 그렇지 아니한가?" 하는 공상적 교조주의자들의 논쟁의 범위 내에서 맴돌고 있다. 이것은 매우 부끄러운 일이다.

지금 국가보안법에 관한 논란이 우리나라 전 국토에 걸쳐서, 뜨겁게 일고 있다. 국가보안법 개폐론자와 국가보안법 유지론자들은 각자, 여론이 자기들 편이라고 주장하고 있다. 그런데 문제는 우리 국민들 중에 국가보안법의 내용과 문제점에 대해서 어느 정도나마 알고 있는 사람이 얼마나 될 것인가 하는 점에 있다.

김종필 자민련 명예총재는, 우리 국민의 99%는 국가보안법에 대해서 관심이 없다고 말했다. 99%라는 숫자가 얼마나 정확한 것인가 하는 점에 대해서 나는 아무런 자료를 가지고 있지 아니한 것이 사실이다. 그러나 대단히 많은 국민들이 국가보안법의 내용과 문제점에 대해서 별다른 지식을 가지고 있지 아니한 것만은 틀림없다고 본다.

국가보안법의 폐지주장에 동조하는 국민들의 대부분도 "국가보안법은 악법이라고 하더라"라는 정도의 지식을 가지고 있는데 불과하다고 생각한다. 그리고 국가보안법 수호론자 중의 많은 사람들도 "국가보안법이 개폐되면 자유민주주의가 무너진다고 하더라"라고 하는 정도의 지식과 관심을 가지고 있는데 불과하다고 봐야 할 것이다.

그래서 우리는 국가보안법 개폐 필요성 유무에 관한 국민들의 여론향방에만 관심을 집중하기에 앞서서 해야 할 일이 있다고 생각한다. 순수한 대화와 토론을 통해서 국민들에게 국가보안법의 내용과 그 문제점에 대한 교육과 홍보를 선행해야 한다고 생각한다.

(3) 죄형법정주의 위반론

국가보안법이, 애매모호한 뜻을 담은, 독소조항으로 메워져 있다는 주장을 펴고 있는 사람들은, 전술한 바와 같이, 국가보안법의 적용 집행이 유동적이고 불안정한 것이기 때문에 국민의 기본권은 설자리를 잃게 된다는 주장을 편다. 그런데 이러한 의미에 있어서의 국가보안법 폐지론은 소박한 생활감정을 가지고 있는 일반국민들을 자극하는 정치적 논리이다.

이러한 감정론적이고 흑백론적인 정치논리를 순수한 법률논리로 승화시켜 보면 그것은 다음과 같은 원리로 바꾸어진다. 그것은 "국가보안법이 근대형법의 대원칙으로 받아들여져야 할 죄형법정주의에 위배하는 법률이므로 원천적으로 무효인 법률이다"라는 것이다.

죄형법정주의는 인류가 피와 땀으로 쟁취한 위대한 형사법의 원칙이다. 그러므로 적어도 자유민주주의를 표방하는 나라는 반드시 이 원칙을 지켜야 한다. 그것이 자유민주주의 국가와 비자유민주주의 국가를 식별하는 중요한 척도이기 때문이다. 북한과 다른 공산주의 독재국가들은 죄형법정주의를 가지고 있지 아니하다. 이 사실은 자유민주주의와 죄형법정주의의 상호관계를 명백하게 설명해주는 것이라고 생각한다.

죄형법정주의(罪刑法定主義-(영) principle of legality, (독) Grundsatz nulla poena sine lege, (불) principe de la legalite des delits et des peines)란 말은 "법률 없으면 범죄도 없고 형벌도 없다"(nullum crimen nulla poena sine lege, Neither crime nor punishment, without law)라는 말로 표현되는 근대형벌법규의 대헌장(magna charta)이다.

근대형법의 금자탑으로 알려진 이 대원칙에는 다음 네 가지의 파생원칙이 포함되어 있다. 그 네 가지 파생원칙은 (1) 형벌불소급의 원칙, (2) 유추해석 금지의 원칙, (3) 관습형법 배제(구성요건 명문화)의 원칙, (4) 절대적부정기형 금지의 원칙 등이다.

우리나라에는 김대중대통령을 위시하여 "국가보안법이 애매모호한 규정으로 이루어져 있다"라는 주장을 펴는 사람들이 많다. 그러한 주장을 펴는 사람들의 말은 국가보안법이 죄형법정주의의 원리와 정신을 위반하고 있다는 것을 뜻한다. 우리는 죄형법정주의의 네 가지 원리 중 우리의 주제와 관련있는 두 가지 원칙만을 살펴보고자 한다. 그것은 관습형법의 배제원칙과 유추해석의 금지원칙이다. 이것을 차례로 살펴본다.

먼저 관습법(Gewohnheitsrecht, droit coutimier)이라는 것은 일반대중이 관행으로 준수하는 법률을 뜻한다. 법률학적으로 설명하면 특정한 사회에서 행해지고 있는 사실상의 관행(de facto Gewohnheit, de facto Uebung) 중 그 사회구성원들의 법적 확신(Rechtszuversicht)을 얻게 된 규범 또는 법률을 말하는 것이다.

사실상의 관행과 관습법은 그것이 사회구성원의 법적 확신에 의해서 뒷받침되고 있는가 그렇지 않은가 하는데 따라서 구별된다. 그러나 법적 확신은 눈에 보이는 것도 아니고 손으로 만져지는 것도 아니다. 그러므로 사실상의 관습과 관습법을 현실적으로 구별한다는 것은 어려운 과업이다. 이 저서 집필의 목적은 관습법과 사실상의 관습을 구별하는 일과는 전혀 무관한 것이다. 그러므로 이 문제에 대한 더이상의 언급은 피하기로 한다.

다만 사실상의 관행과 관습법이 가져오는 법적 효력의 현실적 차이점에 대해서만은 한 마디의 언급을 하지 않을 수 없다고 본다. 그것은 관습법은 법원(Rechtsquellen)으로서의 힘을 가지고 있는데 반해서 사실상의 관행은 그러한 힘을 가지고 있지 않다라고 하는 점에 있다. 요컨대 관습법은 성문법과 똑같은 효력을 가지게 되는 것이다. 관습법에 관한 법률적 분규가 발생하면 그 관습법은, 성문법과 꼭 마찬가지로, 재판의 기준 즉 재판규범(Entscheidungsnorm)이 되는 것이다.

그런데 관습법의 효력에 관해서는 중대한 예외가 하나 있다. 그것은 형벌법규에 관한 한 관습법이 법원(法源)으로 인정되지 아니한다고 하는 사실이다. 다시 말하면 형벌법규의 세계에서는 관습형 법이 인정되지 아니한다는 것이다. 성문형 법만이 법원으로 인정받는다는 말이다.

그 이유는 무엇인가? 앞에서도 언급한 바와 같이, 관습법은 눈으로도 손으로도 확인할 수 없다. 그 결과 관습법의 실체와 내용에 대해서는 관계인들이 견해와 해석을 달리할 가능성이 발생하게 된다. 그러므로 관습형 법을 인정하게 되면 무엇이 범죄가 되며 그 범죄에 대한 형벌은 어떤 것인가 하는 점에 대한 논란이 발생될 수 있다.

그렇게 되면 "법률 없으면 범죄도 없고 형벌도 없다"라는 의미의 죄형법정주의는 유명무실한 것이 되고 만다. 범죄와 형벌을 가늠하는 것은 법률이어야 한다. 그 임무를 담당하여야 할 법률이 관습법이라고 하면 그 법률이 있는 것인지 없는 것인지 알 수 없게 된다.

죄형법정주의가 관습법을 용납하지 아니하는 이유는 바로 여기에 있다. 죄형법정주의가 유추해석(Analogische Auslegung)을 받아들이지 아니하는 이유도 마찬가지다. 형벌법규에 대해서 유추해석을 허용하게 되면 형벌법규는 고무줄 법규로 전락하고 만다. 귀에 걸면 귀걸이, 코에 걸면 코걸이식 법이 되어 버린다. 그렇게 되면 죄형법정주의의 정신은 죽어 버리고 마는 것이다.

국가보안법 폐지론자들은, 전술한 바와 같이, 그 법률이 "애매모호한 표현으로 인권을 침해한다"라고 주장하고 있다. 이 주장에 죄형법정주의적 의미를 부여한다면 그것은 국가보안법이 유추해석을 허용하게 되어 있으므로 이는 폐지하여야 한다는 논리로 된다.

그런 의미에서는 국가보안법 폐지론자들의 주장에 일리가 있다고 말할 수 있다. 그러나 문제는 국가보안법 폐지론자들이 죄형법정주의라고 하는 숭고한 법정신의 실천을 빙자하여 형식론적인 궤변을 전개하면서 자신들의 독단적 견해를 강행하려는데 있다.

국가보안법 폐지론자들은 자신들이, 국가보안법의 어떠한 규정을, 무슨 이유에 의해서, 애매한 것으로 보느냐 하는 점에 대해서는 원칙적으로 언급을 하지 않고 있다. 국가보안법이, 인권침해 위험성을 동반하는, 애매한 규정으로 채워져 있다는 주장만 되풀이하고 있다.

(예외적으로 그들이 애매모호한 조항이라고 예시하고 있는 부분에 관해서는 뒤에 살펴보고자 한다). 그들의 말처럼 국가보안법이 애매모호한 규정으로 채워져 있다고 하면 그 법을 폐지해야 한다는 것은 법치주의의 요청이다.

그러나 국가보안법의 폐지문제를 운위하기 전에 반드시 그보다 먼저 해야 할 일이 있다. 그것은, 국가보안법의 어느 규정이, 왜 애매모호한 것인가 하는 점을 밝히는 일이다.

결국 국가보안법 폐지론자들은 동법의 폐지주장과 동법규정의 문제점 적출에 대한 업무처리의 선후순서를 혼동하여 이를 뒤죽박죽의 상태로 만들어 버린 것이다. 국가보안법 폐지론자들이 죄형법정주의의 법정신을 도용하여 그 법률의 인권침해 가능성을 입증하려던 노력은 일말의 수포로 돌아가고 말았다 할 것이다.

(4) 국가보안법 제5조 내지 제8조의 죄형법정주의

국가보안법 폐지론자들은 국가보안법이 애매모호한 표현으로 인권을 침해하는 많은 독소조항을 가지고 있다고 주장한다. 그러면서도 그들은 무엇이, 왜 독소조항인가 하는 문제에 대해서는 대체로 입을 다물어 버린다. 다만 예외적으로 국가보안법의 대표적인 독소조항으로 동법 제5조 내지 제8조를 예시하는 사람들이 있다. 그들의 주장이 이유있는 것인가 하는 점을 살펴본다. 그들이 독소조항이라고 지칭하는 국가보안법의 해당규정들을 살펴본다.

국가보안법 제5조는 '자진지원, 금품수수'를 동법 제6조는 '잠입, 탈출'을 동법 제7조는 '찬양, 고무'를 동법 제8조는 '회합, 통신' 등을 규정하고 있다. 이 법규들은 반국가단체 또는 그 구성원에 대한 자진지원, 그들로부터의 금품수수, 반국가단체 지배지역으로부터의 잠입 또는 그 지역에로의 탈출, 반국가단체 등의 활동에 대한 찬양, 고무, 선전 및 반국가단체 구성원과의 회합, 통신, 연락한 자를 처벌한다는 규정들이다.

국가보안법 폐지론자들은 위 규정들의, 처벌범위가 넓고 그 표현이 너무 애매모호해서, 그 법의 적용에 있어서, 중대한 인권침해의 가능성을 내포하고 있다는 주장을 편다. 과연 그들의 주장이 옳은 것인가 하는 점을 살펴보고자 한다. 국가보안법이 1991. 5. 31자로 개정되기 전 구 국가보안법 시대에는 반국가단체 또는 그 구성원에 대하여 자진지원을 하거나 그들로부터 금품을 수수한 자, 또는 반국가단체 지배하에 있는 지역으로부터의 잠입 또는 그 지역에로의 탈출을 하거나 반국가단체 등의 활동에 대한 찬양, 고무, 선전 및 반국가단체 구성원과의 회합, 통신, 연락을 한 자는 무조건 처벌받게 되어 있었던 것이 사실이다.

그러나 개정된 현행 국가보안법은 '국가의 존립 안전이나 자유민주적 기본질서를 위태롭게 한다는 정을 알면서' 그러한 행위를 한 경우에만 국가보안법 위반의 책임을 묻도록 하고 있다. 이러한 주관적 위법요건을 충족하지 아니하는 행위는 그것이 아무리 국가보안법 위반행위의 외형을 갖추고 있더라도 전혀 책임을 지지 아니하도록 되어 있다. 이러한 입법정책적 배려와 법집행의 신중성이 담보되는 곳에 '애매모호'하고 지나치게 광범위한 표현을 가진 법규정으로 말미암은 인권의 침해는 일어날 수 없는 것이다. 위의 규정은, 주지하는 바와 같이, 확대해석의 가능성을 내포하고 있다는 이유로, 인권옹호 증진차원에서 범죄 구성요건의 명확화를 기한다는 명분 아래 1991. 5. 31에 개정 추가된 부분이다.

당시 국회는 여야의원의 완전한 합의를 거쳐서 흡족하고 자랑스러운 심정으로 위와 같이 개정한 것이다. 그리고 헌법재판소는 위 법 개정을 계기로, 후술하는 바와 같이, 국가보안법 제7조 (찬양·고무죄)규정에 대해서 견지해오던, 매우 이례적인, 한정 합헌결정을 철회하고 합헌결정으로 돌아선 것이다(내용 후술).

이러한 바람직스러운 중대변화를 가져다 준 위 규정을 이제 와서 느닷없이 없애자는 것은 무엇을 말하는가? 더구나 그것도 기본권 옹호의 명분을 내세우고 말이다.

여기서 참으로 어처구니없는 사건 하나를 소개하고자 한다. 얼마 전 국가보안법 개정논의가 일어났었을 때 여권의 어떤 중진의원 한 사람이 이러한 제안을 했다. '국가의 존립 안전이나 자유민주적 기본질서를 위태롭게 한다는 정을 알면서'라는 표현은 법해석자의 주관에 의한 자의적 해석의 여지를 남겨주는 '애매모호'한 것이므로 이를 삭제해야 한다는 것이다.

우리는 이 사건 가운데서 중대한 사실 하나를 발견하여야 한다고 생각한다. 그것은, 우리나라에서 적지 않은 국가보안법 개폐론자들이 국가보안법 개폐라고 하는 숭고한(?) 목표달성을 위해서는 무슨 논리를 동원해도 좋다고 하는 신념을 가지고 있다고 하는 사실이다. 그런 생각 자체를 신념으로 삼고 있는 것은 아니라고 하더라도 "목적은 수단을 정당화한다"라는 철학으로 웬만한 모순에 대해서는 눈을 감으려는 것이 아닌가 하는 생각을 하지 않을 수 없다.

다음으로 국가보안법의 범죄 구성요건에 관한 규정들이 모호한 표현을 사용하고 있는가 하는 점을 살펴보고자 한다. 많은 국가보안법 폐지론자들은 국가보안법과 형법이 다 같은 형벌법규임에도 불구하고 형법은 법률을 잘 모르는 국민들이 읽어보더라도 그 내용을 쉬 알 수 있도록 규정되어 있는데 국가보안법은 아무리 읽어보아도 무슨 뜻인지 알 수 없게 규정되어 있다고 주장한다. 나는 여기서 이 문제와 관련있는 나의 경험담을 털어놓고자 한다. 1999년 연말경 모 TV 방송사 주최의 국가보안법 토론장에서 우리나라 최일류대학의 형법교수가 다음과 같은 주장을 폈다. 물론 전국적으로 생방송되고 있는 마이크 앞에서의 고백이다.

그 교수의 말을 옮겨본다.

"형법이 규정하고 있는 절도죄와 살인죄에 있어서는 '절도'가 어떤 행위를 뜻하는가 또 '살인'이 무엇을 의미하는가 하는 것을 모르는 사람은 한 사람도 없다. 그러나 국가보안법이 규정하고 있는 '잠입'과 '탈출'이 무엇을 뜻하며 '고무'와 '찬양'이 무슨 의미를 가지고 있는가 하는 것은 형법교수인 나도 잘 모른다".

이 교수의 주장에 대해서 나는 다음과 같은 반론을 제기했다.

"형법이 규정하고 있는 절도와 살인의 의미가 비교적 쉽게 파악될 수 있다는 것은 사실이다. 그러나 형법상의 범죄 중에서 그 구성요건(Tatbestand) 충족여부에 관해서 검찰과 변호인, 검찰과 법원간의 열띤 논쟁의 대상으로 자주 떠오르게 되는 죄는 예상외로 많다. 심지어는 이 점에 관해서 법원 사이에도 심급간의 이견(異見)을 보이는 경우가 비일비재하다.

신문기사의 명예훼손죄, 예술작품의 공연음란성 해당여부 및 재산범죄 중 배임죄 성립여부는 이러한 논쟁의 단골메뉴가 되고 있다. 그러므로 범죄규정의 명확성 여부로 형법과 국가보안법의 구별표준으로 삼는 것은 부당하다.

이런 경우 형법의 폐지 또는 명예훼손죄·공연음란죄의 삭제로써 문제해결을 하려고 하는 무모한 행위를 우리는 수용할 수 없는 것이다. 국가보안법상의 범죄 구성요건이 이해하기 힘들 정도로 애매하다는 주장은 감정적인 흑백론에 불과하다. 시간관계상 일일이 국가보안법상의 각 범죄에 관해서 개별적인 고찰을 하는 일은 피한다. 그러나 우리나라의 법원과 헌법재판소는 법률전문가가 이해할 수 없는 구성요건의 범죄를 그대로 방치할 정도로 부도덕하고 범죄적인 집단은 아니다.

그 교수는 나의 반론에 대해서 아무런 이의를 제기하지 아니한 채 듣기만 하고 있었다. 이의를 제기할 수 없었기 때문이라고 생각한다.

이제 국가보안법, 특히 문제된 위 규정들이, 진짜로 죄형법정주의 정신에 위배하여 확대해석을 가능케 하고 인권을 침해하게 되어 있는가 하는 점을 다른 측면에서 살펴보고자 한다.

첫째, 국가보안법 제1조 제2항(1991.5.31 신설)은 다음과 같이 규정되어 있다. "이 법을 해석 적용함에 있어서는 제1항의 목적달성을 위하여 필요한 최소한도에 그쳐야 하며 이를 확대해석 하거나 헌법상 보장된 국민의 기본적 인권을 부당하게 제한하는 일이 있어서는 아니 된다".

위 규정은 국가보안법 해석과 그 집행에 있어서 신중한 조치를 위해서 1991.5.31 신설된 것이다. 이처럼 국회는 국가보안법의 해석 적용에 있어서 기본인권이 제약되지 않도록 하는 일에까지 관심을 베풀고 있다. 이만하면 국민은 국회의 입법에 대해서 일단의 신뢰를 보낼 수 있다고 생각한다.

국가보안법의 해석 적용에 관해서 이러한 원칙이 법에 규정되어 있어도 이 점에 관한 검찰과 법원의 처리를 믿을 수 없는 것이라고 하면 이는 중대한 일이 아닐 수 없다. 이러한 법해석 기준규정도 아무런 의미를 가질 수 없는 것이고 국가보안법은 필연적으로 남용될 수밖에 없도록 허술하게 제정된 법이라고 하면 우리 국회에도 문제가 있다 할 것이다. 국회가 그렇게 애매모호한 내용의 국가보안법을 제정함으로써 국민의 기본권이, 권력자의 자의에 의하여, 농락될 수 있도록 방치하고 있다고 하면 그런 국회는 국민의 대의기관이 아니라 국민의 대적이다.

또 행정부와 사법부가 국가보안법의 해석 적용에 있어서 '애매모호'하게 규정된 것을 기화로, 권력자의 의사를 맹종하는 시녀 역할을 하는데 급급하고 인권을 마구 침해하는 일에 열을 올린다고 하면 이들도 국민의 적으로 전락하고 만다. 그러나 실제에 있어서 문제가 되고 있는 위

규정들의 어느 부분도, 전술한 바와 같이, '애매모호'하게 표현된 것은 없다.

거기다가 국가보안법의 각 규정들을 엄격하게 해석하고 적용하게 하기 위한 입법정책적 노력이, 위에서 본 바와 같이, 꾸준히 이어져 왔다. 그리고 법원은 장기간에 걸친 국가보안법 적용 집행을 통해서 위 각 구성요건의 충족여부에 대한 기준(판례)을 확립해놓고 있다. 국가보안법이 국민의 기본권을 침해하지 않도록 하기 위하여 철저한 감시자의 기능을 하고 있다는 말이다. 다음에 대법원의 판례를 소개한다.

"우리 헌법상 국민의 기본권은 국가안전보장을 위하여 필요한 경우 법률로써 이를 제한할 수 있는바(헌법 제37조 제2항), 국가보안법은 헌법이 지향하는 조국의 평화적 통일과 자유민주적 기본질서를 부인하면서 적화변란을 채택하는 북한공산집단 등 불법집단의 활동을 봉쇄하고 그를 통하여 국가의 안전과 국민의 자유를 확보하기 위하여 제정된 것이므로 국민의 기본권을 부당하게 제한한다고 할 수 없다. 또한 '시민적 및 정치적 권리에 관한 국제규약'에 의하여 설치된 인권이사회에서 국가보안법의 문제점을 지적하였다고 해서 그것만으로 국가보안법의 효력이 당연히 상실되는 것은 아니다"(대법원 93. 12. 24. 93도 1711호). 같은 취지를 담고 있는 대법원의 판례를 하나 더 살펴본다.

"양심의 자유, 언론·출판 등 표현의 자유, 집회·결사의 자유, 거주이전의 자유, 통신의 자유, 사상의 자유 등은 헌법이 보장하는 기본적 권리이긴 하나 무제한한 것이 아니라 헌법 제37조 제2항에 의하여 국가안전보장, 질서유지 또는 공공복리를 위하여 필요한 경우에는 그 자유와 권리의 본질적 내용을 침해하지 않는 한도 내에서 제한할 수 있는 것이므로 국가보안법 규정의 입법목적과 적용한계를 자유와 권리의 본질적 내용을 침해하지 않는 한도 내에서 이를 제한하는데 있는 것으로 해석하는 한 같은 법을 위헌이라고 볼 것은 아니다"(대법원 93. 9.28. 93도 1730호).

더욱이 헌법재판소는 구성요건의 불명확성과 관련하여 논의가 많았던 국가보안법 제7조(찬양, 고무 등)에 관해서 그 규정해석에 관해서 엄격한 기준을 설정함으로써 소위 제한적 합헌결정을 내렸다. 그 결정을 그대로 옮겨본다.

〔국가보안법 제7조 찬양, 고무 등에 대한 한정 합헌결정〕"동 규정은 법문의 용어가 지나치게 다의적이고 그 적용범위가 광범위하여 법 운용당국의 선별적·자의적 집행에 의하여 기본적 인권침해의 소지가 있고 나아가 죄형법정주의에도 저촉될 수 있으며 정치적으로 남용될 가능성도 있다. 따라서 위 법률조항들은 국가의 안전 존립을 위태롭게 하거나 자유민주적 기본질서에 실질적으로 위해를 줄 위험성이 명백한 경우에만 적용되는 것으로 축소 제한 해석하여야 할 것이며 이와 같은 해석하에서만 헌법에 위반되지 않는다".

〔국가보안법 제7조 제5항의 한정 합헌결정〕동조 동항은 그 소정행위에 의하여 국가의 존립 안전이나 자유민주적 기본질서에 실질적 해악을 줄 명백한 위험성이 있는 경우에 처벌되는 것으로 축소 제한 해석을 하는 것이 헌법전문 제4조, 제8조 제4항, 제37조 제2항에 합치된다고 볼 것인바, 여기의 국가의 존립 안전이나 자유민주적 기본질서에 실질적 해악을 줄 명백한 위험성이 있는 경우란 일응 그 표현물의 내용이 그와 같이 된 경우일 때라 할 것이고 따라서 국가의 존립 안전이나 자유민주적 기본질서에 실질적 해악이 될 정도가 못 된다거나 해악이 되는지 여부가 불분명한 때에는 그 적용이 배제된다고 할 것이다(1990.6.25. 90헌가 11).

위에서 살펴본 헌법재판소의 한정 합헌결정의 이유가 명시하는 바와 같이 우리 사법부는 범죄 구성요건의 불확실성으로 인한 법해석의 확대오류를 막기 위해서 세심한 배려를 아끼지 않고 있다.

입법부도 헌법재판소의 이러한 취지를 받아들여, 전술한 바와 같이, 국가보안법 제7조를 개정하였다. '국가의 존립 안전이나 자유민주적 기본질서를 위태롭게 한다는 정을 알면서' 행하는 찬양 고무 등만을 처벌하기로 개정한 것이다. 이 개정 국가보안법(현행 국가보안법)에 대해서는 헌법재판소도 완전한 합헌성을 인정하고 있다. 헌재의 결정을 옮겨본다.

"개정 후의 국가보안법 제7조 제5항, 제1항은 …구법 규정이 지니고 있던 용어의 다의성과 적용범위의 광범성이라는 위헌적 요소가 제거되었고 그래도 남은 용어의 추상성은 법적용·집행자의 합리적 해석에 맡겨도 되므로 표현의 자유의 본질적 내용을 침해하거나 이를 필요 이상으로 지나치게 제한한 위험성이 있다고 할 수 없고 또 죄형법정주의에 위반된다고도 할 수 없다"(헌법재판소 96.10. 4. 95헌가 2).

국가보안법 위반죄를 구성하는 행위 즉 잠입, 탈출, 찬양, 고무, 회합, 통신, 금품수수 등이 무엇을 뜻하는 말인가 하는 것은 법률전문가는 말할 것도 없고, 법률을 잘 모르는 일반국민들도 다 알고 있다. 그 말들이 '애매모호'한 뜻을 가지고 있어서 자신을 혼란스럽게 만든다고 생각하는 사람은 아무도 없다.

위의 국가보안법 위반죄에 있어서의 문제는 그 행위의 개념정의에 관한 것이 아닌 것으로 봐야 한다. 국가보안법 피의자 또는 피고인에 대한 피의사실 또는 공소사실을 입증할 수 있는 충분한 증거가 있는가 하는 점이다. 그러므로 국가보안법 폐지론자들의 위 주장들은 근본적으로 잘못된 것이거나 악의적인 것이라고 봐야 할 것이다.

국가보안법에 관해서 문제가 발생한다고 하면 그것은 국가보안법을 개정할 것인가? 하는 입법론의 문제가 아니다. 그것은 국가보안법을 어떻게 적용할 것인가? 하는 집행론의 문제로 귀결하게 된다. 더 구체적으로 말하면 그것은 국가보안법 위반자에 대한 재판을 어떻게 할 것인가?라고 하는 법집행의 문제인 것이다.

김대중대통령과 국민의 정부요인들(이종찬 전 안기부장, 박상천 전 법무부장관)도, 한결같이 국가보안법에 관련된 문제는 '범죄 구성요건의 명확화'를 위한 '입법의 문제'가 아니고 행정부와 사법부가 이를 정확하게 해석 적용하여야 하는 '집행의 문제'라고 수없이 주장해왔었다.

이것은 정확한 상황판단에 터잡은 결론이다. 국민의 정부는, 이처럼 정확한 국가보안법관을 견지하면서 국가보안법 수호방침을 확실하게 천명해왔다. 그런데 그러한 정부가, 하루아침에, 실질적으로 국가보안법 폐지안과 다름없는, 국가보안법 개정안을 불쑥 들고 나왔다. 국민이 혼란과 당혹 속에 빠지게 되는 것은 너무나 당연하다. 이처럼 양극으로 대립하는 국가보안법 정책의 변경을 일관된 국가보안법관으로 설명하는 것은 전혀 불가능한 일이라고 생각한다. 국가보안법 제5조 내지 제8조 외에도 동법 제2조(반국가단체의 정의)에 관해서도 죄형법정주의 위반론이 있으므로 이 기회에 이 점에 관한 나의 소견도 피력하는 것이 좋다고 생각된다.

법 제2조(정의) 규정을 옮겨본다. "제2조(정의) 이 법에서 '반국가단체'라 함은 정부를 참칭하거나 국가를 변란할 것을 목적으로 하는 국내외의 결사 또는 집단으로서 지휘통솔체제를 갖춘 단체를 말한다"(개정 1991. 5.31).

이 규정의 어느 부분이 이현령비현령식 애매한 표현방법을 쓰고 있는가? 법률전문가가 아닌 사람들도 '반국가단체'가 무엇을 뜻한다고 하는 사실을 금방 알 수 있다. 반국가단체의 의미에 관해서 누구도 혼란을 일으키지 아니하게 되어 있다. 그러므로 법 제2조가 '애매모호'한 규정으로 이루어져 있다는 주장은 전혀 설득력을 가질 수 없다. 더구나 법원은 여러 차례에 걸쳐서 반국가단체의 개념을 판결로 분명히 정의하고 있다.

그리고 1991. 5.31 법개정에 의해서 국내외 결사 또는 집단 중 '지휘통솔체제를 갖춘 단체'만을 '반국가단체'로 판단하도록 그 해석을 엄격하게 한정하고 있다. 이것은 인권침해 위험성의 범위를 최대한으로 줄이겠다는 법정신의 구현이라고 생각한다.

결국 국가보안법의 악법성을(특히 형법과 대비하여) 범죄 구성요건의 '애매모호성'에서 구한다는 것은 황당무계한 시도라고 할 수밖에 없다.

(5) 정권보안법론

국가보안법 폐지론자들 중에는 "국가보안법이 국가의 안보 유지를 빙자한 정권보안법이다"라는 주장을 펴는 사람들이 있다. 국가보안법이 아니라 정권보안법이라는 것이다. 국가보안법은 처음부터 반정부인사의 색출과 처벌을 목적으로 제정된 법률이라는 것이 이 정권안보론의 핵심이다. 국가보안법은, 그 명칭이 뜻하는 바와는 달리, 국가의 안보는 전혀 안중에 없고, 오로지 집권당의 정권안보만을 생각하고 있는 법이라는 것이다. 그래서 허다히 많은 반정부인사들이 이 법에 의하여 고초를 당했다고 주장한다.

이 주장은 학문적인 논리나 체계적인 학설을 토대로 전개되고 있는 것이 아니다. 국가보안법에 대하여 부정적 평가를 하고 있는 인사들이 그들의 감정을 정치적 방법으로 표현하고 있는 것이다. 그러므로 이러한 주장에 대해서는 거추장스러운 반박논리를 전개할 필요는 없다고 본다.

그런 의미에서 나는 내가 겪은 하나의 재미있는(?) 경험담을 소개함으로써 이러한 국가보안법관이 얼마나 이유 없는, 악의적인 것인가 하는 점을 밝히고자 한다. 나는 10여 년 전에 기독교방송국이 주최한 국가보안법 찬반토론회에 참석한 일이 있다. 내가 소개하고자 하는 이야기는 거기서 생겼던 일에 관한 것이다.

의견의 대립이 있는 주제에 관한 토론회에서는 주최자가 토론자나 방청객이 숫자상으로 균형을 유지하도록 신경을 쓰는 것이 통상적인 일이다. 나는 그 토론회도 그렇게 배려되었을 것으로 생각하고 가벼운(?) 마음으로 토론자의 자격으로 이에 참석했다. 그러나 나의 이 예상은 완전히 빗나갔다. 그 토론장은 국가보안법에 대한 완벽한 성토장이었다. 토론 참여자는 말할 것도 없고 방청석을 가득 메우고 있던 사람들도, 하나같이, 국가보안법 폐지론자들뿐이었다. 나는 그 토론장 안의 유일한 국가보안법 유지론자였다.

토론이 무르익어 가고 있을 때 모대학에서 법학교수로 봉직하고 있던 H교수가 드디어 이 국가보안법의 정권안보론을 들고 나왔다. 그는 불끈 쥔 주먹으로 가끔 앞에 놓여 있는 책상을 치면서 상기된 얼굴로 열변을 토했다. "국가보안법! 빛 좋은 개살구와 같은 것입니다. 이것은 국가의 안보는 거들떠보지도 아니하고 군사독재자들의 기득권을 영구화하고 이를 사수하는 반정부인사 탄압법입니다".

H교수의 이 말이 떨어지자 토론장은 박수와 갈채로 메워졌다. 그러자 H교수는 의기양양한 자세로 '군사독재정권'을 마구 규탄했고 방청객들은

더욱 격려의 열기를 뿜었다. 그때 그 장소는, 전술한 바와 같이, 국가보안법 토론장이 아닌 국가보안법 성토장으로 변모하고 있었다.

그때 내게 마이크가 주어졌다. 나는 숨을 들이키면서 한 박자의 휴식을 취한 후에 입을 열었다. "H교수의 주장을 잘 들었습니다. 그런데 나는 H교수의 견해에 반대되는 의견을 가지고 있습니다". 나의 이 말에 방청석은 저항과 긴장이 섞인 숨소리를 뿜었다. "나는 많은 사람들과 만나서 여러 가지 주제를 가지고 대화를 나누어본 경험을 가지고 있습니다. 나의 대화 상대자 중에는 다양한 직업인들이 있습니다. 갖가지 생각을 가진 사람들이 있습니다. 많은 반정부인사들과도 대화를 나누어 봤습니다.

그러나 나는 여태껏 H교수처럼 철저하고 강한 반정부감정을 가진 사람과 만나본 일이 없습니다. 이것은 거짓이나 과장이 없는 솔직한 나의 고백입니다.

그런데 H교수의 주장처럼, 국가보안법이 반정부인사를 처벌하기 위해서 있는 법률이라고 하면 H교수는 오늘 이 자리에서 한 이 격렬한 반정부 발언 때문에 내일이라도 국가보안법 위반죄로 처벌되어야 할 것입니다.

그런데 나는 오늘 이 자리에서 분명하게 선포할 말이 하나 있습니다. 그것은 여하한 경우에도 H교수가 오늘 이 자리에서 밝힌 자신의 반정부적 견해 때문에 국가보안법 위반죄로 처벌받게 될 일은 없을 것이라는 사실입니다. 나는 내가 지금 가지고 있는 국회의원직과 교회장로직을 걸고 이 말을 합니다. 만약 나의 이 예언(?)이 맞게 된다면 국가보안법이 반정부인사 처벌법이자 정권보안법이라는 H교수의 오늘 이 자리에서의 주장은 거짓말 아니면 왜곡된 것이라고 말해야 할 것입니다.

나는 반정부인사가 국가보안법 위반죄로 처벌받는 일이 전혀 있을 수 없다는 의미로 이 말을 하는 것이 아닙니다. 반정부인사가 국가보안법 위반죄로 처벌되는 경우는 얼마든지 있을 수 있습니다. 그러나 그는 '반정부인사'라는 사실만으로, 또는 반정부적인 언동을 했다는 사실만으로는 결코 국가보안법 위반죄로 처벌되지 않습니다.

　반정부인사가 국가보안법 위반의 방법을 통해서 반정부활동을 하게 될 때 비로소 국가보안법 위반죄로 처벌되는 것입니다. 그가 반정부활동을 전개하는 방법으로 국가보안법을 위반하게 되는 때에는 그는 반정부인사가 아니라 국가보안법 피의자(또는 그 피고인)가 되는 것입니다.

　그것은 실정법을 위반한 사람이 자신의 범행의 동기로서 신앙과 신념을 내세우더라도 그가 주장하는 신앙의 자유나 사상의 자유가 자신의 실정법 위반에 대한 면책사유로 평가받을 수 없는 것과 같은 원리입니다".

　그러나 이러한 우회적인 논리를 동원하지 아니하고 보다 직설적인 방법을 통해서, 국가보안법이 정권보안법이라는 주장이 잘못된 것임을 밝힐 수 있는 방법을 나는 알고 있다.

　김대중대통령 자신이 정권재창출을 얼마나 희구하고 있는가 하는 점에 관해서 나는 아무런 자료나 지식을 가지고 있지 아니하다. 그러나 민주당의 중진들은, 한 사람의 예외도 없이, 모두 다 정권의 재창출을 위해서 혼신의 힘을 기울이고 있는 것으로 알려지고 있다. 그리고 이것은 정치인과 정당인으로서 당연히 가질 만한 정치적 목표이자 아주 자연스런 희구라고 본다.

　김대중대통령과 민주당의 중진들은 국가보안법의 폐지 내지는 이에 버금가는 국가보안법의 전면적인 개정을 희망하고 있다는 것은 공지의 사실로 알려지고 있다. 그래서 민주당 핵심부에서는, 틈만 있으면, 국가보안법의 완전폐지 내지는 환골탈퇴적인 국가보안법 개정론이 심심찮게 흘러나오고 있다.

　국가보안법이 정권보안법이라면 정권재창출을 기획하고 있는 집권정당은 국가보안법을 사수하려고 노력해야만 하는 것이다. 그런데 현 집권당인 민주당은 엉뚱하게도 국가보안법의 근본적인 개폐를 지속적으로 주장하고 있다.

　이 사실은 민주당이 정권재창출의 욕심을 버리고 단임정권정신의 빈 마음으로 국정에 임하고 있다는 증거이거나 국가보안법이 정권재창출과 정권안보에 아무런 보탬을 주지 아니한다는 것을 의미하는 것이다. 그렇다면 국가보안법의 정권보안기능을 역설하면서 동법의 폐지를 주장하는 사람들은 민주당의 국가보안법 개폐전략이 위의 두 가지 가정 중 어느 것에 속하는가 하는 점을 밝혀야 할 것이다.

(6) 양심범 양산론

(가) 양심범의 개념

국가보안법은 양심범을 대량생산하는 양심파괴법이라는 주장을 펴는 사람들이 있다. 이 주장은 국가보안법인 양심인사들을 범죄자로 만들고 있다는, 무서운 내용을 담고 있는, 말이다. 만약 그들의 주장이 맞는 것이라고 하면 대한민국에서는 법률, 국회, 검찰, 법원이 작당해서 양심인사와 선량한 시민 그리고 도덕적 의인을 죄인으로 몰아서 감옥으로 보내는 부도덕하고 불법적인 악행을 감행하는 것으로 된다.

그러므로 그들이 말하는 양심범의 실체가 무엇인가 하는 점은 무엇보다 빨리 그리고 철저하게 규명되어야 한다. 만약 그들이 진실과 다른 거짓주장을 폈다거나 무책임한 주장을 편 것이 밝혀진다면 그들이야말로 부도덕하고 비양식적인 인사로 규탄받아야 할 것이다.

그러나 양심범의 실체를 살펴보기 전에 국가보안법이 개인의 양심의 자유, 나아가서는 사상의 자유를 침범하는 악법이라고 하는 주장이 옳은가 그른가 하는 점을 먼저 잠깐 살펴보고자 한다.

국가보안법이 사상과 양심의 자유를 침해하는 악법이라는 주장이 얼마나 허구적이고 무책임한 것이냐 하는 것을 밝혀주는 아주 간단한 길이 있다. 만약 그들의 주장이 옳은 것이라고 하면 검찰의 공소사실 또는 법원의 판시사실 가운데 다음과 같은 기재가 있어야 하는 것이다.

"피고인은 한반도가 공산주의(또는 유일체제)에 의하여 통일되어야 한다라는 사상을 품고 있었다".

"피고인은 공산주의 통일을 위해서는 폭력사용도 정당화된다고 하는 양심을 가지고 있었다".

그러나 나는 이러한 공소장이나 판결문이 있었다고 하는 말을 들어보지 못했다. 사상과 양심이 인간의 내심의 세계에 머물러 있는 한 이들은 처벌의 대상이 될 수 없다. 그러나 상상과 양심이 말이나 문서를 통해서 행동의 세계로 그 모습을 드러내어 놓게 되면 그들은 이미 양심과 사상으로 처우받지 못한다.

그때부터 그들은 행동세계의 영역에 들어왔기 때문이다. 그들에게는, 그 사상과 양심이 행동의 형식으로 객관화된, 행위에 대한 책임의 문제가 다가오게 된다. 그 행위가, 일반 형법상의 범죄이든 국가보안법상의 범죄이든간에, 특정한 범죄를 구성하게 되면 그 책임을 면할 길이 없다.

그 행위의 모태가 '사상'이든 '양심'이든 상관없다. 그것은 면책사유가 되지 못한다. 그러므로 국가보안법이 양심과 사상을 침해하는 법률이라는 말은 처음부터 잘못된 것이다.

이제 다시 본론으로 돌아가서 양심범의 개념이 무엇인가 하는 점을 살펴본다.

적지 아니한 사람들이 우리나라에 양심범이 있다는 주장을 펴면서 그 석방을 요구하고 있다. 이에 대해서 정부, 특히 검찰은 우리나라에 양심범이 없다는 입장을 견지하고 있다. 이와 같은 두 주장의 양극현상을 살피는데 있어서 앰네스티가 내놓은 양심범의 정의는 좋은 참고가 된다고 생각한다.

앰네스티가 보고 있는 양심범의 실체는 이러하다. '폭력을 사용하거나 옹호하지 아니하였음에도 불구하고 신념·피부색·성별·인종·언어·종교를 이유로 구금된 자'라는 것이 양심범의 개념이다. 그렇다면 이러한 양심범의 개념에 부합하는 재소자가 우리나라에 있는가 하는 점을 살펴보는 것이 이 문제해결을 위한 출발점이 될 것이다.

위의 양심범의 개념구성은 두 개의 어군으로 이루어져 있다. 둘째 어군의 내용부터 살펴본다.

우리나라 교도소에 '신념·피부색·성별·인종·언어·종교적인 이유만으로 구금된 사람'은 아무도 없다고 할 것이다. '신념' 때문에 구금된 사람은 있지 아니한가라는 반론이 제기될 수도 있다고 보아 위 개념규정의 첫째 어군을 살펴본다.

우리나라 교도소 안에 '폭력을 사용하거나 폭력을 옹호하지 아니하였음에도 불구하고 구금된 재소자'가 있는가? 이 질문에 대하여 그 어느 누구도 "그렇다"라고 답변하지 못할 것이다. 어떠한 신념(공산주의 신념까지 포함하여)도 말과 글로써 표출되지 아니하고 양심(?)의 영역에 머물러 있는 경우에는 처벌의 대상이 되지 아니하는 것이다. "사상은 처벌되지 아니한다"(Gedanke ist nicht zu bestrafen)라는 것은 영원한 진리이다.

그러므로 우리나라에는 양심범이 없다고 하는 것이 양심의 목소리일 수밖에 없다. 이 문제를 살펴보는데 있어서 매우 중요한 참고가 되는 사실 하나를 소개하고자 한다. 종래 국회에서는 여러 차례에 걸쳐서 양심범 석방결의안이 발의되었다. 그런데 그 많은 발의안은, 대단히 이해할 수 없는, 기상천외의 공통점을 하나 가지고 있었다. 그것은 그 석방결의안에 양심범의 명단이 첨부되어 있지 아니하였다고 하는 사실이다.

석방대상자를 특정하지 아니한 석방결의는 그 자체가 무효이다. 그런 일은 있을 수 없는 것이지만, 만약에 국회가, 석방대상자를 정하지 아니한 양심범 석방결의안을 가결하였다면 어떤 결과가 나왔을 것인가? 교도관은 교도소의 문을 활짝 열어놓고 "양심범은 모두 나오라"라고 말했을 것이 아닌가? 그러면 재소자들은, 자신이 양심범이라고 주장하면서, 서로 먼저 교도소 문을 나서려고 대소동을 벌였을 것이다.

이 사실은 무엇을 의미하는가? 그것은 양심범이란 어휘가 법률적인 것이 아니고 정치적인 의미를 가졌다는 것을 말해주고 있는 것이다. 정치적인 것은, 대개의 경우, 법률적으로 볼 때 많은 문제를 안고 있다.

(나) 양심범의 법률적 성격

"법률 없으면 범죄 없고 형법 없다"(nullum crimen nulla poena sine lege)라는 의미를 가진 죄형법정주의는, 전술한 바와 같이, 현대의 형사재판에 있어서 금과옥조가 되고 있다. 범죄와 형벌은 성문법률에 의하여 구체적이고 명백하게 규정되어야 한다는 것이 죄형법정주의의 철학이다. 정치적이거나 도덕적인 평가에 따라서 범죄와 형벌을 임의로 정하는 것은 용납되지 아니한다는 철학이다.

재판이 죄형법정주의라고 불리는 엄격한 법률주의에 의하여 이루어진 것이라고 하면 그 수형자에 대한 처우와 명칭도 엄격한 법률주의 원칙에 따라서 이루어져야 한다.

양심범이란 명칭은 법률주의의 소산이 아니다. 정치주의의 소산이다. 그러므로 우리는 유죄판결을 받은 재소자를, 여하한 경우에도, 양심범이라고 불러서는 안 된다. 이것은 죄형법정주의의 요구이다.

그리고, 위에서 살펴본 바와 같이, 우리나라에는 앰네스티가 정의하고 있는, 양심범이란 이름의 재소자가 존재하지도 아니한다. 우리 국민 중에는 오판의 가능성을 거론하면서 그 오판의 피해자가 바로 양심범이라고 주장하는 사람들이 있다.

그러나 이것은 엄청난 개념의 혼동을 동반하고 있는 무책임한 주장이다. 억울한 재판을 받은 사람은 재심제도에 의한 구제를 받아야 할 피해자일 뿐이고 양심범은 아니다. 법의 절차를 밟지 아니하고 당연히 구제되어야 할 사람도 아니다. 더구나 국가보안법 위반죄로 유죄판결을 받았다는 사실 때문에 자동적으로 국민들로부터 존경받아야 할 양심인사가 되는 것은 더욱 아니다.

양심인사란 국가와 사회에 대해서 적극적으로 양심의 모범을 보여주는 사람이다. 양심이란 적극적이고 창조적인 가치이기 때문이다. 그러므로 소극적으로 오판의 피해자가 되었다고 해서 양심인사가 되는 것은 아니다. 억울한 매를 맞고도 그대로 참는다든가 부당한 처우를 소리없이 견디고 있다고 해서 그 피해자가 곧 양심인사로 승화하는 것은 아니다.

가해자가 국가인 경우도 마찬가지다. 부정한 폭력에 대해서 저항한다고 해서 그 저항 자체가 피해자로 하여금 양심인사가 되게 하는 것은 아니다. 그 저항의 목적과 방법이 양심으로 이어질 때 그 저항은 비로소 양심으로 평가받게 된다.

그러므로 특정한 사람이 국회, 검찰, 법원의 불법행위 때문에 죄인이 되었다는 사실만으로는 그가 양심인사로 추대될 수는 없다. 그는 억울한 사람 또는 불행인사일 뿐이다. 그가 양심인사가 되기 위해서는 국가보안법 위반죄로 수감된 재소자라고 하는 사실 외에 또다른 요건을 하나 더 갖추어야 한다.

그것은 그가 무슨 일을 하다가 국가보안법 위반죄로 유죄판결을 받았든지간에 그의 행위가 어떠한 '양심'의 행위였는가 하는 점에서 평가를 받아야 한다.

요약해서 말하면 양심범은 국가보안법 위반죄로 처벌받았기 때문에 양심범이 되는 것이 아니다. 국가보안법 위반죄로 처벌받게 된 행위의 양심성 때문에 양심범이 되는 것이다.

국가보안법 위반자들 중에는 살인, 방화, 공무집행 방해, 간첩 등의 죄명으로 유죄의 확정판결을 받은 사람들이 많다. 살인, 방화, 공무집행 방해, 간첩 등의 범죄는 비윤리적이고 국가파괴적인 중대범죄이다. 그러므로 그러한 중대범죄를 저지른 사람이 양심범으로 승화될 수는 없다.

그럼에도 불구하고 국가보안법 위반죄의 재소자들이, 사회통상인의 평가와는 달리, 양심인사로서 존경받아야 한다면 그 이유가 명백히 설명되어야 할 것이다.

그러면 양심범이란 어휘는 아예 사용할 수 없다는 말인가? 이러한 반문이 제기될 것이다. 그 질문에 대한 정확한 답변은 "그렇다", 이것 하나뿐이다. 그러나 굳이 양심범론자들이 주장하고 싶어하는 그런 뜻을 담고 있는 말을 찾아낸다고 한다면 그것은 '확신범'(Ueberzeugungssver-brecher)이다. 얼마나 떳떳한 명칭인가?

정치적·종교적·도덕적 확신을 가지고 실정법을 위반한 사람이 다름아닌 확신범이다. 필요하면 이들에게 정치적 의미를 부여해서 '시국사범' 또는 '공안사범'이라고 불러도 좋을 것이다. 이러한 당당한 명칭을 두고 '양심범'을 고집해야 할 이유는 무엇인가? 어느 명칭을 따르더라도 '범인'(Verbrecher)이라고 하는 점에 있어서 차이점은 발견되지 아니하는 것이다.

양심범론자들이 주장하고 있는 '양심범'을 인정하면 어떤 결과가 발생하는가? 사면만으로는 해결되지 아니하는 새로운 문제가 생기게 되는 것이다. 양심적이고 애국적인 지도자를 국가가 불법구금을 한 것이 되므로 마땅히 그들에 대한 손해배상과 명예회복 조치가 뒤따라야 한다. 이 래서야 나라가 설 수 있겠는가?

(다) 정의와 양심의 관계

양심은 정의에 대한 주관적 신념이다. 정의는 양심의 실천을 위한 객관적 제도이다. 그러므로 양심과 정의는 같은 사물의 안과 밖처럼 서로 같은 운명으로 묶여 있다. 정의감이 없는 사람에게 양심은 없고 양심이 없는 사람에게 정의는 없다.

그런데 양심의 기초가 되는 정의가 무엇인가 하는 점에 대해서는 동서고금을 막론하고 많은 논란이 있었다. 그러나 아직도 정의의 실체에 관한 정설이라고 할 만한 것이 없다. 그처럼 정의의 실체파악은 어려운 것이다. 법학의 세계에서는 오래 전부터 울피아누스의 정의론이 가장 권위 있는 학설로 인정받고 있다. "정의는 각자에게 그의 것을 분배해주는 항상 부단의 의지이다"(justitia est voluntas constans et perpe-tua, suum quique tribuendi)라고 하는 것이 그의 정의론이다.

그런데 각자가 주장하는 '그의 것'이 무엇인가 하는 점이 문제이다. 사람마다 '자기 것'은 '남의 것'보다 크고 많아야 한다고 주장한다. 그래서 울피아누스도 정의의 실체를 객관적으로 측정이 가능한 '제도'나 '법률'로 보지 아니하고 주관적이고 유동적인 '의지'(voluntas)로 본 것이 아닐까?

어쨌든 정의가 이처럼 주관적인 평가에 의해서 좌우되는 것이라면 그 기초 위에 서 있는 양심이 어떻게 해서 자신의 절대적 가치를 주장할 수 있을 것인가? 그 양심 중에는 불의를 정의라고 우기는 병든 양심도 있을 수 있고 판단을 그르친 잘못된 양심도 있을 수 있는 것이다.

이렇게 불완전한 양심에 대해서 어떻게 법질서 전체의 운명을 맡길 것인가?

(라) 안중근의사와 양심범의 관계

안중근의사가 열렬한 애국자이자 양심적인 민족주의자라고 하는 점에 대해서 이의를 제기할 대한민국 국민은 한 사람도 없을 것이다. 그런데 안의사로 하여금 우리의 자랑스러운 애국자·민족지사가 되게 한 요인은 무엇인가? 하는 문제를 한 번 생각해볼 필요가 있다고 생각한다.

그가 이등박문이라고 하는 한 사람을 죽였기 때문에 애국자·민족지사가 된 것은 아니다. 사람을 죽이는 행위는 중대한 범죄행위이다. 피살자의 인종·언어·국적·피부색이 무엇이냐 하는 것은 전혀 고려의 대상이 되지 아니한다. 그러므로 살인범이 양심범으로 바뀔 수는 없는 것이다.

그가 살인범으로서 일제 관헌의 재판을 받았기 때문에 그렇게 된 것도 아니다. 그렇지 않고 안중근의사가, 일제의 사법부에 의해서 재판을 받았다는 이유 때문에 애국 애족의 사람이 된 것이라고 하면 우리는 새로운 문제에 봉착하게 된다.

그것은 일제 사법부에 의하여 유죄의 판결을 받은 대한민국 국민은 누구나 일제의 재판을 받았다는 사실 하나만으로, 애국 애족의 양심범이 되는가 하는 문제이다.

여기서 나는, 엉뚱한 그러면서도 다소 재미있는, 일화 하나를 소개하고자 한다. 나는 부산지방검찰청에서 초임검사생활을 시작했다. 그때 동료검사들은 가끔 쉬는 시간을 틈타서 커피타임을 즐겼다. 그때 우리가 가진 대화의 대상은 각자가 담당하고 있던 사건에 대한 법률적 의견교환에서부터 시작하여 생활주변의 잡담 등에 이르기까지 매우 다양한 것이었다.

우리가 즐기던 커피타임에 빠지지 않고 동참하던 검사 한 사람이 있었다. 그는 개방적이고 대범한 성격의 소유자였다. 동시에 그는 매우 유능한 검사였다. 이러한 그의 능력 때문에 후에 그는 검찰의 꽃이라고 불리는 서울지방검찰청 검사장을 지냈다. 그는 부산 근교의 K지역 출신이었다.

하루는 커피타임 잡담 중에 한 검사가 유능한 것으로 정평이 나 있던 위 검사에게 뚱딴지 같은 질문을 던졌다. "일제시대에 전차가 부산형무소(교도소의 전칭) 앞 정류소에 이르게 되면 전차 차장이, '여기는 형무소 앞입니다. K지역에 사는 사람들은 내리십시오'라고 안내했다고 하는데 이게 사실이오?'라는 것이 그 검사의 질문이었다.

그러한 말이 부산지방에서 널리 회자되고 있던 농담이었던 것은 사실이다. 이 질문에 대한 위 검사의 답변이 걸작 중의 걸작이었다. 눈썹 하나 까딱하지 않고 태연하게 그 질문을 받아넘긴 L검사의 답변은 이런 것이었다.

"일제시대 부산교도소에 수감되어 있던 수형자들 중에 K지방 출신 인사들이 많았던 것은 사실이오. 그러나 그 사람들은 단순한 절도범·사기범·폭력범이 아니었소. 일본사람의 재산을 절취하고, 일본사람을 기만하고 일본사람들에게 폭력을 행사한 사람들이었소. 그만큼 우리 고향 K지방 사람들은 모두 민족주의 투사들이고 애국자이기 때문에 그와 같은 일이 생긴 거요".

우리는 모두 이 세련된(?) L검사의 답변에 손을 들고 말았다. 그러나 동료검사들이 L검사의 기지에 감탄한 일은 별론으로 하고 문제는 여전히 남는다. 그것은 첫째 K지방 출신 재소자들이 일본 관헌에 의하여 유죄판결을 받았다는 이유 하나 때문에 그들은 모두 애국적인 민족주의자가 되었는가 하는 문제이다.

둘째, 그들이 절도죄·사기죄·폭력행사죄를 범한 동기가 항일정신의 발현에 있었다고 해서 그들이 모두 양심범으로 승화하느냐 하는 것이 그 다음 문제이다.

위의 두 가지 가상질문에 한 양심적인 답변은 모두 "아니다"라는 것으로 귀착될 수밖에 없다. 그렇다면 지금 우리 앞에 전개되고 있는 질문 즉 "국가보안법 위반의 죄명으로 유죄판결을 받은 사람은 자동적으로 양심범이 될 수 있는가?" 하는 점에 대한 정답은 저절로 나오게 되어 있는 것이다.

우리의 긍지이자 희망인, 자랑스런 안중근의사를, 요즘 그 흔한 양심범(그 중에는 그가 목숨으로 지킨 대한민국을 전복하기 위해서 남파된 간첩도 포함되어 있다)과 대비하는 것 자체가 부끄럽고 송구한 일이다. 그러나 지금 우리의 국론을 분열시키고 있는 양심범의 실체를 살피려는 중대한 일을 위해서 한 부득이한 일에 대해서 안중근의사도 자신의 귀한 이름이 쓰여진 점을 너그럽게 받아줄 것으로 믿는다.

(마) 사면권의 본질

국가보안법 위반죄의 수형자를 양심범이라 단정하게 되면 해결해야 할 필연적인 과제가 발생하게 된다. 그것은, 전술한 바와 같이, 그들에 대해 즉각적인 구제조치를 강구하는 일이다. 확정판결에 의하여 수감되어 있는 재소자들에 대한 유일한, 법적 구제절차는 재심뿐이다. 그러나 국가보안법 폐지론자들은 한결같이 그러한 절차에 의한 구제를 반대한다. 재심의 조건과 절차가 너무 복잡하다는 것이다. 그래서 그들은 사면으로 양심범에 대한 구제절차로 삼아야 한다는 주장을 펴고 있다. 그런데 이 사면에 의한 구제절차에는 어려운 문제가 뒤따른다. 그 문제는 사면의 본성이 정부의 시혜적 조치라고 하는 점에서 발생한다. 그러므로 재소자에 대한 사면권 행사의 여부는 정부의 재량(권리)에 달려 있다. 그러나 국가보안법 폐지론자들에게는 이 사실은 받아들일 수 없는 것이다.

양심범에 대한 사면은 정부의 의무여야 하고 양심범의 권리가 되어야 한다는 것이다. 양심인사를 죄수로 만든 국가(정부)가 자신의 악행에 대해서 속죄받을 수 있는 유일의 길은, 그들을 의무적으로, 사면하는 길밖에 없다는 것이다.

양심범에 대하여 정부가 즉각적인 사면조치를 취하여야 한다고 말할 때 사면권의 본질은 무엇인가 하는 문제가 필연적으로 떠오르게 된다. 그래서 여기서 사면권의 본질을 살펴보기로 한다.

사면은 전제군주시대의 은전권(恩典權)의 유물이다. 전제군주는 국가의 모든 권력을 혼자서 전횡했다. 그러므로 자기 권력의 일부인 사법권을 제약하는 사면권 행사는 당연히 자신의 재량권에 속한 것으로 받아들여졌던 것이다.

그러나 권력의 분립을 국가 경영의 필수적 요건으로 믿고 있는 민주주의 제도하에서는 사정이 근본적으로 달라진다. 대통령은 국가를 대표하는 국가원수(head of state, Staatsoberhaupt)로서의 지위를 가지고는 있으나 그 의미하는 바는 전제군주의 그것과는 사뭇 다르다.

대통령은 원칙적으로 행정부의 수장(head of the executive)이다. 그리고 민주주의 국가에 있어서 가장 존중되어야 할 국가권력은 사법권이다. 법질서의 확립만이 민주주의의 기초를 이룰 수 있기 때문이다.

그러므로 대통령의 사면권 행사는 국가의 최고목표인 국법 질서유지를 위해서 필요한 최소한도의 선에서 한정되어야 한다. 정치적 배려가 사면권 행사의 방향과 범위를 결정하는 잣대가 되어서는 안 되는 것이다. 그런데 우리나라에서는 이 원칙이 제대로 지켜지지 않고 있기 때문에 많은 문제가 일어나고 있는 것이다.

적지 않는 국민과 많은 재소자들은 사면을 국가(대통령)의 의무로, 수형자(특히 양심범)의 권리로 생각하고 있다. 그러나 이것은 근본적으로 잘못된 생각이다. 전술한 바와 같이 사면은 국가원수의 시혜조치이다. 사면을 의미하는 영어의 pardon이나 mercy, 프랑스어의 pardon이나 grace, 독일어의 Begnadigung은 모두 다 은혜 또는 용서를 뜻한다. 은혜나 용서는 그것을 받을 사람이 강요할 것이 못 된다. 그것은 주는 사람의 선심의 문제에 속한다.

이러한 사면의 기본성격에 관한 오해가 오늘날 많은 문제를 일으키고 있다. 세계적으로 국가원수들의 사면권 행사의 실태를 살펴본다. 군주국가의 체제를 그대로 유지하고 있는 일본은 '왕실사면'이란 말이 유행될 정도로 왕실의 행사와 관련하여 사면이 빈번하게 그리고 광범위하게 실시되어 왔다. 이 점에 대해서 일본의 법조와 일반사회의 거센 반발이 있다는 것은 당연한 것이다.

이에 비해서 삼권분립의 민주주의를 실시하고 있는 미국·프랑스 등에서는 사면권의 실행이 극히 예외적으로, 제한적으로, 시행되고 있다고 하는 사실은 주목할 만한 것이라고 생각한다.

특히 미국에서는 사면의 은전을 받고 싶다고 생각하는 수형자들이 개별적으로 사면청원을 제출하고 대통령이 이를 받아들이는 형식으로 사면이 이루어지고 있다. 그러므로 오늘날 우리나라에서 일어나고 있는 이러한 양심범 사면의 문제가 미국에서는 일어나고 있지 않는 것이다. 우리나라에서 이처럼 양심범에 대한 의무적 사면이 요구되고 있는 것은 더 많은 '양심'과 더 많은 '민주'가 보장되었기 때문인가? 클린턴대통령은 재임 6년간 74명에 대해서 사면권을 행사했다. 포드대통령과 닉슨대통령은 극히 제한적인 사면권을 행사했는데도 결국 두 사람 다 그로 인하여 엄청난 정치적 후유증을 앓게 되었던 것이다.

이러한 사실을 전제해놓고 볼 때 우리나라의 사면문제는 민주국가의 사면제도와 군주국가의 사면제도를 혼동하고 있다는 생각이 든다. 사면 대상자가 많아질수록 사면받은 사람은 사면의 '시혜성'을 인정하지 아니하게 되는 것이다. 처음에는 그것을 당연한 것으로 받아들이다가 나중에는 사면을 국가원수의 의무로 생각하게 된다.

이 점에 대한 국가보안법 폐지론자들의 반박논리는 이러하다. "우리나라에는 많은 양심범이 구금되어 있으므로 사면으로 이를 해결해야 된다"라는 것이 그들의 주장이다. 실제로 우리나라의 사면에 있어서 가장 큰 비중으로 고찰의 대상이 되고 있는 것은 양심범이다. 그러나 이러한 양심범 사면론에 대해서는 차라리 침묵을 지키면서 조국을 바라보고 있는 것이 낫다고 생각한다.

만약 양심범론자들이 주장하고 있는 양심범이 실제로 있는 것이라고 하면 그들에 대한 사면만으로는 문제가 해결되지 않는 것이다. 국가는 그들에게 손해배상을 하고 그 명예를 회복해주어야 한다. 그래도 완전한 의미의 속죄는 불가능한 것이다.

(바) 준법서약서 제출요구와 기본권 침해의 문제

국가보안법 악법론자들의 주장에 의하면 양심범에 대한 사면은 즉각적이고 무조건적이어야 한다. 그렇게 하는 것만이 양심인사를 범죄인으로 조작한 국가의 범죄행위에 대한 속죄의 길이 되는 것이다.

그래서 재소자(양심범)에게 사면을 조건으로 준법서약서의 제출을 요구하는 것은 양심범에 대한 새로운 범죄행위가 되고 그에게 대한 기본권 침해행위가 된다는 주장이 제기되고 있다. 그러나 이것은 절차와 실익의 문제를 철학과 인간의 문제로 침소봉대하여 거추장스러운 헌법논쟁을 일으키려는 의도를 밑에 깔고 있는 주장이라고 생각한다.

이 문제는 재소자로부터 준법서약서를 받는 것이 사면의 제도적 목적에 일치하는가? 그렇게 하는 것이 국가의 질서유지에 유익한가?라고 하는 실용적인 차원에서 살펴야 할 문제이다.

기본권 침해론자들이 주장하는 기본권의 내용을 구체적으로 살펴보자.

① 준법서약서의 제출을 요구하는 것은 재소자의 행복추구권을 침해한다는 주장이 있다.

행복추구권을 그렇게까지 확대 해석한다고 하면 보다 근본적인 문제에 봉착하게 된다. 그것은 피고인에게 실형을 선고해서 교도소에 수감하는 행위 자체가 행복추구권을 박탈하는 것으로 된다. 사면의 전제조건으로 준법서약서의 제출을 요구하는 것이 합당한 것인가 하는 문제는 사면의 절차와 관계되는 실무상의 문제에 불과한 것이다.

② 양심범(?)에 대해서만 위 서약서의 제출을 요구하는 것은 평등권을 침해한다는 주장이 있다.

사면권 행사는 국법질서 최고수호자로서의, 국가원수(대통령)의 직무이다. 국법질서는 범법행위의 예방으로 이뤄진다. 양심범은 자신의 범법행위에 대해서 뉘우치는 마음을 가지고 있지 아니하다. 오히려 그것은 애국 애족의 행위라고 하는 '양심의 확신'을 가지고 있다. 그러므로 그들은 그 양심의 행위를 다시 실천할 높은 가능성을 가지고 있는 것이다. 이것이 재범이고 누범이다. 그렇다고 하면 국법질서 수호의 최고책임자인 국가원수에게 있어서 재범·누범의 방지를 위한 조치를 강구한다는 것은 당연한 직무요 의무이다. 그것이 왜 평등권의 침해가 되는가?

③ 준법서약서 제출요구는 양심의 자유에 대한 침해라는 주장이 있다.

국가는 양심수들에게 서약서 작성을 강요하지 아니한다. 그들에게 양심(?)의 전환이나 특정한 양심의 수용을 요구하지도 아니한다. 그러므로 그들은 자기 양심에 따라서 서약서를 작성하지 아니할 자유를 가지고 있는 것이다. 그런데 무슨 양심의 자유를 침해당했다는 것인가? 서약서를 안 쓰겠다는 자신의 자유는 천금처럼 귀하게 다뤄지기를 바라면서 누범 방지를 위한 국가원수의 결정의 자유는 무시되어도 좋다는 생각은 무서운 독선의 산물이다.

검사가 피의자에게 기소유예의 결정을 할 때 피의자로부터, 서면이나 구두로, 개전의 의사표명과 준법의 약속을 받는 것이 관행이다. 법관이 집행유예의 은전을 베풀 때에도 개전의 정을 중요한 조건의 하나로 삼는다. 준법서약서 제출 반대론자들의 논리를 따르면 이러한 사법의 관행과 조치는 당사자의 행복추구권·평등권, 양심의 자유를 침해하는 것이 된다.

(사) 체제비판의 자유와 준법서약서 제출의 관계

준법서약서 제출 반대론자들은 서약서 제출요구가 체제비판의 자유를 박탈하는 것이라고 주장하기도 한다. 이것은 위험하고 무책임하기 그지없는 사상의 표현이다. 대한민국의 체제는 자유민주주의와 시장경제의 원리이다. 이것은 대한민국이 존속하는 한 온 국민이 목숨을 걸고 지켜야 할 최고지상의 가치이다.

6.25를 위시한 많은 국가존망의 위기 속에서 우리가 피와 땀을 쏟으면서 대한민국을 오늘까지 지켜온 것은 무엇과도 바꿀 수 없는 대한민국의 체제와 가치 때문이었다. 자유민주주의와 시장경제원리는 그것이 지니고 있는 가치나 체제 때문에 저절로 지켜지는 것이 아니다. 이를 지키기 위한 필사적 노력과 과감한 결단에 의해서만 지켜지는 것이다.

그런데 우리 헌법이 보장하고 있는 자유민주주의와 시장경제원리까지 비판하는 자유를 인정해야 한다는 것은 무엇을 의미하는가? 우리 체제를 비판하는 자유는 필연적으로 그 체제를 전복하는 자유까지 포함하는 것이 아닌가?

이와 관련하여 생각해볼 또다른 문제가 있다. 위와 같은 주장을 하는 사람들은 으레히 공안사범이 우리와 '다른 생각'을 가진 사람일 뿐 '나쁜 생각'을 가진 사람들은 아니라고 주장한다. '공안사범' 중에는 우리 대한민국의 민주주의 체제를 전복하겠다는 결의를 가진 사람들이 들어 있다. 이러한 사람들이 우리와 '다른 생각'을 가지고 있는데 그치고 '나쁜 생각'을 가지고 있는 것은 아니라는 말이 무엇을 뜻하는가?

(아) 맺음말

정부는 1999. 8.15 광복절에 재소자 2,864명에 대하여 대대적인 사면조치를 취했다. 사면대상자 중에는 시국사범 56명이 포함되어 있고 그 중 49명에 대해서는 준법서약서를 받지 아니하고 사면조치를 취했다. 사면권은 대통령의 권한에 속한 것이다. 사면대상의 범위와 방법에 대해서, 그것도 사면조치가 끝난 다음에, 왈가왈부하는 것은 무익한 일일지 모른다.

그러나 아쉬운 소견 한 마디는 하고 싶다. 대통령은 위 사면조치와 관련된 준법서약서 징구문제에 관하여 국론분열과 혼선이 일어나도록 방치하였던 것이다. 법무부가 어떤 부서인가. 우리나라 법질서 수호의 교두보이자 약속과 신의의 준수를 최고의 가치로 삼고 있는 기관이 아닌가?

그 법무부가 전국민 앞에서 시국사범 중 사면조치 해당자에 대해서는 준법서약을 받고 석방하겠다는 것을 공언했다. 이것은 국민의 생활에 있어서 질서가 차지하는 가치와 비중을 법의 이름으로 선포한 것이 된다. 그리고 그것은 수형자들에 대해서는 국가의 공권력적 위신을 담보로 선언한 가치의 기준이다. 그런데 법무부는 적절한 해명 한 마디 없이 이 가치와 권위를 자신의 손으로 허물어 버렸다. 국민들로 하여금 허탈감에 빠지지 아니할 수 없도록 한 것이다.

사면과 관련하여 한 마디 더 첨가하고 싶다. 그것은 김현철씨에 대한 사면문제이다. 개인에 대한 사면조치의 당부에 관해서 논하고 싶은 생각은 전혀 없다. 사면의 철학과 국민의 값에 대해서 생각해보고 싶은 것이 있다. 김현철씨에 대한 사면은 '자식을 둔 부모의 심정'으로 시행한 것이라고 정부는 말한다. 교도소에 구금되어 있는 재소자 중 남의 아들 딸 아닌 사람이 몇 사람이나 되는가? 어째서 이렇게 감상적이면서 불공평한 이유가 사면의 사유로 승화될 수 있는가?

또 '이미 사전에 이루어진 약속'에 의해서 사면조치가 취해진 것이라는 설명도 있다. 김현철씨 본인이 상고를 취하한다는 보도가 나왔을 때 벌써 사면의 언질이 있었다는 소문이 시중에 파다하게 퍼지고 있었다. 그리고 그 소문은 이번 사면의 결과와 일치하는 것으로 판명되었다. 그런데 국민들은 슬프다. 국민들이 모르는 은밀한 때와 장소에서 이루어진 약속도 약속이라면 국민은 무엇인가 하고 말이다.

이러한 어처구니없는 일이 우리 앞에서 전개되는 이유는 무엇인가? 양심범이라고 하는 비양심적 괴물이 우리나라의 사면 본질과 질서를 깨뜨리고 이러한 법률파괴적 기현상이 사면권 행사 전반에 파급되어 나간 슬픈 결과 때문이다.

3. 국가보안법 폐지를 주장하는 변호사들의 논리

(1) 서 론

나는 우리나라 법조인들에 의해서 주장되고 있는 국가보안법 폐지론의 실태와 그 허실을 살펴보기 위해서 세 변호사의 국가보안법 폐지론을 살펴보고자 한다. 내가 독자들과 함께 성찰하고자 하는 변호사는 유효석변호사, 김승교변호사 그리고 박원순변호사 세 분이다.

이 세 변호사의 국가보안법 폐지론을 살펴보고자 하는 점에 관해서 특별한 이유는 없다. 이 세 변호사의 국가보안법 폐지론은 각각의 특색을 가지고 있으면서 우리나라 법조계에서 주장되고 있는 국가보안법 폐지론을 총체적으로 대표한다고 생각되므로 그 세 분 변호사의 주장을 소개하고자 한다.

(2) 유효석변호사의 '국가보안법 폐지'론에 부쳐

(가) 서 론

유효석변호사는 <시민과 변호사> 2000년 8월호에 국가보안법 폐지를 주장하는 글을 실었다. 그의 논리는 한국 국가보안법 폐지론의 성격과 현주소를 이해하는데 큰 도움을 줄 것이다. 나는 유변호사의 국가보안법 폐지론이 우리나라의 국가보안법 폐지론 일반을 대표하는 것으로 보고 이에 대한 반론을 제기한다. 나의 이 반론은 2000년 9월호 <시민과 변호사>지에 게재된 것을 그대로 옮긴 것임을 밝힌다.

우리나라 사람들은, 너나 할 것 없이, 감정지향적인 성품을 가지고 있는 것으로 알려지고 있다. 특정한 사항에 대해서 서로 의견을 교환할 때 그 대화는 지성과 논리를 앞세운 토론이 아니고 감정과 아집을 따르는 논쟁으로 흐르기가 일쑤이다.

토론이 국가안보나 국가보안법 개폐문제에 이르게 되면 우리의 감정 편향성은 극한상황에 이르게 된다. 토론이 시작된 지 얼마 안 되어서 서로 욕설을 교환하게 되는 경우가 비일비재하다.

유효석변호사의 국가보안법 폐지론은 이러한 우리 국민의 감정 지향적 논리의 한계를 벗어나지 못하고 있다는 것이 솔직한, 그러면서도 가슴아픈, 나의 소감이다. 감정지향적 주장을 펴는 사람들은, 거의 예외 없이, 흑백논리를 전개하면서 독선적 결론을 끌어내는 논리의 비약을 애호한다는 것이 나의 판단이다.

나는 유효석변호사가 남의 주장에는 귀를 기울이지 아니하고 자신의 판단이 최고지선인 것으로 믿고 있는 절대주의자라는 생각을 떨쳐 버릴 수 없다. 자유민주주의는 모든 사람들의 합법적인 의견을 존중하는, 라드부르흐가 말하는바, 상대주의(Relativismus)에서 출발하는 것이다.

누구의 의견에 대해서도 다른 사람의 의견을 무시하고 매도할 수 있는 우월한 가치가 인정되지 아니한다.

그런데 유효석변호사는 자신의 의견과는 달리, 국가보안법에 대해서 적극적인 가치를 인정하는 사람들을 적으로 단정하고 이를 증오하고 매도하고 있다. 그의 국가보안법 폐지론의 문맥과 어휘의 표현이 그렇다고 생각된다.

우선 '들어가는 말'에 나타난 그의 국가보안법관을 살펴보자. "국가보안법은 생존권적 주장마저 용납하지 않은 채 사상과 인권을 탄압하기 위해서 존재하는 법이다. 정부에 대한 비판을 봉쇄하고 사회·경제 구조 개혁요구를, 국가변란의 명목으로, 탄압하는 법이다. 이 법은 제정이래 이 땅에 수많은 희생과 어두운 그림자를 드리워왔는데 이것은 필연적인 결과이다. 북한의 존재 자체를 부인하는 분단의 법은 마땅히 폐지되어야 한다". 이것이 그의 국가보안법관의 총론이다. 그러므로 그는 국가보안법의 수호를 주장하는 사람을 반민족적인 분단고착주의자이자 양심과 양식을 폐기한 자라고 단정한다. 질서와 정의의 추구를 생명으로 삼는 법률가가 그런 주장을 하는 경우에는 이는 용서받을 수 없다는 것이 그의 논리이다. 이러한 견지에서 이 소론에서는 국가보안법의 입법목적과 그 실체에 대한 나의 견해보다 유변호사의 국가보안법관에 대한 반론을 중심으로 나의 논리를 펴보고자 한다.

(나) 국가보안법의 반통일성

유변호사는 '바로 북한을 지칭'하는 것이 틀림없는 국가보안법상의 '반국가단체'는 헌법상의 '평화통일조항'과 '남북교류협력에 관한 법률'과 충돌한다고 주장한다. 나는 유변호사가 주장하는 논리의 취지를 알아들을 수가 없다.

국가보안법이 시퍼렇게 살아있는데도 남북한은 '평화통일'을 위한 협의와 남북의 교류협력을 위한 노력을 기울여오는데 아무런 장해를 받은 일이 없다. 남북의 교류협력에 종사했다는 이유로 국가보안법으로 처벌을 받은 사람도 없다. 그러므로 "똑같은 교류활동임에도 불구하고 수사

당국의 자의에 따라서 국가보안법 위반여부가 결정된다"라는 유변호사의 단정은 무책임하고 무성의한 그의 '자의'에서 나온 결론이다.

그가 '국가보안법이 북한을 오로지 대결과 전복의 대상으로 삼고 있는 반통일적 법'이라고 단정하고 있는 것도 구제불능인 독선의 결론이다. 지금 남북정상은 평화적 공존을 위해서 노력하고 있다. 이것이 연극이나 기망행위가 아니라고 하면 남한이 북한을 "오로지 대결과 전복의 대상으로 삼고 있다"는 말은 무엇을 의미하는가?

유변호사와 같은 생각을 가지고 있는 사람들은 '한반도의 통일'에 최고의 가치를 인정하고 있다. 그들은 '자유민주주의'에 '통일' 이상의 가치를 인정하는 사람들을 서슴없이 '반통일분자', '민족반역자'라고 부르며 이들을 매도하고 있다.

'통일'에 최고의 가치를 인정하는 사람들이라고 하더라도 통일의 조건 또는 통일의 시기에 대해서 신중을 기하는 사람들은 같은 '반통일분자'가 될 수밖에 없다. 통일은 조건 없이 그리고 빨리 이루어져야 하는 것이다.

이러한 통일지상주의 또는 '빠른 통일론'의 실체에 대한 고찰은 피하기로 한다. 다만 역사적인 사실 하나를 살펴봄으로써 '바른 통일'이 어떤 것이어야 하는가라는 문제를 살펴보고자 한다. 그것은 에이브라함 링컨 미국대통령의 사례이다.

주지하는 바와 같이 에이브라함 링컨은 미국 국민들에게 있어서 하나의 '위대한 대통령' 중의 한 사람이 아니다. 그는 미국인에게 있어서 신(神-the god)이다. 이것은 그의 기념관이 신전(神殿-schrine)이라고 불리어지고 있다는 것만 봐도 알 수 있는 일이다.

오늘 우리나라의 '반통일분자'론, '민족반역자'론에 따르면 그는 남군에 모든 것을 양보하고 햇볕정책 같은 포용정책을 썼어야 했던 것이다. 그가 과연 그렇게 한 것인가 하는 점을 살펴보자.

놀랍게도, 남부가 미합중국에서 분리 독립하려고 분국(分國)운동을 전개하고 있을 때, 전쟁을 통해서라도 이를 막아야 한다고 가장 강하게 주장한 사람은 바로 링컨대통령 그 사람이었다. 평상시 온화한 성품의 소유자로서 화해와 협력을 강조해온 그로서는 생각할 수 없는 일이었다.

당시 미합중국의 남과 북은 다같이 자유민주주의와 시장경제를 신봉하는 정치과제를 가지고 있었다. 당시의 남북대립은 민족의 대결도 아니었고 가치관과 이념의 대립도 아니었다.

그가 모든 비난과 방해를 참고 그 고통과 희생을 감수하면서 지키려고 했던 것은 연방의 자유와 통일의 회복이었다는 것을 역사는 밝혀주고 있다. 그는 미합중국의 대통령으로서 영애와 특권도 한 번 제대로 누리지 못하였다.

연방의 자유를 성취시킨 전쟁의 종결과 함께 그는 조국을 떠나갔다. 그를 '미합중국 민족주의 순교자'라고 부르는 이유는 여기에 있다.

그러나 미국민에게 있어서 신이자 국가주의 신봉의 대표자인 링컨대통령이 오늘 한국의 민족지상주의자들의 시각으로 볼 때 얼마나 '반통일분자', '민족반역자'였던가 하는 점을 살펴보자.

미국연방국 총사령관 원필트 스캇트장군이 링컨대통령에게 '남부연맹 대통령' 운운하는 보고를 하다가 링컨으로부터 따가운 질책을 받은 것은 유명한 이야기이다. 그는 스캇트장군을 정면으로 바라보면서 "장군, 남부연맹이란 나라가 없는데 무슨 남부연맹 대통령이란 말이오. 나는 그런 것 절대로 인정하지 않을 것이오".

링컨은 연방에서 이탈한 주들을 '정부를 반대하는 세력들'이라 불렀다. 그 주들이 차지한 연방의 시설이나 재산을 '강도당한 합중국 재산'이라고 불렀다.

수어드국무장관이 대통령에게 보고하던 중 '북군(北軍)'이라는 말을 썼다가 혼난 일도 우리에게 시사하는 바가 큰 사건이다. 그는 "북군이라니!"라며 수어드장관을 몹시 나무랐다고 한다. 링컨은 미연방군을 북군이라고 부르는 일을 절대로 못하게 했다는 것이다.

링컨에게는 '평화'가 단순히 '전쟁 없는 상태'를 의미하는 것이 아니다. 평화는 소극적인 가치가 아니다. 평화는 지킬 것을 지켜나가는 적극적 결단을 동반할 때만 평화일 수 있다는 것이 그의 신념이었다. 그러므로 반도(半島)와 함께 하는 공존은 링컨에게 있어서 평화가 아니었다. 그는

"평화란 우리가 우리 땅을 지키는 것을 말한다"라고 선언했다.

우리는 "공산주의와 함께 하는 평화는 평화가 아니다"라고 믿고 있거나 "평화란 우리의 자유민주주의를 지키는 것이다"라고 믿고 있는 국민들이 예상외로 많다고 하는 사실을 명심해야 한다.

우리는 왜, 링컨이 미합중국과 그 가치에 대해서 사랑과 신념을 가지고 있었던 것처럼, 대한민국과 자유민주주의에 대해서, 사랑과 신념을 가진 정치지도자들을 찾기 힘든 것인지 알 수 없다.

만약 유변호사의 단정이 맞는 것이라고 하면 국가보안법이 아니라 남북 양정상이야말로 서로를 '오로지 대결과 전복의 대상'으로 삼고 있다고 봐야 할 것이다.

유변호사는 국가보안법이 북한을 반국가단체로 단정하고 있는 한 통일을 위한 모든 활동은 불가능하다는 이유로 그 법률은 반통일적 법이라고 단정한다. 그러나 이것은 유변호사의 독단적 견해이다. 유변호사가 소리높이 외치고 있듯이 형벌법규는 범죄행위를 규율하는 법률이다. 국가보안법도, 유변호사의 견해와는 달리, 행위형법이다. 그러므로 북한은 국가보안법에 위반되는 행위에 관여하는 경우에만 반국가단체가 되는 것이다.

북한이 우리와 평화공존을 위한 대담을 하는 동안 북한은 반국가단체가 아니라, 대화의 상대방이 되는 것이다. 남한과 더불어 상호교류협력의 길을 걷고 있는 동안 북한은 협력의 동반자가 되는 것이다.

그러므로 국가보안법상의 '반국가단체' 규정 때문에 북한은 춘하추동 사철, 또 밤낮을 가리지 아니하고, 어떤 상황하에서도 항상 '반국가단체'가 될 수밖에 없다는 유변호사의 주장은 전혀 근거 없는 것이다.

국가보안법과 남북교류협력에 관한 법률은 그 적용목적과 적용대상을 달리하는 법률이므로 상호 충돌할 일이 없는 것이다.

(다) 행위형법의 원칙에서 벗어난 국가보안법

"국가보안법은 반국가단체의 구성원이라는 '존재 자체'를 처벌하는 규정을 둠으로써 '범죄행위'의 처벌을 목적으로 하는 근대형법법규의 대원칙을 위배하고 있는 것이다". 이것이 유변호사의 논리이다.

그런데 유변호사의 이 주장은 법조인의 긍지와 양심을 한꺼번에 허물어뜨리는 말이다. 반국가단체의 구성원이 된다는 것은 반국가단체에 가입한다는 것을 의미하고 '가입'은 엄연한 행위 즉 범죄행위인 것이다. 그것이 '존재 자체'라는 궤변의 논거는 무엇인가? '조직'과 '가입'은 행위이지 '존재 자체'가 아니다.

유변호사 자신이 '행위형법'임을 시인하고 있는 우리 형법 제114조의 '범죄단체 조직죄'의 구성요건은 '단체를 조직하거나 이에 가입하는' 행위이다. 국가보안법 제3조 위반죄의 구성요건은 '반국가단체를 구성하거나 이에 가입하는' 행위이다. 양 범죄의 구성요건의 차이는 무엇인가?

유변호사는 반국가단체의 구성원이 된다는 것은 '범죄의 위험성'을 나타내고 있는데 불과하다고 한다. 이것은 삼척동자가 들어도 웃을 일이다.

(라) 사상·양심의 자유에 대한 탄압

유변호사는 국가보안법이 범죄의 구성요건을 '애매모호하게' 규정함으로써 국민의 사상과 양심의 자유에 대한 침해를 가능케 하고 있다고 단정하고 있다.

국가보안법 제1조 제2항은 동법의 적용에 있어서 국민의 기본권을 제한하는 일이 없도록 해야 한다는 것을 선언하고 있다. 법원은 판례를 통하여 거듭거듭 동법의 적용한계를 분명히 하고 있다.

헌법재판소는 여러 차례에 걸쳐서 동법 해석에 대한 한계를 결정하여 명시했다. 유변호사는 이러한 입법부와 사법부의 노력, 그리고 그 성과에도 불구하고 이것을 모두 웃음거리로 비하하고 자신의 주장만 믿으라고 말하고 있다. 이는 무서운 독선이다.

유변호사는 자신의 주장이 옳다는 것을 뒷받침하기 위하여 두어 가지 사실을 예시하고 있다. 첫째는 국가보안법이, 범죄 구성요건의 불명확성을 악용하여, '반국단체 구성원의 일상적 활동이나 무의식적인 찬양 고무 동조도 처벌대상으로 삼고 있다는 것이다.

과연 반국가단체의 구성원이, '범죄행위가 아닌 일상적 활동', 예컨대 집에서 식사를 하거나 가족들과 여행을 간다든가 직장에서 일을 하였다는 이유로 처벌된 일이 단 한 번이라도 있었는가? 법률가의 주장에는 책임과 양심이 동반되어야 하는 것이다.

둘째로 그는 '월북한 아버지의 인격과 가족에 대한 사랑을 자식에게 찬양하는 어머니의 행위도 처벌' 대상이 될 수 있다고 말한다. 유변호사는 자기주장의 진실성을 인정받으려면 단 한 건이라도 자신이 주장한 사건이 처벌받은 실례를 들어야 할 것이다.

유변호사는 또 국가보안법이 민족문제의 자주적 해결 또는 주한미군 철수 주장을 구별 없이 "북한의 주장에 동조하는 것으로 보고 적극적으로 처벌하고 있다"라고 주장하기도 한다. 나는 유변호사에게 물어본다. 남한에서 오로지 주한미군의 철수만을 주장하다가 국가보안법 위반죄로 처벌받은 사람이 한 사람이라도 있는가?

유변호사가 말하는 민족문제의 '자주적 해결'이라는 용어를 우리는 남북한이 "같은 민족으로서 서로 협력하여 민족문제의 해결을 강구한다"는 뜻으로 받아들이고 있다. 그러나 북한은 이 말을 주한미군의 철수, 한·미·일 공조관계의 해체를 뜻하는 것으로 사용하고 있다. 유변호사의 자주적 통일론이 '결과적으로' 북한의 '민족문제의 자주적 해결', 나아가서는 주한미군 철수론과 일치한다고 해서 유변호사를 국가보안법 위반죄로 처벌하여야 한다는 주장을 펼 사람은 한 사람도 없다.

유변호사는 국가보안법이 '국민의 기본권인 사상과 표현의 자유를 짓밟고 숨막히는 억압적 분위기를 만들고 있는 것'처럼 주장하고 있다. 그런데 현재 우리 대학가에는 버젓이 인공기가 게양되고 남한 사회에는 깜짝 놀랄 정도로 용공 친북적인 활동이 횡행하고 있다. 이런 것이 '숨막히는 억압적 분위기'의 결과인가?

유변호사가 예로 든 '레드 헌트', '모내기' 같은 추상적 예술작품에 대해서는 국가보안법 위반여부에 대한 논란이 있을 것이라고 치자. 지금 남한에서는 구체적으로 김정일위원장의 정치·군사·문화적 능력과 인품, 그리고 애족사상을 강조하면서 그가 통일한국의 국가원수가 된다고 기술한 단행본이 공공연하게 출판 판매되고 있다. 이 이상으로 무슨 사상의 자유나 표현의 자유가 필요하다는 말인가?

유변호사가 금과옥조처럼 중시하고 있는 '사상'은 사람의 머리와 가슴을 벗어나 말과 글로 나타나면 그때부터 그것은 '사상'의 영역에 머무는 것이 아니다. '행위'의 영역에 속하게 되는 것이다. 남의 명예를 훼손하고 협박하려고 하는 '사상'이 말과 글로 표현되었을 때 이것까지 '사상의 자유'로서 보호하는 형법은 이 세상 어디에서도 찾아볼 수 없다. 더구나 국가의 안위와 권위를 사상과 표현의 자유에 예속시키고 있는 국가는 하나도 없다.

유변호사는 국가보안법을 천하의 악법으로 단정하고 있다. 그는 그 가장 큰 이유를 동법의 정치적 악용과 인권침해의 가능성에서 찾고 있다. 그리고 그것은 국가보안법의 '애매모호'성에서 비롯한다는 것이 그의 판단이다. 그 주장은 북한 형법이 국가보안법에 비해서 법적 우수성과 정치적 관용성을 가지고 있다는 것을 의미한다.

북한 형법은 제3장 '반국가범죄'를 위시해서 대부분의 범죄가 권력자의 '자의'에 의해서 '코에 걸면 코걸이, 귀에 걸면 귀걸이'가 될 수 있도록 규정하고 있다. 북한 형법은, 이것도 모자라서, 그 제10조에서 '유추해석'을 정면으로 허용하고 있다. 그 규정을 그대로 옮겨본다.

"범죄행위를 한 경우 형사법에 그와 꼭 같은 행위 규정이 없을 때에는 이 법 가운데서 종류와 위험성으로 보아 가장 비슷한 행위를 규정한 조항에 따라 형사책임을 지운다"(제10조). 이는 형법의 포기선언이라고 봐야 한다.

그리고 북한 형법은, 유변호사가 반인륜적 범죄라고 단정하고 있는, '불고지죄'를 제55조에 규정하고 있다. 유변호사가 인권옹호의 기수로서, 정치적 탄압에 대한 투사로서 국가보안법의 타도를 들고나온 것이라고 하면 그는 투쟁의 대상을 잘못 선택한 것이라고 봐야 할 것이다.

유변호사는 국제연합의 자유권규약위원회가 두 차례에 걸친 결정을 통해서 국가보안법 제7조의 '부당성'을 지적하였다는 사실을 강조하고 있다. SOFA가 민족의 긍지를 짓밟는 부정과 불의의 협정이라고 매도하던 기백들은 어디로 갔는지 알 수 없는 말이다. SOFA가 우리의 주권과 내정을 간섭하는 협정이라고 분개하던 사람들이 국가보안법 문제에 관련해서는 외부기관의 판단을 무조건 받아들이면서 기를 쓰고 우리의 치부(?)를 들춰내려고 애쓰는 이유가 무엇인가? 이것은 사대주의의 태도가 아닌가?

성직자와 법률가들은 우리나라 지성을 대표한다고 말할 수 있는 사람들이다. 그들이 스스로 국가보안법은 아주 몹쓸 악법이고 한국의 판검사는 '양심인사'들을 '범인'으로 만드는 비양심 판검사라고 외치고 있다. UN이 국가보안법의 성격을 어떻게 보기를 바랄 것인가?

외국의 인권기구·단체들이 북아일랜드와 미국의 소수민족 대책에 대해서 혹독한 비방을 가하고 있다는 것은 널리 알려진 사실이다. 그러나 그 비방을 받은 나라들은 이에 개의치 않고 자신들의 길을 걷고 있다. 우리가 이러한 민족자존의 신념을 가져서는 안 되는가? 이러한 안타까운 질문을 던지는 것은 국가보안법이 헌법을 지키는 법률이기 때문이다.

(마) 국가보안법 수호론에 대한 반론

유변호사는 다음과 같은 주장을 전개하면서 국가보안법 수호론을 논박하고 있다. 그의 논지를 따라서 이를 차례대로 살펴보고자 한다.

"한반도에서의 공산주의 사회건설을 목표로 하고 있는 조선노동당 규약은 당원에게만 적용되는 협약인데 반해서 국가보안법은 남한의 전국민을 규율하는 강제규범이다. 그러므로 노동당 규약의 존재를 이유로 국가보안법의 폐지를 반대하는 논리를 성립할 수 없다. 이것이 유변호사의 주장이다. 이것은 어처구니없는 주장이다. 유변호사의 말이 맞다고 가정해보자.

북한의 국가보안법 폐지요구에 대해서 우리가 조선노동당 규약의 개정요구로 맞선다면 그들의 반격은 어떠할 것인가? 마땅히 유변호사의 논리를 따르는 주장을 했어야 할 것이다.

그런데 북한은 그런 주장을 하지 않았다. 그 대신 북한은, 유변호사의 말처럼, 조선노동당 규약의 개정을 약속한 것으로 보도되었다. 이것이 사실이라면 이런 일은 처음 있는 것이지만 이것은 무엇을 의미하는가? 유변호사의 위 주장에 대해서는 더이상의 논의를 하지 않으려고 한다.

그러나 한 가지 사실만은 짚고 넘어가야 한다고 생각한다. 그것은 유변호사가 남한의 선의는 전혀 믿지 않으면서 북한의 선의는 어쩌면 그렇게도 쉽게 믿느냐고 하는 점이다. 유변호사는 남한의 선의를 안 믿는 것이 아니라 남한의 악의를 철저하게 믿고 있다 할 것이다.

북한은 6.25 전쟁, 청와대 무력침공, 아웅산 폭파, KAL기 공중폭파를 일으킨 장본인이다. 이것 자체가 만인이 공노할 사건이다. 그런데 북한은 그때마다 이들 흉악한 범죄를 한 번도 시인한 일이 없다. 무엇을 근거로 이번 약속만은 믿어야 한다는 것인가?

그래도 그 말을 믿는다고 치자. 북한이 약속한 대로 노동당규약을 개정한 후에 국가보안법을 개정하더라도 늦지 않을 터인데 왜 우리만 이 일을 서둘러야 하는가?

북한은 지금도 인민군 총병력 110여만 명 중 90%에 해당하는 99만 명을 전진 배치해 놓고 있다. 그들이 가지고 있는 화력은 어마어마한 것이다. 이러한 상황 속에서 노동당규약개정의 약속이 무슨 의미를 가지는 것인가?

국가의 안위에 관한 한 유비무환은 영원한 진리이다.

유변호사는 국가보안법을 폐지해야 할 이유로 다음과 같은 논리를 전개하기도 한다.

① "북한의 형법은 일반법인데 우리의 국가보안법은 특별법이다".

이것은 특별법이라는 법률은 본질적으로 인권침해를 목적으로 하는 법률이라는 논리이다. 그의 이 주장은 반론을 필요로 하지 아니하는 억지논리이다. 미국은 '전복활동 통제법', '공산주의자 통제법'을 가지고 있다. 일본은 '파괴활동 방지법'을 가지고 있다. 이러한 나라들은 모두 특별법을 가지고 인권을 침해하는 사법 야만국가들인가?

② "북한의 형법은 남한을 반국가단체로 규정하고 있지 않다".

이 말 또한 무책임한 폭언이든가 아니면 무지로 인한 실언이다. 북한의 구형법(1987년까지 시행)은 우리를 '원쑤'(제68조)로 규정하고 있었다. 형법 제47조는 남한을 '적'으로 보고 있다. 적은 '반국가단체'보다 훨씬 증오를 나타내는 표현이다. 동법은 '다른 나라 또는 적의 편으로 도망하는 행위'를 '사형' 등 중형으로 다스린다고 규정하고 있다. 이것은 구형법 제52조(공민의 조국반역죄)와 같은 내용을 담고 있다. 그러나 문제는 북한 형법의 표현에 있지 않고 실질적 내용에 있다.

북한 형법은 '반국가단체'의 조직 가입만을 처벌하는 것이 아니고 모든 '범죄조직체'의 조직 가입행위를 처벌하는 것으로 규정하고 있다. 그 규정을 그대로 옮겨본다. "범죄조직체에서 주모자와 추종자는 그 조직체가 목적한 범죄에 해당하는 조항에 따라서 처벌한다(제17조)".

그 단체(조직체)가 목적한 범죄행위가 실행될 필요는 없다. 그 단체의 조직 가입 자체가 처벌대상이 되는 것이다.

북한 형법 제44조는 '국가주권을 반대하는 범죄'의 하나로 '공화국을 전복하려는 음모에 가담하는 행위'를 한 자에게 사형 또는 전재산 몰수의 형을 선고하도록 규정하고 있다. 이러한 행위를 목적으로 하는 기관·단체는 모름지기 반국가단체라고 봐야 할 것이다.

북한의 어떤 주민이 공화국을 전복하려는 목적을 가진 조직체(단체)를 만든다면 그것은 반국가단체가 될 수밖에 없는 것이다. 사실이 이러함에도 불구하고 북한 형법이 우리를 어떤 경우에도 반국가단체로 보지 않는다는 말을 할 수 있는가?

③ "북한 형법에는 어디에도 반국가단체의 구성원을 처벌하는 조항이 없으며, 반국가단체의 활동을 찬양 고무했다고 처벌하는 조항도 없다".

유변호사의 이 주장도 책임의식을 동반하지 아니하는 자기 멋대로의 주장이다. 먼저 "북한에는 반국가단체의 구성원을 처벌하는 규정이 없다"는 유변호사의 말의 진부를 살펴보자. 이 말은, 위에서 살펴본 바와 같이, 북한 형법 제17조와 정면으로 충돌한다.

다음으로 북한 형법에는 반국가단체의 활동을 찬양 고무하는 행위를 처벌하는 규정이 없는가 하는 점을 살펴본다. 북한 형법 제46조를 옮겨 본다. "공화국을 전복, 문란, 약화시키거나 그밖에 반국가적인 범죄행위를 감행하도록 선전 선동한 자는 처벌한다". 국가보안법 제7조의 찬양 고무죄와 북한 형법 제46조의 선전 선동죄의 차이가 무엇인가? 또 북한은 태극기를 게양하고 대한민국을 찬양하거나 김대중대통령이야말로 민족의 태양이자 통일한국의 원수가 될 지도자라고 외치는 행위를 가만둔다는 말인가? 유변호사가 북한 형법을 그렇게 너그러운 법률로 보았다면 그것은 큰 착각이다.

④ "국가보안법을 폐지하더라도 형법 기타 법률로 국가안보를 지킬 수 있다".

유변호사의 이 말이 얼마나 근거 없는 주장이라는 것을 살펴보기로 한다.

유변호사의 이 주장에는 예컨대 국가보안법상의 간첩죄(제4조)에 해당하는 범죄를 형법상의 간첩죄(제98조)로 다스릴 수 있다는 의미가 들어 있을 것이다.

형법상 간첩죄의 구성요건은 다음과 같다. '적국을 위하여 간첩하는 자'라는 것이 그것이다. 그런데 북한을 '반국가단체'로 보는 것도 '반통일분자'의 소행이라는 유변호사가 북한을 '적국'으로 보아야 한다는 것은 무엇을 의미하는가?

유변호사는, 결론으로, 국가보안법이 위헌의 소지를 가지고 있거나 유추해석의 여지를 남겨두고 있으므로, 국가보안법은 폐지되어야 한다고 주장하고 있다. 전술한 바와 같이 우리 헌법재판소나 일반 법원은 여러 차례에 걸쳐서 국가보안법이 합헌적 법률이라고 선언하고 있다. 그럼에도 불구하고 유변호사가 계속 국가보안법의 위헌(소지)설을 주장한다면 그것은 자유민주주의 국민의 도리에 어긋나는 것이다.

전술한 바와 같이 국가보안법이 유추해석을 가능하게 한다는 그의 주장도 전혀 근거가 없는 것이다.

(바) 결 론

유변호사는 "국가보안법에 터 잡은 구조체제를 혁파하지 아니하면 국가보안법의 신중한 적용이란 사상누각이다"라고 주장하고 있다. 나는 그의 이 주장에 대해서 이런 말을 하고 싶다. "국가보안법에 대한 터무니없는 비방의 의식체계가 혁파되지 아니하는 한 우리의 안보는 사상누각에 지나지 않는다"라고. 유변호사는 "국가보안법의 폐지가 우리 사회 내부의 민주화의 요구이고 인간의 존엄과 가치의 고양을 위한 것임을 잊지 말아야 한다"라는 말로 자신의 국가보안법 폐지론을 끝맺고 있다. 그러나 사실은 그렇지 않다. 국가보안법이 지켜지는 곳에서만 자유민주주의가 존립할 수 있고 자유민주주의가 존립하는 곳에서만 민주화의 요구가 성취되고 인간의 존엄과 가치가 고양되는 것이다. 우리는 이 사실을 잊지 말아야 한다.

(3) 김승교변호사의 국가보안법 폐지론

김변호사는 <시민과 변호사> 1999년 11월호에서 "국가보안법은 민족의 명줄에 박혀 있는 쇠말뚝이다"라는 섬뜩한 제목의 국가보안법 폐지론을 전개하고 있다. 그는 "일제가 민족의 정기를 훼손키 위해 삼천만 민족의 명산 곳곳에 쇠말뚝을 박아놓았듯이 우리는 제 손으로, 제 가슴에, 민족의 융성 번영을 가로막아 민족의 명줄을 훼손하는, 국가보안법이라는 쇠말뚝을 박아놓았다"라고 주장하고 있다.

김변호사는 국가보안법이 "국민의 기본권을 짓눌러 민족의 통일과 민주화를 막고 민족적 정기와 지조를 결단내는 '도부(刀斧)요 망나니'로서 '서슬 퍼런 칼날'의 행세를 하고 있다"라고 단정한다(위 월간지 79면).

그러면서 그는 국가보안법이 지금까지 국민을 '살리느냐 죽이느냐' 하는 생사여탈권을 행사해왔으나 지금은 그 자신이 '사느냐 죽느냐' 하는 '역사의 법정'에 서 있다고 열을 올리고 있다.

그러나 김변호사의 위와 같은 주장에 대해서는 아무런 언급을 하지 않는 것이 옳다고 생각한다. 그것은 국가보안법 폐지의 '이론'이 아니고 국가보안법 폐지의 '구호'라고 봐야 하기 때문이다.

그러나 그의 주장 중에서 우리가 깊이 살펴봐야 할 부분이 있다. 그것은 그가 국가보안법이 악법이라는 것을 뒷받침하는 것으로 예시한 두 가지 사건이다. 그의 주장을 옮겨본다.

김변호사가 국가보안법 폐지의 당위성을 입증하기 위하여 예시하는 첫째 사례는 다음과 같다.

"국가보안법 위반으로 10년 이상 복역했고 대학교수이기도 했던 어느 한 사람은 '한국사회에서 사람들에게 가장 무서운 것은 무엇일까?'라는 물음에 '국가보안법'이라고 답했다"라는 것이다(위 월간지 80면). 나는 김변호사에게 몇 가지 질문을 하고 싶다.

1) 김변호사가 말하는 '국가보안법 위반으로 10년 이상 복역'했다는 대학교수의 범죄사실(확정판결에 의한)이 무엇인가 하는 점이 궁금하다. 그 교수가 국가보안법 위반의 범죄행위를 한 일이 전혀 없는데 악덕 검사와 비양심 법관이 합동하여 무고한 대학교수를 10년 이상 장기간 교도소에서 허송생활을 하게 만들었다는 말인가? 그렇다면 김변호사는 그 교수가 억울하게 전과자의 누명을 쓰게 된 경위를 밝혀야 할 것이다.

그리고 나서 그가 해야 할 일은 두 가지라고 생각한다. 하나는 그 교수의 무죄를 밝히기 위해서, 정의와 인권옹호의 차원에서 양심적인 변호사들의 협력을 받아서, 그 교수를 위한 재심절차를 밟아야 할 것이다.

법률의 문외한이라면 모르거니와 법조인, 더욱이 법치국가의 법조인은 모름지기 법이 정하는 구제절차에 의하지 아니하고 사법부가 내린 확정판결의 가치를 폄하하고 이를 무시하는 언동을 해서는 안 되는 것이다.

그리고 또 하나는, 많은 국가보안법 폐지론자들이 주장하는 바와 같이, 검찰과 법원이 손발을 맞추어 제도적으로, 그리고 지속적으로, 양심범을 양산(量産)하고 있는 것이라고 하면 국가보안법 폐지론을 주장하는 것은 미온적인 대응책에 불과하다는 비난을 면치 못할 것이다.

범죄와 부정의 소굴인 검찰과 법원의 해체를 위한 운동을 전개해야 하는 것이다. 그리고 검찰과 법원의 이 민족반역적 악행을 가능케 한 국가보안법을 제정하고 그 폐지를 요구하는 양심인사들의 목소리를 묵살하고 있는 국회를 해산하도록 해야 하는 것이다.

2) 김변호사는 '한국사람들'에게 가장 무서운 것은 국가보안법이라고 단정하고 있다. 그러나 이것은 독선적인 단정이다. '한국사람'들 중 국가보안법을 무서워하고 있는 사람들이 몇 사람이 되는가 하는 것이 김변호사에게 던지고 싶은 둘째 질문이다.

한국에서 국가보안법을 무서워하는 사람은 국가보안법 피의자(피고인)이거나 국가보안법 위반범죄를 마음껏 행하고 싶으나 처벌이 두려워서 이것을 못하는 사람 (및 그 가족들) 뿐이라고 나는 생각한다. 김변호사가 '모든 한국사람들'이 국가보안법을 무서워한다고 단정한다고 해서 '몇 몇 한국사람'이 '모든 한국사람들'로 확대되는 것은 아니다. 자민련 김종필 명예총재는 "국가보안법으로 인하여 생활의 제약을 받는 한국사람은 전 국민의 1%에도 미치지 않는다"라고 말했다.

둘째 사례

그는 국가보안법이 악법임을 입증하는 둘째 사례로서 세칭 진보당사건을 들고 있다. 그런데 그는 진보당사건이 왜 '국가보안법 악법론'을 뒷받침하는가 하는 점에 관해서는 일체의 언급을 하지 않고 있다. 다만 '진보당사건'에서 그 당수였던 조봉암이 사형 확정된 다음날 처형되었다"라는 사실만을 주장하고 있다(위 월간지 80면).

김변호사가 만약 진보당 사건에 대한 확정판결이 불의와 불법의 재판의 결과라는 것을 주장하기 위해서 이 둘째 사례를 든 것이라고 가정하자. 그렇다면 그는, 위 제1사례의 국가보안법 위반죄수형 교수의 경우처럼, 재심절차를 밟음과 동시에 검찰, 법원, 국회의 해체운동을 전개해야 할 것이다.

김변호사가, 조봉암씨에 대한 사형이 초고속으로 집행되었다는 사실로 봐서, 그 재판이 불법한 재판이었음을 추정할 수 있다는 뜻으로 위 진보당사건의 예를 들었다고 가정해보자. 그러나 추측이나 가정으로써 대법원의 확정판결의 권위를 훼손하는 일은 법치국가에서 받아들여질 수 없다. 이 사실은 김변호사도 시인하지 않을 수 없을 것이다.

마지막으로 김변호사가 조봉암씨에 대한 사형집행 절차의 위법성 또는 부당성을 강조하기 위해서 위 진보당사건의 사례를 든 것으로 보자. 우리의 이 가정이 맞는 것이라고 하면 김변호사는 자기논리를 펴는 공간을 잘못 선택한 것이라고 봐야 한다. 그는, 진보당사건의 문제를, 형집행의 불법성을 취급하는 공간에서 제기했어야만 옳은 것이다. 이것은 국가보안법의 위헌성을 다루는 무대에서 다룰 성질의 문제가 아니다. 요컨대 김변호사는 '번지'를 잘못 짚은 것이다. 그래서 그의 국가보안법 위헌론은 허공을 찌르는 논리로 전락하고 만 것이다.

그는 국가보안법이 "국민의 고유한 국체구성권 자체를 부정하는 반국민주권의 법으로 기능하고 있는 것이다"(위 잡지 81면)라고 주장하기도 한다. 그가 말하는 국체구성권이란 헌법학적인 용어로 말하면 헌법제정권(pouvoir constitnant, Ver fassungsgebende Gewalt)을 뜻하는 것 같다. 헌법제정권은 주권(主權-souverainite, Souveraenitaet)과 비슷한 개념을 가지고 있는 어휘이다. 그러므로 헌법제정권을 변경하는 것은 헌법을 파괴하는 행위가 된다. 대한민국의 헌법제정권(국체구성권)은 자유민주주의에 있다. 그러므로 대한민국의 헌법은 자유민주주의 실체 이외에 어떠한 헌법제정권도 인정하지 않는다.

그런데 김변호사는 전술한 바와 같이, 국민들이 자유롭게 '국체구성권'을 행사할 수 있어야 한다고 주장하고 있다. 그렇다면 김변호사는 국민들이 자유민주주의와의 어떤 이념이나 가치를 들고일어나서 그것으로써 헌법제정권(국체구성권)으로 삼으려고 하더라도 이것을 국민의 고유한 권리의 행사로 수용하여야 한다는 주장을 펴고 있는 것으로 된다. 그래

서 그는 국민의 이러한 국체구성권을 부인하는 국가보안법을 "반국민주
권의 법으로 기능하고 있다"고 단정하고 있는 것이다. 이것은 정말로 엄
청난 사태를 야기할 중대발언이 아닐 수 없다.

국가보안법의 적용과 집행과정에서 과오를 범한 전력이 있다고 치자.
그러한 잘못은 다른 구체절차에 의해서 정정되어야 한다. 국가보안법 그
자체는 대한민국의 헌법제정권(김변호사가 말하는 국체구성권) 최고가
치인 자유민주주의를 지켜나가는 기본 법률이다. 그런 의미에서 김변호
사가 국가보안법의 폐지를 주장하는 것은 곧 자유민주주의의 폐지를 주
장하는 것과 같은 것이다.

복잡한 설명을 피하기로 하자. 굳이 국가보안법의 실체와 기능을 들
먹이지 않아도 좋다. 김변호사는 분명하게 우리 국민이 '고유한 국체구
성권'을 가지고 있다고 선언했다. 그러면 그 '국체구성권'은 '공산주의 국
체구성권'도 될 수 있고 '주체주의 국체구성권'도 될 수 있어야 한다는
말이 아닌가? 그런 의미가 아닌 '고유의 국체구성권'이라면 그가 말하는
'국체구성권'의 실체는 과연 어떤 것인가? 그의 설명을 들어보고 싶다.
김변호사는 결론으로 다음과 같은 질문을 제기한다. "이 사회가 국가보
안법이 없으면 안 될 정도로 체제보위력이 없는 허약한 사회이고 이 나
라가 국가보안법이 없다면 곧 무너지거나 약해질 형편없는 나라인가".

그가 대한민국을 강한 (자유민주주의) 체제보위력을 가지고 있는 국
가로 확신하고 있는 점에 대해서 역설적인 안도감을 느끼면서 그에게
경의를 표하고 싶다. 그런데 이 글 초두에서 밝혔듯이 이 나라는 지금
국가의 이념과 가치에 관해서 극심한 남남 갈등과 혼동에 직면해 있다.

김정일위원장이야말로 위대한 장군이자 뛰어난 정치가이고 한반도의
통일대통령이 되어야 할 지도자라는 단행본이 버젓이 이 땅에서 출판되
어 판매되고 있다. 잡히지 않고 암약하고 있는 간첩이 얼마인지도 모른
다고 불안해하고 있는 국민들이 얼마나 많은지 알 수 없다. 남북정상회
담 기간중 서울의 대학가에 인민공화국 국기가 나부끼고 이를 단속하기
위해 칼을 뽑았던 검찰은 김정일위원장의 일갈고성에 소리없이 뒤로 물
러섰다.

우리 적십자 총재는 북한지도자들의 노여움을 사고 맥없이 창피하게 물러나 앉아야 했다.

인민군 열병식을 참관하고 "과연 위대한 인민의 군대이다"라고 찬양하고 무력남침의 원흉인 노동당 창당기념일을 '민족의 명절'이라 칭하면서 형제의 기쁜 마음을 전하러 가고, 국군묘지에는 몇 번 참배했는지 모르나 '남북정상회담의 기쁜 소식을 전하러' 인민군 묘지를 찾은 인사가 우리 정부의 고위직에 앉아 있다.

김종필 자민련 명예총재가 총리재직시 "우리는 한 걸음도 뒷걸음칠 수 없는 극좌의 벼랑에 서 있다"고 한 말은 한 치의 과장도 없는 진실 그 자체라고 해야 할 것이다.

지금 국가보안법이 엄연히 살아 있는데도 이러한 상황이 벌어진다고 하면 그 법률이 폐지되었을 때의 상황은 가히 짐작할 수 있다고 할 것이다.

이 나라는 '국가보안법이 없다면 곧 무너지거나 약해질 형편없는 나라' 이외에 또 무엇이 될 수 있다는 말인가? 김변호사의 양심적이고 책임있는 답변을 듣고 싶다.

(4) 박원순변호사의 국가보안법 폐지론

(가) 서 론

마지막으로 박원순변호사의 국가보안법 폐지론을 살펴본다.

박원순변호사는 변호사 사회에서 성실 정직하고 근면한 사람으로서 평가되고 있다. 그의 학구적인 태도는 많은 사람들로부터 높은 평가를 받고 있다. 그 중에서도 국가보안법에 관한 그의 연구실적은 거의 독보적인 것이라고 할 수 있다. 그의 <국가보안법 연구>는 세 권의 저서에 수록되어 있다. 제1권이 320면, 제2권이 604면, 제3권이 259면으로, 총 1,183면에 이르는, 방대한 분량의 연구논문이다.

그러므로 세 권에 담겨 있는 그의 국가보안법론을 모두 살펴본다는 것을 불가능한 일이라고 생각한다. 이 저서에서는 그의 국가보안법 폐지론의 허실을 살펴보는데 필요한 정도의 중점적인 고찰에만 그치고자 한다. 나는 박변호사의 국가보안법 고찰에 앞서서 진심으로 그의 학구적 노력과 업적에 경의와 찬사를 보내고자 한다.

(나) 국가보안법의 개념

박원순변호사는 국가보안법을 '민주·민족·민중의 성장과 발전을 억압하는 철퇴'로, '또 하나의 폭력과 야만'으로 정의하고 있다(국가보안법 연구 3. 15면). 그는 위와 같이 국가보안법 정의(定義) 외에 국가보안법에 대해서 다양한 별명을 부여하고 있다. 그가 명명한 국가보안법의 악명들을 나열해본다.

1) "국가보안법은 법률이 아니고 총·칼이다. 그 앞에 사상자(死傷者)가 즐비하게 나동그라지게 할 것은 불을 보듯 뻔한 악법이다"(국가보안법 1. 30면), 2) 온 국민을 주눅들게 하는 괴력의 법(위 저서 7면), 3) 이 땅의 불행한 현대사를 그 날개로 온통 뒤덮고 있는 거대한 괴조와 같은 법률(위 저서 7면), 4) 유명무실한 사문화(死文化)의 법률, 5) 썩어문드러진 법률(위 저서 34면), 6) (억압과 포악의 상징인) 치안유지법과 동일한 악법(위 저서 25면), 7) 수구파들의 성격을 닮은 반공·반통일·반민주적 법률(위 저서 27면), 8) 좌익과 기층민중을 상대로 미운 놈의 입에 재갈을 물리고 여차하면 잡아 가두려고 하는 도구(위 저서 27면), 9) 민족의 가슴에 난 바람구멍(위 저서 25면), 10) 괴물의 입(위 저서 26면), 11) 국가안보의 근처에도 있지 아니한 멀쩡한 사람을 국가보안법 위반자로 만들어내는 법률.

박변호사가 국가보안법을 위와 같이 보고 있다는 사실은 김승교변호사가, 전술한 바와 같이, 그 법을 '민족의 명줄에 박아놓은 쇠말뚝', '민족적 정기를 결단내는 도부(刀斧)와 망나니' 그리고 '서슬 퍼런 칼날'로 보고 있는 것과 맥을 같이한다고 본다.

학문이란 이름 아래 '쇠말뚝', '도부와 망나니', '철퇴', '폭력', '야만', '썩어문드러진 법률'이라는 말들이 난무하는 곳에서는 논리와 이성이 발붙일 공간을 얻지 못한다. 그러한 곳에서는 분노와 원한에 사무친 사람들의 피의 절규가 있을 뿐이다. 이 절규는 평화와 건설의 모체가 될 수 없다. 투쟁과 파괴만을 낳을 수 있다.

(다) 국가보안법의 위헌성

박변호사는 국가보안법의 법률적 특성을 그 위헌성에서 찾고 있다. 국가보안법은 헌법에 위반하는 법률이므로 원시적으로 무효인 법률이라는 것이 그의 '국가보안법 위헌론'의 핵심이다.

1) 기본권의 침해

그가 국가보안법의 실체를 그 위헌성에서 구하고 있는 이유는 여럿이다. 그러나 그는 그 이유 중 제1차적이고 가장 중요한 것으로서 "국가보안법이 헌법상의 '학문·예술의 자유(제22조)' 등 국민의 기본권을 철저하게 유린하여 왔다(위 저서 16면)는 점을 들고 있다.

그러나 이러한 기본권 침해론은 이론상으로나 사법부의 판례로나 근거 없다고 하는 점에 대해서는 이미 상세히 살펴봤으므로 더이상의 재론은 피하기로 한다. 한두 사람이, 신념과 논리의 명분 아래, 감상적 흑백론을 전개한다고 해서 사법부의 판단이 뒤집어지는 것은 아니다. 그것은 자유민주주의와 법치주의의 기본철학이다.

2) 헌법 제3조와 제4조의 모순

박변호사는 헌법 제3조와 제4조가 서로 모순을 일으키고 있다는 주장을 내세우고 있다. 그리고 그는 그 두 규정간의 상호모순 당착이 국가보안법의 위헌성의 근거가 된다고 하는 독특한 논리를 전개하고 있다.

그의 논리를 살펴본다. 우리는 이미 헌법 제3조와 제4조의 내용을 익히 알고 있는 바이지만 그의 논리전개의 과정을 살펴본다는 의미에서 먼저 그 규정의 내용을 살펴본다.

헌법 제3조는 "대한민국의 영토는 한반도와 그 부속도서로 한다"라고 규정하고 있다. 헌법 제4조는 "대한민국은 통일을 지향하며 자유민주주의적 기본질서에 입각한 평화적 통일정책을 수립하고 이를 추진한다"라고 선언하고 있다.

박변호사가 위 양 규정을 대비하고 있는 이유는 간단하다. 그의 설명에 의하면 (우리 헌법 제4조는-저자 주) 평화적 통일의 지향을 선언함으로써 두 개의 실체(대한민국과 조선인민공화국-저자 주)의 공존을 시인하면서 다른 한편(헌법 제3조는-저자 주) 한반도 내에서 대한민국 이외에는 다른 실체의 존재를 부인하는 결과를 만들었다는 것이다.

헌법 제3조는 결국 대한민국이 한반도에서의 유일한 합법정부이며 휴전선 북방지역은 내란단체가 불법적으로 점령하고 있는 지역이라는 것을 선언하고 있다는 것이 박변호사의 논리이다(위 저서 16면,17면). 그래서 그는 "헌법 제3조가 헌법의 근본가치에 위반되는 무효의 규정이다"(위 저서 22면)라는 대담무쌍한 결론에 도달하게 된다.

요컨대 박변호사는 우리 헌법 제4조가 선언하고 있는 '평화통일'의 원칙을 정면으로 부정하고 민족의 '분단'을 조장하고 있는 헌법 제3조는 무효라고 주장하고 있는 것이다. 국가보안법은 조국분단의 원흉인 헌법 제3조를 근거로 제정된 것이므로 원천적으로 무효인 법률이 될 수밖에 없다는 주장을 펴고 있는 것이다.

국가보안법이 태생적으로 분단 조장의 법률이 될 수밖에 없는 것은 그 법률의 모태가 한반도의 분단을 공인하고 있는 헌법 제3조이기 때문이라는 것이 박변호사의 논리이다. 국가보안법이 숙명적으로 분단의 법제가 될 수밖에 없다는 박변호사의 논리를 들어본다.

"국가보안법은 기본적으로 분단의 법제이다. 적대와 대결 그리고 공격과 섬멸의 의지를 담은 법률이다. 그 속에는 적의가 번뜩이고 긴장이 서려 있다. '대한민국의 영토는 한반도와 그 부속도서로 한다' 이 헌법상의 영토조항은 한반도 내에 대한민국 외에 다른 국가의 존재를 용인할 수가 없게 되어 있다. 이 헌법조항을 받아 국가보안법은 북한을 반국가단체로 규정하고 북한과 내통하고 이롭게 하는 모든 행위를 처벌하고 있는 것이다.

이러한 헌법과 국가보안법에 의하면 북한은 대한민국 영토의 일부를 점령하고 있는 내란단체일 뿐이다. 따라서 토벌의 대상이요, 복속만이 있을 뿐이다. 그런 불법단체와 대화를 하거나 협상을 한다는 것은 예상할 수 없는 일이었다. 북한과의 교류, 평화통일을 입 밖에 내는 자는 국가보안법이 기다리고 있었다. 결국 이 법제하에서 가능한 통일론은 북진통일과 승공통일 뿐이었다"(위 저서 32면).

박변호사의 위 주장에 대해서는 몇 가지 질문을 던져보고 싶다. 그는 국가보안법을 '기본적인 분단의 법률'로 보고 있다. 여기서 우리는 박변호사가 국가보안법이란 체언에 붙은 어미 '이다'에 주의를 기울일 필요가 있다고 생각한다. 그는 국가보안법이 한때 분단의 법률'이었다'는 것이 아니고 지금도 분단의 법률'이다'라는 것이다.

그렇다면 박변호사는, 이 분단의 법률이 시퍼렇게 살아 있는데도 어떻게 해서 '북한과의 교류'는 물론 '남북정상회담'이 이루어질 수 있는가 하는 점에 대한 설명을 해야 할 것이다. 동일한 국가보안법하에서 지금은 무슨 힘으로 '북진통일', '승공통일'이 아닌 '평화통일'을 공공연하게 주장할 수 있게 되었는가 하는 점도 함께 설명해야 할 것이다.

박변호사가 위와 같은 남북상황의 변화를 시인한다면 그는 이 상황의 변화가 국가보안법 존폐여부의 문제와는 전혀 무관하다는 사실을 시인하지 않을 수 없을 것이다. 그렇게 되면 그의 국가보안법 폐지론의 명분은 뿌리에서부터 허물어지게 된다고 할 수밖에 없다.

박변호사가 헌법 제3조와 국가보안법 제2조(반국가단체의 정의)의 무효·불법성을 끈질기게 지적하고 있는 이유를 속시원하게 알고 싶다. 헌법 제3조의 영토조항을 없애고 "대한민국의 영토는 한반도의 휴전선 이남과 부속도서로 한다"는 것으로 개정하라는 뜻인가? 또 조선인민공화국을 국가로 인정하는 법적 조치를 취하라는 뜻인가? 정말로 답답하고 궁금하기만 하다.

그러나 박변호사의 논리는, 본인도 미처 깨닫지 못하고 있는, 중대한 허점을 내포하고 있다. 국토규정은 헌법에 있어서 핵심 본질적인 규정이다. 그 국토규정이, 박변호사의 주장처럼, 무효한 것이라고 하면 그 헌법은 전체로서 무효가 되는 것이 마땅하다.

그리고 헌법의 유효성을 전제로 한 국가보안법의 위헌성을 논한다는 것은 언어의 희롱이자 궤변에 불과하게 되는 것이다. 그러나 박변호사는 끈질기게 헌법 제3조의 사문화·무효화를 내세우면서 대한민국이 '한반도에서 유일한 합법정부'라는 논리가 허구라는 주장을 펴고 있다. 대한민국 유일 합법정부론의 허구성이 밝혀지면 국가보안법의 원천무효는 저절로 밝혀진다는 것이 박변호사가 노리는 목표이다.

박변호사는, 그가 몽매에 그리워하고 있는 '평화통일'론과 관련하여 소위 7.4 공동선언에 대한 기발한 논리를 전개하고 있다. "7.4 남북공동성명이 나왔다. 이후락정보부장의 평양 밀행, 그리고 그 합의내용으로서 평화통일의 원칙선언은 모두가 헌법과 국가보안법에 대한 정면유린이었다. 국회에서 야당의원들이 이를 따졌고 정부는 통치행위라는 답변을 하였다"(위 저서 33면).

나는 박변호사가 무슨 의미로 위와 같은 주장을 불쑥 내놓는지 알 수 없다. 한반도 분단의 원흉인 헌법 제3조와 본질적인 분단고착의 법률인 국가보안법이 살아 있음에도 불구하고 '평화통일'의 원칙을 선언한 박정희대통령의 탁월한 결단력과 미래투시력을 예찬하기 위한 것인가? 아니면 이렇게 위대한 대통령의 대북정책을 반대한 야당이 반통일세력이라는 것을 규탄하기 위한 것인가 하는 점에 대해서 헷갈린다는 말이다.

박변호사는 대한민국이, 자기정통성의 유일한 근거로 삼고 있는, 1948년 12월 12일의 유엔총회 결의의 의미를 잘못 이해하고 있다는 주장을 펴고 있다. 그가 풀이하고 있는 유엔총회 결의의 이의를 살펴본다. "유엔총회는 유엔한국임시위원단이 감시 및 협의를 할 수 있었던 전 코리아 인민의 대다수가 거주하고 있는 코리아의 그 지역에서(한국—저자 주)에서 유일한 정부라는 것을 선언(유엔총회 결의 제195호 3 제2항)했다"는 것이다. 그는 위 유엔총회 결의의 참된 내용이 다음과 같이 풀이되어야 한다고 주장하고 있다.

"한국정부의 유효한 지배가 미치는 범위는 유엔감시하의 선거가 시행된 남한지역에 국한된다는 것이다. 따라서 한국정부가 한반도 전역을 지배하는 유일 합법정부라는 해석을 전제로 하는 헌법 제3조는 근거를 상실하는 것이다"라는 것이 그의 해석이다. 이것은 정말로 경천동지할 엄청난 주장이다. 나는 박변호사에 대한 공개적인 질문 몇 가지로써 그의 주장에 대한 반론제기에 가름하고자 한다.

그 질문은 아래와 같다. 박변호사는

1) 위 유엔결의는 조선인민공화국도 한반도에서 '유일 합법정부'가 될 수 있다는 의미를 가진 것으로 보는가?

2) 유엔의 결의가 우리 헌법 제3조를 무효화시킬 수 있는 힘을 가지고 있는 것이라면 유엔의 결의는 한국헌법의 상위규범이란 말인가?

3) 박변호사는 대한민국의 영토를 38선 또는 휴전선 이남으로 한정하여야 한다는 주장을 하고 있는 것인가?

4) 박변호사가 주장하는 그러한 규정을 헌법에 두게 되면 북한은 자동적으로 반국가단체 또는 교전단체가 아닌 완전한 국가가 되는 것인가?

5) 박변호사가 주장하는 바, 헌법의 '단계구조론'에 의하여 헌법 제3조가 4조의 하위규정이 된다고 하는 근거는 무엇인가?

6) 헌법 제3조는 우리 헌법의 국시인 자유민주주의의 지역적 적용범위를 규정한 것이므로 헌법 제4조의 하위규범이 될 수 없는 것이 아닌가?

나는 위 공개질문과 관련하여 이 점에 관한 나의 의견을 약간 언급하고자 한다.

박변호사는 헌법 제4조가 말하는 '조국의 평화적 통일'이 '대한민국'과 '조선인민공화국'의 실체를 모두 인정하면서 두 실체의 '평화적 공존' 추구를 의미하는 것이라고 주장한다. 그러므로 헌법 제4조는 헌법 제3조 상위에 있는 합헌적이고 이상적인 규정이라고 말하고 있다.

그런데 문제는 헌법 제4조가 단순히 남과 북의 '평화적 통일'을 추구하고 있는 규정이 아니라고 하는 점에 있다. 그것은 '자유민주주의적 기본질서에 입각한 평화적 통일'을 추구한다는 선언적 규정이다. 그러므로 자유민주주의적 기본질서를 상실한 대한민국은 이미 대한민국이 아니다.

그런데 박변호사나 그와 유사한 주장을 펴고 있는 사람들은 이 '자유민주주의적 기본질서에 입각한 평화적 통일'을 전혀 염두에 두고 있지 않은 것으로 보고 있는 국민들이 너무 많은 것이다. 북한은 자유민주주의에 입각한 평화적 통일을 전혀 희망하지 않고 있다. 뿐만 아니라 북한은 이 시간에도 한반도의 적화통일을 최고의 목표로 삼고 있다.

그래도 대한민국은, 이러한 가치와 이념의 극한적 대립을 무시하고 방치한 채, 통일만 하면 된다는 것인가? 우리가 '자유민주주의에 입각한 평화적 통일'을 주장한다는 것은 '공산주의 주체사상에 입각한 평화적 통일'을 추구하는 북한의 실체를 인정하지 않는 것으로 될 수밖에 없다.

그런데 박변호사는 "한국정부가 한반도 전역을 지배하는 유일정부라는 해석을 전제로 하는 헌법 제3조는 근거를 상실한 것이고 이를 근거로 북한정권을 우리 영토 안에 있는 불법단체이며 반국가단체라고 규정할 수는 없게 된 것이다"라고 주장한다(상게서 19면). 만약 그의 주장이 옳은 것이라고 하면 우리 헌법 제4조도 제3조와 함께 헌법 전문의 정신에 위배되는 무효, 모순의 규정이 된다고 주장해야 옳은 것이 아닌가?

그리고 박원순변호사의 주장에는 해결될 수 없는 근본적 모순이 내재하고 있다. 대한민국 헌법은 위 유엔결의가 있기 4개월 전에 제정되었다. 박변호사의 주장이 옳은 것이 되기 위해서는 다음 두 가지 가정 중의 하나는 반드시 맞는 것으로 되어야 한다. 첫째 가정은 대한민국과 유엔이 미리 짠 후에 각자가 한 편에서는 헌법 제3조를 제정하고 다른 한 편에서는 총회결의를 하였다는 것이다. 둘째 가정은 대한민국이 위 총회결의를 사전에 정확하게 예측하고 헌법 제3조를 미리 제정하였다는 것이다.

그러나 불행하게도 그 두 가정 중 어느 것도 사실이 아니다. 그렇다면 박변호사의 주장은 설자리를 잃게 될 수밖에 없다.

(라) 반국가단체규정(국가보안법 제2조)의 위헌성

박변호사는 국가보안법 제2조가 위헌규정이라는 논리를 다음과 같이 전개하고 있다. 그의 주장을 옮겨본다.

"국가보안법은 북한을, '정부를 참칭하거나 국가를 변란하려는 것을 목적으로 하는 국내외 결사 또는 집단(반국가단체＝적)'으로, 보는 논리 위에 서 있는 것으로 바로 헌법이 추구하는 평화적 통일지향의 이념에 위배된다. 따라서 헌법의 평화적 통일추구의 이념을 좇아 북한을 방문하고 협의하고 북한측의 사람을 만나고 하는 모든 일들을 국가보안법은 범죄행위로 취급하여 이를 처벌하는 결과가 되고 만다. 문익환목사, 임수경양, 문규현신부, 서경원의원 등 방북인사 모두가 통일을 위해 노력한 것이기는커녕 적을 도왔을 뿐이라는 것이다.

결국 국민들에게는 헌법이 지향하고 선언하는 평화적 통일노력을 감히 포기하도록 강요하는 법이 국가보안법이며 그같은 의미에서 이 법률은 헌법을 위반하고 있는 것이다"(국가보안법 연구 3 22-23면).

박변호사의 주장을 따르면 '문익환목사, 서경원의원'의 '방북'과 '귀국'은 '민족의 통일'을 위한 애국적 행위이므로 이를 범죄행위로 볼 수 없게 된다. 그들의 행위가 민족통일을 위한 애국적 행위였는가 하는 점에 대한 판단의 문제는 언급하지 않기로 한다. 다만 박변호사 그리고 거의 모든 국가보안법 폐지론자들이 한결같이 문제를 제기하고 있는 국가보안법 제2조의 '반국가단체'에 관해서는 약간의 검토가 있어야 한다고 생각한다.

그들의 주장처럼 '조선인민공화국'이 '반국가단체'가 되어서는 안 된다고 일단 가정해보자. 그러면 '조선인민공화국'은 무엇인가? 혹은 무엇으로 받아들여야 하는가? 이 질문에 대한 답변에는 이론의 여지가 없다. '조선인민공화국'이라는 국호가 가르치고 있듯이 그것은 '국가'이자 우리에게 있어서 '외국'이다.

이렇게 잠정적인 결론을 내려놓고 박변호사에게 물어본다. 이 지구상의 어느 나라를 막론하고 자기나라 국민이 제마음대로 자기나라를 떠나도록 허용하고 어떤 나라든 남의 나라에 멋대로 들어갈 수 있도록 방임하고 있는 나라가 있는가? 그리고 그러한 사람을 무제한으로 받아들이고 있는 나라가 있는가?

왜 대한민국만은 '문익환목사'나 '서경원의원'이 자기 마음대로 '출국'하고 '입국'하더라도 여기에 관여해서는 안 된다는 말인가?

조선인민공화국이 '외국'이라고 하더라도 그들은 밀항단속법, 출입국관리법 또는 여권법의 위반자가 되는 것이다. 박변호사는 대답해주기를 바란다. '민족통일'의 달성을 위해서 감행한 범죄는 어떠한 범죄행위도 정당화된다고 보고 있는지 알고 싶다.

이 점과 관련해서 한 마디 청언하고 싶은 말이 있다. 그것은 '민족의 통일'보다 더 포괄적인 가치로 알려지고 있는 '세계평화'도 범죄행위에 대한 면책사유가 되지 못한다고 하는 사실이다.

그리고 '조선인민공화국'은 타국(대한민국)의 국가안보사범을 출입국질서법 위반자가 아닌 국가의 영웅으로 환영하고 환송하는 세계 유일의 국가이다. 그 이유는 간단하다. 그 영웅들의 행위가 조선인민공화국이 몽매에 그리고 있는 '조선'의 '공산통일'에 큰 기여를 한다고 판단하기 때문이다.

박변호사는 나의 논리가 틀렸다고 보고 있는지 아니면 그것이 맞다고 하더라도 '문익환목사', '임수경양' 등 여전히 처벌대상이 될 수 없다고 하는 것인지 답변해야 한다고 생각한다.

박변호사는 위 문익환목사 등의 사건을, 그들이 단지 국가보안법의 편파적인 피적용자라는 시각으로 문제삼고 있다. 그의 주장을 들어본다.

"민족의 통일을 위해 북한을 다녀온 문목사는 귀국하는 비행기 안에서 구속되었는데도 세계 각국의 국제협약이 범죄로 규정하여 엄벌하는 민간항공기 폭파로 115명을 살해함으로써 북한의 지령을 받아 그 목적을 수행한(국가보안법 제4조) 김현희는 수사 시작 때부터 사형선고를 받고 난 후까지 불구속으로 남아 있다…

왜 현정권은 사법부의 독립에 이같은 치명상을 입히면서까지 차별을 두려고 하는가? 설사 문목사가 죄를 지었다 하더라도 그 죄가 115명의 인명을 앗아간 살인자인 김현희의 죄보다 크다는 것인가? 아니면 김현희가 대한민국에 대해서 사형선고를 받고도 사면될 만한 엄청난 기여라도 했다는 말인가?(상게서 24면)

위 인용부분은 박변호사가 <김창록씨의 문익환 목사의 방북과 국가보안법>(<법과 사회> 창간호, 법과 사회 이론연구회 1989, 279면) 논문을 자신의 저서에 전용한 것이다. 박변호사가 김창록씨의 위 주장에 전적으로 동의하기 때문에 그 글을 전용한 것이라고 본다.

박변호사의 위 주장은 지나치게 물량주의적인 형식논리에서 나온 것이라고 말하지 아니할 수 없다. 규범(規範)과 사실(事實), 가치(價値)와 존재(存在)는 같은 기준으로 평가될 수 없는 것이다. "물이 섭씨 영도에서 언다"는 것은 자연법칙이요, 존재법칙이다. 부모를 공경하라는 것은 사회법칙이요, 윤리법칙이다.

예컨대 자연계가 돌변사태로 인하여 섭씨 5도에서 물이 얼게 되는 경우가 단 한번만이라도 발생하게 되었다고 가정하자. "물이 섭씨 영도에서 언다"는 자연법칙이 깨어지고 만다. 자연법칙은 물량(物量)의 법칙이기 때문이다.

이와는 반대로 세태의 변화로 말미암아 젊은이들이 자기 부모를 우습게 대접하는 사례가 비일비재하게 일어나는 사회가 되더라도 "부모를 공경하라"라는 윤리법칙은 흔들림 없이 서 있게 된다. 윤리법칙은 질서법칙이기 때문이다. 오히려 불효의 세대일수록 "부모를 공경하라"는 효도의 법칙은 더욱 빛을 발하게 된다.

범죄에 대한 형벌도 존재의 법칙으로 평가해서는 안 되는 것이다. 형벌이라는 제도 자체가 적극적 가치의 산물이 아닌 소극적 가치의 산물이라고 하더라도 그것은 규범의 세계에 소속되어 있는 것이다.

범죄의 규모와 피해의 정도가 범죄에 대한 형법의 종류와 분량을 결정할 때 하나의 기준이 되는 것은 사실이다. 그러나 그것은 유일의 기준은 될 수 없다. 형벌이 가치의 세계에 속해 있기 때문이다.

두 사람이 각각 남의 집에 들어가서 각 500만 원을 훔쳐왔을 때 그들에게 똑같이 각 징역 10월의 형이 선고되어야만 우리 헌법 제11조가 요구하는 평등권이 보전되는 것은 아니다. 헌법 제11조가 말하는 '평등'은 '산술학적 평등'이 아니기 때문이다.

우리 형사소송법은 형벌을 정하는 기준으로 1) 범죄의 동기, 2) 범죄의 수단, 3) 피해보상 등 피해자와의 관계, 4) 개전의 정유무 등을 들고 있다. 이것은 누구도 이의를 제기할 수 없는 당연한 기준이다.

이러한 견지에서 박변호사가 예시하고 있는 국가보안법의 위 불평등 적용사례를 살펴본다.

대한항공기 폭파사건은 하늘과 땅이 함께 분노할 흉악범죄사건이라는 점에 대해서 재론을 요하지 아니한다. 그러므로 그 점에 대한 논란은 피하기로 한다. 모든 사람들이 공감하고 있는 위 형사소송법의 정신에 비추어서 문익환목사와 김현희에 대한 양형기준(죄질)을 살펴보고자 한다. 여기서 나는 문익환목사를 폄하할 아무런 이유가 없다는 사실과 반면 김현희를 옹호해야 할 아무런 이유도 없다는 사실을 미리 밝히고자 한다. 두 사람 모두 다 나와는 일면식도 없는 사이이다. 그러므로 나에게는 어느 편도 들 이유가 없다는 것이다.

이러한 전제하에서 이 두 사람의 정상을 살펴본다.

1) 문익환씨는 탈출 당시 70세의 원로목사였다. 그는 연령·학벌·경력과 경륜 등 모든 면에서 한국에서 최고급 지도자의 한 사람으로 추앙을 받고 있었다. 그렇기 때문에 그로서는, 설령 '민족의 통일'을 위해서 방북하려는 계획을 세웠다고 하더라도 그 실천에 앞서서, 정부의 허가를 받았어야 하는 것이다. 이것은 식견과 양식을 갖춘 중요인사로서는 마땅히 지켜야 할 최소한도의 상식이다. 정부가 그것을 허락하지 않을 것이 뻔한데 어떻게 할 것이냐 하는 반문을 할지 모른다.

정부가 허가하지 않으면 당연히 방북을 포기해야 하는 것이다. 국민 개개인이 자신과 국가를 동등의 가치담당자로 보고 정부가 반대하더라도 자신의 신념을 관철한다는 태도는 무정부적 혼란의 출발점이 된다. 자신의 신념관철을 위해서 폭력이나 범죄적 수단을 사용하는 것은 바로 공산주의 혁명의 모체가 된다.

문익환목사는 이 사실을 알고 있었다고 봐야 한다. 만약 몰랐다면 몰랐다는 사실에 대해서 책임을 져야 할 것이다. 이 말이 문익환목사가 공산주의자였다는 뜻이 아니라는 것은 분명하다. 그러나 공산주의자만이 국가보안법 위반자가 되는 것이 아니라는 사실을 우리는 알아야 한다.

사도 바울은 "각 사람은 위에 있는 권세들에게 복종하라. 권세는 하나님께로 나지 않음이 없느니라"(롬 13:1)라고 말했다. 그의 말은 "악법도 법이다"(Dura lex, sed lex)라는 의미에서 권력에의 복종을 요구한 것이 아니다. 정권이 신앙의 자유를 박멸하고 있지 아니하는 한 권력과 법은 그것 자체로서 긍정적인 가치를 가지고 있다는 뜻이다.

그럼에도 불구하고 박변호사는 그가 국가보안법이라는 실정법을 파괴하면서까지 '민족의 통일'을 실천하려 했다고 주장했다. 그러나 그렇다고 해서 그가, 성서를 가르치는 목사로서, 실정법을 지켜야 하는 법치국가의 국민으로서, 져야 할 책임을 피할 길은 없는 것이다.

그의 비중과 이름으로 말미암아 그의 방북이 대한민국과 조선인민공화국 그리고 세계 사람들에게 미친 영향은 지극히 큰 것이었다. 그럼에도 불구하고 그는 자신의 범죄행위에 대해서 뉘우치는 모습은 전혀 보이지 않았다. 그는 오히려 역사적 결단을 내린 민족적 영웅으로 처신했다.

그렇다면 그는 범죄의 동기, 정상결과의 모든 면에서 관대한 판단을 받을 아무런 사유도 가지고 있지 않은 것으로 된다. 그러므로 그가 선고받은 형과 그 집행에 있어서 불의한 요소는 전혀 없었다고 봐야 한다.

이제 김현희의 정상을 살펴보자. 그녀가 대한항공기 폭파사건에 관여했을 때 그녀는 26세의 미혼처녀였다. 그리고 그녀는 학력과 경력에 있어서도 별달리 내놓을 만한 것이 없었다. 그러면서 그녀는 일인독재의 폐쇄된 사회에서 오로지 김정일위원장만을 신앙목표의 정점으로 삼고 살았다. 그녀는 신과 같이 받들고 있던 김정일위원장으로부터 대한항공기의 폭파지시를 받았다. 이 지시는 그녀에게 있어서 불가항력적인 신의 명령이자 계시였다. 그 지시의 성격과 의미를 살핀다는 것은 생각할 수도 없는 일이었다.

그러므로 지시자의 단순한 하수인으로서 대한항공 폭파에 가공한 김현희는, 스스로 영웅적인 결정을 내리고 이를 행동에 옮긴, 문목사와는 근본적으로 다른 것이다. 그러므로 김현희가 승객 115명의 생명을 앗아간 대한항공기 폭파의 실질적 주범인 것으로 단정한 박변호사의 주장은 출발점에서 오류를 범하고 있는 것이다.

그리고 김현희는 폭발사건수사에 있어서 과연 공산주의자답게 자신의 신분마저 위장하고 중국인으로 행세하면서 범행을 극구 부인했다. 그러다가 그녀는 자신의 잘못을 깊게 뉘우치고 범행일체를 자백하기에 이르렀다. 그녀의 자백과정은 그 자백을 절대적으로 신뢰하지 않을 수 없게 만드는 힘을 가지고 있다.

이 사건은 1987.11.29 14:00, 중동에서 귀국하던 한국인 근로자 등 승객 95명(외국인 2명 포함)과, 승무원 20명 등 모두 115명이 탑승하고 있던, 대한항공 858기를 미얀마의 벵골만 상공에서 폭파시킨 사건을 말한다. 워낙 치밀한 사전계획 아래 실행된 범죄이었으므로 범인의 인적사항과 범행의 내용을 캐낸다는 것은 거의 불가능한 것으로 생각되었던 사건이다.

그런데 12월 1일, 사고 비행기에 한국 입국이 금지된 '요주의 인물'인 일본인 2명이 탑승했었다는 것이 밝혀지면서, 수사는 급진전했다. 문제의 두 일본인은 '하치야 신이치', '하치야 마유미'라는 여권을 가진 남녀로 밝혀졌다. 그들은 바그다드에서 위 항공기에 탑승하였다가 아부다비 공항에서 내렸다. 이 중 마유미의 여권은 위조여권임이 바레인(탈출로 중간착륙지) 공항에서 밝혀졌다.

이들은 바레인에서 요르단으로 탈출하려다 위조여권의 적발로 체포되었다. 남녀는 담배 속에 숨겨두었던 독극물을 삼켜 자살을 시도하였다가 남자는 숨지고 여자는 중태에 빠졌다.

김현희는 이처럼 철저한 주체사상의 신봉자였다. 그러한 그녀가 순순히 범행의 동기와 내용 그리고 범행과정까지를 소상하게 자백한 것이다.

그녀의 자백내용을 살펴본다. 그녀는 당 대외정보조사부 소속 공작원 김승일(당시 70세)과 함께 "88올림픽 개최 방해를 위해 KAL기를 폭파하라"는 북한 김정일의 친필 공작명령을 받고 기내 좌석 선반에 라디오와 술병으로 위장한 폭발물을 놓고 내려 공중에서 폭발하도록 했던 것이다.

그녀의 자백에 의해서, 완전히 미궁으로 빠지게 되어 있었던, 세기적인 이 건의 전모가 드러난 것이다. 사회주의 국가였던 미얀마는 이 사건의 수사 끝에 "조선인민공화국은 국가가 아니다"라는 결론을 내리고 북한과 국교단절에 이르게 된 것이다.

그럼에도 불구하고 북한은 KAL기 폭파사건을 자기들에 대한 모해조작사건이라고 주장하고 있다. 대한민국 안에서도 KAL기 폭파사건의 책임자가 누구냐 하는 것을 밝히기 위해서는 지금의 증거로써는 부족하다는 주장이 공개적으로 나오고 있다. 앞으로 이 점에 관한 법적 책임(혹은 정치적 책임)의 문제가 대두될 때 김현희의 증언은 결정적 증거가 되는 것이다.

그렇다면 그녀에게 정책적인 고려를 해서 관대한 처리를 한 것은 당연하다고 봐야 할 것이다. 이것을 헌법상의 평등권의 문제로까지 확대시켜 그 처분의 당부를 운위한다는 것은 참으로 이해할 수 없는 일이다.

(마) 헌법 제11조(평등권)에 관련된 위헌성

박변호사는 국가보안법의 적용 집행기준이 둘쑥날쑥하고 있다고 보고 있다. 특히 정부 자신에 대한 국가보안법 적용기준과 개인에 대한 그것에는 엄청난 차이가 있다는 것이다. 그의 주장을 옮겨본다.

"1972년의 7·4 남북공동성명 당시만 하더라도 이후락정보부장이 평양 밀행의 범죄 성립여부에 대한 논란이 통치행위 이론으로 설명되었다. 그러나 오늘날 위로는 대통령에서 아래로는 하급공무원과 기업체의 직원에 이르기까지 국가방위에 중요한 기간산업의 건설과 철강의 수출로부터 연극·영화의 교류에 이르기까지 이 엄청나고 빈번한 교류와 교역은 국가보안법의 명백한 처벌대상이 된다.

이렇게 엄청난 국가보안법 위반행위를 정부가 나서서 저지르고 있는 마당에 다른 한편에서는 아직도 국가보안법 위반으로 투옥되고 있다. 정부의 정책과 일반국민의 행위규범은 별다른 것이 될 수 없다. 북한여행기를 발행한 출판사 사장의 행위보다 북한에 군수물자로 쓰일지 모르는 물품을 수출하는 행위는 북한에 더욱 도움을 주는 것이 명백하다"(위 저서 22-23면).

박변호사는 국가보안법 적용의 불평등성을 설명하기 위하여 다음과 같은 주장을 펴기도 한다. "어떤 국민은 북한사람과 만났다고 처벌받는데 재벌기업체 회장이 북한사람을 만나 대접하고 물건 팔아 돈버는 일은 허용하는 것은 상식적인 국민의 법감정에 맞는 일인가?"(위 저서 24면)

정부와 기업이 북한과 교류하는 경우와 개인이 그렇게 하는 경우에 형평성의 문제가 제기될 수 있다고 하는 점에 대해서 이의를 제기할 사람은 아무도 없다. 그리고 이러한 문제제기가 정부의 대북정책에 영향을 미칠 수도 있다. 또 그렇게 할 수 있다는 것이 자유민주주의의 결정적인 장점이 되기도 한다.

그러나 그렇다고 해서 국가권력(정부)과 개인을, 가치와 권위에 있어서, 완전한 산술학적 평등의 주체로 평가한다는 것은 위험천만한 발상이다. 그것은 공산주의 혁명론의 시발점이다.

국가권력을 폭력으로 봐야만 폭력에 의한 국가권력 전복이라는 혁명이 정당성을 가질 수 있게 되기 때문이다.

(바) 국가보안법의 부도덕성

박변호사는 국가보안법의 비윤리성·부도덕성 및 비인간적 잔혹성을 고발하고 있다. 그는 국가보안법이 양산하고 있는 '장기수'가 바로 국가보안법의 이러한 부도덕성을 극명하게 보여주는 것이라고 믿고 있다. 그는 민주화실천가족운동협의회 양심수 후원회가 발표한 '장기복역 양심수 실태보고'의 취지에 전적으로 동감한다는 의미로 그 보고서를 자신의 저서에 인용하고 있다.

그 보고서의 해당부분을 전개해본다. "장기수는 우리 현대사에 있어서 격동기라 할 수 있는 1950년을 전후한 정치적 소용돌이에 휘말려 자신의 젊음을 고스란히 빼앗긴 사람들입니다. 1950년대부터 현재까지 계속 38년 동안 감옥생활을 하는 사람도 있습니다. 과거의 행위가 어떻고 이들의 가슴속에 간직한 사상이 어떤 것이든간에 한 인간을 감방에 30년 이상이나 감금해놓는다는 것이 자칭 민주주의 국가에서 있어도 되는 일인지 모든 사람에게 묻고 싶은 심정입니다"(위 저서 26면).

박변호사는 국가보안법의 잔인성을 다음과 같이 묘사하기도 한다. 그의 말을 들어보기로 한다.

"참으로 오랜 세월을 많은 사람들이 간첩으로 장사지내지고 국가보안법 위반으로 낙인찍히는 모습들을 보아왔다… 우리의 자식이 부모형제가 마구 국가보안법의 굴레를 쓰고 교도소로 꾸역꾸역 몰려들어갈 줄이야! 매일같이 벌어지는 구속과 기소 재판과정의 북새통 속에서 멀쩡한 사람이 국가보안법 위반자가 되어 나오는 것을 수없이 볼 수 있었다.

그들은 별종인간도 아니었고 특별히 '국가보안'의 근처에도 있지 아니한 사람들이었다. 이 대열에 학생과 근로자, 시민을 비롯한 출판업자, 학자, 교사, 언론인, 심지어는 시인과 화가도 끼여들었다.

우리의 아둔한 머리는 그 숱한 사람을 국가보안법이라는 괴물의 입에 희생양으로 진상하고서야 비로소 서두와 같은 인식에 도달할 수 있었다"(위 저서 26면).

우선 박변호사의 장기수론을 살펴보고자 한다. 그는, 이유여하를 불문하고, 법원이 장기형을 선고하고 교정당국이 이를 집행한다는 것 자체가 근본적으로 반민주적이고 반윤리적이라는 신념하에 위와 같은 논리를 펴고 있는 것으로 봐야 할 것이다.

많은 서구의 나라들은 경합범의 형벌을 정하는 데 있어서 우리와는 달리 병과주의를 채택하고 있다. 그 결과 한 피고인에 대하여 수백 년의 징역형이 선고되는 경우도 그렇게 드문 일이 아니다. 그러면 그러한 제도를 채택하고 있는 나라들은 모조리 반민주주의 국가라고 단정해도 좋다는 말인지 "모든 사람에게 물어보고 싶은 심정이다".

박변호사의 주장을 따르게 되면 사형제도를 인정하고 있는 나라는 반민주주의 국가가 아니라 도덕적 야만국가로 전락하고 말아야 할 것이다.

박변호사가 주장하는 장기수는, 장기수 일반이 아닌, 국가보안 위반 장기수만을 지칭하는 것이라고 보아야 할 것이다. 그러나 그가 뜻하는 국가보안법 위반 장기수는 모든 국가보안법 위반 장기수가 아니고, '억울하게 누명을 쓰게 된' 장기수만을 뜻한다고 봐야 할 것이다.

그가 감상주의적이고 충동적인 표현을 사용하여 '젊음을 고스란히 빼앗긴 사람들'이라고 말한 그 사람들은 억울하게 국가보안법 위반자의 누명을 쓴 '멀쩡한 사람'들일 수밖에 없다. 그들이 실제로 국가보안법을 위반한 사람들이라고 하면, 국가보안법이 멀쩡하게 살아있는 한, 그들은 국가보안법 위반자가 되지 않을 수 없기 때문이다. 그렇다면 그들은 죄 없이 '자신의 젊음을 고스란히 빼앗긴 사람들'이 아니다. 그들은 국가보안법 위반이라는 범죄행위에 대한 형벌을 받았던 사람임에 그친다. 그것은 예컨대 살인죄로 유죄판결을 받은 장기수가 아무리 오랫동안 감옥생활을 하더라도 그는 '젊음을 고스란히 빼앗긴 사람'이 될 수 없다는 것과 이치를 같이한다.

그는 국가보안법 위반 장기수를 '자신의 가슴속에 간직한 사상을 이유로 정치적 소용돌이에 휘말려 장기간 감옥생활'을 해야 하는 사람으로 보고 있다. 나는 박변호사에게, 전혀 국가보안법 위반행위를 하지 아니하고 다만 '자신의 가슴속에 간직하고 있는 사상'만을 이유로 처벌된 사람이 있는가 하는 것을 물어보고 싶다. 그리고 아무런 잘못을 저지르지 아니하였는데 오로지 '정치적 소용돌이' 때문에 국가보안법 위반 장기수로 처형된 사람이 있는가 하는 점도 함께 물어보고 싶다.

또 그에게 '국가보안의 근처에도 있지 아니한 멀쩡한 사람이 국가보안법의 굴레(간첩죄)를 쓰고 교도소로 꾸역꾸역 몰려들어간 경우'가 얼마나 되며 그 구체적 사례를 들 수 있는가 하는 것을 질문하고자 한다.

(사) 국가보안법 제6조와 제7조의 문제점

박변호사는 국가보안법 제6조(잠입, 탈출)와 제7조(고무, 찬양)의 문제점을, 자신의 독특한 논리로, 지적하고 있다. 그의 주장을 옮겨본다.

"잠입·탈출죄: 대한민국을 탈출한 죄라니 대한민국이 무슨 수용소나 감옥이었더란 말인가? 잠입죄라니, 온 세계의 플래시를 받으며 들어온 것이 잠입이며 도둑마냥 남의 집을 슬며시 들어오기라도 했단 말인가".

"고무·찬양죄: 앞으로 남북정상회담이 실현될 경우 노대통령은 '존경하는 김일성주석'이라고 부르지 않고 '악마와 같은 독재자 김일성주석'을 위하여 건배하자고 할 참인가?"(위 저서 33면)

먼저 박변호사의 잠입·탈출죄론을 살펴보고자 한다. 그는 법전과 사전의 기능을 혼동하는 데서 위와 같이 잘못된 주장을 펴게 된 것이라고 생각한다. 법전에 등장하는 법률용어는 규범적인 의미를 가지고 있는 특별한 어휘이다. 사전에 실려 있는 어휘는 존재적 의미를 가지고 있는 생활용어이다.

법률용어가 생활어휘의 기초 위에 세워져야 하는 것은 틀림없는 일이다. 그러나 그 둘이 반드시 일치해야 하는 것은 아니다. 그런 의미에서 국가보안법이 규정하고 있는 잠입, 탈출이 국어사전의 잠입, 탈출과 같아야 한다는 박변호사의 논리는 출발점에서부터 오류를 범하고 있는 것이다.

국가보안법이 말하고 있는 잠입, 탈출은 적법한 절차를 밟지 아니하고 반국가단체의 지배하에 있는 지역으로부터 잠입하거나 그 지역으로 탈출하는 행위를 의미하는 것이다. 그러므로 잠입·탈출자가 어떤 상태에서 무슨 방법으로 잠입, 탈출하느냐 하는 것은 전혀 문제가 되지 않는다.

바꾸어 말하면 잠입·탈출자가 비행기나 함선으로 잠입, 탈출하느냐 보행으로 잠입, 탈출하느냐 하는 것은 구별할 필요가 없는 문제이다. 은밀하게 잠입, 탈출하느냐 '세계의 플래시를 받으며' 잠입, 탈출하느냐 하는 문제도 생각해볼 필요가 없는 것이다.

'대한민국'이 '수용소나 감옥'이 되어야만 '탈출'이 가능한 것도 아니다. 더구나 우리는 '국외 탈출'이라는 말을 많이 쓰고 있다. 이 말은 탈출의 대상국이 '수용소나 감옥'일 때만 쓰여지는 어휘가 아니다.

여기서 운위한 문제와 직접 관련을 맺고 있는 사실은 아니지만 참고로 첨가할 말이 있다. 잠입·탈출죄는 위에서 설시한 객관적인 구성요건 해당행위만 있으면 성립하는 것이 아니다. 잠입, 탈출이 객관적 구성요건 해당행위 이외에 주관적인 책임의식이 있어야 하는 것이다. 그것은 잠입·탈출행위가 '국가의 존위 안전이나 자유민주적 기본질서를 위태롭게 한다는 정을 알면서' 행해진 것이라야 하는 것이다. 다음으로 박변호사의 고무·찬양죄론을 살펴보고자 한다. 박변호사는 국가보안법상의 고무·찬양죄 규정을 지나치게 증오한 나머지 그 설명과 예시가 너무 지나치게 된 것이 아닌가 하는 생각을 해보게 된다. 그것을 박변호사의 애교 있는 기지라고 보기에는 사태가 너무 중대하다.

우선 "악마와 같은 독재자 김일성주석을 위하여 건배하자"고 하는 인사 자체가 너무나 악의적이다. 그러한 축배인사를 나눠야 할 분위기 속에서는 정상회담이 열릴 수도 없거니와 설령 열렸다고 하더라도 그 회담은 깨어질 수밖에 없는 것이다. 이러한 명백한 상황을 가상질문의 대상으로 삼는다는 것은 성실한 자세가 아닌 것이라고 할 수밖에 없다.

그리고 박변호사는 정상회담에서 우리 대통령이 '존경하는 김일성주석'이라고 부르게 되면 그것이 바로 반국가단체 수괴찬양죄에 해당한다는 것을 전제하고 있는 듯하다. 나는 박변호사가 진짜로 그렇게 믿고 있는 것인지 알아보고 싶다. 만약 박변호사가 스스로 그렇게 믿지 않고 있다면 그는 국민들의 마음에 국가보안법에 대한 혐오감을 심기 위하여 혹세무민의 변을 늘어놓고 있는 셈이 된다.

더구나 위 찬양·고무죄는 국가보안법의 다른 많은 죄와 마찬가지로 찬양, 고무라고 하는 객관적 행위 외에 "국가의 존위 안전이나 자유민주주의적 기본질서를 위태롭게 한다는 정을 알면서 행한다"라고 하는 주관적 인식이 있어야 하는 것이다.

박변호사의 주장이 맞는 것으로 되기 위해서는 우리 대통령이 대한민국의 존위 안전이나 자유민주주의적 기본질서를 위태롭게 한다는 생각을 품고 있는 것으로 된다. 생각만 해도 끔찍한 일이 아닌가?

박변호사는 국가보안법상의 고무·찬양죄에 대하여 다음과 같은 평가를 내리기도 한다.

"고무, 찬양 조항은 가장 남용되어 반공법이나 국가보안법을 악명 높게 하였던 조항이다. 고무, 찬양, 동조라는 것은 그야말로 귀에 걸면 귀걸이, 코에 걸면 코걸이였다. 극단적으로 보면 정부정책의 반대를 북한에 대한 고무, 찬양, 동조로 몰아붙이지 못할 게 어디 있겠는가? 시정의 사소한 농담, 취중의 발언조차도 문제되어 '막걸리 국가보안법 사건'이라는 말조차 생겨났다. 그동안의 고무, 찬양, 동조 사례를 모아보면 아마도 흥미진진한 소화집이 될 것이다.

그런데 이 모든 판단은 수사기관의 마음에 달렸다. 이 나라의 수사기관이 어떠한 수준과 능력, 정치적 독립성을 갖추고 있는가를 묻는 것은 어리석은 일이다. 그동안의 남용사례가 입증해주고 있기 때문이다. 이 땅의 학문과 사회의 인식과 수준이 결국 검사와 경찰관의 수준에서 묶여 있어야 했다는 것은 웃지 못할 희극이 아닐 수 없다"(위 저서 36면).

너무나 어처구니없는 그의 단죄에 오로지 할 말을 잃을 뿐이다. 긴 말은 하지 않기로 한다. 간단한 세 가지 질문만 박변호사에게 던지고 싶다. 첫째 질문은 정부정책을 반대했다는 이유만으로 북한에 대한 고무, 찬양 등으로 몰린 경우가 있는가 하는 것이다. 둘째 질문은 이런 것이다. 시정의 사소한 농담, 취중의 발언이 문제가 되어 '막걸리 국가보안법 사건'으로 처벌된 사례가 있는가? 셋째 질문은 "이 땅의 학문과 사회의 인식과 수준이 진짜로 검사와 경찰관의 수준에 묶여 있는가"(이 말의 무례적 성격에 대해서는 언급하지 않기로 한다) 하는 것이다.

만약 박변호사가 이 세 질문에 해답을 내놓지 않는다면 그의 위 주장은 소화나 희극이 될 수밖에 없을 것이다.

(아) 국가보안법 폐지의 당위성

박원순변호사는 '책을 내면서'라는 이름의 서문에서 국가보안법이 폐지되어야 할 이유를 이렇게 설명하고 있다. "지금까지 이 법이 온 국민을 주눅들게 하는 괴력의 법으로 기능하여 왔음을 부인할 사람은 아무도 없을 것이다"(국가보안법연구 1권 7면). 그는 자신의 주장을 뒷받침하는 뜻으로 "누구라도 국가보안법의 외투만 둘러쓰면 주눅이 들어 그때부터 언동이 부자연스러워지는 것 같더라"(위 저서 7면)라고 말한 '어느 변호사님'의 경험담을 소개하고 있다.

그런데 그는 이와 사뭇 취지를 달리하는 새로운 국가보안법 폐지론을 펴기도 한다. "제5공화국 후반기에 이르러 국가보안법이 두려워서 '할 일'을 못하는 사람은 없어졌다. 오히려 국가보안법의 딱지를 달지 못하는 사람은 교도소에서든 법정에서든 제대로 대접을 못 받는 사태까지 빚어졌다"(위 저서 18-19면)는 것이다.

박변호사는 드디어 이것도 저것도 아닌 제3의 국가보안법 폐지론을 들고 나온다. 그것은 남북간의 화해 협력 분위기 확산으로 말미암아 국가보안법은 쓸모 없는 휴지로 변했다는 것이다. 그의 주장을 옮겨본다. "북방정책과 남북한 관계의 진전은 국가보안법의 제규정을 사문화시켜버렸다"(위 저서 22면)는 것이다.

이렇게 국가보안법 폐지론을 정리해놓고 보면 우리는 새로운 문제점에 봉착하게 된다. 그것은 그가 주장하는 보안법 폐지 이유의 핵심을 알 수 없다는 것이다.

그가 주장하고 있는 제1의 이유는, 전술한 바와 같이, '국가보안법이 국민을 주눅들게 하는 괴력의 법'이라는 것이다. 그의 제2 이유는 '국가보안법의 위반자가 되어야 사회에서 행세할 수 있는 사람으로 평가되는 사태'가 벌어졌다는 것이다. 마지막 제3의 이유는 '국가보안법이 유명무실한 사문화(死文化)의 법'이 되었다는 것이다. 그런데 이 세 가지 이유(국가보안법 폐지 명분)는 서로 모순당착을 일으킨다. 그러므로 그 세 가지 이유 전부가 국가보안법 폐지 당위론의 논거가 될 수는 없다. 그 이유 중에 하나만이 정당한 명분으로 택일되어야 한다.

제3의 이유가 선택된다면 그것은 즉각적인 반격을 피할 수 없게 된다. 국가보안법이 있으나마나한 유명무실의 법률이라면 무엇 때문에, 온통 나라를 흔들어놓는 국론분열을 일으키면서까지, 그 법률을 폐지해야 하는가 하는 것이 그 반격의 핵심이다.

박변호사의 두번째 국가보안법 폐지 이유가 정답이라고 가정하자. 그의 제2 이유를 받아들이게 되면 국가보안법은 영웅을 만들어내는 고귀한 법이다. 그런 고귀한 법을 없앤다는 것은 있을 수 없다. 그러므로 무조건 "국가보안법의 전면적 폐지 없이는 북방정책도 남북한 통일논의도 더이상 진전될 수 없다"(위 저서 23면)라는 그의 논리를 도무지 이해할 수 없다.

그래서 결국 박변호사의 첫번째 국가보안법 폐지 이유가 최종적인 정답으로 떠오르게 된다. 그렇게 되면 또다른 문제가 제기된다. 그것은 국가보안법이 왜 공포의 대상이 되고 있는가 하는 문제이다.

박변호사는 이 질문에 대하여 두 가지 답변을 제시하고 있다. 첫째 답변은 국가보안법이 생래적인 악법이기 때문이라는 것이다. 둘째 답변은 국가보안법이 그 적용과 집행의 과정에서 불의와 부정으로 얼룩져 있기 때문이라고 한다.

그의 주장을 그대로 옮겨본다. "그동안 변론을 맡았던 국가보안법 위반사건들은 많은 충격과 분노를 주었다. 거기에는 진실의 왜곡이 있었고 분노의 아우성이 있었다. 법률 자체에도 문제점이 있었고 그것을 적용하는 사람들의 잘못도 있었다"(위 저서 7면).

박변호사는 위 두 답변 중 둘째 답변에 보다 더 중점을 두고 있는 듯하다. 그러므로 그가 말하는 국가보안법 해석 적용의 불법성을 먼저 살펴보고 다음으로 국가보안법의 내재적 불법성을 살펴보기로 한다.

박변호사는 국가보안법 적용 집행과정에서 불법문제가 필연적으로 발생하지 않을 수 없는 이유를 다음과 같이 설파하고 있다.

"제5공화국 정권장악의 과정에서부터 정통성을 획득하지 못했던 불의한 정권이 끊임없이 도전당하는 정통성의 위기에 대해서 방어할 방법이란 극단적인 처방일 수밖에 없었다. 그 처방이 바로 국가보안법이라는 극약이었다. 이 극약처방이 심각한 이 땅 현대사의 단초에 야기되었던 분단과 이의 필연적인 결과물이었던 한국전쟁은 분단의 고착화와 더불어 북에 대응하는 극우 반공이데올로기의 광범한 확산과 심화를 가져왔다. 반공법과 국가보안법의 적용은 바로 패가망신을 의미하였다"(위 저서 18면).

나는 여기서 박변호사의 위 주장 중 한 가지 점에 대하여, 경악하는 심정으로, 질문을 제기하고자 한다. 그것은 박변호사가 우리 민족사 중 최대비극 중의 하나인 '한국전쟁'의 원인을 무엇으로 보고 있느냐 하는 점에 관한 것이다.

우리 민족의 절대다수는 한국전쟁의 원인을 북한의 남침에서 찾고 있다. 그것은 정확한 역사인식에 터잡은 견해라고 생각한다. 그런데 나의 이해가 정확한 것이라고 하면, 박변호사는 한국전쟁의 '필연적인 원인'을, 북한의 무력남침이 아닌, (극약처방이 심각한 이 땅 현대사의 단초에 야기되었던) '분단'에서 찾고 있다.

'분단'은 남한 하나만으로 이룰 수 없다. 북한 하나만으로도 만들 수 없다. 분단은 남북 쌍방이 다같이 자기고집을 부리던 끝에 만들어낸 공동작품이다. 그러므로 '분단'과 이로 인한 필연적 결과물이었던 '한국전쟁의 발생'에 대해서는 남과 북이 똑같은 책임을 져야 하는 것으로 된다. 이것은 생각할 수도 없는 대담무쌍한 결론이다.

그러나 박변호사의 위 주장에는 이보다 더 무서운 단정이 깔려 있다. 그가 말하는 '극약처방'은, 앞뒤 문장의 문맥으로 봐서 '국가보안법'을 뜻한다고 볼 수밖에 없다. 그렇다면 그는 국가보안법이 '분단과 한국전쟁'을 만들어낸 원흉인 것으로 확신하고 있다고 봐야 한다. 국가보안법은 어느 나라의 법률이냐? 말할 여지도 없이 대한민국의 법률이다. 그러므로 북한이 아닌 대한민국이 분단과 한국전쟁 발발의 원인 제공자가 되는 것이다.

그것은 박변호사의 위 주장 중 후단 즉 "북에 대응하는 극우 반공이데올로기의 광범한 확산과 심화를 가져왔다"라는 부분을 봐서도 의문의 여지가 없는 것이라고 봐야 할 것이다.

박변호사가 주장하는 국가보안법 적용, 집행상의 불법내용에 관하여 좀더 구체적인 설명을 들어보기로 한다.

"국가보안법 사건은 그것이 조작사건이든 이적표현물 소지죄이든 찬양·고무사건이든간에 명백한 물증보다는 주로 피의자 본인의 또는 공동피의자 상호간의 진술증거에 의존해왔다. 그러자 수사기관은 어떠한 수단방법으로라도 자백진술을 받아내고자 하는 강력한 유혹에 사로잡혀온 것이 사실이다.

이렇게 하여 '자백은 증거의 왕'이라는 중세 암흑시대로 (되돌아가고)... 전국의 수사기관은 고문장으로 변하고 법정마다 고문호소로 메아리쳤다. 경찰, 안기부, 보안사는 국가보안법 위반사범의 경쟁적 조작에 열을 내었고, 검찰은 이러한 사건의 피비린내를 제거하고 불법적 수사를 합법화시키기에 바빴다.

법원은 피고인들의 한결같은 고문호소와 조작된 사건이라는 비난에 귀 한번 제대로 기울여주기 않았고 고문에 의한 증거가 배제되거나 무죄판결이 내려진 적도 없었다. 판결문은 으레 공소장과 글자·하나 틀리지 않는 경우가 많았다"(위 저서 19-20면). "그리고 언제나 그 비수는 남로당세력도 아니고 북한관련세력도 아닌 바로 국내 반정부세력에 겨누어져왔다"(위 저서 21면).

박변호사의 위 주장이 어떤 문제점을 가지고 있는지 살펴보고자 한다. 그는 국가보안법 적용 집행상의 근본적 불법성을 '제5공화국 정권장악과정의 비전통성'에서 찾고 있다. 그렇다면 제1 내지 제4 공화국에서는 국가보안법의 적용과 집행에 있어서 아무런 문제가 없었던 것으로 봐도 좋은 것인가?

박변호사가 불법한 국가보안법 적용 집행사례로 예시하고 있는 대표적 사건 몇 가지를 살펴보기로 한다. '소위 국회 프락치사건'(위 저서 27-28면)이 있다. 조봉암씨(진보당사건)(국가보안법연구 1. 131면)이 있다. '통혁당 사건'이 있다.

그런데 국회 프락치사건과 진보당사건은 소위 이승만 정권 당시에 발생한 것이다. 통혁당사건은 제3공화국시대에 일어난 사건이다. 박변호사는 제4공화국 이전에 일어난 이 사건들에 대한 국가보안법적용 집행의 불법성을 뭐라고 설명할 것인가?

문제는 또 있다. 정권장악에서 아무런 문제가 없었던 것으로 알려진 문민정부와 국민의 정부 하에서 국가보안법 폐지론이 오히려 더 격렬하게 주장되고 있는 이유가 무엇인가 하는 것이 또다른 의문점이다.

그는 대한민국의 '경찰, 안기부, 보안사, 검찰 그리고 법원'이 국가보안법의 적용과 해석에 있어서 중세기 암흑시대의 야만적 불법을 재연한 것이라고 한다. 그의 말이 맞다고 하면 그것은 국가보안법 폐지로서 문제가 해결되지 아니한다. 극악무도한 악당의 소굴인 경찰, 안기부, 보안사, 검찰, 법원을 없애버리는 운동을 전개해야 하는 것이다.

나는 국가보안법의 적용과 집행에 있어서 아무런 문제점이 없다는 것을 주장하기 위해서 이러한 극단론을 펴는 것이 아니다. 법적용의 집행 적용상의 문제점은 그 시정과 방비책의 강구로써 문제를 해결해야 한다는 것이 나의 주장이다.

그는 "국가보안법의 비수가 '언제나' 남로당세력도 아니고 북한관련세력도 아닌 국내 반정부세력에 겨누어져 왔다"라고 하는 자신의 주장에 대해서 좀더 성실한 해명과 정확한 증거제시를 해야 할 것이다.

1) 국가보안법은 국가안보라고 하는 양두(羊頭)를 내걸어놓고 반정부세력 박멸이란 구육(狗肉)을 팔고 있는 푸주와 같다는 말인가? 2) 지금까지 국가보안법 위반죄로 처벌받은 사람들 중에는 '남로당 세력이나 북한관련세력'은 한 사람도 없었다는 말인가?

3) 국가보안법이, 박변호사의 주장처럼, 그 앞에 사상자를 즐비하게 나동그라지게 하는, 무서운 법이라고 하면 어째서 반정부세력은 늘어만 가고 있는가? 나는 박변호사가 이러한 문제에 대한 상세한 설명을 해야 한다고 생각한다.

원점으로 돌아가서 박변호사가 국가보안법이 악법이라는 주장의 근거로 내세운 위 '국회 프락치사건', '진보당사건', '통혁당사건'의 내용을 살펴보자. 박변호사가 자기주장의 정당성을 입증하려고 하면 법원이 위 사건들을 판결함에 있어서 잘못을 저지른 사실판단의 오류 또는 국가보안법 적용상의 문제점 등에 관해서 설득력 있는 설명을 해야 하는 것이다. 그런데 박변호사는 이러한 문제에 관한 언급은 전혀 하지 아니한 채 위 사건들이 오로지 정부에 의한 반대세력 소탕의 방법으로 악용된 것이라는 주장만을 내세우고 있다.

그러나 이러한 논리가 설득력을 가질 수 없다는 것은 너무나 명백하다.

박변호사가 만약 이유여하를 막론하고 위의 자기주장이 옳은 것이라고 이를 관철하려고 하면 그는 국가보안법 폐지론을 내세우기 전에 그보다 먼저 해야 할 일이 있다고 본다. 그것은 '민주화운동 관련자 명예회복 및 보상에 관한 법률'과 같은 의의를 가지게 될 '국가보안법 위반 관련자 명예회복 및 보상에 관한 법률' 제정운동을 펴는 일이다.

그동안 천하의 악법인 국가보안법으로 말미암아 죄인 아닌 죄인이 되어 분노와 좌절 속에서 피의 절규를 계속해온 선량한 '반정부' 인사들로 하여금 죄인의 오명을 벗게 하는 것이 무엇보다 더 시급한 일이 아닌가?

국가보안법 적용 집행상의 문제점을 국가보안법 폐지로써 해결하려고 하는 사람들은 "빈대를 잡기 위해서 초가삼간을 불태울 수 없다"라고 한 우리 조상들의 슬기로운 가르침에 귀를 기울여야 할 것이라고 나는 생각한다.

(자) 국가보안법 폐지선언

다음으로 박변호사가 국가보안법을 숙명적인 악법으로 보고 있는 이유를 살펴본다. 그 이유는 동시에 그가 국가보안법의 폐지를 선언하게 되는 이유가 되기도 한다.

국가보안법을 근본적 악법으로 보는 이유는 나중에 항목별로 살펴보고자 한다. 여기서는 총론적인 그의 국가보안법 악법론을 그대로 옮겨본다.

"국가보안법은 단순한 법률이 아니라 바로 이 땅의 불행한 현대사를 날개로 온통 뒤덮고 있는 거대한 괴조와도 같은 것이었다"(위 저서 7면).

그래서 그는 국가보안법의 탄생을 민족적인 비극으로 묘사하고 있다. '집시법'의 시대가 거하고 국보법의 시대가 그 처절한 막을 올렸다(위 저서 17면)는 것이다.

우리민족의 기미년 독립선언과 같은 장렬한 선언이다. 독립선언은, 주지하는 바와 같이, "힘의 시대는 거하고 도의의 시대는 내하도다"라고 선포했다. 그것은 굴욕의 옛시대가 거하고 약진의 새시대가 내할 것을 갈망하는 선언이다. 이에 반해서 박변호사의 시대선언은 '외소한 괴조(집시법)의 시대가 거하고 거대한 괴조(국가보안법)의 시대가 내한 것'에 대한 분노와 좌절의 절규이다.

집시법이란, 다 아는 바와 같이, 평화적인 집회와 시위를 보호하기 위해서 제정된 법률이다. 동법이 합법적인 시위를 방해하는 행위에 대한 처벌규정을 두고 있다는 사실만 보더라도 그 입법취지를 알 수 있다. 이 입법취지를 살리기 위해서 이 법률은 불법적인 집회와 시위를 금지하고 있다. 이것은 집회, 시위질서의 확립을 위해서 필수불가결의 요인이다. 집회·시위의 자유와 공공질서 유지의 조화를 위해서 이 정도의 규제를 두지 아니하는 국가는 없다.

그러므로 우리나라의 집회 및 시위에 관한 법률만이 인권을 침해하는 악법의 유일한 사례라고 주장하는 박변호사의 논리는 전혀 근거 없는 것이 되고 만다.

박변호사는 국가보안법이, 옛날의 집시법 위반행위를, 더 엄하게 처벌하기 위해서 만들어진 법률이라는 주장을 펴고 있다. 종래 집시법으로 다루던 불법시위·집회 등을, 국사범으로 처벌하기 위해서 국가보안법을 제정했다는 것이다. 이 말은 두 법률이 모두 다 괴조와 같은 악법이지만 후자가 더 흉측한 악법이라는 뜻을 갖고 있다. 그가 "집시법의 시대는 거하고 국가보안법의 시대가 내하였다"라고 말한 것은 바로 이러한 것을 의미한다. 그런데 문제는 국가보안법 위반행위와 집시법 위반행위는 전혀 다른 형태의 범죄라고 하는 사실에 있다. 바꿔 말하면 국가보안법은 집시법 위반행위를 더 무겁게 처벌하기 위하여 만들어진 법률이 아니라는 것이다.

그런데 보다 근본적인 문제는 다른 데 있다. 박변호사는 집시법이 1962년에 제정되어 현재까지 효력을 그대로 가지고 있다는 사실을 잠시 잊어버린 듯하다. 국가보안법 위반행위와 집시법 위반행위는 지금도 상호 아무런 관련이 없는 별개범죄로 존속하고 있는 것이다.

더구나 집시법은 국가보안법이 제정된 지 14년 후에 제정된 법률이다. 그러므로 박변호사의 감정적인 역사관 즉 "집시법의 시대는 거하고 국가보안법의 시대는 내하도다"라는 말은 있을 수 없는 것이다. 집시법은 국가보안법보다 먼저 '내'한 일이 없을 뿐 아니라 여태껏 한 번도 '거'한 사실이 없기 때문이다.

박변호사는 국가보안법의 생래적 악법성을 논증하기 위하여 그 법과 일정시대의 치안유지법을 비교하기도 한다. 대다수의 우리국민들은 치안유지법이라고 하면 금방 머릿속에 한국민 특히 한국의 애국적인 독립투사들을 투옥시키기 위하여 만든 악법이라고 생각하고 있다. 치안유지법이 그런 목적으로 사용된 면이 있었던 것도 사실이다. 그래서 많은 한국인들은 치안유지법이라는 말만 들어도 치를 떨게 된다.

박변호사는 치안유지법에 대한 우리국민의, 이러한 증오심을 국가보안법에 쏟아넣기 위하여, 느닷없이, 위와 같은 치안유지법론을 들고나온 것으로 보여진다. 그러나 우리는 감정과 사실을 구별할 줄 알아야 한다.

감정을 기초로 하여 사실을 판단해서는 안 된다는 말이다. 사실을 근거로 하여 우리의 감정을 조정하여야 하는 것이다.

치안유지법은 일제가 우리민족을 억압하기 위하여 만든 법률이 아니다. 1925년 4월에 일본이 일본국민에게 적용하기 위해서 만든 법률이다. '국체를 변혁 또는 부정하는 것을 목적으로 하거나 사유재산을 부인함으로 목적으로 하는 결사' 등을 처벌하는 법률이다.

이러한 법률을 가지고 있는 나라는 일본뿐만 아니다. 국체와 국가의 안보를 지키려는 나라치고 자국의 체제유지를 위한 법률을 가지고 있지 아니한 나라는 하나도 없다. 만약 그러한 나라가 있다면 그것은 나라가 아니다.

그러므로 치안유지법의 제정과 우리 백성에 대한 폭정간에는 필연적인 관계가 없다. 일제의 동법 악용이 문제되는 것뿐이다.

치안유지법은, 전술과 같이, 일본국민을 대상으로 하여 1925년 4월에 제정되었다가 1925년 5월에 칙령 제175호 '치안유지법을 조선, 대만, 및 화태에 시해하는 건'으로 한반도에 시행된 법률이다. 그러므로 국가보안법과 치안유지법이 '생래적으로 동일한 악법'이라는 박변호사의 주장은 '생래적'으로 잘못된 것이다.

박변호사는 위 두 법이 연속성을 가지고 있는 동일한 악법이라는 주장을 펴기 위해서 다음과 같은 독특한 논리를 전개하기도 한다. 그의 주장을 그대로 옮겨본다.

"보안법과 치안유지법의 동일성은 일제하에 치안유지법의 고초를 겪었던 사람이 바로 이어 국가보안법의 신세를 지게 되는 것에 의해서 극명하게 증명되고 있다. 수많은 독립운동가들이 해방된 조국에서 또다시 감옥으로 끌려갔다.

친일관료와 친일자본가들이 권력을 잡은 세상, 그 세상 아래에서 재빠르게 변신한 일제시기 자신을 고문하던 바로 그 경찰과 헌병들에 의해서. 이러한 상황이 장준하로 하여금 피 토하듯 말하게 하였다. 그러나 광복조국의 하늘 밑에는 적반하장의 세상이 왔다. 펼쳐진 현대사는 독립을 위해 이름 없이 피 뿜고 쓰러진 주검 위에서 칼을 든 자들을 군림시켰다. 내가 보고들은 그 수없는 주검들이 서러워질 뿐, 여기 그 불쌍한 선열들 앞에 이 증언을 바람의 묘비로 띄우고자 한다"(돌베게 청한문화사 516면, 위 저서 28면).

그런데 박변호사의 이 국가보안법·치안유지법 동일성 논리는, 앞에서 소개한, 그의 국가보안법·집시법·동일성 논리와 같은 오류를 범하고 있다. 그의 위 논리는 '일제하에 치안유지법의 고초를 겪었던 모든 사람들'이 애국적인 독립운동가라고 하는 전제에서 출발하고 있다. 나는 이 논리가 전적으로 잘못되었다고 생각하지 않는다. 그러나 그의 논리가 전적으로 옳은 것으로도 생각하지 않는다.

일제하에서 치안유지법으로 곤욕을 치른 애국지사가 많았던 것은 사실이다. 그러나 그 법에 의하여 고초를 겪은 모든 사람들이 애국지사는 아니었다. 독립투사가 아니면서 치안유지법에 의한 고초를 겪은 사람들은 공산주의자였다. 그들이 외형상 일본관헌에 대해서 저항운동을 벌였다고 하는 점에 있어서는 독립투사들과 다를 바가 없었다. 그러나 그들 저항운동의 내면적 목표는 하늘과 땅처럼 서로 달랐다.

우리 애국지사들의 투쟁목표는 조국의 광복에 있었다. 그러나 공산주의자들의 투쟁목표는 프롤레타리아 혁명에 있었다.

공산주의 혁명을 목표로 하는 체제전복행위는, 일본과 한국의 공간적 영토를 가리지 아니하고, 해방전후의 시간적 차이를 불문하고, 국가의 체제유지를 목적으로 하는 형벌법규에 의한 제재를 받는다는 것이 상식이다. 그럼에도 불구하고 그는 "(치안유지법으로 고초를 겪은) 수많은 독립운동가들이 해방된 조국에서 또다시 감옥으로 끌려갔다"라는 선동적 논리를 펴고 있다.

박변호사가 인용한 장준하의 글의 요지는 세 가지로 압축된다. 즉 ① 조국광복의 하늘 아래 적반하장의 세상이 왔다. ② 현대사는 독립을 위해 이름 없이 피 뿜고 쓰러진 주검 위에서 칼 든 자들을 군림시켰다. ③ 불쌍한 선열들의 수없는 주검들이 서럽다. 이것은 대중을 선동하는 정치연설 또는 감상주의적인 문학작품은 될 수 있을망정 법과 정의의 논리로 쓰여질 수는 없는 것이라고 나는 생각한다.

박변호사는 드디어 국가보안법 제정당시의 역사적·정치적 상황을 자기 나름대로 분석하면서, 그 법률이 불법, 부정의 법률이 될 수밖에 없었던(?) 필연적인 사유를 들고 있다. 그의 말을 옮겨본다.

"국가보안법의 본질과 성격은 오늘에 이르러 생겨난 것이 아니다. 태생적인 것이었다. 1948년 5.10 총선거와 그에 이은 단독정부의 수립은 이승만과 한민당 세력만의 잔치였다. 좌익세력은 말할 것도 없고 남북협상과 통일정부 수립을 주장하던 모든 세력이 배제된 채 단독정부와 제헌의회가 구성되었다. 친일로 일관하며 기득권을 독차지하고 있던 이들이 철저한 농지분배와 귀속재산의 처리를 요구하던 좌익과 기층민중에게 반감을 가진 것은 당연한 일이었다.

4.3 사건이 터지고 여순사건이 일어났다. 남로당과 그 외곽조직을 뿌리뽑을 필요가 있었다. 차제에 미운 놈의 입에 재갈을 물리고 여차하면 잡아가둘 도구가 필요하였다. 이렇게 하여 순식간에 만들어진 것이 국가보안법이었다. 형법이 만들어진 1953년보다 무려 5년이나 앞선 것이었다. 이 법률이 자신을 낳아준 권력의 반공·반통일·반민중적 성격을 닮는다는 것은 당연한 일이었다.

이미 그때도 국가보안법이 악법이라고 지적하는 선견지명이 있었다. 그러나 그 선견지명은 국가보안법이 시행된 지 반 년이 채 되지 않아 모두 바로 이 법에 의하여 감옥신세를 지게 되었다(위 저서 27면). 그는 자신의 국가보안법·치안유지법의 동일 악법론을 뒷받침하기 위하여 한인섭교수의 논리를 전용하기도 한다. 한교수의 주장이다. "일제시대의 치안유지법 위반사건의 역사를 뒤집어놓으면 바로 우리 독립운동사가 되듯이 이 시대의 국가보안법 위반사가 바로 정당한 민족민주운동사라는 평가를 후대 역사가들이 내리지 않겠는가?"(위 저서 25면)

그의 주장을 요약하면 다음과 같은 결론에 이른다.

① 조국의 광복은 친일로 일관하며 기득권을 독차지하고 있던 이승만과 한민당의 배타적인 잔치판을 만들어주었다. ② 이들이 정의와 평등을 요구하던 좌익과 기층민중에게 반감을 가졌던 것은 당연한 일이다. ③ 4.3 사태 여순사건이 일어나자 이들 수구·반공·반통일·반민중적 세

력들은 미운 놈의 입에 재갈을 물리고 여차하면 잡아가둘 목적으로 자신의 성격을 닮은 국가보안법을 제정하였다.

④ 이 법률이 국회의 심의를 받을 때 이 법률의 악법성을 주장하던 선견지명을 가진 국회의원들은 이 법이 시행된 지 반 년이 채 되지 않아 모두 바로 이 법에 의하여 감옥신세를 지게 되었다. ⑤ 국가보안법은 형법보다 무려 5년이나 앞서서 제정되었다.

그의 위 ①,② 및 ③의 주장을 다시 더 요약해본다. 대한민국 또는 이승만 정부는 태어나지 말아야 할 국가와 정부다. 국가보안법은 태어나지 말아야 할 국가와 정부가 반공·반통일·반민중적인 자기체질에 맞춰서 양심적인 민중을 탄압하기 위해 만든 법률이다라는 것이다.

이것은 박변호사의 법률논리라기보다 그의 정치철학이자 한국현대사관이라고 봐야 할 것이다. 그러므로 국가보안법의 법이론을 살펴보고자 하는 나로서는 그의 정치관과 역사관에 실망과 분노를 느낀다는 이상의 언급을 하지 않으려고 한다. 그러나 그의 ④ 및 ⑤의 논리에 대해서는 짚고 넘어가야 할 문제가 있다고 생각한다.

그가 국가보안법 악법론을 뒷받침하기 위해서 위 ④에서 예시하고 있는 사례는 '1949년 5월 18일 이후 세 차례에 걸쳐서 13명의 국회의원이 구속된 소위 국회 프락치사건'이다.

이 사건은 사법부의 판결에 의해서, 국회의원들이 반국가단체의 간첩 등 행위를 한 것으로 확인된 사건이다. 이러함에도 불구하고 저명한 법조인이 "이 사건은 증거의 희박 등 여러 근거에서 조작이 주장되고 있다"(위 저서 27면)라는 이유로 위 판결의 조작설을 제기할 수 있는 것인지, 오로지, 놀랄 뿐이다.

박변호사는 '선견지명'을 가지고 국가보안법의 악법성을 미리 예고한 두 의원의 국회발언을 소개하고 있다.

"속담에 고양이가 쥐를 못 잡고 씨암탉을 잡는다는 격으로 이 법률을 발표하고 나면 안 걸릴 사람이 없을 것입니다…일본놈 시대와 같이 잡아다 물 먹이고 이놈 자식이 그랬지 하면 예예 그랬습니다. 이래서 거기 다 걸려 들어갈 수 있습니다. 정치적 행동하는 사람은 다 걸려 들어갈 수 있는 이런 위험이 있는 것입니다"(제99차 회의록 847면 조현영의원).

"우리는 공산당을 탄압하고자 만들자고 했지 막연히 국가보안법을 만들어가지고 3천만 민중이, 무고한 백성들이 걸리는 이 법을 만들자고 하는 것이. 아닙니다. 우리 자손만대에 우리 자신이 죄를 짓고 말 것입니다"(제105차 회의록 956면 조국현의원).

박변호사의 위 ⑤ 주장을 살펴본다.

박변호사가 국가보안법이 형법보다 '무려 5년이나 앞서서' 제정된 것을 강조하고 있는 것은 졸속한 국가보안법의 제정이 부정한 국가보안법을 낳았다는 것을 뜻하는 것으로 보인다.

일제 때 총독부 칙령에 의해서 일본의 민법·상법 및 형법이 한반도에 적용되었다. 그리고 조국이 광복된 후에도 그러한 일본의 의용법률은 우리 헌법에 의하여 그대로 효력을 유지하고 있었다. 의용형법도 마찬가지였다. 그러므로 우리는 당시 우리 형법을 졸속하게 제정해야 할 형법 공백상태에 놓여 있지 않았던 것이다. 국가보안법을 졸속하게 제정할 이유는 더더욱 없었던 것이다. 그러므로, 국가보안법이 형법제정 5년 전에 제정되었다는, 박변호사의 문제제기는 아무런 의미가 없는 것으로 낙착된다.

그러나 한 가지 문제만은 짚고 넘어가야 한다고 생각한다. 박변호사도 4.3 사건과 여수사건이 '남로당과 그 외곽조직'에 의하여 발생하였다는 것을 간접적으로 시인하고 있다(위 저서 27면). 김대통령도 4.3 사태를 남로당에 의한 공산혁명폭동운동으로 선언했다. 당시 이러한 공산폭동은 전국 각처에서 줄줄이 발생할 위급한 상태에 돌입하고 있었다.

박변호사는 그러한 상태에서도 정부가 아무것도 하지 아니하고 속수무책으로 지켜보고만 있어야 했다는 주장을 하고 있는지 오로지 어리둥절할 뿐이다. 만약 그렇다고 하면 박변호사는 탄생하지 말았어야 했을 정부가 쓰러지고 남로당이 주도하는 공산정권이 들어섰어야 옳았다는 뜻으로 위와 같은 주장을 한 것인지 알다가도 모를 일이다.

제3장. 국가보안법 개정론의 문제점

- 정부·여당의 국가보안법관을 중심으로-
(이 글은 민족정론지 1999년 10월호에 실렸던 것이다)

1. 문제제기

나는 이 저서 초반부에서, 우리나라 국민들 가운데 국가보안법의 가치를 부정적으로 보는 사람들을 두 가지 부류로 분류하였다. 첫째 부류에 속하는 사람들은 국가보안법을 악법으로 단정하고 이를 폐지하여야 한다는 주장을 펴고 있다. 둘째 부류에 속하는 사람들 사이에서는 국가보안법에 함몰되어 있는 독소조항을 뽑아내야 한다는 국가보안법 개정론자들이 주류를 이루고 있다. 국가보안법 독소조항 함유론자들 중에는, 동법의 독소조항의 범위와 깊이가 너무 크기 때문에, 동법의 개정만으로는 문제가 해결되지 않는다고 주장하는 국가보안법 폐지론자들이 있다는 것도 앞에서 소개했다.

우리는 지금까지 국가보안법의 폐지론의 내용과 문제점을 함께 살펴보았다. 우리가 살펴본 대상 중에는 여야의원 21명의 이름으로 제안된 국가보안법 폐지 법률안의 제안이유도 들어 있었다. 우리는 천주교 사제단이 주장하는 국가보안법 폐지 이유에 대해서도 귀를 기울여보았다. 그리고 일반생활인들이 상식으로 알고 있는 이유도 챙겨보았다. 마지막으로 법률전문가인 몇몇 변호사들의 국가보안법 폐지에 대한 법률적 소신까지 검토했다.

2. 여권 핵심부의 국가보안법관

(1) 서 론

지금부터는 국가보안법에 대해서 부정적 견해를 가지고 있는 둘째 부류 사람들의 논리 즉 국가보안법 개정론의 허·실을 살펴보기로 한다.

국가보안법 개정론은, 국가보안법 폐지론의 논리가 단일한 내용을 가지고 있는 것과는 달리 개정의 범위와 대상에 대해서 다양한 내용을 가질 수 있다. 그러므로 간단하게 한 마디로 국가보안법 개정론의 개념을 특정할 수 없다.

이 저서에서는 정부·여당이 생각하고 있는 것으로 추정되는 국가보안법 개정안을 기초로 국가보안법 개정론의 실체를 살펴보기로 한다. 그러나 이 항목에서는 정부·여당이 현재 구상하고 있는 국가보안법 개정안의 내용만 살피는데 그치지 아니하고 그러한 개정안이 성안되기까지의 과정과 상황도 함께 살펴보고자 한다.

김대중대통령과 국민의 정부는 현행 국가보안법이 반드시 그리고 조속히 개정되어야 한다는 주장을 펴고 있다. 국민회의 이름으로 제16대 국회의 정기회에 상정되었던 국가보안법 개정안의 제안이유를 살펴보면 국가보안법 개정의 불가피성과 그 긴박성이 강력하게 주장되어 왔다. 그 개정안 제안이유에 따르면 국가보안법 개정 필요성에 대해서는 한 점의 의혹도 제기할 수 없는 것으로 되어 있다.

그리고 정가 주변의 여러 가지 상황을 살펴볼 때 국민의 정부가 1999년 국회 본회의에서 그 법안을 통과시키려고 했던 것은 분명한 사실로 판단된다. 국민의 정부를 공동으로 구성하고 있는 자민련이 그 법안통과에 대해서 망설이는 입장을 취하고 있었던 것이 그 개정안의 국회 통과 유보의 이유였던 것으로 알려지고 있다.

이 점에 대해서 김대중대통령은 전례 없이 불쾌한 반응을 보였던 것으로 언론에 보도되고 있다. 실제에 있어서 김대중대통령은 야당총재로 재임하고 있는 동안 1999년에 제안되었던 국가보안법 개정 법률내용보다 훨씬 부정적인 국가보안법관을 가지고 있었다. 당시 김대중대통령은 국가보안법이 구제불능인 악법이므로 이를 폐지하는 것만이 유일한 문제해결책이라고 주장했었다. 이 사실은 1998.8. 22 통일부의 성명에서도 밝혀지고 있다.

여권의 중진 중에는 민주당이 국가보안법 폐지 아닌 동법 개정 방향으로 당론을 확정해놓고 있는 이 시점에서도 다음과 같은 주장을 펴고 있는 사람이 있다. "남북간에 있었던 정상회담을 비롯하여 수많은 교류와 협력은, 국가보안법의 엄정한 적용을 받는 경우, 모두 범죄행위가 되는 것이다. 그동안 그러한 활동에 대해서 국가보안법이 적용되지 아니한 것은 남북한의 냉전상태 극복과 평화정착 나아가서는 민족의 통일성취를 위한 대한민국 정부의 정치적 결단의 힘 때문이다. 그러므로 앞으로 정치지도자의 계속적인 정치적 용단이 없는 한 피비린내 나는 보안법정국은 언제든지 재출현된다. 그러므로 이러한 비극을 발본색원하는 최선의 방법은 악의 원천인 국가보안법을 뿌리부터 없애버리는 일이다".

그러나 위 주장은 아주 악의적인 거짓말이다. 위에 예시된 여러 가지 사례가 국가보안법의 적용을 받지 아니한 것은 정부·여당의 정치적 결단 때문이 아니고 국가보안법 자체의 힘 때문이다. 그러므로 앞으로 정권이 바뀌고 국가보안법이 이대로 존속하는 경우에도 위와 같은 행위가 국가보안법 위반혐의로 처벌받는 일은 결코 없을 것이다. 국가보안법은 반국가단체 또는 구성원과의 모든 금품수수, 회합, 찬양, 고무를 무제한적으로 모두 처벌하도록 규정하고 있는 것이 아니다. '국가의 존립 안전이나 자유민주적 기본질서를 위태롭게 한다는 정을 알면서' 그러한 행위를 하는 경우에만 처벌하도록 하고 있는 것이다.

이 기준을 가지고 위에서 예시된 남북정상회담을 위시한 각종 회담과 물품의 교류, 통상적인 인사와 경의의 교환 등을 살펴보면 어느 것 하나 범죄될 것이 없다. 사실이 이러함에도 불구하고 위에서 보는 바와 같은 무리한 주장이 나오는 배경을 살펴보기 위해서 '여권의 국가보안법관 변천과정'을 더듬어보기로 한다.

(2) 여권의 국가보안법관 변천과정

(가) 국가보안법 폐지 주장시대

이러한 당내 혼선이 일어나고 있는 이유는 간단하다. 민주당은, 자신의 전신인, 평민당이 품고 있던 국가보안법 폐지의 열망을 아직도 버리지 못했기 때문이다. 평민당이 국가보안법 폐지의 대안으로 내놓았던 민주질서 수호법의 제안이유를 살펴보면 평민당(민주당)의 참된 소망은, '재야의 뜻'과 같은, 국가보안법 폐지의 관철에 있었다. 그리고 그것은 김대중대통령의 한결같은 염원이기도 하다. 김대통령의 이러한 소망을 담고 있는 민주질서 수호법과 그 내용 및 제안이유를 살펴보기로 한다.

첫째, "국가보안법을 폐지한다. 민주질서 수호법을 그 대체입법으로 제정한다".

둘째, 국가보안법(이하 법이라 한다) 제2조의 '반국가단체' 개념을 폐지하고 '대한민국에 적대하는 국가 또는 국가에 준하는 단체'라는 개념을 도입한다.

셋째, 법 제3조 반국가단체 구성죄, 제7조 반국가단체 찬양·고무·동조죄를 폐지하고 민주질서 위해죄와 민주질서 위해단체 결성죄를 신설한다.

넷째, 법 제5조 금품수수죄, 제6조 잠입 탈출죄 및 제8조 회합 통신 등의 죄를 폐지한다.

다섯째, 법 제10조의 불고지죄를 폐지한다.

그 제안이유는 제152회 국회 법제사법위원회에서 그 법안의 대표제안의원의 한 사람이었던 박상천의원이 발표했다. 그 발표의 요지는 남북한의 상황변화가 국가보안법의 폐지와 민주질서보호법의 제정을 요구하고 있다는 것이다.

재야 쪽에서 대체입법 없는 국가보안법의 철폐만을 요구하고 있으나 북한이 현재도 남한을 적화하려는 의도를 포기하고 있지 않기 때문에 이를 수용할 수 없다는 설명을 달고 있다. 재야의 의견을 모두 수용하지는 못했지만 그 상당부분은 그 법안에 실현시켰다는 말이다.

위 제안설명은 전방위 안보가 대북방위 안보보다 중시되어야 한다는 데 그 초점을 두고 있다. 그러나 이 주장은 국가보안법 폐지론자들과 공상적 교리주의자들의 공통된 오류에서 출발하고 있다고 본다.

전방위 안보가 대북방위 안보보다 귀하다고 하는 말 자체가 매우 형식 논리적인 것이다. 안보의 가치는 물량적인 기준에 따라서 평가되는 것이 아니다. 3방위 안보는 2방위 안보보다 우수하고 4방위 안보는 3방위 안보보다 우수하다는 주장이 어떻게 해서 나올 수 있는가? 안보의 가치는 안보의 밀도와 질에 따라서 평가되어야 하는 것이다.

그리고 '국가보안법은 오직 북쪽을 바라보는 안보형사법이고 민주질서 보호법은 전방위형사보안법'이라는 단정이 무엇을 근거로 해서 나오는가? 하는 것도 문제다. '오직 북쪽만 바라보는 안보'는 이미 안보가 아니기 때문이다.

평민당은 적어도 그 실현을 위해서 부단히 노력했으나 주변의 상황(국민의 여론) 때문에 국가보안법 폐지, 민주질서 수호법 제정이라고 하는 불가피한 대안을 강구하게 되었다는 간곡한 해명을 위 민주질서 수호법 제안이유에 담았다.

그리고 평민당과 국민회의 그리고 민주당이 위와 같은 국가보안법 전략을 확정하고 있었던 것은 위 세 당의 총재인 김대중대통령의 국가보안법관 때문이라고 말할 수밖에 없다.

(나) 국가보안법 수호 주장시대

김대중대통령과 평민당, 그리고 국민회의가 국가보안법의 폐지를, 남북 긴장해소를 위한, 최고의 지표로 삼고 있었던 것은 분명하다. 그러나 같은 기간 동안에 김대중대통령은 이와 반대되는, 국가보안법관을 서슴없이 발표하기도 했다. 그 내용을 살펴본다.

① "북한 공산당이 주도하고 있는 남조선해방전선, 요새도 저렇게 남북대화를 하면서도 간첩선을 내려보낸 저와 같은 짓들, 평화적인 방법으로 자기들의 이념을 주장하겠다는 것이 아니라 폭력과 무력을 통해서 남한을 뒤집어엎겠다는 소위 '남조선 해방전략'을 공산당이 포기

하지 않는 한 우리는 국가의 안보와 반공의 태세를 조금도 늦출 수가 없다는 것을 나는 여러분에게(께) 강조합니다"(1980년 3월 26일 서울 YMCA 수요강좌에서의 김대통령 연설, 주제:민족혼과 더불어).

② "나는 1991년 남북한 총리회담을 위해 서울에 온 연형묵총리에게 '당신네들의 형법을 보면 남한의 국가보안법보다 더 가혹한 인권제한을 담고 있다. 특히 통일에 대한 모든 자유행동을 금지하고 있다. 국가보안법 폐지만 주장하지 말고 당신들도 그에 상응하는 일을 북한에서도 하라'라고 말했다"(김대통령, 월간조선 1993 10월호 대담기사).

이와 같은 국가보안법관의 혼선은 신념과 철학의 변화로 말미암은 것인지 아니면 상황과 필요의 변화에 따른 전략적 대응의 변화로 인한 것인지 참으로 아리송하다.

김대통령은 집권을 전후해서 국가보안법 준수의 결의를 분명하게 선언했다. 그 내용을 살펴본다.

③ "남북관계의 현상황을 고려하여 국가보안법을 존속시킨다. 다만 인권이 침해되지 않도록 운영 보완한다"(1997.11. 김대통령, 국민회의 대통령선거공약 <21세기로 가는 길> 25면).

④ "남북기본합의서 합의 당시 국가보안법과 안기부 폐지는 조건이 아니었다. 따라서 북한에 대하여 합의서 내용을 바꿀 수 없음을 강력히 주장하라"(1998.7.4 통일부 국정과제 추진실적 보고석상에서의 지시사항).

⑤ "그동안 남북한간 3백40여 차례에 걸쳐 여러 갈래의 대화와 접촉이 있어 왔으며 4천6백여 명의 인원이 남북한을 오갔다는 점에서 "국가보안법은 남북 화해·협력에 아무런 장애가 되지 않는다"(1998.8.22 국가보안법이 남북 화해·협력을 저해한다는 북한 조평통 공개질문에 대한 통일부의 반박, 이것은 정부의 공식견해이자 대통령의 뜻이다).

⑥ "북한은 남한에 대하여 준전시 상태로 대처하고 있으며 잠수정과 공작원을 남한에 침투시켜 놓고도 이를 인정하지도, 사과하지도 않는 상황에서 보안법 개정문제를 쉽게 얘기할 수 없다. 특히 경제가 어려운 이때에 국가보안법 문제로 정국을 긴장시켜서는 안 된다"(김대통령, 1998. 9.9 국제사면위 피에르 사네 사무총장 면담석상에서).

"북한과 대치하고 있는 우리의 특수한 현실상 국가보안법은 이를 당장 폐지할 수 없다. 앞으로 남북관계가 크게 호전되는 등 여건이 달라지면 그때 가서 국가보안법의 개정 또는 대체입법을 신중히 검토할 수 있을 것이다"(김대통령, 1998.12.15 연합통신 창사 18주년 기념 기자회견석상에서).

(다) 국가보안법 개정 주장시대

김대통령의 위 1998.12.15자 국가보안법 개정선언이 있은 지 2개월이 채 지나기 전에 김대통령과 정부는 국가보안법에 대한 전략을 근본적으로 바꿨다. 그 내용을 살펴보기로 한다.

① "국가보안법은 김대중대통령이 야당시절 민주수호법으로의 대체입법을 요구했던 사안이다. 국가보안법의 개정문제에 관해서는 현재 검토작업이 진행중이며 대개 그런 방향으로 가고 있다"(임동원 청와대 외교안보수석, 1999. 2. 10 경실련 통일협회 주최 특강석상에서). 위 발표는 정부가 국가보안법에 대한 기본입장을 바꾼다는 것을 뜻한다.

이것은 북한이 99. 2.3 남북 고위급 정치회담을 제의하면서 그 전제조건으로 (1) 외부세력과의 연합반북 공조체제의 포기 (2) 합동군사훈련의 중지 (3) 국가보안법의 철폐 (4) 남한 내 '통일 애국인사 단체'들의 자유로운 활동보장을 요구(북한 중앙방송)한 데 대한 응답의 성격을 띠고 있는 것으로 보고 있는 사람들이 매우 많다. 문제는 그렇게 보지 않을 경우 해결할 수 없는 대혼란이 야기된다는 점에 있다. 위 2개월의 기간 동안에 김대통령이 국가보안법 개정 불가의 명분으로 삼고 있던, '북한의 무력도발'이나 '남북의 대치 긴장상황'의 변화가 전혀 없었기 때문이다. 북한은 오히려 '남북 고위급 정치회담'을 명분으로 종래보다 훨씬 강한 억지요구(국가보안법 폐지 요구 포함)를 내세우고 있었던 것이다. 무엇이 '사정변경'의 핵심인가?

② "북한을 주권국가(A sovereign nation)로 인정한다" (김대통령, 1999. 2 LA TIMES와의 회견석상에서).

③ "국가보안법을 개정할 필요가 있다"(김대통령, 1999. 2.24 취임 1주년 기자회견석상에서).

④ "국가보안법 개정을 조속히 추진하라"(국무회의석상에서).

⑤ "북한의 김정일국방위원장이 만날 준비가 되면 만날 용의가 있다"(김대통령, 1999. 5.5 CNN과의 위성인터뷰 직후 이루어진 기자회견에서).

⑥ "인권침해 요소를 없애기 위해 개정안을 만들거나 대체입법 또는 형법을 고치는 문제를 현재 법무부를 통해 검토하고 있다"(김대통령, 1999. 5. 7 서울 상주 외신기자단 오찬석상에서).

⑦ "국가보안법에 독소조항이 있으므로 현행법을 대폭 개정하거나 독소조항이 없는 다른 법으로 대체하는 준비작업을 추진하고 있다"(김대통령, 1999. 7. 4 필라델피아 자유메달 수상 뒤 기자회견시).

⑧ "북한을 반국가단체로 규정하는 것은 북한과 교류협력하고 금강산을 관광하는 한편 비료까지 주고 있는 일과 모순된다. 남북한 화해협력을 국가방침으로 정하고 있는 이상 법적용에도 문제가 있고 국민에게 혼란을 주고 있다"(김대통령, 1999. 7. 7 필라델피아로부터의 귀국 기자회견석상에서).

⑨ "국가보안법 개정작업을 추진하라"(김대통령,1999. 7. 12 국민회의 신임당직자 임명장 수여석상에서).

⑩ "북한을 반국가단체로 규정하면서도 남북 교류협력과 금강산 관광을 하고 있는데 대해 국민들이 혼란해하고 있어 이를 정리할 필요 있다"(김대통령, 1999.7. 19 종교계 지도자 면담시).

⑪ "남북관계를 제대로 반영하지 못하고 있는 국가보안법을 개정할 것이다"(김대통령, 1999. 8.15 경축사).

⑫ "국가보안법은 변화된 현실에 맞도록 개정되어야 한다. 찬양·고무죄는 누가 보거나, 누구에게나, 명백하고 객관적인 행위에 대해서만 적용해야 하며 정치적 악용의 소지가 있는 내용은 고치는 게 바람직하다"(김대통령, 1999.8. 20 주례 당무 보고석상에서).

3. 김종필 자민련 명예총재와 자민련의 국가보안법관

(1) 서 론

지금까지 우리가 살펴본 바에 의하면 정부와 민주당이 힘을 합쳐서, 국가보안법 폐지안과 다름없는, 국가보안법 개정안을 앞으로 국회에 상정한다는 사실은 명백하다. 여기에 대해서 공동여당의 한 축을 감당하고 있는 자민련과 김종필명예총재가 이 국가보안법 개정안을 어떻게 받아들일 것인가 하는 것은 전국민의 관심사가 되지 않을 수 없다. 자민련은, 제15대 국회에서, 전술한 바와 같이, 김대중대통령의 분노를 충분히 예견하면서, 정부와 민주당의 국가보안법 개정전략에 공조를 거부했다.

그래서 제16대 국회에 있어서의 자민련의 공조한계가 어디까지냐 하는 점이 정치화제의 한 핵을 이루고 있는 것이다. 그 결과는 국회 본회의에서 표결함의 뚜껑을 열기 전에 아무도 예견할 수 없다. 정치인의 속마음이라는 것은 그처럼 깊은데 숨겨져 있는 것이다. 그러나 그 결과는 어떻든지간에 김종필명예총재와 자민련이 종래 가지고 있던 국가보안법관을 음미하는 일은 무의미한 것이 아니라고 본다.

그런 의미에서 그들이 종래 국가보안법을 평가하던 견해를 정리해보고자 한다.

1) 나(김종필)은 북한을 반국가단체로 보지 말고 반민주단체로 본다. 2) 사실상 국가로 인정해야 한다. 3) 국가보안법의 본질을 바꾸어야 한다라는 의견에 찬성할 수가 없다. 나는 심지어 국가보안법을 문제시하는 사람들에게 국가보안법 때문에 무슨 생활에 부자유스러운 게 있느냐고 반문한다.

우리 국민들의 99%는 국가보안법 때문에 생활에 제약을 받거나 부자유를 경험하는 일이 없을 것이다. 국가보안법은 국가의 안전을 위해 해서는 안 되는 일을 정해놓은 것이다. 정상적인 생활을 하는 국민에게는 그 법이 있는지 없는지 관심도 없다(김종필명예총재, 월간조선 1999년 9월호 조갑제기자 독점인터뷰. 김종필총리 드디어 입 열다).

"국가보안법은 지금으로서는 손댈 때가 아니다. 남북문제는 상대가 있는 일로 상대가 변하지 않는데 우리가 지금 보안법을 손댈 때는 아니다. 요즘 진보주의자들 혁신주의자들이 여러 가지 거침없는 소리를 하고 그런 소리가 메아리로 되돌아오는 현상이 있다. 앞으로는 보수주의자들도 말을 좀 해야 하겠고 이 이상 좌측으로 가는 것은 내가 막을 것이다"(김명예총재, 2000.1.4 재향군인회장단 총리공관 오찬석상에서).

(2) 김대통령과 김명예총재의 국가보안법관 대비

위에서 민주당과 자민련, 그리고 김대통령과 김명예총재의 국가보안법관을 살펴보았다. 이 점에 대한 고찰을 마치면서 양측의 국가보안법관을 비교해보기로 한다. 김대중대통령과 김종필명예총리의 어록을 자세히 살펴보면 두 분이 가지고 있는 국가보안법관과 국가안보관에는 상당한 차이가 있다는 사실을 쉬 알아차릴 수 있다고 생각한다.

김대중대통령은 우리가 국가보안법을 개정하더라도 우리나라 국가보안상태에는 아무런 문제가 일어나지 아니할 뿐 아니라 한반도 내의 현상황이 국가보안법의 개정을 요구하고 있다고 주장한다. 이와는 반대로 김종필 자민련 명예총재는 우리나라의 안보상황이 극히 위험한 처지에 놓여 있으므로 국가보안법의 개정은 절대로 허용될 수 없다는 주장을 펴고 있다. 그의 견해에 의하면 우리나라는 지금 더이상의 양보가 허용되어서는 안 될 정도로 '극좌의 벼랑' 앞에 서 있는 것으로 된다. 이러한 위기상황이 존속하는 한 국가보안법은 사수되어야 한다는 것이 김종필 자민련 명예총재의 신념이다.

이처럼 국가보안법에 관해서 극명한 견해차이를 가지고 있던 김대중 평민당총재와 자민련 김종필총재가 어떻게 해서 평민당·자민련의 공조를 성취시킬 수 있었는가 하는 것은 중대한 관심사로 떠오를 수밖에 없다. 그 당시 야당의 대통령 후보 단일화 협상에 한 주역을 담당했던 김용환의원으로부터 양당이 국가보안법 대책합의에 이른 경위를 들어본다.

"1997년 대통령 후보 단일화 협상 당시 양당이 서로 다른 정책노선을 조율하는 일이 쟁점으로 떠오르지 아니할 수 없었는데 특히 보안법 문제가 민감했다. 양당의 견해차이가 뚜렷했기 때문이다. 국민회의는 국가보안법을 폐지하고 가칭 민주질서 수호법 등으로 대체하자는 것이 당론이었다. 반면 자민련은 법을 악용 내지 오용하는 것이 잘못이지 보안법 자체가 왜 문제냐 하는 입장이었다. 공산당을 잡겠다는 법인데, 더구나 북한은 변한 것이 아무것도 없는데... 보안법의 기본골격을 손대선 안된다는 것이 자민련의 입장이었다.

양당 실무자급에서 협상하는 가운데 자연스럽게 보안법 문제가 거론됐는데 정확히 말하면 자민련 쪽에서 우려를 표시했다고 해야 할 것이다. 국민회의측에서는 자민련의 우려를 충분히 이해하면서 이를 수용하였다... 작년초 정권 출범 이후 김대통령도 국가보안법 개폐문제에 대해 신중한 입장으로 일관하지 않았는가?

우리 국가목표는 자유민주주의 체제 안에서 존재하는 자유·인권 등 여러 가치를 견지해 나가는 것이다. 그러나 우리의 이런 가치를 송두리째 부정하고 체제 자체를 넘보는 세력이 존재한다. 바로 북한집단이다

… 북한체제는 우리 정부를 부정하고 우리 체제 전복을 지향하는 법체계를 유지하는 등 아무런 변화가 없는데 우리만 보안법을 폐지하거나 혹은 전면적인 개정을 논하는 것은 있을 수 없는 일이다… 북한은 우리 보안법 폐지에 총력을 쏟고 있는데 이는 보안법이 그들의 야욕실현에 커다란 장애물이 되고 있다는 반증이다. 우리가 보안법을 유지해 나가야 할 이유가 여기에 있다"(김용환 자민련 전수석부총무, 1999년 월간조선 8월호 인터뷰 기사. 제목 '보안법 유지는 DJP합의').

국가보안법에 관한 김명예총재의 어록을 살펴본다.

① "우리를 수구반동이라고 부르는 사람들도 있는데 이는 공산주의자들이 하는 말이다"(김명예총재, 1999.12.30 조선일보 기사).

② "민주주의를 주장해온 사람들이 더 파괴적이다"(김명예총재, 1999.12.31 조선일보 기사).

③ "우리 사회가 너무 왼쪽으로 가고 있고 이제 한계에 다다랐다. 나는 우리 사회가 더이상 좌로 가는 것을 용납하지 않을 것이다". "북한은 지금도 남쪽을 격렬하게 비난하고 있고 본질적으로 변한 것이 없다. 나는 자민련이 건전한 보수정당으로 나아갈 수 있도록 최선을 다할 것이다"(김명예총재(총리 당시) 1999. 구랍 31. 정책자문단 송년만찬시).

우리는 두 지도자가 우리의 안보상황에 대한 현실진단과 국가보안법에 대한 평가를 근본적으로 달리하고 있다는 점에 대하여 큰 관심을 기울이지 아니할 수 없다. 이처럼 철학과 신념을 달리하는 분들이 함께 공동여당을 형성하고 함께 정국을 끌고 갈 수 있는 비결이 무엇인가 하는 점에 대하여 의문을 품지 아니할 수 없다.

나는 두 분께 따로따로 공개적인 질문을 던지고 싶다. 첫째 질문은 두 분이 모두, 우리가 염려하면서 단정하고 있듯이, 상호간의 안보관과 국가보안법관이 다르다고 하는 사실을 인정하고 있는가 하는 것이다. 둘째로 두 분이 서로 다른 안보·국가보안법관을 가지고 있다면 그 극복책은 무엇인가 하는 점과 만약 두 분의 안보·국가보안법관에 다른 점이 없다고 하면 그 이유를 설명해줄 수 있는가 하는 질문을 던지고 싶다.

셋째로 김종필 자민련총재께 질문한다. 김총재는 우리의 안보상황이 극좌의 벼랑 앞에 서 있는 것과 같다고 진단했다. 신보수주의 기수를 자처하면서 자유민주주의의 사수를 소리높이 외치던 김총재는 우리의 안보상태가 극한 상황에 이르기까지 아무런 조치도 취하지 아니한 채, 안보관찰자로서 그것을 지켜보기만 하였는가?

김종필총재에 대한 공개질문을 계속하고자 한다. 김총리는 김대중대통령의 안보관에는 아무런 문제가 없다고 단정했다(2000.1.4 조선일보 기사). 그렇다면 막강한 권력을 장악하고 이를 행사하는 대통령이 확고한 국가안보관을 가지고 이 나라를 영도하고 있는데도 불구하고 우리의 안보상태가 '극좌의 벼랑' 앞에 서 있을 정도로 위기국면에 처하게 된 이유가 무엇인가? 대통령의 막강한 권력으로도 어떻게 할 수 없을 정도로 우리나라 좌경세력의 힘이 강하다는 말인가? 아니면 김대통령은, 관찰력의 부족으로 말미암아, 우리의 안보상황이 이 지경에 이르렀다고 하는 사실을 모르고 있는 것인가?

(3) 정부·여당의 국가보안법관의 문제점

정부·여당의 국가보안법관에 대해서 다음의 두 가지 문제점을 중심으로 고찰해볼 필요가 있다고 생각한다.

첫째 문제점은 김대중대통령(정부요원 포함)과 국민회의의 국가보안법관이 변화를 거듭한 이유가 무엇인가? 하는 것이고, 둘째 문제점은 김대중대통령(정부)과 국민회의(민주당)의 참된 국가보안법 개정이유가 무엇인가? 하는 것이다. 이러한 문제점들에 관해서 차례로 검토해보고자 한다.

1) 김대중대통령(정부)과 국민회의(민주당)의 국가보안법관의 변천 과정

김대중대통령(평민당)은 오랫동안 견지해오던 국가보안법 폐지론을,

1997년의 대통령선거 공약시점부터 1999. 2. 9까지 1년여 동안, 철회하고 국가보안법 보존론으로 이에 대체했다.

그러다가 김대통령은 1995.2.10 아무런 예고도 없이, 별안간 국가보안법 개정론 쪽으로 선회했다.

김대중대통령과 평민당은 이렇게 국가보안법에 대한 근본대책을 변경한 점에 대하여 납득할 만한 명분과 이유를 제시하지 않았다. 실제에 있어서 그 정책변화의 명분과 이유는 제시될 수 없었다는 것이 나의 생각이다. 그것은 필요성 때문에 생긴 변화이지 철학과 신념에 의한 변화가 아니기 때문이다.

적지 않은 보수지향성의 국민의 표를 얻는 데에 있어서 국가보안법 폐지론은 결정적인 장애요인이 된다고 대통령선거 대책본부가 판단했을 것이라고 봐야 할 것이다. 이것은 위 대통령선거 전략 중 매우 중요한 의미를 가지고 있는 평민당과 자민련의 대통령선거 운동연합 전략수립에서도 그 편모를 보여주고 있는 것이라고 생각한다.

전술한 바와 같이, 김대중대통령(정부)과 국민회의는, 참으로 어려운 결단(?)을 거쳐서, 종래의 국가보안법 폐지방침을 국가보안법 견지방침으로 변경시켰다. 이것은 국민회의로서는 경천동지에 비길 만한 일대 사건이 아닐 수 없다.

그런데 국민회의는 1999. 2.10, 역시 아무런 이유나 명분의 제시 없이, 당론을 국가보안법 수호론에서 국가보안법 개정론으로 바꿔 버렸다. 이 무렵 한반도 내외의 상황에는 아무런 변화도 없었다. 결국 이 정책변화도 명분과 철학의 변화가 아닌 자의(恣意)와 편의(便宜)의 변화에 따른 것이라고 봐야 할 것이다.

굳이 상황의 변화를 찾는다고 하면 그것은 2.10자 위 국가보안법 대책변경이 있기 1주일 전 북한이 남북 고위급 정치회담의 전제조건으로 국가보안법 폐지 등을 요구했다고 하는 점일 것이다. 결국 위 정책변경이 북한의 이러한 희망과 요구에 부응하기 위한 것이었다는 문제제기가 일어났던 것은 무리한 일이 아니었다고 생각한다.

(4) 김대중대통령(정부)과 민주당의 국가보안법 개정이유

김대중대통령(정부)과 민주당이 내세우고 있는 국가보안법의 개폐명분은 다음과 같다.

첫째, 국가보안법은 악법이고 독소조항을 내포하고 있다.

둘째, 북한을 반국가단체로 규정하고 있는 국가보안법은 남북한교류와 화해협력에 걸림돌이 된다.

셋째, 남북관계의 변화된 현실과 국가보안법의 규정간에 괴리가 있다.

넷째, 국가보안법 규정은 애매모호하므로 이를 적용하면 인권이 침해된다.

다섯째, 국가보안법을 따르면 김정일과 정상회담도 못하고 TV에서 남북의 창도 못 보게 되어 있을 뿐 아니라 금강산 관광과 북한과의 교류협력행위도 국가보안법 위반죄로 처벌될 수 있다.

위에서 살펴본 다섯 가지의 국가보안법 개정명분은 학계나 사회에서 주장되고 있는 것들과 중복되고 있다. 그러므로 그 중복되는 국가보안법 개정이유에 대해서는 뒤에서 이 문제를 다루게 될 때에 다시 살펴보기로 한다. 그러나 위 다섯째 명분에 대해서는 여기서 간단하게 그 논리의 당부를 살펴보고자 한다.

TV에서 남북의 창을 보는 것과 김정일에게 정상회담을 제의하는 것이 국가보안법에 저촉된다고 하는 주장은 전혀 근거가 없는, 얼토당토아니한 것이다. 어째서 이런 주장이 제기되었는지 알 수가 없다. TV에서 '남북의 창'을 방영하였다거나 이 프로를 시청했다 해서 처벌받은 사례가 있는가?

김정일에게 정상회담을 제의하는 것은 대한민국 헌법 제66조와 제69조에 의한 대통령의 의무이자 권한이다. 이러한 대통령의 의무이행과 권한행사가 어떻게 해서 국가보안법에 따라서 처벌되어야 한다는 말인가? 더구나 대통령은 그 재임기간중 '내란 또는 외환의 죄를 범한 경우를 제외하고는 형사상의 소추를 받지 않게' 되어 있다.(헌 제84조)

그런데 남북정상회담을 제의하는 행위가 국가보안법 위반죄에 해당한다는 말이 무슨 말인가? 이는 무책임하기 그지없는 주장이다. 국가보안법 개폐의 명분이 아무리 좋은 것이라고 하더라도 그것을 위해서 동원되는 논리는 공명정대한 것이라야 한다. 역으로 말해서 명분 정립을 위해서 동원되는 논리가 궤변으로 드러날 때 그 '명분'은 '구실'로 전락하고 만다.

무엇 때문에 거추장스러운 국가보안법 개폐명분을 내세우면서 이렇게 터무니없는 논리를 동원해야 하는가? 우리는 이렇게 할 수밖에 없는 이유를 살필 줄 알아야 한다고 본다.

김대중대통령은 99년 5월 5일 밤에 이루어진 CNN과의 위성인터뷰 직후 가진 기자회견에서 "북한의 김정일 국방위원장을 만날 수 있다고 하면 그를 만날 용의가 있다"라고 말했다. 김대중대통령의 논리대로라고 하면 김대통령은 그 시점에 국가보안법 위반죄의 피의자로서 형사상의 책임을 져야 하는 것이다. 이것은 가당한 논리인가?

금강산에 가는 것이나 남북경협을 위해 북한을 방문하는 것도 국가보안법 위반행위가 될 수 있다는 것은 무슨 말인가? 이것은 있을 수 없는 일이다. 국가보안법은 남북간의 모든 왕래, 교역, 협력 등을 처벌하는 것이 아니다. '국가의 존립 안전이나 자유민주적 기본질서를 위태롭게 한다는 정을 알면서' 그러한 행위를 하는 경우에만 처벌하는 것이다.

남북교류 협력법 제3조는 남북한간의 왕래, 교역, 협력사업과 통신역무의 제공 등 남북교류와 협력을 목적으로 하는 행위에 관하여는, 정당하다고 인정되는 범위 안에서, 다른 법률에 우선하여 남북교류 협력법을 적용하도록 규정하고 있다. 여기서 문제가 되고 있는 금강산 관광과 북한과의 교류협력은 남북한의 정부에 의하여 '정당하다고 인정된 범위' 안에서 이루어진 것이다. 거기에 무슨 국가보안법 위반의 문제가 대두할 수 있는가?

그리고 '정당하다고 인정'되지 아니하는 왕래, 교역 등은 당연히 처벌되어야 하는 것이다. 그럼에도 불구하고 정치지도자들이 법률상으로나 사실상으로나 발생될 여지가 전혀 없는 허구의 사태를 구상하여 국민들에게 국가보안법에 대한 거부감 또는 혐오감을 심어주는 일은 참으로 온당치 않다고 할 것이다. 대법원 판례를 하나 소개한다.

"남한과 북한을 왕래하는 행위가 남북교류 협력에 관한 법률 제3조에 해당되어 국가보안법이 배제되기 위하여는 우선 그 왕래행위가 남북교류와 협력을 목적으로 하는 것이라야 할 것이다"(96. 11. 22. 96도2158호).

이 판결은 정당한 금강산 관광과 북한과의 교류행위가 국가보안법에 저촉되지 아니한다는 것을 선언하고 있는 것이다. 결국 이 점에 대한 정부 여당의 우려는 기우에 불과한 것으로 된다.

4. 정부·여당의 국가보안법 개정안

(이 글은 법률신문 1999. 4. 12자와 한국논단 2001년 2월호에 실렸던 것을, 필요에 따라서, 일부 가감 조절한 것이다)

(1) 정부의 국가보안법 개정방향

전술한 바와 같이 현정부와 여당은 집권 후 국가보안법 개정 불가방침을 고수하다가 1999. 2. 10에 이르러 국가보안법 개정론으로 전략을 바꾸었다. 그리고 약 1개월여 후인 그해 3월 하순에 법무부가 국가보안법 개정방향의 주요골격을 발표했다.

그 주요골격 중 한 가지 문제점에 대해서는 이 저서의 머리말(책을 내면서)에서 이미 언급하였다. 가능한 한 중복을 피하면서 법무부의 개정골자 중 다른 문제점을 살펴본다.

1) 법무부가 1999. 3. 하순에 발표한 국가보안법 개정안의 기본골격은 다음과 같은 것으로 보도되었다. 국가보안법의 처벌대상을, '북한을 이롭게 하는 행위'에서, '우리 안보를 침해하는 행위'로 바꾼다는 것이다. 이 점에 관해서는 법무부의 원칙적인 오판에 대해서 이미 심도 있는 분석을 해보았으므로 부수적인 사항 몇 가지를 살펴보기로 한다.

현행 국가보안법은 '국가의 존립 안전이나 자유민주주의적 기본질서를 위태롭게 한다는 정을 알면서 일정한 행위를 하는 경우'에 이를 처벌하는 것으로 되어 있다.

국가보안법이 규정하고 있는 '자유민주주의 파괴행위'란 바로 '우리 안보를 침해하는 행위'가 될 수밖에 없다.

국가보안법의 목적(제1조)은 '국가의 안전과 국민의 생존 및 자유를 확보'하는 것으로 되어 있다. 그리고 그 법률의 명칭도 '북한이익행위처벌법?'이 아니고 '국가보안법'이다. 그러므로 국가보안법의 처벌대상을 '북한을 이롭게 하는 행위'에서 '우리 안보를 침해하는 행위'로 바꾸겠다고 하는 법무부의 의도는 출발점에서부터 잘못된 것이라고 말하지 않을 수 없다.

2) 법무부는 위 국가보안법 개정골자에서 동법상의 용어가 '애매'하여 악용의 소지를 남겨놓고 있다고 판단하고 있다. 물론 국가보안법의 집행과 적용에 있어서 인권침해의 사례가 전무했던 것은 아니다. 그러나 이러한 방식으로 법집행상의 잘못을 문제삼기 시작하면 형사법·민사법·행정법 가릴 것 없이 살아남을 법이 몇이나 될 것인가? 더구나 그 법을 집행한 기관 중 국정원, 검찰, 법원, 경찰, 세무서 등을 가릴 것 없이 면책될 수 있는 기관이 얼마나 될 것인가?

침해된 인권은 개별적 절차를 거쳐서 구제되어야 할 것이다. 기관과 법률에 대해서 제도적인 책임을 묻는다는 것은 위험한 발상이다.

국가보안법은 제1조 제2항에서 "이 법을 확대해석하거나 국민의 기본적 인권을 부당하게 제한하는 일이 있어서는 아니 된다"라고 규정하고 있다. 헌법재판소는 동법 제7조 (찬양·고무 등)에 대해서 소위 한정합헌결정을 내림으로써 인권침해의 소지를 봉쇄하였다.

국가보안법의 적용으로 인한 인권침해 가능성의 배제를 위해서 끊임없는 노력을 해야 하는 것은 당연하다. 그러나 그 법을 근원적인 악법으로 보거나 소위 '독소조항'으로 이루어진 법으로 단정하는 것은 법치주의 원칙을 파괴하는 생각이라고 봐야 할 것이다.

3) 법무부는 '국가보안법'이 북한을 '반국가단체'로 규정하고 있는 것은, '남북교류협력에 관한 법'이 북한을 '협력의 대상'으로 보고 있는 것과 모순된다는 점을 강조하고 있다. 그러나 위 양 법률은, 누차 강조한 바와 같이, 그 입법의 목적과 적용대상을 달리하는 것이므로 상호 아무런 충돌이나 모순을 일으키지 않는다.

그러므로 법무부의 국가보안법 개정골자는 설득력을 가질 수 없다고 봐야 할 것이다. 과연 그러한 결과인지는 알 수 없으나 법무부는 위 국가보안법 개정골자를 발표한 지 수개월이 지나도록 아무런 조치를 취하지 아니하였다. 그러다가 국민회의는 그해 10월에 이르러 동당 자체의 국가보안법 개정안을 국회에 제안하였다. 동 법률안의 내용에 관해서는 뒤에서 살펴보기로 한다. 여기서는 잠정적으로 위 법무부(정부)의 동법 개정 결과 국민회의의 동법 개정법률안의 관계를 살펴보고자 한다.

4) 국민의 정부와 국민회의는 1999년도에 7개월의 간격을 두고 각각 독자적인 국가보안법 개정방안을 발표했다. 첫번째 것은 1999. 3. 25자 법무부 국정관계 개혁보고의 형태로 이루어졌다. 이것은, 전술한 바와 같이, 정부(국민회의)가 상당한 기간에 걸쳐서 견지해오던 국가보안법 개정불가론에서 동법 개정론으로 그 방침을 바꾼다(99. 2.10)는 것을 발표한 지 1개월15일 만에, 그리고 "국가보안법 개정을 조속히 추진하라"는 김대중대통령의 국무회의에서의 지시가(99. 3. 2) 내린 지 23일 만에 이루어진 일이다.

두번째 국민회의의 국가보안법 개정법률안은 그해 가을 정기국회에 제안된 것이다.

법무부 입장에서 보면 법무부는 자신이 정립한 '우리 안보 침해행위 처벌론'이 전술한 바와 같이, 전혀 무의미한 공산론에 불과하다는 것을 깨닫고 7개월간 국가보안법 개정론에 관해서 침묵을 지켰다고 본다. 그 긴 침묵 끝에 국민회의가 국가보안법 개정법률안을 제안했다.

나는 정부의 국가보안법 개정 방향골자와 국민회의 국가보안법 개정이 일란성쌍생아처럼 근본적으로 뿌리를 같이하면서도 그 내용이 엄청나게 다르다고 하는 사실에 주의를 기울여야 한다고 생각한다. 일란성쌍생아의 유전질은 등가이고 따라서 그 근본성은 동일하다. 이러한 쌍생아의 혈액형, 피부, 털, 눈빛, 얼굴 모습, 지문, 치열 등에서는 유사성이 발견된다.

그런데 정부의 국가보안법 개정 방향과 국민회의의 국가보안법 개정안에서는 유전질의 등가성이나 일란성쌍생아간의 유사성을 발견할 수 없다. 법무부의 국가보안법 개정 방향은 국민회의의 국가보안법 개정안을 거의 반영되지 아니하였다. 그리고 국민회의의 국가보안법 개정안 내용은 법무부의 국가보안법 개정 방향에서 언급되지 아니한 것들이 주류를 이루고 있다.

어떠한 논리를 동원하더라도 국가보안법 개정에 관한 정부안과 국민회의간에 가로놓여 있는 심연을 가교할 길은 없다. 이 사실은 정부(법무부)와 국민회의의 국가보안법 대책이 철학이나 법률이론의 산물이 아니라는 것을 보여주고 있는 것이라고 생각한다. 그것은 정략의 산물이자 필요의 소산이라고 봐야 한다는 말이다.

(2) 민주당의 국가보안법 개정법률안

(가) 개 관

민주당이 국가보안법 개정 방향의 틀을 잡은 것으로 보도되고 있다. 그 내용을 보면 동법 제2조의 '정부참칭' 부분을 삭제하고 제7조 제1항의 '찬양 고무'죄와 제10조의 불고지죄를 폐지하는 방향으로 가닥을 잡은 것 같다. 아직까지 확정된 개정안이 나오지는 아니하였으나 민주당이 1999년 정기국회에 제안하려 했던 개정안과 거의 같은 내용을 담고 있는 것으로 짐작된다.

그러므로 그해에 모습을 드러낸 그 개정안을 중심으로 새로 제안될 민주당의 개정안을 살펴보고자 한다. 확정되지도 아니한 동당의 보안법 개정안을 운위하는 것은 성급한 일이 아닌가 하는 자문을 해보기도 했다. 그러나 급변하고 있는 작금의 한반도 정치상황과 국가보안법에 대한

동당 지도부의 평시평가를 살펴볼 때 이 일은 시간을 늦출 수 없는 것이라는 걱정을 아니할 수 없어서 서둘러 개정안에 대한 우리의 견해를 밝혀본다.

이 민주당의 국가보안법 개정안은, 여러 가지 증후를 살펴보건대, 정부·여당의 공동안인 것으로 짐작된다.

그만큼 민주당의 동법 개정안에는 힘이 실려 있고 관철의 강한 의지가 숨겨져 있는 것이라고 생각할 수 있다.

전술한 바와 같이 2001.2.15자(제218회) 국회본회의에서 국가보안법 폐지를 주장한 송석찬의원 대정부질문에 대한 김정길 법무부장관의 답변은 다음과 같다.

"국가보안법은 국가의 안전을 위태롭게 하는 반국가활동을 규제하여 국가의 안전과 국민의 생존 그리고 자유를 확보하는 것을 목적으로 하는 안보형사법이라고 할 수 있습니다.

따라서 현 시점에서 우리의 자유민주주의 체제를 수호하는데 반드시 필요한 국가보안법을 폐지할 수는 없다고 생각합니다. 그러나 남북공동선언 이후 국가보안법의 개정과 관련해서 완전폐지론에서부터 개정불가론에 이르기까지 다양한 의견들이 지금 제시되고 있습니다.

이 문제는 앞으로 남북관계의 실질적인 변화와 진전상황 등을 고려하고 각계의 다양한 국민여론을 광범위하게 수렴해서 국가안보를 안정적으로 확보하면서도 우리 현실상황에 맞도록 개정방안을 심도 있게 연구, 검토하여 신중히 추진하는 것이 바람직하다고 생각합니다".

요컨대 국가보안법은 폐지되어서는 안 되는 것이나 개정은 되어야 한다는 것이 정부의 입장이라는 말이다. 내가 여기서 설명하고자 하는 국가보안법 개정안(추정)을 민주당안으로 보지 않고 정부·여당안으로 보는 이유는 여기에 있다.

정부·여당이 이처럼, 사생결단의 자세로 국가보안법을 개정하려고 하는 이유는 분명하다. 그것이 김대중대통령의 의중이기 때문이다.

조선일보 99.12.20자 기사를 살펴본다. "김대통령은(기독교 원로 및 지도급 목회자 190여 명을 청와대로 초청, 오찬을 함께 한 자리에서 북한을 반국가단체로 규정하면 논리적으로 금강산 관광도 못하고 대화도 하지 말아야 하는 모순에 빠지므로 그렇게 하지 말아야 하고 불고지죄도 고쳐야 하며 고무 찬양죄도 엄격히 규정되어야 한다"고 말했다는 것이다.

조선일보 99.12.7자 사설(DJ '보안법논리'가 타당한가)은 그 서두에서 "김대통대통령은 지난 4일 '국가보안법은 내용에 논리적인 결함이 있으며 북한이 국가를 참칭한다고 반국가단체로 규정하면서 어떻게 남북정상회담이나 축구경기, 화해가 가능하겠는가'라고 지적하면서 국보법 제2조 반국가단체 정의 중 '정부 참칭' 부분을 삭제할 것을 여당간부들에게 지시했다고 한다"라고 지적하고 있다.

그러나 김대통령의 위와 같은 단정은 아주 잘못된 것이다. 현행 국가보안법하에서, 아무 문제없이, '금강산 관광'이 시행되고 있으며 '남북정상회담'이나 '축구경기, 화해'가 이루어졌다. 그러므로 김대통령의 위 주장이 잘못된 것이라는 점에 대해서는 더이상의 논리적인 설명을 할 필요가 없다고 생각한다. 이처럼 정부·여당은 논리의 차원을 지나서 행동의 차원으로 이 국가보안법 개정안을 관철하려 한다고 봐야 할 것이다.

그리고 또 이번에 민주당은 '보안법 제2조 반국가단체 조항개정을 포함한 대폭 개정방침에서 소폭 개정으로 일보 후퇴하는 안'을 만들었다고 발표하였다. 이것은 정부 여당의 본심이, 누누이 지적한 바와 같이, 국가보안법의 폐지나 이에 버금가는 대폭적 개정에 있다는 것을 드러내는 말이라고 생각한다.

(나) 반국가단체 정의(제2조)의 수정

현행법 제2조는 다음과 같이 규정되어 있다. 〔이 법에서 '반국가단체'라 함은 정부를 참칭하거나 국가를 변란할 목적으로 하는 국내외의 결사 또는 집단으로서 지휘 통솔 체제를 갖춘 단체를 말한다〕 개정안은 위 규정 중에서 '정부를 참칭하거나'라는 부분을 삭제하고 있다. 이렇게 개정하려는 이유는 제안자의 설명에 따르면 북한을 반국가단체로 단정하는 것은 남북기본합의서, 남북교류협력법 등과 상호 모순된다는 것이다.

그렇다면 개정안대로 수정이 되는 경우 북한은 반국가단체가 아닌 것으로 되는가 하는 것이 문제로 대두한다. 이 점에 대해서 제안자는 그렇지 않다고 답변한다. 개정안에 의하더라도 북한이 여전히 반국가단체로 남게 될 수밖에 없다고 한다면 왜 하필이면 불안과 불만이 팽배해 있는 이 시점에 보안법 개정문제를 들고나와 국론분열을 자초하려 하는지 알 수 없다.

(다) 찬양·고무 등 행위(제7조)의 개정

법개정안은 제7조 제1조(반국가단체 등 찬양·고무죄)를 삭제하고 그 조항을 "반국가단체를 이롭게 할 목적으로 단체를 구성하거나 이에 가입하여 국가의 존립 안전이나 자유민주적 기본질서를 위태롭게 한다는 정을 알면서 반국가단체나 그 구성원 또는 그 지령을 받은 자의 활동을 선전 선동한 자는 3년 이하의 징역에 처한다"하는 것으로 수정한다는 것이다.

이 개정안과 관련하여 생각해야 할 첫째 문제점은 다음과 같다.

국가보안법 위반자의 92% 내지 95%는 동법 제7조 위반으로 구속 처벌되었다. 그렇다면 제7조가 실질적으로 삭제(폐지)되는 경우, 국가보안법 위반자는 현재의 5% 내외의 수준에 머물게 된다. 그 5%의 보안법 위반자를 처벌하기 위하여 이렇게 말썽 많은(?) 국가보안법과 그 법을 위한 특별수사기관을 존속시켜야 할 이유가 무엇인가?

또 한편으로는 찬양·고무죄에 대한 수사가 단순히 해당범죄의 처벌에만 쓰인 것이 아니라 반국가단체 구성죄·간첩죄 등에 대한 초동수사 방법으로 크게 쓰여왔는데 이 기능을 어디서 찾아야 하는가? 민주당의 개정안이 이 정략적 목적을 봉쇄하기 위해서 마련된 것이 아닌가 하는 오해를 받게 되는 것은 바로 이러한 이유 때문이다.

민주당의 보안법 개정안에는 또다른 의문이 제기되고 있다. 그것은 동 개정안이 이중적인 전략목표를 노리고 있는 것이 아닌가 하는 의문이다. 첫째 국가보안법 폐지론자들에 대해서는 민주당의 개정안이 실질적으로 동법의 폐지법률안과 같다는 것을 표방함으로써 그들의 공감을 얻어내려 하고 있다는 것이다.

반면 국가보안법 사수론자들에게는 민주당이 혁신, 진보세력들의 결사적인 보안 폐지요구에 굴하지 아니하고, 이를 지켜나간다는 모습을 보여준다는 것이다. 그러나 만약 이러한 기우가 기우 아닌 사실이라고 하면 민주당이 두 마리의 토끼를 다 잡으려는 노력은 원칙적으로 실패로 돌아가게 되어 있다는 사실을 새겨봐야 한다고 생각한다.

또다른 문제점을 살펴본다. 보안법 제7조에 대한 개정안은 개인이 행하는 반국가단체의 찬양·고무 행위는 죄가 되지 아니하는 것으로 하고 그러한 것을 목적으로 단체(예컨대 이적단체)를 구성하여 이를 행하는 경우에만 처벌한다는 것이다. 그러나 이것은 우리 형벌질서의 근본을 깨뜨리는 입법태도이다.

같은 범죄를 한 사람이 하는 경우와 2인 이상의 단체가 하는 경우를 구별하여 전자는 범죄로 보지 아니하고 후자만 범죄로 다루는 형벌제도는 동서고금을 가리지 아니하고 이를 찾아볼 수 없다. 한 사람이 하는 절도나 두 사람 이상이 하는 절도는 모두 다 '절도죄'를 구성한다는 것이 형법의 정신이다. 다만 입법기술상 전자는 단순절도죄(형법 제321조)로, 후자는 특수절도죄 (동법 제331조 제2항)로 처벌되는 것뿐이다.

범죄행위에 가공하는 사람의 수에 따라서 그것을, 범죄의 성립여부에 대한, 판단기준으로 삼는다는 것은 있을 수 없는 일이다. 왜 우리가 이런 부끄러운 법제정의 효시를 장식해야 하는가?

국가보안법 제7조는 국민의 사상·자유를 침해하는 헌법파괴적인 범죄이고 그런 의미에서 독소조항이므로 폐지되어야 한다고 주장하는 사람들도 있다. 사상의 자유가 국민의 가장 귀중한 권리인 것은 틀림없다. 그러나, 그 권리가 아무리 귀중한 국민의 기본권이라고 하더라도, 그것이 국가의 기본적인 법질서를 파괴하면서까지 무제한적으로 보호되어야 할 권리는 아니다.

사상이 사상의 영역에 머물러 있는 한 어떠한 법률도 이를 처벌할 수 없는 것은 명백하다. "어느 누구도 그 사상(思考)에 대하여 형벌을 받지 아니한다"(Cogitationis poenam nemo patitur)라는 것은 동서고금을 막론한 절대적 진리이다.

그러나 그 사상이 말이나 글 또는 행동으로 표출될 때 그 사상은 이미 사상의 영역에 머물러 있지 않은 것으로 된다. 그것은 행위의 영역에 들어온 것이다. 그 행위가 실정법규에 저촉되는 범죄행위를 구성할 때 그것은 마땅히 처벌받아야 하는 것이다. 그 행위의 뿌리가 사상에 있다는 이유로, 형벌대상에서 자유롭다는 것은 말이 안 되는 무정부적 폭언이다.

누구를 막론하고 사상이나 양심 또는 예술을 명분으로 내세워 남의 명예를 훼손하거나 음란한 내용의 작품을 창작한다거나 폭력을 휘두를 때 그 행위의 뿌리가 사상의 자유라는 이유로 범죄행위자에게 면책특권이 주어진다는 것은 있을 수 없는 것이다.

그리고 그러한 범죄행위를 사상의 자유라는 이름으로 보호하는 법체계를 가진 국가는 이 하늘 아래서는 어디에서도 찾을 수 없다.

(라) 불고지죄(제10조)의 삭제

민주당은 불고지죄 규정 삭제의 이유를 다음과 같이 개진하고 있다. 〔법 제10조는 침묵의 자유, 즉 양심의 자유를 침해하는 것이므로 이를 폐지한다〕라는 것이 그 이유다. 이 논리는 부모, 형제 등이 국가보안법 위반사실을 수사기관에 고지하는 것은 인륜에 반한다는 주장을 밑바닥에 깔고 있다.

그러나 이 주장은 실정법 질서의 핵심을 모르는 데서 비롯된 것이다. 현행 도로교통법 제50조 제2항은 교통사고를 야기한 운전자에게 사고 발생에 대한 신고의무를 부과하고 있다. 민주당의 논리를 따르게 되면 자기 범죄에 대한 신고의무를 요구하는 것은 인륜과 양식에 반할 뿐 아니라 침묵의 자유를 침해하는 것으로 된다. 그러나 현재 한국의 교통상황은 사고를 낸 운전자의 자진신고를 요구하고 있다. 그러므로 이런 경우에는 운전자의 침묵의 자유(?)가 제약될 수밖에 없다.

국가보안법상의 고지의무 부과는 입법정책의 산물이다. 우리나라의 안보상황이 국민들에게 고지의무를 부과하지 않을 수 없게 되어 있다는 말이다. 법률제도의 실체적 효과에 관한 입법정책상의 문제를 관념적인 원칙론으로 승화시켜서 목적론적 흑백논리를 전개하는 것은 지극히 위험한 태도이다. 불고지죄의 규정을 두는 것은 좋은가 나쁜가 하는 현실적 효과의 문제를 가치와 이상의 문제인 양심의 자유와 인류의 문제로 변질시키는 것은 지극히 잘못된 것이다.

불고지죄의 완전폐지론자들도 그로 인한 혼동을 인정하고 있는 듯하다. 죄질이 나쁜 불고지죄는 형법상의 범인은닉죄(형법 제151조)로 처벌하면 되기 때문에 불고지죄 폐지로 인한 혼동은 일어나지 아니한다는 것이다. 그러나 이것은 형법법규의 행위론에 대한 착오에서 나오는 주장이다.

불고지죄는 일정한 사항을 〔수사기관 등에 고지하지 아니하는〕 부작위범이다. 범인은닉죄는 일정한 범인을 〔은닉 또는 도피케 하는〕 작위범이므로 불고지 행위는 여하한 경우에도 범인은닉죄를 구성하지 아니한다. 그러므로 위의 논리는 무지의 논리가 아니면 무책임의 논리이다.

불고지죄 폐지론자들은 이렇게 주장하기도 한다. "아버지가 밥상에서 '요즈음 김정일이 정치를 잘하고 있다'라고 말한 것을 들은 아들이 그것을 신고하지 아니하였다고 처벌하는 것은 비인도적인 일이 아닌가?"

그러나 그러한 경우에 우리의 사법기관이 그것을 신고하지 않은 아들을 처벌한 일은 전무하다. 이러한 거짓사례를 들어서 불고지죄의 비윤리성을 강조하는 것은 지극히 악의적인 것이다. 아들이 불고지죄로 처벌받는 경우는 아버지가 간첩행위를 하거나 반국가단체를 구성하고 활동하는 것을 알면서 신고하지 아니하는 경우 등이다. 이런 경우에는 국가의 안보가 인류에 앞서야 한다는 것을 부인할 사람은 없을 것이다.

더구나 현행 국가보안법은 본범이 신고자와 친분관계가 있는 경우에는 그 형을 감경 또는 면제한다라고 규정하고 있다.

북한 형법에는 죄형법정주의를 파괴하는 인권탄압적 규정과 유추해석의 허용(제10조), 불고지죄(제55조), 형벌연좌제(제70조), 형벌의 소급적용(제17조), 공소시효제도의 배제(제60조) 등의 규정이 아무 저항없이 엄존하고 있다. 아무런 문제가 없는 국가보안법에 대해서 이렇게 악의적인 해석을 가해서 적전(敵前)에서의 안보 무장해제를 강요하는 이유가 무엇인지 알 수 없다.

우리는 민주당의 국가보안법 개정안이 자진 철회되어야 한다고 주장한다.

(3) 여야의원 35명이 제안한 국가보안법 개정법률안

한나라당 소속 안영근의원과 34명이 2001년 4월의 국가보안법 개정법률안을 국회에 제안했다. 그 개정안의 주요골자는 다음과 같다.

① 제2조 1항 중 '정부를 참칭하거나 국가를'을 '국가를'로 한다.
② 제7조의 제목 '찬양·고무 등'을 '선전·선동'으로 한다. 동조 제4항 내지 제7항을 각각 삭제한다.
③ 제10조(불고지죄)를 삭제한다.

이 법률안이 가지고 있는 문제점은 다음과 같다.

① 국가보안법 제2조 1항을 개정안대로 고쳤을 때의 실익이 무엇인가 하는 것을 도저히 알 수 없다. 동 법안이 내세우고 있는 제안이유는 다음과 같다. "최근에 일어나고 있는 남북 간의 평화협력 및 화해 분위기를 계기로 기존의 대결구도를 타파하고 상호 신뢰를 바탕으로 하는 새로운 관계정립을 필요로 하게 된 바 그동안 남북이 각자의 체제를 보호 유지하기 위하여 시행하여왔던 법률 및 제도들이 새로운 시각과 방향으로 정비되어야 할 것임". 이러한 제안이유를 한 마디로 요약하면 현재와 같은 남북간의 평화협력과 화해 성숙시대에 북한을 '반국가단체'로 묶어 둔다는 것은 시대착오적인 판단이라는 것이다.

그 논리의 옳고 그름에 대해서는 재언을 피하고자 한다. 그러나 이 점 하나는 밝히고 넘어가야 한다고 생각한다. 그것은 위 개정안이 국회를 통과하게 되면 북한은 반국가단체가 아닌 것으로 되느냐 하는 점이다.

국가보안법이 '반국가단체'를 인정하는 이상 북한은, 대한민국을 정복하려는 범죄에 관여하게 되는 한 반국가단체가 되지 않을 수 없게 된다.

북한이 '정부'를 참칭하거나 '국가'를 참칭하거나 그것은 아무런 차이를 가져오지 아니한다. 더구나 북한정권은 임시'정부' 같은 역할을 하고 있는 것이 아니라 '조선인민공화국'을 내세우고 있는 것이다. 이것은 '국가참칭'이 아니고 무엇인가?

이렇게 말이 되지 않는 억지 국가보안법 개정안을 제안하는 의원들의 안중에는 어떻게 하든지 북한을 '반국가단체'라는 족쇄로부터 풀어내어야겠다는 생각밖에 없다고 봐야 할 것이다.

그래서 그들은 국가보안법의 숨통을 끊을 수만 있다면, 되는 말 안 되는 말을 가리지 아니하고, 무슨 말이라도 하는 것이라고 본다.

② 나는 '찬양·고무'와 '선전·선동'이 법률용어로서 어떠한 차이를 가지고 있는지 그것 자체를 알 수 없다. 그리고 법 제4항 내지 7항을 삭제하고 나면 그 규정들이 정하고 있는 '허위사실의 날조, 유포' 또는 '그런 목적으로 작성된 문서·도화 등의 제작·반포'를 어떻게 처벌하겠다는 것인지 혹은 방치하자는 것인지 알 수가 없다.

③ 국가보안법상의 불고지죄에 관해서 지금까지 여러 차례 살펴본 바가 있으므로 이 점에 대해서는 재론을 피하고자 한다.

그런데 이 사건 국가보안법 개정법률안에 대해서는 법률적인 차원보다 정치윤리적인 차원에서 꼭 짚고 넘어가야 할 일이 하나 있다고 생각한다.

이 법률개정안 제안의원 35명 중 26명은 민주당 소속이고 나머지 9명은 한나라당 소속이다. 민주당은 당론이 정해지는 대로 민주당의 국가보안법 개정법률안을 제안할 것으로 알려지고 있다. 한나라당은 아직도 국가보안법 개폐문제에 관한 당론을 정하지 못한 것 같다.

국가보안법에 관한 논란은 지금 한국의 국론을 분열의 심연으로 밀어붙일 정도로, 심각한 단계에 이르고 있다. 각 정당은 이 문제에 관해서, 성실히 수집한 여론을 기초로 신중하고 철저한 검토와 충분한 협의를 거쳐서 당의 공식적 견해와 태도를 표명해야 할 것이다.

절대로 경거망동을 해서는 안 되는 것이다. 이것은 국회의원 개개인에 대해서도 똑같이 요구되는 정치규범이자 윤리적 요청이다. 누구를 막론하고 소신을 구실로 소영웅주의적인 명예욕에 사로잡힌 행동을 해서는 안 되는 것이다.

올바른 당론을 정립하기 위해서 당내에서 자기소신을 밝히는 것은 얼마든지 있을 수 있다. 그러나 당론과는 상관없이, 또는 당론이 정해지기 전에 대외적으로 돈키호테 같은 돌출행동을 하는 것은 결코 허용될 수 없는 것이다.

그런데 이해 못할 일이 있다. 위 국가보안법 개정법률안을 제안한 의원들 중에 어느 누구 한 사람도 소속정당으로부터 이처럼 무책임한 돌출행동에 대해서 주의를 받지 않은 것 같다. 참으로 알 수 없는 일이다.

그러나 이 문제보다 더 심각한 정치도의의 문제가 있다. 그것은 이번 제안된 국가보안법 개정법률안 제안의원 중에는 전술한 국가보안법 폐지법률안의 제안의원으로 서명한 사람이 무려 9명이나 된다는 점이다. 우리는 이러한 사실을 발견하고 오로지 경악할 수밖에 없다.

이들 9명의 국회의원들에 대해서는 국회의원으로서의 자질문제를 운위하기 전에 생활인의 양식에 관해서 생각해봐야 한다고 생각한다. 국가보안법을 얼마나 증오하고 있었기에 국가보안법을 죽이는 일이라면 물불을 가리지 아니하고 그 법률의 폐지법률안에도 서명하고 개정법률안에도 도장을 찍었다고 봐야 할 것인가?

이것인 바로 우리나라에서의 많은 국가보안법 개폐론자들의 마음가짐이라고 할 수 있다. 우리가 가끔 절망 같은 것을 느끼는 이유는 여기에 있다.

(4) 북한 형법

(가) 개 관

우리는 여기서 북한 형법의 실상을 살펴보고자 한다. 북한 형법의 내용을 살피는 것은 국가보안법 폐지론자들의 논리의 기준으로 볼 때 북한의 형법은 합격선에 들어가느냐 하는 것을 밝히기 위한 것이다. 국가보안법 폐지론자들은 1) 동법의 폐지 이유를 다음과 같이 내세우고 있다. 동법이 국가안보법이 아니라 정권안보법이고 2) 동법은 죄형법정주의에 위반하는 이현령비현령의 규정으로 가득 차 있다는 것이다.

북한의 형법에는, 국가보안법 폐지론자들이 문제삼고 있는, 독소조항이 없는가 하는 것을 살피는 것이 이 항목의 연구과제이다. 그러나 북한 형법의 문제점을 살피기 전에 한 가지 사실을 짚고 넘어가야 한다고 생각한다. 그것은 우리가, 맏형으로서 또 성숙한 민주시민으로서, 아우이자 미숙한 북한사회를 우리와 똑같은 기준으로 평가한다는 것은 반민족적이고 옹졸한 자세의 표현이라는 주장의 의미를 살피는 것이다.

전술한 바와 같이 여야의원 21명의 이름으로 제안된 국가보안법 폐지법률안의 제안이유 중의 해당부분을 옮겨본다. "북한이 대한민국을 적대세력으로 명시한 노동당 규약이나 형법 등을 고치면 우리도 고치겠다는 소극, 방어적인 자세에서 탈피하는 적극적인 자세가 필요하다.

북한은 이미 6.15 남북공동선언에서 평화정착을 약속하였고 미사일개발 포기의사를 밝히는 등 능동적으로 상응하는 조치를 취하고 있다. 이에 우리가 북한을 더이상 적대세력이 아닌 진정한 화해와 협력의 대상으로 인정하고 북한의 점진적 변화를 통해 한반도의 평화와 민족의 궁극적 염원인 통일을 이루고자 한다면 시대착오적이고 비민주적이며 반인권적인 국가보안법의 폐지는 조속한 시일 내에 반드시 이루어져야 할 것이다".

이것은 바로, 전술한, 맏형론의 대표적인 논리이다. 그런데 맏형의 아량과 포용의 실체는 무엇인가? 맏형은 아우가 어떤 성향의 인간이냐 하는 것은 개의하지 아니하고 무조건 안아주고 감싸주어야 하는 것인가 하는 점을 살펴보자. 아우가 형을 죽이기 위하여 비수를 가슴에 품고 있는 것을 알면서도 그 아우를 포용해야만 하는가? 결국 아우의 비수에 찔려죽는 한이 있어도 그 아우를 사랑하고 부추기기만 해야 하는 것이 맏형이 할 바인가?

그것은 결코 아니라고 생각한다. 안아주고 감싸주기 전에 아우가 가슴에 품고 있는 비수는 먼저 제거해야 하는 것이라고 생각한다. 죽음이 겁나서만은 아니다. 보다 더 화평한 가정의 질서를 확립하기 위해서이다. 아우인 북한이 기회만 있으면 맏형인 대한민국을 없애려는 흉계를 꾸미고 있다는 점에 대해서는 아무도 이의를 제기하지 못할 것이다.

복잡한 논리전개는 피하기로 하고 최근에 일어난 간단한 사건 하나를 살펴보는 것으로써 "맏형인 우리가 먼저 신뢰와 실천을 보여야 한다"는 국가보안법 폐지론자들의, 주장이 얼마나 환상적인 자기도취의 논리에서 출발한 것인가 하는 점을 살펴보고자 한다.

경의선 철도·도로개설을 위해 남측은, 북측과 합의한 대로, 작년 9월부터 7개월여에 걸쳐 비무장지대 이남의 지뢰제거 작업을 끝내고 올해 9월 개통을 위해 철도노반작업 등을 계획대로 진행하고 있다. 그런데 북한측은 아직 비무장지대 이북의 본격적인 지뢰제거 작업에 들어가지도 않은 것으로 밝혀졌다.

육군 경의선 철도건설단 종합상황실장 이명훈대령은 25일 경의선 철도·도로 개설공사 현장을 방문한 국회 통일외교통상위원회 소속 여야 의원들에게 "작년에는 비무장지대 북쪽의 철도와 도로 쪽에 북한 군인들과 차량이 왔다갔다하는 모습이 관측됐으나 최근에는 그런 움직임이 전혀 포착되지 않고 있다"고 보고했다.

이 얼마나 부끄럽고 창피한 일인가? 이것은 약속 위반이나 배신의 문제가 아니다. 우리가 자성해야 할 자기과신의 문제이다. 우리가 자기과신을 버리지 못하는 한 제2, 제3의 지뢰작업사건은 연속해서 터질 것이다.

그런 의미에서, 우리는 많은 국가보안법 폐지론자들의 호불호에 개의치 아니하고 북한 형법의 문제점을 철저하게 살펴봐야 한다고 생각한다. 국가보안법 폐지론자들이 동법의 폐지 이유로 내세우고 있는 논리의 순서를 따라서 이 점에 대한 고찰을 펴나가고자 한다.

(나) 북한 형법과 체제안보

북한에는 우리와 같은 의미의 정권이란 있을 수 없다. 남한에는 해방

후 지금까지 일곱 정권이 부침하면서 정치를 주도해왔다.

각 그 정권의 담당자들은, 어떠한 형태로든지간에 그 정권의 연장을 희구하고 있었던 것이 사실이다. 그런 의미에서 국가보안법 폐지론자들의 정권안보론은 최소한도의 명분을 가질 수 있다고 본다.

그러나 북한은, 우리의 자유민주주의 다원사회와는 달리, 해방 후 여태까지 단일정권만이 존재해오는 일원사회이다. 거기다 북한은, 다른 공산주의 국가에서마저 유례를 찾아볼 수 없는, 세습전제국가이다. 그러므로 북한에서는 정권안보관이 필요도 없거니와 있을 수도 없다. 북한에 있어야 하는 것은 오로지 체제안보가 있을 뿐이다.

체제안보란 무엇인가? 한반도의 적화통일을 최고의 가치로 삼고 있는 북한식 공산주의 즉 유일체제의 안보가 아닌가? 그렇다면 그것은 북한이 정권안보를 꾀하든 유일체제 안보를 꾀하든 우리는 그들을 포용하여야 한다는 국가보안법 폐지론자들의 주장은 한반도의 공산통일을 수용해도 좋다는 주장 외에 다른 무슨 뜻을 가질 수 있는가? 우리는 이 논리를 결코 수용할 수 없다. 또 그것이 계속 독버섯처럼 번져나가는 것을 주시하고만 있을 수는 없다.

(다) 북한 형법과 죄형법정주의

국가보안법 폐지론자들은, 전술한 바와 같이, 동법의 내용이 애매모호하여 그것이 무엇을 뜻하는지 법률전문가들도 잘 이해할 수 없도록 규정되어 있다고 주장한다. 그 결과 동법의 적용에 있어서는 법해석자의 임의대로 귀에 걸면 귀걸이, 코에 걸면 코걸이식 운영이 될 수밖에 없다는 것이다.

이러한 주장이, 터무니없는, 악의적인 것이라고 하는 점에 대해서는 앞에서 충분히 고찰해보았다. 이제는 북한의 형법이 죄형법정주의를 충실하게 준수하여 의문의 여지를 남겨놓지 않도록 규정되어 있는가 하는 점을 살펴보고자 한다.

북한 형법규정의 불명확성은 한두 개의 조문에 그치지 아니하고 그 형법전 전체에 미치고 있다고 봐야 할 것이다. 그 실례를 몇 개 살펴보자.

북한의 구형법(74.12.19) '조선민족해방투쟁을 반대하는 반혁명범죄'
(이 죄명 자체가 지극히 정치적이고 비논리적인 것이다) 중 '민족반역죄'
(제 63조)의 구성요건을 살펴본다.

제63조(민족반역죄) 다음의 행위를 한 자는 사형에 처하고 전 재산을
몰수함.

1. 조선을 식민지로 만들려는 제국주의자들의 침략적 기도를 도와주
거나 그에 굴복하는 행위

2. 일본 기타 제국주의의 지배 밑에서 적 기관의 책임자 또는 비밀적
직위에 참여하여 인민들을 탄압 학살하거나 제국주의자의 식민지 통치
실시를 적극 도와주거나 그들에게 민족적 이익을 팔아먹는 행위

3. 조국의 자주적 통일을 반대하여 민족분열을 시도하는 행위

이것은 형벌법규의 구성요건에 관한 규정이라고 볼 수가 없는 것이
다. 죄형법정주의의 정신을 근본적으로 무시하는 규정이다. 더구나 그
형벌이 '사형'과 '전 재산 몰수'로 규정되어 있는 점에 대해서는 경악을
금할 수 없다 할 것이다. 이 규정이 서구사회로부터 죄형법정주의 위반
이라는 비판을 받게 되자, 북한은 87.2.5 제정된 신형법 제52조에서
그 구성요건을 다음과 같이 개정했다.

'제국주의자들과 야합하여 인민의, 민족해방운동과 혁명투쟁을 탄압
저해하거나 도와주는 행위'.

그 구성요건의 황당무계함은 구형법의 그것을 오히려 능가하고도 남
는다고 할 것이다. 그렇다면 형법의 개정의 의의는 어디서 찾아야 할 것
인가? 이것은 체제안보를 최고의 목표로 삼고 있는 북한 형법의 숙명적
한계이다. 민족반역죄의 구성요건만이 문제되는 것은 아니다. 그 형벌이
'사형 및 전 재산 몰수'로 규정되고 있는 점도 구형법의 그것과 완전히
동일한 것이다.

위 민족반역죄 외에 범죄 구성요건의 불명확성이라는 점에서 문제가
되는 몇 가지 사례를 살펴본다. 위 민족반역죄의 사례에서처럼 죄형법정
주의의 견지에서 신·구형법을 대조해본다.

구형법	신형법
제51조(국가주권전복음모) -당·국가기관에 대하여 무장 폭동을 조직하거나 그에 가담하는 행위 -폭력, 음흉한 방법으로 국가주권전복음모를 하거나 그에 가담하는 행위	제44조 공화국을 전복하려는 음모·폭동 등에 가담하는 행위
제52조(공민의 조국반역죄) -다른 나라 또는 적의 편으로 도망치는 행위나 적에게 투항 변절하는 행위(외국대사관에 대한 정치적 망명 포함) -적 또는 다른 나라의 기관이나 사람에게 길 안내, 통역, 위안, 물리적 지원 등으로 도와주는 행위(귀국명령 위반 등 소극적 반역도 포함)	제47조 -다른 나라 또는 적의 편으로 도망하는 행위 -적을 도와주는 행위

북한 형법에서 이러한 사례는 끝없이 많은 것이므로 더이상의 언급을 피하고자 한다. 다만 한 가지 밝혀두고 싶은 사실이 있다. 그것은 국가보안법 폐지론자들이 북한 형법의 죄형법정주의 파괴적 성격에 관해서 일언반구의 의견개진도 안하고 있다는 사실이다. 그러면서 그들은 국가보안법에 대해서만 죄형법정주의 준수여부를 크게 문제삼고 있다. 이것은 국가보안법의 법이론의 문제 이전에 자유민주주의 수호의지의 유무에 관한 검증을 해야 할 사안이라고 본다.

(라) 유추해석 허용과 불고지죄 인정

이제 북한 형법의 다른 문제점에 관해서 살펴보고자 한다. 북한 형법은 전술한 바와 같이, 형법상의 안보관계규정(사실은 형법 전반 포함)을 지극히 모호하고 막연하게 규정하고 있으면서 이것도 부족해서 유추해석을 정면으로 인정하고 있다.

그 내용은 다음과 같다. "해당규정이 없는 것에 대하여는 그 중요성과 종류에 있어서 가장 비슷한 죄에 관한 조항에 준거하여 범죄 및 형벌을 정한다"(제10조). 이는 형법의 포기선언이라고 봐야 한다.

국가보안법 폐지론자들은, 주지하는 바와 같이 국가보안법 제10조 불고지죄의 규정이 반인륜적 규정이라고 매도하고 있다. 그런데 북한 형법은 우리의 불고지죄와는 비교가 되지 아니하는 무서운 불고지죄를 인정하고 있다. 그 내용을 앞에서 한 것처럼, 신구형법을 대비하면서 살펴보고자 한다.

구형법(74.12.19)	신형법(87.2.5)
65조(반혁명범죄 은닉죄) -반혁명적 범죄자나 반혁명적 범죄의 흔적을 감추는 행위(가족·친족 여부에 관계없이 적용)	54조 -반국가범죄자 또는 반국가범죄의 흔적을 감추는 행위
66조(반혁명범죄 불신고·방임죄) -반혁명적 범죄 또는 범죄자를 해당기관에 알리지 않는 행위 -반혁명범죄가 준비되고 있거나 감행된 것을 알고서도 아무런 방지대책을 취하지 않는 행위	제55조 -전국가적 범죄의 준비 및 감행사실을 해당기관에 알리지 않는 행위 -반국가범죄 감행사실을 알면서 긴급히 방지대책을 세우지 않는 행위

(마) 연좌제와 형벌법규의 소급효과 그리고 시효제도

북한 형법은 불고지죄를 한 단계 뛰어넘어서 연좌제를 인정하고 있다. 그 규정을 옮겨본다. "탈주한 군무자의 가족 중 그 외의 동거 성년가족에 대하여는 선거권을 박탈하고 5년간 원격지로 추방한다"(제70조).

탈주한 군무자의 성년가족은 군무자의 탈주사실을 알았든 몰랐든 상관없이 처벌받게 된다. 이는 형벌이 아니라 폭력이다.

북한 형법은 형벌법규의 소급효를 인정하는 한편 시효제도를 자의로 적용하도록 허용하고 있다. 그 내용을 알아본다.

"1945년 8월 15일 이전에 행한 범죄행위로서 그 성질상 인민민주주의 조선의 환경에 비추어 사회적 위험성이 없을 때에는 형사소추를 할 수 없다"(제17조). '사회적 위험성'이 있을 때에는 형사소추를 할 수 있다는 뜻이다.

"반국가적 범죄 및 친일적 사상을 가지고 조선민족해방운동을 적극적으로 반대한 행위에 대한 시효의 적용은 재판소의 자유재량에 의한다"(제60조).

위에서 본 연좌제, 형법법규의 소급효 및 시효제도는 개정형법에서 그 모습을 볼 수 없다. 외부로부터의 거센 비방의 소리를 막기 위한 것으로 보인다. 그러나 북한체제의 특수성 및 북한 형법의 체질로 봐서 위와 같은 규정의 정신이 소멸된 것이라고 볼 수는 없을 것 같다.

위에서 살펴본 바와 같이, 북한의 현 체제하에서는 형법 위반사범으로 적법한 절차에 의하여 보호를 받는다는 것은 요원한 이야기이다.

그러나 검찰에 의하여 소추되고 법원에 의하여 유죄판결을 받는 사람들은 그래도 나은 편이다. 정치범 수용소에 수감되어 있는 사람들은 이러한 절차도 거치지 아니하고 구금된다. 국가보위부의 전단적 판단에 의하여 도살장이나 다름없는 정치범 수용소에 강제 구금되는 것이다.

북한에는 현재 이와 같은 방법으로 정치범 수용소에 수감된 사람이 27만 명에 이르는 것으로 알려지고 있다. 이들에게 기본권이나 죄형법정주의라고 하는 말들은 그림의 떡에 불과한 것이다.

(바) 결 론

북한 형법은 범죄와 형벌에 관한 형사재판 규범이 아니다. 한반도를 무력으로 공산통일을 하기 위한 전쟁교범에 불과하다. 이러한 악법을 그냥둔 채 우리의 국가보안법의 폐지, 개정만을 주장하는 사람들의 안보질서관의 본체는 무엇인가?

대한민국은 우리의 숙명이고 자유민주주의는 우리의 생명이다. 국가보안법은 대한민국과 자유민주주의를 지켜나가는 법률이다. 그러므로 국가보안법은 남북의 긴장관계가 현존하는 한 결코 포기할 수 없는 우리의 지표이다.

(5) 국가안보수호를 위한 외국입법례

(가) 개 관

모든 나라는 그 나라를 지탱하는 가치와 질서를 가지고 있다. 국가의 이러한 기본질서를 지키는 제도적 장치를 국가안보라고 말한다. 국가안보가 없는 국가는 이미 국가가 아니다.

국가의 안보를 지키기 위한 선진국의 사례 몇 가지를 살펴보고자 한다.

(-나) 미합중국

① 미국 형법의 안보관계 규정

우선 미국 형법의 안보관계규정을 살펴본다.

외국정부·국민 등을 위한 간첩죄: 사형, 무기 또는 유기징역(형법 제794조)

반정부단체 구성·가입죄: 20년 이하 징역 또는 2만 불 이하 벌금, 5년 간 공직취임 금지(형법 제2385조)

불온유인물 제작·반포: 20년 이하 징역 또는 2만 불 이하 벌금, 5년 간 공직취임 금지(형법 제 2385조)

반역불고지죄: 7년 이하 징역, 또는 1백만 불 이하 벌금(형법 제2382조)

② 미합중국의 안보특별법

미합중국은 국가의 기본질서를 지키기 위한 특별법으로 '전복활동통제법'(Act of Control Subversive Activities)(50.9)과 '공산주의자 통제법'(Communist Control Act)(54.8)을 가지고 있다. 위 양 법률이 선언하고 있는 '입법의 필요성'을 살펴본다.

(ㄱ) 전복활동통제법

국회는 상원과 하원의 여러 위원회에 제시된 증거를 검사한 결과가 다음과 같은 사실을 발견한다.

1) 그 기원, 발전 및 현재의 활동에 비추어볼 때 세계적 규모의 공산주의 단체에 의한 반역, 기만(정부기관과 기타) 조직에의 침투, 간첩, 태업, 테러 기타 필요한 모든 수단들을 통하여 세계적 혁명운동이라고 할 세계공산주의 활동이 실재하고 있다.

2) 어느 국가에 있어 전체주의적 독재정권의 수립은 권력을 잡고 있는 정당에 대한 반대의 탄압, 개인적 권리의 국가에 대한 종속, 언론·출판·집회·신앙의 자유와 같이 정부의 대표형태를 특정 짓는 기

본적 권리의 자유의 부정으로 귀착되고 사람들에 대해 공포, 테러, 야만적 행위를 통한 통제의 유지로 귀착된다.

(ㄴ) 공산주의자 통제법

의회는 미합중국의 공산당이 비록 정당이라고 하지만 사실은 미합중국 정부에 대한 전복음모 수단이라는 것을 여기서 밝히고자 한다. 그것은 정당이 누리는 권리와 특권을 요구하지만 헌법이 보장하는 자유를 부정하면서 공화국 내에 전체주의적 독재정권을 수립한다. 공공수단을 통해 다양한 개개의 여론을 조정함으로써 정책과 강령을 개발하고 그 정책과 강령을 유권자에게 전체로서 제시하여 찬성 또는 반대를 기다리는 타 정당들과 달리 공산당의 정책과 강령은 외국의 세계 공산주의운동 지도자에 의해 은밀하게 규정되고 있다.

공산당원은 당의 목표를 결정하는데 아무런 역할을 못하고 있고 당 목표에 대한 반대를 표명할 수도 없다. 타 정당원과는 달리 공산당원들은 목표와 방법에 따른 교리주입을 위해 모집되며 그들의 수령이 부여한 임무를 노예와 같이 행동에 옮기도록 조직되고 교육되며 훈속된다. 타 정당과 달리 공산당은 당과 당원들의 행위에 대해 헌법 또는 법률상 제한을 인정하지 않는다.

공산당은 숫자상으로 비교적 소수이고 합법적 정치수단에 의하여 목적을 달성할 수 있는 능력에 대하여 빈약한 수치를 보이고 있다. 공산당 활동에 내재된 위험은 그 수치에서 제기되는 것이 아니라 그 행위 본질에 대한 제한을 인정하지 않고 현재의 미합중국 정부는 궁극적으로 무력, 폭력을 포함한 모든 수단에 의하여 파멸되어야 한다는 신조에 몰두하는데서 제기되고 있다.

그러한 노선의 추대, 적대적인 외국권력의 대리기관으로서의 역할은 공산당의 존재가 미합중국의 안전에 명백하고 현존하면서도 계속적인 위험이 되도록 하고 있다. 개개인들이 세계 공산주의운동 사업에 끌려들어가 그 혁명을 수행하도록 훈련되고 그 혁명사업의 음모적 수행에 따라 지도되고 통제되는 것은 바로 그 수단 때문이다. 그러므로 공산당은 불법화되어야 한다.

(다) 독일연방공화국

독일연방공화국은 민주주의적 기본질서를 파괴하는 범죄행위에 대하여 형법상의 책임을 묻고 있다. 형법전 제3절은 '민주주의적 법치국가에 위해를 가하는 범죄'(Gefaehrdung des demokratischen Rechts-staates)라는 명제하에 10개의 범죄행위를 규정하고 있다.

'헌법질서 또는 국제적 이해와 합의에 반하는 목적을 추구함을 이유로 금지된 단체 또는 그와 같은 금지된 단체의 대체조직임이 확정된 단체의 조직적 결합을 규지하는 행위'(제85조 결사금지위반죄).

'헌법질서 또는 국제적 이해와 합의에 반하는 목적을 추구함을 이유로 금지된 단체 또는 그와 같은 금지된 단체의 대체조직임이 확정된 단체의 선전물을 국내에 반포하거나 반포할 목적으로 국내 또는 국외에서 제조, 보관, 반입 또는 반출하거나 공연히 전자기록을 통하여 그 접근을 용이하게 하는 행위'(제86조 위헌조직 선전물 반포죄).

'태업행위의 예비를 위하여 외국의 정부, 단체 또는 기관의 지시에 따라 태업준비, 태업탐색 등의 행위를 하고 이로 인하여 고의로 또는 그 정을 알면서 독일연방공화국의 존립, 안전 또는 헌법상의 제원칙에 반하는 계획을 실행하는 행위'(제87조 태업목적의 정보수집 활동죄) 등이 금지되어 있다.

(라) 프랑스

프랑스 형법은 입헌제도의 파괴, 변경, 국토보전의 침해에 대해서는 무기금고형으로 처벌하고 있고 간첩행위로서 국가기밀 누설과 국방시설 등의 침입, 외국기관과의 내통 등은 중형에 처하고 있다(제79조, 제80조).

반역·간첩 등의 불고지죄를 규정하여 전시에는 10년 이상 20년 이하의 금고형에 처할 수 있도록 하고 평시에는 1년 이상의 구속 또는 금고형에 처하도록 되어 있다. 국가기밀을 외국 등에 제공하는 죄는 사형에 처하도록 되어 있다(제72조).

(마) 일 본

일본은 폭력주의적 파괴활동을 규제하기 위하여 파괴활동방지법을 적용하고 있다. 그 입법목적은 위에서 본 미국·독일의 해당법률의 그것과 동일하다.

이 법률은 주로 체제 부정적인 좌익들의 활동을 규제하고 있다. 그러나 실제로 현존하는 일본의 좌익은 공산당과 사회당으로 제도화되어 있으며 철저히 일본의 국익에 봉사하는 역할을 하고 있다.

구체적으로 동법은 내란·외환을 위한 문서·도서의 인쇄, 배포, 제시행위를 5년 이하의 징역 또는 금고에 처하도록 되어 있으며 폭력주의적 파괴활동 교사, 반동행위는 5년 이하의 징역 또는 금고에 처하도록 규정하고 있다.

외란·외환을 위한 문서·도서 인쇄, 제시죄는 5년 이하의 징역 또는 금고형을 선고받게 되어 있다(제38조 제2항 제2호). 폭력주의적 파괴활동 교사, 활동죄는 5년 이상 징역 또는 금고에 처하도록 규정하고 있다(제 40조).

(바) 결 론

위에서 본 바와 같이 국가가 국가의 기본질서를 수호하기 위한 법적 수단을 강구하는 것은 당연한 상식으로 되어 있다. 국가보안법도 바로 대한민국의 기본질서를 유지하기 위한 최소한도의 규범적 요청이다. 특히 우리나라는 북한집단으로부터 끊임없는 도발을 받고 있다. 이러한 사태는 현재 세계에서 유례를 찾아볼 수 없는 것이다. 이러한 상황 하에서 국가의 안보를 지키는데 이바지하고 있는 국가보안법을 대안 없이 개폐하자고 주장하는 것은 무책임한 일이라고 생각한다.

제2부
국가보안법과 정치·사회적 상황

제1장. 국가보안법을 둘러싼 남북간 시각의 대립

1. 서 론

　남한과 북한은 국가보안법을 보는 기본시각을 근본적으로 달리하고 있다. 그것은 남북이 서로 가치관과 전략을 달리하기 때문이기도 하지만 근본적인 이유는 두 실체가 국체를 달리하기 때문이다. 다 아는 사실이지만 북한은 속칭 공산주의라고 하는 인민민주주의 체제를 채택하고 있다. 우리는 자유민주주의에 최고의 가치를 인정하고 있다.

　인민민주주의에 있어서의 주권자는 프롤레타리아 계급인 노동자와 농민이다. 자유민주주의에 있어서의 주권자는 모든 국민이다. 인민주주의의 최고 가치는 평등이고 자유민주주의 최고 가치는 자유이다. 인민민주주의와 자유민주주의는, 각각 그 본성을 보면, 탄빙불상용(炭氷不相容)이라는 말과 같이, 극과 극으로 대립하고 있다.

　전 세계는 100년 동안 극한적인 이념대결로 인한 좌우충돌로 엄청난 비극을 겪었다. 인민민주주의와 자유민주주의는 원칙적으로 대결의 원리일 뿐 공존의 원리가 아니다. 특히 공산주의의 최고 목표는 자유민주주의를 무력으로 정복하는 일이다. 공산주의에 있어서는 대화와 평화도 변형된 전략과 전쟁일 뿐이다.

　이것은 남한과 북한관계에서 그 본체를 완벽하게 보여주고 있다. 그러므로 한반도 안에 인민민주주의 체제와 자유민주주의 체제의 연방제 정체를 수립한다는 구상은 근본적으로 불가능한 것이다.

　인민민주주의와 자유민주주의는 이처럼 가치평가의 출발점과 뿌리를 달리하기 때문에 원칙적으로 대화와 협력의 전제가 되는 신뢰와 기대가 존재할 수 없다. 좌와 우가, 대화와 협상의 테이블에 나오게 되면, 극히 제한적인 경우 외에는 불신과 갈등만이 증폭하게 되는 이유가 여기에 있다.

더구나 유일사상으로 알려진 북한의 공산주의는 통상적인 공산주의가 아니다. 독재를 통치의 바탕으로 삼고 있는 공산주의 사회에서도 그 유례를 찾을 수 없는 통치세습제를, 눈 하나 까딱하지 아니하고, 거뜬히 성취시킨 것이 유일체제의 공산주의이다.

한반도에 있어서의 좌우대결이, 세계 어느 곳에서의 그것과도 비교될 수 없는 처참하고 끈질긴 고통을 우리에게 안겨주고 있는 것도 바로 이 때문이다.

북한의 인민민주주의와 남한의 자유민주주의는 어느 분야 하나에 있어서도 고달픈 대결을 벌이지 아니한 곳이 없다. 그 중에서 가장 극한적인 대결과 갈등을 빚고 있는 부분이 국가보안법이다.

남북간 전개되어온 국가보안법 논쟁은 치열하기 그지없다. 서로가 사생을 건 입싸움을 벌이고 있는 것이다. 남북이 다같이 국가보안법에 관한 논쟁으로 소모하고 있는 국력은 가공할 만하다. 그러나 이로 인한 남한의 국력의 소모는 북한의 그것에 비교될 바가 아니다. 그것은 남한사회의 특수체질 때문이다. 북한은 국가보안법 비방에 관한 한 의견의 대립이 없다. 그들은 한결같이 국가보안법의 폐지를 소리높이 외치고 있다. 그런데 우리는 국가보안법에 관한 우리 자체의 의견대립 때문에 엄청난 몸살을 앓고 있다.

더러는 우리 사회 내에서의 국가보안법에 관한 의견의 대립을, 자유민주주의 사회의 제도적 우수성으로 말미암은 것으로 보기도 한다. 그러나 우리 사회 내에서의 국가보안법관의 대립 갈등은 자유민주주의 사회제도의 우수성을 입증하는 자료의 단계를 훨씬 벗어나고 있다. 중대한 국론 분열의 위기상황에까지 와 있다.

적지 않은 사람들이, 사상과 양심의 자유 등을 빙자하여 국가보안법을 증오하고 있다. 국가보안법의 마지막 숨통을 조이면서 이를 말살하려 하고 있다. 우리에게는 또다른 아픔이 있다.

북한의 형법전에는, 우리의 보안법과는 비교될 수도 없는 그야말로 가공할 만한, 독소조항이 무수히 감추어져 있다. 그런데 북한사람들 중에는 그들의 비인도적 형법에 대하여 문제제기를 하는 사람은 하나도 없다. 북한은 자신들의 형법상 독소조항에 대해서 문제의식 자체를 가지고 있지 않다고 보는 것이 정확한 표현일 것이다.

그 흔한 국제인권단체들도 북한 형법의 독소조항과 정치범 수용문제에 대해서는, 생각나면 한 번씩, 그것도 체면치레로 언급하고 있을 뿐이다. 만만한 남한의 국가보안법에 대해서는 그렇게도, 되는 말 안 되는 말을 다 동원하여, 어처구니없는 비방을 늘어놓으면서 말이다. 북한당국이 자기들의 형법전 속에 들어 있는 독소조항에 대해서 입을 다물고 있다는 것은 새삼스러운 일이 아니다. 오히려 북한 형법에는 인권 탄압적 요소가 전혀 없다고 시치미를 떼고 있다. 그러면서도 남한의 국가보안법에 대해서는 격렬한 비방의 말로, 이를 공격하면서 동법의 폐지를 주장해왔다.

그러나 우리 정부는, 북한의 위와 같은 주장이 대한민국과 자유민주주의 체제를 파괴하고 대남적화혁명을 수행하기 위한, 불순한 의도에서 나온 것으로 보고 이같은 요구를 일축해왔다.

북한의 주장은, 우리가 능히 예상할 수 있었던 일이므로, 그것이 우리를 별로 실망시키지는 않았다. 우리를 진짜로 슬프게 하는 것은 따로 있다. 그것은 북한이 아닌 남한 안에 국가보안법 폐지론이 도처에 흘러 넘치고 있다는 사실이다. 국가보안법 폐지주장은 어느 특정부분에서만 일어나고 있는 것이 아니다. 정치계·경제계·문화예술계·교육계·언론·출판계·교육계·노동계 할 것 없이 어느 한 곳도 국가보안법 폐지론으로 들끓지 아니한 곳이 없다.

그런데 이상한 일이 하나 있다. 남한에서 국가보안법 폐지론을 주장하는 기본권 지상론자들이 거의 한결같이 북한 형법의 비인도적 규정과 북한의 처절한 기본권 침해상황에 대해서는 입을 다물고 있다는 사실이다.

남한에서는 국가보안법을 위한 방어와 북한 형법에 대한 공격에 있어서 국론이 분열되고 있다. 북한에서는 국가보안법에 대한 공격에 있어서

나 북한 형법을 위한 방어에 있어서 일사불란하게 한 목소리를 내고 있다.

결국 남한의 국가보안법 옹호론자들은 남쪽과 북쪽의 협공을 받고 있는 셈이다. 그리고 국가보안법 폐지를 위해서 전개되는 논리는 남북간 별다른 차이가 없다. 이러한 견지에서 북한의 국가보안법 폐지 논리를 살펴보자.

2. 북한의 국가보안법 폐지 요구

위와 같은 사실을 염두에 두고 북한은 우리에게 국가보안법 폐지를 요구하는 있는 실태를 살펴본다.

1) 조선노동당 제6차 대회 (1980.10)는

"연방제 통일을 위해서는 이른바 6대 선행조건이 필요하다. 그 6대 선행조건 중 첫번째는 국가보안법 철폐이다"라고 선언했다. 북한은 우리 국가보안법 때문에 남북대화가 고착상태에 빠져 있고 남북관계 개선이 이루어지지 않고 있다는 주장을 지속적으로 펴왔다. 위 성명은 이러한 주장의 연속선상에서 이해되어야 할 것이다.

2) 북한(99.2.3)은 남한에 대하여 외부세력과 연합한 반북공조체제, 한미방위조약 등을 파기하고 국가보안법을 철폐함과 동시에, 통일애국 시민단체들에 대한 자유로운 활동보장 등을 요구하였다. 그것을 선행조건으로 하여 '남북 고위급 정치회담'을 제의하였다. 이것은 남한이 '남북 고위 정치회담'의 성사를 강력하게 희망하고 있다는 사실을 역이용하여 이를 국가보안법 폐지 전략수단으로 삼은 것이라고 봐야 할 것이다.

3) 조국평화통일위원회는 1999년 4월 10일 '민족대단결과 조국통일을 위한 구호'라는 이름으로 다음과 같은 요구사항을 제시했다.

"반북대결을 배격하고 연북화해의 새 전기를 마련하고 외세와의 공조를 지지하는 한편 국가보안법을 철폐하고 전면적인 자유내왕과 양심수 석방 및 비전향 장기수 송환을 이행하라".

여기서도 국가보안법 철폐에 대한 요구는 빠지지 아니하고 등장하고 있다. 그러나 여기서 주목할 만한 사실 하나를 발견할 수 있다. 그것은 북한이 기회 있을 때마다 빼지 않고 주장해오던 단골 요구조건 하나가 빠졌다고 하는 사실이다. 빠진 단골 요구조건은 '국가정보원(구 안기부)의 해체'이다. 이것은 괄목할 만한 일이다. 북한이 이것을 뺀 이유가 무엇인가?

북한은 1998년 3월 19일만 하더라도 '남북대화의 걸림돌 안기부'라는 대담프로에서 '남북대화의 최대 걸림돌은 국가안전기획부'라고 주장하였다. 그러나 북한은 그 후 국가안전기획부가 국가정보원으로 개편되면서 대북 공안요원들이 북한에 대하여 '해가 되지 않는 존재'로 바꾸어진 것이라고 판단하고 전략을 바꾸었다고 봐야 할 것이다.

3. 정부·여당의 국가보안법 전략 변천

'정부·여당의 국가보안법관'에서 살펴본 바와 같이 김대중정부 제2년 초부터 국가보안법 개정작업이 빠르고 과감하게 추진되어왔다. 1999년 2월 10일 임동원 당시 청와대 외교안보수석의 국가보안법 개정방침 선언을 시발점으로 하여 1999년 2월 11일 국민회의 당직자의 청와대 주례보고에서, 2월 24일 김대중대통령 취임 1주년 내외신 기자회견에서, 3월 25일 법무부 국정개혁 과제보고에서 그리고 5월 7일 서울 상주 외신기자단과 오찬 등의 자리에서 국가보안법 개정방침은 계속해서 언급되었다.

이러한 움직임은 김대중대통령과 정부가 견지해오던 국가보안법 수호방침과 그것을 뒷받침하는 논리에 비해서 너무나 의외의 일이라고 말하지 아니할 수 없다. 국가보안법에 대한 정부의 정책변경에 대한 합리적 설명이 불가능한 것으로 보는 사람들이 적지 않다. 이 정책변경에 대하여 정부가 내걸고 있는 명분에 대하여 쉬 동의하지 아니하는 사람들이 많은 이유도 여기에 있다고 본다.

예컨대 김용갑의원은 남북 고위급 정치회담 성사를 위한 노력과 햇볕정책 수행에서, 정부의 위 정책변경의 이유를 찾고 있다. 그의 말을 그대로 옮겨본다.

"어떠한 상황의 변화도 없고 게다가 국가보안법을 남용하지도 않는다면서 이제 국가보안법을 개정하겠다고 합니다. 그렇다면 결국에는 어떤 식으로든 '남북 고위급 정치회담'을 성사시키기 위하여 국가보안법을 개정하려는 것입니까?

그러나 햇볕정책에 걸림돌이 된다고 하여 국가보안법을 개정한다는 것은 법치주의를 파괴한다는 발상입니다. 햇볕정책은 우리가 북한에 대하여 취하는 정책이며 국가보안법은 우리의 체제를 지키기 위한 것입니다. 우리가 북한에 대하여 취하는 정책이 우리의 체제를 지키기 위한 법률 때문에 방해가 된다는 것은 말도 안 되는 주장입니다.

기본적으로 북한의 국가보안법 폐지 주장은 그들의 대남혁명전략, 즉 연방제 통일전략과 밀접한 관계가 있습니다. 즉 북한은 통일전략의 1단계로 국가보안법이, 남북화해와 조국통일에 역행하는 법률적·제도적 장치라는 구실하에, 국가보안법 철폐를 실현하고 이를 통해 2단계에서 공산당 활동의 합법화와 지하당 구축을 이룩한 후 3단계에서 대남혁명을 완수하여 우리의 자유민주주의 질서를 와해시키고 마지막 단계에서 연방제 통일을 달성하려 하고 있는 것입니다.

현재의 남북관계에 비추어볼 때에 국가보안법은 북한의 대남전략으로부터 자유민주주의 체제와 국민의 생존권을 보전하려는 최소한의 제도적 장치라고 할 수 있습니다. 따라서 오히려 국가보안법이야말로 헌법의 전문과 제4조가 천명하는 자유민주주의적 기본질서에 입각한 평화적 통일정책을 수립하고 이를 추진하는 법적 장치입니다.

북한의 변하지 않는 대남 적화통일 정책은 덮어둔 채 햇볕정책만을 위하여 국가보안법을 개정하겠다는 것은 대단히 심각한 문제입니다.

북한 형법은 대한민국을 '반국가단체' 또는 '원쑤의 편' 등으로 규정하고 있습니다. 이와 같은 법체계하에서 우리가 국가보안법을 개정하고 북한을 반국가단체로 인식하지 않게 되면 결국 우리 대한민국이 반국가단체가 되어 버리는 상황까지 초래될 수 있습니다.

이러니 강인덕 통일부장관조차도 장관으로 재임중이던 98년 7월 9일 안보관계 기관장 조찬간담회에서 "북쪽에서 온 사람들이 '나 평양에서 왔수다' 해도 신고를 안 한다"고 자탄하는 것 아닙니까?(동아일보 98.7. 10 기사--위 저서 112면-113면)

4. 남북관계 상황변화론

(1) 서 론

우리나라의 안보상황이 50년 전 국가보안법 제정 당시와는 비교될 수 없을 정도로, 현저하게 호전되었으므로 이제 그 법의 효용은 끝났다라는 주장을, 펴는 사람들이 있다. "국가보안법, 50년으로 족하다"라는 구호 가운데 이 주장의 논리가 담겨 있다.

그리고 이 주장은, 전술한 바, 여야의원 21명의 이름으로 제안된 국가보안법 폐지 법률안의 제안 이유 가운데 극명하게 드러나고 있다. '시대적 요청'이라는 것이 바로 그것이다. 이 '시대적 요청'이 국가보안법안에 함몰되어 있는 독소조항(동법 자체를 독소법이라고 불러도 좋다)을 제거한다는 것이다.

문제는, 그러한 역사적 사명을 담당할 '시대적 요청'에는 두뇌가 없다는 점에 있다. 시류를 따라서 흐르는 변천이 있을 뿐이다. '시대적 요청'에는 국가보안법의 독소조항을 제거할 손과 발도 없다.

'시대적 요청'에는 보다 근본적인 문제가 있다. 그것은 '시대적 요청'이라는 실체가 객관적으로 존재하지 않다고 하는 사실이다. '시대적 요청'을 주장하는 사람들의 주관적인 주장에 불과하다는 말이다.

그러나 어쨌든 이 주장의 옳고 그름을 검증하기 위해서는 우리나라의 안보상황이 과거 국가보안법 제정당시에 비해서 얼마나 호전되었는가 하는 것을 살펴볼 필요가 있다.

그러나 그것을 하기 전에 먼저 다른 사실 하나를 고찰해보고자 한다. 김대통령과 민주당 정부는, 전술한 바와 같이, 국가보안법의 유지 수호를 기본정책으로 삼고 있던 1997. 11.부터 1998.12.15까지 한국 안보상황의 긴박성을 거듭거듭 강조하고 있었다. 그 요지는 한국의 안보상황이 국가보안법 개정을 고려할 수 있는 단계에 놓여 있지 않다는 것이었다.

그러한 주장 중에서도 대표적인 사례 몇 개를 살펴본다.

1) 1998. 9. 8 김대중대통령의 주장

"북한은 남한에 대하여 준전시 상태로 대처하고 있으며 잠수정과 공작원을 남한에 침투시켜 놓고도 이를 인정하지도 사과하지도 않는 상황에서 보안법 개정문제를 쉽게 얘기할 수 없다. 특히 경제가 어려운 이때에 국가보안법 문제로 정국을 긴장시켜서는 안 된다"(국제사면위 피에르 사네 사무총장과의 면담석상에서).

2) 1998.7.22 박상천 전 법무부장관의 주장

"국가보안법은 엄격하게 적용되고 있으므로 법개정의 필요가 없다. 현재 동법은 필요한 개정을 거친 것과 다름없이 운용되고 있다"(동일자 서울신문 보도).

이러한 국가보안법관이, 속마음에서 우러나오는 진실한 것이라고 전제한다면, 그것은, 어떠한 명분과 논리를 동원한다고 하더라도, 국가보안법 개폐론과 연결될 수는 없다.

(2) 남북 긴장해소(객관적 상황변화)

남북 상황변화론자들이 내세우고 있는 남북 긴장상태 해소론의 허실을 살펴보기로 한다. 남북간 긴장상태가 완화되었는가 하는 여부를 판단하는 방법으로 다음의 두 가지 기준을 설정해볼 수 있다고 생각한다. 그것은 ① 첫째, 북한이 남한에 대하여 가지고 있는 기본정책이 얼마나 바꾸어졌는가? ② 둘째, 북한에 대한 우리 국민의 기본정서가 얼마나 바뀌어졌는가? 하는 것이다.

위 두 기준을 중심으로 이 문제를 풀어보기로 한다.

① 남한에 대한 북한의 기본전략의 변화 유무에 관하여

한반도의 적화통일을 최고의 목표로 삼고 있는 노동당의 강령, 인민군의 전력강화와 전진배치, 고려연방제 사수에 대한 대외홍보, 남한의 국론분열을 목적으로 하는 전략의 계속적인 추진 등 북한의 대남전략에는 아무런 변화가 보이지 않는다는 것이 많은 전문자들의 분석이다. 이 점에 관해서는 앞에서 언급한 바 있으므로 설명의 중복을 피하기로 한다.

② 북한에 대한 우리 국민정서의 변화 유무에 관하여

우리나라에서 지금 주장되고 있는 안보 상황변화론은 주로, 여기서 논의하려는 기준(남한에 대한 북한전략의 변화보다 북한에 대한 우리 국민정서의 변화를 중심으로 이 문제를 고찰하는 태도)을 중심으로 전개되고 있다. 어쨌든 그 논리를 따라서 이 문제를 살펴보기로 한다. 남북 안보 상황의 변화(우리 국민의 대북 정서의 변화) 사례로 열거되고 있는 사실들은 다음과 같다.

(ㄱ) 1991. 9. 17자 남북 유엔 동시가입

남북의 유엔 동시가입이 남북상호에 대한 국가승인(recognition of state)과 같은 의미를 가지는 것이라 주장하는 사람들이 있다.

유엔헌장 제4조 제1항은 유엔 가입 자격으로 '평화애호국가'(peace-loving states)일 것을 요구하고 있으므로 북한이 유엔에 가입했다는 것은 첫째, 북한이 주권국가이고 둘째, 평화애호국가라는 것을 UN이 공인한 것으로 봐야 한다는 것이다. 한 걸음 더 나아가서 남북한이 UN 동시가입을 수용한 것은 서로가 상대방을 국가로 승인한 것으로 봐야 한다는 것이 그들의 주장이다.

그러나 이러한 주장은 '국가승인'의 국제법적 성격에 대한 오해에서 비롯한 것이다. '국가승인'은 '개별국가의 일방적 법률행위'이다. 기존 유엔회원국이 특정국가에 대하여 유엔 가입을 승인한다고 하더라도 그것을 그 국가에 의한 국가승인으로 확대해석할 수는 없는 것이다. 그것은 단순한 외교적(정치적) 승인에 불과한 것이다.

국제법상 국가승인이 개별행위라고 하는 것은 그것이 승인국과 피승인국가간에만 효력을 가지는 소위 '상대적인 효과'를 가진다는 것을 의미한다. 따라서 국가승인의 효력은 승인을 한 국가와 승인을 받은 국가와의 관계에서만 발생하고 제3국가와의 관계에서는 발생하지 아니한다.

이스라엘이 유엔에 가입하였음에도 불구하고 기존의 유엔회원국인 아랍국가들이 이스라엘에 대한 국가승인을 거부한 사실은 국가승인의 국제법상 성격을 잘 나타내고 있는 것이다.

만약 남북한의 유엔 동시가입이 상호간의 국가승인으로 봐야 한다면 그것은 한반도에 두 주권국가가 존재한다는 것을 의미하게 된다. 이는 용납될 수 없는 논리다. 김대중대통령이 북한을 주권국가로 본다고 말한 것은 특수 상황하에서 행한 정치적 발언이라고 받아들여야 할 것이다.

대한민국은 한반도 안에서 유일한 주권국가이다. 우리들의 민족정기가 그것을, 가슴에서 우러나오는 신념으로, 외치고 있다. 대한민국 헌법 헌법전문, 제3조(영토), 제4조 (평화적 통일정책), 제69조(대통령의 취임선서)가 그것을 대변하고 있다. 또 유엔이 그것을 인정하고 있다. 1947년 유엔총회(제112)는 한반도 전체를 하나의 통일체, 하나의 영토라고 선언하였고 1948년 유엔총회(제195-Ⅲ)는 대한민국을 한반도에서 유일한 합법정부로 선언했다.

그러므로 남북의 유엔 동시가입을 남북상호간의 국가승인으로 받아들이려는 태도는 근본적으로 잘못된 것이다. 그리고 무엇보다도 중요한 것은 유엔 동시가입 후 북한이 우리를 어떻게 보고 있느냐 하는 사실이다.

북한은 우리를 '제국주의자들의 강요에 의하여 조작된 괴뢰국가'로 보고 있다. 그래서 우리나라와 제3국간의 관계를, 자주·평등의 관계가 아니고 지배와 복종을 내용으로 하는, 종속관계로 보고 있는 것이다(김영철 <자주시대의 국제법의 본질에 대한 이해>).

이러한 상황 속에서 어떻게 해서 유엔 동시가입은 북한에 대한 국가승인을 의미한다는 주장이 나올 수 있는지 알 수가 없다. 남북한의 유엔

동시가입 사실이 남북간 긴장완화 또는 안보상황의 변화사례로서 열거
될 수는 없다.

이것은 형식논리만을 앞세운 결론이 아니다. 국제연합헌장은 유엔가
입의 요건으로 가입국이 ① 평화애호국(peace loving nation)이어야
하고 ② 유엔헌장상의 의무를 지켜야 하는 것으로 되어 있다. 유엔헌장
제2조 제4항, 제7항은 모든 가맹국에 대하여 무력위협, 무력행사의 금
지를 요구하고 있다. 그러나 북한은, 남북의 유엔 동시가입 후에도, 남
한에 대하여 수없는 무력도발을 자행해왔다.

북한은 국제법과 국제 신의를 깨뜨리고 남북의 긴장관계를 전보다 더
욱 심화시켰다고 봐야 할 것이다. 북한은 남북관계에 있어서만 문제를 일
으키고 있는 것이 아니다. 세계 곳곳에서 무기·마약수출 등 폭력사태에
개입하고 있다. 그래서 미국은 북한을 깡패나라(rougue state)라고 선
언했다. '깡패나라'가 '평화애호국'이 될 수 없다는 것은 너무나 명백하다.

  (ㄴ) 1991년 12월 13일자 '남북 사이의 화해와 불가침 및 교류,
협력에 관한 합의서'

위 합의서의 서명·교환을 남북 긴장해소 사례로 보고 있는 사람들은
다음과 같은 주장을 펴고 있다. "우리 헌법 제6조 제1항은

'헌법에 의해 체결 공포된 조약과 일반적으로 승인된 국제법규는 국내
법과 동일한 효력을 가진다'라고 규정하고 있다. 합의서 제1조는 '남과
북은 서로 상대방의 체제를 인정하고 존중한다'라고 규정하고 있다. 그
러므로 남한은 북한을 국가로 인정하여야 한다".

이러한 주장을 펴고 있는 사람들은 합의서가 '서로 상대방의 체제를
인정하고 존중'할 것을 요구하고 있을 뿐 아니라 그 서명 주체가 '대한민
국'과 '조선민주주의 인민공화국'으로 되어 있는 것을 이유로 그것이 상
호간의 국가승인을 의미하는 것이라고 말하고 있다. 이들은 또 이 합의
서가 북한을 '국가'로 인정한 이상 그것을 '반국가단체'로 규정하고 있는
국가보안법은 폐지되어야 한다는 주장을 펴기도 한다.

그러나 이러한 주장을 하는 사람들은 헌법 제6조 제1항이 말하고 있

는 '조약, 승인된 국제법규'와 이 '합의서'의 성격이 서로 다르다는 것을 미처 깨닫지 못하고 있는 것이다. 조약과 승인된 국제법규는 그 효력의 근거(Rechtsquelle)를 국제법에 두고 있다. 그런데 위 합의서는 국제법의 법원을 이루게 되는 조약 또는 승인된 국제법규가 아니다. 이것은 남북 기본합의서 서문에도 잘 나타나 있다, 즉 (이 합의서는) '쌍방 사이의 관계가 나라와 나라 사이의 관계가 아닌 통일을 지향하는 과정에서 잠정적으로 형성되는 특수관계'를 규정하고 있는 것이다.

그런 의미에서 남북 기본합의서는 법률적 합의가 아닌 정치적 합의문서라고 봐야 할 것이다. 남북 기본합의서의 국제법적 성격을 오해하는데서 오늘 우리는 많은 혼선을 빚고 있다. 국제법상으로 북한은 교전단체(belligerent community, Kriegspartei, partie belligerente) 또는 반도단체에 불과한 것이다. 따라서 북한의 실체는 '교전단체에 준하는 사실상의 지방정권'이라고 정의될 수 있다.

남북 기본합의서는 북한의 이러한 국제법상 실체, 즉 교전단체라고 하는 사실을 인정한 것뿐이다. 북한을 국가로 승인한 것이 아니다. 통일원이 1992년 발간한 <남북 기본합의서 해설>에 따르면 남북 기본합의 및 부속 합의에 의하여 남북한이 서로 상대방에 대하여 실체를 인정하기는 하지만 이것이 국제법상 국가승인에 해당하는 것은 아니라고 설명되고 있다.

이같은 사실은 92년 3월 27일 통일각에서 열린 남북정치분과위원회 제2차회담에서의 남북대표 기조연설에서 잘 나타나고 있다. 먼저 우리 대표의 기조연설을 옮겨본다. "우리는 지금의 분단상태를 부자연스러운 현상으로 보고 통일을 지향하고 있기 때문에 남북한 관계를 국가 간의 관계가 아니라 하나의 '잠정적인 특수관계'로 파악하기로 합의한 것이다. 즉 남북한 관계는 통일이 될 때까지 남과 북에 실제로 존재하는 '실체'와 '실체'간의 관계라는 데 합의한 것이라 할 수 있다".

북한대표의 기조연설은 다음과 같다.

"북남합의서의 리행으로 인하여 북남 관계가 '공존공영의 관계'로 전환되게 되었다고 한다거나 북남합의서의 조항들이 '평화공존 5개 원칙'과 맥을 같이하고 '국제련합헌장'의 정신과도 일치한다고 한다면 그것은 북남합의서를 근본적으로 왜곡하는 것이다".

남북 기본합의서는 그 서문에서 '쌍방 사이의 관계가 나라와 나라 사이의 관계가 아닌 통일을 지향하는 과정에서 잠정적으로 형성되는 특수관계'라고 규정하고 있다. 여기서 말하는 '특수관계'란 무엇을 뜻하는가?

그것은 통일을 이룩하기 전까지만 성립 존재하는 잠정성을 그 본질로 한다. 그러한 점에서 특수관계라는 용어는 바로 통일을 지향하는 민족의지의 표현이라고 할 수 있다. 그럼에도 불구하고 북한을, 우리만 일방적으로, 국가로 예우(?)해야 된다고 강변하고 있는 사람들의 진의가 무엇인지 알 수 없다.

북한은 우리와의 관계에 있어서 한편으로는 민족화합 및 남북통일을 위한 상호교류협력의 상대방이고, 다른 한편으로는 자유민주주의 체제를 위협하고 있는 존재이다.

이러한 의미에서 북한은 우리와 특수관계를 가지고 있다고 말할 수 있다. 김용갑의원은 이러한 특수관계의 실체를, 대한민국이라는 중앙적 법률상의 정부(central de jure government)와 북한이라는 지방적 사실상의 정부(local de facto government)로 구성되는, 정치관계에서 찾고 있다(<국가보안법을 이야기한다>91면). 훌륭한 지적이라고 생각한다.

그러나 문제는 남북 기본합의서의 채택 발효 후에도 북한이 여전히 적화통일의 목표를 버리지 않고 각종 도발을 자행하고 있다고 하는 사실에 있다. 남북한이 정치·군사적 대결이나 긴장관계가 조금도 해소되지 않고 있는 현실에서 위 합의서가 남북긴장의 해소 또는 완화에 이바지하고 있다는 것은 성급한 판단이라고 생각한다.

(3) 정부의 안보관

(가) 서 론

우리나라 국민들 중에는 현정부의 각료 몇 사람의 안보관련 발언에 대해서 의구심 또는 불안감을 품고 있는 사람들이 적지 아니하다. 이런 일이 생기는 이유는 각료들의 안보의식이 너무 고차원의 것이어서 저차원의 국민들이 이를 이해하지 못한 탓으로 말미암은 것인지 아니면 각료들이 지나치게 환상적인 통일지상주의에 사로잡혀 있는 탓인지 나는 알 수 없다. 그러나 어쨌든 여기서는 국민들의 입장에서 그들이 불안해하고 있는 몇몇 각료들의 발언을 살펴본다.

문민정부 당시에도 '내각의 색깔' 문제가 세인의 입에 오르내렸던 것이 사실이다. 그러나 국민의 정부에 들어와서는 국민들 사이에 정부지도자들의 색깔에 관한 문제제기가 훨씬 넓고 크게 이루어지고 있다고 하는 점에 관해서는 아무도 이론을 제기할 사람이 없을 것이다.

(나) 한완상부총리

한완상부총리는 대학교수로 재직할 때 또는 문민정부의 통일부장관으로 일할 때 국가 안보문제와 관련되는 돌출발언을 수없이 해왔다. 그때마다 그는 자신의 발언이 경험과 판단부족으로 인한 실언이었다고 사과하거나 자신의 진의가 와전된 것이라고 해명하기도 했다. 그것으로 시끄럽던 논의는 일단 사그라졌다. 그러나 그가 대한민국의 국시인 자유민주주의에 대해서 얼마만큼 확고한 신념과 애정을 가지고 있는가 하는 점에 대해서 마음속에 의구심을 품고 있던 국민들이 많았다는 것도 사실이다.

그런 의미에서 한장관의 안보의식을 살펴보고자 한다. 과거에 그가 대학교수로서 문민정부의 장관으로서 한 발언에 대해서는 언급하지 않기로 한다. "과거는 묻지 말아라"는 것이 우리 사회의 미덕이기 때문이다.

여기서는 그가 최근(부총리로 임명되기 직전과 임명된 후의 기간) 행한 발언을 중심으로 이 문제를 살펴본다. 그의 지식과 경륜 그리고 사회적 지위를 감안할 때 그의 언동이 우리 국민들의 안보의식에 끼치는 영향은 말로 다할 수 없을 정도로 크다고 볼 수밖에 없다. 그런 의미에서 그의 발언 가운데 나타나는 안보의식이 일부 논자들의 주장처럼, 걱정할 필요가 없을 정도로 건전한 것인가 하는 점을 살펴보자.

이 문제는 내가 줄기차게 주장해온 잣대를 통해서 검안할 때 한부총리가 자유민주주의에 최고 지상의 가치를 부여하고 있는가 아니면 민족이나 통일에 자유민주주의보다 더 높은, 가치를 인정하고 있느냐 하는 것을 살펴보는 일로 풀어나가려고 한다.

우선 동아일보 2001년 2월 1일자 기사 중 하나를 옮겨본다. 그 기사는 '내각 색깔론'이라는 제목으로 다음과 같은 사실을 기술하고 있다. "30일 한명숙여성부장관이 신임인사차 마포당사를 방문하자 김종호총재대행은 느닷없이 '한완상교육부총리는 전임 정부에서 통일부장관으로 좋은 평점을 못 받았다. 진보적 성향에 대해 국민이 지켜보고 있음을 명심하라'고 경고했다.

31일 당무회의에서도 '한부총리 임명을 우려하는 전화와 E메일이 쏟아지고 있다'는 지적이 이어졌다. JP도 사석에서 한부총리에 대해 '(사상적으로)헷갈리는 사람'이라고 평한 것으로 알려졌다".

그렇다면 말과 행동에 신중을 기하는 것으로 정평이 나있는 김종호총재대행과 김종필명예총재가 '사상적으로 헷갈리는 사람'이라고 평한 한완상부총리의 안보사상은 어떠한 것인지 살펴보자.

① 한부총리는 상지대 총장으로 재직할 당시인 2000년 3월 1일 총선시민연대 33인의 시민대표 한 사람의 자격으로 "이번 선거에서 썩은 정치인과 지역감정에 기대어 정치적 목적을 이루려는 사람들을 몰아내고 81년 전 우리 조상들이 원하던 진정한 독립을 이루어내자"고 말했다.

② 그는 강만길씨, 리영희씨 등과 함께 국민연대를 결성하면서 2000년 7월 21일 "국가보안법 완전철폐와 국가보안법 7조(찬양, 고무, 이적) 폐지를 목표로 따로 활동, 남북정상회담을 계기로 국가보안법 폐지쪽에 힘을 모으자.

수많은 사람들이 남북의 경계를 넘나들며 이른바 반국가단체 구성원들과 회합을 하는 한편에서 여전히 광범위한 학생운동가들이 수배령에

쫓겨다니게 하는 국보법은 더는 법일 수가 없다"라고 주장했다.

③ 그는 2000년 5월 14일 한겨레신문과의 인터뷰에서 다음과 같이 주장했다.

"상대방(북한)을 주적으로 보는 인식을 청산하지 않고 군인의 수나 무기의 양을 줄이는 군축은 의미가 없다. 여전히 북한을 주적으로 보고 그래야 내가 권력을 재생산할 수 있다고 보는데 어떻게 군축이 가능하겠는가".

④ 그는 2000년 6월 16일 경실련 통일협회 이사장의 자격으로 동협회 간부와 회원 등 20명을 대동하고 경기도 파주시 적성면 답곡리 산56 북한군 묘지(일명 적군묘지)를 참배했다. 그때 한부총리는 민족화해와 평화의 기원을 명분으로 내세웠다.

함께 간 김재민이사(66)는 "남북이 통일을 향해 한 걸음 내디뎠다는 사실을 이들에게 전해주고 싶어 이렇게 찾았다"고 말했다.

⑤ 한부총리는 2000년 11월 19일 외교부 직원들 앞에서 행한 강연에서 다음과 같이 말했다. "외교부가 한반도의 탈냉전에 앞장서기 위해서는 외교관들의 의식 속에 깊숙이 뿌리박혀 있는 냉전의식을 탈각시켜야 한다".

그는 "정부관료 중 가장 역사의식이 날카롭고 개척정신이 투철해야 할 외교관들 가운데 골통 냉전의식을 갖고 있는 사람이 있다면 그건 문제다. 다른 정부부처라면 몰라도 외교부가 김대중대통령(의 대북 포용정책)을 못 따라간다면 문제가 아닐 수 없다".

그는 북한불변론·속도조절론·시기상조론과 북한에 퍼주기론 등 모두 냉전논리에 불과하다고 비판한 뒤 문제는 정부 당국자들이 이에 대해 논리적·거시적·합목적적으로 대응하지 못한다는 것이라고 지적했다.

⑥ 한부총리는 1월 31일 오전 11시 5분 방영된 MBC TV의 <TV특강>에서 '21세기의 가치와 덕목'이란 주제로 강연했다. 그는 그때 북한에 대한 지원 규모와 남북관계 속도에 대한 비판은 평화를 원하지 않는 사람들이 경제적 고통을 겪고 있는 국민 심정을 이용해 퍼뜨리고 있다고 주장했다.

한부총리는 김정숙(한나라당)의원이 위 MBC 특강내용에 대해 따지자 "방송강연을 하면서 '우리가 얻은 가장 값진 유산은 평화'라는 점을 강조한 것이 잘못 전달된 것이다"라고 해명했다. 그는 또 "모태신앙의 교회장로로서 사랑과 화해를 배워왔지만 그대로 못 살아온 것을 죄송하게 생각한다. 덕이 부족해 심려를 끼쳐 죄송하다"고 말했다.

부총리라는 중책을 맡고 있는 그가 생각나는 대로 말하고 또 그 말 때문에 말썽이 나자 즉각 해명하고 사과하는 모습을 보고 있는 국민은 슬프기만 하다. 더구나 그 사과와 해명의 방법으로 자신의 '모태신앙'과 '교회장로'직까지 들먹이는 것은 참으로, JP의 말이 아니라, '헷갈리게 하는 사람'이라고 하지 않을 수 없다.

⑦ 그는 또 북한노동당 창건일 축하행사에 참석해서 "그리운 형제의 명절에 사랑과 축하의 마음을 가득 전한다"고 말했다. 과연 노동당 창건기념일이 형제의 명절인지도 묻고 싶다. 북한노동당은, 전술한 바와 같이 한반도의 적화통일을, 몽매에도 잊을 수 없는, 최고 지상의 목표로 삼고 있는 정당이다.

그렇다면 한부총리의 '북한노동당 창건일 축하'는 한반도 적화통일을 추구하고 있는 '북한노동당의 목표달성기원'이 되는 것이 아닌가? 생각만 해도 끔찍한 일이다. 그런데 그의 이 무서운 발언에 대해서는 문제를 제기하는 국회의원이 왜 없는가?

⑧ 한부총리는 북한의 민족화해협의회 부회장 김병신과 함께 노동당 창건기념 인민군 열병과 군중 퍼레이드를 지켜봤다. 그들은 서로 "남북이 합칩시다", "아예 한겨레군을 창설합시다"라고 말하면서 맞장구를 쳤

다. 당시 상지대 총장이었던 한부총리는 먼저 "통일이 돼 남북의 군이 합쳐져 한반도를 지키는 평화의 군대, 민족의 군대가 됐으면 좋겠다"고 말문을 열자 김부회장은 '통일이 되면 (인민군은) 우리 민족건설의 으뜸이 될 것'이라고 화답했다(한겨레 2000.10.11).

부창부수(夫唱婦隨)라고 하더니 이야말로 북창남수(北唱南隨)가 아닌가?

⑨ 한완상부총리는 "최근 교육인적자원부가 전국 대학에 한총련 대의원들을 수배예정자로 통보하고 이들의 탈퇴를 종용했다"는 내용의 한총련 주장을 받아들여서 '민주 인권국가 구현을 지향하는 국민의 정부에서는 있을 수 없는 일'이라고 대노했다는 기사가 도하 각 언론에 보도되었다.

대법원은 지난 98년 '제5기 한총련은 반국가단체인 북한의 노선과 활동을 찬양 고무하고 이에 동조하는 행위를 목적으로 하는 단체'라고 판결했다. 한부총리가 한총련이 이적단체임을 알고도 위와 같은 자세를 취했다면 이는 법치주의 파괴적 행위이다. 만약 모르고 그랬다면 이는 공인으로서 슬픈 일이 아닐 수 없다.

(다) 김동신장관

국방일보 3월 22일자는 북한의 소위 혁명가극 <피바다>를 '주체사상을 구현한 사상적 내용의 심오성과 혁명적 대작의 참다운 품격을 완벽하게 갖춘 명작'으로 소개했다. 그 기사는 '김주석이 창작 지도한 혁명연극', '주체사상 구현 완벽한 명작'이라는 부제까지 달았다.

북한은 혁명가극을 주체사상과 적화통일 이념을 선전 선동하는 주요 수단으로 사용하고 있다. <피바다>는 북한의 5대 혁명가극 중에서도 가장 대표적인 작품으로 평가되고 있다.

이 기사로 인하여 논란이 일어나자 김동신국방장관은 국회상임위에서 '문제의 기사는 북한의 실상을 알리자는 취지에서 국내 언론의 기사를 전재한 것'이라고 답변했다. '연합뉴스를 옮겨싣다가 부제에 북측 주장임을 표시하는 인용부호가 빠진 단순한 실수'라는 말이다. 이것은 무책임한 변명이다. 모 일간지의 사설은 "이 해명이 가소롭다"고까지 평가하고 있다.

위 사설은 다음과 같은 결론을 내리고 있다. "우리는 이번 일이 단순한 실수가 아니라, '의식의 부재상태'를 드러낸 것으로, 군 내의 최근 해이해진 대북 경각심의 연장선상에서 발생한 사건이라고 본다".

많은 국민들은 이것은 정부가 남북대화에 연연해 북한의 신경을 건드리지 않으려는 데서 빚어진 위험한 풍조로 풀이하고 있다.

최근에 발생한 속칭 북한상선의 계속적인 우리 영해 침범사건에 대해서 김동신장관이 보여준 일련의 언동은 우리 국민들의 마지막 자존심마저 송두리째 빼앗아간 것으로 평가되고 있다. 이 점에 대한 국민들의 들끓는 분노는 극한 상황에 이르고 있다. 북한선박의 승무원들은 당당하게 "우리 장군님이 개척한 항로이므로 이를 변경할 수 없다"라고 버티고 있다. 이러한 교만과 뱃심은 어디서 나온 것인가?

이에 대한 김동신장관의 국회답변은 국민들의 통곡을 자아내기에 족하다. 가로되 "1,000~2,000t급인 우리 호위함으로는 1만 2,000t급 북한선박을 어찌할 수 없었다"는 것이다. 이러한 답변에 대해서 국민들이 분통을 터뜨리자 그때마다 그는 "영해침해사태가 재발하는 경우 총력을 기울여 이를 저지하겠다"고 공언했다. 그러나 그 선언은 한 번도 실천으로 옮겨지지 아니하였다.

그가 특히 '우리측 선박이 900여 회에 걸쳐 NLL을 통과한 사실'을 예로 들며 불가침라인이 아님을 강변할 때 국민들은 배신감을 느꼈다. 우리의 금강산 관광선, 북한 비료지원선 등은 북한의 요구의 필요에 의해 이루어진 것이다.

이에 대해서 북한은 조류에 밀려 떠내려간 그물을 건지려고 NLL을 약간 월선한 우리 어선에 대해 무자비하게 총질을 해댔다. 월선지점도 연안도 아니고 동해안에서 90마일이나 떨어진 먼 바다였기에 더욱 충격적이다. 우리는 누구이며 대한민국은 무엇인가?

국방부의 안보의식와 관련하여 살펴봐야 할 또다른 사건이 있다.

김정일위원장은 2000년 9월 중순 김용순비서 편으로 북한산 송이버섯을 남한으로 보냈다. 남한의 각계 각층인사 267명에게 보내는 선물이었다. 그중 234명의 이름은 북한이 특정해서 보냈다. 그러나 나머지 33인분에 대해서는 "남측이 알아서 전달해 주면 좋겠다"고 했다. 정부는 김정일이 북한산 송이버섯을 선물로 보냈다는 사실을 크게 홍보하면서 청와대가 그 중 33인분을, 북한이 요구한 대로, '알아서 전달'했다.

그래서 당시 "청와대가 김정일의 심부름을 대신해주는 꼴이 됐다"는 잔잔한 불만이 국민들 사이에 번져나갔다(동아일보 2000. 9. 14자 기사). 이것은 결코 북한산 송이버섯을 못 얻어먹은 국민들의 저항의 소리가 아니었다. 국민의 정서와 자존심의 소리였다. 자존과 긍지가 침해되는 곳에 안보는 서기 힘들게 된다.

우리는 북한의 송이버섯 전달사건에서 잊어서는 안 될 한두 가지 일이 있다고 생각한다. 첫째는 당시 남북문제의 협의를 위해서 남한으로 온 북의 대표단 일행 중에 이 송이버섯 전달만을 위해서 서울에 파견된 사람이 있었다고 하는 사실이다. 그는 박재경대장이다.

우리는 송이버섯 전달을 위해 굳이 '군복 입은 대장'을 보내는 북의 저의를 알 수 없다. 섬뜩함과 수모감을 함께 느낄 뿐이다. 그런데도 불구하고 우리 국방부측은 "우리 조성태장관이 박재경대장을 잠깐 뵙자"고 한다면서 면담을 요청했다고 한다. 그러나 박대장이라는 북의 군인은 '내 임무는 송이 전달뿐'이라며 이를 거절했다고 한다. 얼마나 부끄러운 일인가?

'북대표에 안달하는 우리공직자들'이라는 제목의 조선일보 2000. 9.14자 사설은 다음과 같이 쓰고 있다.

"다른 장관도 아닌 국방장관의 이같은 행태는 국민들을 창피하게 만들었다. 격에도 맞지 않는 이에게 왜 구걸면담인가? 우리는 북이 굳이 군사문제에 대해서는 남쪽과 어떤 협의도 거절하고 있는 상황에서 그가 국민의 따가운 여론을 무마하기 위해서도 북의 '군복'과 무슨 그림을 그려보려 한 것으로 추측할 수 있다. 그럴수록 장관은 당당하고 의연했어야 한다.

평화의 구축과 보장은 아직도 갈 길이 먼데 국방장관마저 이같은 경박한 처신을 보여준다면 국민이 어떻게 군을 믿고 발 뻗고 잠을 잘 수 있을 것인가? 우리는 조장관의 이같은 처신에 크게 실망하며 평생을 군에서 봉사하고 조국을 지켜왔다는 군인 출신의 자랑스러운 자부심은 어디 갔는지 묻고 싶다".

조장관뿐이 아니다. 제주에 가 있는 동안 우근민지사의 '과공', 포항 경유지로 대구에 도착했을 때 문희갑 대구시장 등의 공항영접 등 우리 공직자들의 일련의 처신이 손님에 대한 적절한 예우에 부합한 것인지 또는 '품위 있는 화해'를 원하는 이쪽 국민들의 자존심을 허물어뜨린 체신 없는 처사였는지 본인들 스스로 자괴할 일이다.

(ㄹ) 임동원장관

임동원통일부장관은 2001년 4월 10일 국회답변에서 '주적이라는 개념을 쓰는 나라가 없으며 전쟁관계에 있을 때 쓰는 말이 주적'이라고 했다. 주적(main enemy 또는 main threat)이라는 개념을 쓰는 나라가 없다는 임장관의 주장 자체를 이해할 수 없다. 더구나 '주적'에 대한 판단은 국방부의 배타적 권한에 속하는 사항이다. 국정원장을 오래하게 되면 정부부서의 권한에 대한 관념이 모호해지는지 알 수 없다.

그러나 어쨌든 임동원장관이 이번에 '주적' 문제를 들고일어났다고 하는 것은 매우 적절하지 못하고 엉뚱한 것이라고 본다. 더구나 이 문제에 관한 주관부서인 국방부는 북한을 주적으로 판단하고 있다. 그렇다면 같은 정부 안에서 국방부는 북한을 주적으로 보고 통일부는 그렇게 보지 않는 것으로 된다. 이 얼마나 부끄러운 혼란인가?

이 정부의 각료들은, 특히 근래에 와서, 한번 한 발언을 번복하거나 궁색한 해명을 하는 경우가 흔해졌다. 부처끼리도 발표내용의 충돌을 빚는 경우가 비일비재하다. 이것은 다른 부처끼리만의 문제가 아니다. 같은 부처 내부에서도 상하간에 불협화음이 일어나고 있다.

여기서 문득 탈무드의 격언을 함께 생각해보고 싶은 생각이 든다. "한 번 하는 거짓말은 거짓말이다. 두 번 하는 거짓말도 거짓말이다. 그러나 세번째의 거짓말은 정치다". 아무리 그렇다고 하더라도 정치인의 말에 신뢰가 가지 않으면 국민들은 불안해진다.

임동원장관의 언동에 대해서는 그가 국정원장으로 재직할 때부터 적지 않은 국민들이 우려의 눈빛으로 지켜보고 있었던 것이 사실이다.

국민들의 우려를 대변하는 2000. 9.15자 조선일보 사설(제목:임동원씨 보직정리해야)을 생각해본다.

"북한 김용순비서의 지난 3박4일은 상당한 합의를 낳은 것으로 보도됐다. 그러나 많은 사람들은 풍성해보이는 외양에 못지않게 큰 혼란과 어지러움증도 함께 겪었다. 김비서를 매일 수행하다시피 한 우리측 국정원장의 거동이 그 중 하나다. 우리는 결론적으로 임동원 국정원장이 계속 대북창구 역할을 하겠으면 국정원 원장직을 사퇴할 것을 권고한다.

국정원장은 두말 할 것 없이 방첩, 대테러 및 내란·외환수사 등 나라의 안보를 음지에서 책임지는 최고 책임자이다. 그런 그가 지난번 평양 남북정상회담 때 북측 수뇌와 '격의 없이' 어울리는 모습이 공개된 데 이어 이번에도 중요한 시기에 북측의 대남책임자와 계속 자리를 같이하며 두 차례 심야회담까지 했다. 우리는 임원장의 남북화해를 위한 각고의 노력과 헌신적 자세를 과소평가하지 않는다. 그러나 모든 일에는 어울리는 직책이 있다.

'남북 공동보도문'까지 만들어내는 역할은 굳이 '국가정보원장'이 나설 일은 결코 아니다.

임동원국정원장은 '대통령특보'라는 별도의 직함을 애써 앞세우려 했다. 그러나 그가 왜 갑자기 대통령특보라는 이름을 쓰는지 알 만한 국민은 다 안다. 집권측은 "남북관계는 격식과 형식을 피해야 한다"고 강변하고 있지만 그 스스로 국정원장이라는 직책이 그 일에 적합지 않음을 인정한 셈이다.

남북 공동보도문이 '김정일위원께서…방문하시며…'라는 존칭을 쓰는 대목에서 국민들은 또 한 차례 경악해야 했다. 외교문건에 존칭을 쓰는 일은 역사에 없는 해괴한 일이다. "여기 담긴 말, 문장 하나에 심오한 뜻과 의미가 담겨 있다"던 국정원측은 나중에 "바빠서 미처 고치지 못했다"고 한다. '스파이 책임자'와 '평화의 특사'라는 상극된 배역은 시급히 정리되어야 할 것 같다.

(마) 박재규 전 통일원장관

박재규 전통일부장관은 "국군포로는 없다"고 선언했다. 박장관의 이 말에 논란이 일어나자 그는 말을 바꾸었다. 자신의 발언은 '법적인 국군포로'가 없다는 뜻으로 한 말이라는 것이다. 그렇다면 '국군포로' 중에는 '법적인 국군포로'와 '사실상의 국군포로'가 따로 있다는 말인가? 말이면 다 말이 아니다. 왜 우리 각료들은, 국민들의 눈에, 양식과 양심이 없는 것으로 비쳐지는가?

많은 국민들은, 박 전장관의 말이 북한의 논리를 그대로 답습한 것이 아닌가 하는 의구심과 함께 괴로워하고 있다. 북한은 그동안 "북반부에는 국군포로나 우리 체제가 싫어 남으로 돌아가길 희망하는 사람이 없다"고 말해왔다.

박재규 전통일부장관은 "2차 장관급 회담에서 국군포로 문제를 '넓은 의미'의 이산가족 차원에서 해결해줄 것을 여러 차례 북측에 (의사를) 전했다"고 밝혔다. 국군포로는 국군포로이지 다른 이름으로 불리어질 수 없다.

그들은 조국의 수호를 위해서 목숨과 젊음을 걸고 싸우다가 본의 아니게 포로가 된 사람들이다. 그들은 바로 우국충정의 애국자들이다. 그런데 왜 그들을 '이산가족'으로 취급해야 하는가. 그것도 '북측'에 매어달리면서 그렇게 해주기를 간청했다니 이래서야 어찌 민족의 긍지가 설 수 있는가?

그리고 '이산가족'이면 그냥 '이산가족'이지 '넓은 의미의 이산가족'이란 어떠한 이산가족인가? 넓은 의미의 이산가족이 있다고 하면 '좁은 의미의 이산가족'도 있다고 봐야 할 것이다. 그렇다면 이 두 이산가족의 차이는 무엇인가.

어휘의 개념을 복잡하게 만드는 일은 궤변을 늘어놓기 위한 것이 아니면 상대방을 기만하려 할 때 쓰는 전술이다.

국군포로들과 그 가족들의 심정을 살펴보자, 비전향장기수는 대한민국전복의 확신을 그대로 가지고 있는 채 '애국투사'로 떠받들어지고 있다. 그들은 국민의 존경을 한 몸에 받으면서 기자회견을 하고 있다. 이것이 우리 사회의 실정이다. 비전향장기수들이 북송될 무렵 연세대 대강당에서는 2000여 명이 참석한 가운데 '비전향장기수 범국민 환송식'이 열렸다. 일부 교회에서는 많은 신도들이 참석한 가운데 비전향장기수들을 위한 환송예배까지 베풀었다.

그런데 강제 억류 반세기 만에 북한을 탈출해 천신만고 끝에 고향을 찾은 국군포로들과 그 가족은 푸대접을 받고 있는 것을 보고 분개하는 국민들이 예상외로 많다. 국가정보원은 2000년 8월 2일 국군포로 노준기씨(70. 가명) 등 5명을 비롯해서 납북어부 이재금씨(62) 일가족 3명 등 모두 8명이 최근 제3국을 통해 귀환해와 관계기관 합동으로 귀환경위를 조사중이라고 밝혔다.

귀환한 국군포로는 노씨를 비롯해 유진호(70), 강상권(70), 김인준(71), 허형직(68) 등이다. 이로써 94년 조창호(70)씨 이후 지금까지 귀환한 국군포로는 모두 16명으로 늘어난 셈이다.

이들의 귀국에 대한 우리의 환영자세는, 조창호씨를 제외하고는, 비전향장기수의 북환송에 비해서, 너무나 초라하고 부끄러운 것이다.

더구나 그들이 북송된 후 북한으로부터 받은 환영과 명예는 하늘을 찌를 만한 것이었다. 앞으로 누가 이 나라를 지키기 위한 국방의무를 자랑스럽게 이행할 것인가?

(바) 최장집교수의 6.25 전쟁관과 법원의 가처분결정

(이 글은 1998.11.24자 법률신문에 게재되었던 것이다)

① 개 관

대통령자문기획위원장으로 있던 최장집교수가 조선일보를 상대로 신청한 가처분사건에 대하여 서울지법 민사 51부는 최교수의 신청을 받아들이는 결정을 내렸다. 이 결정으로 대한민국과 6.25 전쟁에 대한 최교수의 평가는 국민들의 중요한 화제거리로 떠올랐다. 최교수가 단순한 개인이 아니고 정부의 이념정립에 중대한 영향을 미치는 학자라는 의미에서 이것은 너무나 당연한 일이라고 본다. 이 사건에 대한 법원의 결정이, 우리 사회의 지축을 흔들어놓은 것 같은, 시시비비의 대상이 되고 있는 것은 그런 의미에서 이해되어야 한다.

나는 법조인의 한 사람으로서 법원의 위 결정을 바라보는 시각을 정리해본다. 법원의 결정은 신청인의 6. 25 전쟁관에 대한 평가를 중심으로 이루어졌다고 할 수 있다. 최교수는 조선일보가 자신의 6.25 전쟁관과 관련하여 허위보도를 함으로써 자신의 명예를 훼손한 사실이 11개 항목에 이른다고 주장했다.

법원은 위 11개 항목 중 3개 항목에 대해서는 최교수의 신청을 인용하고 나머지 8개 사실에 대해서는 이를 기각하는 결정을 내렸다. 이것은 최교수의 저서에 관한 조선일보의 기사 중 8개 항목은 정당한 내용을 담은 것으로서 최교수의 명예를 훼손하지 아니한 반면 3개 항목의 기사는 왜곡된 사실을 보도하여 그의 명예를 훼손했다는 뜻을 담고 있는 것이다.

이 사건에 대한 법원의 결정이 올바른 것으로 평가받기 위해서는 위 11개 항목의 6.25 관계 조선일보 기사가, 법원의 판단처럼, 8대 3으로 그 내용이 확연하게 구별될 수 있어야 한다. 그런데 필자는, 판단력 부족의 탓인지는 모르나, 법원의 결정문을 아무리 정독해봐도, 그 구별을 할 수 없다고 고백하지 아니할 수 없다.

위 11개 항목의 쟁점은 결국 "6.25는 김일성의 역사적 결단이며 민족해방전쟁이다"라는 최교수의 기본적 신념에서 나온 것이다. 그러므로 그것들은 일란성다생아처럼 서로 공동운명을 지고 있는 셈이 된다. 11개 항목 중 단 하나가 명예훼손의 주범으로 평가되는 경우에는 나머지 전체도 같은 평가를 받지 아니할 수 없는 것이다. 법원의 위 결정은 이 공동운명체에 대한 평가를 그르쳤다는 점에서, 출발점에서부터 오류를 범했다고 말하지 않을 수 없다.

② 법원결정의 내용

다음으로 위 법원결정의 내용에 대해서 살펴보고자 한다.

먼저 '6.25는 김일성의 역사적 결단'이라는 표현에 대한 위 법원의 판단을 분석한다. 법원은 '이 표현은 역사적으로 길이 남을 훌륭한 결단'이라는 뜻이 아니고 "역사에 중대한 영향을 줄 선택이라는 정도의 가치중립적 표현임이 분명하다"라고 선언하고 있다.

그러나 이 판단은 '역사적'이라는 어휘의 오해에서 비롯된 것이라고 말할 수밖에 없다. '역사적'이라는 말은 특별한 수식어를 동반하지 아니하는 경우에는, 긍정적인 의미로 사용되는 것이다. '유구한 역사와 전통에 빛나는 대한민국'이라는 우리 헌법전문의 표현이라든가 "우리는 민족중흥의 역사적 사명을 띄고 이 땅에 태어났다"라는 옛날 교육헌장의 표현에서 보는 바와 같다.

법원이 '결단'이라는 어휘의 의미를 오해하고 있는 점에 대해서도 한마디 언급하지 아니할 수 없다. '결과에 대한 행동적 의사의 표현'을 나타내는 우리말에는 두 가지 낱말이 있다. '결정'과 '결단'이 그것이다. '결정'은, 법원의 표현을 빌리면, 가치중립적인 어휘지만 '결단'은 긍정적인 뜻을 함축하고 있는 말이다. 영어·불어·독어가 모두 decision, decision, Entscheidung이라는 하나의 어휘로써 위 두 뜻을 다 나타내고 있는 반면 우리말은 굳이 '결정'과 구별되는 뜻을 가진 '결단'이라는 어휘를 따로 인정하고 있는 이유를 여기에서 찾아야 할 것이다.

'역사적'이라는 적극적 어휘와 '결단'이라는 가치긍정적 어휘를 합쳐서 만든 '역사적 결단'이 가치중립적 의미를 가진다고 하는 논리가 어떻게 해서 성립할 수 있다는 말인가?

백 보를 양보해서 생각하더라도 김일성은 한국전쟁을 일으켜, 한반도를 적화통일함으로써, 이 땅에서 자유민주주의의 뿌리를 뽑으려고 한 범죄자다. 이 점을 논외로 한다고 하더라도 그는 이 전쟁으로 수많은 사람을 죽이고 재산을 초토화하여 민족적 비극을 초래한 자이다. 이러한 범죄행위에 대해서 '역사에 중대한 영향을 준 선택'이라는 '중립적 표현'을 쓰는 것(최교수의 변명을 그대로 받아들인다고 하더라도)이 어째서 용인되어야 하는지 알 수가 없다.

더구나 최교수는, 다음에서 보는 바와 같이, 한국전쟁의 성격을 '민족해방전쟁'으로 규정하고 있다. 이러한 기초 위에서 한국전쟁을 '역사적 결단'이라고 기술하고 있는 그의 표현을 '가치중립적' 견지에서 평가하는 근거는 무엇인가?

둘째로 법원은 "최교수가 사용한 민족해방전쟁이란 용어는 북한당국자들이 생각했던 한국전쟁의 성격이라는 뜻임이 명백한데도 월간조선은 민족해방전쟁이 마치 최교수의 생각 그 자체인 것처럼 보도했다"라고 판단하고 있다.

법원의 위 판단이 잘못되었다고 하는 결정적인 증거는 실로 엉뚱한데서 나타나고 있다. 그것은 '조선기자동맹중앙위원회'의 11. 13.자 성명이다. 그 성명은 다음과 같다. "(최장집씨의) 논문에서는 6.25 조선전쟁을 … 민족해방전쟁으로 보아야 한다고 했다. 이것은 너무나도 정당한 주장이다". 이 성명에 의하면 위 논문에서 6.25를 민족해방전쟁으로 보는 시각은 김일성의 것이 아니라 최교수의 것이다. 그것은 "민족해방전쟁으로 보아야 한다고 했다"라는 문맥에서 명백히 드러나고 있다. 특히 위 인용문에서 "이것은 너무나도 정당한 주장이다"라고 한 부분은 삼척동자가 들어봐도, 최교수의 주장을 두고 하는 말이라고 이해하지 아니할 수 없을 것이다. 김일성이나 북한당국의 주장을 객관적으로 평가하고 있는 말이 아니다.

더구나 위 성명의 후반부에서는 최교수가 문제된 논문에서 펴고 있는 위 주장(6.25는 민족해방전쟁이라는)에 대해서 다음과 같은 논평을 하고 있다. "그것은 엄연한 역사적 사실과 진실에 기초하여 지성과 양심을 가진 학자로서의 견해와 입장을 그대로 서술한 것이다".

11.14자 북한의 노동신문은 이 점에 대해서 보다 더 분명한 해답을 던져주고 있다. 노동신문은 6.25 전쟁의 성격을 이렇게 규정하고 있다. "조선전쟁은 철저히 미제에 의해 도발된 침략전쟁이었으며 민족의 존엄과 자주권을 수호하기 위한 우리 인민의 정의의 조국해방전쟁이었다".

위 신문은 최장집교수의 글에 실린 6.25 전쟁관은 자기들의 조선전쟁관과 동일하다는 것을 전제로 하면서 그 내용은 '자기(최교수)의 견해와 입장'을 서술한 것이라고 단정하고 있다. 다음 글은 위 신문내용을 옮긴 것이다. "최장집 교수는 바로 이러한 역사적 사실과 진실에 기초하여 지난 조선전쟁에 대한 자기의 견해와 입장을 서술하였을 뿐이다".

상황이 이렇다고 하면 최교수의 논문에 실린 '6.25 민족해방전쟁'론이 누구의 견해냐고 하는 점에 대한 판단의 혼란은 일어날 여지가 없는 것이라고 생각한다. 그런데 그것을 '북한당국자들의 생각'이라고 하는 뚱딴지 같은 판단이 어떻게 해서 생겨났는가?

③ 문제점

이러한 점을 논외로 하더라도 법원의 위 판단에 대해서는 근본적인 의문을 제기하지 아니할 수 없다. 그것은 우리가 왜 전쟁범죄자인 북한당국자들의 시각으로 한국전쟁을 봐야 하는가? 하는 점이다. 안중근의사는 그를 재판한 재판주체와 일본의 입장에서 보면 '국가의 기본질서를 파괴하려는 범죄단체의 수괴이자 애국적 지도자를 암살한 살인범'이 된다. 일본제국주의자의 눈으로 볼 때 안중근의사는 살인자라고 하는 이러한 견해를 우리가 용납할 수 있을 것인가?

6.25는 김일성이, 스탈린의 승인과 모택동의 협조하에, 한반도의 무력적화통일을 위해서 일으킨 전쟁이라는 점에 대해서 아무도 이의를 제기하지 못하는 명백한 사건인데 이제 새삼스럽게 이 점에 대한 논란이 왜 일어나야 하는지 알 수 없다.

6.25가 민족해방을 위한 성전이었다고 하면 왜 김일성과 소련은 끝가지 '북침설'을 주장하였는가? 떳떳하게 '민족해방을 위한 전쟁'을 선언했어야 할 것이 아닌가?

재판부에 한 가지 물어보고 싶은 것이 있다. 6.25가 민족의 해방을 위한 전쟁이었다고 하면 무력 남침을 막기 위해 목숨과 피를 바친 국군과 UN군의 장병들은 민족 반역자인가? 전쟁주체의 시각이란 궤변적 조건만 붙이면 그러한 해석이 정당화될 수 있는가? 이 점에 대한 중요 판단자료가 있다. 국무총리를 비롯하여 국방부장관과 통일부장관이 국회에서 최교수의 6.25관은 잘못된 것이라고 인정한 것이 그것이다.

마지막으로 법원은 "38도선 이북으로의 북진은 가공할 사태이며 중공군의 개입을 정당화했다는 부분에 대해서도 문장의 전후 맥락을 보면 북진 자체가 가공할 사태라는 뜻이 아니라 미국의 북진강경론에 따라 중공군과 소련군이 참전해 3차대전이 일어나면 이는 한반도 전체의 초토화를 면치 못하는 실로 가공할 사태가 아닐 수 없었다는 뜻으로 쓰였다"라고 선언하고 있다.

결과적으로 볼 때 국군과 UN군의 38선 이북 진격으로 3차대전은 일어나지 아니한 것이다. 그럼에도 불구하고 3차대전이 일어날 수 있었다는 얼토당토않은 가정하에서 도무지 말이 되지 않는 최교수의 변명을 그대로 받아들인다는 것은 이해할 수 없는 일이다. 역사적 상황을 되돌아볼 때 국토 전부를 잃어버릴 뻔하다가 연합군이 천신만고 끝에 반격을 개시하였는데 38선에서 북진을 전폭적으로 포기했어야만 한다는 주장이 누구의 입에서 나올 수 있는 것인가?

④ 결 어

법원이 새롭게 '개념 재정립'에 나선 위의 어휘들 즉 '역사적 결단', '민족해방전쟁', '38도선 이북으로의 북진'은 규범적 용어들이 아니고 생활용어들이다. 생활용어는 상식에 따라서 해석되어야 한다. 그런데 이 양식은 법관의 상식이 아니고 생활인의 상식이다. 그러므로 판결이나 결정의 이름으로 상식을 산출하거나 제약할 수는 없는 것이다.

최교수와 같은 행정부에서 일하고 있는 위 각료들이, 아픔을 무릅쓰고, 위와 같이 선언한 것은 이 점에 대한 생활인의 상식이 어디에 있는가 하는 것을 극명하게 보여주는 것이라고 생각한다.

'6.25는 김일성의 역사적 결단', '한국전쟁은 민족해방전쟁'이라는 주장은 학문과 양심의 자유의 실천이고 그와 관련된 문제를 제기하는 것은 언론의 자유의 한계를 벗어난다고 하는 주장은 아무리 생각해봐도 균형과 정의의 개념에 어긋나는 것이라고 느껴진다.

재판은 '과거'에 대한 판단이다. 그런데 이번 법원의 결정은 "앞으로 동일한 내용의 주장을 해서는 안 된다"라고 하는 판단과 함께 그 위반에 대한 간접 강제조치를 취하고 있다. 이것은 '미래'에 대한 판단이다. 또 이 조치는 다른 모든 언론기관의, 미래에 대한 언론의 자유를 제약하는 요인으로 작용할 수 있다는 우려의 소리에도 한 번쯤은 귀를 기울일 필요가 있다고 본다.

조선일보라고 하는 기관에 대해서 본안재판의 실효성 담보를 위한 '가처분'이 꼭 필요한 것인가 하는 항변에 대해서도 묵살일변도로 일관할 일은 아니라고 본다.

이러한 사실들을 종합해서 고찰해볼 때 이번 법원의 결정은, 아무리 관대한 시각으로 보더라도, 좋은 점수를 받기는 어려운 것이 아닌가 하는 생각을 해본다. 그리고 이것은 결코 필자 한 사람만의 생각은 아니라고 믿는다.

정부의 이념정립에 기여하고 있는, 대학교수 출신의, 대통령기획자문위원장이 6.25 전쟁을 그릇되고 보고 있다. 법원은 이 그릇된 6.25 전쟁관을 정당한 것으로 판단하는 상황이 벌어지고 있다. 국민들이 우리의 안보의식 현주소에 대해서 불안을 느끼고 있는 것은 너무나 당연하다 할 것이다.

(사) 황태연교수의 김정일 무책임론
(이 글은 경제풍월 2001.6에 실린 것이다)

민주당 국가경영전략연구소 부소장직을 맡고 있는 황태연 동국대교수가 6.25 전쟁도발과 KAL기 폭파사건에 대하여 김정일위원장의 무책임을 주장해서 전국에 큰 파문을 일으켰다.

그는 2000년 8월 22일 국회 여야의원 연구모임인 '21세기 동북아 평화포럼'이 주최한 '김정일 국방위원장의 서울 답방과 그 영향'이란 주제의 토론회에서 다음과 같이 발언했다. "6.25 전쟁은 북한 김정일 국방위원장의 유아시절 발발한 전쟁인만큼 김위원장은 전쟁에 책임이 없고 따라서 사과할 일이 아니다".

그의 발언 중 6.25 전쟁에 관한 김정일위원장의 무책임론 부분을 먼저 살펴본다. 국가와 국체의 동일성을 인정받기 위해서는 현정부가 지난 정부의 권리와 의무를 그대로 승계한다는 것이 첫째 요건이다. 북한은 정권의 교체가 있었던 것도 아니다. 김정일은 절대권력의 공산독재체제 하에서도 그 유례를 찾아볼 수 없는, 권력세습의 방법으로 그의 생부인 김일성주석으로부터 북한 전역에 대한 절대적 지배권을 인수하였다. 이 것은 정권의 변경이나 인수가 아니다. 체제와 정권의 계속이 있을 뿐이 다.

만약 김일성이 6.25 전쟁 발발에 대해서 정치적·법률(국제법)적 책임을 져야 하는 것이라고 하면 그 전 정권의 포괄적 승계자인 김정일이 그 점에 대한 책임을 져야 한다는 것은 상식 이상의 상식이다.

세계제1차대전 당시 독일군이 벨기에 디낭에서 진주하여 674명의 양민을 학살한 사건이 발생했다. 87년이 지난 오늘에 와서 독일연방정부는 그 점에 대해서 사과하고 있다. 황교수의 논리를 따르게 되면 지금 독일정부가 위의 살육행위를 감행한 독일군의 만행에 대해서 사과할 이유는 전혀 없는 것이다.

그러나 현재의 독일정부가 지난날의 독일군의 불법행위에 대해서 사과한다는 것이 정의와 상식의 요청이다. 서독정부는, 황교수와 형식논리를 따르지 아니하고 당당하게, 과거 정부의 범죄행위에 대해서 사과하고 나섰다. 그런 의미에서 서독정부는 세계 사람들의 존경을 받아 마땅하다.

그리고 이 사건은 황교수로 하여금 깊이 생각하는 계기가 되기를 바란다.

대학교수인 황태연씨가 위와 같은 무책임한 논리를 편다는 것은 도무지 알 수 없는 일이다. 백 보를 양보해서 생각한다면 황교수가 말하는 책임이 6.25 전쟁을 일으킨 점에 대한 형사책임을 의미한다면 그의 주장은 일단 받아들일 수 있다. 김정일이 당시 6.25 전쟁 발발에 직접 관여하였느냐 하는 문제도 있지만 그는 6.25 전쟁당시 형사 미성년자였기 때문이다.

그러나 김정일이 6.25 전쟁에 대해서 져야 할 책임은 형사책임이 아니라고 하더라도 정치적 책임과 민사상 책임은 여전히 문제로 남게 된다.

사안이 이와 같음에도 불구하고 황교수가 위와 같은, 대담무쌍한, 결론을 내리고 있는 것은 김정일에게 6.25 전쟁에 대한 책임을 묻지 않겠다는 확고한 의지가 있기 때문이라고 보아야 할 것이다.

이러한 황교수의 의지는 KAL기 폭파사건에 대한 김정일의 책임론에 분명하게 드러나고 있다. 그의 주장을 들어본다.

"KAL기 사건에 대해 사과를 받아야 한다는 야당의 주장은 '사과하면 면죄해주자'는 것을 전제로 하는 황당한 주장일 뿐만 아니라 국제법적 무지의 소치이다. (사과문제는) 당분간 덮어두는 것이 2차남북정상회담의 성공과 평화협정 체결에 도움이 될 것이다. 침략전쟁이나 여객기 납치, 테러 등은 '사과'의 사안이 아니라 국제법적 사안이다. 여객기 테러 같은 국제범죄는 사과와 용서의 사안이 아니라 때가 되면 인류의 보편적 법체계가 소정의 법적 절차를 통해 소추하게 될 국제사법 사안이다. 동독의 호네커가 최고 발포 명령자였지만 서독은 통일 전에는 한 번도 사과요구를 하지 않았고 통일 후 독일정부가 소추해 사법처리했다"

황교수의 주장 중 이 부분만을 분리해서 생각하면 그는 KAL기 폭파에 대해서는 엄정한 책임추궁을 해야 한다는 신념을 가진 학자로 보인다. 그는 김정일위원장으로부터 KAL기 폭파사건에 대한 사과를 받는다는 것은 앞으로 그 점에 대한 동인의 책임을 면제해준다는 것을 의미할 수밖에 없다는 주장을 하고 있는 것이다. 이러한 사실을 모르고 김정일의 사과를 요구하고 있는 야당은 국제법적 무지의 소치로 말미암아 그런 주장을 하는 것이라고 못을 박았다.

그는 자신의 위 발언에 대하여 논란이 일어나자 자기는 동·서독의 통일을 이룬 후에 동독의 호네커를 소추해서 사법처리한 것처럼 김정일에 대해서도 (증거가 있다면) 형사처벌을 받게 해야 한다는 뜻으로 그 말을 한 것처럼 한 걸음 빗겨 쳤다. 이것은 매우 점잖지 않은 궤변이다.

이 점에 대해서는 긴 설명을 하지 않는다. 황교수의 진심은 자신의 발언 가운데 드러나고 있기 때문이다. 그는 "KAL기 폭파도 김위원장이

지휘했다는 증거가 없고 조사할 수도 없는 사안이다"라고 주장했다.

그는 KAL기 폭파사건에 대한 김정일위원장의 무책임을 이처럼 확신하고 있는데 무슨 '호네커에 대한 책임추궁' 같은 문책이 가능하다는 말인가. 내가 황교수의 논리를 궤변으로 보는 이유는 여기에 있다.

미얀마는 사회주의국가이다. 그럼에도 불구하고 KAL기 폭파사건을 엄정 신중하게 수사한 끝에 그것이 북한의 소위라는 결론을 내렸다. 그리고 북한과의 국교를 단절했다. 국교단절의 이유는 "깡패국가와는 국교를 맺을 수 없다"는 것이었다.

황교수의 논리에는 또 한편 '국제법적 무지'와 '비윤리성'이 함몰되어 있다. 그의 주장에는 'KAL기에 대한 사과문제'는 '2차남북회담의 성공'과 '평화협정체결의 성사'를 위해서 '당분간' 덮어두었다가 그것이 다 이루어지고 남북통일이 성취된 다음에, 통일독일이 호네커를 처벌했듯이 김정일을 소추하자는 뜻이 담겨 있다고 볼 수밖에 없다.

호네커는 통일독일의 건설에 일익을 담당한 주인공의 한 사람이 아니다. 독일통일의 주인공은 서독의 정치지도자들과 그 국민들 그리고 동독의 인민들이다. 호네커는 독일통일의 방해자이자 그 피해자이다. 그러므로 그가 통일독일로부터 응분의 책임을 추궁 받는 것은 당연하다. 그런데 김정일위원장은 어떠한가? 황교수의 말에 의하더라도 김정일은 한반도통일의 중요한 주인공의 역할을 담당할 수밖에 없다. 그렇다면 그와 손잡고 함께 통일을 이룩해놓고 그 다음에는, 토사구팽식으로, 그를 감옥에 보내자는 말인가?

어쩌면 이렇게 부도덕하고 배신적인 행위를 양식의 대표자인 대학교수가 감히 꿈꿀 수 있을 것인가?

집권당의 국가경영전략연구소에서 중책을 맡고 있는 대학교수의 국가안보관이 이런 것이라면 국민들은 어찌하라는 것인가?

(아) 결 론

정부의 안보관을 마무리하면서 자유기업원 원장의 시국관을 결론으로 삼고자 한다. 자유기업원 민병균원장은 최근 <시장경제와 그 적들>이라는 제목의 논문을 연구원 홈페이지와 각 언론사에 보냈다. 그 글의 내용은 다음과 같다. "지금 정부는 참여연대, 민주노총 등과 합세해 한국사회를 국정파탄의 궁지로 몰아가고 있는 게 분명하다. 민중의 입장에서는 개혁일지 몰라도 이는 분명 자본주의의 근간을 침식하는 체제변혁적인 것이다. 지금 한국은 여러 국면에서 좌익의 지속적인 공격을 받고 있다. 정부와 시민단체가 어울려서 선진화라는 미명 아래 기업 대주주를 억압하고 사외이사나 소액주주 권한을 확대하려 시도하고 있다".

민원장의 주장이 절대적으로 옳다는 보장은 없다. 그러나 오늘을 살아가는 우리는 겸허하고 숙연한 마음으로 숙고해봐야 할 말이라고 생각한다. 그리고 민원장의 글을 소개하고 있는 기사의 제목이 '좌익이 국정농단…거시정책 마비'라고 되어 있는 점에 우리는 다시 한 번 옷깃을 여며야 한다고 생각한다.

(4) 송두율교수와 김철수노동당후보위원

(가) 개 관

지금 우리의 전 국토는 재독학자 송두율교수와 북한노동당 정치국 후보위원 김철수가 동일인물이냐 아니냐 하는 문제로 인하여 뜨거운 논란의 소용돌이 속으로 몰려들어가고 있다. 이 사건의 발단은 황장엽씨가 송두율교수를 북한노동당 정치국 후보위원이라고 지목한데서 비롯되었다.

송교수는 황씨의 이 발설내용을 즉각 부인하면서 이에 항의하고 나섰다. 송두율교수가 김철수와 동일인인가 하는 점에 관한 황장엽씨의 말을 들어보자.

황장엽씨는 자신이 북한에 있었을 때 통일전선부 김용순비서의 부탁으로 송두율교수에게 직접 주체사상을 가르쳤다는 것이다. 그 경위에 관해서 황장엽씨는 구체적인 설명을 개진하고 있다. "송교수가 북한에 와서 김일성을 접견한 이후 통일전선부 부부장이 나에게 송교수에 대한 주체사상 교육을 맡아달라고 부탁했다. 위에서 송교수를 크게 쓸 생각이며 그의 이름을 김철수로 부르기로 했다".

황씨는 송교수 교육을 위해 교수 2명을 파견했는데 그 후 몇 달이 지나서 통일전선부 담당비서인 김용순이 자기에게 "송두율을 직접 지도해주기 바란다. 송교수가 젊고 청년들에게 인기도 있어 위에서 그를 정치국 후보위원으로 내세우기로 결정했다"고 말하였다는 것이다. 그 후 김용순비서는 황장엽씨에게 송교수를 후보위원으로 시켰더니 좀 건방지게 되어 통일전선부 일꾼들의 말을 잘 귀담아듣지 않는다고 말하더라는 것이다.

그런데 이 사실은 황장엽씨가 스스로 밝힌 것이 아니다. 송교수가 자신을 상대로 제기한 명예훼손 소송과 관련해 1999년 5월 10일에 법원에 제출한 '답변서'에서 밝혔던 것을, 2년이 지난 최근에 언론기관이, 어떤 경로로인지는 모르나, 이를 입수해서 보도한 것이다.

그렇다면 황씨가 설명하고 있는 사건경위의 설득력있는 객관성으로 보나 황씨가 이미 2년 전에 법원의 소송문서에서 주장한 사실을 2년간 덮어두고 있었다는 그 성격의 신중성으로 봐서 위 이야기는 진실한 것으로 받아들일 수밖에 없다고 본다.

송씨가 이 언론보도에 대해서 즉각 언론중재위원회에 제소하겠다는 뜻을 밝힌 것도 그 보도의 파장을 두려워하고 있기 때문인 것으로 해석된다.

(나) 노동당위원과 일간지 칼럼집필

두 사람의 설전은 제2단계에 접어들면서 세인의 더 큰 관심을 끌었다. 제2단계란 송교수가 국내의 모 유력일간지에 칼럼논설을 세 차례 걸쳐서 발표한 시기를 말한다.

국내의 여론은 송교수가 북한노동당의 예비위원이라고 하는데 그러한 사람의 글을 일간지에 실어주는 것이 합법적이고 옳은 것인가 하는 문제로 집중되었다. 그러나 불행하게도 이 문제를 해결하기 위해서는, 역설적으로, 송교수가 김철수냐 아니냐 하는 문제부터 먼저 밝히지 않을 수 없게 되어 있다. 이 점이 밝혀지지 아니하는 한 위와 같은 문제제기는 아무런 의미를 가질 수 없기 때문이다.

황장엽씨는, 전술한 바와 같이 분명히 송두율씨를 '김철수'라는 가명의 북한노동당 당원으로 지목했다. 자신이 '김철수'가 아니라고 부인하고 있는 송두율교수로서는 이것을 발설한 황장엽씨에게 명예훼손의 책임을 묻고자 하는 심정은 일단 이해할 수 있다.

그러나 이 점에 관한 시비의 해결을 황장엽씨와 송두율씨에게만 맡겨놓으면 진실의 판명은 요원한 미래의 일로 전락될 가능성이 매우 크다. 서로가 어느 정도의 증거를 제시할 수 있을지는 모르나, 상호간에 '맞다' '아니다'라는 말싸움만 반복할 위험이 높기 때문이다.

그러므로 우리는 여기서 발상전환의 방법으로 새로운 해결의 길을 찾아야 한다고 본다. 그것은 황장엽씨나 송두율씨가 아닌 제3자의 판단에 따라서 이 사건에 대한 결론을 얻어낸다는 것이다. 그 제3자가 중립적이고 신뢰받을 수 있는 주인공이라면 그는 더욱 금상첨화의 적격자가 될 수 있다고 본다.

그 중립적인 제3자로서 국정원을 생각해볼 수 있다. 국정원은 객관성과 공신력을 인정받고 있는 국가기관이다. 그러므로 국정원의 판단은, 특단의 사정이 없는 한, 국민들의 신뢰를 받아서 마땅하다. 그런 것을 인정하면서 국정원의 판단을 들어보자.

국정원은 상당히 오래 전부터 송교수와 김철수를 동일인물로 지목하고 있었다.

신건 국가정보원장은 23일 국회 정보위원회에서 다음과 같이 밝혔다. 국정원은 송두율이 '김철수'라는 가명을 사용하는 북한 노동당 정치국 후보위원이라고 확신하고 있다. 송씨가 노동당 정치국 후보위원이란 사실을 국정원은 4차례나 법원에 회신하였으며 자수 간첩 오길남도 독일 유학중 송씨의 입북제의를 받았다. 신원장은 또 '송씨의 과거 국가보안법 위반행위에 대해 충분한 증거를 확보하고 있으며 앞으로 송씨가 입국하면 반드시 조사해 수사결과에 따라 처벌여부를 결정할 것'이라고 말한 것으로 보도되었다.

국정원은 송두율교수에 대해서 매우 관용적인 자세를 보여온 것이 사실이다. 그가 북한노동당의 예비위원이라는 사실을 확인해놓은 후에도 그의 활동에 장애를 주지 않으려고 노력한 흔적을 여기저기서 발견할 수 있다. 이것은 개방적이고 진보적인 대북정책을 견지하고 있는 정부로서는 당연한 조치인지도 모른다.

그리고 논란이 되고 있는 위 일간지는 현정부의 햇볕정책을 위시해서 모든 북방외교를 전폭적으로 지지하는 언론기관이다. 그러므로 정부로서는 그 언론기관의 자존과 체면에 손상을 주는 일을 삼가하고 싶은 것이 당연하다.

이러한 상황하에서 국정원이 그 일간신문에 칼럼논설을 기고하고 있는 송교수가 바로 김철수라고 공개적으로 확인했으니 이 확인을 어떻게 안 믿을 수 있는가?

(다) 국무총리의 '이적성' 판단

이 정부가 위 확인을, 피할 수 없는 상황 속에서, 부득이하게 하였다고 하는 사실은 이한동총리의 발언 가운데서 그 편린을 감지할 수 있다. 이한동총리는 이 문제에 관해서 2001년 4월 12일 국회 본회의장에서 "한겨레신문에 게재된 송씨의 칼럼에 대해선 국정원에서 실무차원에서 이적성 여부를 계속 검토하고 있다"라고 말했다. 이후 보충질문 답변에서 그는 "다시 확인해본 결과 국정원에서 '이적성 없다'고 결론 내렸다는 보고를 받았다"라고 말함으로써 앞에서 한 답변을 정정했다. 이것은 참으로 이해하기 힘든 답변이다.

우선 사실문제를 살펴본다. "국정원이 조사 끝에 이적성이 없다"라고 단정한 시기는, 앞뒤의 여러 가지 상황을 살피건대, 적어도 국무총리가 "현재 국정원에서 조사를 진행하고 있다"는 답변을 하기 이전인 것으로 볼 수밖에 없다. 그런데 국무총리는 국회에서 이 문제에 대한 국회의원의 질의가 있을 것을 충분히 알 수 있는 상태에서 국회에 출석하여 '헷갈리는' 그런 답변을 했다는 것은 아무리해도 설득력이 없다.

다음으로 법률적인 문제를 살펴본다. 이것은 국무총리가 말한 "이적성이 없다"라는 말의 법률적 의미를 규명하는 일로 귀착된다. 송교수가 노동당 후보위원이라고 하더라도 그것 자체는 "이적성이 없다"는 뜻으로 이총리가 그 말을 한 것인가 하는 점을 먼저 생각해보자.

이총리는 결코 그런 의미로 그 말을 한 것이 아니라고 생각한다. 주지하는 바와 같이, 북한의 노동당은 한반도의 적화통일 추구를 공개적으로 표방하고 있는, 말하자면 대한민국에 대한 전형적인 반국가단체이다. 이총리의 정치적·법률적 소신에 비추어보아, 대한민국에서 중요한 역할을 담당하는 인물이, 가명으로 북한노동당의 당원으로 활동하고 있는 범죄행위에 대해서 그가 이적성이 없다고 판단할 리가 없다는 말이다.

총리휘하에 있는 한완상부총리가 이미 공개적으로 노동당의 창건기념일을 '민족의 명절'이라고 불렀다고 해서 노동당이 이적단체임을 벗어나게 되는 것은 아니다. 만약 그렇지 않다고 하면 대한민국의 각료, 국회의원과 수많은 대학교수, 학생, 근로자들이 줄을 지어 노동당입당 쇄도현상을 일으킬 때 무슨 명분으로 이를 막을 것인가?

그러므로 이총리의 "이적성이 없다"는 말이 위와 같은 뜻을 가지고 있지 않다는 것을 너무나 명백한 것이라고 볼 수밖에 없다. 그렇다면 그가 말하는 "이적성이 없다"는 말의 뜻은 무엇인가? 두번째 가정을 해보자는 것이다.

이총리는, 송교수가 쓴 논설 가운데, 국가보안법 위반 등의 혐의를 인정할 만한 내용을 발견할 수 없었다고 하여 "이적성이 없다"는 말을 한 것이라고 짐작된다. 그 말의 뜻을 그렇게밖에 이해할 수 없기 때문이다.

그러나 이총리가 그런 의미로 "이적성이 없다"라는 말을 했다손치더라도 나는 여전히 그의 말에 동조할 수 없다. 지금 국민들 사이에 큰 관심거리가 되고 있는 문제의 초점은 송교수의 글 내용에 '이적성'이 포함되어 있느냐 그렇지 아니하냐 하는 문제에 있지 아니하다.

북한노동당의 당원이 국내에서 큰 영향력을 가지고 있는 일간지에 고정적으로 논설을 쓰고 있다는 것이 옳은 것이냐 하는 것이 문제이다. 그것은 합법성의 문제가 아니고 정당성의 문제이다. 우리 국민의 정서가 이를 받아들일 수 있는가 하는 윤리의 문제이다.

(라) '이적성'과 '정당성'

그런데 이총리는 국회에서의 답변에서, 쟁점의 핵심을 피하여 정당성의 문제를 합법성의 문제로, 변질시킨, 정치적 답변으로, 국면을 돌파한 것이다. 이것은 대단히 지략적인 대응방법이기는 하나 온당한 방법은 아니라고 본다.

그런데 이 문제에 대해서는 간과할 수 없는 보다 근본적인 측면이 있다. 그것은 공산주의 이념확산을 위한, 홍보방법이 어떤 것인가 하는 문제이다.

공산주의자들은 자유민주주의 체제를 전복하려고 할 때 그 체제에 대한 정면공격은 결코 하지 않는다. 저항이 너무 크고 이로 인한 희생도 너무 크다는 것을 알기 때문이다.

그래서 그들은 항상 우회적인 방법으로 자유민주주의의 이념을 파괴해 들어가는 것이다. 레닝은 "(자유)민주주의가 완전히 없어질 때까지 우리는 민주주의를 외쳐야 한다"라고 주장하였다. 인민민주주의(공산주의)야말로 참된 민주주의라고 외침으로써 국민들로 하여금 자유민주주의와 인민민주주의의 차이점에 관해서 이념적 혼동을 일으켜서 결국 자유민주주의를 무너뜨리게 한다는 것이 공산주의 홍보의 기본전략이다.

교조적 주체주의를 밀어붙이고 있는 북한은 세계 어느 나라보다 이러한 공산주의 이념의 홍보철학을 충실하고 철저하게 실천하고 있는 공산주의 국가이다. 그들이 내세우고 있는 '조국통일의 3대 원칙'의 내막을 들여다보면 이 점은 분명하게 밝혀진다. 그들이 외치고 있는 '자주', '민족', 그리고 '평화통일'이란 말은 어느 것 하나 우리에게 저항감을 주지 아니한다.

이 말들은 모두 우리도 귀하게 여기는 가치요 이념이다. 그러나 여기에 공산주의 홍보의 마수가 들어 있는 것이다. 그들은 '자주'와 '민족'과 '평화통일'이라는 어휘 속에, 우리는 생각할 수 없는, 저들만의 독특한 개념을 함몰시켜 놓고 있는 것이다. 이로 인하여 얼마나 많은 순박한 남한의 인민들이 그 홍보에 현혹되어 방향감각을 잃어가고 있는가? 이야말로 독소개념(poisonous concept)이라고 할 것이다.

이러한 견지에서 볼 때 송교수가 쓴 사설 내용에 '이적성'이 있느냐 없느냐 하는 것은 형식논리적으로만 따질 것이 아니다. '이적성이 없는' 것 같은 평범한 어휘 속에 '이적성이 있는' 개념을 얼마든지 숨겨놓을 수 있기 때문이다.

이제 많은 한국민들은 국정원이 공식성명에서 밝힌 대로 송교수와 김철수를 동일인물로 보고 있다. 그럼에도 불구하고 장본인인 송교수 자신은 끝까지 이를 부인하고 있다. 이렇게 하는 이유가 무엇인가? 그 자신이, 레닝의 교시에 따라 '이적성 없는' 어휘 가운데 숨겨놓은 '이적성 있는' 개념을 남한국민들이 감지하지 못하도록 하여야 한다는 강박감 때문에 그처럼 송두율＝김철수론에 항의하고 있는 것은 아닐까?

(마) 송교수 제소의 의미

이러한 의문점을 풀어나가는데 하나의 열쇠가 될 수 있는 사건이 있다. 그것은 송두율교수가 황장엽씨를 걸어서 명예훼손의 책임을 묻는 민사소송을 제기해놓고 있다는 사실이다. 황장엽씨는 지난 1998년에 발간한 자신의 저서에서 송두율교수를 '당 서열 23위의 김철수'라고 서술했다.

송교수는 위 저서의 이 부분을 문제삼아 황씨를 상대로 민사소송을 제기해놓은 것이다. 국정원은 2000년 2월 법원으로부터 위 사건에 대한 사실조회 의뢰를 받고 송씨의 이러한 비밀신분이 "의문의 여지가 없을 정도로 명백하다"라고 답변했다.

앞에서도 언급한 바와 같이, 송교수의 입장에서 볼 때 자신이 황장엽씨의 위 저서로 말미암아 중대한 명예침해를 받았다고 생각할 수는 있다. 그러나 송교수의 위 제소에는 이해 못할 점이 하나 있다. 그것은 송교수가 왜 국정원을 명예훼손 제소의 대상에서 제외하였는가 하는 점이다.

국민들이 송교수와 김철수를 동일인물로 보는 것은 황장엽씨의 말 때문이라기보다는 국정원의 발표 때문인 것으로 봐야 한다. 그렇다면 송교수는 황장엽씨 아닌 국정원을 상대로 시비를 걸어야 했다고 본다. 백 보를 양보해서 생각하더라도 송교수는 황장엽씨와 국정원에 대해서 같이 명예훼손의 책임을 물어야만 공정성과 설득력을 가질 수 있다.

그런데 송교수는 그것을 하지 않았다. 그 이유는 무엇인가? 국정원이 겁이 나서 그랬는가? 아니면 국정원이 그동안 자신에게 관대한 처우를 해온 점에 대한 고마움 때문인가? 참으로 알다가도 모를 일이다. 이 문제가 풀리지 아니하면 송교수는 만만한 상대하고만 싸우고 힘있는 상대는 피한다는 평가를 받을 수밖에 없다고 본다.

마지막으로 짚고 넘어가야 할 일 하나를 생각해본다. 국가정보원 관계자는 최근 이렇게 말했다. "송교수가 노동당 후보위원이 아니라고 한다면 입국해서 조사를 받고 결백을 입증하면 될 것이 아닌가?"

참으로 정곡을 찌른 말이다. 이 사건으로 인한 모든 문제는 송교수가 귀국해서 떳떳하게 자기주장을 하지 아니하고 독일에 그냥 머물면서 이 사태를 원격조종만 하고 있는 데서 발생한 것이다.

그가 지성인이라면, 확신있는 노동당원이라면, 떳떳하게 "노동당원이 어째서 나쁘단 말인가?"라고 큰소리로 외쳐야 한다고 본다.

(5) 금수산 기념궁전(김일성분묘) 참배와 국민감정

(가) 천주교 정의구현 사제단들의 참배

방북인사들에 대한 북한측의 금수산 궁전참배 요구는 거의 절대적인 것으로 알려졌다. 우선 천주교 정의구현 사제단의 경우를 통해서 그 내용과 사실관계를 살펴본다.

북한의 중앙방송은 1998.8.14자로 방북중이던 천주교 정의구현 사제단 소속 신부 9명이 13일 김일성의 시신이 안치된 금수산 기념궁전을 참배했다고 보도했다.

그 신부들 중 특히 문규현신부는 금수산 기념궁전 참관록에 "경애하는 김일성수령님의 영생과 조국통일평화를 기원합니다"라고 쓴 것으로 알려졌다. 성경은 인간의 영생이 오로지 그리스도의 십자가와 부활을 통해서만 가능하다라고 선언하고 있다. '경애하는 김일성수령님'이라고 해서 예외는 인정되지 않는다. 하나님은 절대공평의 하나님이시고 정의의 신이 시기 때문이다.

신부가 기독교의 교리를 근본적으로 파괴하는 고백을 해야 할 정도로 김일성은 위대한 인물인가? 아니면 그렇게 한 신부가 사이비 그리스도인인가? 생각할수록 헷갈린다.

북한방송에 의하면 이들 방북신부 중 일부는 같은 달 15일 판문각에서 열린 북한의 통일대축전 행사에 참석한 것으로 되어 있다. 이러한 일련의 행위는 그들이 당초 정부로부터 방북허가를 받은 '종교 교류목적'의 범위를 훨씬 벗어난 것이다.

이 일 때문에 국내에서 논란이 벌어지자 검찰은 이 사건 처리에 관해서 매우 유동적이고 방어적인 반응을 보였다. "신부들이 아직 귀국을 안했고 사실관계도 확인되지 않았기 때문에 처리방향을 예단할 수 없다. '단죄'가 불가피하다는 식의 언론보도는 너무 앞서간 것이다"라는 것이 검찰 고위관계자의 말이었다.

정부가 이 문제에 대해서 처음에 소극적인 자세를 보였던 것은 북한 보도내용의 진부를 확인하지 못했기 때문인 것으로 알려졌다. 만약 그것이 사실로 드러난다면, 대북교류에 미칠 혼란과 부작용을 막기 위해서, 강경하게 처리할 수밖에 없다는 것이 정부의 입장이었던 것으로 보도되었다. 그리고 검찰은 북한방송의 진실성이 확인되고 신부들에 대한 처벌이 불가피하게 될 경우 그들에 대해서는 국가보안법상의 고무 찬양죄 등을 적용해서 강경 처벌할 수밖에 없다는 견해를 피력했다.

그러나, 주지하는 바와 같이, 국가보안법 위반죄로 구공판되었던 문규현신부에 대해서 당시 재판부는 "피고인의 통일대축전 참석은 북한의 체제선전에 이용될 수 있다는 점에서 유죄가 인정되지만 금수산 기념궁전에 참배한 것은 종교인의 한 사람으로서 망인의 명복을 빌었던 것으로 판단된다"라는 입장을 표명했다. 이것이 우리 안보의식의 현주소이다.

(나) 올브라이트 전 미국무장관의 참배

매들린 올브라이트 미국 전 국무장관이 2000.10.23 오전 평양 순안 공항에 도착한 후 그녀가 가진 첫공식행사는 금수산궁전 방문이었다. 전술한 바와 같이, 북한은 평양을 방문하는 외국 주요인사(남한인사 포함)에게 으레히 금수산궁전에 가서 먼저 경의를 표할 것을 요구한다. 그러나 대한민국 국민들에게는, 한국전쟁의 원흉인 김주석에게 경의를 표한다는 것은, 절대적인 금기사항이 될 수밖에 없다. 김주석 사후 조문파동이 일어났고 6월 남북정상회담을 앞두고 김대중대통령의 금수산궁전 방문여부를 둘러싸고 논란이 일어났던 것도 같은 맥락에서 이해되어야 할 것이다.

이런 사정을 모를 리 없는 올브라이트장관이 금수산궁전에 참배한 것은 조명록 북한 국방위원회 제1부위원장의 방미시 양국이 합의한 '적대관계 해소'를 몸으로 보여주기 위한 것으로 풀이되었다. 김주석에 대한 거부감이 남측보다 덜하다고는 하나 미국무장관이 반세기 동안 지속된 양국 적대관계의 '원인제공자'에게 경의를 표하기까지는 '외교적 고려'가 있었을 것이라는 게 전문가들의 분석이었다. 올브라이트장관을 동행해서 취재했던 AP AFP통신 등은 "올브라이트장관이 '위대한 지도자' 김일성의 기념관에 조의를 표하는 것으로 역사적인 북한 방문일정을 시작했다"고 의미를 부여했다.

(다) 김대중대통령의 참배문제

① 김대통령의 일화

김대중대통령은, 전술한 바와 같이, 6.15 정상회담을 위한 방북에 즈음하여 자신에 대한 금수산궁전 참배여부에 관한 말들이 미리부터 많았던 것을 알고 있었을 것이다. 그리고 정상회담 후에는 이 점에 관한 각 언론의 추측보도와 각종의 유언비어가 난무하고 있었던 것도 알았다고 봐야 할 것이다. 김대통령은 이러한 것을 의식하고 드디어 이 점에 관한 자신의 '일화'를 공표하기에 이르렀다.

다음은 김대통령이 2001년 3월 15일 오후 청와대에서 이북도민 관계자 100여 명과 다과를 함께 한 자리에서 밝힌 일화의 내용이다. 그는 "작년 남북정상회담 때 북측이 김일성 전 주석의 (시신이 안치된) 금수

산 기념궁전 참배를 요구해 큰 고비를 겪었다”라고 서두를 끄집어내었
다. 그러나 김대통령은 북측의 완강한 요구를 거절하고 끝까지 문제의
금수산궁전 참배를 하지 아니한 경위를 아래와 같이 설명했다.

“남북정상회담을 위해 북한을 방문하기에 앞서 북한이 금수산궁전 참
배를 요구했으나 우리측에서 ‘도저히 할 수 없다’고 하자 북측이 ‘그러면
평양에 올 수 없다. 오지 마라’고 해서 이 문제가 해결되지 않은 채 평양
으로 출발했다”고 말했다.

김대통령은 이어 “평양 순안공항에 도착했을 때 북측이 또 금수산궁전
으로 바로 가자고 요구했으나 ‘감정상 우리 국민들이 이해하지 않을 것’
이라며 끝까지 거절해 문제가 됐으나 결국 김정일국방위원장과 대화를
통해 해결했다고 단언했다.

김대통령은 특히 “김위원장에게 우리 민족의 잘못된 선택으로 일제를
맞게 되는 등 100년 동안 어려움을 겪은 19세기말 역사이야기, 외세에
둘러싸여 있는 우리나라의 지정학적 조건과 여러 인간적인 대화를 나누
면서 금수산궁전 참배문제가 풀리게 됐다”고 말했다.

김대통령은 “김위원장이 결국 ‘그러면 안 가도 좋습니다’라고 흔쾌히
양보하더라”면서 “남북관계는 고비도 많지만 이렇게 대화를 계속하면 결
국 풀려나간다”고 강조했다. 김대통령은 통일부 업무보고에서도 이 일화
를 소개했다는 것이 언론의 보도다.

김대통령이 대한민국의 대통령으로서 대한민국 국민의 ‘절대적인 감
정’을 명백히 파악하고 있었다는 점에 대해서 감격적인 공속의식(共屬意
識-Bewusstsein der Zusammengehoerigkeit)을 느낀다라고 고백하
고 싶다.

그리고 북측의 끈질긴 강요를 물리치고 우리의 민족정기를 끝까지 지
킨 점에 대해서 뜨거운 경의를 표한다. 그런데 김대통령의 ‘일화’를 들으
면서 쉬 이해가 가지 않는 부분이 하나 있다. 대통령은 전술한 바와 같
이 국민의 감정과 ‘국민의 자존’을 명백히 파악하고 있다. 어쨌든 대통령
은 위 일화 속에서 금수산궁전 참배에 대한 자신의 신념을 밝힌 셈이다.
그리고 대통령은, 위에서 언급한 바와 같이, 자신의 금수산궁전 참배 여

부에 관한 억측, 낭설에 대해서 쐐기를 박는다는 의미로 이를 밝힌 것이라고 본다. 그렇다면 대통령의 이 일화소개가 그러한 낭설을 일축하는데 어느 정도의 기여를 한 것인가 하는 점을 살펴볼 필요가 있다.

② 낭설

그러기 위해서는 먼저 시중에 유행되고 있는 두 낭설의 실체부터 먼저 밝혀야 할 필요가 있다고 생각한다.

그런 의미에서 이러한 낭설 중의 하나를 먼저 소개하고자 한다. 이 낭설은 일본의 시게무라 도시미쯔(重村智計)란 교수가 쓴 <남북통일>이란 저서에서 해당부분을 옮긴 것이다. 편의상 이것을 낭설이라고 부르기로 한다.

그는 '김정일에 매료된 한국민'이라는 항(위 저서 29면)에서 다음과 같이 기술하고 있다. 번역은 내가 서툰 일어실력을 무릅쓰고 직접 한 것이므로, 부족한 점이 많을 것을 자인하면서, 너그러운 양해를 바란다.

"김정일위원장이 공항에서 빈객(賓客)을 출영하는 모습을 TV가 생중계한 것은 처음 있는 일이었다. 비행기 트랩 위에서 예상외라는 표정으로 김정일위원장의 출영에 박수를 보내는 김대중대통령의 모습을 카메라는 비추었다.

트랩 위에 선 김대중대통령은 공항의 터미널 건물 위에 걸려 있던 고 김일성주석의 거대한 초상화를 향해서 눈을 들어 일순간이나마 머리를 숙이는 것 같은 기분을 담은 동작을 취했다. 이것은 김정일위원장으로 봐서 극히 중요한 일이었다. 남의 지도자가 고 김일성주석에게 머리를 숙였기 때문이다.

공항에서의 환영식은 고 김일성주석의 큼직한 초상화를 배경으로 해서 거행되었다. 김일성주석이 보는 앞에서 두 사람이 나란히 서 있는 모습은 절묘하게 계산된 카메라 각도였다.

그러면서 위 저서의 저자는 '남은 의문'이라는 제목(위 저서 13면)으로 다음과 같이 기술하고 있다.

"남북수뇌회담과 관련하여 여전히 풀리지 않고 있는 의문이 둘 남아 있다. (이 두 의문이란) 고 김일성주석의 거대한 동상에 대한 헌화와 유체가 영구 안치되어 있는 분묘에 대한 참배이다.

이 문제에 관해서는 북조선측이 '반드시 해주어야 한다'라는 입장을 견지하고 있었다. 그런데 '이 두 장소에 김대중대통령이 갔다'라는 보도는 없었다. 북조선측이 완전히 양보했다고도 생각되지 않는다.

무엇인가 해결방법을 강구한 듯하나 그것이 무엇인가 하는 것은 알 수 없다. 나는 큰 화환을 바라는 것으로써 양해를 받은 것이 아닌가 하는 추측을 하고 있다.

미정부관계자는 나에게, 공항에서 숙소로 향하는 도중에, 비밀히 참배한 것이라고 말했다. 정찰위성으로 추적하고 있었던 것일까?

또 하나의 문제는, 북조선 방문에 있어서 뒷돈이 지급되었는가 안 되었는가 하는 것이다. 김영삼대통령은 일본 TV와의 인터뷰에서 8억 불의 뒷돈이 지급되었다는 소문이 있다라고 분명히 밝혔다".

또다른 하나의 유언비어를 살펴본다. 이것을 낭설 2라고 부른다.

일본의 월간지 문예춘추 2000년 12월호는 전술한 바 "<(김대중대통령은)독재자에게 속고 있는 것이 아닐까>라는 제목의 글에서 다음과 같은 내용을 언급하고 있다.

그러나 나는 그 글을 옮기기에 앞서서 글의 집필자가 독자들에게 바라고 있는 묵시적 당부를 먼저 전하고 싶다. 집필자는 독자들이 자신의 글을 읽으면서 김정일위원장이 김대중대통령에 대해서 가지고 있는 평가와 희망을 염두에 새겨주었으면 좋겠다는 생각을 품고 있는 것 같다.

김대중대통령에게 대한 그의 평가와 희망이란 다음과 같은 것이다. "김일성은 지난날 김대중에 대해서 사랑과 배려, 동지적 신뢰를 품고 있었다(위 월간지 94면). 집필자는 이 말이 무엇을 뜻하는가? 라는 자문에서 대해서 다음과 같은 자답을 내리고 있다.

남북수뇌회담을 1개월 앞둔 5월의 어느 날, 김정일은 극히 소수의 최고간부를 앞두고 다음과 같은 말을 했다고 한다.

"이번 남북회담의 최대목적은 금수산궁전에 참배하는 일이다. (김대통령이) 수령님의 유체가 안치되어 있는 금수산에 가서 경의를 표하면서 참배한다면 김대중을 믿고 함께 손을 잡을 수 있다. 한국과 북조선은 아직도 전쟁상태에 놓여 있다"(지금은 전쟁을 잠시 중단한 휴전상태).

서로가 상대방을 국가로 인정하지 않고 있다. 북조선으로 봐서 '위대한 수령' 김일성은 신이다. 조선을 방문한 올브라이트 국무장관도 금수산을 찾아서 김일성에게 경의를 표하고 있다.

그러나 만약 한국의 국가원수인 김대중이 김일성의 유체 앞에 서면 이것은 대한민국의 국가로서의 정통성의 근간이 흔들리는 것으로 되는 셈이다. 사실 한국의 보수층 사이에서는 그것을 우려하는 소리가 강하게 일어났었다.

모두에서 말한 바와 같이, 김대중이 순안공항에 도착했을 때 환영의 꽃다발은 누런 빛깔의 꽃이었다. 김정일의 초대를 받은 외국의 귀빈이 평양에 도착하면 금수산궁전을 참배하게 되어 있다. 그때 황색 꽃다발을 받아서 참배할 때 헌화하는 것이 관행이라고 한다.

공항에서 숙소까지는 25킬로미터의 거리다. 김대중과 김정일 둘만을 태운 자동차는 약 40분간 달렸다. 만약 그 도중에 금수산궁전에 들러서 김대중이 황색 꽃다발을 바친 것이라고 한다면 어떻게 될 것인가?(위 월간지 194면)

③ 김대통령 일화의 문제점

김대통령이 시중의 '낭설'을 잠재우기 위해서 위 '일화'를 소개한 것이라면 위 일화 가운데에는 '낭설'의 함축하고 있는 문제점들을 속시원하게 해명하는 이야기들이 나와야 할 것이다. 이러한 견지에서 살펴볼 때 김대통령의 일화에는 아쉽게 느껴지는 부분이 한두 가지가 아니라고 생각된다. 그 아쉬운 점들을 차례로 살펴본다. 먼저 낭설 1과 관련된 문제를 생각해본다.

1) 위 시게무라교수나 김대통령이 다같이 시인하고 있는 바이지만 북한은 김대통령에게 미리 평양방문에 즈음하여 금수산궁전 참배를 "반드시 하여야 한다"는 것을 조건으로 내세웠다. 그런데 김대통령은 서울을 출발할 때까지 "금수산궁전 참배를 도저히 할 수 없다"라고 말함으로써

북측의 요구를 단호히 거절했다고 한다.

그렇다면 북한이 김대통령의 단호한 태도를 보고 "그러면 평양에 올 수 없다. 오지 마라"라고 막말을 해놓고도 김대통령의 입북을 허용했다. 김정일은, 한 걸음 더 나아가서, 김대통령 자신이 예상하지 않고 있던, 파격적인 공항 출영을 했다. 이 사실은 뭐라고 설명해야 할지 알 수가 없다. 특히 김정일위원장은 그때까지도 김대통령의 금수산궁전 참배 요구를 포기한 것이 아니었다. 이것은 "평양 순안공항에 도착했을 때 북측이 또 금수산궁전으로 가자고 요구했으나…(내가) 끝까지 거절해 문제가 됐다. 결국 김정일위원장과의 대화를 통해서 해결했다"라는 김대통령의 말을 통해서도 충분히 알 수 있는 일이다.

2) 김대통령의 '일화'를 더 분석하기 전에 김대통령으로 하여금 그 '일화'를 소개하도록 만든 위 낭설 1의 내용부터 살펴본다.

ⓐ 낭설은 "김대통령이 비행기 트랩에서 공항터미널 건물 위에 걸려 있던 고 김일성주석의 거대한 초상화를 향해서 눈을 들어 일순간이나마 머리를 숙이는 것 같은 기분을 담은 동작을 취했다"라고 주장한다.

그렇다면 김대통령은 자신의 '일화'에서 이 점에 대한 해명을 해야 한다고 생각한다. 그런 동작을 취한 일이 없었으면 없었다고 말하고 있었다면 있었다고 말했어야 한다는 말이다.

만약 그런 동작이 있었다고 하면 사진에 대한 목례와 궁성 참배는 서로 다른 것이라고 하는 이유까지 덧붙여서 설명했어야 할 것이다. 그리고 김일성주석의 사진에 대한 목례는 '우리 국민의 감정'이 이해한다는 사유도 밝혀야 했던 것이다.

ⓑ 낭설은 "(김대통령이) 고 김일성주석의 거대한 동상에 대한 헌화와 유체가 영구 안치되어 있는 분묘에 대해서 참배했는가" 하는 의문에 대해서 "김대중대통령이 이 두 장소에 갔다라는 보도는 없었다"라고 말하고 있다. 그러나 낭설은, 그것을 이유로 해서, "김대통령이 그 두 곳에 간 일이 없다"라고 단정하지도 않고 있다.

낭설자는 오히려 '미정부관계자'가 그에게 말하였다는 말 즉 "공항에서 숙소로 향하는 도중에, 비밀히 참배하였다"는 말을 믿고 있는 것이 분명하다. 이것은 그가 한 말 "(미국 정부가) 정찰위성으로 추적하고 있었던 것인가?"라는 데서 분명히 읽을 수 있다.

김대통령의 '일화'가 '낭설'의 해소를 위해서 나온 것이라면 위 일화는 좀더 구체적인 내용을 담고 있어야 한다고 생각한다. "공항에서 숙소로 가는 도중에 비밀히 두 곳을 들른 것은 사실이나 참배를 하지는 않았다"든가 아니며 "그 두 곳에 들른 일 자체가 없다"라고 해명했어야 옳았다는 말이다.

그래서 김대통령의 일화는, 해명되어야 할 것은 해명하지 못한 채, 궁금증만 더 늘게 만든 것이라고 생각하는 국민들이 적지 아니하다. 이 궁금증이 바로 국가안보 신념의 동요와 연결되는 것이다.

다음으로 낭설 2와 김대중대통령의 일화를 대비해본다.

전술한 바와 같이 낭설 2는 김대통령이 평양 공항에서 받은 것으로 되어 있는 황색 꽃다발에 세인들의 관심을 집중시키고 있다. 그 황색 꽃다발은 평양을 방문하는 외국귀빈들이 궁전을 참배할 때 헌화용으로 수교되는 것이라고 한다. 그렇다면 김대통령은 자신이 낭설 2의 내용과는 달리 황색 꽃다발을 받은 일이 없다든지 그 꽃다발을 받은 것은 사실이나 그 꽃다발은 금수산궁전 참배용 헌화로 쓰여진 것이 아니고 다른데 바쳐졌다고 말했어야 했다.

그리고 낭설 2는 공항에서 김대통령의 숙소까지의 거리가 25킬로미터(차량으로 10분 거리)라고 못을 박고 있다. 그런데 김대중대통령과 김정일위원장 두 사람만이 탄 승용차는 40분간 달렸다는 것이다. 낭설 2가 말하고자 하는 초점은 40분 거리에서 10분을 뺀 30분간 김대통령과 김위원장이 무엇을 했는가 하는 것이다. 위의 낭설 2를 소개한 '워싱턴 분석팀'은 김대통령이 숙소로 가는 도중에 금수산궁전에 들러서 위의 황색 꽃다발을 헌화한 것이라고 단정하고 있는 것이나 다름없다. 만약 워싱턴 분석팀이 아무런 증거 없이, 일국의 원수에 대한 이러한 의심을 촉발케 하는 사실을 '면'이라는 가정법(황색 꽃다발을 바친 것이라고 한다면)을 가지고 퍼뜨린다면 이는 영락없는 명예훼손 행위에 해당한다.

그러므로 김대통령은 낭설 2에 대한 해명을 생각해서라도 자신이 평양 순안공항에서 황색 꽃다발을 받았는가 받지 아니하였는가 하는 점에 대한 답변을 위 '일화' 속에 담았어야 했다. 그리고 다음으로 김대통령은 숙소로 가는 도중에 금수산궁전에 들렀는가 들리지 않았는가 만약 들렀다고 하면 문제의 황색 꽃다발을 헌화했는가 안 했는가 하는 점을 밝혔어야 했다고 본다.

그런데 김대중대통령은 그의 '일화' 가운데 위와 같은 점에 대한 해명은 전혀 하지 않았다.

그래서 낭설 추방을 위한 김대통령의 힘들인 '일화'의 소개에도 불구하고 낭설은 여전히 낭설로 남게 되었다고 말할 수밖에 없다.

(6) '개판 국회'

서영훈 전 민주당대표가 현역의원으로 있을 때 남겨놓은 명언(?)이 있다. 국회를 가리켜 '진짜 개판'이라고 한 말이 그것이다. 이래서 조선일보는 2000. 7. 17자 '개판 국회'라는 제목의 사설까지 게재했다. 이것은, 평시 신중한 성품의 소유자로 알려진 서대표로부터, 그러한 직설적이고 자극적인 말을 들은 조선일보 충격을 그대로 드러내어 놓은 것이라고 생각한다.

또 한편 조선일보는 서대표의 '개판 국회'론에서 많은 국민들의 공감대를 발견했다고도 볼 수 있다. 서대표가 말하는 '개판 국회'는 야당의원들에게만 적용되는 말이 아니다. 그렇다면 국회의 무능, 부패를 제거한다는 명목으로 국회의원 물갈이론을 내세워서 사회를 격랑 속으로 몰아넣었던 총선시민연대의 활동은 무엇을 가져왔는가?

이 운동을 부추긴 중심세력은 바로 여권이다. 결국 여권은, 사법부에 의해서 불법행위를 한 것으로 판정받은 총선시민연대를 부추겨 '개판 국회'를 만드는데 기여를 한 셈이다. 목적이 수단을 정당화한다는 논리는 공산주의 혁명론의 출발점이다. 그것은 법질서의 파괴로부터 시작하는 원리이기 때문이다.

더구나 이번 총선시민연대의 활동은, 결과를 놓고 볼 때, 목적부터 의심을 받을 수밖에 없도록 되었다.

우리가 개판 국회를 보면서 괴로워하는 이유는 개판 국회가 있는 곳에 국가안보는 없다고 하는 사실 때문이다.

(7) 대학가의 용공 분위기

(가) 서 론

대학가가 사상의 오염지대로 변하고 자유민주주의 타도의 전진기지가 된 것은 오래 전의 일이다. 이것은, 정부의 안보 담당부서, 언론기관 그리고 일반 국민들이 모두 다 알고 있는, 공지의 사실이다. 내가 이 문제를 이제 새삼스럽게 들먹이는 이유는 대학가가 온통 붉은 빛깔의 용공사상으로 뒤덮였다는 것을 개탄하기 위한 것이 아니다. 대학생들 중 용공으로 기울어진 학생들은 극소수라는 것을 나도 안다. 그럼에도 불구하고 지금 이 문제를 제기하는 이유는 이런 극소수의 용공학생들이, 대담하고 거침없이, 대학가의 분위기를 혼탁하게 만들 수 있게 되었다는 사실 때문이다. 뿐만 아니라 정부나 언론 할 것 없이 이 무서운 상황에 대해서 문제의식을 전혀 가지고 있지 않다는 점에 대해서 많은 국민들은 우려와 분노를 함께 느끼고 있는 것이다.

(나) 청년통일광장

이러한 대학가의 용공 분위기가 어디까지 왔는가 하는 점을 연세대의 경우를 통해서 알아본다. 연세대 정문 앞에는 2001년 4월, 언제부터인지는 모르나, 다음과 같은 대형 현수막이 걸렸다.

'청년통일광장'의 이름으로 게양된 현수막 세 개의 내용은 다음과 같은 것이다.

① 비전향장기수 선생님 지도 따라 굽힘 없는 청년으로 살아가겠습니다.

② 북으로 가신 63분의 비전향장기수 선생님들의 지도에 따라 연방통

일의 광장에서 뵙겠습니다.

③ 신념의 강자 비전향장기수 선생님들의 빛나는 투쟁 따라 굽힘 없는 투쟁의 한 길로 나가겠습니다.

이것을 보면서 그냥 지나쳐간 교수·학생·시민·언론인·안보 관련 공직자는 얼마나 되었겠는가? 그러나 그 많은 사람들 중에 이 무서운, 적화통일을 위한, 공산주의 선전포고 현수막을 보고 문제를 제기한 사람은 한 사람도 없었다.

4.16 오전에 우연히 그곳을 지나게 된 용감한 시민 한 사람이 이것을 발견하고 현수막이 걸려 있던 탑에 사다리를 타고 올라가서 등산용 나이프로 현수막 로프를 절단하고 라이타 불로 현수막을 태워버렸다. 아니나다를까 수위가 달려와서 이 애국시민의 용감한 행위를 제지했다.

그리고 몇몇 학생이 이 애국시민을 에워싸고 항의했다. 학생들의 항의에 대한 이 애국시민의 답변은 이러했다. "대학은 진리를 탐구하는 학문의 도장이지 정치이념의 홍보, 선전의 장이 아니야". 이야말로 만고의 진리가 아닐 수 없다.

이 애국시민이, 체면과 자기 안전을 돌아보지 아니하고 이처럼, 무모한(?) 행위를 감행한 동기와 이유를 우리는 깊이 새겨봐야 한다고 생각한다. 위의 현수막 기재내용이 과연 용공적인 것이며 공산통일의 결의를 다짐하는 선전포고와 같은 것인가 살펴보자.

이 현수막의 내용은 모두 다 '비전향장기수'에 대한 존경과 그들 정신의 계승, 구현을 선포하는 결단의 표명으로 일관하고 있다.

비전향장기수란 어떤 사람들인가? 그들은 남파간첩을 위시하여 대한민국의 전복을 위한 범죄행위를 한 이유로 사법부로부터 중형을 선고받고 장기간 수감생활을 한 사람들이다.

'비전향'이란 어떤 의미를 가지고 있는 어휘인가? 그것은 비전향장기수가, 사법부로부터 유죄판결을 선고받은 자신의 범죄행위에 대해서 후회나 개전의 정을 전혀 가지고 있지 아니하다는 것을 의미한다. 바꾸어 말하면 비전향장기수는 공산주의 확신범이라는 말이다. 앞으로도 기회와 여건이 허용한다면 남파간첩활동은 물론 어떠한 대한민국 전복의 범죄행위에도 기꺼이 가담하겠다는 결의를 표명한 사람들이다.

이러한 사람들을 우리는 종래 '미'전향장기수라고 불렀다. 그러나 그들은 이 이름에 대해서 강력하게 항거하고 나섰다. 자기들은 공산주의가 영원한 지표이자 최고의 가치인 것으로 믿기 때문에 '전향'은 영원히 있을 수 없다는 것이다. 그러므로 전향의 가능성을 나타내는 '미'전향은 자신들의 신조에는 있을 수 없다는 것이다. 오로지 '비전향'만이 자기들의 생명이라는 것이다.

그런데 이해할 수 없는 것은 우리의 정치지도자들이나 지성인·언론인 할 것 없이 그들의 주장을 아주 쉽게 수용하여 미전향장기수를 비전향장기수로 상용어화하고 있다는 점이다.

비전향장기수들이 대한민국 전복결의의 화신이고 그러한 의미의 비전향장기수들을 북한이 영웅으로 예우하고 있는 범위 내에서는 북한은 우리에게 있어서 반국가단체가 될 수밖에 없다. 비전향장기수들이 그러한 반국가단체의 구성원이라고 하는 점도 의심의 여지가 없다. 그렇다고 하면 연대 앞에 게양되었던 위 현수막의 내용은 국가보안법 제7조가 말하는 '반국가단체 구성원의 활동을 찬양, 고무'하는 행위에 해당될 수밖에 없다.

'연방통일'이 북한식 공산통일이라는 사실은 새삼스럽게 되뇔 필요가 없다고 본다. 백 보를 양보해서 생각하더라도 청년통일광장이 주장하고 있는 '연방통일의 광장'이 '자유민주주의를 포기해도 좋은 통일광장'이라는 것은 명백한 것이다. 청년통일광장이 내세우고 있는 '투쟁의 한 길'이 말하는 투쟁은 무엇인가? 그것은 대한민국의 체제 곧 자유민주주의 이념을 두들겨 부수기 위한 투쟁이 아니고 무엇인가?

이러한 명백한 국가보안법 위반범죄를 목격하면서 그 범죄행위의 주인공인 '청년통일광장'이 수사의 대상으로 떠오른 일은 없다. 그러한 대역범죄충동의 격문이 버젓이 대학가에 나부끼고 있는 세태 속에 우리는 살아가고 있는 것이다.

이러한, 공산통일을 위한, 무력사용(투쟁)론이 난무하는 대학가를 그냥두고 우리 국민의 안보의식에 아무런 문제가 없다고 강변하는 대한민국 국민의 정체는 무엇인가?

한 걸음 더 나아가서 생각해볼 때 그것은 단순한 '반국가단체 구성원의 활동에 대한 찬양, 고무' 행위에만 그치는 것이 아니다. 그들의 정신과 애국적(?) 행위를 따르겠다고 하는 국가전복결의의 선포인 것이다.

현수막은 '장기수선생님의 지도를 따를 것'을 선포하고 있다. 장기수선생님들의 지도나 투쟁의 핵심은 무엇인가? 대한민국의 자유민주주의를 파괴하고 공산주의 신념으로 남북한을 통일한다는 것이 그들의 지도와 투쟁의 목표가 아닌가?

'청년통일광장'은, 장기수선생님들의 지도와 투쟁을 따라서 '굽힘 없는 청년으로 살아갈 것'과 '연방통일의 광장에서 뵐 것' 그리고 '투쟁의 한 길로 나갈 것'을 다짐하고 있다. 이 이상 더 무섭고 개탄스러운 일이 또 어디에 있겠는가?

(다) 한총련

한총련은 대한민국 사법부에 의해서 이적단체로 규정지어진 이념투쟁 단체이다. 한총련이 최근에 새로운 방향으로 도약한다는 명목으로 그 조직을 재정비하고 활동에 나서고 있다. 이 한총련의 움직임은 바로 우리 학원가의 안보의식이 어떠한 상황에 처해 있는가 하는 것을 판단하는데 중요한 자료를 제공해준다고 본다. 이런 의미에서 한총련의 최근의 동향을 살펴보고자 한다.

한총련의 산하기관인 서총련은 2001년 연초에 '학원 자주화 투쟁의 일대도약'이라는 이름으로 '서총련 1,2월 학원 자주화 투쟁계획서(초안)'을 발표했다. 그리고 서총련은 그 계획대로 학원 자주화 투쟁을 격렬하게 전개했다. 최근 우리 정계와 공안기관 그리고 온 사회가 발칵 뒤집힐 정도의 대소란 속으로 휘말려 들어가게 된 것은 서총련의 이러한 투쟁의 결과이다. 정말로 무서운 투쟁이 아닐 수 없다.

그러면 그러한 위력을 가지고 있는 학원 자주화 투쟁의 실체가 무엇인가 하는 점을 한번 생각해봐야 할 것이다.

우선 서총련이 연초에 수립했던 '핵심사업'이라는 이름의 투쟁계획과 그 실천계획일자를 살펴본다. 그 계획은 다음과 같이 짜여져 있다.

 1. 2월 9일 6.15 공동선언 실현, 미국 반대, 등록금 인상저지를 위한 서총련 결의대회

 2. 2월 15일 단과대별 교양대회(교양 및 16일 사수를 위한 결의)

 3. 2월 16일 한총련 학자공동연대투쟁

 4. 3월 30일 한총련 총궐기(제안)

이 계획표를 보면서 감탄하지 않을 수 없는 것은 서총련 계획이 얼마나 정확하고 치밀하게 짜여졌느냐 하는 점과 서총련이 그 계획의 실천을 위해서 얼마나 강한 투지와 추진력을 가지고 있는가 하는 점이다.

서총련은 이러한 계획을 짜면서 '들어가며'라는 이름의 서문으로 투쟁의 목표를 다음과 같이 선언하고 있다.

"바야흐로 조국통일이 도래하고 있습니다. 현정국은 자주와 통일의 궤도를 따라 급진전하고 있으며 정말로 가까운 시기 안에 조국통일이 확정적으로 다가올 것이 분명합니다".

서총련이 '바야흐로 도래하고' 있다고 주장하는 '조국통일'이 어떤 내용의 통일인가?

그 통일이 '자유민주주의'를 사수하는 통일이 아닌 것만은 분명한 것 같다. 조급하게 성취하려는 '빠른 통일'은 '바른 통일'이 될 수 없다는 것이 우리가 월남의 지난 역사에서 얻은 교훈이다. 우리는 아무 통일이라도 통일만 되면 좋다는 생각을 받아들일 수 없다.

그렇다면 서총련이 주장하는 '조국통일'은 무서운 통일이 아닐 수 없다.

서총련은 또 '01년 학원 자주화 투쟁의 총체적 방향'이라는 주제로 (1) 전면화되고 있는 미제의 교육 침탈을 분쇄하자, 2) 통일시대를 예비하는 민족대학 건설투쟁에 나서자라고 하는 투쟁의 방향을 설시하고 있다.

서총련은 다시 '그 외에 중요하게 준비하고 투쟁해야 하는 과제들'이라는 제목으로 1. 자주강좌의 의의와 목표(통일시대, 대학생의 역할과 관련한 담론을 만들어내어 40만 학우들이 통일시대의 주인으로 설 수

있게 한다) 2. 자주강좌의 내용(-통일시대, 대학생(청년학생)의 역할이 총체적인 내용이다. -구체적으로 북한 문학의 이해/북한 사회의 이해/노동당 창당 55돌 행사 참관기 등 이북 바로 알기 강좌(방북자들을 통해 강의를 들으면 좋을 듯)이라는 주장을 펴고 있다.

서총련의 이러한 투쟁은 '일대 도약'을 거쳐서 "한총련의 깃발을 더욱 높이 들고 자주의 새 세기를 맞이하자"는데 행동의 궤를 맞추어 나간다는 것이 그들의 행동강령이라고 선포하고 있다.

우리는 서총련의 이러한 투쟁백서를 보면서 경악과 좌절, 암울함과 허탈감을 느끼지 않을 수 없다. 젊고 발랄하고 밝아야 할 대학생들이 왜 이렇게 증오와 분노, 투지와 적개심의 화신으로 변하고 있는가 하는 것을 느끼기 때문이다.

적개심과 투쟁만 있는 곳에는 희망과 건설이 있을 수 없다. 거기에는 절망과 파괴만이 난무하게 된다. 그리고 절망과 파괴가 판을 치는 곳에서는 자유민주주의와 안보가 설자리를 잃게 된다. 그러한 곳에는 조국도, 민족도, 내일도 없는 것이다.

(ㄹ) 6.15 공동선언과 학원가

학원의 용공 분위기를 살피면서 생각해봐야 할 또 하나의 사건이 있다. 남북정상회담이 시작된 2000년 6월 13일 서울대, 고려대, 한양대, 건국대 등 전국 10여 개 대학에 태극기와 북한의 인공기 그리고 한반도기가 나란히 게양되었다. 그 옆에는 '남북정상회담 대환영', '북조선 바로 알기', '김정일 바로 알기' 등의 글이 적혀 있는 대형 현수막이 걸렸다.

이에 대해서 서울지검 공안2부(부장 박윤환)는 "주동자들을 색출해 엄벌하겠다"고 밝혔다. 그러나 검찰의 이 경고는 엄포로 끝나고 말았다. 인공기, 현수막 게양 학생들에 대한 수사나 소추는 전혀 이루어지지 않았다는 말이다.

그렇게 된 연유에 대해서 황원탁 수석은 다음과 같이 그 경위를 설명했다. 그가 그해 7월 20일 이북도민회 중앙연합회 주최 강연회에서 처음으로 밝힌 뒷얘기는 이렇다. "김정일위원장이 지난 달(6월) 14일 '오늘 아침 남측 TV를 보니 (남측) 학생들이 대학교 내에 인공기를 걸었다 하여 검사들이 관련자들 색출해 사법 처리하겠다고 하는데 이럴 수 있습니까? 라고 우리대표들에게 항의했다".

황수석은 김위원장이 "대한민국 대통령이 여기(평양)서 나와 정상회담을 하겠다는 것은 서로 믿고 존중한다는 것 아닙니까? 지금 남측 수행원들 모두가 태극기(배지)를 달고 있으나 우리가 시비를 걸지 않고 있습니다. 그만 돌아가십시오, 열렬한 환영도 받으셨으니 오늘 하루 쉬시고 바로 돌아가십시오"라고 잘라서 말했다고 밝혔다.

이 해명으로 세론이 시끄러워지자 황수석은 "해명얘기가 사실보다 더 나갔다. 내 실수다. 김위원장이 김대통령에게 '돌아가라'고 한 것은 사실이 아니다. '사과받겠다'고 한 것도 사실이 아니다. 내가 말을 잘못했다. 김위원장은 '대통령께서 여기 와서 정상회담하시는데 이래서 되겠습니까? 선처하십시오'라고 말했다"고 자신의 발언을 번복했다.

그러나 많은 국민들은 정정된 황수석의 해명을 믿지 않고 있다. 그렇다면 "그만 하고 내일 돌아가 달라"고 말했다는 것은 예의 차원의 문제가 아니다. 그것은 국제관계에 전례가 없을 뿐 아니라 남쪽 국민들을 전혀 배려하지 않은 폭언이다.

우리는 또 왜 이런 전언이 뒤늦게 나오며 어째서 청와대 내에 혼선과 혼동이 생기는가 하는 데에 큰 우려를 가지게 된다. 혹자는 황수석이 말을 했다가 황급히 주워담고 다른 수석은 '혼동'을 내세워 그것을 부인하는 등의 상황은 우리 청와대가 남북문제와 같은 중차대한 사안을 과연 효율적으로 이끌어갈 수 있느냐 하는 포괄적인 의문을 가지게 하는 일이라고 주장한다(조선일보 2000.7.22 사설).

그러나 의문만으로 문제가 정리되는 것은 아니다. 인공기를 게양하고 반국가단체를 찬양, 고무하는 현수막을 내린 학생들을 "엄벌하겠다"고 큰 소리를 지르던 검찰마저 슬그머니 꼬리를 내려버린 이유가 무엇인가 하는 점에 대해서 의문 이상의 당혹감을 느끼고 있는 국민들이 너무나 많다. 검찰은 누구의 지시를 받고 누구의 눈치를 보면서 소추권을 행사하는 기관인가 하는 점이 아리송하기만 하다.

(마) 폭력시위 빈발의 원인

(이 글은 한국논단 2001년 6월호에 실렸던 <폭력시위 빈발사태에 대해서
책임을 져야 할 사람은 누구인가>라는 제목의 소론 중 해당부분을 발췌하여
옮긴 것이다)

우리는 지금까지 우리 학원가에 침투되고 있는 용공사상의 실체와 그
현황을 살펴보았다. 그리고 우리는 이러한 용공사상의 홍보·확산을 위
한 시위에 동원되는 방법이 폭력 또는 그 외의 범법행위라는 점에 대해
서도 염려를 함께 나누었다. 이것은 부끄럽고 무서운 현상이다. 공산주
의 투쟁방법론 중 제일 중하게 보고 있는 것은 공권력의 무시 내지 무력
화이다. 국가나 정부가 부정되어야만 혁명을 위한 폭력이 정당화될 수
있는 길이 열리기 때문이다.

그런데 우리는 이러한 공산주의 투쟁원리 즉 "목적은 수단을 정당화한
다"라는 신념이 확산일로에 있다는 점에 대해서 크게 걱정하지 않을 수
없다. 지금 그와 같은 투쟁원리는 풍토와 지역 그리고 생활환경을 중심
으로 하는 집단이기주의와 결부되어서 전국토를 휩쓰는 폭력시위로 발
전해가고 있다.

나는 이러한 견지에서 지금까지의 논지와는 달리 학원가를 위시한 각
계각층에 퍼져가고 있는 폭력시위 풍조 확산의 원인을 살펴보고자 한다.

지난 3월 31일에 발생한 소위 민중대회 폭력시위 사건은 우리의 전
국토를 경악과 분노의 소용돌이 속으로 몰아넣고 있다.

이 폭력시위 참가자 중에는 모정당의 지구당 위원장을 비롯해서 적잖
은 대학생과 많은 노조원이 들어 있는 것으로 밝혀졌다. 온 국민은 폭력
시위에 참여하지 말아야 할 사람들이 사용해서는 안 되는 폭력시위, 특
히 화염병 투척시위를 감행했다는 점에 대해서 분노하고 있다.

1998년 한 해에 일어났던 화염병 투척시위 사건은 총 2건이고 거기
에 사용된 화염병 수는 170개인 것으로 알려졌다. 2001년에 들어와서
는 지난 3월말까지 불과 3개월 동안에 일어난 화염병 투척시위가 15건
에 이르고 있으며 거기에 사용된 화염병은 1672개라고 한다. 이것은
누가 보아도 심각한 사태가 아닐 수 없다.

검찰이 경찰에 대하여 '폭력시위에 대한 엄중대처를 지시'하고 '화염병

투척시위자에 대한 철저한 추적검거 방침'을 선언하고 나선 이유도 이러한 국민적 분노에서 비롯된 것이라고 봐야 할 것이다.

그런데 나는 왜 우리 국민들이 지금 이러한 폭력시위 사태에 대해서 격앙된 분노의 반응을 보이고 있는지 그 이유를 알 수 없다. 우리는 이러한 폭력시위를 민주화운동으로 평가하고 부추기기까지 했던 백성이 아닌가? 그런데 이제 와서, 이 활발하게 이루어지고 있는 민주화운동을 왜 새삼스럽게 문제삼아야 하는가?

이러한 민주화운동을 외쳐온 사람들 중에는 정치지도자들, 대학교수들, 성직자들 등 사회지도층 인사가 무수히 들어 있다. 이러한 사람들의 대오각성이 없는 한 오늘 우리들의 이 분노는 영원히 반복되는 일과성 행사에 그치고 말 것이다.

우리 정부는 감상주의적 민주화 운동론에 심취되어 오래 전부터 불법 폭력시위에 대해서 매우 관용적인 태도를 취해왔다. 폭력시위에 대한 포용력의 폭이 경찰의 민주화 평가의 기준인 것처럼 대처해왔다, 경찰이 폭력시위에 대한 민주적 진압방법으로 연구해낸 최고의 걸작품이 '여경 시위진압 기동대'라는 것이다.

이것은 이무영경찰청장이 외신기자들 앞에서 "시위진압에 최루탄을 쓰는 대신 '여경기동대'로 경비선(폴리스라인)을 설정하겠다"라고 선언함으로써 시작된 것이다. 그리고 그는 이 새로운 시위진압 대책을 '최루탄 대신 화장품'이라고 이름 붙였다. 그런데 외신들은 대한민국 경찰의 획기적인 신종 폭력시위 진압전략에 대하여 냉담한 반응을 보였다.

프랑스 르몽드지와 미 시사주간지 타임은 '서울 경찰이 곤봉, 최루탄 대신 립스틱'이라고 보도했다. 폭력시위는 환상적인 이상주의로 진압되는 것이 아니라는 역설적 교훈을 담고 있는 기사라고 봐야 할 것이다. 어쨌든 '무최루탄과 여경 경비선'은 98년 가을 이후 우리 경찰의 시위진압 방식의 축을 이루어왔다. 그러나 경찰의 이같은 무기력한 태도는 시위현장에서 번번이 무너져나갔다. 특히 올들어 '화염병 과격시위'가 급증하고 있는데도 경찰은 최루탄을 쓰지 않고 방어적 진압방법 사용 일변도로 나갔다. 시위현장의 일선 경찰들은 불가항력적인 폭력 앞에서 무력감을 호소하기만 했다.

많은 국민들은 무기력한 경찰의 시위대응과 허술하기 짝이 없는 법집행 자세야말로 폭력적인 과격시위 확산의 주요이유로 지적하고 있다.

이러면서도 정부는 시와 때를 가리지 않고, 느닷없이 "불법·폭력시위에 대해서는 단호하고 강력하게 대응한다"라고 엄포를 놓곤 했다. 그러나 대다수의 국민들은 정부의 이러한 발표에 관심을 보이지 않았다. 그것이 말대로 지켜질 것이라고 믿지 않았기 때문이다. 이러한 정부의 엄포와 시위대의 폭력 사이에 끼여서 시위진압을 담당하는 일선경찰들마저 "시위대의 불법행동에 어떻게 대처해야 할지 헷갈릴 때가 많다"라고 고충을 털어놓았다.

이처럼 법집행의 권위가 무너진 자리에는 '통제불능의 악성 시위문화'가 자리잡게 마련이다. 이러한 악성 시위 중 아주 비인도적이고 불법적인 사례를 한둘 들어본다. 작년 10월 과천정부종합청사 앞에서 벌어진 시위에서는 500여 명의 시위대 중 선두에 선 3분의 1이 초등학교 저학년과 유치원생이었다. 어른들은 어린아이들을 앞세워 청사 진입을 시도했고 어린이들은 화단에 있는 돌멩이를 주워 친구들에게 나누어줬다.

작년 11월에는 '농가 부채 해결' 등을 요구하는 전국 농민회가 시위를 벌였다. 전국 고속도로가 이 시위로 20일 동안 몸살을 앓았다. 농민들이 고속도로를 트랙터 등으로 점거한 이 시위로 심한 교통체증이 일어난 것은 말할 것도 없다. 경찰과 농민들은 곳곳에서 충돌했고 이로 인해서 부상자는 속출했다.

미국에서는 대통령이 사는 백악관 앞에서도 누구나 시위를 할 수 있다. 그것이 자유민주주의 정신의 발현이다. 그러나 시위가담자가 공공기물을 마음대로 옮기거나 이를 훼손하는 경우에는 경찰에 의해서 곧바로 체포된다. 특히 경찰이 미리 그어놓은 시위경계선을 넘는 사람은 그 즉시 발포의 대상이 된다. 미국이 폭력시위를 허용하지 아니하는 것은 미국에 자유민주주의가 없기 때문인가? 대한민국이 지향해야 할 민주주의는 미국의 그것보다 더 관용적인 것이어야 하는가? 참으로 답답한 일이다.

　이제 본론으로 돌아가서 지난 3월 31일자 민중대회 폭력시위사건의 내용을 살펴보자. 이 사건의 경위는 다음과 같다. 지난달 31일 오후 5시경 종묘공원에서 민주노총 등 35개 단체의 주관으로 '제1차 민중대회'가 개최되었다. 이 대회에는 1만여 명의 시위자들이 집결했었다.

　민중대회를 마친 1만여 명의 시위군중은 국세청 앞도로를 점거하고 경찰과 몸싸움을 시작했다. 일부 시위대는 경찰을 향해서 깨어진 보도블록을 집어던졌다. 경찰은 시위참가자를 방패로 찍고 곤봉으로 때렸다. 이것은 차라리 전쟁이라고 봐야 할 것이다.

　이 민중대회에 참가했던 시위군중 중 한총련 학생들과 노조원 1,500여 명은, 연대 정문 앞에 집결하여 8차선 도로를 모두 점거하고 있었다. 쇠파이프로 땅을 치고 있던 시위대 옆에는 화염병 수백 개가 한 줄로 놓여 있었다.

　경찰병력이 밀려오자 '시위사수대' 소속 대학생 30-40여 명은 일제히 화염병에 불을 댕겼다. 순식간에 200여 개의 화염병이 불을 뿜으며 하늘로 치솟았다. 그때부터 이 일대가 시위대와 경찰의 극한 대치로 말미암은 아비규환의 수라장으로 변한 것은 더 말할 나위가 없다. 서울지검은 이 사건 폭력시위 가담혐의로 현장에서 검거된 대학생 83명 중 화염병을 투척한 피의자 10명에 대해서 구속영장을 청구하고 나머지 73명을 불구속 입건했다.

　정부는, 이 사건이 발생한 후, 화염병 투척시위가 나라의 국제적 신인도를 떨어뜨리고 외국인 투자유치에 장애를 초래함으로써 국익을 해치는 반사회적 범죄이므로 이에 대해서 '강력하게 대처해 나갈 것'을 선언했다. 정부는 한편 "화염병 투척의 전력을 가진 자들에게 학사관리나 취업과정에서 불이익을 주는 방안 등을 강구한다"는 뜻을 밝히기도 한다. 국민들은 정부의 이같은 결연한 자세를 당연한 조치로 받아들이면서 마음 한구석에 석연치 못한 아쉬움이 남아 있는 것을 발견하게 된다.

　정부가 취하는 조치가 '소 잃고 외양간 고치기'식 사후약방문(死後藥方文)의 처방이 아닌가? 라는 냉소적 반응을 보이고 있는 국민들이 예상외로 많다는 것을 우리는 간과하지 말아야 한다.

불법시위에 대한 정부의 결연한 대책방침이 선포된 지 며칠이 되지 않은 4월 5일 '제9기 한총련 대의원대회'가 홍익대학교에서 대학생 1,200여 명이 참여한 가운데 열렸다. 국민들이 정부의 성명과 발표에 대해서 그 권위를 인정하지 않고 있는 이유는 바로 이런 데 있다.

이와 같은 충격적인 사건이 다시 발생하자 많은 국민들은 경찰의 미온적인 폭력시위 대책에 관해서 문제를 제기했다. 이에 대한 경찰의 해명은 다음과 같다.

"4일 밤부터 대회가 열리는 홍익대 주변에 경찰 21개 중대 2500여 명을 배치하여놓고 학생들의 대회장 출입을 봉쇄했지만 학생들이 5일 오후부터 4-5명씩 짝을 지어 학교 안으로 들어갔다"라는 것이다. 이것은, 경찰이 자신의 힘으로는, 이 불법집회·시위를 막을 수 없었다고 하는 해명으로 받아들여져야 할 것이다. 이 땅의 폭력시위문화가 어디까지 왔느냐 하는 것을 극명하게 보여주는 사례라고 할 것이다.

그렇다면 우리는 왜 끊임없이 계속되는 폭력시위 앞에서 부끄러운 고통을 당하기만 해야 하는가 하는 점에 대해서 깊이 생각해봐야 한다고 할 것이다. 지금 사태를 이대로 방치하게 되면 대한민국은 폭력시위 공화국이 되고 말 것이다. 발생회수와 시위규모가 점점 대형화되가는 이 폭력시위는 결국 우리의 안전과 긍지 그리고 재산과 질서를 모조리 앗아갈지도 모르는 상태에 이르게 되었다.

질서파괴와 법질서 경시의 사상이 일반화되고 생활화되면 자유민주주의와 법치주의는 설자리를 잃게 된다. 그리고 국가보안법은 저절로 그 존재의미를 상실하게 되는 것이다.

(8) 이한영씨 피살사건과 우리 안보의 현주소

이한영씨는 김정일위원장의 전처 성혜림(成惠琳)의 이질이다. 그는 자신의 이모와 김정일의 불화·이혼으로 말미암아 한때 단란했던 김정일과의 관계도 깨어졌다. 북한에서 살기 힘들게 된 이한영씨는 한국으로 망명했다.

1996. 2. 13 모 일간지가 이 사실을 특종기사로 터뜨렸다. 그러자 북한의 중앙통신은 '필요한 시기에 정정당당한 수단과 방법을 다해 단호한 보복조치를 취할 것'이라고 위협하였다. '구국의 소리 방송'은 2월 19일 "민족의 명부, 인간족보에서 제거해 버려야 한다"고 선언했다. 이한영씨는, 과연 그들의 협박대로, 북한이 보낸 테러리스트들의 손에 암살됐다. 당시 황용하경찰청장은 이 사건을 은폐하고 책임소재를 회피하려고 쉬쉬하다가 최정남 부부간첩을 체포, 조사하는 과정에서 사건의 전모가 탄로났다.

안전기획부(국가정보원의 전신)는 1997년 11월 '테러·납치사건 북한소행으로 판명'이라고 발표했다. "이한영 피격 사망사건은 북한 사회문화부 소속 테러 전문요원인 최순호와 명미상의 20대 남자 등 2명으로 구성된 일명 순호조라는 특수공작조가 사건발생 1개월여 전에 남파되어 자행한 사건으로서 이들은 북한 귀국 후 영웅칭호를 받고 향후 재남파에 대비하여 얼굴 성형수술까지 받은 것으로 밝혀졌다는 것이다. 이한영씨에 대한 암살동기는 다음과 같은 것으로 알려졌다. 그는 국내 월간지 및 일간신문과의 인터뷰에서 성혜량·성혜림(성혜림-김정일의 전처이자 김정남의 생모)의 북한탈출과 성혜량·이한영 모자의 비밀전화 내용을 폭로했다. 이것이 이 사건을 촉발했다는 것이다. 그러나 엄밀하게 북한이 그에 대한 암살협박을 공공연하게 표명하였음에도 불구하고 그 신변보호를 소홀히 한 공안당국의 무사안일주의가 이 부끄러운 일대사건의 원인이라고 봐야 할 것이다.

북한의 테러요원이 두 사람이나 대담하게 남한으로 밀입국하여 한 달 동안 공작활동 하면서도 검거되지 아니하였다는 것은 충격적인 일이다. 남한은 북한의 간첩뿐만 아니라 테러리스트들의 보금자리인 셈이다. 이한영씨는 특수 경호 대상자가 아닌가? 그런데도 그는 맥없이 북한 테러분자들의 흉계에 희생되고 말았다. 이러고도 우리의 안보상황에는 아무런 문제가 없다고 하니 이것이 무슨 소리인가?

이한영씨의 장례식 주인공은 미망인과 유아뿐이었다. 이한영씨의 신변보호를 책임졌어야 한 치안당국은 그 장례식에 관할경찰서장 한 명을 보냈다. 이것은 경찰이 망명귀순인사의 생명보호에 얼마나 성의가 없었던가 하는 것을 여실히 보여주었다.

이한영씨는, 대한민국에, 생명을 걸고 자유를 찾아온 귀중한 망명귀순인사가 아니라 남북관계 호전을 저해하는 귀찮은 민족통일의 방해자인 것이다.

이렇게 하고서 어떻게 대한민국이 자유민주주의를 표방할 수 있을 것인가? 이한영씨의 암살사건은 황장엽씨 등 탈북 망명인사의 인권보장과 신변보호에 관한 국가정보원의 석연치 못한 태도에 대해서 무엇인가 설명해주는 바가 있다고 보여진다

(9) 황장엽씨의 공개항의
(이 글은 헌정 2000년 12월호에 실린 것이다)

황장엽씨는 2000. 11. 20. 국가정보원이 "통일문제와 관련된 우리의 글이 정부의 대북정책을 강도 높이 비판했다며 우리의 활동을 제한하는 조치를 (종래보다) 더욱 강화하는 방침을 선포했다"고 주장하면서 이에 반발하는 성명을 발표했다. 그는 그 성명에서 국정원이 이 '제한조치를 취소하지 아니하면 스스로 행동방향을 결정할 것'이라고 선언하고 있다.

황씨의 주장이 사실이라면 이것은 중대사건이 아닐 수 없다. 자유민주주의 체제하에서는 누구든지 정부의 모든 정책을 비판할 수 있는 자유를 가지고 있다. '대북정책'이라고 해서 국민의 비판자유로부터 치외법권적 특권을 누리는 것은 아니다. 그 비판이 아무리 '강도 높은' 것이라고 하더라도 결론은 마찬가지다. 그런 견지에서 이 문제를 살펴보면 이것은 황장엽씨의 개인적인 언론·출판의 자유에 한정된 문제가 아니다. 이것은 실로 자유민주주의 체제의 사활에 관한 문제로 귀결한다. 정부의 정책에 대한 비판의 자유가 허용되지 아니하는 자유민주주의는 죽은 자유민주주의이기 때문이다.

황장엽씨는 자신들에 대한 국정원의 제한조치가 '우리의 생명의 존재가치를 부정하는 것'이라고 선언하고 있다. 이 비장한 선언 가운데 숨겨

져 있는 그들의 비통한 심정을 모르는 바 아니다. 그러나 필자는, 전술한 바와 같이, 이 문제가 '황장엽씨 등의 생명의 존재가치'에 관한 것만이 아니고 '자유민주주의의 존재가치'에 관한 것이라고 믿고 있다.

그런데 필자는 이 '존재가치'가 '황장엽씨 등 개인'의 것이냐 '자유민주주의'의 것이냐 하는 것을 따지기 전에 먼저 살펴봐야 할 일이 있다고 생각한다. 황장엽씨 등에 대한 각종 '제한조치' 문제에 관하여 황장엽씨 측과 국정원의 둘 중 하나가 거짓말을 하고 있는 것은 틀림없다. 그렇다면 그 거짓말의 주인공은 누구인가? 이것을 먼저 살펴봐야 한다고 생각한다.

국정원의 해명을 들어본다. 국정원은 첫째, 황씨 등은 국정원의 '보호'를 받는 가운데서도 자유로운 활동과 집필이 보장되어 왔다고 한다. 국정원의 말대로라고 하면 황씨가 한 말 즉 (국정원이) 우리의 활동을 제한하는 조치를 '더욱' 강화하는 방침을 선포했다라는 말은 거짓말이 될 수밖에 없다. 국정원과 황씨 등 중 누가 거짓말을 하였는가 하는 것은 우리가 반드시 밝혀야 할 중대과제이다.

국정원은 대한민국의 안전보장을 위해서 물 샐 틈없는 경계를 펴나가야 하는 국가의 최고기관이다. 그러므로 안보문제에 관한 한 국정원은 절대정직의 책임을 지고 있다. 황장엽씨는, 동기야 어디에 있든, 대한민국에 망명해서 자신의 생명과 자유를 누리고 있는 대한민국의 수혜자이다. 그는 은인인 대한민국에 대하여 절대성실의 책임을 지고 있다. 그러므로 국정원과 황장엽씨 등은 명예와 생명을 걸고 자기주장의 진실성을 입증해야 할 것이다.

이것은 민족정기(民族正氣)의 요구이자 자유민주주의 명령이다. 이 요구와 이 명령을 충족하지 못하는 민족의 통일과 남북의 교류는 민족의 야합이자 남북의 상거래에 불과한 것이다. 과거 이와 같은 진실공방은 국민들의 억측과 쑥덕공론만을 일으키다가 용두사미로 끝나곤 했었다. 그러나 이번만은 이러한 부끄러운 우리의 역사를 되풀이해서는 안된다고 생각한다.

황씨 등은 국정원이 자기들의 활동에 대해서 '제한조치'를 가했다고 말하고 있다. 이에 대해서 국정원은 (황씨 등에게 행동을) '자중해줄 것을 권장'했는데 불과하다고 해명하고 있다. 양측의 지능과 경험으로 보아 그들이 '제한조치'와 '권고'를 구별하지 못하고 혼동을 일으킨 것이라고는 생각할 수 없다. 우리가 양쪽의 주장을 들으면서 비통한 느낌을 가지게 된 것은 이 때문이다.

국정원은 '황씨 등에게 위와 같은 자중을 권장'한 것은 '그에게 더욱 가중되어 오는 북한으로부터의 테러'를 막기 위한 것이었다고 해명했다. 그러나 이 해명을 쉽게 믿을 국민은 많지 않을 것이다. 황장엽씨는 북한을 누구보다 잘 알고 있는 사람이다. 황씨에 대한 테러 위험성의 판단은 황씨 자신에게 맡겨야 한다. 자기생명과 안전을 경시하는 사람은 아무도 없다. 황씨는 한반도에서의 동족상잔의 전쟁 재발을 막기 위해서 대한민국에 망명한 것이라고 선언했다. 혹시 황씨가 이 목적을 위해서, 자기생명을 걸고, 국정원의 '자중 권고'를 무시한 것이라고 하면 그의 생명은 '보호'의 대상이 될 수 없는 것이다.

국정원이, 그 방대한 조직과 막강한 힘을 가지고서도, 자신이 '보호'하고 있는 망명객 한두 사람을 지키지 못한다는 고백은 우리들의 간담을 서늘하게 만든다. 그러나 국정원의 이 고백에는 보다 더 근본적인 문제가 뒤따른다. 그것은 북한이 '국정원의 보호'하에 있는 망명객에 대해서까지 테러를 행사할 수 있다는 것을 국정원이 공개적으로 인정했다는 점이다.

국정원은 북한이 '깡패국가'(Rogue State)라는 것을 공인한 것이다. 테러는 깡패만이 할 수 있는 것이기 때문이다. 실제로 북한이 저지른 6.25 남침, 청와대 무력침공, 아웅산 포격, KAL기 폭파 등은 모두 깡패만이 할 수 있는 일이다. 그런 의미에서 국정원이 황장엽씨 등에 대한 북한의 테러 위험성을 경고한 것은 적절한 것이라고 말하지 아니할 수 없다.

여기에서 우리는 마지막 문제점을 하나 짚고 넘어가지 않을 수 없다고 본다. 그것은 북한과 같은 깡패국과 대치하고 있는 현상태에서 "한반도에서 전쟁의 위험은 사라졌다"라고 하는 정부당국의 단정은 무엇을 근거로 하고 있는가 하는 점이다. 북한은 120만이라는 막강한 병력의 70 퍼센트를 전진 배치시키고 있다. 가공할 만한 화력과 생화학무기를 가지고 있다. 우리의 군사훈련에 대해서는 격렬한 비방을 가하면서 자신은 10년내 최대규모의 군사훈련을 계속해서 실시하고 있다. 이것은 방어용 군사훈련인가? 남한이 "전쟁은 없다"라고 선포하였는데 방어는 무엇을 위한 방어인가? 국정원은 이 점에 대해서 국민들의 목타는 궁금증과 불안을 풀어줘야 할 책임이 있다고 본다.

국정원은 종래 황씨 등이 외부인사와의 접견을 기피하고 있다고 발표해왔다. 그러나 이번 사태로 국정원의 이 발표는 거짓이었던 것으로 밝혀졌다. 국민의 정부가 국민에게 정직을 보여주지 아니하면 국민은 어디서 정직을 찾을 수 있을 것인가? 국민은, 생각할수록, 슬프기만 하다.

6.15 공동선언에는 긴장완화와 평화정착에 관한 언급이 전혀 없다는 것이 많은 전문가들의 공통된 지적이다. 그럼에도 불구하고 오늘날처럼 걷잡을 수 없이 확산되는 장밋빛 한반도 평화정착론의 근거는 무엇인가? 김대통령은 그 근거로 한반도 무력통일을 선포하고 있는 노동당규약에 대한 김정일총서기의 개정약속을 들고 있다.

북한은 우리와의 약속을 수없이 파기해왔다. 이번의 약속은 북한이 과거에 다반사로 파기해왔던 종래의 약속과 다르다는 보장이 어디에 있는가? 혹자는 6.15 공동선언이, 과거 남북간의 협약과는 달리, 남북정상이 직접 얼굴을 맞대고 맺은 약속이라고 하는 점에서 상호신뢰성의 보장이 있다고 주장한다.

협약의 협약됨은 그것이 최고책임자의 의지를 반영하고 있는가 하는 여부에 따라서 결정되는 것이다. 그 약속들이 남북 양정상의 의지에 따라서 결정된 것이라고 하면 정상들이 직접 만나서 약속하였는가 아니면 전권대리인을 통해서 약속하였는가 하는 것은 별다른 의미를 가질 수 없는 것이다. 그것은 물량적인 차이에 불과한 것이므로 질적 차이를 인정받을 수 있는 명분은 될 수 없다.

실제에 있어서 동서와 고금을 가리지 아니하고, 국가의 정상끼리 직접 얼굴을 마주 보면서 맺은 약속이, 다른 누구도 아닌, 그 정상 자신의 손에 의하여 파기돼 버린 사례를 우리는 수없이 보아왔다. 그러므로 정상간의 '얼굴 대 얼굴의 협약'(face to face agreement)이 협약의 준수에 대한 신뢰성 보장의 근거가 된다는 논리는 전혀 설득력을 가질 수 없는 것이라고 봐야 할 것이다.

우리 국방부는 "적의 기도를 보고 평가하지 말고 그 전투능력을 보고 평가하라"라는 전술의 기본원칙을 선포하고 있다. 북한이 우리와 전쟁할 능력(군사력)을 갖추고 있지 않으므로 전쟁의 위험은 없다는 논리의 표현이다. 그러나 불행하게도(?) 국방부의 이 단정은, 전술한 많은 주장, 자료와 맞지 아니한 것이다. 그러므로 국방부의 판단을 무조건 믿어주기를 바랄 수는 없는 것이다. 국민들이 안심하고 신뢰할 수 있는 보다 객관적인 해명과 자료의 제시가 필요하다고 생각한다.

더구나 국민들은 국방부의 위 선언 자체에서 또다른 불안을 느끼고 있는 것이 사실이다. 그것은 국방부 자신이 「북한의 남침 '기도'」를 인정하고 있다는 점이다. 국방부가 북한의 무력남침 기도 자체를 인정하지 않는 것이라면 위 선언은 달라져야 하지 않는가 하는 것이 이 우려의 핵이다. "적의 기도와 그 능력을 보고 판단하라"라고 해야만 국민이 안심할 수 있다는 말이다. 국민은 정부가 "이제 한반도에서는 전쟁이 영원히 사라졌다"는 명백한 자료를 제시해주기를 간절히 바라고 있다. 평화는 우리의 영원한 염원이기 때문이다.

(10) '좌익 광란의 시대'

언론보도에 의하면 한나라당의 이부영원내총무는 같은 당 소속 정형근의원이 행한 '좌익 광란의 시대' 발언을 공개적으로 비판한 것으로 되어 있다.

정형근의원은 2월 14일 "지금은 좌익의 광란시대이다"라고 말한 것으로 알려졌다. 정의원의 이 말에 대한 이부영의원의 공개적 비판의 핵심은 정의원의 말이 "시대착오적인 주장이다"라고 하는데 있다.

정당 내부에서 일어난 이념논쟁을 당 외부에 공개적으로 들고나오는 것은 매우 이례적인 일에 속한다. 그러나 그 방법이 아무리 이례적인 것이라고 하더라도 당내 문제는 당내에서 해결되어야 하는 것이다. 당외인 사인 제3자가 당내 문제에 관하여 논평을 가한다는 것은 의미 없는 일일 뿐만 아니라 주제 넘는 일이라고 생각한다.

그러나 정형근의원과 이부영총무간의 논쟁은 당론도출을 위한 방법론 선택의 문제가 아니라고 생각한다. 그것은 자유민주주의에 대한 가치관 정립의 문제이고 대한민국의 국시와 관련되는 중대문제라고 생각한다. 그러므로 이것은 한나라당 당원만이 관심을 베풀어야 할 성질의 문제가 아니다. 대한민국의 국민은 누구나 이 논의에 동참할 수 있고 또 있어야 한다고 본다.

그러한 의미에서 필자는 대한민국 국민의 한 사람으로서 나의 의견을 피력하고자 한다. 그리고 여기에서 토로하는 나의 의견은 나 한 사람의 의견이 아니라는 것을 감히 말하고자 한다. 나와 같은 견해를 가지고 있는 사람이 대단히 많다는 말이다.

이부영총무가 정형근의원의 '공산 광란 시대론'을 논박하는 근거는 "이데올로기의 대립은 이미 끝났다"라는 점에 있다. 지금 공산주의 혁명론의 허구성이 분명하게 밝혀진 것은 사실이다. 그러므로 이 시점에 이르러서 인민민주주의와 자유민주주의의 우열에 관한 논란을 벌인다는 것은 아무런 의미가 없다. 이 총무가 위와 같은 주장을 펴고 있는 이유의 핵심은 여기에 있을 것으로 짐작한다.

"이데올로기 대립의 승패는 끝났다"라고 하는 원칙론에 관해서 이론을 제기할 사람은 아무도 없다. 문제는 그 원칙론의 해석에 관해서는 많은 이론이 제기되고 있다고 하는 점에 있다. 우선 두 가지의 실례를 들어보고자 한다.

문민정부하에서 그 정부의 이데올로기 정립에 관한 중책을 지고 있던 교수 한 사람이 있었다. 그는 이장희교수다. 앞에서도 언급한 바와 같이 그는 우리나라의 최고 가치를 '민족'과 '통일'에 두고 있다. 그는 민족의 통일을 위해서는 다른 모든 가치는 포기될 수 있는 것으로 보았다. 그의 주장에 의하면 통일을 위해서 필요하다면 국가의 체제도, 국가의 명칭도, 국가(國歌)와 국화도 바꿀 수 있는 것으로 되어 있었다. 그 포기대상 중에는 자유민주주의의 체제도, 물론, 들어 있다.

이총무는 이러한 주장이 정부차원에서 주장되고 있었는데도 "이데올로기의 대립은 끝났다"라고 주장할 수 있는가? 그것은 이데올로기 논쟁의 시작이지 끝이 아니다.

국민정부의 사례를 하나 살펴본다. 이 정부에서 정책기획을 담당하던 대학교수 출신의 고위 공직자가 피력한 국가관을 살펴본다. 그는 6.25 전쟁을 '미제국주의자와 그 괴뢰정권으로부터 민족을 해방하기 위한 거룩한 전쟁(聖戰)'으로 규정했다. 이 주장에 대해서 말썽이 일자 그는 얼른 말을 바꿨다. 위 성격규정은 6.25 전쟁 중 UN군이 이에 참전한 후의 일정기간에만 한정되는 평가라는 것이다.

이것은 무슨 궤변인가? 6.25 전쟁의 어느 시기가 문제되는 것이 아니다. 6.25에 대한 평가시점이 언제이든간에 민족해방을 위한 성전이었던 때가 언제 있었는가? 6.25 전쟁은 한반도의 무력통일을 위한 공산도당의 흉계가 일으킨 동족상잔의 피비린내 나는 전쟁이다. 여기에 무슨 민족해방의, 성전이란 말이 나올 수 있는가?

이러한 6.25 전쟁관이 정부의 고위 공직자에 의해서 공공연하게 주장되고 있는데도 이 총무는 "이데올로기의 대립이 끝났다"라고 주장할 것인가?

현직판사가 북한 함정의 서해안 북방한계선 침범을 옹호하는 발언을 인터넷 홈페이지를 통해서 대담무쌍하게 토해낸 일이 있다. 경찰서에 방화하고 경찰관과 대한민국 국군을 사살하고 양민을 죽이고 민가를 겁탈한 무장공비 빨치산을 양심범이라고 추켜세우는 세상이 되었다. 간첩이 통일운동가라고 으스대고 반국가단체로부터 받은 금품을 통일자금이라고 우기는 판국이 되었다. 간첩이 천하의 공당에서 이런 해괴망측한 주장을 펴고 있다. 이런데도 이총무의 눈에는 '이데올로기의 논란은 끝난 것'으로 보이는가?

김종필 자민련 명예총재는 일찍이 지금 우리 사회가 한 발자국도 물러설 수 없는 '극좌의 벼랑'에 서 있다고 갈파하였다. 극좌 벼랑의 시대가 어떤 시대인가? 그것은 다름 아닌 '좌익 광란의 시대' 바로 그것이 아니고 무엇인가?

'공산 광란'은 반드시 '공산주의 사상에 미친' 사람들의 언동만을 뜻하는 것이 아니다. 그것은, 대한민국의 최고가치인, 자유민주주의를 사랑하고 이를 지키려는 사명이 없는 사람들의 언행을 말한다. 자유민주주의가 허물어지면 그 빈 자리에는 반드시 인민민주주의라고 하는 공산주의가 들어오게 되어 있다.

자유민주주의는 제도의 우수성 때문에 저절로 지켜지는 것이 아니다. 그를 사랑하는 애국시민들이 피와 땀 그리고 생명까지 바치면서 지켜나갈 때만 보존되는 것이다.

우리 국회는 작년 연말에 4.3 사태 진상규명과 명예회복에 관한 특별법과 민주화 관련자 명예회복과 보상에 관한 특별법을 통과시켰다. 4.3 사태는 어떤 사건인가? 제주도에 공산혁명정부를 수립하기 위한 무장폭동이 아닌가?

7년 동안 제주사태로 인하여 입은 우리의 정신적·물질적 손실은 이루 말할 수 없이 큰 것이었다. 이것은 우리의 아픔이요, 치부이다. 그런데 위 4.3 특별법은 공산주의 무력폭동을 제주도민의 명예와 승리의 상징으로 탈바꿈시켰다. 제주사태 진압에 동원되었던 국군과 경찰은 양민 대량 학살범으로 전락하고 말았다. 어느 나라 국회가 자기나라의 군대와 경찰을 흉악한 대량 살인범 집단으로 공인하였던 일이 있는가?

민주화 관련자 명예회복 특별법은 '국민의 기본권을 침해한 권위주의적 통치에 항거'한다는 신념(?)을 가지고 행한 모든 실정법 위반 범죄자(국가보안법 위반자, 살인자, 방화자, 공무집행 방해자)에게 월계관을 씌워주는 법률이다.

그렇다면 자유민주주의의 정신적 지주인 3권분립 제도는 어디로 갔으며 재판의 권위는 어디서 찾아야 할 것인가? 이것은 법치주의의 기저를 흔들어놓는 발상의 산물이다. 이것이 '공산 광란'이 아니고 무엇인가?

이부영총무는 "그렇다면 국회가 공산 광란의 산실이란 말인가?"라고 반문할지 모른다. 결코 그런 뜻으로 위와 같은 지적을 한 것은 아니다.

그러나 국회는 위 두 특별법을 제정한 점에 대해서 무거운 책임을 져야 한다고 생각한다. 이 법률들의 문제점에 관해서는 이 저서 부록에서 다시 언급하기로 한다.

공산주의의 행동철학은, 주지하는 바와 같이, "목적은 수단을 정당화한다"(objective justifies means)라는 것이다.

목적과 명분을 구실로 내세워서 법(수단)을 무시하는 것은 바로 공산주의 활동의 출발점이다. 그러므로 이 시대를 '좌익 광란의 시대'라고 부르는데 있어서 아무런 문제는 없다고 본다.

필자에게는 정형근의원의 말을 두둔하거나 이부영의원의 말을 반박해야 될 아무런 이유도 없다. 그러나 필자는 분명히 말한다. 이제 정말로 '좌익 광란의 시대'에 진짜 종지부를 찍어야 할 때가 왔다라고 하는 이것은 나의 신념이자 결단이다.

(11) 노벨평화상 수상과 국가보안법

(이 글은 헌정 2001년 2월호에 실렸던 것이다)

(가) 서 론

2000년 12월 10일은 우리 국민에게 있어서 영원히 잊을 수 없는 영광의 날이다. 이날은 김대중대통령이, 배달의 동포로서는 처음으로, 노벨평화상을 수상한 날이다. 노벨평화상은 노벨상 중의 노벨상이다. 앞으로도 언제 또다시 이러한 영광의 날이 우리를 찾아올지 알 수 없는 가슴 벅찬 일이다.

김대통령 자신도 노르웨이 국왕 하랄드 5세가 입석한 평화상 시상식장에서 "오늘 나에게 주어진 영예를 다시없는 영광으로 받아들이고 감사한다"라는 감격적인 소감을 피력했다. 그러면서 김대통령은 "한국에서 민주주의와 인권, 그리고 민족의 통일을 위해 기꺼이 희생한 수많은 동지들과 국민들을 생각할 때 오늘의 영광은 그분들에게 바쳐져야 마땅하다"라는 겸양의 말을 첨가했다. 그 말이 대통령의 수상을 더욱 돋보이게 했다.

굳나르 베르게 노벨위원회 위원장이 발표한 김대통령의 노벨상 수상 공적내용은 더욱 감동적이다. 베르게위원장은 김대통령이 남한뿐만 아니라 동아시아 전체를 위해서 바친 필생의 공적(his lifelong work for democracy and human rights)을 기리는 뜻으로 그 상을 수여한다고 시상 이유를 밝혔다.

베르게위원장은 우리 대통령의 생애를 다른 노벨상 수상자, 특히 넬슨 만델라, 안드레이 사하로프, 빌리 브란트 그리고 마하트마 간디의 그것들과 같은 것으로 보았다. 그는 특히 김대통령의 불퇴전의 정신 (invincible spirit)을 초인(superhuman, Uebermensch)급이라고 격찬하고 있다.

김대통령 개인의 자랑만이 아니고 우리의 자랑이자 민족의 자랑이다. 그런데 베르게위원장은 김대통령의 노벨상 수상에 가장 큰 기여를 한 업적이 '북한과의 평화와 화해'(peace and recinciliation with north Korea)라고 선언했다.

베르게위원장의 말을 따르면, 김대통령이 주도한 햇볕정책과 6.15 남북공동선언이 이번 수상자 결정에 큰 몫을 한 것으로 된다. 많은 한국사람들이 햇볕정책과 6.15 선언에 큰 의의를 부여하고 있는 것은 사실이다. 그러나 동시에 적지 아니한 한국사람들이 현재의 남북관계 진전의 속도와 밀도에 대해서 불안과 불만을 가지고 있는 것도 사실이다.

베르게위원장은, 이러한 사태를 미리 예견하고 한 일이지는 모르나, 이 점에 관하여 자문을 제기하고 있다. 그것은 "지금 시작된 데 불과한 화해의 과정(process of reconciliation which has only just begun)에서 김대통령에게 노벨상을 시상하는 것은 너무 이르지(too early) 아니한가?" 하는 질문이다.

그는 이 자문에 대해서 다음과 같은 자답을 내리고 있다. 그 자답이란 "인권을 위한 김대중씨의 공헌은 두 한국 국가(two Korean states)사이에 '최근 일어나고 있는 사태진전'(recent developments)과는 관계없이 그를 수상자로 결정하는데 충분한 이유가 된다"라는 것이다.

필자는 이 점에 대한 베르게위원장의 자문이나 자답에 대해서 더이상 언급할 지식이나 자료를 가지고 있지 않다. 그러나 그의 연설 가운데 꼭 짚고 넘어가야 할 대목이 하나 있다고 생각한다. 그 대목을 그대로 옮겨 본다.

"김대통령이 성취한 민주주의 혁명 후에도 낡은 질서(old order)는 아직 살아 있다. 민주주의란 관점에서 볼 때 남한(South Korea)은 '법제도와 보안입법의 개선'(reform of the legal system of security legislation)을 성취했다고 말하기에는 아직 미흡한 점이 있다. 앰네스티에 따르면 아직도 남한의 교도소에는 장기수 정치범(long-term political prisoners)이 수용되어 있다. 어떤 이들은 근로자들의 노조결성권이 충분히 보장되고 있지 않다고 주장한다. 우리는 근 반세기 동안 민주화를 위해 뛰어난 대변자 역할을 감당해온 김대중씨가 그 문제들을 완전히 해결할 것으로 확신한다".

(나) 문제의 제기('남한'과 '보안법')

필자는 먼저 그가 '대한민국'(Republic of Korea)을 '남한'(South Korea)이라고 부른 점에 대해서 커다란 저항감을 느끼지 않을 수 없다. south Korea란 국명을 가진 나라는 이 지구상 어디에서도 찾을 수 없다. 그럼에도 불구하고 베르게위원장이 대한민국 대통령에게 노벨상을 수상하면서 그가 통치하는 국가를 '남한'이라고 부른다는 것은 무례하기 짝이 없는 일이거나 무식하기 그지없는 일이다. 이것은 김대중씨가 대한민국 대통령으로서 노벨상을 수상하였는가 아니면 개인의 자격으로 수상하였는가 하는 것과는 전혀 상관없는 일이다.

그러나 필자를 참으로 분개하게 하는 사실은 국가의 호칭이 아닌 다른 데 있다. 그는, 전술한 바와 같이, "남한이 보안입법(security legislation)에 관한 한 아직도 가야 할 길이 멀었다"라고 말했다. 그가 말하는 '보안입법'이 무엇을 말하는가? 대한민국의 모든 언론은 그 말이 '국가보안법'(National Security Law)을 뜻하는 것으로 받아들이고 있다. 필자도 그렇게 생각한다.

그렇다면 베르게위원장의 말은 무엇을 뜻하는가? 국가보안법 개폐의 문제는 우리에게 있어서 참으로 중대하고 지난한 과제 중의 하나로 꼽히고 있다. 온 국민이 지식과 경험과 정성을 다해서 토론하고 연구해도 쉬 결론을 얻을 수 없는 어려운 일로 알려지고 있다.

그런데 베르게위원장은 우리 국가보안법의 제도적 의의와 구조, 연혁과 기능에 대해서 얼마나 많은 연구를 했는가 물어보고 싶다. 그리고 국가보안법이 대한민국의 자유민주주의를 수호하는 법률이라고 믿고 있는 국민들이 엄청나게 많다고 하는 사실을 그가 알고 있는지 모르겠다.

만약 베르게위원장이, 이러한 연구나 상황판단 없이, 함부로 국가보안법 개정문제를 들고나온 것이라면 이는 우리나라 국정에 대한 간섭의 문제로 그치지 않는다. 하늘같은 노벨평화상을 하사한다는 것을 기화로 자신의 오만과 독선을 무조건 수용하라는 말이나 다름없는 것이다. 노벨평화상의 영광을 얻는 대가로 우리의 자유민주주의는 망신과 창피를 당해도 좋다는 것인가?

(다) '정치범'

그는 또 우리 교도소에 장기형을 선고받은 '정치범'이 수용되어 있다고 단정하고 있다. 정치범이란 말은 두 가지 의미로 쓰여지고 있다. 그 하나는 국가의 기본적 질서를 파괴하는 범죄를 말한다. 내란죄 또는 외환죄 같은 것을 뜻한다. 또 하나의 정치범은 국가의 기본질서를 파괴할 목적으로 행하는 모든 범죄, 예컨대 혁명을 위한 살인죄, 방화죄 같은 범죄의 범인을 뜻한다.

'정치범'이 이러한 것을 의미하는 이상 그것은 무거운 형의 선고를 받는 것이 당연하다. 그런데 베르게위원장은 '정치범'은 교도소에 들어가서는 안 되는 것처럼 단언하고 있다. 그가 말하는 정치범이란 도대체 어떤 범인(수형자)을 말하는가? 실로 괴이한 일이 아닐 수 없다.

그가 말하는 '정치범'이 앰네스티가 말하는 '양심범'과 같은 것이라고 가정해보자. '양심범'이란 말이 잘못된 것이라는 사실에 대해서는 여러 번 언급하였으므로 설명의 중복을 피하기로 한다.

베르게위원장의 '정치범'론 또는 '양심범'론이 옳은 것이라고 하면 대한민국의 국회, 검찰, 법원은 모두 '의인'을 '악인'으로 전락시키는 악당의 집합체가 된다. 그렇다면 대한민국은 존재해서는 안 될 나라가 되는 것이다.

그가 아무리 노벨상위원장이라고 하더라도 우리의 조국 대한민국을 이처럼 공개적으로 폄하할 수 있는가?

베르게위원장은 위와 같은 자기주장에 대해서 자신이 있다고 하면 자기책임하에 이것을 선언할 것이지 왜 앰네스티에 거증의 책임을 미루고 있는지 그 점도 알 수 없다.

그러나 필자는 여기서 가장 근본적인 문제를 제기해보고자 한다. 베르게위원장은, 전술한 바와 같이, '장기수 정치범'(양심범)이 현재도 남한 교도소 안에 수감되어 있다고 단언하고 있다.

김대통령은 현재 집권 3주년을 맞이하는 시점에 와 있다. 한평생 인권신장을 위해서 몸바쳐온 공로로 노벨평화상을 수상하는 대통령으로서는 집권과 동시에 억울한 옥살이를 하고 있던 장기수 양심범에 대해서 즉각 사면조치를 해주었어야만 옳았던 것이 아닌가? 그것을 하지 아니한 채, 3년을 헛되이 보내고 있다가 노벨평화상을 수상하는 날까지 자신의 통치권 안에 들어 있는 '남한 교도소' 안에, 양심범을 그대로 묶어 두고 있다면 이 얼마나 큰 모순이 아닌가?

남한의 교도소 안에 장기수 양심범이 수용되어 있다고 한 베르게위원장의 말이 거짓말이든가 아니면 김대통령이 투철한 인권운동의 공로로 노벨평화상을 수상한다는 것이 거짓말이든가, 둘 중 하나가 거짓말인 것은 분명하다.

남한에서 근로자의 조직권이 충분한 보장을 받지 못하고 있다는 베르게위원장의 말도 쉽게 받아들이기 어려운 많은 문제를 내포하고 있다. 그러나 이 점에 대한 긴 논의는 피하고자 한다.

어쨌든 베르게위원장이, 영광스러운 노벨평화상 잔치에서 수치스러운 연설을 함으로써, 대한민국 국민들에게 수모를 준 일은 우리의 큰 아픔이다.

(12) 김정일 흠모사상의 확산

(이 글은 민족정론 2001년 6월에 실린 것이다)

지금까지 우리는 남한 내에서 붕괴되어가고 있는 국가안보의식의 현장을 두루 살펴보았다. 이제 마지막으로 대한민국의 정체성의 파괴를 한 단계 뛰어넘어 한반도 공산통일 실현론과 김정일 지도자 추대론의 현주소를 살펴보고자 한다. 나는 이러한 상황을 진단하는데 있어서 가장 좋다고 생각되는 자료를, 시중에서 버젓하게 판매되고 있는 단행본 <김정일의 통일전략>에서 찾아보고자 한다.

그 저서의 제목만을 보면 "김정일의 사람됨을 똑똑하게 꿰뚫어보고 그에 대한 대책을 강구하라"는 경고의 소리가 담겨 있는 책으로 보여진다. 그러나 사실은 이와 정반대이다. 김정일이야말로 민족의 염원을 달성할 위대한 지도자라는 예찬으로 가득차 있는 책이다.

그의 저서 중 우리가 눈여겨 살펴보아야 할 부분을 옮겨본다. 우선 위 저자는 '한국어판에 부치는 서문'이라는 이름으로 김정일의 통일전략의 내용과 그것이 달성되는 과정을, 다음과 같이 서술하고 있다.

"김정일이 추구하는 바는 무력통일이나 적화통일 전략이 아니라 조선문제의 무혈해결, 즉 조선민족 자신이 자주적으로 평화적으로 조선문제를 해결할 수 있기 위한 물리적 조건, 곧 정치적 환경을 정비하는 것이다. 그것은 미국이라는 조선통일의 최대 장애물의 무력화·중립화이고 주한미군의 명예로운 철수이다....

한국정권에는 민족적 정당성이 없기 때문에 그것을 지탱해온 것이 미국의 지원과 국가보안법인데 미국이라는 요인이 배제됨과 동시에 국가보안법은 그 존재 이유가 없어진다고 보는 것이다. 따라서 국가보안법의 폐지조건을 만들어내는 것이 김정일 통일전략의 중요한 목표이다...

북조선의 대륙간 탄도미사일은 뉴욕, 워싱턴, 시카고와 같은 주요도시에 조준을 맞추어놓고 있는데 이것을 막기 위해 미국은 미사일 요격망 설치계획을 하고 있지만 아마 이 계획이 실효를 거두기는 쉽지 않을 것이다.

다시 말해 제2차 조선전쟁이 터지면 조미간에 쏘아대는 탄도미사일이 마구 날아다니게 되어 그 순간에 전면적 핵전쟁이 되어 미 본토가 불바다가 될 것이다....결과적으로 북조선이 아니라 미국이 급하게 되는 것이다.

북조선과 전쟁을 벌이면 한국만 파괴되는데 그치지 않고 일본과 미국 본토가 핵을 맞아 잿더미가 될 것이다... 그러므로 이제부터 몇 년 안에 조미 외교관계가 수립되고 조미 평화협정이 조인되고 그 결과 한국의 존재 이유가 없어지고 조선이 평화적으로 통일된다"(위 저서 15-18면).

다음으로 위 저서가 주장하고 있는 '통일조선의 주역'으로서의 김정일이 겪게 될 파란만장한 영욕의 역사를 살펴본다.

"김정일 · 통일조선의 주역

1945년 해방되었어야 할 조선이 분단되고 비극의 시대로 추락했다. 이 비극의 시대에 통일운동을 강력히 전개하여 드디어 통일을 달성하는 주역은 김정일이다. 여기까지 이르는 길에서 김정일은 상상을 초월하는 시련을 겪었다. 특히 김일성이 서거한 후 사실상 동맹국도 다 사라지고 자연재해와 경제적 곤경이 겹쳐 조선전쟁에 버금가는 위기에 직면하기도 했다. 국민이, 군대가, 시대가, 역사가, 하나님까지 김정일을 도왔다.

누가 보아도 결정적으로 불리한 상황에서 김정일은 세계 최강 미국과 사투를 벌여 타고난 정치적 수완과 군사적 수완을 발휘, 미국을 군사적 · 정치적으로 압도, 조선문제의 평화적 해결의 최대 장애인 미국을 무력화 · 중립화하는 데 성공할 것이다.

이렇게 해서 김정일은 미국에 한을 풀고 나아가 일본으로 하여금 역사적 청산을 하게 하고 국교정상화를 달성함으로써 일본에 대한 한도 풀게 될 것이다. 김정일이 한국 민주화의 대문을 활짝 열어젖히고 남북조선 연방통일의 주역이 되는 것이다"(위 저서 227면).

민족화해와 대단결 원칙에 기초하여 연방통일을 달성하는 주역은 바로 김정일 그 사람이다. 김정일이 단군민족의 총의에 따라 통일된 조선의 최고지도자 대통령에 취임하게 될 것이다.

미국대통령도 일본 총리대신도 중국, 러시아, 구라파, 아시아, 아프리

카, 중남미 국가 지도자도 김정일의 연방조선 대통령 취임식에 참석하게 될 것이다. 김정일이 미워서 못 견디겠다는 사람들도 진심으로 경의와 축사를 보내게 될 것이다. 일본을 비롯해 전 세계 언론이 찬사를 아끼지 않을 것이다"(위 저서 226면).

위 저서의 저자는 '책 끝머리에'라는 이름으로 다음과 같은 결론을 내리고 있다.

"나는 1999년과 2000년은 20세기 최후의 해로 조선민족에 영광과 승리를 안겨주는 해가 될 것이란 생각을 했다. 그 후 3-4년 내 이제부터 5년 내에 남북조선은 평화적으로 통일될 것이다.

지금부터 54년 전에 미국이 남조선에 진주하지 않았더라면 조선은 분단되지 않고 해방되었을 것이다. 그런데 미국이 진주하고 군정을 실시하여 조선은 분단되었다. 그 후 5년이 지나 조선전쟁이 터졌다. 그 전쟁을 일으킨 것이 북인가 남인가 의견이 크게 갈라져 있다.

그러나 그때 미국의 본격적 개입이 없었더라면 최소한의 희생만으로 사실상 무혈에 가까운 형식으로 조선의 통일은 이루어졌으리라... 미국이 만들어 유지해온 한국은 그 존재 이유를 상실하고 저 만주국과 같은 운명을 걸어 역사의 무대에서 사라지게 될 것이다(위 저서 222-223면).

독자들이 이 저서의 한국어 번역을 담당한 윤영무씨의 '옮긴이의 글'을 읽어보면 이 저서가 얼마나 가공할 반국가성(대한민국 파괴성)을 가지고 있는가 하는 점을, 역설적으로, 알게 된다고 본다. 그의 글을 옮겨본다.

"한국의 많은 독자들은 아마 이 책을 처음에는 당혹감 내지 심지어 혐오감을 가지고 대하리라는 것을 나는 잘 안다. 그러나 이 책이 결코 한국이 미워서 쓴 것이 아니라 하루빨리 한국이 자기 정신을 되찾고 진정한 자주민주국가가 되기를 원하는 충정에서 쓴 것이라는 걸 독자는 곧 이해하게 될 것이다.

1945년에 해방되었어야 할 조국이 분단되고 비극의 시대로 빠져들어갔는데 이 비극시대에 일관되게 통일운동을 강력히 전개했고 드디어 통일을 이루게 되는 주역이 북조선 지도자일 것이라고 김선생은 역설하고 있다.

여기까지 오는 동안 북조선은 상상을 초월하는 시련을 겪어왔다. 사실상 동맹국들이 모두 소멸되어 없어졌고 자연재해와 경제적 곤경까지 겹쳐 6.25 전쟁보다 더 혹독한 위기와 고난을 이겨내야 했던 북조선이었다.

누가 보아도 결정적으로 불리한 상황에 몰려 있던 북조선이 미국을 정치 군사적으로 압도하여 머지않아 조선문제를 평화적으로 해결하는데 최대 장애인 미국을 무력화·중립화하는 데 성공할 것이라고 김선생은 예측하고 있다.

지금까지 한국에 이러한 백성의 한을 풀어주려고 노력한 지도자가 있었는가? 역대 대통령은 민족의 한을 풀기 위해 앞장서기는커녕 미국의 입장(이익)을 대변하거나 받아들이는 데 바빴다. 생각이 있고 뜻있는 독자라면 이 책에서 지적하고 있는 구구절절이 가슴깊이 동감하리라 믿는다.

이 저서는 반국가단체 또는 그 지도자를 '고무, 찬양, 동조'하는데 그치는 내용을 담고 있는 것이 아니다. 김정일에 대한 우상 숭배적 광신을 담고 있는 신앙고백의 글이다. 나는 김정일에 대한 이러한 종교적 광신자가 있다는데 놀라고 있는 것이 아니다. 이러한 저서의 출판·판매와 같은 국가 파괴적 범죄행위가 서울과 같은 대도시 한가운데서 거침없이 행해지고 있는데도 이것을 문제삼고 있는 사람이 하나도 없다고 하는데 경악과 절망을 느끼고 있는 것이다.

이 정도의 저서를 집필한 자칭 재일 군사외교평론가인 김명철씨는 확신범이다. 이를 한국말로 번역한 윤영무씨(자칭 민족통일학교 이사장)도 똑같은 확신범이다. 이 한국어 번역판을 출판한 살림터도 대한민국 파괴에 대한 신념에 있어서는 위 두 확신범에 조금도 뒤떨어지지 않을 것이다.

이 저서의 저자나 번역자는 그 확신의 강도를 봐서, 이 책이 출판된 후에도 한국으로 입국했을 가능성이 아주 높다고 생각된다. 출판사인 살림터는 당당하게 서울시 마포구 망원동에 사무실을 차려놓고 있다.

우리의 공안기관이 이 무서운 국사범 범법자들인 저자 김명철이나 번역자 윤영무 또는 출판사 살림터에 대해서 수사를 폈다는 말을 들어본 일이 없다.

우리의 안보의식이 이러한 상태에 이르렀는데도 우리의 안보에는 아무런 이상이 없다라고 말할 수 있는 것인가? 아니면 이러한 중대 국사범에 대해서 아무런 소리도 내지 못하고 있는 국가보안법은 죽은 법이나 다름없는 것이기 때문에 폐지하는 것이 현실적인 것이라고 말할 것인가?

이처럼 무서운 '반국가단체 지도자 찬양죄'가 백주에 당당하게 행해질 수 있는 사회에서 국가보안법 제7조의 찬양·고무죄가 무슨 의미를 가지는가 하는 논리라면 차라리, 통곡과 함께, 이를 수용할 수 있다. 한 걸음 더 나아가서 국가보안법 자체가 이미 죽은 법률이므로 국가보안법 폐지는 이미 죽은 사람에 대한 사망신고와 같은 것이라고 하면 이도 또한 절망과 함께 받아들여야 할 것이다.

그러나 그렇다면 우리는 대한민국을 어디서 찾을 것이냐 하는 새로운 문제에 부딪치게 된다. 자유민주주의를 어떻게 하자는 것인가 하는 분노와 전율을 느끼게 된다. 우리는 이 땅에서 대한민국과 자유민주주의를 사수하기 위해서 수많은 피와 땀 그리고 생명을 바쳤다. 그렇게 해서 지켜온 대한민국과 자유민주주의를 어떻게 하자는 것인가? 하는 말이다.

저자는 여기에서 '김정일 흠모사상의 확산'을 일단 마감했었다. 그런데 저자는 그 후에 새롭고 놀라운 정보 하나를 우연히 얻게 되었다. 저자는 이 정보를 독자들과 함께 공유하고자 한다. 국정원은 2000.11.8일 이 출판사의 대표를 국가보안법 제7조 제1항 위반죄로 구속했다. 이것을 시발점으로 해서 이 사건의 배후를 조사하기 시작한 국정원은 새로운 사실을 발견했다.

원래 일본말로 쓰여졌던 이 책을 우리말로 번역한 윤영무는 2001.2.26일 구속되었다. 이들에 대한 수사 끝에 얻은 결과는 어마어마한 것이다.

북한당국의 협조를 받아서 이 책은 7,000권 발행되었다. 그 중에서 5,000권은 국내 서점에서 눈 깜박하는 사이에 매진되었다. 이러한 부류의 저서가 단시일 안에 5,000권 팔린다는 것 자체도 경이로운 일이지만 실제로 5,000권만 팔린 것인가 하는 점에 대해서는 아무도 모른다.

발행된 7,000권 중 500권은 미국으로 나갔고 나머지 1,500권은 압수되었다는 것이다. 그리고 송모는 이 책이 출판된 후 입북해서 김정일 위원장으로부터 칭찬을 받고 그 책자는 김위원장의 특별지시에 의해서 조선혁명박물관에 전시되었다는 것이다.

나는 국가보안법 제7조 제1항(찬양, 고무죄) 및 동법 제10조(불고지죄) 위반 피의자의 배후에는 간첩 또는 반국가단체의 암약이 숨겨져 있을 수 있다는 것을 줄기차게 주장해왔다. 나는 이러한 주장은 이 사건 수사 결과에서 완전한 진실로 밝혀진 셈이다.

김대통령과 민주당은 국가보안법상의 찬양·고무죄(동법 제7조 제1항)는 국민의 양심과 사상 그리고 표현의 자유를 침해하는 위헌규정이라고 한결같이 외쳐왔다. 만약 일찍이 그러한 주장을 따라서 동법상의 찬양·고무죄를 삭제하거나 수정하였다고 하면 이번 사건에서와 같은 간첩의 검거는 불가능했을 것이다.

더욱이 한반도에서 끝없이 확산되어 가기만 하는 김정일 숭배사상의 범람을 막을 길이 없을 것이다. 이렇게 중대하고 충격적인 사건이 언론에 거의 보도되지 아니하였다는 사실에서 우리는 깊이깊이 음미해야 할 바가 있다고 생각한다.

(13) 남북관계 상황변화의 총괄

우리는 이 항목에서 남북상황이, 지난 냉전시대와는 달리, 조화와 협력의 시대로 접어들고 있다는 논리의 실체를 살펴보았다. 우리는, 이를 위해서, 남북이 긴장 해소됐다고 볼 수 있는 객관적 상황변화가 얼마나 이루어졌는가 하는 점을 살펴보았다.

우리는 또 이 일을 확인하기 위해서 정부와 정부각료들의 안보관도

점검해보았다. 송두율교수가 주요 국내 일간지에 칼럼을 정기적으로 쓰고 있는 일의 적법성과 정당성의 문제도 살펴보았다.

금수산 기념궁전 참배를 바라보는 우리 국민의 감정과 국가안보 문제도 살펴보았다. 국회의 상황과 대학가의 용공 분위기 확산문제도 함께 다루어보았다. 이한영씨의 피살사건과 황장엽씨의 항의가 보여주고 있는 우리 안보의 현주소를 살펴보기도 했다.

'좌익 광란의 시대' 논쟁이 뜻하는 바와 노벨평화상 수상과 국가보안법의 관계도 생각해보았다. 마지막으로 우리나라 시중에서 버젓이 판매되고 있는 김정일 흠모사상 일변도의 서책의 내용도 살펴보았다.

우리는 위의 고찰 어느 항목에서도 우리에게 전쟁과 갈등의 위험은 없고 화해와 통일의 분위기가 충만되어 있다는 증후를 발견할 수 없었다고 생각한다. 그렇다면 남북관계의 상황이 평화통일의 분위기를 향해서 일로 매진하고 있다는 주장은 받아들일 수 없는 것으로 된다.

오히려 많은 국민들은 지금 우리나라의 상황이 월남 패망 직전의 혼란상태와 매우 흡사하다는 걱정을 하고 있다. 그러므로 나는 여기서 월남이 패망 직전에 어떠한 정치·사회적 상황에 놓여 있었던가 하는 점을 한 번 다시 돌이켜보면서 이것을 타산지석(他山之石)으로 삼고자 한다.

최근 국토의 분단에서 그 통일을 이룩한 나라가 둘 있다. 그것은, 주지하는 바와 같이, 독일과 월남의 사례이다. 한국의 많은 통일지상주의자들은 우리가 독일의 통일과정을 살피고 거기서 배워야 한다는 주장을 펴고 있다. 그러나 필자는, 독일의 통일보다 월남의 통일과정에서 더 많은 것을 배워야 한다는 신념을 가지고 있다.

그런데 문제는 독일 통일과정의 외형만 관찰하고 그것을 따라가면 우리도 국토통일을 이룩할 수 있다는, 너무나 안일한, 생각을 가지고 있는 사람들이 적지 않다는 점에 있다. 그들은 서독과 동독의 국민들이 얼마나 오랫동안 '바른 통일'을 성취하기 위해서 보이지 않는 노력을 경주해왔는가 하는 점에 대해서는 관심을 기울이지 아니하고 있다.

특히 구서독의 국민들과 그 정치지도자들은 자유민주주의와 시장경제원리를 사수하는 통일을 이룩하기 위해서 피나는 노력을 소리 없이 기울여왔다는 사실을 그들은 경시하고 있다. 그러나 이 문제를 논하기 위해서는 많은 시간과 노력이 필요한 것이므로 이 점에 대한 설명은 생략하기로 한다.

그래서 나는 독일의 경우보다 월남의 경우를 우리식 통일의 참고로 삼고자 한다. 어떠한 통일이든지간에, 통일만 되면 좋다는 생각은 있을 수 없다는 것이다. 나는, 수없이 주장해온 바와 같이, 자유민주주의가 없는 통일은 자유민주주의가 있는 분단보다 못한 것이라고 확신하고 있다. 그러므로 월남의 통일을 우리 통일의 참고로 삼자는 나의 주장은 월남의 통일을 우리 통일의 목표와 사표(師表)로 삼자는 것이 아니다. 그것을 우리 통일의 반면교사(反面敎師)로 삼자는 것이다.

더구나 우리는, 우리와 역사문화적 배경을 달리하는, 독일에서 통일의 교훈을 찾을 것이 아니라 이를 같이하는 월남 패망에서 그 교훈을 찾는 것이 효과적이고 현실적이라고 생각한다. 우리는 반만 년의 역사를 가진 배달민족임을 자랑한다. 월남은 반만 년 황룡의 후손이라는 긍지를 앞세우며 살아가고 있다. 두 나라 모두 역사와 인명을 한자로 기록하고 있는 것도 중대한 공통점이다.

강대국 중국의 주변부에서 살아오면서 민족의 정체성을 지키고 있다는 점과 국토가 남북으로 분단된 사실도 같은 점이라고 할 수 있다.

더구나 북쪽은 공산체제에 의해서 남쪽은 자유민주체제에 의해서 통치되고 있었다는 점까지도 같다고 할 수 있다. 남북이 동족상잔의 피비린내 나는 전쟁을 벌인 사실과 미군을 중심으로 한 연합군이 파병돼 싸운 것도 동일하다. 당시 월남전에 깊이 개입하게 되었던 미국은 밑빠진 독에 물 붓기 식으로 진행되는 베트남전의 수렁에서 발을 빼려고 많은 힘을 기울였다. 키신저는 월맹의 레둑토와 비밀휴전협상을 성사시켰다.

키신저는 적어도 이 휴전체제가 10년은 갈 것이라고 낙관했다. 이 휴전협정 성취의 공으로 키신저와 레둑토는 1974년 노벨평화상 수상자로 내정되었다. 그러나 레둑토의 수상 거절로 말미암아 키신저만 이 상을 받게 되었다. 이것은 우리에게 많은 것을 생각하게 하는 대목이다.

월맹은 표면상 이 휴전회담을 진행하고 있으면서 이면에서는 1950년대 중반에 수립된 대남 기본전략을 더욱 공고히 다듬고 있었다. 그것은 베트남에서 침략군을 몰아내고 민중봉기를 일으켜 인민민주주의 정권을 남반부에 창출하고 무력으로 남반부를 해방시켜 조국통일을 달성한다는 것이었다. 이것은 북한의 대남전략과 똑같은 것이라는 점에 우리는 주의를 집중해야 된다고 생각한다.

위 휴전협정 성립당시 월남의 정치·사회현상은 다음과 같았던 것으로 밝혀지고 있다. 월남은 총인구의 90.5%를 지배했다. 나머지 9.5% 중 5%는 낮에는 월남, 밤에는 공산측이 지배하는 회색지역으로 생존했다. 그리고 4.5%는 공산측 지배지역이었던 것으로 집계되었다.

휴전협정이 성립될 무렵 월맹은 오랜 기간의 전쟁으로 인해 매년 80만~100만 톤의 식량과 물자의 부족으로 허덕이고 있었다. 그러한 어려운 상황 속에서도 월맹은 휴전협전 성립 이전부터 숱한 공산프락치들을 월남 곳곳에 침투시키고 있었다.

월남 패망 당시 월남에는 공산당원 9500명, 인민혁명당원 4만 명이 암약하고 있었다. 이것은 전체 인구 중 0.5% 정도가 월남사회의 밑뿌리를 뒤흔들고 있었다는 것을 뜻한다.

월남 정부의 각 부처와 월남군 총사령부에서 이루어지는 극비회의 내용이 하루 후면 월맹정부에 상세히 보고될 정도로 티우정권의 핵심부까지 공산프락치가 침투해 있었다고 한다. 그런데 월남에서는 군사 쿠데타가 벌어질 때마다 대공 전문가들이 쫓겨나게 된 결과 월남 대공기관과 정보기관은 형체만 남은 허수아비로 변했다고 한다. 겨우 자리를 부지하고 살아남은 극소수의 대공 전문가들도 일을 제대로 할 수 없게 된 것은 말할 필요가 없다.

휴전협정 성립 당시 월남은 월맹보다 경제력과 군사력에서 월등히 앞서 있었다. 월맹의 남침가능성에 대해서 월남지도부와 국민들은 낙관했다. 월맹군이 도발하면 즉시 미국은 해·공군을 투입시켜 북폭을 재개할 것이고 대월맹 경제원조도 중단하게 된다고 믿고 있었다. 누구도 공산군의 남침에 대해서는 의심을 품지 않았다. 이러한 국민적 분위기가 국방을 소홀히 하는 결과를 가져왔다.

뇌물과 마약, 매춘과 도박은 정치권의 혼란과 맞물리면서 전염병처럼 전국을 휩쓸었다. 정부의 부정 부패는 국민의 사기를 떨어뜨렸고 계층간 갈등이 조장됨으로써 공산프락치의 활동무대는 점점 넓어져갔다.

휴전협정이 체결되어 미군과 한국군이 철수하자 사이공에는 100여 개의 애국단체, 통일운동단체들이 수십 개의 언론사를 통해서 월남의 좌경화 공작에 앞장섰다. 이렇게 해서 속칭 '구국평화회복 및 반부패운동 세력'이 월남 전국토로 확산되어 나갔다. 그러한 운동에 앞장섰던 사람 중 한 사람인 짠후탄신부는 이렇게 말했다.

"중부월남 고원지대에서 반민주·반독재 부정 부패를 일삼는 티우정권에 항거하는 민중봉기가 일어났다. 그곳에 월맹군은 없다. 티우는 책임지고 사퇴하라". 짠후탄신부는 미국의 대월방위공약을 믿고 더이상의 월맹군 공세는 불가능하다고 판단했다. 따라서 이 기회에 티우 독재정권을 허물어뜨려야 한다고 믿었다. 그러나 짠후탄신부는 자신의 반정부운동이 티우정권 타도가 아닌 자유민주주의 타도운동으로 작용할 것이라는 점을 미처 몰랐다. 결국 그는 독재정권 타도를 명분으로 하여 공산독재정권 수립에 크게 기여하게 된 것이다.

이러한 안보의식 전멸상태에서 1975년 1월 8일 월맹군 18개 사단은 월남공격을 위한 군사력 배치에 투입되었다.

월남정보기관이 이 사실을 알 리가 없었다. 문제는 티우대통령 자신이 월맹의 남침은, 절대로 있을 수 없다고 믿고 있었다는 점에 있다. 당시 국가안보를 주장하던 우익인사들은 다음날이면 시체로 발견되는 것이 예사였다. 1973년까지 연평균 840명이 암살을 당할 정도였다.

암살의 대상이 언론인들에게까지 미치자 지식인과 중산층은 침묵을 선택했다. 이러한 상황 속에서 1975년 3월 10일 새벽 2시 월맹 공산군이 중부월남에서 총공세를 감행했다. 이 월맹군의 남침은, 주지하는 바와 같이, 월남의 패망과 월남 공산통일로 끝을 맺게 된다. 여기서 나는 한 가지 사실을 결론에 가름하여 지적하고자 한다.

사이공 함락 후 월남의 군인, 경찰, 공무원, 지도층인사, 정치인들은 모두 체포되어 인간개조 학습소에 수감됐다. 반체제운동을 벌이던 종교인, 학생, 민주인사들도 모조리 체포 수감됐다. 그들의 수감명목은 자본주의 사회에서 반체제활동을 하던 자들은 사회주의 사회에서도 똑같은 짓을 할 우려가 있기 때문이라는 것이었다.

보트피플의 숫자는 약 106만 명, 이 중 배가 전복되어 익사하거나 해적에게 살해당한 숫자가 11만 명, 살아서 해외로 이주한 사람이 95만 명에 이르렀다.

이것을 자유민주주의의 패망의 비극으로 볼 것이냐 아니면 월남의 국토통일이라는 해피엔드로 볼 것이냐 하는 것은 우리가 깊이 생각해야 할 문제다. "자유는 공짜가 아니다"(Freedom is not free). 이 영원한 진리의 의미를 우리는 다시 한 번 새겨봐야 한다고 생각한다.

제2장. 6.15 남북공동선언과 국가보안법

(이 글은 2000.7. 13자 평화토론포럼보고서에 실렸던 것이다)

1. 6.15 선언

(1) 서 론

남북관계의 상황변화를 말하자면 뭐니뭐니해도 6.15 남북공동선언이 그 중 가장 중대한 변화라고 하는 점에 대해서는 이론을 제기할 사람이 없을 것이다. 그러므로 우리는 무엇보다 먼저 이 공동선언이 남북관계 상황변화에 미치는 의의를 살펴보고자 한다.

2000. 6.15 남북의 정상이 5개항의 합의사항을 공동으로 발표하였다. 이것은 역사적인 일대사건이다. 그런데 6.15 남북정상회담을 바라보는 사람들의 시각은, 국내외를 막론하고, 형형색색으로 갈라지고 있다. 한쪽에서는 그 공동선언으로 말미암아 남북의 긴장과 대결은 끝났다고 보고 있다. 다른 한쪽에서는 6.15 공동선언의 실체는 그처럼 쉽게, 그리고 희망하는 대로 파악될 수 있는 것이 아니라고 주장한다.

6.15 공동선언을 보는 시각의 대립은 국가보안법에 대한 갈등만큼 크다. 어쨌든 6.15 공동선언의 내용부터 살펴본 후에 거기에 대한 우리의 시각을 정하기로 한다. 그리고 6.15 공동선언에 대한 참된 이해는 국가보안법의 실체에 대한 이해에 큰 도움을 주는 것이라고 생각한다.

공동선언의 제1항은 남북의 자주적 통일원칙을, 제2항은 통일을 위한 정체의 형태를, 제3항은 이산가족의 교환, 방문과 비전향장기수 처리문제를, 제4항은 여러 분야에서의 협력교류를 선언하고 있다. 그리고 제5항은 위 4개항에 걸친 합의사상의 실천을 위해서 남북 당국이 대화를 개최한다는 뜻을 밝히고 있다.

남북공동선언에 대한 법률적 고찰은 제1항에서 제3항에 이르는 3개 항의 합의사항을 중심으로 추구하는 것이 의미 있는 것으로 생각된다. 그러므로 이 소고에서는 자주적 통일, 통일을 위한 정체 그리고 이산가 족 방문과 비전향장기수 북송문제를 집중적으로 다뤄보고자 한다. 이러 한 법률적 문제 이외의 정치·경제·사회·문화의 문제 등은 법률적 고 찰을 위해서 필요하다고 인정되는 범위 안에서 이를 살펴보고자 한다.

공동선언은 남북의 정상회담이 남북의 상호이해증진, 남북관계의 발 전 그리고 평화통일을 실현시키는데 중대한 의의를 가지는 것이라고 천 명하고 있다. 남북한 주민들은 물론 세계의 모든 사람들은 누구를 막론 하고 이 공동선언이 한반도의 긴장완화와 평화정착에 새로운 전기를 마 련할 수 있는 역사적 사건이라고 받아들이고 있다. 전 세계인의 이목이 한반도에 집중된 것은 이 때문이다. 그러므로 당사자인 우리 국민이 희 망과 기대로 흥분하고 있는 것은 이유 있는 일이라고 생각한다.

그러나 다른 모든 일에 있어서와 마찬가지로 남북공동선언에 대해서 지나친 기대와 낙관을 하는 것은 삼가해야 한다. 이 말은 남북공동선언 을 부정적으로 평가하여야 한다는 것이 아니다. 그러나 나는, 공동선언 문의 취지, 특히 남한이 바라고 있는 의의와 목표를 성취할 수 있도록 그 선언문의 문제점을 냉철하게 분석하고 이에 대한 사전대책을 마련해 야 한다고 생각한다.

김대중대통령은 남북회담의 성공을 위해서는 '차가운 머리와 뜨거운 가슴'을 함께 갖추고 있어야 한다고 역설했다. 정곡을 찌른 지적이라고 생각한다. 그러나 우리는 이번 회담에서 '차가운 머리'보다는 '뜨거운 가 슴' 쪽으로 기울어졌던 것이 아닌가 생각한다. 지금은 '차가운 머리'를 되찾아야 할 때이다. '차가운 머리'는 법률적인 고찰을 통해서 찾아야 한 다고 생각한다. 법률은 이성과 논리의 산물이기 때문이다.

그러므로 법률적 평가도 이성과 논리를 중심으로 이루어져야 한다. 목적의식이나 감상주의적 정서나 악의적인 저항의식의 활용은 법률적 평가에 있어서 최대의 금기사항이다. 우선 우리가 남북회담에 임하면서 '차가운 머리'를 충분하게 활용하지 못하였다고 생각되는 상황을 살펴보

자. 이번 남북회담을 수행했던 저명인사 한 분은 방북수행기에서 그 회담이 '민족주의의 축제와 감격적인 분위기' 속에서 이루어졌다고 기술하고 있다. 아무래도 너무 감정적이고 감상일변도의 평가가 아닌가 하는 느낌을 가지지 아니할 수 없다.

그는 "한 마디로 북의 지도자들의 주장은 우리와 전혀 다를 것이 없었다"라고 단언하고 있다. 그는 "그들이 우리는 사회주의지만 민족이 제일입네다"라고 말함으로써 "민주주의 위에 민족이 있다"고 믿고 있는 우리와 똑같은 생각을 가지고 있다고 말하기도 한다. 과연 민족이 최고의 가치이고 민족의 통일을 위해서라면 자유민주주의를 위시한 모든 가치를 희생해도 된다는 말인가?

그는 "(김정일위원장에 대해서) 대단히 모욕적인 내용을 담은 문헌을 많이 접했지만...가서보니 그에 대한 시각들은 대부분 허위라고 느끼게 되었다. 실제로는 (김정일위원장이) 다방면에 지식이 풍부한데 이 점은 빨치산 세대들이 모두 인정하고 있었다. 특히 (그는) 예술과 체육 부문에서는 굉장한 업적을 쌓은 인물이었다"라고 말하고 있다.

그가 가서 (김정일위원장을) 접견한 시간이 얼마나 되었기에 그의 인품과 능력·업적 등을 이렇게 소상하고 자신 있게 꿰뚫어볼 수 있었는가? '빨치산 세대들 모두'가 김정일위원장을 그렇게 높이 평가하고 있다는 단정은 무엇을 근거로 하여 얻어낸 것인가? 그로 하여금 한국에서 문헌을 통해서 얻은, 김정일위원장에 대한, 정보를 불과 며칠 사이에 '대부분 허위'라고 믿게 만든 증거들은 무엇인가?

그는 "평양의 모든 건물엔 '인민'이란 글자가 씌어 있는 것으로 봐서 김정일위원장은 항상 '인민의 이익을 위하여' 일하는 지도자라는 느낌을 받았다"고 말한다. (김정일위원장에 대한) 북한주민들의, 환영자세는 '열광' 그 자체였다고 소개한다. 김정일위원장이 '항상 인민의 이익을 위하여 일하는 지도자'로서 북한사람들의 뇌리에 새겨 있다는 것을 의미한다는 것이 그의 결론이다.

그가 '그동안 읽었던 (김정일위원장에 대한) 모욕적 내용을 담은 많은 문헌' 중에는 틀림없이 김정일이 아웅산 테러사건을 지휘하고 KAL기 폭파사건을 직접 획책했다는 사실도 적혀 있었을 것이다. 이것도 전부 거짓말이란 말인가? 아니면 그 점은 잊어버리자는 것인가?

그가 입수했던 허위정보 중에는 많은 사람들의 증언들도 들어 있었을 것이다. 그 많은 사람들 중에서 황장엽씨의 증언을 들어본다.

"김정일은 감정의 변화가 심한 소심가이며 독선적이고 기행을 즐기는 폭군형이다". "그는 아부하는 사람을 편애하고 조금이라도 의심이 가는 사람은 가차없이 숙청하는 독재자이다".

김정일위원장과의 단 몇 시간의 접견을 통해서 그가 가지고 있던 이러한 모든 정보가 모두 거짓이라고 단정하게 되었는가? 신기한 일이라고 말할 수밖에 없다.

그러나 숨길 수 없는 진실이 있다. 그것은 북한이 수백만 명의 아사자를 내면서도 무력증강을 강행하고 있다는 진실이다. 이것은 많은 전문가들이 말하고 있는 바이다. 북한 전체가 대형 정치범 수용소로 변하였다는 것은 세계적인 판단이다. 그런데도 김정일위원장은 오로지 '인민의 이익'만을 위하여 일하는 지도자인가?

이것은 특정인을 비판하거나 비방하기 위해서 하는 말이 아니다. 우리 의식을 침식하고 있는 무책임한 감상주의를 불식시키기 위한 고언이다. 미국 부시대통령 시절 외교참모인 폴 월포위 존스 홉킨스 국제대학원장은 "개인적인 느낌으로 김정일위원장을 판단하는 것은 위험한 일이다"라고 말했다. 그는 한 걸음 더 나아가서 "지난 10여 년 동안 김정일위원장이 실질적으로 보여준 일을 (하나 하나) 거론하는 것은 힘들겠지만 현실은 직시해야 한다"고 말했다 (6.26 세종연구소에서). 이는 중대한 참고가 될 말이라고 생각한다.

(2) 합의사항 준수에 대한 신뢰성

정부는 북한이 남북공동선언의 정신을 충실히 준수할 것이라고 강조하고 있다. 남북회담에 임하는 북한대표들의 태도와 김정일의 언동이 우리 정부요원들에게 그러한 신념을 불어넣어 주었다는 것이다.

그런데 공동선언이 발표된 지 며칠이 지나지도 않은 시점에서 북한의 관영 중앙방송은 김정일위원장이 지난 몇 년간 각종모임에서 "개혁·개방은 절대로 허용할 수 없다"라고 말한 선언을 모아서 보도했다. 새삼스럽게 남북회담에서 보여준 언동과는 다른 김정일위원장의 말을 발표하는 의도가 무엇인가 깊이 생각해야 할 것이다.

이런 사태와는 상관없이 북한당국자의 언동에 대한 신뢰성에 대해서 회의적인 시각을 가진 사람들은, 국내외를 막론하고, 부지기수이다.

북한이 조선일보가 자신의 마음에 들지 아니한 기사를 쓴다는 이유로 조선일보에 대해서 감정적인 대응을 할 뿐 아니라 폭력적인 위하행위를 하는 것도 그들에 대한 신뢰성을 의심하게 하는 것이다. 북한의 신뢰성과 직접 관계가 있는 일은 아니지만 조선일보에 대해서 상식 이하의 대응을 하고 있는 북한에 대해서 정부와 우리 언론들의 대처방식도 우리를 실망케 하는 일 중의 하나라고 생각한다.

남북공동선언의 앞날을 염려하는 많은 견해들이 국내외를 막론하고, 넓고 깊게 확산되고 있다. 그 중의 하나를 소개한다. 6.24자 조선일보 해외논단에 소개된 기소르망(Guy Sorman-프랑스 문명비평가)의 글이다.

그는 "이번 정상회담을 통해서 남한이 약속과 희망을 얻었다면 북한은 심리전에서 이기고 구체적 결실도 얻었다. 북한은 정권의 합법성을 인정받고 경제적 실리를 챙긴 것이다. 북한의 공장은 멈췄고 전기단절로 도시는 어둠 속에 묻혀 있다. 그런데 김정일은 뛰어난 연기력을 가진 사람이다. 그는 이번 상영된 영화(남북정상회담)에서 감독과 주연을 겸했다. 그리고 북한정권의 생존을 얻어내었다. 그에게 남은 것이라곤 북쪽을 현재 그대로 보존하는 것이다. 그 나라의 문이 반도 열리지 않은 것이다"라고 말하고 있다. 요컨대 그는 남북공동선언을 '북한이 성공한 드라마'로 평가하고 있다.

그와 유사한 생각을 가진 사람들이 국내외를 막론하고 한둘이 아니라는 점에 우리는 주의를 기울여야 한다고 생각한다. 그들의 말이 전적으로 옳은 것은 아니라고 하더라도 우리가 지나친 장밋빛 환상 속에 헤매게 되는 일은 결코 없어야 한다.

6.15 남북공동선언에 대해서 적지 않은 사람들이 가지고 있는 염려와 관심은 북한이 이 선언을 얼마나 성실하게 지킬 것인가 하는 문제에 집중되어 있다. 공산주의자들에게는 평화가 따로 있고 전쟁이 따로 있는 것이 아니라고들 말한다. 평화도 전쟁의 한 과정일 뿐이다. 평화는 세계 공산화 투쟁에서의 최종 승리를 위한 일시적 후퇴일 뿐이다.

그러므로 평화도 전쟁의 한 태양(態樣)일 뿐이다라는 것이 일반적인 공산주의 철학의 분석이다. 그러나 이런 근본적인 문제에 대한 고찰은 피하기로 한다. 6.25 남침이나 청와대 무력습격 등 무수한 휴전협정에 대해서는 언급하지 아니한다고 하더라도 종래 북한과 체결한 몇 차례의 협약이 한 번도 제대로 지켜지지 아니하였다는 점에 대해서 우리는 스스로를 다시 살펴봐야 한다고 본다.

정부는 애써서 이번 6.15 공동선언이 종래의 남북합의와는 근본적으로 다른 것이기 때문에 공동선언에 대해서 북한의 성의를 의심 없이 믿을 수 있다고 천명하고 있다. 정부의 설명에 의하면 이번 합의의 '근본적인 차이점'은 남북정상이 직접 얼굴을 맞대고 이 어려운 협의를 성사시켰다고 하는 점에 있다고 한다.

이것이 역사적 사건이라고 하는 점은 누구도 부인하지 않는다. 그러나 남북정상이 자리를 같이했다는 사실이 6.15 공동선언으로 하여금 종래의 남북협의와 근본적으로 다른 것이 되게 만드는 것은 아니라고 생각한다.

종래의 협의도, 하나 예외 없이, 남북정상이 직접 구상하고 추진하고 확인한 것이다. 종전의 합의가 '정상'의 양해 없이 '밑의 사람'들의 자의로 이루어진 것은 결코 아니다. 그러한 의미에서 이번 6.15 공동선언이 '남북정상'의 작품이라는 이유를 들어 그 점이 종래의 남북협의와 다르다는 논거로 삼는다는 것은 전혀 설득력을 가질 수 없는 것이다.

혹자는 북한이 6.15 공동선언에 참여한 근본목적이 북한의 경제를 파탄에서 구출하려는데 있으므로 공동선언을 준수하지 않을 수 없을 것이라고 말한다. 참으로 탁견이라고 생각한다. 그러나 복병은 항상 생각하지 않던 곳에서 튀어나오는 법이다.

북한이 경제적인 이익추구에 관심을 기울이고 있는 한 얻어질 이익이 기대치에 못 미친다고 판단되면, 언제든지, 그 선언을 파기하거나 묵살할 가능성은 얼마든지 있는 것이다. 부정적인 것만을 생각하자는 것이 아니다. 보다 더 큰 손실의 방지를 위해서 부정적인 것도 생각하고 미리 방비하자는 것이다.

북한이 실익추구 외교의 목표를 오로지 경제적 실리의 추구에 두고 있다는 생각을 가지고 있는 사람들이 예상외로 많다. 북한이 외치고 있는 '개방'도 '민족'도 구호와 명분에 불과하다는 것이 그들의 신념이다. 북한의 속마음은 온통 경제적인 문제에 쏠려 있다는 말이다. 북한이 소리높이 부르짖고 있는 '통일'도 바로 북한식 통일 이외의 어떤 통일도 아니라는 것이다.

북한은 북한식 흡수통일이나 무력 공산통일이 아닌 여하한 통일도 수용할 수 없다는 생각이다. 북한은 공산주의나 주체사상에 손상이나 변질을 가져올 가능성이 있는 통일은 결단코 용납하지 않는다는 단호한 결단을 하고 있는 것이다.

역설적이기는 하나 이 점에 관한 한 북한을 비난할 수는 없는 것이라고 생각한다. 그것이 교조적 공산주의와 주체사상의 숙명적인 한계이기 때문이다.

그러므로 북한이 내세우고 있는 '개방'과 '통일'은 물론 이를 위한 '대화'나 '교류'도 오로지 경제적 이익추구를 위한 방편이고 수단이라고 봐야 할 것이다. 그런데 우리 정부가 추진하고 있는 '햇볕정책'이 추구하는 통일은, 북한의 '구실·명분'론과는 달리, 순수한 통일인 것으로 평가되고 있다. 그런데 불행하게도 우리 정부는 퍼주기를 바라는 북한에 더 줄 수 있는 아무것도 가지고 있지 않다. 보스워즈 전 주한미국대사는 마음만 안타까울 뿐이다.

이래서 집권 후반기에 접어든 김대중대통령은 미국과 일본이 한국정부의 햇볕정책에 동조해주기를 바라고 있는 듯하다. 그러나 미국의 부시 행정부나 일본의 고이즈미 내각은 북한에 대해서 강성정책을 펴나갈 가능성이 매우 높다고 보여진다.

부시의 공화당정부가 대북정책에 제동을 걸고 있는 것으로 보여진다. 미국이 북한을 쉬 '깡패국'(rouque state) 명단에서 빼어주지도 아니할 것 같다.

또 고이즈미 내각의 성향으로 볼 때 북한당국의 일본인 납치와 북송 일본인 문제는 그냥 넘길 것 같지 않다. 이런 미국과 일본의 새 정부를 상대로 김대통령의 '햇볕정책'은 힘겨운 씨름을 해야 할 것으로 보인다. 김대통령은 일이 잘 풀리지 않자 유럽국가들을 끌어들이려 하지만 유럽 국가들에는 돈도 영향력도 없다.

4월 28일자 조선일보의 김대중 칼럼은 이러한 사태를 다음과 같이 평가하고 있다.

"북한이 이런 사정을 잘 읽고 있다는 징후가 여기저기서 나타나고 있다. 북한이 근자에 와서 남한당국과의 대화를 기피하고 대신 민간레벨의 협력 쪽으로 방향을 트는 것은 이제 남한정부로부터 "더 얻을 것이 없다"는 판단을 내렸기 때문이라고 최근 북한을 다녀온 한 민간인은 전했다. 김종필씨마저도 "김정일이 와봐야 줄 것도 얻을 것도 없다"고 공언하고 있다. 대북사업에 앞장 선 '현대'가 무참히 결딴나는 것을 본 남한의 다른 대기업들은 정부의 눈치만 보면서 북한 진출을 기피하고 있는 실정이다".

이런 여러 대내외적 상황에서 김대통령이 어떤 선택을 해야 하는지는 참으로 난감한 문제이다. 남북한간 통일의 기반조성을 정치 일생의 최대 목표로 삼아온 그의 '북한으로 가는 길'은 지금 최대의 난관에 부딪혀 있는 셈이다.

(3) 북한의 환영

북한을 직접 방문했던 각계 지도자급 인사들은 말할 것도 없고 언론과 국민들까지 북한사람들이 이번 회의에 참여한 남한지도자들에게 보여준 뜨거운 환영에 대해서 찬사와 경의를 표했다. 감격의 눈물을 흘렸다고 하는 것이 더 정확한 표현일지 모르겠다.

김정일위원장은, 관행과 예상을 깨고, 직접 공항에 나와 김대중대통령을 영접했다. 군인들은 환영열병식을 실행하고 군악대는 환영연주를 펼쳤다. 평양시내는 꽃과 환호로 우리 대통령을 맞이했다. 평양 전체가 축제분위기에 휩싸여 있었던 것이 사실이다.

그런데 여기서 한 번 깊이 생각해볼 문제가 있다. 김대중대통령의 방북을 환영하면서 조선인민군 군악대가 연주한 곡은 '유격대행진곡'(용진가)이다. 그 행진곡의 가사 중에서 우리가 관심을 기울여야 한다고 느껴지는 부분을 옮겨본다.

> 1. 동무들아 준비하라 손에다 든 무장
>   제국주의 침략자를 때려부시고
>   용진용진 나아가세 용감스럽게
>   억척만번 죽더라도 원쑤를 치자
> (후렴) 나가자 판가리 싸움에 나가자 유격전으로
>   손에 든 무장을 튼튼히 잡고 나갈 때에
>   용진 용진 나아가세 용감스럽게
>   억척만번 죽더라도 원쑤를 치자
> 4. 썩어가는 제국주의 뚜드려 부시고
>   무너진 그 터전에 새터를 닦고
>   인민의 혁명정권 건설하고서
>   붉은 기를 휘날리며 나아들 가자

'붉은 기를 휘날리며 나가자'는 목적이 무엇인가. 그 제1차적 목표는 한반도의 공산화이고 최종의 목표는 세계의 공산화이다. 이 점에 대해서는 이의를 제기할 사람이 없을 것이다. 그러면 세계의 공산화와 한반도의 공산화를 방해하는 '제국주의 침략자'는 누구이고 '원쑤'는 누구인가?

러시아나, 중국, 대만 그리고 일본은 아니다. 일본이 마음에 안 드는 거북한 상대일지는 모르나 제국주의 침략자나 원쑤는 아니다. 북한 재정의 큰 부분을 담당하고 있는 조총련인사들이 일본을 근거지로 활동하고 있다. 그러므로 일본은 타도의 대상이 되는 제국주의 침략자나 원쑤가 될 수 없다.

또 중동, 원동의 나라들이나 구라파의 나라들을 그렇게 봐야 할 이유도 없다. 결국 미국과 한국이 제국주의 침략자와 원쑤로 남게 된다.

그렇게 단정할 때 김대중대통령 앞에서 북한의 인민군 군악대가 연주한 '유격행진곡'은 무엇을 의미하는가? 앞으로는 북한이 남한을 제국주의 참략자의 앞잡이나 원쑤로 보지 않겠다는 뜻인가? 아니면 앞으로도, 수틀리는 경우에는, 언제든지 "붉은 기를 휘날리며 억천만번 죽더라도 원쑤 남한을 칠 것이다"라는 뜻인지 알 수 없다.

어쨌든 북한 공항에서의 환영행사는 부적절하고 무례한 것이었다고 생각한다. 눈물을 흘리면서 감격했던 우리의 모습을 되새겨봐야 한다고 본다.

이 점과 관련하여 생각해보고 싶은 점이 하나 있다. 그것은 언론의 보도자세다.

인민 군악대가 연주한 용진가에 대하여 조선일보가 문제를 제기하자 평시 조선일보를 '보수반동의 언론'으로 매도하던 일부 언론사가 반론을 들고나왔다.

용진가는 전주 신흥고의 교가이자 일제시 독립군이 부르던 군가로서 그 가사는 '침략자 일본제국주의'를 물리치자는 것으로 되어 있다는 것이다. 그러므로 민족의 자주통일을 외치는 이 시점에 인민군 군악대가 그 곡을 연주한 것은 '절묘한 선택'이라고 극찬하고 있다. 그런데 이러한 주장은 문제의 핵심을 흐려놓고 있는 것이다. 용진가의 곡이 신흥고의 교가와 같은 것인가? 독립군이 그 노래를 군가로 불렀는가? 하는 것은 아무런 의미가 없는 논란에 불과하다.

문제는 인민군 군악대가 연주한 용진가 가사 중에 "붉은 기 휘날리며 나아들 가자"라는 부분이 있는가? 라고 하는 점에 있다. 그리고 이 문제를 해결하는데 살펴봐야 할 일이 있다. 그것은 '제국주의 침략가'가 누구를 가리키느냐 하는 점이다. 조선일보를 타도하는 일부 언론들의 주장처럼 일본이 그 제국주의 침략자라고 일단 생각해보자. 그러나 북한이 일본을 '유격전'으로 친다는 것은 생각할 수도 없는 일이다. '썩어 가는 (일본) 제국주의를 뚜드려 부시고 무너진 그 터전에 인민의 혁명정권을 건설'하는 일이 가능한가?

북한이 지금 새삼스럽게 일본을 '억천만번 죽더라도 때려부셔야 할 제국주의 침략자'로 봐야 할 이유가 무엇인가? 북한이 미국을 '제국주의 원쑤'로 증오하고 있다는 것은 온 세상이 다 아는 일이다. 그렇다면 조선일보를 매도하고 용진가를 예찬하려는 일부 언론의 노력은 물거품이 될 수밖에 없는 것이다.

북한에서는 붉은 꽃을 흔드는 것이 김정일위원장에 대한 경의의 표시이고 분홍꽃을 흔드는 것은 김일성수령에 대한 충성의 표현이라고 한다. 김대통령이 방북하던 날 평양가로를 메운 인파가 흔든 꽃은 붉은색과 분홍색의 꽃뿐이었다. 그러면 주빈인 김대중대통령을 환영하는 꽃은 무슨색의 꽃이었는가 하는 점에 관심을 돌리지 아니할 수 없다.

연도에서 꽃다발을 흔드는 인파 속에 흘러나오는 구호에 대해서도 우리는 주의를 기울여야 한다고 생각한다. 한결같이 '김정일위원장 만세'라는 것이었다. 그렇다면 거기 모인 군중은 김대중대통령을 환영하기 위해서 모인 것인가? 아니면 김정일위원장에 대한 충성을 선포하기 위해서 모인 것인가? 생각하기에 따라서는 그날의 주연은 김정일위원장 한 사람뿐이고 다른 모든 사람들은 조연을 한 셈이 된다.

그러므로 김정일위원장의 출영과 평양시민의 환영에 대해서 감상주의적인 점수를 주는 것은 아직 이르다고 본다. 우리의 관심은 6.15 공동선언의 성공적인 실천에 집중되어야 한다고 본다.

(4) 긴장완화와 평화의 정착

정부와 여당 그리고 적지 않은 언론과 국민들은 6.15 공동선언으로 한반도에서 전쟁의 위험은 완전히 사라지고 평화가 정착하게 되었다고 단정하고 있다. 특히 김대중대통령은 이 점을 강조하고 있다.

평화정착론자들은 전쟁의 발생 가능성을 전제로 한 모든 법률과 제도는 없어져야 한다고 주장하고 있다. 그것들은 모두 냉전시대의 산물이므로 이제는 시대착오 내지는 시대역행적인 것으로 추방되어야 한다는 것이 그 주장의 핵심이다.

냉전시대의 전형적인 유물(?)로서, 단골메뉴 제1위의 자리를 차지하는 것이 국가보안법이다. 주한미군도 거기에 못지않은 배척대상으로 다시 떠올랐다. 정부도 공식적으로 국가보안법을 냉전시대의 산물인 악법으로 단정하고 그 개정방침을 언명했다.

여기에 때를 맞추어서 헌법상 영토조항의 현실화(대한민국 영토를 휴전선 이남으로 규정한다는 것) 주장도 다시 고개를 들고일어났다. 이 논리(?)를 전개하는 사람들에게는 독일기본법의 영토조항이 구세주와 같은 역할을 하고 있다. 그러나 조용하면서 합리적인 것을 중시하는 독일인의 특성과 서독기본법(Grsendgesetz)의 역사성을 무시하는 무책임한 논리에 우리는 귀를 기울이지 않을 수 없는 것이다.

동독은 6.25 사변, 청와대 침공, 아웅산 사건, KAL 폭파 같은 사건을 일으키지 않았던 것이다. 동서독은 조용한 가운데서 서신교환, 이산가족 상호방문 등을 오랫동안 꾸준하게 지속해왔었다. 더구나 동서독 정상회담은 20년간 수없이 이어져왔지만 양쪽 정상들은 요란한 성명이나 홍보에 힘을 기울이지 아니하였던 것이다. 부끄럽고 자존심이 상하는 말이지만 우리는 게르만민족보다 한 단계 아래인 의식을 가지고 있다는 것을 시인하여야 한다고 본다. "뱁새가 황새를 따라가려면 다리가 찢어진다"는 우리의 옛말은 우리에게 좋은 교훈이 되어야 한다고 생각한다.

이제 이 문제와 관련하여 우리의 시야를 다른 곳으로 돌려보자.

먼저 생각해볼 문제가 있다. 정부는 한반도 평화정착의 문제에 관해서 자신에 넘치는 단정을 하고 있다. 6.15 공동선언은 이 회담이 "평화통일을 실현하는데 중대한 의의를 가진다"는 평가를 '남북정상'이 함께 내린 것이라고 선언하고 있다.

그러나 합의사항 어느 항목을 보더라도 '긴장완화'나 '평화통일'을 위한 계획과 실천에 관한 말이 없다. 국내외의 거의 모든 전문가들도 이 점을 지적하고 있다. 그리고 그것이 이 공동선언의 결점이고 아쉬운 점이라고 말하고 있다. 그러나 정부는, 한결같이, '한반도의 평화정착'은 따놓은 당상이라고 장담하고 있다. 정부요인들의 설명에 의하면 김정일 위원장이 김대중대통령에게 off the record(비공개)를 조건으로 하고 무력 공산통일의 폐기를 약속했다는 것이다. 필요하다면 '온 사회의 주체사상화와 공산주의 사회건설'을 선언한 노동당 강령을 수정하겠다는 약속까지 하였다고 한다. 이 약속이 북한의 무력 남침 포기를 정부가 확신하는 근거가 된 셈이다.

그런데 정부의 이 말에는 많은 문제점이 숨겨져 있다. 김정일위원장의 노동당규약 수정발언 자체를 의심하는 것은 아니다. 그러나 '비공개'의 약속이 지켜지지 않아도 김정일위원장의 노동당규약 수정약속이 실천되는 데는 아무런 지장이 없는지 걱정이다.

다음으로는 김정일위원장이 노동당규약 수정의 약속을 지키기만 하면 한반도에서는 전쟁과 긴장재발의 위험이 완전히 사라지는가 하는 의문이 제기된다. 북한은, 적어도 현재까지는, 자신의 이익추구에 보탬이 되지 않는다고 판단되는 모든 약속을 지키지 않았던 것이 사실이다. 그러므로 노동당규약 수정 = 한반도의 평화정착이라는 등식은 성립할 수 없는 것이다.

6.15 공동선언의 힘으로 한반도의 모든 긴장이 해소된 것이라고 하면 영토조항을 수정하고 국가보안법을 폐지하는 데에만 그칠 문제가 아니다. 국군을 해체하여야 하는 것이다. 전쟁발생의 위험성이나 긴장재발의 가능성이 전혀 없다고 하면 무엇 때문에 엄청난 힘을 들여서 국군을 유지하여야 하는가? 형식논리나 극단론이 아니다.

국가의 존립을 위해서 10만 명 정도의 병력을 가진 국군으로 족한 것이다. 북한에는 120만 명의 병력을 가진 인민군대가 있는데 일방적인 무장해제가 무슨 말인가 하는 반론이 제기될 것이다. 북한은 자신의 안전보장을 위해서 국가보안법과는 비교도 될 수 없는 무서운 형법을 가지고 있는데 그것을 그냥둔 채 우리 국가보안법만 일방적으로 폐지하자는 주장이 범람하고 있는 것이 우리의 실정이다.

국가보안법이 필요 없을 정도로 한반도에 평화가 정착된 것이라고 하면 국군은 이를 없애거나 대대적인 감군을 해야만 되는 것이다.

미국의회에서는 6.15 공동성명이 있은 후 이에 대한 공개토론회를 개최했다. 토론참여자들의 거의 전원이 북한의 남침가능성을 염두에 둔 논리를 전개했다. 국내외를 불문하고 한반도의 완전한 평화의 정착을 믿는 사람은 그렇게 흔한 편이 아니다.

정부와 여당이 세계의 사람들에게 한반도의 평화정착을 확신시키려고 하면 보다 설득력 있는 논리를 개발하고 이것을 뒷받침하는 증거를 제시하여야 한다고 생각한다.

(5) 6.15 공동선언의 법률적 분석

6.15 공동선언을 법률적 측면에서 고찰하고자 한다.

(가) 공동선언 제1항의 자주통일

공동선언문 제1항은 다음과 같다.

"남과 북은 나라의 통일문제를 그 주인인 우리 민족끼리 서로 힘을 합쳐 자주적으로 해결해나가기로 하였다".

'자주'라는 말은 행위의 주체가 남의 보호나 간섭을 받지 않고 독립해서 행동한다는 것을 의미한다. "남과 북이 주인의식을 가지고 통일문제를 자주적으로 해결해간다"라는 선언문 제1항은, 그런 의미에서, '자주통일'의 참뜻을 그대로 천명하고 있는 것이다.

그런데 북한도 '자주통일'을, 우리와 똑같은 뜻으로 받아들이고 있느냐 하는 데에 문제가 있다. 원론적인 이야기지만, 공산주의자들이 사용하는 어휘는, 많은 경우에 있어서, 본래의 개념과는 다른 뜻을 가지고 있다.

공산주의의 홍보술에는 이런 것이 있다. "적이 즐겨 사용하는 어휘를 반복해서 집중적으로 사용하라. 그러나 그 어휘 안에 우리(공산주의)의 개념을 함축시켜라". 이러한 홍보전략의 사례 제1호로서 '민주주의'라는 어휘를 들 수 있다.

민주주의는 나라의 주권을 국민에게 귀속시키는 정치체제를 의미한
다. 쉽게 풀이하면 '국민에 의한, 국민을 위한, 국민의 정치'가 민주주의
다. 이것은 모든 사람이 인정하는 민주주의 개념이다. 그리고 모든 사람
은 민주주의를 사랑하고 이 어휘를 즐겨 쓴다.

공산주의자들은 이 점을 홍보전략으로 이용한다. 공산주의야말로 참
된 민주주의라고 소리를 지르는 것이다. 공산주의는 노동자, 농민과 무
산대중을 앞세우는, 특권층에 의한 독재정치이다. 이것은 결코 민주주의
가 아니다. 그러나 그들은 공산주의도 민주주의일 뿐만 아니라 공산주의
야말로 참된 민주주의라고 외친다.

공산주의는 '인민에 의한, 인민을 위한, 인민의 정치'라고 외친다. 이
것을, 그들은, '인민민주주의'라고 선언한다. 그래서 적지 않은 사람들이
인민민주주의야말로 참된 민주주의라고 믿기에 이른 것이다. 그들의 머
리에는 '자유민주주의'와 '인민민주주의'가 다같은 '민주주의'로 새겨지게
된 것이다. 참된 민주주의는 주권자의 보통·평등·직접·비밀선거를
기초로 한 보통선거에 의해서 권력담당자가 결정되는 것이다(대한민국
헌법 제41조 제1항, 동법 제67조 제1항). 그러므로 제한선거에 의하여
권력행사자가 결정되는 공산주의는 참된 민주주의가 될 수 없다. 그것이
민주주의라고 하면 그것은 사이비 민주주의일 수밖에 없다.

이처럼 어휘의 개념에서 핵심적인 것을 변질시켜서 이것을 반복, 집
중적으로 사용하는 것을 문화사회주의라고 말한다. 그러면 '자주통일'이
란 말의 문화사회주의적 개념을 살펴보자.

북한이 '자주통일'이라고 말할 때 그 '자주'라는 말의 뜻은, 우리가 이
해하고 있는 것처럼, "남북이 우리끼리 서로 힘을 합쳐 자주적으로 해결
한다"라는 데에 있지 않다. 그것은 "외세의 관여를 배척한다"라는 뜻을
가지고 있는 것이다.

그리고 그 '외세'의 제1호는 미제국이다. 그러므로 그들이 말하는 '자
주독립'의 핵심은 '미군철수'에 있다. 7.4 공동선언 때부터 북한은 이런
의미로 '자주독립'이라는 말을 사용했다. 북한은 '자주독립'이라는 말을
항상 이런 뜻으로 사용해왔다.

북한이 미국을 얼마나 증오하고 미군철수를 얼마나 강력하게 희망하고 있는가 하는 문제를 살펴보자. 그들이 보고 있는 미국은 자본주의와 제국주의의 주인공이다. 한민족 전체를 정치적·경제적·군사적 노예로 전락시키고 있는 원쑤인 것이다. 북한이 민족의 통일과 독립을 쟁취하기 위해서 일으킨 6.25 성전의 목표달성을 무산시킨 괴수이다. 그들이 기회 있을 때마다 한반도로부터의 미군철수를 소리높이 외치는 이유는 여기에 있다.

북한의 정치사전은 '위대한 주체사상과 철저한 반제혁명사상'은 '미제의 각을 뜯는데'에서 출발하는 것이라고 적고 있다. 그 사전 419면을 그대로 옮겨본다. "미제의 각을 뜯 때 대한 전략은 위대한 주체사상과 철저한 반제혁명사상의 구현이다..." 그리고 '미제의 각을 뜯 때 대한 전략'은 김일성주석의 주석에 의하면, 다음과 같다.

"인민들이 세계에 이르는 곳마다에서 각각 미제의 팔도 뜯어내고 다리도 뜯어내며 머리를 잘라 버려야 합니다. 미제국주의를 반대하는 투쟁을 힘있게 벌리며 미제의 각을 이르는 곳마다에서 뜨게 되면 미제는 결국 멸망하고 말 것입니다"(김일성 저작선집 5권. 501면).

이러한 자료는 대한민국의 통일원이 펴낸 자료에 기초를 두고 있는 것이다. 그러므로 누구도 그 출처와 내용의 진실성에 대해서 이론을 제기할 수 없을 것이다.

그럼에도 불구하고 김대중대통령은 "공동선언 제1항의 자주가 외세의 배척과는 무관하다"라고 단언하고 있다. 김대통령의 설명은 이러하다. "북한은 지금까지 독점적으로 '자주'를 '외세배격'과 '주한미군철수'의 개념으로 사용해왔다. 그러나 자주는 외세배격을 의미하는 게 아니다". 그런데 안타깝게도 김대통령은 자신의 단정을 뒷받침하는 증거를 제시하지 아니하였다.

과거에 미군은, 북한의 '자주독립' 주장과는 상관없이, 자신의 판단으로 한반도에서 철수를 단행했던 것이다. 철수했던 미군이 다시 한반도에 주둔하게 된 원인은 북한의 6.25 남침에 있었다는 것을 생각해보면 북한의 주장이 얼마나 어처구니없는 독선에서 비롯된 것인가 하는 점을 곧 알 수 있게 된다고 본다.

이 점에 대하여 정부와 여당의 중요인사들은 한결같이 북한이 6.15 공동선언에 합의하면서 미군철수를 요구하지 아니하였다는 것을 강조하고 있다. 그것은 6.15 공동선언의 '자주통일'이 종래의 '자주통일'과는 다르다는 것을 강조하는 말이다.

그러나 북한식 자주통일의 개념이 바뀌지기 위해서는, 북한에 의한, '적극적인 승인'의 선언이 필요한 것이다. 자주독립의 개념에 대한 '소극적인 침묵'이 우리 식 '자주통일'에 대한 수용을 의미하는 것은 결코 아니다. 이것은 언어해석의 기본원칙이다.

북한이 6.15 선언의 '자주독립'은, 종래 그들이 주장해온, 미군철수를 의미하는 것이 아니라는 것을 명백히 선언하지 아니하는 한 그 말을 우리의 희망과 취향대로 해석할 수는 없는 것이다. '해석'과 '사실'은 반드시 일치하는 것이 아니기 때문이다.

그런데 우리의 희망과 기대에 부응하는 북한의 명백한 태도표명은 어디서도 발견할 수 없다. 북한이 우리의 희망과 기대에 부응하는 분명한 태도표명이 있었다고 치자. 그러면 그 말을 액면 그대로 믿을 수 있는가 하는 새로운 문제가 제기된다. 이것은 그동안에 있었던 남북의 갈등과 불신사태로 봐서 당연히 제기될 수 있는 문제이다. 하물며 이 문제에 대한 결정적 해결의 주인인 북한이 아무런 언급을 하고 있지 아니하고 있는데 우리만이 무지개꿈 속에서 헤매고 있을 수는 없는 것이다. 실제에 있어서 몇몇 우리 정치인과 언론인의 흥분에도 불구하고 세계의 많은 전문가들은 북한에 의한 미군철수 주장제기의 가능성이 상존하는 것으로 보고 있다.

우리는 이 점에 관심을 집중시켜야 한다고 생각한다. 이 말은 북한이 앞으로 미군철수를 주장할 것이라는 단정을 전제하는 것이 아니다. 그러나 우리가 이 문제에 대해서 너무 낙관적으로 앞서가서는 안 된다는 말이다. 불행은 언제나 지극히 적은 방심의 틈을 통해서 찾아온다는 것을 명심해야 할 것이다. 이것이 바로 유비무환의 철학이다.

김대중대통령은 "주한미국은 통일 후까지도 유지되어야 한다"라고 적극적이고 분명한 자신의 소신을 밝혔다. 이것은 바람직한 일이라고 생각한다. 그런데 아쉬운 것이 있다. 그것은 대통령의 소신은 이처럼 확고한데도 불구하고 무책임하고 극한적인 '미군철수' 주장이 왜 이처럼 끈질기게 확산되고 있느냐 하는 것이다.

많은 국민들을 더욱 안타깝게 만드는 것이 있다. 그것은, 위와 같은, 무책임하고 극한적인 미군철수를 주장하는 단체나 개인이 김대통령의 영향권 밖에 있는 것이 아니라고 생각하고 있는 국민들이 예상외로 많다고 하는 사실이다. 그들은 김대통령이, 막무가내로 미군철수를 외치고 있는, 단체의 대표자나 그러한 개인을 불러서 타이르면 이 문제가 쉬 해결된다고 믿고 있는 것이다.

북한은 미국을 이처럼 제국침략자요 한반도의 공산통일을 가로막는 원쑤로 규탄하면서 실익추구의 면에서는 미국과의 대화를 희망하고 있다. 미국에 대하여 강온 2중의 전략을 펴고 있다는 말이다. 북한의 이러한 전략의 전형적인 사례는 지난 장의 방미외교에서 볼 수 있다.

북한의 이러한 전략의 편리는 페르손 스웨덴 수상의 방북에서도 드러나고 있다. 그가 평양방문에 이어 서울방문을 한 자리에서 김정일위원장이 한 말을 전했다. 그가 전하는 김정일위원장의 말들 중 '자주'와 관련되는 부분을 떼어서 생각해본다. 2001년 5월 5일자 조선일보의 사설 '페르손이 남기고 간 것' 중 해당부분을 전제하는 것으로써 나의 판단을 대신하고자 한다.

"김위원장은 '서울답방' 문제에 대해 '그 의지는 변함없지만 구체적인 시기는 미국의 대북정책 검토가 끝나는 것을 기다리겠다'고 하는 이중적 자세를 취하고 있다. 미국과 한국 양쪽에 대해 동시에 압력을 가해 '미·북 대화의 조기성사'를 강요하고 있는 셈이다.

한마디로 이것은 '선(先) 미·북 대화 재개, 후(後) 남북관계 진전'을 시사한다. 남북한 관계가 미·북 관계의 종속변수가 된다는 것은 6.15선언의 '자주'정신에도 어긋나는 것이라 할 것이다. 남쪽으로부터는 필요한 것이나 얻어가고 정작 중요한 모든 것은 미국과만 해나가겠다고 한다면 '햇볕정책'은 애초부터 도로에 그치게 된다. 결국 김대통령도 북한과 미국의 관계개선이 남북화해의 관건이라고 생각하는 것 같다".

그리고 '자주통일'의 뜻과 관련하여 개념을 확정하여야 할 새로운 말이 있다. 그것은 '평화'라는 어휘의 개념이다. 공동선언문을 보면 '통일'은 '평화'통일이어야 하는 것으로 되어 있다. 이 평화도 우리가 생각하고 있는 평화와 같은 뜻을 가지고 있는가 하는 점이 우리의 관심의 초점이 되어야 한다.

우리는 평화를 인간집단 사이에 전쟁이 일어나고 있지 않은 상태를 뜻하는 말로 받아들이고 있다. 때로는 평화가 전쟁을 없애기 위한 적극적인 인간의 활동을 뜻하기도 한다. 그런데 북한은, 평화를, 우리와는 달리, 단순한 무전쟁상태(無戰爭狀態)로 보지 않고 있다. 그들이 말하는 평화의 실체를 살펴본다.

김일성주석은 "평화의 파괴자들을 반대하여 투쟁하며 노예의 평화를 반대하여 억압자들의 통치를 뒤집어엎지 않고서는 진정한 평화를 달성할 수 없다"(김일성 저작선집. 4권 521면)라고 말하고 있다.

북한이 말하는 '억압자 또는 압제자'란 부르주아 정권을 말한다. 따라서 부르주아 정권이 세상에 남아 있는 한 평화는 근본적으로 불가능하다는 것이 공산주의자들의 평화관이다.

북한의 철학사전은 '평화'를 이렇게 풀이하고 있다. '평화'는 "...민족적 및 계급적 해방을 위한 혁명투쟁의 리익과 분리시킬 수 없으며... 진정한 평화는 오직 략탈전쟁과 노예의 평화를 강요하는 사회제도를 뒤집어엎을 때만이 이룩될 수 있다고 본다". 다시 말하면 진정한 평화는 지구상에 비공산주의국가가 남아 있는 한 이룩될 수 없다는 것이다.

북한은 '전쟁을 두려워하는 것은 부르주아 평화주의의 표현이며 수정주의적 사상조류'(김일성 저작선집 4권. 484면)라고 한다.

그들의 '평화'나 '평화통일'은 남한의 자유민주주의 제도를 전복하기 위한 일시적인 협동제휴를 의미하는 것이다. 평화는 적화통일의 실현에 유리한 조건 조성을 위한 중간단계라고 봐야 한다.

북한의 평화는, 이러한 투쟁적 평화 외에 목적의식이 함몰되어 있는, 특수한 의미를 가지고 있다. 그것은 구체적으로 국가보안법의 폐지와 국가정보원(구 중앙정보부)의 해체를 의미하는 것이다. 국가보안법은 인민의 적인 남한 부르주아 정권의 체제수호법이기 때문에 폐지되어야 한다. 국가정보원은 그러한 악법의 집행기관이고 양심적인 혁신통일지향인사들에 대한 탄압기관이다. 그러므로 이 또한 없어져야 한다는 것이다.

그들은 국가보안법이 살아 있고 국가정보원이 건재하는 한 한반도에 평화는 없다는 신념을 가지고 있다.

(나) 공동선언 제2항의 통일방향

공동선언 제2항은 이렇게 되어 있다. "남과 북은 나라의 통일을 위한 남측의 연합제안과 북측의 낮은 단계의 연방제안이 서로 공통성이 있다고 인정하고 앞으로 이 방향에서 통일을 지향시켜 나가기로 하였다". 여기서 문제가 되는 것은 북한이 주장하는 '연방제'와 남한이 주장하는 '연합제'가 어떤 점에서 동일한 것이고 어떤 점에서 다른 것인가 하는 양자의 이동(異同)의 문제이다.

이 점에 대한 남북한 양측의 주장에 관해서는 허다한 정치적인 문제와 법률적인 문제가 제기될 수 있다. 그러나 원칙론적인 문제에 관한 논의는 그만두기로 한다.

그러나 현실적인 문제는 짚고 넘어가지 아니할 수 없다. 북한이 주장하는 '낮은 단계의 연방제' 또는 '느슨한 연방제'가 학문적으로 무엇을 뜻하며 사실상 어떤 의미를 가지고 있는가 하는 것이 문제이다. 이 점에 명백한 답변을 줄 수 있는 사람은 한 사람도 없다고 생각한다.

그러므로 해결할 길이 없는 논의는 공론에 그치고 말 것이 뻔하므로 이 점에 대한 논란은 피하기로 한다.

공동선언문 제2항과 관련된 가장 큰 문제는 대한민국이 최종적으로 공산주의 체제를 수용하는 통일을 받아들일 수 있는가 하는 점에 있다. 한 걸음 물러서서 자유민주주의 체제와 공산주의 체제의 혼합형인 제3의 정치체제라도 받아들일 것인가 하는 것이 관심의 초점이 된다고 할 것이다.

지금 대한민국 안에는 민족통일을 최고 지상의 가치로 보고 있는 사람들이 많다. 그래서 월남식 통일을 부러워하는 사람들이 적지 않다. "월남이 통일하는데 공산주의면 안 된다는 법이 어디에 있는가? 월남이 통일했다는 것은 얼마나 좋은 일인가?" 이것이 그들 민족지상주의자들의 주장이다.

너무 지루한 감이 나기는 하지만 일부 사람들의 무책임한 생각들을 살펴보기 위해서 어떤 천주교 신부의 글 하나를 소개하고자 한다.

"나는 (남북회담 장면을 보여주는) 텔레비전에서 김정일국방위원장을 본 그날 이후 하루, 이틀, 사흘을 혼미하게 보냈다. 아니 좀 고통스럽게 보냈다. 왜냐하면 그동안 내 머릿속에 있던 생각들, 이미지들, 기억들, 무엇보다도 오랫동안 길들여져 왔던 잘못된 반공교육의 틀을 부숴야 했기 때문에.

김정일국방위원장을 나는 모른다. 그가 어떤 사람인지 모른다. 모를 수밖에 없다. 그가 어떤 사람이라고 가르쳐준 것은 바로 언론이고 방송이었다. 그리고 오늘날 그동안의 그는 그가 아니며 저기 저 새로운 모습을 가진 이가 그라고 또 떠들어댄다.

북한의 아이들은 산수공부를 할 때도 '미국놈 하나를 죽였습니다. 그리고 도망치는 남조선 놈을 또 하나 때려 죽였습니다...' 어쩌구 하며 문제를 푼다는 선생님 얘기에 몸서리를 치면서 그들은 아마 이마에 눈이 하나 더 있거나 (실제로 그런 식의 반공 포스터를 그리기도 했었다) 아주 극악무도한 인종일 것이라는 생각을 거의 굳히고 살았다. 수많은 사람들이 반공의 올가미에 걸려 죄없이 죽어갔고 억울한 옥살이를 했다는 사실도 알게 되면서 적어도 그들이 우리와 다른 인종이라는 생각은 더 이상 하지 않게 되었다. 이념이 다르다는 것, 그리고 권력자들의 서로 다른 논리 때문에 우리는 갈라져 있지만 결국 사람 사는 것은 이런 것이다. 더구나 한핏줄이라는 것은 이렇게 서로를 끌어당길 수밖에 없는 것이다"(시민과 변호사 2000년 7월호).

이래도 좋은 건가? 편파적인 반공교육에 놀아나서 북한의 지도자와 북한사람을 악마처럼 생각하다가 텔레비전에 몇 시간 비친 김정일위원장의 '호탕한 웃음'과 '여유 있는 농담'에 방향감각을 잃어버린 것이 지성인의 태도인가? 그보다도 '한핏줄' 앞에서는 '공산주의'와 '자유민주주의' 따위의 '이념'은 아무것도 아니라는 말을 마구 해도 상관없는 것인가?

국가보안법으로 유죄판결을 받은 사람들은, 하나 예외 없이, '반공의 올가미에 걸려 죄없이 죽어갔고 억울한 옥살이'를 하였다는 말인가? 대한민국의 검사와 법관은 모조리 악랄하고 잔인한 악인들이란 말인가? 민족에 대해서 최고 가치를 부여하고 있는 감상적 민족지상주의자들은 '한핏줄', '한민족'이란 어휘를 접하기만 해도 흥분한다. 그런데 문제는 북한도, 민족이라는 어휘를, 그들처럼 순수한 의미로 받아들이고 있느냐 하는 점에 있다. 불행하게도 북한이 말하는 '민족'과 그 발전개념인 '민족대단결'은 우리의 그것들과 근본적으로 다르다.

북한은 '민족대단결'을 '사상과 노선을 초월하여 민족의 통일을 구현시키기 위한 협동'의 의미로 사용하고 있다. 이러한 민족대단결은 간첩과 친북세력의 활동도 보장해주는 것이어야 한다. 이것은 한반도의 공산통일을 위한 논리일 수밖에 없다. 우리가 이러한 '민족' 또는 '민족대단결' 론을 받아들여야 할 것인가?

위 신부와 그와 같은 생각을 가진 사람들이 뭐라고 말하든, 자유민주주의가 없는 민족의 통일은 자유민주주의가 있는 분단보다 못한 것이다. 자유민주주의가 없는 통일은 생각할 수도 없는 것이다.

서독의 브란트나 콜수상이 동서독 정상회담에 임하면서 한 번도 자유민주주의 없는 동서독 통일을 생각해본 일이 없다는 것은 우리에게 큰 교훈이 되어야 할 것이다.

자유민주주의는 우리에게 있어서 무엇과도 바꿀 수 없는 최고 지상의 절대가치이다. 그러므로 자유민주주의는 우리의 생명이자 숙명이다. 자유민주주의를 최종의 목표로 삼지 아니하는 어떠한 국가연합이나 연맹도 우리는 받아들일 수 없는 것이다.

그런 각도에서 보면 이번 6.15 남북공동선언 중 국가연합제와 연방제의 남북합의는 다음과 같은 것이라고 할 수 있다.

부산을 목적지로 삼고 있는 여객과 광주를 목적지로 삼고 있는 여객이 서울역에 모였다. 행선지의 조정을 위해서 진지하게 의견을 교환하던 두 나그네가 온 얼굴에 희색을 띠면서 행선지 조정이 성취되었다고 말했다. 듣고 보니 두 나그네의 목적지 조정 성공의 내용은 이러했다. 두 사람이 대전까지 동행하기로 했다는 것이다.

두 나그네는 대전에 도착한 후의 공동행위 내용에 관해서 질문을 받았다. 두 나그네의 한결같은 답변은 이러한 것이었다. "그 점에 대해서는 합의된 바 없다. 두 사람이 대전에서 내려가지고 하나는 광주행 열차를, 다른 하나는 부산행 열차를 타고 각기 자기 길로 갈 수도 있다. 아니면 완력이나 설득력이 강한 쪽이 상대방을 자기 목적지로 데려갈 수도 있다. 그러나 지금으로서는 아무 예단도 할 수 없다".

이번 국가연합제와 연방제에 관한 합의(공동선언문 제2호)는 부산행 여객과 광주행 여객이 대전까지 동행하기로 한 합의와 같은 것이다.

공동선언 제2항은 국가(정부)협력체제의 면에서나 자유민주주의 수호 관철의 면에서 보면 어느 하나도 합의된 바가 없다고 할 것이다. 그런 의미에서 통일방안으로서의 정치형태가 어떤 것인가 하는 점에 대하여 명백한 단정을 내릴 수 있는 사람은 아무도 없다.

그런데 남북한의 결합에 관해서 생각해야 할 현실적인 문제는 국가연합제이든 연방제이든간에 그것이 양정부(또는 양국가)가 동일한 정치체제를 가지고 있을 때 가능하다고 하는 점에 있다. 동서고금을 막론하고 왕정체제 또는 황제정체를 가진 나라와 공화체제를 가진 나라가 연방제나 국가연합을 한 일이 없다. 공산주의 체제와 자유민주 체제간에도 이러한 상호불용인의 상극관계가 존재하는 것이다.

1990년 5월 22일에 이뤄진 남북 예멘의 통합이 이 점에 대한 유일한 예외로서 설명되기도 하므로 그 통일경위와 내용을 살펴보기로 한다.

남북 예멘의 통일이 서로 다른 정치체제의 결합으로 이루어졌다고 하는 주장은 잘못된 것이다. 통합 이전에 북예멘은 이슬람식 사회주의 체제를 갖고 있었고 남예멘은 맑시즘의 사회주의 체제를 가지고 있었다. 그러므로 두 나라는 다같이 사회주의 체제를 가지고 있었던 것이다.

당시 남북 예멘은 국내외의 여론 때문에 통합을 하지 않을 수 없는 처지에 놓여 있었다. 양예멘의 정상 또는 전권수임자가 수없이 그리고 끈질기게 노력한 결과 통일을 위한 합의에 이르게 되었다. 통일의 합의에 이르기까지 수없는 무력충돌과 외교적 분규를 거쳐야만 했다.

그래서 남북 예멘의 통일은 이념적인 이유에서 이루어진 것이라기보다는 현실적인 필요 때문에 성취된 것이라고 봐야 할 것이다. 그래서 예멘의 통일은 화학적 결합이 아니라 물리적 결합이라고 봐야 할 것이다. 통일예멘의 권력담당자가 철저하게 남북 예멘간의 안배원칙에 따라서 결정되었다고 하는 것이 이 사실을 말해주고 있는 것이다.

통합 직후부터 대형 무력충돌이 끊임없이 일어나고 정치·경제·사회 전반에 걸쳐서 분규가 계속되고 있었던 원인도 바로 이 무리한 통합에서 비롯된 것이라고 봐야 할 것이다. 그러므로 예멘의 통합은 진정한 통일이 아니었다. 또다른 분단의 새로운 출발이라고 봐야 했던 것이다. 그래서 남북예멘의 진정한 통일은 그 후의 일방적인 무력진압을 통해서 비로소 이루어졌다.

같은 사회주의 정체의 국가끼리 통합하는 것도 이처럼 어려운데 자유민주주의 체제의 나라와 공산주의 체제의 나라가, 연방제이든 국가연합이든, 통일한다는 것을 그렇게 쉬운 것으로 봐서는 안 된다고 생각한다.

북한은 평양방송을 통해서 이회창 한나라당 총재가 국회 본회의에서 행한 정당대표연설을 맹렬하게 비난했다.

이회창총재가 행한 연설에는 북한이 문제삼을 만한 내용이 전혀 없었다. 이것은 중론이다. 그럼에도 불구하고 북한이, 이성을 상실한 것이 아닌가 하는 의심을 일으킬 정도로, 감정적인 대응을 한 이유를 알 수 없다. 이유가 있다고 하면 그것은 이회창총재의 발언이 북한식 통일에 방해가 된다. 그들이 신경질적인 반발을 하면서까지 지켜야 한다고 생각하는 통일은 공산통일이라고 봐야 할 것이다.

북한의 위와 같은 이총재 비방방송에 대해서 통일부 당국자들은 "남북정상회담 이후 남한에서의 이념적 혼란을 부추기기 위한 것이 1차적 목적인 것 같다"고 말했다.

'이념적 혼란'이 무엇을 뜻하는가? "통일은 자유민주주의와 함께라야만 한다"라는 많은 대한민국 국민들의 신념을 흔들어놓는다는 말이 아닌가? 북한의 의도가 이렇게 명백히 밝혀졌는데도 우리는 통일만 되면 이념은 상관없다는 감상주의에 빠져 있어야 하는가?

(다) 공동선언 제3항의 이산가족 상호방문과 비전향장기수의 북송

"남과 북은 올해 8.15에 즈음하여 흩어진 가족, 친척방문단을 교환하며 비전향장기수 문제를 해결하는 등 인도적 문제를 조속히 풀어나가기로 하였다". 공동선언문 제3항에 대해서도 법률적으로 몇 가지 문제가 제기될 수 있다고 본다. 우선 간단한 문제부터 살펴보기로 한다.

① 이산가족 상봉과 관련해서 먼저 제기되는 문제는 이산'가족 상봉'이 1회적인 것이냐 아니면 정례적 내지 항구적인 것인가 하는 점이다.

우리 정부는 이산가족의 상봉이 정례적인 것이라고 단언하고 있다. 그러나 많은 사람들은, 정부의 해명에도 불구하고, 이산가족 상봉이 1회적인 것으로 끝나지 아니할까 하는 의구심을 가지고 있다. 북한당국은 이 점에 대해서 명백한 태도 내지 방침을 밝히지 아니하고 있다. 이 문제해결을 위해서 먼저 국어학적인 접근을 감행해본다. 국어학적 해석은 그 어휘에 대한 법률적 해석의 기초가 되기 때문에 이 일은 결코 무익한 일이 되지 않을 것으로 본다.

나는 공동선언문 제3항의 물리적 해석에 관해서 이산가족의 상호방문 시기와 그 계속성 여부에 관해서 왜 논란이 벌어지는가 하는 점에 대해서 이해를 할 수 없다. 당연히 1회적인 것이라고 해석해야 한다고 본다. 이것은 당위와 가치의 문제가 아니다. 애국심과 민족애의 문제는 더욱 아니다. 이것은 존재와 사실의 문제이다.

선언문 제3항 중 방문시기와 기간과 관련 있는 어휘를 다시 보자. 그것은 '올해 8.15에 즈음하여'라고 표현되어 있다. '즈음하여'라는 말은 1회적인 사건을 나타낼 때 쓰여지는 말이다. 예컨대 '출발에 즈음하여', 또는 '입학식 거행에 즈음하여'라는 말은 '출발할 때마다' 또는 '입학식을 거행할 때마다'라는 의미를 가진 것이 아니다.

그렇다고 해서 '즈음하여'라는 말이 '출발의 시점' 또는 '입학식 거행의 시기'를 기점으로 하여 '앞으로 계속해서'라는 의미를 가지는 것도 아니다. 그런데 '즈음하여'를 '기점으로 하여' 또는 '계속해서'라고 해석하는 것은 황당한 것이라고 말하지 아니할 수 없다.

더구나 공동선언문은 위에서 말한 바와 같이 '올해 8.15'라고 연월일을 특정하고 있다. 그렇다면 이산가족 상봉의 회수와 기간에 관해서 무슨 논쟁이 일어날 수 있다는 말인가?

그렇다고 해서 나는 이산가족 상봉이 2000. 8.15에 즈음하여 1회만 이루어져야 한다거나 앞으로 계속적인 상봉은 없을 것이라는 말을 하고 있는 것이 아니다. 남북이 서로 노력하고 협의해서 이산가족 상봉을 정례화하여야 한다고 믿고 있다.

앞으로 이산가족의 상봉이 정례화되거나 제2차, 제3차 이산가족의 상봉이 이루어질 것을 염원한다. 그런데 문제는 우리의 이 기원이 이루어진다고 하더라도 그것은, 정부가 주장하고 있는 바와 같이, 공동선언문의 해석상 당연히 이루어져야 할 것이 성취된 것은 아니다.

그것은 남북 당국의 새로운 합의의 결과라고 봐야 할 것이다. 우리 정부와 김대중대통령의 방북수행자들 중에는 각계의 전문가들이 들어 있다고 알려졌다. 그 허다한 전문가들 중에 '즈음하여'의 뜻을 바로 새길 사람이 하나도 없어서 이 혼란을 일으켰단 말인가? 부끄러운 일이 아닐 수 없다.

② 다음 문제를 생각해보자. '이산가족 상호방문'은 남한이 요구하던 것이고 '비전향장기수 송북'은 북쪽의 요구사항이었다는 것으로 알려졌다.

그런데 '비전향장기수 북송'의 문제는 오로지 북한의 자존과 이익의 문제이다. 이와는 반대로 '이산가족 상호방문'의 문제는 남북한 이산가족들의 공동 관심사이다. 양쪽 주민들은 모두 이산가족 문제로 괴로워하고 있기 때문이다. 그러므로 이산가족 상봉은 남한주민들에게만 이익을 주는 것이 아니다. 경제적인 이해타산의 입장에서 이 말을 하고 있는 것은 아니다. 우리가 생각해야 할 문제를 차례대로 살펴본다.

a) 정부는 이산가족 상봉과 비전향장기수 북송은 남북한 당국의 '상호주의'에 의하여 교환조건의 차원에서 이루어졌다고 한다. 그러나 이산가족 상봉과 비전향장기수 송북이 '등가관계'에 놓여 있다고 하는 주장은

천부당만부당한 것이다.

남한에 산재해 있는 이산가족은 수백만 명에 이른다. 그 중 100명이나 200명 이산가족에게만 상봉의 기회가 주어진다고 하면 수혜자는 0.006%에 그치는 셈이 된다. 그런데 비전향장기수 55명은 본인이 희망하기만 하면 100% 전원이 송북될 수 있다고 한다. 이것이 교환조건의 형평성을 나타내는 것인가?

b) 그러나 교환조건의 등가성 궤멸에 결정적인 계기가 되는 것은 다른 데 있다. 그것은 이산가족과 비전향장기수의 법률적 성격차이에서 찾아야 한다. 이산가족은 문자그대로 가족과 헤어져 살고 있는 사람을 말한다. 이들은 남북분단이라는 불가항력적인 역사적 운명의 피해자들이다. 자신의 과오나 범죄로 인해서 이산가족이 된 것은 아니다.

그런데 비전향장기수는 범법자이다. 남파간첩으로 활동하거나 대한민국의 근본질서를 파괴한 이유로 유죄확정판결을 받은 사람들이다. 더구나 그들은 지금도 자기행동의 정당성을 강변하고 있다. 전향을 하지 아니한 정도가 아니라 준법서약도 할 수 없다고 주장한다. 그것은 앞으로 간첩행위는 물론 국가전복행위도 할 수 있다는 뜻이다. 그들은 대한민국의 가치와 실체를 인정하지 않겠다는 사람들이다.

그러면 가련한 역사의 피해자인 이산가족과 흉폭한 국사범인 비전향장기수를 교환함에 있어서 '등가'의 것으로 보자는 말인가? 이것은 어림없는 불의의 주장이다.

c) '비전향장기수 북송'과 교환대상이 될 만한 것은, 적어도, '국군포로' 또는 '납북어부' 정도는 되어야 한다. 사실은 국군포로와 납북어부는 인도적 차원에서나 법률적 차원에서 당연히 송환되어야 한다. 비전향장기수의 송북과 국군포로, 납북어부의 송환을 교환한다는 것은 남한의 일방적인 양보와 아량을 통해서만 성사될 수 있는 문제이다.

그런데 이것마저 이루어지지 아니하고 있는데 우리 정부의 남북문제 담당각료는 "국군포로는 없다"라고 선언했다. 이것이 문제가 되자 "국군포로가 없다고 말한 것은 법적으로 볼 때 그렇다는 뜻이었다"고 해명했다. 이것이 무슨 해명인가? 법적인 포로가 따로 있고 사실상의 포로가 따로 있다는 말인가?

이 문제에 대한 해명과 시비는 급기야 통일부와 국방부간의 상호비방전으로 번져나갔다. 오죽했으면 기자가 '박장관의 혀'라는 불경스러운 제목의 글을 신문에 공개적으로 게재했겠는가? 이 세대를 살아간다는 것이 부끄럽고 슬프기만 하다.

국군포로가 없다는 말은 이번에 처음으로 나온 말이 아니다. 여당의 중요당직자가 같은 말을 했다가 그 자리를 내어놓기까지 했다. 그럼에도 불구하고 다시 주무장관이같은 말을 토해낸 이유가 무엇인가?

자신의 뱃심을 보이기 위한 것인가? 아니면 국민들의 반응을 보기 위한 것인가?

(6) 남북공동선언의 법률적 성격

남북공동선언이 어떠한 법적 성격의 선언인가 하는 점이 가끔 논의의 대상이 되곤 한다. 이 문제는 지금까지 살펴본 바와 같이 남북공동선언의 각 항목이 어떤 법적 논란의 대상이 될 수 있는가 하는 고찰에 비하면 그리 중요한 의미를 가진 것이 아니다. 그러나 남북공동선언의 법적 평가를 마무리하면서 이를 살펴보는 것도 의의가 있는 일이라고 생각한다.

첫째, 남북공동선언은 민사상의 합의(계약)나 공법상의 계약이 아니다. 정치적 신념의 선언이자 민족의 지표설정이다. 그러므로 이 선언을 근거로 하여 남북이 서로 자신의 권리를 주장하거나 상대방에게 의무이행을 요구할 수 있는 것은 아니다.

둘째, 공동선언은 조약이 아니다. 공동선언이 국가 대 국가의 관계에서 체결된 것이 아니기 때문이다. 그러므로 이 선언은 국회의 동의를 받을 필요가 없다(헌법 제 60조 1항). 그러나 공동선언의 비중이나 의미로 봐서 이것을 단순한 대통령의 배타적 통치권의 행사로 봐서는 안 된다고 생각한다. 그러므로 어떤 형태로든지 남북공동선언은 국회의 심의 대상이 되어야 한다고 본다. 행정부의 보고 수리차원에서 이루어지는 심의가 아닌 실질적 심사차원의 심의를 거쳐야 한다고 생각한다.

셋째, 남북공동선언은 민족통일을 위한 지표이자 당위의 선언이다. 그것은 성취의 선언이거나 현실의 확인이 아니다. 그러므로 공동선언의 합의를 북한에 대한 국가승인으로 보고 헌법의 영토조항(제3조)을 현실화하여 대한민국의 영토를 휴전선 이남으로 축소하자는 주장은 있을 수 없는 것이다. 또 한반도의 평화정착을 이유로 국가보안법의 폐지와 미군의 철수를 요구하는 것도 용납될 수 없는 것이다. 이는 한반도의 긴장완화를 구실로 삼은 국군 해체 주장이 용납되어서는 안 되는 것과 같은 것이다.

넷째로 남북정상회담의 효력에 대한 논란을 살펴보고자 한다. 남북공동선언의 효력에 대하여 문제를 제기하는 사람들의 논리는 김정일위원장이 북한의 헌법상 북한의 정상이 아니므로 그가 북한의 실체를 대표할 자격이 없다고 주장한다.

그러나 이 문제는 남북공동선언이 남북 당국의 정치적 선언이라는 것을 생각하면 쉬 결론을 얻을 수 있다고 본다. 공동선언은 남북한의 실질적 '정상'이 정치적으로 합의함으로써 이루어진 것이다. 그 '정치적' 정상의 '법률적' 지위는 중요한 의미를 가지지 아니한 것이다. 김대중대통령의 상대로 김영남위원장이 '정상회담'에 임하고 그가 남북공동선언에 서명을 하였다고 가정해보자. 그로 인해 발생할 비난과 혼란은 엄청날 것이다.

남북공동선언이 법률적 합의가 아니고 정치적 선언이라는 점을 생각하면 공동선언의 효력에 대한 회의론은 받아들일 수 없는 것이라고 본다.

(7) 결 론

남북정상회담의 성사는 역사적인 사건이다. 우리는 이 공동선언의 정신을 살려서 한반도의 평화통일을 성취시켜야 한다. 그러나 지나친 기대와 희망에 들떠서 이를 실천하는 과정에서 실수를 범해서는 안 되는 것이다. 통일을 달성시키는 일에는 연습이 있을 수 없다. 그러므로 실수도 있을 수 없다. 경솔한 판단이나 조급한 행동은 남북통일에 대해서 부정적인 자세를 취하는 것보다 더 삼가해야 할 일이다.

여기서 우리는 바깥사람이 보고 있는 6.15 공동선언을 참고로 살펴보기로 한다. 국내외를 막론하고 그 권위를 인정받고 있는 일본의 월간지 문예춘추는 2000년 12월호에 '워싱턴 분석팀'의 이름으로 "(김대중대통령은)독재자에 속고 있는 것이 아닐까"라는 제목의 분석기사를 싣고 있다.

그중 6.15 공동선언에 관한 위 워싱턴 분석팀의 평가부분을 옮겨본다. 이 글은 우리 정부가 힘있게 홍보하고 있는 위 공동성명의 역사적 의의와는 매우 거리가 멀다는 점에 대해서 놀라지 않을 수 없다.

위 분석팀은 6.15 공동선언의 핵심이 아래의 세 가지 점으로 요약된다고 단정하고 있다. 그 세 가지 요점은 다음과 같다.

"1) 남과 북은 조국의 통일문제를, 그 주인인 우리 민족끼리만 서로 힘을 합쳐서 자주적으로 해결해가기로 했다.

2) 남과 북은 조국의 통일을 위해서, 남측의 연합제안과 북측의 느슨한 연방제안에는 공통성이 있는 것으로 인정하고 금후 이 방향으로 통일을 지향하기로 했다.

3) 남과 북은 금년 8월 15일에 즈음하여, 이산가족, 친족의 방문단을 교환해서 비전향장기수 문제를 해결하는 등 인도적 문제를 조속히 해결하기로 했다. 놀랍게도 김정일이 전에 주장해온 것의 거의 전부가 남북수뇌회담에서 실현되고 있다.

평화통일, 자주, 민족대단결의 3대 원칙은 1)에서 보장되었다. 한국측은 강하게 부인하고 있으나 '우리 민족끼리만 자주적으로 해결'이라는 말은, 미군철수를 의미하는 것으로 볼 수밖에 없다.

고려민주연방공화국은 2)에서 그리고 3)으로 김정일이 열망하던 비전향장기수의 송환이 실현되었다(는 것은 이미 말했다). 한 마디 보태자면, 북에 억류되어 있는 2천 명이 넘는 국군포로나 납치자의 석방에 대해서는 전혀 언급이 없다.

더구나 김정일이 그처럼 증오해오던 '국가보안법'은, 남북회담에 의해서 사실상, 사문(死文)이 되었다. 김대중이 김정일을 포옹하는 모습이 전 세계에 영상을 통해 흘러나갔기 때문이다.

대통령이 국가전복을 꾀하는 주모자를 찬미하고 껴안았으므로, 앞으로 이 법률은 없는 것이나 다름없게 되었다. 실제에 있어서 그 후, 이전 같으면 도무지 허용되지 아니하는, 주체사상을 홍보하는 문서가 한국 내에서 공공연하게 돌아다니게 되었다"(위 월간지 194면).

6.15 공동선언의 성격에 관하여, 문예춘추의 워싱턴 분석팀과 다른 평가를 하고 있다. 그러나 불행하게도 위 문예춘추의 분석은 김일성, 김정일의 주장과 같은 것으로 볼 수밖에 없다. 1972년 7.4 공동성명에서 한국의 중앙정보부장은 김일성의 통일 3대 원칙에 조인했다. 그때도 박정희대통령은 7.4 공동성명의 일부 내용에 대해서 불만을 표명했다는 이야기다. 그러나 언뜻 보기에는 표면상으로 '자주', '평화', '민족대단결'이라는 3대 원칙이 나쁠 것 없는 것처럼 보인다. 그러나 김일성은 자기의 3대 원칙 중 '자주'는 남한에서 미군을 철수시키는 것이 목적이고, '평화'는 한국의 현대화를 중지시키려는 것이고, '민족대단결'은 남한의 반정부세력을 강화하려는 것이라고 설명해왔다. 김위원장은 지금도 김일성의 위 3대 원칙이 조국통일 3대 헌장의 첫번째 것이라고 주장한다.

남북통일을 이루어나가는 우리의 의식 속에 깊이 박혀 있는 신념이 있어야 한다는 것이다. 통일은 반드시 자유민주주의와 함께 성취되어야 한다는 우리의 신념 때문이다.

우리는 6.15 공동선언의 정신을 살려서 기필코 민족의 통일을 달성해야 할 결의를 굳게 다져야 한다. 그러나 이 결의에는 반드시 뒤따라야 할 신성한 의무가 있다. 그것은 자유민주주의로 하여금 통일의 지표가 되게 하여야 한다는 의무이다.

2. 한호석씨의 "자주·통일의 길"

(이 글은 자유지 2000. 8월호에 실렸던 것이다)

(1) 서 론(자주·통일의 의의)

통일학연구소 소장 한호석씨는 2000. 8. 1 <격동하는 한반도, 자주의 한 길로, 통일의 한 길로>라는 제목의 논문을 발표하였다. 이 논문의 부제는 '남북공동선언 실현을 위한 7천만 겨레의 역사적 채무'로 되어 있다. 그런데 한호석씨의 이 논문에는 무서운 독선과 흉계가 감추어져 있다.

'격동하는 한반도'의 문제를 '자주'와 '통일'의 길로 해결하자고 하는데 반대할 '7천만 겨레'는 없을 것이다. 문제는 한호석씨가 말하는 '자주'와 '통일'이, 우리가 이해하고 있는 '자주'와 '통일'과는 근본적으로 다른, 의미를 가지고 있다는 점에 있다. 필자는 한호석씨가 위 논문에서 주장하고 있는 '다른 의미'의 '자주·통일'론에 관해서 필자의 '다른 견해'를 피력해보고자 한다.

개인의 정치적 소견을 담은 글을 분석하고 평가하는 것은 상황을 거추장스럽고 시끄럽게 만드는 것이 아닌가 하는 생각을 가져본다. 그러나 한호석씨는 단순한 개인이 아니다. 한국에서 좌파 급진론자들의 대부격 인물로 알려진 사람이다. 그의 이러한 면이 이 논문에서도 강력하게 드러나고 있다. 그런 의미에서 필자는 이 글에 나타난 그의 논리 자체를 분석, 평가하기 위하여 이 글을 쓰는 것이 아니다. 그의 글이 대변하고 있는 우리나라 좌파 급진론자들의 소신에 대해서 나의 견해를 피력하는 마음으로 이 일을 한다. 그것은 동시에 김정일위원장의 통일논리에 대한 나의 반박논리의 전개이기도 하다.

이제 한호석씨와 김정일총비서가 말하는 다른 의미의 '자주'와 '통일'의 실체를 살펴본다. 우리는 '자주'라는 말을, '남의 보호나 간섭을 받지 않고 독립해서 행동'하는 것을 뜻하는 것으로 이해한다. '통일'이라는 말은 '두 개 이상의 것을 몰아서 하나로 만드는 것'을 뜻하는 것으로 우리는 풀이하고 있다.

그런데 한호석씨와 김정일총비서가 설파하는 '자주'와 '통일'의 개념은 이와 다르다. '자주'는 '외세의 배격, 더 구체적으로는, 주한미군의 철수'를 의미하고 있다. '통일'은 '투쟁에 의한 대립물의 쟁취'를 뜻한다. 특히 '남북통일'이라고 말할 때 그것은 '남한의 자본주의에 대한 북한의 공산주의의 투쟁과 승리'를 뜻하는 것으로 된다.

그런데 한호석씨의 '자주'와 '통일'은 바로 조선인민공화국이 주장하고 있는 '자주', '통일'과 완전히 일치하고 있다는 점에 문제의 심각성이 있다.

한호석씨의 '자주'는 '미제국주의'로부터의 자주일지는 모르겠다. 그러나 그것은 김정일총비서에 대한 '종속'이다. 한호석씨의 '통일'은 '인민민주주의'와의 통일을 의미한다. 그러나 그것은 '자유민주주의'와의 영원한 결별을 의미한다.

필자가 한씨의 '자주·통일'론 속에 함정이 도사리고 있다고 단정하는 이유는 여기에 있다. 우리나라의 좌파 혁신론자들에게는 이상한 공통점이 하나 있다. 그것은 그들이 '용공친북(容共親北)인사'라는 평을 받게 되면, 거의 예외없이, 펄쩍 뛰면서 격렬한 알레르기성 반응을 나타낸다고 하는 점이다. 그들은 결코 "용공친북이 무엇 때문에 나쁘단 말인가?"라는 반격을 해오지 아니한다. 자신들은 '객관적이고 양심적인 중도파'의 논리를 신봉한다는 항변을 늘어놓는다. 한호석씨도 그 논문에서 자신이 '양심적인 중도파'의 입장을 대변하는 것처럼 비쳐지려고 노력하는 눈물겨운 모습을 보여주고 있다.

필자가 보기에 그는 '용공친북'인사가 아니라 '숭공경북'(崇共敬北)의 신봉자임에 틀림없다고 생각한다. 그러나 필자는 증거제시와 이유설시를 동반하지 아니하는 독단적 단정은 감정적인 흑백논리의 영역을 벗어나지 못한다고 하는 신념을 가지고 있다. 그러므로 한호석씨가 '용공친북'인사가 아니고 '숭공경북'의 논객이라는 필자의 단정을 뒷받침하는 이유를 아래에서 설시하고자 한다.

그러나 필자는 이것을 논증하는 일반론적 이유를 설명하기 전에 두 가지 사실만은 먼저 짚고 넘어가려고 한다. 첫째로 살펴보고자 하는 것은 그가 이 논문의 주제목에서 내세우고 있는 '한 길'이라고 하는 말의 뜻이다. 앞에서도 말한 바와 같이 그는 주제목을 '자주의 한 길로, 통일의 한 길로'라고 정했다. 격동하는 한반도는, 그가 말하는 '자주의 길'과 '통일의 길'을 통해서만, 문제해결을 성취할 수 있다는 것이 한호석씨의 신념이다. 그 이외의 길을 통하게 되면 '격동하는 한반도'는 영원히 '격동하는 한반도'로 남을 수밖에 없다는 말이다.

그가 설파하고 있는 '자주·통일의 길'만이 한반도 문제해결을 위한 유일무이(唯一無二)의 방법이 된다는 주장이다. 그래서 그는 '자주의 〔한〕길'과 '통일의 〔한〕길'만을 외치고 있는 것이다. 이 얼마나 무섭고 교만한 생각인가? 나만이 정당하고 나의 의견만이 옳다고 하는 독선이 있는 곳에 자유민주주의는 발을 붙일 수 없는 것이다.

자유민주주의는, 라드부르흐가 말하는바, 상대주의(Relativismus) 위에서만 존립할 수 있는 가치이다. 나의 의견과 주장이 아무리 옳고 귀중한 것이라고 하더라도 남의 의견이나 주장 이상의 절대적 가치를 가졌다고 말할 수는 없는 것이다.

문제의 해결을 위한 '자주의 길'이나 '통일의 길'에는 여러 가지 길이 있을 수 있고 또 있어야 하는 것이다. 그런데 한호석씨의 견해를 따르면 그가 주장하는 독특한 '자주의 길'과 특별한 '통일의 길'만이 올바른 길이라고 강변하고 있다.

그는 말로만 이러한 독선적 개념을 고집하고 있는 것이 아니다.

그의 논문 곳곳에서 이러한 그의 교만한 독선을 발견하게 된다. 자신의 주장과 다른 길(자주의 길이든 통일의 길이든)을 주장하는 사람들은, 하나 예외없이 모조리, '반자주적'인 미제국주의의 노예들이고 '반통일적'인 민족반역자로 규탄되고 있다.

둘째로 살펴볼 것은 이 논문의 부제목 가운데 있는 '7천만 겨레'라는 말의 뜻이다. 필자는, 그는, 앞서 말한 바와 같이, 이 논문의 부제목을 '남북공동선언 실현을 위한 7천만 겨레의 역사적 책무(염원)'라고 붙이고 있다. 그의 논문의 주제목과 부제목을 연결하면, 다음과 같은 결론에 이르게 된다고 생각한다. "(1) 남북공동선언은 한반도를 자주의 한 길로, 통일의 한 길로 인도하는 목표를 제시하고 있다. (2) 이 목표를 실현하는 것은 7천만 겨레의 역사적 책무(염원)이다".

필자는 한호석씨의 이 논리에 대해서 왈가왈부하고 싶지 않다. 다만 그가 말하는 '7천만 겨레'의 실체를 살펴보고자 하는 것뿐이다. 그는, 이 논문 전체를 통하여, '자주·통일의 길'에 대한 자신의 주장은 곧 7천만 겨레의 염원이자 그 역사적 책무라고 소리높이 외치고 있다. 자신의 주장과 7천만 겨레의 염원에 거역하는 사람은 모두 다 '수구파 반동세력'

의 추종자가 될 수밖에 없다.

이러한 중대문제를 결정하는데 있어서 가치판단 기준의 구실을 하게 될 ‘7천만 겨레’의 염원을 한호석씨는 어떠한 방법으로 알게 되었는가 하는 것이 필자의 의문이다. 다시 말하면 여론조사기관을 동원하여 7천만 겨레의 염원을 파악하였는가 아니면 초현대식 고성능 컴퓨터를 사용하여 그렇게 하였는가 하는 것을 알고 싶다는 말이다.

필자가 그의 논문을 정독하여 얻은 결론은 이러하다. 그가 말하는 ‘7천만 겨레’는, 자기 논리의 정당성을 위하여 창출된, 가상적인 허구의 개념에 불과하다. 한호석씨 자신의 주장에 ‘7천만 겨레’의 염원이라는 당의정(糖衣錠)을 입힌데 불과한 것이라는 말이다.

(2) ‘자주·통일’의 주체

(가) 서 론

한호석씨는 자신의 위 논문에 몇 사람의 주인공들을 등장시키고 있다. 이 주인공들의 실체를 아는 것이 그의 논문을 이해하는데 도움을 줄 것이다. 그러므로 그의 논술을 이해하는데 도움을 얻기 위하여 그 논문에 나오는 주인공들의 이름을 나열하고 그 실체를 살펴본다. 그러나 그 전에 한호석씨가 보고 있는 반통일세력의 실체부터 살펴보기로 한다. 그가 지목하고 있는 반통일세력은 둘이다.

그 첫째는 수구파 반동세력이다.

한호석씨가 말하는 ‘수구파 반통일세력’은 매우 복잡하고 다양한 뜻을 가지고 있다. ‘해내외 각지에서 힘있게 전개되고 있는 민중민주정치운동을 방해’하는 모든 사람들은 수구파 반통일세력에 속한다. 이들은 겨레의 자존과 통일을 가로막고 있는 반민족적이고 반통일적이며, 주한미군의 ‘철거’와 국가보안법의 ‘철폐’를 반대하는 무리들이다. 이들은 또한 평양회담이 밝힌 연방제 통일방안에 이의를 제기하는 반통일분자들이다. 그러므로 이들은, 그의 논문에서 타도와 격멸(擊滅)의 대상이 되어야 할 세력으로 등장한다.

그가 지목하고 있는 두번째 반통일세력은 주한미군이다.

한호석씨가 보는 주한미군의 실체는 다음과 같다. "주한미군은 자기의 전략적 이익을 추구하기 위하여 7천만 민족에게 준전시상태의 고통과 비극이 언제까지나 이어지기를 바라고 있는 미국의 군수산업자본과 그들의 결탁자인 국방부와 군부, 그리고 워싱턴 정치권의 일부세력을 업고 한(조선)반도에서 화해가 아니라 대립을, 그리고 안정과 평화가 아니라 위기와 전쟁을 추구하는 흉악한 집단이다. 이 흉악한 집단인 미국이 한(조선)반도에서 전략적 이익을 실컷 챙겨가도록 보장해주는 현지 하수인(집행관)으로 일하고 있다"(논문 6면 30행, 7면 1행). 그는 또 김정일의 주한미군관을 이렇게 소개하기도 한다. "주한미군이 남한의 군사권을 장악한 후 50년 간 승냥이가 맛있는 비곗덩어리를 물고 놓으려 하지 않는다"(9면 4행 이하).

그는 주한미군의 근본적인 문제가 다음과 같은 필연적 연유 속에서 일어난다고 진단(?)하고 있다. "미국의 이익수탈을 직접적으로 확고하게 보장해주는 전략단위가 바로 한미상호안보조약이라는 법적장치 위에 세워진 한미 동맹체제라는 것이다. 그리고 이 동맹체제를 유지하고 있는 힘의 실체는 다른 것이 아닌 주한미군이라는 현지에 배치해둔 미국의 무력이다. 역사적으로 입증되었듯이, 제국주의 해외침략사에서 이익수탈과 무력배치는 서로 뗄래야 뗄 수 없는 결합관계로 묶여 있다. 이것은 예외나 차질이 생겨날 수 없는 불변의 사실이다"(논문 7면 27행-32행).

미국이, 한호석씨처럼 터무니없이 악의에 찬 모함과 폭언을 내뱉는 미국거주자에게까지 아무런 조치를 취하지 아니하고 있다는 점에서 미국이야말로 자유와 관용의 나라라고 경탄하지 않을 수 없다고 생각한다.

한호석씨의 눈에 비친 주한미군의 실체는 무엇인가? 동북아의 평화와 대한민국의 안보를 지킨다는 미명 아래 자국의 이익과 실속을 위해서 한반도를 강점하여 주인행세를 하고 있는 오만방자하고(9면 30행), 흉악한 집단(6면 33행)이라는 것이, 한호석씨가 단정하고 있는, 주한미군의 실상이다. 그러므로 주한미군은 겨레의 자존을 파괴하는 반민족적 군사집단이다. 조국의 통일을 방해하는 반국가적 범죄집단이다. 주한미군은 우리의 증오와 경멸의 대상이 되어야 한다는 것이 그의 결론이다.

그래서 주한미군은 한반도에서 반드시 '철거'되어야 한다고 그는 외치고 있다. 그의 주한미군 철수론의 내용에 대해서는 뒤에 다시 살펴보기로 한다. 그러나 여기서는 우선 그의 '주한미군 철수론'을 나타내는 특수한 용어(terminology)에 대해서 주의를 기울이고자 한다.

그는 '미군철수'를 '미군철거'라고 부르고 있다. 이것은 그가 창출해낸 독특한 어휘이다. '철수'(withdraw)라는 말은 '설치했던 시설이나 주둔했던 군대 등을 거두어들이는' 것을 뜻한다. '철거'(dismantle)는 '시설(facilities)을 걷어치워 버리는 것'을 의미한다. 그러므로 사람(군대)은 '철수'의 대상이 될 수 있으나 '철거'의 대상이 될 수는 없다.

그러면 철거의 대상이 되는 시설은 어떤 것인가? 먼저 위험시설, 예컨대 도괴의 위험이 있는 건축물이 철거의 대상이 된다. 다음으로 장애시설, 예컨대 도시개발에 방해가 되는 건조물이 철거의 대상이 된다. 한호석씨의 눈에 비친 주한미군은 첫째 사람이 아니고 시설이다. 둘째 그것도 보통의 시설이 아니다. 한반도의 평화에 위험을 초래하는 건축물이자 민족의 통일에 장애를 일으키는 건조물이다. 그러므로 주한미군은 '철수'되어야 하는 것이 아니라 '철거'되어야 한다는 것이 한호석씨의 신념이다.

그가 '철수'와 '철거'의 개념을 구별하지 못해서 '미군철거'라는 어휘를 사용하는 것은 아니다. 그는 이 논문에서 '미군철거'라는 말과 '미군철수'라는 말을 수없이 반복해서 쓰고 있다. 그 말들의 사용빈도는 거의 1:1의 비율을 나타내고 있다. 그는 이 두 어휘를 구별해서 쓰고 있다. '주한미군 철수'를 객관적으로 서술할 때는 '철수'라는 용어를 그대로 쓰고 있다. 그러나 미군추방에 관한 자신의 강력한 주장을 주관적으로 피력할 때에는 '철거'라는 말을 쓰고 있다. 그러므로 그가 쓰고 있는 '주한미군 철거'라는 용어는 철저하게 주한미군이 사람들의 집단이 아니고 위험·혐오시설에 불과하다는 것을 나타내기 위한, 의도적 표현이라고 봐야 할 것이다.

(나) 김정일위원장과 북한

한호석씨는 김정일위원장과 북한이 양보와 타협을 허용하지 아니하는 고집불통이라는 점을 들어서, 언뜻 보기에, 그들을 나무라고 있는 듯한 인상을 주려고 한다. 그러나 그의 논문을 정독해보면 그는 김정일과 북한을 예찬하는 논리만을 펴고 있다는 것을 쉬 알 수 있다. 결국 그의 논문은 김정일과 북한이 '공산주의 혁명가'로서 하여야 할 일을 훌륭하게 하고 있다는 찬사로 채워져 있다. 그의 말을 옮겨본다.

"지금까지 북(조선)은 접촉, 회담, 제의를 통해서 남(한국) 정부당국에게 이 세 가지 정치과제를 해결하는 길을 찾아보자고 끊임없이 요구해왔다. 이 정치과제와 관련해서 북(조선)은 양보하지 않았고 타협하지 않았다"(논문 2면 21행-24행).

"북(조선)의 견지에서 보자면 세 가지 정치과제는 7천만 민족의 운명을 좌우하는 '근본문제'이며 따라서 외세의 개입과 간섭을 배제하고 마땅히 민족의 주체역량으로 그 정치과제를 해결해야 한다는 것은 확고부동한 원칙이며 전략방침이다. 북(조선)이 '근본문제'를 7천만 민족의 운명을 좌우하는 정치과제라고 보고 있으므로 그와 관련해서는 한 점 한 획도 바꾸거나 저버릴 수 없다는 것은 자명하다. 역사적 경험에서 우리가 알 수 있는 것은 '혁명을 하는 공산주의자'의 기질은 자기들이 세운 원칙과 전략에 대해서는 양보나 타협을 모르며 결사관철의 의지와 신념으로 일관한다는 사실이다"(논문 2면 31행-38행).

한호석씨는 김정일위원장이야말로 '7천만 민족의 운명'을 '공산주의 혁명가'의 기질로서 '결사관철의 의지와 신념'으로 개척해나가는 지도자이다. 그러므로 김정일위원장은 곧 '7천만 겨레'이고 7천만 겨레는 곧 '김정일총서기'이다. 이 「진리」를 터득한 한호석씨는 바로 7천만 겨레의 입이자 김정일총서기의 입이라고 할 수 있다.

(다) 김대중대통령과 한국정부당국

한호석씨의 눈에 비친 김대중대통령과 한국정부는 남북회담을 성사시키고 겨레의 '자주'와 '통일'에 기여한 실체들이다. 그러한 의미에서 김대중대통령과 한국정부는 '7천만 겨레'의 칭송을 받아 마땅하다는 것이 한호석씨의 기본입장이다. 이 점에 있어서 김대중대통령(한국정부)의 생각은 한호석씨 자신의 생각과 김정일총비서의 생각 그리고 「7천만 겨레」의 생각과 일치한다.

그러나 그는 김대중대통령과 한국정부가 평양회담에 대해서, 완전한 사실을 공개하지 않고 숨겨놓은 것이 있거나 평양회담의 실상을 '엉뚱하게' 파악하고 있다는 점에 문제가 있다고 주장한다. 이러한 사실은 민족의 자주와 통일에 장애를 초래하게 된다는 것이 한호석씨의 견해이다.

이 점에 대해서 김대중대통령과 한국정부는 책임을 져야 한다는 것이다. 그리고 이 단계에 이르러 김대중대통령과 한국정부는 한호석씨, '칠천만 겨레' 그리고 김정일총비서와 서로 다른 대열에 서게 된다.

한호석씨의 글을 옮겨본다.

"남(한국) 정부당국은 평양회담이 '근본문제'를 해결하기 위해서 마련된 최고위급 정치회담이라는 엄연한 사실을 인정하지 않고 있으며 자꾸 '얼토당토않은 주장'을 내놓고 있다. 이것은 7천만 민족의 마음이 어디로 향하고 있는지를 분간하지 못하는 어리석은 행태다. 평양회담이 끝난 뒤에 황원탁 청와대외교안보수석은 언론과 대담하면서 '이번 정상회담도 햇볕정책을 꾸준히 추진한 결과다. 북한이 우리의 정책과 특히 김대통령을 신뢰했기 때문에 정상회담이 가능했다. 따라서 '페리프로세스'와 남북공동선언은 같은 뿌리에서 나왔다'고 주장했는데 이것은 전혀 가당치 않은 얘기다. 그가 말한 '페리프로세스'란 '페리보고서'에 나타나 있는 미국의 한반도 정책을 실현해가는 일련의 과정을 뜻하며 '햇볕정책'은 그 정책의 복제품이다"(논문 3면 21행-28행).

그의 견해에 의하면 한국정부당국은 평양회담에 대해서 '얼토당토않은 주장'을 펴고 있는 것으로 된다. 그의 말이 맞다고 하면 한국정부당국은 평양회담의 내용에 관해서 거짓말을 하고 있거나 상황판단을 잘못하고 있는 셈이다. 어느 쪽이든지간에 국민은 슬프기만 하다. 그리고 한국정부가 큰 자랑거리로 내세우고 있는 '햇볕정책'도 미국의 한반도정책의 복사품으로 전락하게 된다.

그는 한 걸음 더 나아가서 '평양회담이 오로지 김정일총비서의 뜻과 전략에 의해서 이루어진 것'이라는 확신을 가지고 있다. 다시 한 번 그의 주장을 옮겨본다.

"남(한국) 정부당국이 그렇게 아전인수격으로 해석하는 것과 상관없이 6.15 남북공동선언은 (김정일이 주장하는-필자 주) '근본문제'를 해결하는 길을 열어놓은 최고수준의 통일문서임에 틀림이 없다. 6.15 남북공동선언은 제1항에서 「자주적 통일실현」을 천명함으로써 주한미군 주둔을 반대하고 있으며 제2항에서 조국통일방안 모색을 합의함으로써 두 코리아 정책에 의한 남북의 평화공존적 영구결별을 반대하고 있으며 제3항과 제4항에서 화해, 협력, 교류를 추진하는 길을 밝혀줌으로써 국가보안법을 반대하고 있다는 사실이 돋보인다"(논문 4면 12행-18행).

그리고 이러한 「위대한 결과」를 도출한 최고의 공로자는 김정일총비서라는 것이 한호석씨의 신념이다. 그는 "평양회담에서 '근본문제'를 집중적으로 제기하고 그 해결방도에 관한 합의를 이끌어낸 사람은 김정일총비서였다"(논문 5면 28행-29행)라고 단언한다. 그는 김정일총비서가 소위 '근본문제'(조국통일 3대 원칙)에 대해서 얼마나 강하고 끈질긴 집념을 가지고 있었는가 하는 점에 대해서 다음과 같은 풀이를 하고 있다.

"우리가 알아야 할 것은 김정일총비서가 평양회담에서 제기했던 '근본문제'란 조국통일 3대 원칙을 이행하는 정치과제와 일맥상통하고 있다는 사실이다. 조국통일 3대 원칙은 자주, 평화통일, 민족대단결인데 자주의 원칙은 주한미군 철거라는 정치과제로, 평화통일의 원칙은 연방제 통일방안 합의라는 정치과제로, 민족대단결의 원칙은 국가보안법 철폐라는 정치과제로 각각 실현되어야 하며 또 넉넉히 실현될 수 있다"(논문 4면 27행-32행).

그는 김정일총비서가 "조국통일의 3대 원칙의 기본정신을 흐리게 하거나 그 의의를 약화시키려는 온갖 현상과 날카롭게 투쟁하여야 합니다. 조국통일 3대 원칙은 한 치도 양보할 수 없습니다"(김정일선집 2409면)라고 한 말을 소개하기도 한다(논문 4면 27행-5면 2행).

한호석씨는 이 설명만으로는 자신이 생각하고 있던 뜻이 충분하게 전달되지 않았다고 느낀 것 같다. 그는 조국통일 3대 원칙이 김일성주석의 오랜 염원이므로 이것을 필사적으로 지키지 않으면 안 된다는 것을 다음과 같이 설명하고 있다.

"7.4 남북공동성명은 김일성주석이 제시한 세 가지 통일강령을 1972년 7월 4일에 남북정부당국이 합의한 최초, 최상의 통일원칙이다.

김정일총비서는 평양회담을 그 성명에서 천명된 조국통일 3대 원칙을 실현하는 통일회담으로 이끌어가려는 강한 의지를 가지고 회담에 나섰으므로 '근본문제'인 주한미군 철거, 연방제 통일방안 합의, 국가보안법 철폐라는 세 가지 정치과제를 어떻게 해서든지 풀어내려고 한 것은 당연한 일이었다"(논문 5면 5행-10행).

한호석씨는, 상황이 이처럼 명백함에도 불구하고 한국정부당국과 언론, 학자들이 고의이든 과실이든, 평양회담의 내용에 대해서 "'얼토당토하지 않은 주장'(논문 3면 22행)만 늘어놓고 있다"라고 일침을 가하고 있다.

정부당국자들의 '뚱딴지 같은 소리'에 대한 한호석씨의 평가를 들어보기로 한다.

"박재규 통일부장관은 국회 본회의에서 6.15 남북공동선언의 제1항에 천명된 통일의 자주적 해결이란 북(조선)의 미군철수 주장과 연결되는 개념이 아니라고 강변하면서 김대통령은 평양회담에서 외세를 배격하는 배타적 자주가 아니라 국제사회의 지지와 협력을 바탕으로 한 자주가 필요하다는 점을 역설했고 김대중대통령과 김정일국방위원장은 주한미군이 동북아의 평화와 안정에 중요한 역할을 한다는데 이해를 넓힐 수 있었다고 말했다"(논문 11면 22행-27행).

한호석씨는 주한미군 철폐문제에 관한 김대통령의 태도를 강도 높게 비판하고 있다. 황원탁수석이 "김정일총비서가 〔주한미군은 통일 후에도 필요하다〕는 입장을 분명히 밝혔다"라고 말하기도 하고 "주한미군 철수를 딱부러지게 거론하지 않았다"라고 말하기도 했는데, 황수석이 이처럼 모호하고 무책임한 발표를 한 것은 김대통령이 그에게 주한미군 문제에 관한 김정일총비서와의 리무진 회담내용을 알려주지 않았기 때문이라고 단정하고 있다(논문 11면 2행-12행).

그는, 김대통령과 김총비서는 두 차례에 걸쳐서 총 90분간 리무진 차량 안에서 '비공식 단독회담'을 가졌다는 것을 특별히 강조하고 있다. 그리고 그 승용차 안에서 두 정상은 주로 주한미군 철수문제에 관한 의견을 교환했다는 것이 한호석씨의 확신이다. 그 리무진 승용차는 미국의 최신 첩보시설도 뚫고 들어갈 수 없는 공간이라는 것이 그의 상황설명이기도 하다. 미국의 언론이 양 김씨의 리무진 대화내용에 대해서 촉각을 곤두세울 것은 너무나 당연하다는 것이다.

한호석씨는 이러한 상황 속에서 김대통령이 취한 전략적 불성실성(?)을 다음과 같이 비판하고 있다. 미국이 이처럼 리무진 회담에 대해 촉각을 곤두세우면서 첩보활동을 집중하고 있는 가운데 김대중대통령은 미국 언론에게 당시의 상황을 설명하면서 거리로 쏟아져나온 60만 군중에게 정신이 팔려 차창을 내리고 손을 흔드느라고 차 안에서 이야기를 나눌 시간은 별로 없었다고 말하기도 했다. 리무진을 뒤따르던 수행원 승용차들은 차창을 내렸고 수행원들은 군중에게 손을 흔들었지만 리무진은 경호문제 때문에 차창을 내리지 않았다. 김대통령이 미국언론에게 전해준 위의 상황설명은 '리무진 회담'의 진상을 파악하려는 미국 정보기관의 날카로운 촉수를 피하려는 의도에서 나온 발언으로 들린다(논문 10면 16행-22행).

그는 김대통령의 집무태도에 대해서도 강한 불만을 나타내고 있다.

황원탁수석의 말에 의하면 김대통령이 평양회담에서 "우리 국민이 55년 동안 전쟁의 공포에서 벗어난 적이 없다. 절대로 한반도에서 전쟁이 일어나게 해서는 안 되겠다"고 말했다는 것이다(월간조선 2000년 8월호 78쪽). 이것은 김대통령이 평양회담에서 군사적 긴장을 완화하고 평화공존을 추구하는 군사문제를 다루고 싶어했다는 것을 의미한다. 그런데 이상하게도 김대통령이 이번 평양회담에서 군사문제를 진지하게 논의했다는 흔적은 찾을 수 없다. 공식수행원 가운데 국방부장관을 포함시키지 않았다는 사실 자체가 평양회담에서 군사문제를 논의하지 않겠다는 간접적인 의사표시였던 것으로 보인다(논문 9면 7행 13행).

한호석씨는 "김대통령이 왜 그랬을까?"라는 자문을 제기한 후에 다음과 같은 자답을 내고 있다. 그 까닭은 평양회담에서 군사문제를 입 밖에도 꺼내지 말라는 클린턴의 단호한 요구가 있었기 때문이었다.

평양회담이 성사단계에 접어들었던 무렵 미국은 그 회담에서 주한미군 문제가 논의되는 것을 단호하게 반대하면서 김대중대통령에게 주한미군 문제는 논의대상으로 삼지 말도록 다짐해둔 바 있었다. 김대통령은 평양회담에서 군사문제에 관한 한 자신이 하고 싶은 말도 할 수 없는 상황에 묶여 있었던 것이다(논문 9면 14행-18행). 김대중대통령은 클린턴 앞에서 꼼짝도 못하는 존재라는 것이 그의 김대통령관이다.

클린턴대통령에 대한 김대통령의 저자세는 한호석씨의 다음 말에서 적나라하게 묘사되고 있다. "김대통령은 평양회담 뒤에 서울에 돌아가자마자 클린턴에게 전화를 걸어 22분 동안 이야기를 나누었는데 그 통화에서도 김정일총비서와 만나 주한미군 문제를 논의했다고 '솔직하게' 밝힌 바 있다. 문제는 구체적으로 무슨 이야기가 오갔느냐 하는 것이다. 그 구체적인 내용에 대해서 지금 김대통령은 굳게 입을 다물고 있다. 말하지 못하는 것이다. 황원탁외교안보수석의 표현을 빌리면 '민감한 사안이기 때문에 더이상 말하지 못하는 것'이다"(월간조선 2000년 8월호 82쪽)"(논문 10면 32행-11면 37행).

한호석씨는, 위에서 살펴본 바와 같이, 정부당국의 평양회담과 관련된, 정부당국의 조치가 '웃지 못할 촌극'(논문 12면 10행)에 지나지 않으며 그 정보공개 방법은 '뒤죽박죽'(논문 12면 11행)이라고 평가하고 있다. 다음과 같은 사실이 이 문제를 더욱 심각하게 만든다고 그는 보고 있다. 그것은 "김대중대통령이 김정일총비서와 나눈 주한미군 문제에 관한 비공개 단독회담 내용 가운데서 자기에('자기에게'라고 말해야 한다) 불리한 내용은 슬쩍 감추고 자신에게 유리한 내용만을 적당하게 취사선택하여 공개하고 있다는 점이다"라는 것이다(논문 12면 11행-14행).

한호석씨는 주한미군 철거에 관한 김대중대통령의 말에 대하여 다음과 같은 문제를 제기하면서 그에게 최후의 일격을 가하고 있다. "김대통령의 말대로 만일 '자주'가 주한미군 철수를 뜻하는 게 아니라면 김정일총비서는 주한미군이 영구히 주둔해주기를 바라고 있다는 말인가? 김대통령의 말대로 만일 김정일총비서가 자신에게 주한미군은 동북아 평화에 꼭 필요한 존재라고 말했다면 그것은 자신의 생각과 일치하는 것인데 그렇다면 김대통령은 왜 그러한 일치되는 사실을 분명하게 밝히지 못하고 있는가? 김정일총비서의 그런 발언이 북(조선) 군부강경파들의 반발을 불러일으켜 난처한 지경에 빠질 것을 걱정한 나머지 그를 도와주려는 갸륵한 마음에서 차마 공개하지 못하는 것인가? 김대중대통령은 워싱턴과 서울의 강경파들의 집중공격을 받지나 않을까 하고 두려워한 나머지 김정일총비서와 단독으로 만난 자리에서 논의했던 주한미군 철수문제에 관하여 엉뚱한 소리만 하고 있는 것으로 보인다"(논문 12면 20행-23행).

필자가 한호석씨를 김대통령이나 한국정부의 대변인으로 보지 아니하고 김정일총비서의 대변인으로 단정하는 이유는 바로 이런 데 있다.

대변인은 주인의 입이다. 주인의 소리와 다른 소리를 내는 입은 있을 수 없다. 주인을 비방하고 그 비위를 거스르는 입은 더욱 없다. 공산주의자식 자아비판을 하는 경우는 예외지만. 그런데 한호석씨는 김대통령의 소리와 다른 소리를 내고 있을 뿐 아니라 그의 자존과 명예를 여지없이 허물어뜨리고 있다.

김대통령은 진보적인 신념을 가지고 있는 지도자로 알려져 있다. 그런데도 한호석씨의 눈에 비친 김대통령은, 위에서 살펴본 바와 같이, '반자주적'이고 '반통일적'인 세력의 일원이 될 수밖에 없다. 그러므로 한호석씨는 김대통령의 입이 아니다.

필자의 이러한 단정에 대해서 그는 이런 반론을 제기할 것으로 예상된다. "내가 왜 김대통령의 입이 되어야 하느냐" 하는 것이 예상되는 그의 반론이다. 이 반론은 일리 있는 항변이다. 자유민주주의 국가에서는 누구도 남의 입이 되라는 강요를 받지 아니한다. 그 남이 대통령인 경우도 마찬가지다. 그런 의미에서 그가 김대통령의 입 구실을 하지 않는다고 해서 문제가 생기는 것은 아니다.

그러나 그가, 숭공경북을 최고의 가치로 삼고, 충실한 김정일총비서의 입이 되고 있다는 것은 문제이다. 국가보안법 제7조가 있다고 해서 그런 것은 아니다. 아직까지는 김정일총비서를 무조건 찬양하고 그 주장과 생활을 지나치게 미화하는 것이 용납되지 않기 때문이다.

(라) 7천만 겨레

한호석씨는 이 논문에서 '7천만 겨레'라는 말을 수없이 사용하고 있다. 그 말의 사회적 의미에 대해서는 이미 앞에서 살펴보았다. 여기서는 이 논문에 등장하는 주인공으로서의 '7천만 겨레'에 대한 규범적 의미를 살펴보고자 한다. 사회적 의미로 쓰여지든 규범적 의미로 사용되든 '7천만 겨레'라는 말의 의미를 밝히는 일은 지극히 어려운 일 중의 하나이다. 7천만 겨레가 특정한 시간과 공간에 구체적으로 자기 모습을 나타내는 것은 아니다. 그렇다면 도대체 '7천만 겨레'의 실체는 무엇인가?

한호석씨는 때로는 '혁명적 민중'을 7천만 겨레라고 부르고 있다. 그러나 민중은 아무리 혁명정신에 투철하고 아무리 수가 많아도 '7천만 겨레'는 될 수 없다. 한호석씨는 또 자신을 포함한 몇몇 '숭공경북' 인사들을 7천만 겨레라는 이름으로 부르고 있다. 결국 그의 '7천만 겨레'는 실체가 없는, 헌법학상의 '일반의사'(volent general)에 불과하고 가상적인 명분론의 소산일 뿐이다. 그러나 종국적으로는 김정일위원장이 '7천만 겨레'이다.

그러면서 한호석씨의 '7천만 겨레'는 무소불능(無所不能)의 전능자이자 경이의 만병통치약으로 등장한다. '7천만 겨레'가 나타나면 모든 대화와 이성의 활동은 중단되어야 한다. 그런 의미에서 그것은 무법의 파괴자이다. '7천만 겨레의 염원' 또 '7천만 겨레의 역사적 책무'란 말 앞에서 누가 감히 다른 소리를 낼 것인가? 이것이 '7천만 겨레'의 힘이다.

(3) 평양회담의 의의

(가) 개 관

한호석씨는 평양회담이 민족자주와 조국통일로의 길을 여는 위대한 성과를 이룩했다고 격찬하고 있다. 그의 글을 옮겨본다.

"평양회담이 이룩한 가장 커다란 성과는 사상과 이념의 대립 때문에 통일이 이루어질 수 없다는 좌절과 회의를 남(한국) 사회에서 걷어내고 조국통일은 머지않은 장래에 반드시 이루어질 수 있다는 신념과 의지를 불러일으켰다는 데 있다. 평양회담이 이룩한 성과는 미국의 분할, 지배정책이 지난 반세기 동안 분단체제를 지켜오면서 조장해놓았던 남북사이의 반목과 대결을 단 사흘 동안에 물거품으로 만들고 민족자주와 조국통일을 위해 우리 민족끼리 화해하고 단합하는 길을 열어놓았다는 데 있다"(논문 3면 8행-13행).

한호석씨는 평양회담이 '7천만 겨레'의 '역사적 염원'인 '근본문제'를 해결했다고 주장하고 있다. 그가 말하는 근본문제란 김정일총비서가 김일성수석으로 부터 이어받은 조국통일 3대 원칙을 지칭한다. 그러면 조국통일 3대 원칙이란 무엇인가? 한호석씨의 설명을 들어보자. "근본문제란 조국통일 3대 원칙을 이행하는 정치과제와 일맥상통하고 있다는 사실이다. 조국통일 3대 원칙은 자주, 평화통일, 민족대단결인데 자주의 원칙은 주한미군 철거라는 정치과제로, 평화통일의 원칙은 연방제 통일방안 합의라는 정치과제로, 민족대단결의 원칙은 국가보안법 철폐라는 정치과제로 각각 실현되어야 한다"(논문4면 27행-31행).

김정일총서기와 한호석씨가 주장하는 조국통일 3대 원칙은, 현실적으로 볼 때, 1) 주한미군 철거, 2) 국가보안법 철폐, 3) 연방제 통일방안의 세 가지 과제를 뜻하게 된다. 차례대로 이 문제를 살펴보기로 한다.

(ㄴ) 주한미군 철거문제

앞에서 살펴봤듯이, 한호석씨는 주한미군이 '한(조선)반도에서 화해가 아니라 대립을, 안정과 평화가 아니라 위기와 전쟁을 추구하는 흉악한 집단'(논문 6면 33행)이자 '오만방자한 (한반도) 내정간섭자'(논문 9면 30행)로 군림해왔다고 주장한다. 한호석씨는 김일성주석이 주한미군을 '맛있는 비곗덩어리를 물고늘어지는 승냥이'(논문7면 4행-5행)에 비유한 것은 옳은 일이라고 맞장구를 치고 있다. 주한미군은 미제국주의가 해외에서의 이익수탈과정에서 만들어낸 필연적인 산물이라는 것이 한씨의 주한미군관이다.

그렇기 때문에 주한미군에 대한 한(조선)반도의 대책은 철거밖에 다른 것이 있을 수 없다. 그는 주한미군에 대한 북(조선)의 전략적 대응에 박수를 보내고 있다. 그의 말을 들어본다. "6.25 전쟁 이후 북(조선)은 전쟁을 해서라도 '미제침략군'을 몰아내겠다는 해방전쟁전략을 줄곧 견지해왔는데 이것은 주한미군 강제철거론이라고 할 수 있다"(논문 13면 25행-28행).

북조선은 처음에는, 위와 같이, 주한미군에 대한 강제철거 정책을 취하다가, 그 후 상황의 변화로 인하여, 자진 철거 유도론과 단계적 철수 유도론을 대두했다. 한호석씨는 여기에 대해서도 박수를 보내고 있다(논문 17면-20면).

군사전문가들은 특정국가의 전쟁능력을 평가할 때 그 군대가 가지고 있는 재래식 무기의 질과 양(이것을 화력지수라고 한다)을 판단으로 삼는다. 그들의 분석에 의하면 지금 남한과 북한의 화력지수는 80:100인 것으로 평가되고 있다. 북한이 가지고 있는 이 재래식 무기에 그 핵무기와 장거리유도탄의 화력을 고려에 넣게 되면 남북한의 화력지수의 불균형은 가공할 만한 것이 된다. 북한은 120만 인민군의 태반을 휴전선 근처로 전진배치하고 있다. 그들은 언제든지 한반도를 '불바다'로 만들 수 있다고 호언하고 있다. 이것은 단순한 협박용 언사가 아니다. 남북한의 군사력의 불균형은 주한미군의 화력으로 보완되고 있는 것이다. 그러므로 한호석씨의 주한미군 철수론은 설자리를 잃게 되는 것이다.

(다) 국가보안법 철폐문제

한호석씨는 국가보안법(이하 보안법이라 한다)의 폐지를 주장하면서 그것을 '보안법 폐지'라고 부르지 않고 '보안법 철폐'라고 부르고 있다. 그토록 그는 보안법에 대해서 한을 품고 이를 증오하고 있는 것이다. 그가, '주한미군 철수'라고 부르지 않고, '주한미군 철거'라고 부르는 것과 맥을 같이하는 말이다. 그는 국가보안법을 '독소조항'으로 가득차 있는 전형적인 '악법'으로 보고 있다(논문 20행 21행).

그는 '보안법 체제가 이미 붕괴의 위기'로 몰려가고 있다고 단정하고 있다(논문 21면 3행-4행). 그는 상황이 이렇게 된 연유를 다음과 같이 설명하기도 한다. "이러한 변화의 흐름은 지난 반세기 동안 국가보안법 체제를 무너뜨리기 위해 피땀을 흘리며 투쟁의 험한 길을 헤쳐온 해내외 민족민주운동 세력이 이루어낸 성과로 해석할 수 있는데 결정적인 전환점은 역시 평양회담이라고 해야 할 것이다"(논문 21면 4행-7행).

그러면서 한호석씨는 '보안법 철폐'문제에 있어서도, '주한미군 철거' 문제에서처럼, 김대중대통령이 불성실하고 용기 없는 태도를 취하고 있는 점(?)에 대하여 비판적인 평가를 하고 있다. 그의 말을 옮겨보자. "김대통령은 국가보안법 철폐를 반대하고 있는 수구파 반통일세력을 의식해서 국가보안법 문제와 관련된 논의·합의내용을 밝히지 못하고 있는 것으로 보인다"(논문 21면 15행-16행)라는 것이 그의 판단이다.

국가보안법을 악법이라고 단정하는 사람들이 지적하는 문제조항은 동법 제2조(반국가단체 구성 등), 동법 제7조(찬양, 고무 등) 및 동법 제10조(불고지죄)로 압축되고 있다. 제2조가 가지고 있는 문제는 다음과 같은 것으로 설명되고 있다. 동법 제2조에 의하면 북한(조선인민공화국)은 필연적으로 남한(대한민국)에 대해서 반국가단체가 될 수밖에 없다. 그러면 반국가단체를 상대로 정상회담, 경제협력, 문화교류를 하는 것은 불가능하게 된다는 것이다. 이것은 김대중대통령도 국가보안법 대폭수정 필요론의 근거로 내세우고 있는 논리이다. 그러나 국가보안법이 엄존하고 있는 상황에서 6.15 남북정상회담이 이루어졌고 그 외에도 남북간에 각급 정치회담이 있었고 각종 교류가 이루어졌던 것이다. 그러므로 김대통령을 위시한 모든 국가보안법 제2조 개정론자들의 주장은 잘못된 것이거나 사실이 아니었다는 것이 백일하에 드러난 것이다.

북한이 6.25 전쟁을 일으키고 KAL기를 공중폭파하고 아웅산 폭탄공격을 가하거나 간첩을 남파할 때 우리는 북한을 '반국가단체'라는 이름 이외의 어떤 이름으로 불러야 한다는 말인지 한호석씨에게 물어보고 싶다. 한호석씨는, 북한이 이러한 중대범죄를 감행하였거나 감행하려고 할 때도 북한을 '조선반도 통일촉진단체' 또는 '민족양심 고양단체'라고 불러야 한다는 주장을 내세우지는 못할 것이다.

한호석씨는 국가보안법 제7조와 제10조의 폐지논리를 다음과 같이 펴고 있다. "국가보안법을 완전히 철폐해야 한다는 논리는 그것(국가보안법)이 인권을 짓밟는 악법이라는 차원보다는 남(한국) 민중의 통일논의와 통일운동을 가로막고 있는 반민주적 악법이라는 차원에서 설정되는 것이 옳다"(논문 21면 25행-27행).

그의 이 주장에 대해서는 몇 가지 살펴보아야 할 점이 있다.

첫째: 많은 국가보안법 폐지론자들은 동법이 인권을 탄압하는 악법이라는 이유로 그 폐지를 주장하고 있다. 그런데 한호석씨는 그들과는 다른 이유를 내세우면서 그 법의 폐지를 주장하고 있다. 그 이유는 국가보안법이 겨레의 통일을 가로막고 있는 악법이라는 것이다. 이것은 주목할 만한 의미를 가지고 있는 대목이다.

그에게는, 남들이 떠들고 있는, '인권옹호'도 부차적인 문제일 뿐이다. 그의 일차적인 관심사는 '통일'이다. 그가 통일을 그렇게도 갈망하면서 '빠른 통일'을 촉구하고 있는 이유의 뿌리는 여기에서 찾아야 한다고 본다.

둘째: 한호석씨는 앞에서도 말한 바와 같이, 국가보안법이 통일논의나 통일문제 등을 가로막고 있는 악법이라고 단정하고 있다. 그리고 나서 그는 '숭공경북'식 통일논리의 홍보를 대담무쌍하게 펴고 있다. 그가 주장하는 '통일론'과 '통일운동'은 바로 북한식 통일을 겨냥하고 있는 것이다.

셋째; 그는 국가보안법이 '반민주적' 악법이라고 단정하고 있다. '반민주'라는 말은 '민주주의에 역행'한다는 말이다. 민주주의를 배척하고 반민주를 신봉하는 사람은 이 지구상 어디에서도 찾을 수 없을 것이다. 그런데 민주주의라는 어휘만큼 다양한 의미로 쓰이는 말은 흔하지 않을 것이다. 그 다양한 의미의 민주주의 중에는 사이비 민주주의도 들어 있다.

'교도민주주의'나, '민족적 민주주의'도 그러한 사이비 민주주의의 하나이다. 그러나 뭐니뭐니해도 사이비 민주주의 중 최악의 사이비 민주주의는 인민민주주의이다. '교도', '민족적' 또는 '인민'이라는 형용사가 붙은 민주주의는 참 민주주의가 아니다.

그러나 유일한 예외가 있다. 그것은 '자유민주주의'라는 민주주의다. '자유'라는 형용사가 붙은 민주주의만이 참 민주주의가 되는 것이다. 국가보안법은 대한민국의 국토나 민중 또는 정부청사를 지키는 법률이 아니다. 대한민국의 자유민주주의를 수호하는 법이다.

그렇다면 한호석씨는 국가보안법이 지키려고 하는 자유민주주의 말고 무슨 '민주주의'를 지키려고 혈안이 되어 있는지 밝혀야 할 것이다. 그는 자신의 논문에서 '자유민주주의'를 이념으로 하는 통일은 결사적으로 반대하고 있다. 그의 말을 그대로 옮겨본다. "남(한국)의 헌법 제4조가 밝히고 있는 자유민주적 기본질서란 자본주의 체제의 자유민주주의제도를 뜻하므로 결국 이것은 북(조선)을 자본주의 체제로 흡수 통합하겠다는 내용이다. 이것은 연방제 통일방안과 충돌하는 것은 말할 것도 없고 지금 김대중 정권이 추구하고 있는 평화공존에 의한 국가연합방안과도 충돌하고 있는 것이다"(논문 22면 8행-13행).

그는 형법 제4조가 '장차 한나라로 합쳐져야 할 남과 북을 두 나라로 영구히 갈라놓으려는 반통일정책의 헌법상 근거'(논문 22면 3행 4행)를 부여하고 있다고 주장하기도 한다.

이것은 조선인민공화국 헌법 제16조가 대한민국 헌법 제4조와는 달리 '영토'라는 개념 대신에 '영역'이라는 정치적 개념을 사용함으로써 통일의 길을 열어놓은 것과 다르다는 것이다(논문 22면 7행).

이것은 얼토당토않는 독선적 궤변이다. '영토'는 법률적 개념이고 '영역'은 정치적 개념이라는 말 자체가 무책임한 단정의 결과이다. '영역'이 통일수용 개념이고 '영토'가 통일저해 개념이라고 하는 주장은 더욱 악의적인 것이다.

그는 한반도의 공산통일을 선포하고 있는 북한노동당의 강령과 북한 헌법에 대해서는 한 마디의 언급도 하지 않고 있다. 그러면서 한국 헌법이 반통일적인 헌법이라는, 터무니없는 궤변만 늘어놓고 있다. 결국 그가 그리고 있는 통일은 북한식 공산주의 통일일 수밖에 없는 것이다.

그러나 이 점에 관한 더이상의 헌법논쟁은 삼가하고자 한다. 다만 북한식 통일론의 실체를 살펴보고자 한다. 평양회담 후 북한의 고위관리들이 방한하면 으레히 "나는 지금 공화국 남반부에 와 있습니다"라고 말했다. 그들의 머리에는 제주도까지 '공화국 남반부'로 새겨져 있는 것이다.

우리의 고위공무원들 중에는 아무도 북한에서 그곳이 '대한민국의 영토'라고 주장한 사람이 없다. 한호석씨는 북한이 6.25 전쟁을 일으킨 것이 북한 헌법의 '영역' 개념 때문이었는지를 밝혀야 할 것이다.

그는 국가보안법이 헌법 제3조(영토 조항)의 뒷받침을 받아서 조선인민공화국의 체제를 전복하는 도구로 쓰여지고 있다고 주장하기도 한다. 그의 말을 옮겨본다.

"헌법의 영토 조항은 리승만 정권의 북진통일론, 박정희·전두환 정권의 '승공통일론', 노태우·김영삼 정권의 흡수통합론을 뒷받침해주는 법리적 근거로 기능하면서 국가보안법을 뒷받침해왔다"는 것이다(논문 21면 19행-24행).

이것은 어처구니없는 주장이다. 실체 사물과 유리된 관념적 형식논리는 상황판단에 혼란만을 가져오는 것이다. 대한민국 역대대통령이 무슨 통일론을 주장했든지간에 그것이 명분론이자 구호에 불과했다는 것은 세상이 다 아는 사실이다. 대한민국 사람은, 김대중대통령을 위시해서 한 사람의 예외없이, 한반도에서의 전쟁 억제와 긴장완화를 제1차적 희망사항으로 삼고 있다. 통일은 그 다음의 소망사항이다. 더구나 대한민국은 조선인민공화국이 희망하지 않는 통일을, 그것이 북진통일이든 승공통일이든 흡수통일이든지 불문하고, 원하고 있지 아니하다. 이것은 명백 이상으로 명백한 것이다.

그런데 조선인민공화국은 민족의 해방을 위한 성전(聖戰)이라는 이름으로 공산통일을 위한 무력남침을 감행했다. 6.25 전쟁으로 얼마나 많은 생명과 재산이 희생되었으며 얼마나 큰 민족적 비극이 발생했는가 하는 것을 한호석씨는 모른다고 할 수 없을 것이다.

남한에 의한 북침의 가능성은 전무하다. 북한에 의한 남침의 위험성은 전혀 감소되지 아니하고 있다. 이것은 필자 개인의 견해가 아니다. 많은 전문가들의 공통된 평가이다.

한호석씨는 또 "한국 헌법 제4조의 영토 조항 때문에 조선인민공화국은 대한민국의 영토 일부를 불법적으로 점용하고 있는 것으로 되어 반국가단체가 된다"라고 주장하고 있다(논문21면 33행-35행).

그러나 그의 이 논리는 유치하지 그지없는 궤변에 불과하다. 북한은 대한민국의 영토를 점유했다는 이유로 반국가단체가 되는 것이 아니다. 북한은 대한민국의 국가 안위를 침해하는 국가보안법상의 범죄를 범할 때 반국가단체가 되는 것이다. 대한민국 내에도 적잖은 반국가단체가 있어왔다. 한반도 외의 타국 영토에도 많은 반국가단체가 있었다. 그러나 그들은 하나같이 대한민국의 영토를 점유한 일이 없다. 그들은 대한민국의 안위를 침해하는 범죄행위에 가담했기 때문에 반국가단체가 된 것이다.

한호석씨는 국가보안법을 폐지해야 할 이유로 다음과 같은 사실을 들먹이기도 한다. "김정일총비서가 평양회담에서 김대중대통령에게 '우리가 먼저 7차 노동당대회를 열어 노동당규약을 바꾸겠다'고 선뜻 약속했으므로 김대통령도 국가보안법을 폐지해야 한다"(논문 22면 27행-28행)는 것이다.

한호석씨 자신도 김정일총비서가 그런 약속을 하였다는 말만 전해 들었다는 것을 시인하고 있다. 말만 있고 증거는 없다는 것이다.

한호석씨는, 자신의 논문 곳곳에서 드러나고 있듯이, 매우 의심이 많고 비판적인 사람이다. 자신이 확인하였거나 증거를 동반하지 않은 주장에 대해서는 경계태세를 풀지 않는다. 그런데 김정일의 약속은 무엇을 근거로 완전히 믿기로 하였는지 알 수 없다.

그러나 어쨌든간에 김정일총비서의 약속을 믿는다고 하자. 그렇더라도 그가 약속대로 '제7차 노동당대회'를 열어서 문제의 노동당규약을 바꾼 후에 보안법 폐지문제를 논의하면 안 되는 이유가 무엇인가 하는 점에 대해서 한호석씨는 설명을 해야 할 것이다.

사실은 이 조건이 이루어지더라도 또 살펴야 할 문제가 있다. 그것은 조선인민공화국이 대한민국과의 약속을 얼마나 많이 파기하였는가 하는 점이다. 북한과의 약속은 약속이 아니라는 것이 많은 사람들의 견해이다. 그렇다면 이번 김정일과의 약속은, 종래의 약속과는 달리, 믿을 만한 특별한 약속이라는 것을 밝혀야 할 것이다.

국가보안법이 폐지되면 겨레의 통일이 곧 올 것인가? 그러면 그 통일은 무슨 통일인가? 자유민주주의를 앞세운 통일인가? 아니면 인민민주주의에 의한 통일인가? 아니면 이것도 저것도 아닌 제3의 이념을 앞세운 통일인가?

이 자리에서 필자의 신념을 밝힌다. 자유민주주의가 없는 통일은 통일이 아니다. 이것은 필자 한 사람의 생각이 아니다. 그렇다고 해서 이것은 한호석씨가 규탄하고 있는, '수구파 반통일세력'만의 견해도 아니다. 이것은 많은 대한민국 국민들의 공통된 신념이다.

한호석씨는 "국가보안법이 '민족민주운동 일꾼'들을 옥죄어왔던 수구파 반통일세력이 55년 동안 7천만 '민족의 양심'을 짓눌러왔으므로 화해와 통일의 새 역사를 위해서 그 체제를 무너뜨려야 한다"라고 주장한다(논문 23면 21행-23행).

필자는 그에게 반문하고 싶다. 남파된 무장간첩, 경찰·군인·양민에 대한 무차별 살육자, 대한민국 전복 획책자들이 '민족민주운동 일꾼'들인가? 6.25 때 생명을 걸고 자유민주주의를 지킨 사람들, 아웅산 사태, 청와대 무장침공사건, KAL기 공중폭파사건에 대해서 '민족적 양심'의 분노를 터뜨린 사람들은 모두 '수구파 반통일세력'이란 말인가? 이것이 필자의 반문의 핵이다.

이제 6.25를 '민족의 통일을 위한 성전'으로 예찬하고 KAL기 폭파사건 등에 대해서 침묵을 지켜온 「숭공경북」의 사람들은 국가보안법 수호를 신봉하는 '민족의 양심'을 짓누르는 어리석은 말과 행동에서 손을 떼어야 할 것이다.

(라) 연방제 통일문제

한호석씨는 '연방제 통일'문제가 '주한미군 철거'문제, '국가보안법 철폐'문제와 더불어 머지않는 장래에 해결되어야 한다는 것을 강력하게 주장하고 있다(논문 1면 12행-17행). 특히 통일(그것도 김정일식 연방제 통일)이 그에게 있어서는 화급히 해결되어야 할 지상과제이다.

그래서 그는 김대중대통령이 통일문제보다 전쟁억제와 긴장완화에 더

역점을 두고 있는 사실에 대해서 불만을 품고 있다. 그의 말을 옮겨본다. "김대중대통령은 조국통일과업에 대해서 언제나 소극적인 태도를 보이고 있으며 통일문제를 논의하는 것 자체를 꺼리고 있다. 그의 관심은 통일이 아니라 온통 화해협력에 쏠려 있다. 이것은 세상이 다 아는 사실이며 숨길 수 없는 것이다"(논문 23면 27행-29행).

그는 이 점에 관한 대통령 자신의 말을 소개하기도 한다. "통일은 서서히 해야 하지만 남북간 전쟁을 하지 않는 화해와 협력은 꼭 빨리 해야 한다. 통일은 서로가 더 안심할 때까지 20-30년 정도 기다려도 된다"(조선일보 2000년 7월 10일자)(논문 24면 3행-5행)는 것이 대통령의 말이다. 이것은 김대통령의 통일관에 대한 그의 불만의 표현이다. 그는 또 대통령이 '로스엔젤레스 타임스'와 나눈 말을 소개하기도 한다. "대통령은 지금 우리가 통일을 진지하게 생각할 때라는 환상을 사람들에게 주지 않도록 조심해야 한다"고 말하기도 했다(Los Angeles Times 2000.7.19) (논문 24면 7행-8행)라는 것이다.

그는 대통령의 이 말에 대해서 다음과 같이 강도 높게 비판을 가하고 있다. "지금 통일을 진지하게 생각할 때가 아니라니? 통일에 대한 진지한 생각이 환상이라니? 조국통일을 갈망하고 있는 7천만 민족의 통일염원에 찬물을 끼얹는 발언이다. 통일을 20-30년 정도 기다려도 된다니 참으로 여유작작하기 이를 데 없다. 20-30년 뒤라면 김대통령은 이 세상에 없는 때이므로 통일은 내가 알 바 아니니 내 뒤에 오는 너희들이나 하든지 말든지 알아서 하라는 소리인가? 6.15 남북공동선언 제2항에서 조국통일 방안을 찾아보자고 합의해놓고 이제 와서 어떻게 그런 무책임한 말을 할 수 있을까? 55년의 분단재앙이 몰아오는 고통과 불행 속에서 아우성치며 이제는 하루빨리 통일의 주인으로 살고자 하는 7천만 민족의 간절한 통일염원을 보고서도 그런 말을 할 수 있을까?"(논문 24면 10행-24행)

그의 견해에 의하면 김대통령은 소극적인 통일관을 가지고 있는데 비해서 김정일총비서는 적극적인 통일관을 가지고 있는 것으로 된다.

이런 견지에서 그는 김정일총비서에게 찬사와 존경을 보내고 있다.

그의 말을 인용한다. "우리는 조국통일과업에 대해서 이러한 태도를 보여주고 있는 김대중대통령의 반대편에 있는 김정일총비서의 모습을 바라보게 된다. 완전히 다른 모습이다. 한(조선)반도의 자주적 평화통일이 아니고서는 7천만 민족이 55년의 분단재앙에서 벗어날 길이 없다는 확고부동한 통일관, 하루라도 빨리 통일을 실현하겠다는 신념과 의지, 그리고 그것을 뒷받침하고 있는 통일전략을 그는 실천행동으로 보여주고 있다"(논문 24면 23행-27행).

그는 김정일총비서의 통일관에 대해서만 찬사를 보내는 것이 아니고 그의 통일방안론 즉 고려연방제에 관해서도 전폭적인 동의를 보여주고 있다. 다음은 황원탁외교안보수석이 전하는 김정일총비서의 말이다. 김정일은 김대통령에게 "우리 정상이 55년 만에 처음 만났는데 전세계의 이목이 집중되고 7천만 민족의 염원이 여기에 담겨 있습니다. 우리 7천만 민족에게 뭔가 선물을 내놓아야 되는데 그 선물은 큼직하게 내놓아야 되는데 그 선물은 우리 7천만 민족이 원하는 염원이라는 것 통일 아닙니까? 통일에 대한 방안을 내놓습니다. 그 통일방안은 역시 고려연방제입니다"(월간조선 2000년 8월호 71쪽) (논문 24면 30행-34행)라고 말했다는 것이다.

그런데 이 한반도의 통일방안에 관해서는 중대한 문제가 제기되지 않을 수 없다. 평양회담에서 남과 북의 정상은 "남과 북은 나라의 통일을 위한 남측의 연합제안과 북측의 낮은 단계의 연방제안이 서로 공통성이 있다고 인정하고 앞으로 이 방향에서 통일을 지향시켜 나가기로 하였다"라고 합의했다(6.15 공동선언문 제2항).

한호석씨는 이 합의에 관해서 근본적인 이의를 제기하고 있다. 그의 주장을 살펴본다. "통일방안을 합의한다는 말은 통일방안을 남과 북의 최고책임자들 사이에서만 합의한다는 뜻이 아니라 전민족적으로 합의한다는 말이며 그것은 곧 7천만 민족을 통일실현의 주체로 나서게 한다는 계획이다"(논문 25면 22행-24행).

그리고 그는 스스로 자신의 이 주장이 김일성주석의 생각(김일성저작집 43 11면)과 동일한 것이라고 선언하고 있다(논문 25면 24행-28행).

그러면 그가 금과옥조처럼 생각하고 있는 '7천만 민족의 전민족적 염원(합의)'의 차원에서 남북회담 공동선언문을 살펴보면 그 제2항의 해석은 어떻게 되어야 하는가?

다시 그의 말을 살펴보기로 한다. "6.15 남북공동선언 제2항에 나타난 통일방안 문제에서 핵심내용은 무엇인가? 그것은 남과 북이 두 개의 주권국가로 상호 인정한 양국관계에서 평화공존과 화해협력을 실현하는 단계를 밟아갈 것이냐 아니면 나라와 나라 사이의 관계가 아닌 통일을 지향하는 잠정적 특수관계에서 평화공존과 화해협력을 실현하는 단계를 밟아갈 것이냐 하는 문제로 집약된다"(논문 25면 29행-26면 2행).

이러한 전제하에서 공동선언문 제2항을 살펴볼 때 남북의 합의는 무엇을 뜻하는가? 그는 "김대통령이 주장하는 연방제에 의하면 남북이 외교권과 군사권을 따로 보유, 행사하는 것으로 그것은 통일이 아니라 두 개의 주권국가로 갈라서는 영구결별이 될 것이다. 그것은 한(조선)반도에 두 개의 국가를 만들어놓으려는 미국의 '두 코리아 정책'과 동일한 내용이다"라고 말하고 있다(논문 26면 28행-30행).

그는 김대통령이 흉악하고(논문 6면 33면) 오만방자한(논문 9면 30행) 해외이익수탈자 미제국주의(논문 7면 30행)의 지시를 따라서 공동선언문 제2항의 참뜻을 왜곡하고 있다라고 말하고 있다. 결국에는 김대통령과 미국을 함께 싸잡아 비방하고 있는 것이다.

그러면 공동선언문 제2항이 말하는 올바른 통일방안은 무엇인가? 한호석씨는 그것은 김정일총비서가 주장하는 통일방안이자 7천만 겨레가 염원하는 통일방식이라고 말하고 있다.

그의 설명에 의하면 김대통령이 내세우고 있는 연방제는 국가연합을 말하는 것이고 국가연합의 실체는 다음과 같다는 것이다. "국가연합이란 그 자체가 국가가 아니므로 국가연합 방안에는 중앙정부란 애초에 존재할 수 없고 두 주권국가에 각기 존재하는 두 개의 단독정부만이 있을 뿐이다. 중앙정부와 지방자치부라는 개념은 오직 연방제 통일방안에서만 존재할 수 있는 개념들이다. 우리는 김정일총비서가 김대통령에게 낮은 단계의 연방제안을 설명하면서 낮은 단계의 연방제에서도 중앙정부를 마련해야 한다는 사실을 분명하게 언급하였던 것을 주목해야 한다"(월간 조선 2000년 8월호 72쪽)(논문 28행 10행-17행).

한호석씨의 판단을 따르게 되면 한반도의 통일방안에 대해서는 남북의 양정상이, 공동선언문 제2항의 형식상 표현과는 달리, 실질적으로 아무런 합의에 이르지 아니한 것으로 된다. 김정일총비서가 한(조선)반도에 현존하고 있는 두 개의 정치적 실체를 두 개의 주권국가로 상호 인정하는 것을 단호하게 반대, 배격하고 있다(논문 29면 1행-3행). 이와는 달리 김대중대통령은, 낮은 단계이든 높은 단계의 연방제이든 가리지 않고 연방제란 존재할 수 없는 허구적 개념으로 파악하고 있다. 그래서 그는 연방제가 '실현 불가능하다'라는 '빈말'만 되풀이하고 있으면서 허식적인 명분론만을 찾고 있다. 이러한 사실이 공동선언문 제2를 무의미한 것으로 만들고 있다는 것이 한호석씨의 주장요지이다(논문 29면 24-25행).

그는 결론으로 김대중대통령은 통일을 저해하는 '영구 결별론자'이고 김정일총비서는 통일국가를 지향하는 '통일론자'라고 단정하고 있다. 이 점에 관한 그의 논리는 다음과 같다.

'문제의 핵심은 군사권과 외교권을 중앙연방정부와 지방자체정부가 각각 나누어 보유, 행사하느냐 아니면 중앙연방정부만 독점적으로 보유, 행사하느냐 하는 데 있지 아니하고 그것이 연방제를 실현한 통일국가냐 아니면 국가연합이라는 이름으로 각기 독립된 두 개의 나라냐 하는데 있다는 것이다. 문제의 핵심을 자꾸 비켜가려고 해서는 안 된다. 앞으로 통일방안을 논의하는 데서 일국론의 연방제안이냐 아니면 양국론의 연합제안이냐를 잣대를 삼아 통일론이냐 영구결별론이냐를 판가름해야 할 것이다"(논문 29면 27행-32행).

'7천만 겨레' 중에서 '민족의 통일'을 희구하지 않는 사람이 어디 있으며 조국통일의 필요성을 부인하는 사람이 어디 있겠는가? 문제는 우리가 추구하는 통일이 어떤 통일인가 하는 점에 있다. 필자는 자유민주주의가 없는 통일은 자유민주주의가 있는 분단보다 못하다는 확신을 가지고 있다. 그러므로 '민족의 통일'도 우리의 주요한 가치이자 지표이지만 자유민주주의보다는 열등한 가치이자 목표이다.

그런데 한호석씨는 민족의 통일을 최고의 가치로 받들고 있다는 것을 그의 논문 곳곳에서 발견하게 된다. 그러므로 최고 지상의 가치인 민족의 통일을 위해서는 그보다 열등한 가치는 모두 희생될 수 있어야 하고 또 희생되어야 한다는 것이 그의 신념이다. 시장경제의 원리나 자유민주주의의 이념도 이러한 열등한 가치 중에 들어가야 한다는 것이 그의 결론이다. 그의 논리대로 하면 월남은 공산화된 것이 아니고 통일된 것으로 봐야 한다. 민족이 통일되는데 이념이 무슨 문제가 되는가 하는 것이 그의 주장이다.

그러므로 통일은 빠를수록 좋다는 것으로 된다. 김정일위원장이 한 말 즉 통일의 시기가 "내 마음에 달려 있다"는 것은 그에게 성경말씀이 될 수밖에 없다. 그가 한반도 통일의 시기라고 '마음'먹은 시기는, 그가 몽매에 그리던, 한반도 공산화 성취의 시기가 아니고 무엇인가? 그 시기가 빠르면 빠를수록 좋다는 것이 그의 신념이다. 필자는 '빠른 통일'을 원하지 아니한다. '바른 통일'을 희망한다. 이것은 필자 개인만의 신념이 아니고 '7천만 겨레' 중 많은 사람들의 희망이다.

한반도의 통일을 논의할 때 거의 모든 사람들이 고찰대상에서 빼고 있는, 그러나 빼서는 안 되는 가장 중대한 문제가 있다. 그것은 국가연합제이든 연방제이든간에 양정부(또는 양국가)가 동일한 정치체제를 가지고 있을 때에만 연합이 가능하다고 하는 점이다. 동서고금을 막론하고 전제군주 체제를 가진 나라와 공화 체제를 가진 나라가 연방제나 국가연합을 한 일이 없다. 공산주의 체제와 자유민주 체제간에도 상호불용인의 상극관계가 존재하는 것이다.

혹자는 1990년 5월 22일에 이뤄진 남북 예멘의 통합을 필자의 주장에 대한 반론의 근거로 삼을지 모른다. 그러나 위 두 나라는 모두 다 사회주의 체제를 가지고 있던 나라들이었다. 이슬람식 사회주의냐 아니면 볼셰비키식 사회주의냐 하는 차이가 있었을 뿐이다. 남북 예멘은 다같은 사회주의 체제의 국가끼리 합쳤는데도 통일 예멘에는 끊임없는 분규와 긴장 속에 날을 지새우다가 결국은 대대적인 무력충돌 끝에 흡수통일로서 분규가 종결되었다고 하는 사실을 우리는 큰 교훈으로 삼아야 할 것이다.

중국과 홍콩, 마카오의 합병(반환) 이후 홍콩과 마카오에 고도의 자치가 허용되고 있다는 것을 이유로 1국 2체제가 가능한 것으로 주장할지 모르나 이것은 잘못된 판단이다. 홍콩, 마카오에는 군사·외교권이 인정되지 아니할 뿐 아니라 정치체제적으로 중국의 인민민주주의를 따르고 있다. 더구나 위 두 정부에 자본주의 체제와 그 생활양식이 허용되는 것은 50년간의 시한부 기간뿐이다.

뿐만 아니라 중국은 경제체제에 있어서는 벌써 오래 전부터 자본주의를 대대적으로 수용하여 이를 운영하고 있었을 뿐만 아니라, 그 근저에는 중국공산당이라는 중앙정부기구가 있어 이에 합병된 두 지역에 하등의 문제가 일어나지 않는 것이다. 이 논리대로라면 한반도에는 「조선로동당」이라는 「중앙정부」 기구하에 남부에 지역정부가 등장함을 뜻한다. 즉 공산화 통일인 것이다.

필자가 이 주장을 하는 것은 남한과 북한이 다른 체제를 가지고 있다는 것을 이유로 통일을 위한 노력을 포기하자는 것이 아니다. 통일은 반드시 성취해야 할 숙명적인 민족의 지상과제이다. 그러나 그 일은 지난한 일이다. 통일을 위해서 많은 연구와 노력, 희생과 땀 때로는 피까지 바쳐야 할 것이다.

그러한 견지에서 볼 때 한호석씨의 통일론은 너무나 안일하고 조급한 논리에서 출발하고 있다고 보여진다. 자유는 무상이 아니다(Freedom is not free). 이것은 만고의 진리이다. 자유를 얻기 위한 대가를 반드시 치러야 한다. 그러나 무상이 아닌 것은 자유만이 아니다. 통일도 무상이 아니다. 오히려 통일은 더 값비싼 것이다. 비싼 값을 치른 통일이라야 통일다운 통일이 되는 것이다.

(4) 결 론

한호석씨는 "앞으로 한(조선)반도의 과제는 안팎의 수구파 반통일세력을 제압하고 연방제 통일을 실현하는 일이라고 단정하고 그 시기를 앞당기느냐 그렇지 못하느냐 하는 문제는 결국 7천만 민족이 단결의 기치 아래 하나로 일치하여 전개하는 투쟁력에 달려 있다"고 주장하고 있다(논문 30면 8행-11행).

그는 또 "21세기 통일시대는 한(조선)민족의 영웅적 혈통을 이어받은 민족민주운동의 일꾼들은 주한미군을 철거하고 연방제 통일을 실현하는 영예로운 투쟁의 길로 소리쳐 부르고 있다"(논문 30면 14행-16행)라고 주장하기도 한다.

그러나 우리는 앞에서 그의 '주한미군 철거론'을 위시하여 '연방제 통일론'과 '국가보안법 철폐'론이 얼마나 황당무계한 감정적 독선론에 뿌리를 둔 궤변이라고 하는 사실을 철두철미하게 파헤쳐 보았다. 그리고 나서 우리가 얻을 수 있는 유일한 결론은 이것이다.

"앞으로의 우리 운명은 7천만 민족이 총궐기하여 한반도 안팎의 환상적 「숭공경북」 세력을 제압하고 대한민국을 지켜나가야 한다는 역사적 사명을 성취하느냐 못하느냐 하는데 달려 있다. 새로운 민족의 시대는 애국·애족의 피를 이어받은 자유민주주의 일꾼들이 황당무계하고 '무책임한 주한미군 철거론', '감상적인 연방제 통일론' 그리고 '국가파괴적인 국가보안법 철폐론'을 철거, 철폐하는 영예로운 투쟁의 길로 매진하기를 갈망하고 있는 것이다".

변호사 이 진 우

3. 리영희교수의 남북관계관

(이 글은 자유 2000년 9월호에 실렸던 것이다)

(1) 서 론

(가) 일반론

한양대학교의 리영희 석좌교수가 국회의 21세기 동북아평화포럼 조찬토론회에서 '남북관계와 주한미군 문제'라는 제목으로 주제발표를 했다. 그는 주한미군 문제를 해결하기 위해서는 먼저 '남한이 북한에 대해서 맹목적으로 품고 있는 불신의 적대의식'을 버려야 한다는 주장을 펴고 있다. 그는 '남한이 자신을 천사로, 북한을 악마로 보는 극단적 이분법 논리를 만들어내고 있는 것'이 문제의 시발점이라고 말하기도 한다. 그는 "북한이 악인만큼 남한도 악이고 우리가 선인만큼 북한도 선이라는 생각에서 시작해야 한다"라고 훈계하기도 한다.

이 말은 언뜻 생각하면 양심적인 학자의 용기있는 고백처럼 들릴 수 있다. 그러나 내 귀에는 리교수의 주장이 공정한 심판자의 불평부당한 민족적 양심의 소리로 들려지지 아니한다. 나는 그의 논리의 도처에 공정을 가장한 무서운 편견이 감춰져 있다고 생각한다. 그가 진짜로 하고 싶은 말은 북한이 천사이고 남한은 악마라는 것이라고 본다.

그의 주장의 핵심은 이런 것이다. 남한도, 북한과 같은, 악마의 속성을 가지고 있다. 반면에 북한도, 남한과 같은, 천사의 속성을 가지고 있다. 이것이 그의 논리이다. 그는 남한 자신이 악마이기도 하면서 한사코 북한만을 악마라고 몰아붙이고 있다고 주장한다. 북한이 천사의 품성을 가지고 있음에도 불구하고 남한은 자신만이 천사라고 강변하고 있다는 것이다. 이런 독선적이고 안하무인의 주장은 악마만이 할 수 있는 것이다.

이러한 악의적인 남한의 허위주장으로 말미암아 온갖 수모와 분노를 겪으면서도 조용히 참는다는 것은 천사만이 할 수 있는 것이다. 이것이 북한의 참모습이다. 리교수가 가지고 있는 속마음은 이것이라고 보지 않을 수 없다.

(나) 천사론과 악마론의 의의

리교수의 가장 큰 논리적 모순은 남한 천사론과 북한 악마론에 대한 그의 오해(?)에서 비롯하는 것이라고 본다. 남한 천사론과 북한 악마론이 있다면 (나는 과문의 탓인지는 모르나 이런 논리가 있다는 사실을 몰랐다) 그것은 남북한의 이념을 비교하는 논리이지 남북한 주민들의 윤리성을 비교하는 논리가 아닐 것이다.

바꾸어 말하면 그 논리는 "남한사람들은 윤리적으로나 법률적으로 모두 깨끗하고 북한사람들은 모두 악마와 같다"라는 것을 말하는 것이 아니다. 대한민국의 국시인 자유민주주의는 북조선인민공화국의 이념인 공산주의나 주체사상보다 월등하게 훌륭한 가치를 지니고 있다는 것을 나타내는 말이다.

리교수는 능력 있는 교수로 알려져 있다. 그런 유능한 교수가 천사론·악마론의 뜻을 몰랐을 리가 없다고 본다. 그렇다면 남북한의 체제·이념의 문제를 억지로 남북한 주민의 윤리문제로 변질시킨 리교수의 근본 의도는 무엇인가?

대한민국 국민의 태반은 자유민주주의 체제에 대해서 신념과 애정을 가지고 있다. 자유민주주의에 대해서 최고의 가치를 인정하고 있다는 말이다. 그것은 민족의 통일보다 앞서는 가치이다. 그래서 자유민주주의가 없는 통일보다는 자유민주주의가 있는 분단을 바라고 있는 것이다. 이것은 반통일론자나 분단고착주의자의 주장이 아니다. 우리에게 필요한 것은 '바른 통일'이지 '빠른 통일'이 아니다.

(다) 민족지상주의의 문제점

우리나라에는 극단적인 민족지상주의자들이 더러 있다. 그들은 최고의 가치인 민족의 통일을 위해서는 그보다 열등한 가치는 희생되어도 좋다는 주장을 펴고 있다. 그들에게 있어서는 자유민주주의도 민족이라는 최고가치보다는 열등한 가치일 수밖에 없는 것으로 된다. 그러므로 월남의 공산화는 공산화의 비극을 뜻하는 것이 아니고 민족통일위업의 달성으로 평가되어야 한다는 것이 그들의 주장이다. 이러한 주장을 받아들일 것인가 아니면 배척할 것인가? 이것이 천사론·악마론의 중대과제인 것이다.

추상적인 감정론에 빠지는 것은 학문의 정립에 아무런 도움을 주지 못한다. 그것은 오히려 진실 발견작업에 대해서 혼동과 방해만을 유발하는 것이다. 천사론과 악마론에 내포되어 있는 구체적 의미를 추적하는 것이 학문이다. 그것은 자유민주주의와 공산주의 (또는 주체사상) 중 어느 것이 가치우월성을 가지고 있는가 하는 문제로 귀착된다.

리교수는 이 점에 대한 자신의 소신을 분명하게 밝히는 것이 학문하는 사람의 참된 태도라고 생각한다. 자유민주주의냐 주체사상이냐 하는 이념의 문제를 천사냐 악마냐 하는 윤리의 문제로 변질시켜서 우회적인 방법으로 자신의 견해를 밝히는 일은 떳떳한 태도가 아니라고 본다.

리교수는 남한이 천사라면 북한도 천사이고 북한이 악마라면 남한도 같은 악마라고 단정했다. 리교수의 이 감성적인 윤리론을 논리적인 이념론에 대입하면 다음과 같은 결론에 이른다.

그 결론은 "자유민주주의가 선이라면 주체사상도 선이고 주체사상이 악이라면 자유민주주의도 악이다"라고 하는 것이다. 이것이 리교수가 속으로 희망하고 있는 결론인가?

남한 천사론과 북한 악마론에 대한 리교수의 비판론이 노리고 있는 진짜 목표는 다른 데에 있다고 본다. "남한은 천사, 북한은 악마라는 극단적 2분법을 타파하여야 한다"는 그의 주장은 결국 '북한은 천사, 남한은 악마라는 새로운 극단적 2분법'을 만들어내기 위한 것이라고 봐야 할 것이다.

(ㄹ) '북한의 악'과 '남한의 악'의 비교

리교수가 북한의 악과 남한의 악이 같은 정도라는 것을 뒷받침하는 자료로 제시하고 있는 것은 <군사논단>에 실린 남한(UN군)과 북한의 휴전협정 위반건수이다. 특정기간에 걸쳐서 범해진 양측의 위반건수는 454,605건 대 424,356건이라는 것이다. 그 숫자의 정확성도 문제되지만 가장 큰 문제는 악의 질의 문제이다. 그러므로 알기 쉬운 다른 방법으로 남북한의 악을 비교해보자.

① 북한은 6.25 사변을 일으켰다. 이 전쟁은 수백만의 사상자를 발생시키고 1000만 명이 넘는 이산가족을 만들어냈다. 전화로 소실된 재산의 규모는 말도 못할 정도이다. ② 북한은 청와대 무력침공을 실행했다. 이는 전 세계를 놀라게 한 대사건이었다. ③ 북한은 아웅산 폭파사건을 일으켰다. ④ 북한은 천인이 함께 분노할 KAL기 폭파사건을 눈 하나 까딱하지 아니하고 감행했다. 그 비행기의 공중폭파로 처참하게 죽은 사람들의 거의 전부는, 북한이 입만 열면 외쳐대던, 피를 나눈, 동족이었

다. 더구나 희생자의 태반을 이루고 있었던 사람들은, 북한이 최고의 주권자로 떠받들고 있던 '노동자'들이다.

위에서 열거한 사건들은, 누가 뭐라고 하더라도 북한의 악마성을 드러낸 사건들이다. 리교수는 우리 남한도 북한과 똑같은 악마성을 가지고 있다고 말했다. 그렇다면 리교수는 남한의 어떤 악행이 위에서 살펴본 북한의 악마성에 비견할 만한 것인지 말해야 할 것이다. 학문은 추상적인 논리만을 내세워서는 성립할 수 없다. 더구나 감성적인 논리로는 학문이 설 수 없다. 리교수는 북한이 일으킨 위 사건들의 죄악상과 같은 남한의 죄악을 구체적으로 입증해야만 학문하는 사람으로 인정받을 수 있을 것이다.

참된 이웃이 되려면 이웃의 악을 용서해주어야 한다는 것이 현대 윤리의 요청이다. 그러나 이웃의 악을 잊지는 말아야 한다는 것이 역사의 교훈이다(Forgive, but don't forget, Wir duerfen vergeben aber vergessen nicht). 그런데 우리는 6.25와 KAL기 폭파사건 등에 관해서는 말도 하지 말자고 다짐하고 있다. 북한의 비위를 건드리지 말아야 한다는 것이다. 이것은 천사의 마음씨가 아니고 무엇인가?

(마) '남한의 선'과 '북한의 선'의 비교

이 문제는 최근 한반도에서 일어나고 있는 몇 가지 사건들을 중심으로 살펴보고자 한다.

① 김대중대통령의 일행이 북한의 공항에 도착했을 때 북한은 남한 지도자들에게 성대한 환영식과 함께 인민군 열병식을 베풀었다. 그 자리에서 인민군 군악대가 연주한 곡은 전술한 바와 같이, '유격대 행진곡'이다.

그 행진곡의 가사 중에서 우리가 관심을 기울여야 한다고 느껴지는 부분을 옮겨본다.

썩어가는 제국주의 뚜드려 부시고
무너진 그 터전에 새터를 닦고

붉은 기를 휘날리며 나아들 가자

"붉은 기를 휘날리며 나가자"는 목적이 무엇인가? 그 제1차적 목표는 한반도의 공산화이고 최종의 목표는 세계의 공산화이다. 이 점에 대해서는 이의를 제기할 사람이 없을 것이다. 그러면 세계의 공산화와 한반도의 공산화를 방해하는 '제국주의 침략자'는 누구이고 '원쑤'는 누구인가? 미국과 한국 이외에 제국주의 침략자와 원쑤로 꼽힐 나라는 없다.

북한 공항에서의 환영행사는 부적절하고 무례한 것이었다고 생각한다. 그런데 우리는 이 환영행사를 보고 눈물을 흘리면서 감격하고 있었다.

② 북한은 조선일보가 북한의 비위를 건드리는 기사를 썼다는 이유로 '폭파' 운운의 폭언을 두번째로 뱉어냈다. 정부와 언론은 여기에 대해서 항의다운 항의 한 번 하지 아니한 채 오히려 조선일보측에 현명한 처신을 요구했다.

그리고는 북한의 초청을 받은 언론사대표 48명은 기다렸다는 듯이 방북 길에 올랐다. 방북 언론대표 중에서 빠진 사람은 오로지 동아일보 대표 한사람뿐이다. 언론의 자유를 행사하려던 조선일보는, 북한은 말할 것도 없이 남한에서도, 왕따를 당하고 있는 셈이다. 북한이 지향하는 통일은 적어도 언론의 자유 없는 통일이라는 것이 분명해진 것이다.

무섭고 놀라운 것은 남한의 적지 않은 지도자들과 언론들도 북한의 이러한 통일관에 대해서 문제를 제기하지 아니한다는 점이다. 첫째는 '민족'이 모든 이념 위에 서 있어야 할 최고가치이기 때문이라고 한다. 둘째는 회담의 성공을 위해서 북한의 비위를 건드리지 말아야 한다는 이유를 내세우고 있다.

③ 이회창 한나라당 총재는 7.6 국회 대표연설에서 북한의 핵과 미사일에 대한 문제를 제기했다. 한국정부에 대해서는 남북의 형상에는 상호주의원칙의 고수를 요구했다. 이에 대해서 북한의 중앙통신은 이총재에

게 '이 따위 놈'이라고 원색적 욕설을 퍼부으면서 '한 치의 앞도 내다보지 못하는 천치바보, 철부지, 민족반역자, 반통일분자'라고 매도했다. 그리고 그의 발언은 '망발', '넋두리', '천추에 용납 못할 범죄행위'라고 몰아붙였다.

이것은 정상적인 정신과 감정을 가진 사람들의 말이라고 볼 수 없다. 그래서 이한동총리는 이회창총재의 대표연설에 나타난 대북정책과 자신의 대북정책은 맥과 흐름을 거의 같이한다고 말하면서 "이회창총재의 국회발언을 망발이라고 표현한 중앙통신의 보도야말로 망발이다"라고 말했다. 그리고는 (북한에 대하여) 앞으로는 부당한 언행을 자제해줄 것을 강력히 요구해서 재발되지 않도록 노력해야 할 것이라고 말했다.

여권은 이총리의 이 발언이 '북한과의 화해무드에 균열을 불러일으키는' 요인이 될 수 있다고 판단했다. 민주당이 국회 원내총무실에서 긴급대책회의를 여는 한편 민주당과 청와대가 이 문제 논의를 위한 심야대책회의를 개최했다. 이총재는 자신의 진의가 잘못 전해진 것이라고 말하면서 자신의 발언을 사실상 취소했다. 통일업무 담당자들은 남한의 지도자 또는 언론에 대한, 거듭되는 북한의 폭언에 대하여 "남북정상회담 이후 남한에서의 이념적 혼란을 부추기기 위한 것이 1차적 목적인 것 같다"고 말했다. 남한 내의 북한 비판세력을 '반통일'로 몰아 남한 내에서의 이념적 대립을 조성하려 한다는 것이 그 부연설명이다.

"이념의 혼란을 야기한다"는 것은 무엇을 뜻하는가? 남한에서 자유민주주의 이념에 관해서 남남 갈등을 일으켜 북한의 주체이념이 승리할 수 있는 길을 틔우겠다는 말이 아닌가? 정부는 그것을 꿰뚫어보면서도 북한을 자극하지 말아야 한다는 명분으로 이총리의 '망발론'을 세차게 몰아붙인 것이다.

④ 지금 한반도에서는 통일을 위한 논의가 진행되고 있을 뿐 갈등의 종언이나 평화의 정착을 담보할 아무런 제도적 정치는 마련되지 아니하였다. 그런데도 남한의 인사들 중에는 헌법상의 영토 조항(제3조)과, 통일 조항(제4조)의 개정을 주장하는 사람들이 있다. 국가보안법의 폐

지와 주적개념의 수정 그리고 주한미군의 철수를 사생결단의 자세로 외치는 사람들이 있다.

김정일위원장을 위대한 전략가, 탁월한 정치가, 뜨거운 민족애의 소유자로 칭송하는 한편 그는 틀림없이 통일한국의 지도자가 될 것이라는 예언(?)을 담은 불온서적이 공공연하게 시판되고 있다.

세계 구석구석을 누벼봐도 이처럼 인내심과 이해심을 갖춘 사람들은 찾을 수 없다고 생각한다. 이것은 오로지 대한민국 사람들만이 할 수 있는 일이다. 천사들만이 할 수 있는 일이라는 말이다.

리교수는 대한민국이 천사라면 조선인민공화국도 똑같은 천사라고 단언했다. 그렇다면 리교수에게 질문한다. 위에 열거한 대한민국 천사의 행동을 조선인민공화국 어디에서 찾을 수 있는가?

(2) 주한미군 문제

(가) 주한미군의 존재이유

리교수는 미군이 한국에 주둔하고 있다는 사실 자체가 한국인의 저항과 혐오를 일으키는 요인이 된다고 단정하고 있다. 그는 주한미군이 민족의 자주와 남북한의 평화통일에 장해요인이 된다고 보고 있다. 남북한의 신뢰회복은 주한미군의 감축(철수)으로부터 시작한다는 것이 그의 견해다. 주한미군이 평화유지군으로의 지위변경을 해야 한다는 그의 주장도 같은 뿌리에서 출발하고 있다고 할 것이다.

그는 주한미군이 당연히 철수하여야 한다는 이유를 '중국의용군의 완전 철수'에서 구하기도 한다. 그는, 말이 되든 말든, 주한미군의 철수를 관철하기 위해서 논리라는 논리는 모조리 동원하고 있는 것이다.

소위 '중공의용군'은 국제법상 침략전쟁에 동참한 '전쟁범죄자'이고 한국민에 대한 '대량학살자'인 것이다. 그들은 한반도에서 당연히 철수해야 하는 것이다.

전쟁범죄자가 철수했다고 해서 평화유지를 위해서 정당한 절차를 밟아 파병된 경찰군이 같이 철수해야 하는가? 더구나 미군은 지금 한미방위조약에 의해서 합법적으로 한국에 주둔하고 있는 것이다. 리교수는 미군의 주한 목적을 민족의 긍지와 결부시켜서 한민족의 감정을 자극하는 논리를 구사하기도 한다.

그는 주한미군이 한국의 방위를 위해서 파견된 것이 아니고 일본의 방위를 위해서 있는 것이라고 단정하고 있다. 그리고 주한미군이 철수해도 일본 방위에는 아무런 지장이 없다는 것이 그의 주장이다. 그러므로 우리의 민족적 긍지가 짓밟히고 또 막대한 방위비 부담으로 경제적 손실을 입어야 하는 이 수모를 왜 우리가 당해야 하는가 하는 저항이 그의 마음속에 도사리고 있다고 할 것이다.

리교수는 "남북한 정상간에 어떠한 결의나 합의를 하든간에 상관없이 주한미군의 지위에는 전혀 영향을 받지 않는다. 주한미군은 통일 이후에도 계속 주둔한다"라는 미국정부의 발표에 대해서 격정적인 반응을 보이고 있다.

그는 미국정부의 이 성명발표를 '부당하고 오만한 자세'라고 규탄하는 한편 '통일 이후에도 미군을 주둔시키겠다는 발언은 7.4 공동성명에서 합의한 민족자주와 평화통일의 원칙을 저해하고 미국의 군사적 목적에 합당하지 않으면 통일을 허용하지 않겠다는 것'을 뜻한다고 단정했다. 이것은 미국을 '반통일분자', '한반도 통일에 대한 방해꾼'으로 단정하는 말이다.

"통일 후에도 주둔한다"라는 말은 한반도의 통일을 수용하는 것인데 그 말이 어째서 반통일분자의 말이 될 수 있는가? 차라리 "주한미군은 통일 전까지 주둔한다"라는 말이 한반도 통일을 희망하지 않는 자의 말이라고 봐야 할 것이다. 한반도 통일이 이루어지면 주한미군은 철수하여야 하는 것이므로 철수를 하지 않으려면 통일을 방해해야 되기 때문이다.

리교수는 논리의 비약을 저지르면서 이렇게도 말하고 있다.

"통일 이후에도 미군이 주둔을 계속하겠다는 미국의 발언은 곧 남북한의 통일과정에 있어서 '미국 주도의 통일', '흡수통일', '미군 점령하의 통일'로 해석되는 것으로 이는 정상회담의 정신에 위배되는 것이자 민족의 자존을 해치는 일로서 반드시 해명이 있어야 합니다".

그런데 앞 뒤 문맥의 흐름으로 봐서 리교수가 소리높이 외치고 있는 '민족의 자존'은 북한이 주장하고 있는 '외세의 배격', '주한미군의 철수'를 의미하는 것이라고 볼 수밖에 없다. 그리고 그는 미군의 주둔과 통일의 관계를 '미국 주도의 통일', '흡수통일', '미군 점령하의 통일'이라는 충동적 용어로 표현하고 있다. 그러나 그도 간접적으로 시인하고 있듯이 미국은, 많은 한국인의 희망과 마찬가지로, 한반도가 자유민주주의의 이념하에서 통일되기를 바라고 있는 것이다. 이것은 명백한 사실이다.

리교수는 밖으로 주한미군을 부도덕하고 불법적인 집단으로 규탄하면서 속으로는 '민족자주의 통일'을 위해서는 자유민주주의를 희생해도 좋다는 신념을 가지고 있는 것으로 보여진다. 리교수는 이 점에 대해서 명백한 답변을 해야 할 것이다.

리교수는 미군이 통일 후까지 계속 주둔한다는 것이 한반도의 영원한 미국 군사기지화를 의미하는 것이라고 단정하고 있다. 그리고 이것은 동북아의 안정에 보탬이 되지 못한다는 것이 그의 판단이다. 김대중대통령은 남북한이 통일된 뒤에도 한반도의 평화와 동북아의 안정을 위해서 미군의 한반도 주둔이 필요한 것이라고 언명했다.

많은 사람들이 김대통령과 같은 견해를 가지고 있다. 이러한 국민들의 판단은 잘못된 것이고 리교수의 견해만이 옳다는 단정은 무엇을 근거로 하는가?

(나) 국군의 작전지휘권

미군이 한국군의 작전지휘권을 행사하고 있는 점에 대한 리교수의 평가는 다음과 같다.

"대한민국 군대의 작전지휘권을 미국의 현지 사령관이 장악하고 있는 까닭은 이중 적입니다. 그것은 양날의 칼입니다. 한 날로는 북한의 군사적 침공을 막고, 다른 날로는 남한 군대의 북한 침공을 막는 것입니다. 흔히들 주한미군의 역할을 북한의 군사력 억지차원에서 이해하고 있습니다".

그는 미군이 한국에 주둔하고 있는 첫째 목적은 북한의 군사적 침공(남침)을 억제하는 것이고, 그 둘째 목적은 한국군의 북침을 막기 위한 것이라고 한다.

그는 미국이 남한이나 북한을 공격할 위험성은 전혀 생각하고 있지 않다. 오로지 한반도, 나아가서는 동북아의 평화유지와 전쟁방지가 주한미군의 목표라는 말이다.

그렇다면 미군의 한국주둔은 민족적으로도 바람직한 일일 뿐 아니라 민족의 긍지를 해치는 일이 전혀 아니다. 그런데 전쟁억제의 목적으로 파견된 미군이 주도적으로 참여하고 있는 Team sprit 작전이 북한을 공격하는 핵훈련으로 보는 것은 억지이고 모순당착이다.

북한이 한미의 Team sprit 훈련기간중 경련을 일으킨다고 해서 Team sprit 훈련이 핵공격작전으로 변질되는 것은 아니다.

(3) 남북 긴장완화와 영세중립국 선언

리교수는 남북한의 갈등과 긴장을 완화하고 평화를 정착시키는 방안으로 다음과 같은 제안을 하고 있다.

"통일한국은 군사력에 투자하지 않고도 주변국의 각축과 쟁탈의 목표물이었던 우리의 위상을 경제·외교·정치·문화·도덕적인 위상으로 바꾸어서 오스트리아처럼 주변 열강과 유엔의 보장을 받는 영세중립국으로 만드는 것이 현명하다고 생각합니다".

리교수의 이 제안은 그가 현실감각을 결여한 감상주의적 이상론자라는 것을 단적으로 드러내고 있는 것이다. 우리의 문제는 '통일한국'의 문제가 아니다. 그것은 "한국의 통일을 어떻게 이룰 것이냐" 하는 문제이다. 연방제로 통일하느냐 또는 국가연합체의 방법으로 통일하느냐 하는 형식과 방법의 문제도 아니다. 북한의 공산주의(또는 주체사상)와 남한의 자유민주주의를 어떻게 조화, 통합하느냐 하는 이념과 가치의 문제이다.

이것을 무시하고 통일부터 해놓고 보자고 해서 얻어낸 졸속한 '통일한

국'은 감당할 수 없는 분규와 투쟁의 폭발고가 될 것이다. 내부의 안정이 없는 통일국가가 대외적으로 영세중립국 선언을 하는가 아니면 집단안보체제에 참여하는가 하는 문제는 아무런 의미를 가질 수 없다. 리교수가 예로 들고 있는 오스트리아는 내부적으로 온 국민이 자유민주주의 이념으로 똘똘 뭉쳐 있다. 국가권력 담당자는 국민들의 보통·평등·직접·비밀선거에 의하여 선출된다. 국민의 기본권은 철저하게 보장된다. 국가권력은 입법·사법·행정으로 3분된다. 이만하면 완벽한 자유민주주의 국가가 아닌가? 국내적으로 이념상의 갈등은 찾아볼래야 찾을 수 없다.

그러므로 그 나라가 영세중립국 체제를, 자신의 책임하에, 주권적으로 결정하여 이를 대외적으로 선언하는 것은 국내적으로 아무런 문제를 야기하지 아니하는 것이다.

남한과 북한은 이념의 갈등을 해결한 것이 아니다. 그러므로 우리는 통일한국이 영세중립국의 길을 걸을까말까 하는 것을 생각할 단계에 놓여 있지 아니하다.

리교수가 걱정해야 할 내부문제는 걱정하지 아니하고, 걱정하지 아니하여야 할 대외문제 즉 영세중립국 선언의 문제만을 생각하는 것은 본말을 전도하고 있는 것이라고 본다.

현실을 망각한 논리는 모두 다 공론(空論)에 빠지고 마는 것이다.

(4) 결 론

'주한미군'에 관한 리교수의 주제발표는, 위에서 살펴본 바와 같이 몇 가지 문제점을 내포하고 있는 것이 아닌가 하는 것이 나의 솔직한 심정이다.

첫째로, 나는 리교수가 대한민국의 국시인 자유민주주의 수호에 대해서 얼마나 강한 확신과 사명감을 가지고 있는가 하는 점에 대해서 아무런 판단도 내릴 수 없다.

둘째, 리교수는, 역지사지라는 명분과 민족지상주의를 앞세워, 북한의 주장과 희망에 대해서 이해 이상의 감정적 동조를 보이고 있는 것이 아닌가 하는 생각이 든다.

셋째, 리교수는 미군의 한반도 주둔에 관해서 필요 이상의 감정적 저항을 가지고 있는 것이 아닌가 하는 생각이 든다. 리교수의 주제발표는, 구구절절이, 미군에 대한 증오로 가득차 있다. 미국은 '오만'과 '불의'의 주인이고 우리의 '민족자존'을 침해하는 한편 우리의 동족인 북한에 대해서 핵공격을 가할 침략 위험자라는 것이 그의 미국관이다.

넷째, 리교수는 논리전개에 있어서 일관성을 결여하고 모순당착의 혼선을 빚고 있는 것이 아닌가 하는 느낌을 가지게 한다. 그는 위에서 적시한 바와 같이, 미국이 북한에 대한 잠재적 핵공격 침략자라고 매도하고 있다. 그러면서도 그는 주한미군이 북한의 남침과 남한의 북침을 막는 것을 존재이유로 삼고 있는 것으로 보고 있다. 이것은 미국이 핵공격을 앞세운 침략자가 아니라 전쟁억제자 평화애호자라는 말이다.

리교수는 이러한 몇 가지 의문에 대한 명백한 답변을 해야 한다고 생각한다. 그것이 성실한 학자의 자세이다.

4. 이장희교수의 통일론 (<나는야 통일 1세대>)

(이 글은 위 저서의 저자인 이장희교수가 조선일보 외 7인을 상대로 제기한 손해배상청구사건(서울지법 97가합 68721호)의 준비서면으로 제출했던 피고주장을 논술형으로 바꾼 것이다)

(1) 서 론

한국외국어대학교 교수인 이장희씨는 통일원 정책위원으로 재직하고 있을 때 <나는야 통일 1세대>라는 이름의 초등학교 아동용 교재를 집필했다. 이 저서는 베스트셀러급 명저의 하나로 평가되면서 초등학교 아동들에게는 물론 공무원, 기업체 관계자들에게까지 널리 읽혀진 것으로 알려지고 있다. 그런데 이 저서의 저자인 이장희교수는 통일과 민족을 우리 국민의 최고가치로 받들고 있는 것으로 나는 판단한다. 그가 다음

세대의 주인공인 어린이들을 '통일 1세대'로 보고 있다는 것 자체가 통일에 대한 그의 불같은 열망을 잘 나타내고 있는 것이라고 나는 본다.

그러므로 <나는야 통일 1세대>에 담겨 있는 이장희교수의 통일철학이 대한민국의 국시와 일치하는 것이고 그의 저서 <나는야 통일 1세대>가 건전한 통일지침 교과서가 될 수 있는가 하는 것은 매우 의미있는 일이라고 생각한다.

이러한 관점에서 이장희교수의 철학과 <나는야 통일 1세대>의 내용을 살펴본다.

(2) 비극의 출발점, 환상적 통일지상주의

우리가 직면하고 있는 비극의 출발점은 환상적 통일주의이다. 이것은 민족의 통일을 최고 지상의 가치로 받드는 철학이다. 분단의 괴로움도, 국민적 열등의식도, 조국의 통일을 통해서, 모두 깨끗이 치유된다는 주장이다. 그러므로 국토의 통일을 위해서는 미움도 아픔도 잊어버려야 한다고 주장하고 있다. 이를 위해서 필요한 것은 오직 사랑과 양보뿐이라고 한다.

사랑과 양보의 희생이 아무리 크다고 하더라도 그 희생은 충분한 가치를 지니고 있는 당위론이다. 민족의 통일이 우리의 지상과제이기 때문이라는 것이다. "동포는 형제이고 형제는 숙명이다". 이것이 통일지상주의 철학의 핵이다.

그의 저서가 "통일은 최고의 가치이므로 통일을 위해서 다른 가치는 희생되고 양보되어야 한다"라는 철학으로 일관되어 있다는 것을 아무도 부인할 수 없다.

내가 참으로 염려하고 있는 것은 이장희교수가 주장하는바 '통일을 위한 양보와 희생'의 한계가 어디까지냐 하는 점에 있다. 나는 위 저서에서 '대한민국이 주도하는, 자유민주주의와 자본주의 체제에 의한 평화적 통일'에의 신념을 발견할 수 없다.

우리와 북한이 민주주의와 공산주의를 1:1의 비중으로 다루고 통일을 위한 협의를 한 끝에 공산주의 체제를 채택하거나 민주주의도 공산주의도 아닌 제3의 혼합형 정치체제를 수용한다는 것은 있을 수 없는 일이다.

자유민주주의가 없는 통일은, 자유민주주의가 있는 분단보다 못한 것이다. 자유민주주의가 대한민국의 국시라고 하는 점에 대해서는 이장희 교수도 이의를 제기할 수 없을 것이다. 자유민주주의는 우리가 목숨을 걸고 사수해야 할 지고 지상의 가치이다.

자유민주주의를 사수하기 위해서는 어떠한 희생을 감수하더라도 꼭 지켜야 할 최후의 마지막 노선이 있다. 이 최후의 마지막 노선을 사수하기 위해서는 어떠한 희생도 이를 감수해야 한다. 이 점에 대해서 이론을 제기할 사람은 없을 것이다.

그런데 불행하게도 이장희교수의 <나는야 통일 1세대>에서는 이 마지막 노선을 발견할 수 없다. 물론 이장희교수는 위 저서에 자유민주주의에 대한 언급이 있다는 주장을 내세우고 있다. 그러나 한 사람의 사상이나 저서의 본질적 부분은 한두 마디의 언어적 표현을 가지고 판단할 수 없다. 이장희교수의 통일철학의 핵심은 통일지상주의이다. 이를 위해서는 자유민주주의뿐만 아니라 그 어느 것 하나 양보될 수 없는 성역은 없다는 신념으로 그의 저서는 메워져 있다(이 부분에 관해서는 다시 후술한다).

내가 염려하는 것은 바로 이 점에 있다. 통일을 위해서는 모든 가치가 희생될 수 있고 또 희생되어야 한다는 것이 통일지상주의이다. 이것은 결국 대한민국을 엉뚱한 자의 손에 넘겨주어도 좋다는 위험한 사상으로 변질될 수 있다. 이것이 나의 우려이다.

나는 이장희교수가 환상적 통일지상주의자라고 확신하고 있다.

이장희교수가 하나의 대학교수라고 하더라도 이는 큰 일이 아닐 수 없다고 생각한다. 그런데 그는 대학교수에 그치는 것이 아니라 조국의 통일문제를 담당하는 통일원의 정책위원이다. 그뿐만 아니라 그는 대한적십자 인도법자문위원, 사단법인 아시아사회과학연구소 소장, 경실련 통일협회 이사 및 정책위원장의 직책도 함께 가지고 있다.

따라서 그의 사상, 특히 그의 통일신념은 바로 대한민국의 통일정책에 직접적이고 지대한 영향을 미치고 있다고 할 것이다.

이장희교수도 자신의 통일철학이 환상적 통일주의로 비판받을 가능성이 매우 높다는 것을 인정하고 있는 것으로 생각된다. 그래서 그가 고안해낸 도피논리가 평화적 통일론의 원칙이다. 평화는 인류의 공통적인 목표이다. 특히 분규와 긴장으로 얼룩져 있는 분단의 남북관계에서 평화는 최고 지상의 가치로 받들어지게 마련이다. 국토통일의 방법으로 평화를 앞세우면 일단 아무도 이에 대해서 이의를 제기할 수 없다는 생각을 해볼 수 있다. 이래서 이장희교수는, 이 점을 착안하여, 자신의 통일론에 '평화'라는 표제를 붙이고 나왔다고 보여진다.

그의 논리는 이러하다. 그의 말을 그대로 옮겨본다. "우리는 남북이 하나로 되는 방안을 모두 알고 있다. 그 방안은 바로 91년 12월에 채택한 남북 기본합의서이다 문제는 그것을 쌍방이 약속만 하고 실천을 못한데 있다. 그러므로 이제 양정권이 아닌 양쪽 국민이 정권 차원의 민족문제 악용을 막고 기본합의서 정신으로 돌아가야 한다. 남북합의서 정신으로 돌아가자"(한겨레신문 96. 7. 15자).

그는 남북 기본합의서의 정신이 '화해, 교류, 협력과 평화'에 있다고 보는 한편 그것은 '민족의 장전'이자 '민족자결의 천명이고 우리 민족의 자존심의 상징'이라고 극찬하고 있다(위 같은 글). 이 합의서의 정신을 실천에 옮기기만 하면 남북의 평화적 통일은 아무 어려움 없이 이루어질 수 있다는 것이다.

그런데 그의 이 평화적 통일론은 두 개의 근본적인 문제점을 안고 있다. 그 첫째 문제는, 그의 위 주장에서 보는 바와 같이, 조국평화통일의 주체가 '양정권이 아닌 양쪽 국민'이라는 점에 있다. 북이 남북 '정부'(당국)간의 대화를 철저하게 기피하고 '양쪽 국민'의 대화를 강조하고 있다. 이 사실이 무엇을 뜻하고 있는가 하는 것은 설명을 요하지 아니한다.

둘째 문제는 다음과 같은 그의 주장 속에 내재하고 있다. 그의 말이다. "올 4월 16일 한미 양국은 4자 회담을 제의했다. 남북한 사이에 얼마나 불신이 깊었기에 우리 민족의 문제를 미국과 중국을 끌어들여 해결하려 하는가"(위 같은 글). 이 또한 한결같은 북의 주장이다.

북은 이 점에 관하여 2중 논리를 구사하고 있다. 대외적으로는 북미회담(북한식 표현을 사용한다)을 주장하고 있다. 대화의 상대는 미국만으로 한다는 것이다. 그것은 우리를 대화의 대상에서 배제함으로써 미국으로부터 실리를 얻겠다는 속셈의 표현이다. 그러면서도 대내적으로는 남북회담(그것도 양국민간의)을 내세우고 있다.

이장희교수는 어째서 이토록 철저하게 북의 논리를 그대로 복창하여야 하는지 그 이유를 밝혀야 할 것이다. 그러하지 아니하는 한 그의 통일론에 대해서 국민들의 불안이 커갈 수밖에 없는 것은 당연한 것이다.

이장희교수는 남북 기본합의서의 종국 처리에 대한 남과 북의 자세에 관해서도 북한 일변도적인 평가를 내리고 있다. 역시 그의 말을, 한 마디의 가감첨삭도 없이, 그대로 옮겨본다.

"정부는 91년 기본합의서 발효당시 이 합의서를 국제법상 조약이 아니고 민족 내부의 특별관계를 규정한 정치적 강령으로 보고(이 견해는 수긍할 수 없다는 이장희교수의 주장이 밑에 깔려 있다) 국회의 비준동의 없이 국무회의 결의와 대통령의 재가를 얻어 다음해인 92년 2월 19일 평양 제6차 고위급회담에서 발효시켰다. 당시 일각에서는 이것은 통일과정에 주권자로서의 국민을 불참시키는 것이라고 신랄히 비판했다(이교수도 같은 견해를 가지고 있다는 의미다). 더구나 국회마저도 당시 선거 회오리에 빠져 그 역사적 직무를 스스로 방기했다(국회의 직무유기를 굳이 부각시키는 이유가 무엇인가?). 한편 북한은 91년 12월 24일 그들 나름대로 국회의 비준 동의를 받았다".

결국 남북 기본합의서를 국회에서 비준 동의한 북한은 평화통일에 대한 열의를 가지고 있는데 반해서 남한은 그 점에 대한 의욕이 없다는 것이 이장희교수의 생각이다.

그는 위와 같이 주장하는 것만으로는 분에 차지 아니하여 드디어 남한과 서독을 비교하고 나섰다. 그의 말이다. "우리의 남북 기본합의서와 유사한 동서독 기본조약은 물론이고 동방정책도 여야를 초월한 서독하원의 공동지지 결의를 받은 바 있다". 남한은, 서독에 비해서 통일에 대한 의욕도 책임의식도 없다는 말을 하고 있는 것이다.

그러나 그는 자신이 중대한 인식착오를 일으키고 있다는 사실을 모르고 있다. 독일민족은 애국, 애족과 사물의 판별력에 있어서 특히 뛰어난 민족이다. 세계제2차대전 종전 후 그들은 헌법을 제정할 때 '헌법'(Verfassung)이라는 말을 사용하지 아니하고 '기본법'(Grundgestz)이라는 새로운 말을 만들어내었다. 헌법은 완전한 주권적 결단으로 이루어지는 법이고 기본법은 제약된 결단으로 이루어지는 법이라는 것이 그들의 논리이다. 그토록 그들은 자존과 애족에 있어서 특출한 성향을 가지고 있다.

동독이 공산주의 체제를 가지고 있으면서도, 6.25를 일으키지 아니하고 청와대 무장침공과 아웅산 폭파를 꾀하지 아니한 것도 바로 이 때문이다.

그러므로, 부끄러운 일이기는 하나 동독과 북한이 같지 아니한 이상 서독과 대한민국을 같은 선상에서 평가할 수는 없는 것이다. 이장희교수가 이 사실을 모르고 위와 같은 무책임한 평가를 한 것이라면 그는 끝없는 무지의 부끄러움을 수용하여야 할 것이다. 만약 그가 그 사실을 알고 있으면서도 그러한 주장을 한 것이라면 그는 민족 앞에서 용서받을 수 없는 죄인임을 고백해야 할 것이다.

이장희교수의 무책임하고 대담무쌍한 비방은 정부에 대해서까지 퍼부어지고 있다. 그의 말이다. "그러면 김영삼정부가 들어선 이후 남북 기본합의서의 역사적 의의는 잘 실천되고 있는가? 김영삼정부는 출범초기 1년간은 민족논리를 기초로 한 전향적 정책을 폈다. 그러나 2년, 3년째는 보수집단의 포로가 돼 국내적·민족적·국제적 차원에서 남북한관계를 '화해, 협력'보다는 '대결, 반목'의 구조로 경직시켰다는 비판을 면키 어려웠다"(위 같은 글).

'김영삼정부'의 통일정책이 그의 주장과 일치하면 그것을 '민족논리를 기초로 한 전향적 정책'이라고 부르고 있다. 그러나 정부의 정책이 그의 주장과 달라지면 그것을 '보수집단의 포로'라고 규탄하고 '대결과 반목'의 구조로 몰아붙이고 있다. 이 얼마나 엄청난 독선인가?

여기서 우리는 중대한 사실을 발견하게 된다. 이장희교수가 내세우고 있는 평화와 화해 그리고 협력의 실체는 무엇이며 그 평화, 화해, 협력을 해치는 자는 누구인가? 남북의 평화, 화해, 협력을 해치는 자는 놀랍게도 북한에 있는 것이 아니라 남한에 있다는 것이 이장희교수의 주장이다.

김영삼정권, 국회 그리고 남한 안에 우글거리고 있는 냉전론자들이 바로 평화통일의 주적들이 되고 있다는 것이다. 그의 주장에 의하면 남한의 냉전론자들은 '자유로운 통일논의와 화해 지향적 통일교육을 친북으로 몰고'(한겨레신문 97. 6. 30자), '화해적 접근의 통일과정을 여전히 모두 친북세력으로 몰아세우고'(위 같은 글), '대북 화해론자를 자칫 친북으로 모는'(위 같은 글) 것으로 된다.

이장희교수는 이러한 냉전론자들의 반민족적·반통일적 활동의 결실(?)을 다음과 같이 정리하고 있다.

"김일성 사후 조문파동은 북한이 남북대화를 거부할 명분축적의 빌미를 제공해 남북대화에 걸림돌이 됐다. 최근 북한수재에 대한 정부의 소극적 태도도 북한의 남북대화 거부명분에 이용될 구실을 제공하고 있다. 향후 모든 남북문제는 '남북 기본합의서'에 기초해 추진해야 한다. 이것의 출발은 남북 기본합의서를 국내법으로 규범화하는 작업이다. 김영삼정부에서도 국회는 아직 그들의 헌법상 그리고 민족사적 직무를 유기하고 있는 것이 아닌가? 해방 51주년을 맞아 '남북 기본합의서 실천감독을 위한 범민족적 기구' 설립을 남북한 양국민에게 제의한다"(한겨레신문 96. 7. 15).

그는 끝까지, 북한의 주장처럼, '남북한 양국민'(양정부가 아닌)이 국토통일의 주체가 되어야 한다고 외치고 있는 점을 눈여겨보아야 할 것이다.

이만하면 이장희교수의 통일지상주의와 평화적 통일론이 얼마나 무책임하고 위험한 것인가? 하는 점이 밝혀진 것이라고 생각한다.

그는 이처럼 '보수집단의 포로'가 되어 버린 기성세대에서는 그가 그리고 있는 환상적 통일지상주의가 발붙일 틈을 찾을 수 없다고 판단하기에 이른다. 그래서 그는 이러한 그의 통일철학을 완벽하게 그려낼 화폭을 통일 1세대에서 찾아내려고 한다. 통일 전세대는 반통일적 냉전논리로 물들어 있기 때문에 그의 통일지상주의를 그려낼 수 없다고 생각한 것이다. 이장희교수가 말하는 논리적 허구는 이렇게 해서 시작하는 것이다. '통일 1세대'는 '통일 전세대'인 자신의 자화상에 불과한 것이다. 그들(통일 1세대)이 역사적 주인이 될 시대는 통일의 시대가 될 것이라는 역사적 가능성을 전제로 자신의 사상을 그들의 사상으로 승화시킨 것이다. 그런 의미에서 이장희교수는 자신의 통일철학을, 통일 1세대의 이름을 빌려서 펴고 있다고 할 것이다.

<나는야 통일 1세대>라는 책이름 자체가 그의 발상의 출발점을 잘 보여주는 것이다. 생리적 통일세대를 철학적 통일세대로 바꿔놓았다는 것이다(그 근거는 다음에 설시하고자 한다). 그가, '통일 1세대'의 이름을 빌려가면서까지 철두철미하게 내세우고 있는 통일철학은, 국민들이 가장 두려워하고 있는 통일지상주의이다.

(3) 이장희교수는 자유민주주의 신봉자인가?

이장희교수는 자신이 투철한 자유민주주의 옹호자이고, 그의 저서 <나는야 통일 1세대>는 통일에 있어서의 자유민주주의의 지고한 가치를 설파하고 있다라고 주장하고 있다. 그러나 나는 이장희교수가 자유민주주의에 대한 애정은 말할 것도 없고 이를 사수하기 위한 신념을 전혀 가지고 있지 아니한 것이라고 생각하고 있다.

나는 <나는야 통일 1세대>가 조국통일을 위한 건전한 사상과 참된 사랑을 심어주는 책이 아닌 반면 국민들로 하여금 환상적이고 무책임한 통일지상주의에로의 혼란에 빠지게 하고 '통일 1세대'로 하여금 공산주의에 대한 경각심을 잃게 하고 있는 것으로 믿고 있다.

나는 이장희교수의 저서 <나는야 통일 1세대>를 중심으로 그의 자유민주주의관을 분석해볼 필요가 있다고 생각한다.

어떤 사람의 사상을 검증하려고 할 때 그 말과 글의 표현만을 가지고 이를 분석해서는 안 되는 것이다. 그 말과 글 그리고 생활을 전체적으로 조명해보고 다시 그의 사상을 검증해야 할 것이다.

이장희교수는 전술한 바와 같이 자신이 자유민주주의 철학을 확고하게 신봉하고 있는 학자라고 주장하고 있다. 그리고 그의 말처럼 그가 위 저서에서 자유민주주의를 좋게 말한 대목이 있다.

그러나, 그가 이러한 말 한두 마디를 했다고 해서 그에 대한 자유민주주의 신봉자로서의 모든 사상적 검증이 끝나는 것은 아니다. 그의 다른 말을 살펴본 후에 위의 말의 뜻을 다시 한 번 더 살펴봐야 할 것이다. 목사들 중에는 성경에 적혀 있는 말씀을 그대로 전하면서도 그 가운데 성경말씀과 다른 '이단'의 복음을 전하는 사람들이 한둘이 아니라는 사실을 우리는 명심해야 하는 것이다.

이장희교수는 자신의 통일철학이 통일지상주의에 있고 이 최고가치인 통일을 위해서는 다른 모든 가치가 희생될 수 있다라는 점에 대해서는 이론을 제기할 수 없을 것이다. 그러므로 그가 통일을 위해서 수도와 나라꽃도 양보될 수 있다는 결론을 내린 것은 지극히 '당연한' 것이라 할 것이다. 그렇다면 자유민주주의만은 통일을 위한 희생대상에서 배제되어야 한다는 논리는 어디에서 나올 수 있는 것인가? 이것이 문제의 핵이다.

이장희교수의 사상적 출발점은, 극좌와 극우를, 북한과 남한을, 공산주의와 민주주의를, 똑같은 가치의 주체로 보고 있다는 데에 있다.

자유민주주의는 라드부르흐 학설에서 보듯이, 상대주의 철학에 뿌리를 두고 있다. 상대주의를 따르면 어떠한 사람의 주장도 상대적인 가치를 가지고 있는데 불과하다. 의견의 대립은 다수결의 원칙에 의해서 해결되는 것만이 바람직한 것이다. 이 철학을 따르게 되면 위 원고 등의 주장에 대해서도 충분한 가치가 인정되어야 한다.

모든 의견과 생각은 그 나름대로의 가치를 가지고 있기 때문이다. 그러므로 철저한 상대주의 철학을 받아들인다고 하면 서울과 평양, 무궁화와 목단(모란)간에는 수도로서, 국화로서 절대적인 우월성을 가진 것이 하나도 없다고 할 것이다.

그러나 자유민주주의의 기초가 되는 상대주의 철학에는 한계가 있어야 하는 것이다. 그것은 상대주의는 상대주의를 부인하는 절대주의를 절대로 인정하지 아니한다는 확신이다.

바이마르공화국 헌법은 자유민주주의의 철학을 가장 완벽하게 구현했던 헌법으로 평가되고 있다. 자유민주주의 이상과 가치는 하나 빠짐없이 이 헌법 안에 실체화되어 있었다. 그러나 바이마르공화국 헌법은 하나의 중대한 과오를 저질렀다. 그것은 자유민주주의가 피와 결단에 의해서만 지켜진다는 사실을 간과하고 있었다는 점이다.

자유민주주의는 그것이 추구하는 높은 이상과 가치 때문에 저절로 지켜지고 있는 것이라고 오신했던 것이다. 그래서 위 헌법은 자유민주주의의 수호를 위한 제도적 장치는 전혀 규정하지 아니하였다. 이것은 무책임과 안일의 산물이다. 이 무책임과 안일로 말미암아 자유민주주의를 신봉하는 바이마르공화국 헌법은 자유민주주의를 도륙한 나치스 헌법에 그 주권을 넘겨준 것이다.

바이마르공화국 헌법이 결과적으로 나치스제국 건립의 앞잡이가 되고 자유민주주의에 대한 반역자가 된 것을 백 보를 양보해서 생각하더라도 나치스 제국건설의 방조범의 책임을 면하지 못할 것이다.

<나는야 통일 1세대>에는 장식적인 자유와 민주가 언급되어 있기는 하나 이에 대한 애정과 확신은 전혀 찾을 길이 없다. 더구나 이를 사수하여야 한다는 사명감과 이를 위한 결단은 도무지 발견되지 아니한다. 바이마르공화국 헌법이 나치스 제국건설의 앞잡이와 방조범의 책임을 피할 수 없었다고 하면 <나는야 통일 1세대>는 결과적으로 한반도 적화통일의 앞잡이와 방조범의 책임을 져야 할 날이 오지 아니한다는 보증도 없다 할 것이다.

월남의 패망 전에 쭝 딘 주를 위시하여 많은 정치지도자, 종교지도자, 재야지도자, 학생들이 자유와 민주를 외쳤다. 자유와 민주는 자유민주주의가 추구하는 최상의 가치이다.

그 구호의 문자적 표현 속에는 공산주의에 대한 예찬이나 양보는 그 그림자도 발견될 수 없었다. 더구나 그들은 당시 긴박한 전쟁상태중에 있었다는 이유 때문이기도 하지만, '통일'에 대한 주장은 펴본 일도 없다. 그럼에도 불구하고 그들이 주장하던 자유와 민주는 결국, 자유와 민주의 종언과 함께, 공산베트남 통일을 끌어오는 앞잡이로 전락했던 것이다.

그리고 당시 자유와 민주를 외치면서 자유민주주의 정부를 괴롭히던 그 숱한 정치인, 학생, 종교지도자들도 자유민주주의의 종언과 함께 교도소 재소자 신세가 되었다.

이장희교수는 자신이 위 저서에서 주장하고 있는 자유와 민주가 바이마르공화국 헌법에 규정된 자유와 민주, 그리고 민주 월남을 파멸시킨 무책임한 지도자들의 자유 민주와 어떻게 다르다는 것을 밝혀야 할 것이다.

위 쭝 딘 주는 월남 패망 후 미국으로 망명하였다가 간첩죄로 실형을 선고받고 현재 복역중에 있다. 이장희교수의 위 해명 중에는 쭝 딘 주 사건에 대한 자신의 평가도 포함시켜야 한다고 생각한다.

몸으로 공산주의를 체험한 이광요씨는 싱가폴의 수상으로 재직하고 있을 때 이렇게 선언했다. "아시아 국가들에 있어서 민주주의냐 공산주의냐의 문제는 철학과 주의(ism)의 문제가 아니고, 삶이냐 죽음이냐(life or death)의 문제이다". 진실로 명언이 아닐 수 없다. 굳이 그의 말을 따르지 아니하더라도 공산주의에 대해서는 양보와 희생이란 있을 수 없다.

이 말은 공산주의자와는 모든 대화와 접촉을 금하여야 한다는 의미를 내포하고 있는 것은 아니다. 공산주의의 실체를 알고 대화하여야 한다는 뜻이다. 특히 북한의 공산주의인 주체사상은 단 한 번도 한반도의, 적화통일정책을 포기한 일이 없다는 것은 명심해야 할 것이다.

(4) <나는야 통일 1세대>는 공정한 입장에서 남북한을 분석 평가하고 있는가?

이장희교수는 <나는야 통일 1세대>가 남한과 북한의 실상을, 편견

없이, 공정하게 분석하고 사실대로 소개한 것이라고 주장하고 있다. 그의 말을 옮겨본다.

"95년 7월경 천재교육출판사로부터 극좌도 극우도 아닌 미래세대를 위한 통일책자를 만들자고 경실련통일협회에 맡겨와 학자로서 사명감을 느끼며 만들었다". 그러면서도 그는 위 저서가 "북한에 거부반응을 안 일으키도록 하면서 북한의 실상을 제대로 알리기 위한 것이었다"라는 것을 시인하고 있다.

그의 위 저서 중에서 '공정성'과 '북한에 거부반응을 안 일으키도록 하는 배려'가 어떻게 조화를 이루고 있는지 살펴보고자 한다.

이장희교수는 중립성과 공정성 그리고 학자적 양심을 앞세우면서 무엇보다도 먼저 '남한식' 사회와 '북한식' 사회를 우열 없는 동등의 가치의 주인으로 보고 있다. 양자간에 차이가 있다면 그것은 양과 사실의 차이일 뿐 질과 가치의 차가 아니라고 그는 보고 있다는 말이다. 이것은 자유민주주의에 대한 포기선언과 다를 바 없는 것이다.

그러므로 그가 말하는 "어떤 체제가 되든 자유·인권·사회복지를 귀중히 여겨야 한다"(그는 이 말을 자신이 자유민주주의 신봉자라는, 금과옥조 같은, 증거인 것처럼 내세운다)는 것은 면책을 위한 장식적 논리에 불과하다는 의구심이 생길 수밖에 없는 것이다.

그의 눈에는 '민주주의'와 '공산주의'는 똑같은 가치를 가지고 있는 것으로 비춰지고 있다. 그도 이 점에 대한 비판을 두려워한 나머지 미리 이에 대한 변명을 늘어놓고 있다. 그의 말이다. "이 책 내용 중 민주주의가 될까, 공산주의가 될까"라는 부분은 "공산주의와 자본주의의 일반적인 특징을 간단하게 설명하고 있는 데 불과하며 결코 공산주의의 폐해를 숨기고 자본주의의 모순만을 강조하고 있는 것이 아니다".

이장희교수 자신도, 위 저서의 환상적 통일지상주의에 대한 정곡을 찌르는 비판이 있을 것을 예견하고 이에 대한 방어논리를 구축하고 있는 것이다.

그것은 위 저서가 "종국적으로는 자유민주주의가 승리한다는 것을 설시하고 있다"라는 주장이다. 그러나 이장희교수가 뭐라고 강변하고 있든지간에 "민주주의가 될까, 공산주의가 될까"라는 제목이 잘 보여주고 있듯이, 이교수 눈에는 민주주의(자본주의)와 공산주의는 어느 것도, 타에 대한 우월성이 인정될 수 없는, 같은 가치의 제도로 비춰지고 있다. 위 저서와 이장희교수의 기본적인 문제점은 여기에 있다.

위 저서 어디를 살펴봐도, 그가 주장하고 있는바, '공산주의가 소멸하고 자본주의가 승리하는 과정'이 논리적으로 설명되어 있는 부분은 발견되지 아니한다. 어떤 대가를 치르더라도 통일은 반드시 성취되어야 한다는 주장만이 되풀이되고 있을 뿐이다. 그러므로 그가 철저하게 신봉하는 평등과 공정성—민주주의와 공산주의, 대한민국과 조선인민공화국을 동일가치로 보는 견해—이 바로, 역설적으로 그의 불평등과 불공정성을 웅변으로 입증해주는 것이라고 생각한다.

위 저서가 이와 같은 근본적인 문제를 안고 있음에도 불구하고 이교수는 지엽적이고 말이 안 되는 사유들을 들면서 그 책의 공정성을 외치고 있다. 그 말을 들어본다.

"이 책의 곳곳에서 '북한에 암시장이 존재하고, 쓰레기 소각장이 없을 뿐 아니라 쓰레기를 치우는 기관도 없기 때문에 주민들이 쓰레기를 계곡에 함부로 버려 북한지역의 환경오염이 심각한 점(36쪽), 기차의 상습적인 연착과 기차 안에서 소매치기의 활개(66쪽), 양력설에는 북한사람들이 김일성 동상을 참배하고 김정일의 새해 연설을 강제로 들어야 하는 일(84쪽),

북한은 여행의 자유가 없는 나라라는 것(96쪽), TV의 절대적 부족(120쪽), 청바지가 한 달 월급의 5배나 될 정도로 북한 경제의 어려움이 심각한 점(90쪽), 김일성 집안중심으로 역사를 왜곡한 점(150,151쪽), 김정일을 비롯한 북한 지도부의 미래는 신라의 경순왕의 경우처럼 대한민국에 귀순하든가 아니면 동독의 호네커의 경우처럼 망명을 하게 될 것(155쪽),

의료시설과 약의 부족으로 치료가 제대로 이루어지고 있지 않다는 점(156쪽) 등 북한의 정치·경제·사회·문화의 어려움과 잘못된 점도 있는 그대로 지적하고 있다"라고 주장하고 있다.

이교수는 전술한 바와 같이, 위의 사실들이 북한의 실체를 있는 그대로 기술한 것이라고 주장하면서 그것이 위 저서의 공정성과 진실성을 확증하는 한편 자유민주주의에 대한 원고 이장희의 확신을 나타내고 있는 것처럼 이를 강조하고 있다.

그러나 이장희교수가 열거하고 있는 위 사실들은 체제의 우열문제로 생기는 일들이 아니다. 특히 그것들은 북한공산주의(주체철학)로 말미암아 생긴 일들이 아니다. 자본주의(민주주의)를 하고 있는 나라에서도 얼마든지 생길 수 있는 일들이다. 그러므로 이장희교수가 위 사실의 적시를 가지고 북한 공산체제의 문제점을 적나라하게 밝혔다고 한다면 이는 중대한 잘못이라고 하지 아니할 수 없다.

위 저서가 지적하고 있는 현상들은 물량적이고 상대적인 것에 불과한 것이다. 그러나 지유민주주의와 공산주의에 있어서의 택일의 문제는 질적이고 절대적인 것이다. 그럼에도 불구하고 이교수는 질적·절대적 문제를 양적·상대적 문제로 변질시켜놓고 있다.

나는 이교수가 자유민주주의와 공산주의(주체철학)의 대비에 있어서 북한의 실체 중 밝혀야 할 것은 밝히지 아니하고 밝히지 아니하여도 괜찮은 것을 밝혀놓고 그것이 남북 대비에 있어서 전체의 실상인 것처럼 가장하고 있는 것이라고 본다.

이장희교수가 북한의 모습 가운데 알리지 않아도 괜찮은 것만 알리고 꼭 알려야 할 것은 덮어버린 것이라고 나는 확신하고 있다. 그러면 북한 공산주의(주체철학)의 실체 중 이장희교수가 의도적으로 은폐한 것은 무엇인가? 쉽게 생각나는 대로 열거하면 다음과 같다.

그 첫째가 북한의 6.25 남침이다. 우리 조국의 가장 쓰라린 상처는 북한의 6.25 남침으로 말미암아 생긴 것이라고 하는 점에 대해서는 이론의 여지가 없을 것이다. 무서운 동족상잔, 그로 인한 엄청난 비극을 무엇으로 설명할 것인가?

이는 무력남침을 통한 한반도 통일을 지금도 최고의 지표로 삼고 있는 북한 공산주의의 필연적인 산물이다. 그러므로 남북통일을 운위할 때에는 반드시 우리의 대화상대인 북한의 6.25 남침을 상기하여야 할 것이다.

그런데 왜 위 저서는 북한의 6.25 남침을 전혀 언급하고 있지 않는가. 6.25 북침설을 믿기 때문인가? 아니면 6.25 남침은 외세를 몰아내고 민족의 자주적 통일을 위한 성전이라고 생각하기 때문인가? 아니면 6.25 남침을 들먹이는 일은 남북대화에 찬물을 끼얹는 일이 되기 때문이라고 믿기 때문인가? 이장희교수가 북한의 실체와 관련하여 꼭 언급해야 할 사건 중 전혀 언급하지 아니한 사건들 중 중요한 것으로 다음과 같은 것들이 있다. 무장공비 청와대 침공사건, 아웅산 폭파사건, KAL기 폭파사건, 수없는 휴전협약 위반사건, 무장공비 잠수함 침공사건, 정치범 강제수용 세계 최악의 인권침해 상태 등이 그러한 사건들이다.

이장희교수는 위 저서 2권에서 이 문제를 다룰 계획이었다고 항변하고 있다. 그러나 기획서를 살펴본 결과 제2권은 경제·사회·문화를 다루기로 명시돼 있었고 〔북한의 인권편〕이란 항목은 기획 초기부터 아예 없었던 것으로 밝혀졌다는 것이다. 그의 위 말이 진실된 것이라고 하더라도 6.25 남침과 청와대 무장공비 침공사건 및 아웅산 폭파사건은 그 몇 권에서 다루려고 했는지 밝혀야 한다고 생각한다.

북한은 사정거리 1,000km 미사일(이는 가공할 화력이다)을 실전배치하고 있다. 여기에 생화학무기나 핵무기를 적재할 때 어떤 결과가 발생한 것인가 하는 것을 생각해보아야 할 것이다. 북한은 또 대한민국으로부터 구호양곡과 KEDO건설을 위한 막대한 협조를 받고 있으면서도 크고작은 도발을 수없이 일으키고 있다.

이장희교수의 위 글에는 이러한 근본적 문제에 대해서는 한 마디의 언급도 없는데 북한의 무슨 폐해를 솔직하게 지적하였다고 하는지 알수가 없다.

한편 이장희교수는 위 저서의 공평중립성을 입증하는 근거로서 다음과 같은 주장을 펴기도 한다. 즉 위 저서가 1) '통일이 되면 김일성 생일과 김정일 생일은 명절에서 빠지게 될 것이며(83쪽)', "통일이 되면 북한에서 김일성 집안을 중심으로...김일성뿐만 아니라 김일성의 할아버지나 아버지, 어머니 등을 주인공으로 세워서 역사를 왜곡시킨 것은 두

말 할 것도 없이 고쳐져야 할 것이다"(130-131쪽)라고 밝히고 있다는 것이다.

그러나 그렇게 하는 것은 너무나 당연한 일이다. 그럼에도 불구하고 이것을 굳이 북한의 문제점에 대한 지적이라고 생색(?)을 내고 있는 위 이교수의 의식은 당연히 고쳐져야 할 것이다.

(5) 통일을 위한 양보의 한계와 북한노선에 대한 추종여부의 문제

나는 이장희교수의 통일사상과 <나는야 통일 1세대>의 내용에 있어서 가장 문제가 되는 것을 두 가지로 요약될 수 있다고 본다. 그 첫째는 통일을 위해서 우리는 어디까지 양보하여야 하는가 하는 것과 그 둘째는 양보의 한계와 북한의 통일전선간에는 어떤 관계가 있는가 하는 점이다.

이장희교수의 주장을 중심으로 해서 이 두 가지 문제에 접근해보고자 한다. 원고들의 주장을 옮겨본다.

"문제 제기자들은 이 책의 내용이 만약 통일이 되면 수도와 나라꽃이 필연적으로 바뀌게 되며 이 책을 근간하여 만들어진 통일원의 통일 캠페인이 북한의 연방제 통일을 연상케 하고 북한의 노선을 추종하고 있는 것처럼 보도하였으나 이 책은 그 어느 부분에서도 이를 주장하거나 북한의 노선에 따르고 있지 아니하며 이러한 사실은 이 책의 해당부분을 전문 그대로 읽어보면 더이상의 설명이 필요 없을 정도로 왜곡된 보도임을 알 수 있다".

이장희교수는 '책의 해당부분을 전문 그대로 읽어보면 더이상의 설명이 필요 없을 정도로' 명백한 내용을 담고 있음에도 불구하고 문제 제기자들은 이를 이해하지 못할 정도로 우매하다는 주장을 내세우고 있다. 그러나 그 저서의 문제점을 제기한 사람들도 문장과 문맥의 의미 정도는 제대로 파악할 줄 아는 능력을 갖추고 있다는 긍지를 가지고 있다. 이교수는 '이 책(나는야 통일 1세대)의 해당부분을 전문 그대로 읽어보면'이라는 가정을 설정함으로써 문제 제기자들이 '위 책의 해당부분을 전

문 그대로 읽어'보지도 아니한 것으로 단정하고 있다. 그러나 문제 제기
자들은 그 책의 '해당부분' 뿐만 아니라 전체를, 철저하고 완벽하게 분석
하면서 정독한 후에 위에서 든 문제점을 발견하고 이를 지적하고 있는
것이다. 그러므로 이 점에 관한 이교수의 주장은 터무니없는 강변이라
할 것이다.

다음으로 '수도와 나라꽃'에 대한 '필연적인 변경' 여부에 대한 논의를
살펴보고자 한다. 이장희교수도 <나는야 통일 1세대>가 '수도와 나라
꽃의 필연적 변경'을 주장한 것으로 공인된다면 이것은 중대한 문제를
야기하게 된다는 것을 알고 있기 때문에 이런 말을 한 것이라고 봐야 할
것이다.

위 저서의 보다 근본적인 문제는 다른 데 있다. 그것은 위 저서가 "통
일의 달성을 위해서 다른 모든 가치는 희생되고 양보되어야 한다"라는
철학을 신조로 삼고 있다는 점에 있다.

그러므로 이장희교수가 여기서 문제삼고 있는 수도와 나라꽃뿐만 아
니라 국호와 국기, 표준말에 이르기까지 통일을 위해서는 우리의 것들을
포기하고 양보할 수 있다는 것이 위 저서의 핵심적 주장이다.

실제에 있어서 이장희교수는 수도=서울, 나라꽃=무궁화, 국호=대
한민국, 국기=태극기, 표준말=서울말을 고집하다가 통일을 놓쳐 버리
면 그것은 민족통일을 역행하는 반역행위라는 신념을 위 저서에서 강하
게 펴고 있다.

이 점은 이장희교수도 인정하지 아니할 수 없을 것이다. 나는 바로 이
점을 지적한 것이다. 그것이 어째서 '수도와 나라꽃의 필연적인 개폐'론
으로 변질된 것인가?

이장희교수가 인정하고 있는 '통일을 위한 수도와 나라꽃의 변경'을
법률적 개념으로 파악해보면 다음과 같이 정리될 수 있다고 본다.

이장희교수가 알레르기반응을 일으키고 있는 '필연적 변경'은 다분히
자연과학적 개념이다. 이것을 법의 세계로 끌어 들여오면 그것은 '목적'
과 '희망'으로 파악될 수 있다. 이장희교수의 주장은 결국 통일을 위해서
수도와 나라꽃의 변경을 목적으로 삼거나 적극적으로 희망하는 것이 아

니라는 것으로 된다.

그러나 이장희교수 자신도 그러한 결과 발생을 인식하고 인용하고 있다는 것은 부인하지 못할 것이다. 인용과 희망은 고의의 주관적 의식형성에 있어서 아무런 차이를 가지고 있지 아니하다는 사실을 이장희교수도 너무나 잘 알고 있을 것이다.

그럼에도 불구하고 '필연적 변경'에 대한 주장여부를 문제삼는 것은 문제의 핵심을 호도하여 엉뚱한 퇴로를 찾으려는 것이라고 할 것이다. 나는 <나는야 통일 1세대>가 우리의 생명인 자유민주주의의 자체까지도 남북대화와 거래의 대상이 될 수 있는 것으로 보고 있다는 확신을 가지고 있다. 이러한 마당에 '수도와 나라꽃의 변경'이 '필연적'인 것인가 '결과(우연)적'인 것인가 하는 논란이 무슨 의미를 가질 수 있는 것인가?

마지막으로 <나는야 통일 1세대>가 '북한의 노선을 맹종하고 있는 여부'에 대한 이장희교수의 문제제기에 대해서 살펴보고자 한다.

결론적으로 말해서 "문제 제기자들은 이장희교수가 북한의 노선을 맹종하고 있다"라고 단정한 일이 없다.

나는 대한민국의 절대적 이념이자 최고의 가치인 자유민주주의에 대한 애정과 확신이 이장희교수에게 결핍되어 있는 것을 강조하고 있을 뿐이다. 이러한 애정과 확신의 결핍은 결과적으로 '북한노선'의 확장에 이익을 주고 우리 체제를 파멸시킬 위험성을 가지고 있다는 것이 나의 신념이다.

우선 이장희교수가 그리고 있는 평화통일의 주적(主敵) 또는 방해자는 북한이 아닌 남한에 있다. 전술한 바와 같은, 보수반동적인 냉전론자, 극우언론, 보수집단의 포로가 된 김영삼정부, 남북 기본합의서 정신 실천의 직무를 유기하고 있는 국회, 이런 것들이 반통일세력의 주류를 이루고 있는 것으로 원고 이장희는 보고 있다.

그래서 그는 남북통일은 남북대화보다 남남대화가 더 중요한 것으로 보면서 남한을 향하여 "마음의 문을 열어라"라고 외치고 있다.

남북한의 실상과 문제점에 대한 그의 분석은 그의 표면상의 주장과는 달리, 분명히 북한 일변도적이다. 더구나 전술한 바와 같이 그는 한반도 문제해결을 위한 4자회담에 대해서 회의적인 태도를 보이는 반면 남북 국민간의 대화를 찬성하고 있다.

특히 남북대화에 있어서는 양정부(당국)간 교섭을 반대하고 양국민간의 교섭을 주장하고 있다. 이 부분에 관한 한 그의 주장은 북한의 그것을 맹종하고 있다고 해도 지나칠 바가 없다.

사리가 이러함에도 불구하고 그는, 위에서 본 바와 같이, 위 수도 등의 변경이 '필연적'이냐 아니냐 하는 점에 관하여 궤변적인 논리를 펴고 있다. 그와 마찬가지로 '북한노선에의 맹종' 여부에 관한 문제에 있어서도 그는 똑같은 형식논리를 펴고 있다. 이는 참으로 온당하지 못한 태도라고 할 것이다.

마지막으로 이장희교수가 특별히 신경을 쓰고 있는 연방제 통일안에 대해서 살펴본다. 그가 남북연방제 또는 고려연방제에 대해서 직접적으로 언급한 것은 없다. 그러나 그의 굴 속을 면면히 흐르고 있는 사상적 조류는 연방제의 인용 쪽으로 가고 있다는 것을 쉬 알 수 있다. 우선 양쪽이 합쳐놓고 모자라는 생각은 연방제에 의해서 가장 손쉽게 이루어질 수 있는 것이다.

연방제에 대한 논란은 그 제도의 우열에 관한 문제가 아니고 그 반역사성에 관한 것이다. 연방제는 자유민주주의·공산주의 또는 군주주의 등에 있어서 서로 같은 체제를 가지는 분방 사이에서만 가능한 제도이다. 자유민주주의와 공산주의 또는 공산주의와 군주주의의 분방끼리 연방제를 채용한 일이 없거니와 있을 수도 없는 것이다.

그런데 대한민국과 조선인민공화국 사이에 무슨 연방제가 어떻게 세워질 수 있다는 말인가? 이는 전적인 말장난에 불과한 것이다.

(6) 어린이들 글의 작성경위에 대하여

이장희교수는 자신의 저서 <나는야 통일 1세대>에 실린 어린이들의 글이 순수하고 자율적인 것이라고 주장하고 있다. 또한 저자 자신의 주관적인 생각은 전혀 첨가하지 아니하고 어린이들의 글을 그대로 소개한 데 불과하다는 것을 강조하고 있다.

그러나 뒤에서 보는 바와 같이, 초등학교 어린이들이 그토록 통일을 갈망하고 통일에 대해서 평소 깊이 생각하고 있었던 것인가 하는 점에 대해서는, 의아심을 가질 수밖에 없다.

서울 인근지역에서 20년 넘게 초등학교 교사생활을 해온 교사 한 사람이 관계자료와 문제의 원고를 살펴본 후에 조심스럽게 제기하는 문제는 다음과 같다.

"제 생각이 틀릴 수도 있겠지요. 그러나 이 원고들은 교사가 주제에 관한 교육을 한 뒤에 나온 것이 아닐까요? 어버이날과 관련한 글짓기를 할 때에는 교사가 먼저 어버이의 은혜에 관한 여러 이야기를 아이들에게 해준 다음 어느 정도 분위기가 무르익었을 때 글짓기를 시켜야 겨우 제대로 된 원고를 받을 수 있습니다"(효성초등학교 C교사).

이렇다고 하면 위 어린이들의 발상과 표현에 대해서 국민들이 의구심을 가지게 된다는 것은 충분히 이유 있는 것으로 받아들여져야 할 것이다.

어린이들이 위의 글을 썼을 당시에는 제5차 도덕 교과과정에 '반공' 부분이 들어가 있었다. 그런데 <나는야 통일 1세대>의 선풍이 일어난 후에 나온 제6차 교과과정에는 반공 부분이 빠져 있다.

국민들이 위 어린이들의 글 모으기 발상과 지도 및 글의 선택 그리고 반공 부분 교과서의 변천 등에 의도적인 조작이 개입되어 있지 아니한가 하는 의구심을 가지는 것은 자유민주주의 수호의 차원에서 충분히 이유 있는 것으로 받아들여져야 한다고 생각한다.

이장희교수는 <나는야 통일 1세대>에서 각 주제마다 어린이들의 글 두 편을 소개한 후 이에 대한 자신의 견해를 피력하는 논술의 방식을 취하고 있다. 그의 저서가 정직한 것이 되기 위해서는 두 가지 요건이 충족되어야 할 것이다. 첫째, 그 어린이들의 글이 정직한 글이어야 한다. 그것들이 정직한 글이 되기 위하여는 글쓴 어린이들 자신의 자유로운 의사에 의해서 씌어진 글이어야 한다. 그리고 둘째로 그 글은 원래의 내용을 그대로 담은 것이어야 하고 가감첨삭된 것이 아니어야 한다.

첫째 문제에 대해서는 이미 충분히 살펴보았다. 여기서는 둘째 문제에 대하여 살펴보고자 한다. 이 점에 대한 이장희교수의 주장을 들어본다.

이장희교수는 어린이들의 글에 대한 가감여부에 대하여 대단히 애매모호한 주장을 펴고 있다. 그의 첫째 주장은 위 어린이들의 글이 변조되지 아니하였다는 것을 전제한 것이다. 그의 말이다.

"위 저서는 어린이의 순수한 상상력에 의한 글에 설명을 붙인 것일 뿐인데 아이들의 상상력에 따라 쓴 글을 우익언론이 용공으로 매도하고 있다". 이 얼마나 뻔뻔하고 간교한 말인가? 그는 어린이들의 글을, 원래 내용대로 실은 것처럼 말하고 있다.

그는 한 걸음 더 나아가서 <나는야 통일 1세대>에 관한 이 시비를 순진한 어린이들과 추악한 우익언론의 싸움으로 변질시키고 있다. 그는 이 논쟁을 무장정규군이 아동들에게 무차별 학살을 가하는 비인간적 전시 살상행위에 비유하려 하고 있는 것이다. 우익언론이 매도하고 있는 것은 위의 글들을 쓴 어린이들이 아니고 <나는야 통일 1세대>를 저술한 이장희교수라는 사실을 이교수 자신이 모를 리가 없다고 생각한다.

그러나 이장희교수가 아무리 억지논리로 문제의 핵심을 피해가려고 하더라도 위 어린이들의 글이 변조된 점에 대해서는 더이상의 논의가 필요 없다. 그것은 너무나 명백한 사실이기 때문이다. 누가, 왜, 어린이들의 글을 변작하였으며 변작내용은 어떤 것인가 하는 점만이 문제이다. 이 점에 관해서는 후에 다시 살펴보기로 한다.

여기서는 변작여부에 대한 이장희교수의 또다른 해명을 들어본다.

이 점에 관해서 위 월간조선 210호 기사를 옮긴다. "기자는 문제의 원고들을 꺼내 보이며 이것이 왜 삭제되었는지 물었다. '나는 그 원고를 본 적이 없어요'. '그렇다면 누가 삭제한 것일까요'. '그걸 왜 나한테 물어요? 출판사에 가서 물어보란 말이오'. '납득할 수 없는 것은 삭제된 부분에 대해서 이교수께서 반드시 언급하고 있다는 겁니다. 그것도 어린이들의 의도와 정반대로 말이죠. 우연의 일치인가요'.

그러나 대화는 이미 격앙되기 시작했다. 이교수는 '편집과정에서 내가 관여하지 않았습니다. 그러나 나는 분명히 말하지만 편집진이 편집방향에 따라 그렇게 할 수 있다고 봅니다'라고 큰 소리로 말했다. 그것은 의도적 왜곡 아닙니까? 그렇게 말해놓고 아이들의 순수한 글이라고 말할 수 있습니까?',

'나는 원고를 보지는 않았어요. 그리고 분명히 북한도 시간이 걸리겠지만 시장경제 체제로 가야 한다고 썼습니다. 원고부분은 편집진에게 물어보세요'. '출판사 편집진들도 잘 모르겠다는데요. 저자가 책임을 져야 하는 게 원칙 아닙니까?'. '세세한 부분에 대해서는 관련자에게 물어보세요. 그 다음에 저자가 이야기하겠습니다'"(102면).

여기서 우리는 숨을 돌리고 이장희교수의 주장의 요지를 정리할 필요를 느낀다. 그는 결국 어린이들 글이 변조, 삭제된 사실을 시인하고 있는 셈이다. 그런데 문제는 그가 그 변조에 대한 책임이 누구에게 있다고 보고 있느냐 하는 데 있다.

그는 처음에는 "출판사에 가서 물어보란 말이오"라고 말함으로써 마치 변조의 책임이 출판사 또는 편집자에게 있는 것처럼 말했다. 그런데 나중에 가서 그는 "편집진이 편집방향에 따라 그렇게 할 수 있다"라고 말함으로써 그 글이 변조된 상태에서 아무런 문제가 없다는 주장을 펴고 있다. 그렇다면 무엇 때문에 세 단계나 거치면서 복잡한 주장을 펴야 할 필요가 있는 것인가? 처음부터 그 저서에는 아무런 문제가 없다고 버티면 될 것인데 말이다.

저자는 자신의 저서에 문제가 발견된 경우 그 오류에 대해서 전적인 책임을 져야 한다는 것이 윤리와 법의 정신이고 양식의 요구이다. 그런데 이장희교수는 이 점에 대해서 사과는 고사하고 "나는 오류에 대해서 책임이 없다"라고 소리를 지르고 있으니 그의 윤리의식을 무엇으로 평가해야 할 것인가?

그것은 이교수의 어처구니없는 강변이라 치더라도 그는 어린이들 글의 어느 부분이, 얼마나, 그리고 어떤 경위로 변질되었는가 하는 점을 밝혀야 할 것이다. 그리고 그 변질된 부분과 원고의 자유민주주의관이 어떤 관계를 가지고 있는가 하는 점도 함께 밝혀야 할 것이다.

<나는야 통일 1세대>를 '맹공'하고 있는 '우익언론'은 바로 원고 이

장희에게 이러한 것을 요구하는 한편 위 저서의 문제점을 지적하고 있는 데 불과한 것이다.

이제 <나는야 통일 1세대>에 실린 글이 어떻게 변작되었는가 하는 점과 이에 대한 관계자들의 의견을 들어본다.

먼저 문제된 두 어린이의 글을 살펴본다.

"우리 민족은 남북이 하나로 통일되는 것이 가장 큰 소원이다. 통일이 되면 정말로 바뀔 것이 많다. 나라이름은 어떻게 바뀔까? 나는 김정일이나 북한 주민들의 협조가 있다면(그들의 협조가 없으면 다른 이름도 좋다는 뜻이다), 대한민국 또는 한국이라는 나라이름이 어색함이 없고 친근감을 느낄 수 있으니까 그냥 썼으면 좋겠다. 국기와 나라꽃도 달라져야 한다. 국기는 흰 바탕에 태극무늬만 넣으면 어떨까? 또 나라꽃으로는 동방의 하얀 꽃이란 뜻으로 동백꽃이 좋을 것이다. 마지막으로 애국가는 요즘 유행하는 서태지나 김건모의 랩송으로? 아니면 북한 노래로? 나는 애국가가 은은한 느낌을 주는 가곡처럼 바뀌었으면 좋겠다".

"우리의 소원대로 통일이 되면 어떨까? 물론 바뀔 것도 많겠지. 나라이름은 어쩌면 한국연합국으로 바뀔 것이다. 남한·북한 모두 '한' 자가 들어가고 통일이 되어 합쳐진 민족이니까 나라이름으로는 한국연합국이 제격이다. 통일이 되면 국기나 나라꽃이 바뀌겠지. 국기는 북한기와 남한기를 복합한 기였으면 좋겠다. 그래야만 옛 북한과 남한 사이에 논쟁이 일어나고 마찰을 빚는 일이 없을 테니까 말이다. 나라꽃은 아카시아가 가장 좋을 것 같다. 우리 한민족의 청결함과 평화를 사랑하는 마음에 딱 맞는 흰색에다 달콤한 향기까지 있으니까".

이 글들에 대한 이장희교수의 평가를 살펴봅니다.

"통일이 되면 정말 여러분들이 생각한 대로 바뀔 것이 많겠네요. 나라이름·국기·나라꽃·애국가뿐만 아니라 국보·명절·수도·지폐에 새길 인물까지도 다시 생각해야 할 거예요. 아마 바뀌는 것을 찾는 것보다 안 바뀌는 것을 찾는 게 더 쉬울지도 몰라...(중략)... 여기에서 우리는 남북한이 어떠한 통일과정을 밟아나가느냐에 따라 통일 뒤의 사회가 크게 바뀐다는 것을 알 수 있습니다. 그러나 남한식이냐 북한식이냐 하는 것보다 더 중요한 게 있다는 사실을 여러분은 알고 있나요? 어떤 체제가 되든 자유·인권·사회복지를 귀중히 여겨야 한다는 것 말이에요"∝

두 어린이들의 글에 대해서 먼저 살펴본다. 우선 위 글들이 각각 초등학교 6학년과 5학년의 글이라고 보기에는 그 발상과 표현에 있어서 너무나 많은 의문점을 나타내고 있다 할 것이다. 백 보를 양보해서 생각하더라도 그 글들이 통일에 대한 초등학생들의 생각과 글을 대표하는 것이라고 볼 수는 없다고 생각한다. 그러므로 원고 이장희가 위 어린이들 글의 진실성을 주장하기 위해서는 그 글의 집필경위와 선정과정을 모두 다 공명정대하게 공개할 필요가 있다 할 것이다.

위에서 인용한 어린이의 글 <통일이 되면 바뀔 것이 많겠네> 중 '또 북한주민에게 김일성과 김정일의 못된 마음을 알려주어야 하겠다. 그러면 북한국가를 애국가로 쓰자는 사람은 없을 테니까 말이다. 애국가는 그대로 쓰고…'라는 부분이 완전히 삭제되어 버렸다고 한다. 그리고 이 부분이 이장희교수의 글에서는 '통일이 되면 정말 여러분들이 원하는 대로…애국가도 다시 생각해야 할 것'으로 둔갑을 하고 있다.

'순수한' 어린이들 글에 대한 이러한 변질사실을 발견한 관계인들의 반응은 다음과 같다.

이는 이장희교수가 어린이들의 글을 변조한 비윤리적·반교육적인 처사에 대해서 분노하는 소리들이다. 이 소리들에 대해서 이장희교수가 할 수 있는 유일한 길은 공식사과와 원상회복조치뿐이다. 여기에 무슨 변명과 항변이 있을 수 있는 것인가?

"글 여기저기를 마음대로 손댔다…중략… 우리나라는 반공국가입니다. 그런데 김일성이가 전쟁을 일으켰다는 사실조차 적어놓지 않고 오히려 아이들이 그런 글을 쓰면 삭제를 해요?…중략…(이 책에 실린) 이 노래는 제가 어릴 때 인민군들에게 배운 노래입니다. 이걸 아무런 설명도 없이 실어놓으면 감수성이 예민한 어린이들로 하여금 도대체 어떻게 하라는 말입니까? 이게 어린이들을 위한 통일 이야기입니까? 어린이들을 망치는 통일 이야기지…

(이 책을 쓴 사람은) 반공의식이 결여된 편향된 사람 같습니다. 저자

는 여기저기서 북한 입장을 오히려 두둔하는 것처럼 썼습니다. 이런 책이 어린이들에게 접촉되는 상황에서는 통일·안보 교육을 재정리해야 할 것입니다. 그렇지 못하면 우리 교육이 설자리가 없어질지도 모릅니다"(공덕초등학교 홍봉표교감).

"아이들의 글을 이용한 데 대해 분개하는 마음입니다. 순수한 목적으로 글을 쓰게 해서 악용한 사람들이야말로 천벌을 받을 겁니다...(이런 책을 만든 것은) 자기들 이권 때문이겠지요. 여기서 순수한 아이들이 이용당했다는 걸 생각하니 참을 수가 없군요. 아이들은 이 일로 평생 지울 수 없는 상처를 받게 될 겁니다. 아이들에게 미안해요"(백산초등학교 장순자 명예퇴직교사).

"이런 일이 생겼다는 것 자체가 당황스럽네요. 그렇게까지 이용당할 줄은 몰랐습니다. 순수하게 쓴 글이 이런 식으로 되돌아왔다면 어떤 명목으로든 아이들은 글쓰기를 두려워할 겁니다.

어린이들의 원고를 어른들이 조작한 것은 황당합니다... 이런 일로 마음에 상처를 입게 되면 세상에 대한 불신을 갖게 됩니다. 이럴 수가 있는 겁니까?

우리 아이들과 일부 교사가 시류에 휘말려 안타깝습니다. 시대 조류에 밀리다 보니 젊은 교사들의 안보의식에도 문제가 생기는 것 같습니다. 안타까운 일입니다.

글을 낸 아이들은 자기가 쓴 글이 책으로 나온 데 대해 자부심을 갖고 소중하게 보관해왔어요. 그런데 이런 사실을 알고 얼마나 충격을 받을지... 학부모도 학교 당국에 대해 불신감을 갖겠지요. 또 학교당국은 대학교수와 출판사에 불신감을 감출 수 없게 되고.. 우리 사회에 큰 상처를 남기게 될 것 같아요"(백산초등학교 진미경교사).

"아이들의 글이라도 고칠 때는 사전에 이야기를 해주어야 합니다. 더구나 문제의 책 저자는 아이들의 의도를 완전히 바꾸었군요. 이것은 명백한 왜곡입니다. 권양이나 임양이 쓴 글을 보면 배운 대로 잘 썼네요. 그런데도 이 어린이들의 글을 삭제해 버린 것은 참 유감스럽군요"(천안초등학교 교사 소중애--아동문학가).

"아이들의 글을 가감삭제해 자기 편리한 대로 만든 것은 분명히 잘못된 일입니다. 언제부터인지 우리 사회엔 정의가 사라졌습니다. 그렇게 예리하고 날카로운 지성들이 유독 북한이란 주제만 만나면 이상하게 뒤틀리고 변형되고 심지어 양심마저도 마비되는 것은 이해할 수가 없습니다. 어린이들이 제대로 배운 바를 의도적으로 왜곡시킨 사람은 양심이 없는 사람입니다"(서울대학교 종교학과 정진홍교수).

글을 쓴 공덕초등학교 당시 5학년생 임모양의 어머니는 이렇게 말한다. "아이들이 순수하게 쓴 글을 일방적으로 고쳐 사용한 것은 잘못이죠. 우리 아이들이 쓸 때는 자기들 생각만으로 순수하게 쓴 것이잖아요. 그 애들이 제대로 배웠다면 제대로 쓸 것이고 잘못 배웠다면 잘못 쓸 거예요. 북한이나 통일에 관해서라면 저 같은 엄마도 6.25 전쟁 경험이 없어 잘 몰라요, 아이들은 오죽하겠어요. 아이들은 방송이나 매체의 영향을 받아 글을 쓰게 되는데 그 중에서 잘 쓴 부분을 오히려 없앤 것은 이해할 수 없어요, 정말 어처구니가 없네요".

자신의 글이 <나는야 통일 1세대>에서 북한사회주의의 평등성 설명의 자료로 쓰여진 어린이는 이렇게 말하고 있다.

"제가 가장 중요하게 생각하는 부분을 어른들이 빼놓았네요. 북한은 김일성하고 김정일이가 제일 잘 살잖아요. 그 다음이 그들 친척들이구요. 제일 밑바닥에 사는 사람들은 굶어죽고 있잖아요. 제 생각에는 북한이 가장 평등하지 않은 나라 같아요. 제 글이 고쳐지지 않은 상태로 소개됐으면 좋겠어요. 어른들이 왜 제 글을 고쳤는지 이해가 안 돼요".

위 어린이들의 글은, 신통하게도, 많은 국민들이 이장희교수의 통일관과 자유민주주의 체제관에 대해서 가장 문제시하고 있는 논리를 그대로 뒷받침하고 있는 것으로 변조되었다. 위 두 어린이들의 글과 원고 이장희의 글은 별개의 것이 아니라 하나의 체제를 이루고 있는 것으로 평가되게 되어 있다. 이는 새의 양날개와 같은 것이라고 보는 것이 타당하다. 국민들이 어린이들의 글의 내용 또는 그 선발과정에 있어서 의도적 조작이 개입되었을 가능성을 매우 높게 보고 있는 이유가 바로 여기에 있다.

비판자들은 바로 이 넓은 공감대 속에서 위 저서의 문제점을 지적한 것이다. 그런데 이교수는 이 정당한 비판을 용공음해라고 매도하고 있다. 위 저서를 '어린이의 순수한 상상력에 의한 글에 설명을 붙인 것뿐'이라는 그의 강변은 무엇을 의미하는 것인가?

(7) 문제의 핵심에 대한 이장희교수의 기본적 시각

많은 국민들의, 위와 같은 문제의식을 대표하고 있는 월간조선 이동욱기자의 질문에 대하여 이장희교수는 대화를 거부하면서 다음과 같은 반응을 보이고 있다.

"알겠습니다. 더이상 얘기 안 해요. 당신 같은 그런 시각으로 문제를 보기 시작하면 조선일보도 들어가야 됩니다. 지금 알겠어요? 하는데까지 해봅시다… 정의란 솔직함에서 출발한다고 하는데 뭐가 솔직함입니까? 당신의 머리통 속에 들어 있는 그 시각! 그게 문제입니다".

"오히려 이걸 기사화시켜 문제를 만들면 언론사가 몰립니다. 일반국민들 정서는 그렇지 않아요".

"그걸 알아야 해요. 조선일보가 이런 식으로 가면 몰립니다. 그런 시각으로 보면 곤란합니다. 특히 이기자는 젊은 세대인데 이런 식으로 기사를 쓰면 십 년 뒤에는 틀림없이 후회할 거요".

이것은 대화가 아니고 폭언이다. 또한 협박이다. 적어도 자유민주주의를 신봉하는 사람의 언어일 수는 없다고 할 것이다. 더구나 지성인의 대화내용일 수는 없다.

이교수는 조국을 피바다로 만들고 이산가족의 숱한 한을 만들어낸 북한에 대해서는 '거부반응을 안 일으키도록' 조심하면서 자유민주주의를 함께 지켜나간다는 형제에 대해서는 이러한 폭언을 서슴지 않고 있다.

이것은 이장희교수의 인격과 성향을 운위하는 말이 아니다. 이 모든 사태는 바로 그의 이러한 감정의 논리에서 출발한 것이라는 점을 말하고 있는 것이다.

이장희교수는 <나는야 통일 1세대>가 건전한 저서이고 뛰어난 통일지침서라고 강조하고 있다. 그는 그 주장의 논거로서 두 가지 사유를 들고 있다. 그 첫째는 통일원장관이 정부를 대표해서, 위 저서의 건전성을 보증하였다는 것이다. 그 둘째는 위 저서가 출판된 지 수년이 지나는 동안 어떤 사람으로부터도 위 저서의 내용에 대한 문제제기가 없었다는 것이다.

첫째 이유에 대해서는 이미 그 논리적 허구성을 지적한 바 있으므로 재언하지 아니한다. 위 저서 출판 후의 일정기간의 경과를 위 저서 검증필의 논거로 삼고 있는 점에 대해서는 이교수의 논리적 착오를 지적하고자 한다.

위 기간은 권리의 제척기간이 아니다. 그러므로 그것을 이유로 비판자의 주장을 봉쇄하거나 그 저서의 건전성을 주장할 수는 없다고 할 것이다.

(8) 누구의 마음 문을 열 것인가?

이장희교수는, 그가 목메게 외치고 있는 남북의 평화통일이, 남한의 반통일적 자세로 말미암아 큰 시련을 받고 있는 것이라고 단정하고 있다. 이미 전술한 바와 같이 김영삼정권, 대한민국 국회와 남한 안의 냉전론자들이 통일을 가로막고 있는 것이라고 그는 보고 있다.

그래서 그는 남남대화를 통한 통일교육을 강조한다.

이러한 그의 철학을 그는 한 마디의 문학적 표현에 집약하고 있다. 그것은 "마음의 문을 열어야 통일이 된다"라는 주제이다. 원고 이장희는 누구를 향하여 "마음을 열어라"고 요구하고 있는 것인가? 그것은 남한, 곧 우리를 향한 명령일 수밖에 없다. 북한에 대해서 그 말은 소리 없는 메아리일 수밖에 없기 때문이다. 그가 이 사실을 모를 리 없다. 결국 그 말은 "통일에 방해가 되는 너희 대한민국 사람들아, 마음의 문을 열지어다"라는 말로 귀착되는 것이다.

이것은 무서운 말이다. 그리고 이 무서운 말 속에 그의 통일사상이 깊게 뿌리를 내리고 있다. 한국의 많은 통일지상주의자들의 한반도 통일관이 이장희교수의 그것과 동일한 것이라고 하면 우리는 다음과 같은 결론을 내리지 않을 수 없다.

첫째, 그것은 대한민국의 국가이념상 용납될 수 없는 통일론이다. 자유민주주의를 희생시켜도 좋다는 통일관이기 때문이다. 둘째, 그것은 한반도 통일의 방법론상 받아들일 수 없는 것이다. 어린이들을 빙자하여 그 동심에 멍이 들게 하는 수단과 방법을 동원하고 있는 비윤리적 통일론이기 때문이다.

5. 이산가족 상봉과 국가보안법

(1) 서 론

우리는 6.15 공동선언을 살펴보는 항목에서 이산가족 상봉의 문제를 살펴보았다. 공동선언 안에 이산가족 상봉에 관한 남북의 합의사항이 포함되어 있기 때문이다. 그러나 이 문제는, 공동선언의 합의사항 일반에서 따로 떼어서 더 구체적으로 고찰해볼 필요가 있다고 생각한다. '이산가족 상봉'은, 공동선언의 어느 합의사항보다 가장 현실적이고 매우 강력한 국민적 염원이기 때문이다.

이산가족 상봉을 보는 시각은 바로 우리의 안보의식과 직결되는 것이라고 생각한다. 이산가족 상봉이 바람직하게 진행되고 있다면 국가보안법에 대한 우리의 태도도 너그러워질 수 있다는 말이다. 그러나 그렇지 않다고 판단될 경우에 우리는 국가보안법의 옷깃을 단단히 여며야 하는 것이다. 이 점에 대한 판단에 참고가 될까 하여 이산가족 상봉의 문제를 다시 살펴보고자 한다.

남북의 이산가족 상봉을 전후에서 우리 언론은 이 사회를 온통 눈물과 감격으로 들끓게 했다. 나흘간의 상봉으로 50여 년간 맺혀온 이산가족의 한이 모두 풀리고 한핏줄의 감격이 한반도를 뒤엎은 것처럼 보도했다. 한 중요일간지는 남북 방문단원 200명들의 상봉을 '겨레의 만남'으로 승화시켰다. 양쪽 방문단원들이 그 가족과 만나서 흘린 눈물은 '민족의 눈물'로 보도했다.

물론 이산가족 상봉 기간 동안 눈물을 흘린 사람은 이산가족들만이 아니다. 많은 사람들이 이 커다란 감격과 눈물에 동참한 것은 사실이다. 그러나 그 눈물을 '온 민족의 눈물'이라고 부르는 것은 너무 지나친 일이라고 말하지 아니할 수 없다.

이산가족이 만난다는 것은 중요한 일이다. 그러나 이산가족이 만나는 것으로 모든 문제가 끝나는 것은 아니다. 그것은 하나의 시작일 뿐이다. 감격 일변도로 흐르던 우리의 언론마저 예정된 상봉기간이 끝날 즈음에는 이산가족들의, '다시 기약 없는 이산', '가슴친 마지막 밤'을 언급하고 있다.

그들에게는 3박4일이란 시간이 너무나 빨리 지나갔다. 이제 남은 것은 헤어짐의 아픔뿐이다. 만남의 기쁨은 꿈처럼 허무하게 사라지고 헤어짐의 괴로움은 눈물처럼 우리의 가슴을 아프게 만든 것이다. 이들이 살아서 다시 만난다는 것은 바라기 어려운 일이라고 생각된다. 가족을 만났다가 다시 헤어지게 된 이산가족 2명 중 1명(46.9%)이 "다시는 못 만날 것 같다"라면서 괴로워하고 있다는 것이다. 이러한 이산가족의 마음을 잘 묘사하고 있는 기사 하나를 소개한다.

북에서 온 형을 만난 남한 동생의 말이다. "사흘간 세 번 만났지만 오히려 마음이 괴롭다. 이산가족 면회소 설치 등 후속조치가 없으면 다시 영영 헤어질 것 같아 시간이 갈수록 마음이 무거워진다".

그래서 한반도에서는 이제 새로운 아쉬움이 서서히 일어나고 있다. 헤어지는 이산가족들이 "이제 가족들의 사진만 들여다보며 살아야 하느냐?"라고 말하고 있다. 이와 같은 '수백만 이산가족의 애끓는 호소'에 귀를 기울이자는 다짐이 확산되고 있는 것이다.

이래서 우리는 "다시 이별해야 하는 이산가족의 아픔을 치유해주자", "고향방문 허용과 면회소 설치를 서두르자", "편지라도 주고받게 하자"는 소리에 뜨거운 공감을 느낀다.

그러나 일이 여기에 그쳐서는 안 된다고 생각한다. 이번 이산가족의 상봉이 우리에게 남겨놓은 교훈을 차분하게 되새겨봐야 하는 것이다. 우

리는 한핏줄의 동족으로서 뜨거운 눈물을 공유해야 하지만 동시에 우리
는 운명공동체의 주인공으로서 냉철한 지성을 지니고 있어야 하기 때문
이다.

(2) 이산가족의 상봉을 막아온 사람

반세기 동안 꿈에 그리던 가족을 부둥켜안고 하염없는 눈물을 흘리고
있는 장면을 바라보면서 많은 국민들은 함께 뜨거운 눈물을 흘렸다. 그
것이 핏줄의 힘이다. 그런데 국민들은 이산가족의 상봉을 지켜보면서 즉
흥적인 감격을 느끼는 한편 한 가지 의문을 품게 되었다. 그것은 "이 감
격스러운 이산가족의 상봉을 막아온 사람이 누구인가?"라고 하는 것이
다. 국민들의 눈으로 볼 때 이산가족의 상봉은 너무나 쉽고 간단하게 이
루어지는 것이었다. 북과 남의 공간적 거리를 보든지 상봉장소로 가는데
소요되는 시간을 보든지 그것은 아주 쉬운 일로 비춰졌다.

이렇게 쉬운 만남을 반세기 이상 막아온 반인도적 실체가 누구인가
하는 점에 대해서 의아심을 가지게 된 것이다. 누군가가 이것을 방해하
고 막았기 때문에 그 애끓는 혈육지정의 나눔이 이루어지지 않았던 것
이다. 이 애끓는 상봉을 막아온 자가 누구인가?

북한의 비위를 거스르지 않으려고 각별한 노력을 경주해오던 언론들
도 이례적으로, "아쉬운 만남을 막아온 사람이 누구인가?"라는, 국민들
의 분노에 찬 질문을, 가냘프게나마, 대변하고 나섰다. 누가 이산가족
상봉이라는 인도적 문제를 정치문제로 변질시켜왔는가? 이 질문에 대해
서는 김위원장 자신이 솔직한 답변을 하고 있다.

그는 남한 언론사 대표들 앞에서 "통일의 시기는 내 마음에 달려 있
다"라고 답변했다. 그렇다면 그것은 남북한이 지금까지 통일되지 못한
것과 이산가족의 상봉이 이루어지지 아니한 것은 '김정일위원장의 마음'
때문이었다는 말이 아닌가?

그러나 위와 같은 질문을 제기한 언론들은 중대한 사실 하나를 간과
하고 있다. 이산가족의 상봉을 누가 막았는가 하는 의문도 중요한 것이

다. 그러나 그보다 더 중요한 질문이 있다. 그것은 민족적 비극의 원천이자 국민들의 천추의 한이 되고 있는 이산가족을 누가 만들었는가? 하는 질문이다.

김정일위원장도 6.25 전쟁이 이산가족의 비극을 만들어낸 원인제공자라는 것을 인정하고 있는 것 같다. 그는 방북 언론사 대표들 앞에서 '6.25는 열강이 부추겨 우리 민족이 희생된 것'이라고 말했다. 그러면 민족적 비극의 원인인 6.25 전쟁을 일으킨 원흉은 누구인가?

김정일위원장의 말에 의하면 그 원흉은 '열강'이다. '우리 민족'은 '열강의 부추김'대로 움직인 '꼭두각시'요, '희생자'라는 것이 그의 6.25 전쟁관이다. 나는 김정일위원장의 말의 비양심성을 지적하거나 그 말을 믿지 말자는 뜻으로 이 말을 하고 있는 것이 아니다.

역사적 사건은 잊어도 좋다. 그러나 역사적 교훈은 결코 잊지 말아야 한다. 이 말을 하고 싶은 것이다.

(3) 북한측 이산가족 방문단장

남북한의 이산가족이 반세기의 이별을 딛고 서로 만난다는 것은 역사적인 대사건이다. 이처럼 중요한 의미를 지니고 있는 방문단의 단장 직무를 누가 맡느냐 하는 것은 중대한 일이 아닐 수 없다. 방문단장은 방문단을 대표한다. 방문단장의 인품은 방문단의 실체를 드러내는 것이다. 그러므로 방문단장을 누구에게 맡기느냐 하는 문제는 단순한 임명권자의 재량행위가 아니다. 남북이 각각 상대방을 무엇으로 보며 어떻게 예우하는가 하는 문제와 직결되는 것이다.

그런 의미에서 이산가족 방문단장의 임명은 앞으로 남북정상회담의 진로를 예단케 하는 기준이 된다고 할 수 있다. 북한이 어떤 인품의 사람을 방문단 단장으로 임명하였는가 하는 문제를 살펴본다.

주지하는 바와 같이, 북한은 8.15 이산가족 방문단 북측 단장으로 14년 전에 월북한 최덕신 전 천도교 교령의 부인 류미영씨를 임명했다. 대한민국과 조선인민공화국의 관계는 국가와 국가의 관계가 아니다. 그러므로 남북한의 교류와 접촉은 외교활동이 아니다. 이 말은 남북한이 서로 상대방을 아무렇게 예우해도 좋다는 말이 아니다.

남북한 주민들은 핏줄을 같이하는 동족이다. 우리는 운명공동체이다. 그러므로 우리는 사랑과 이해로써 서로를 소중히 다루어야 한다. 나는 북한이 8.15 이산가족 상호방문단 북측 단장을 임명하면서 이러한 사랑과 이해를 바탕으로 하는 예절을 어느 정도 생각하고 있었는가 하는 점에 대해서 의구심을 가지고 있다.

운명공동체 구성원간의 관계보다 훨씬 의례적인 국가간의 관계에 있어서도 외교사절의 임명하는데는 상대 접수국의 자존과 문화를 고려에 넣어야 한다는 것이 국제관행이고 예의이다. 상대국이 '기피하는 인물'(persona non-grata)은 임명하지 않기로 되어 있는 것이다. 그리고 접수국은 외교사절 내정자가 '마음에 차는 인물'(persona grata)일 때 아그레망(agrement)을 부여한다. 나는 류미영씨가 persona non-grata 이냐 아니면 persona grata 이냐 하는 점을 살펴보고자 한다.

류미영씨의 남편인 최덕신씨는 남한에서 육군중장으로 예편한 뒤 외무장관으로 일했다. 서독대사를 거쳐 천도교 교령직을 맡았다가 그는 1986년에 월북했다. 남편의 월북 후 5개월 만에 류미영씨도 월북해서 남편과 합류했다.

최덕신씨의 월북동기는 천도교 교령 재직시 거액의 공금을 횡령했기 때문이라는 설이 끈질기게 나돌았다. 그는 81년 첫번째의 북한 방문 후 "북한은 낙원이다", "김일성주석은 민족의 영웅이며 태양이다"라는 등의 발언을 하며 친북활동을 했다.

이 사실은 그가 남한에 있을 때 박정희대통령의 유신통치를 합리화하는 한국유신학술원의 회장으로 일한 사실과 좋은 대조를 이루고 있다고 본다. 이런저런 것을 종합해볼 때 그는 정치·군사·종교·사회·윤리의 면에서 한국사람들로부터 존경을 받을 만한 사람은 아닌 것으로 봐야 할 것이다. 기피와 혐오의 인물이라고 말하는 것이 정확한 표현일 것이다.

그런데 북한(평양방송)은 류미영씨가 북한측 방문단장으로 내정된 즉

후 그녀의 남편 최덕신을 애국자로 추켜세우는 방송을 했다. '최덕신은 매국(賣國)에서 연공애국(聯共愛國)으로 인생을 전환해 통일애국의 길을 걸은 인사'라는 것이다. 이 방송에 담긴 의미는 무섭기 그지없다. 최덕신이 월북하기 전의 남한은 '매국노'들의 땅이었다는 말이 된다. 그렇다면 북한은 매국노들과 7.4 공동선언을 발표하고 그 후 수차에 걸친 협의를 했다는 말인가?

지금 김대통령이 통치하고 있는 남한은 '연공애국의 길'을 걷는 사람들의 땅이기 때문에 6.15 남북한 정상회담을 열었다는 것인가? 그렇다면 지금 정부가 과거 정부와 결정적으로 다른 점은 무엇인가? 생각만 해도 소름이 끼치게 하는 말이다.

최덕신은, 누가 뭐라고 하든, 반윤리범죄인 공금횡령죄의 피의자이자 대한민국에 대한 배신자이다. 이런 혐오인사의 부인이자 그녀 자신이 국사범인 국가보안법 위반범죄자로 지목되는 사람을 남한과 상의 한 마디 하지 않고 단장으로 임명해놓고 방송을 통해서 그 남편을 '애국자'라고 외치는 것은 우리에 대한, 이루 말할 수 없는 능멸행위이다.

북한은, 남한의 일부인사들이 기대하고 있는 바와는 달리, 연공애국의 통일 즉 공산주의 또는 주체사상을 앞세운 통일을 위해서 총력을 기울이고 있는 것이 밝혀진 셈이다. 우리는 이 능멸과 이 협박을 당하면서도 여전히 북한의 비위를 거스르지 않기 위해서 입을 다물어야 하는가?

남편이 persona grata가 아니라고 해서 그 아내가 persona non-grata가 되어야 한다는 법은 없다. 그러나 류미영씨 자신이 대한민국에 대해서 국가보안법 제6조 제2항의 목적수행탈출죄를 범한 국사범이다.

형사소송법 제249조 제1항 제1호에 의하면 그 범죄의 공소시효는 15년으로 되어 있다. 2001년 9월에 공소시효가 완성된다는 계산이 나온다. 그녀는 또 오익제씨의 월북 탈출사건에 중역을 맡은 사람으로 의심받기도 한다.

아무리 생각해봐도, 그녀는, 남편에 대한 평가와는 상관없이, 스스로 persona non-grata일 수밖에 없다. 그런데 우리 정부는 그녀에게, 무조건 agrement(?)를 부여하였다.

그녀가 이산가족 방문단장으로 입국했을 때 우리 정부는 동녀에게 대해서 마땅히 국가보안법 위반 여부에 대한 혐의사실을 추궁했어야 했다. 그녀를 수사할 용기를 가진 국정원 직원이나 검사는 한 사람도 없었다. 우리의 법질서는 어디서 찾을 것이며 우리의 자유민주주의는 어디서 만날 수 있을 것인가?

우리나라의 국가보안법 폐지론자들은 이렇게 말한다. "국가보안법이 살아 있는 한 남북한의 교류협력을 위해서 입국한 북한의 인사들은 처벌받게 되어 있다"라고. 그러므로 남북한의 교류협력을 촉진하려고 하면 국가보안법은 폐지되어야 한다는 논리이다. 그러나 이것은 무책임한 오류의 논리이다. 국가보안법이 엄연히 살아 있는데도 북한의 중요인사들은 수없이 방한했다. 그들 중 국가보안법 위반으로 처벌받은 사람은 하나도 없다.

그러나 류미영씨의 경우는 그들의 경우와 다르다. 그것은 류미영씨가 범법자, 그것도 중죄의 범법자라고 하는 점이다. 그동안 한국을 방문했던 북한의 중요인사들은 모두 법적으로 처벌할 수 없는 사람들이었다. 그러나 류미영씨는 처벌했어야 할 사람이다.

이러한 persona non-grata에게 이산가족 방문단장의 직무를 맡기면서 북한이 한국측과 상의도 한 번 하지 아니한 채 일방적으로 이것을 처리한다는 것은 무엇을 의미하는가? 그것은 대한민국과 대한민국 국민들에 대한 능멸행위이다. 남한에 대한 북한의 능멸행위는 지난 상봉과 앞으로 있게 될지 모르는 후속 상봉에 어두운 그림자를 떨어뜨리는 일이 되지 않을까 염려스럽다. 한 걸음 더 나아가서, 6.15 남북합의사항 전체의 실현에 악영향을 미치지 아니할까 걱정된다.

(4) 가족을 만난 이산가족의 수

전술한 바와 같이, 우리의 언론은 이번의 이산가족의 상봉을 '겨레의 만남'으로 묘사했다. 이산가족의 상봉이 겨레의 만남인가? 이번에 친지와 상봉한 극소수의 이산가족 뒤에는 가족을 못 만난 절대다수의 이산가족들이 있다는 것을 잊어서는 안 된다.

남북한에 흩어져 있는 이산가족들의 정확한 숫자를 알아내기는 어려울 것이다. 이 숫자를 천수백만으로 추산하고 있는 사람들도 많다. 그렇다면 남북한 방문단원 200명이 가족상봉의 행운을 가졌다는 것은, 산술학적으로, 무슨 의미를 가지고 있는 것인가? 방문하고 방문받은 이산가족의 전체 수를 합산한다고 하더라도 별다른 의미의 차이는 없다.

전체 이산가족 중 남쪽에서 상봉신청을 한 7만6천여 명만을 고려에 넣는다고 하더라도 상봉의 행운을 낚은 이산가족은 760:1의 관문을 뚫은 행운아가 된 셈이다. 상봉의 뜻을 못 이룬 사람들은 가족상봉의 행운을 가진 이산가족들을 보면서 상대적인 허탈감과 한을 품게 되었다. 빠른 시일 안에 가족을 만날 수 있다는 보장도 없다.

(5) 이산가족 실상파악을 위한 북한정부의 성실성과 능력

남한의 정부는 30년 이상 줄기차게 남북 이산가족의 생사확인, 서신연락, 면회소 설치를 주장해왔다. 실제로 우리정부는 남한에 거주하고 있는 이산가족들의 실태파악을 위해서 총력을 기울여왔고 정확한 정보도 가지고 있는 것으로 알려지고 있다.

북한도 재북 이산가족들에 대해서, 우리가 재남 이산가족들 파악을 위해서 바치고 있는, 노력과 같은 것을 경주하고 있는지 의심을 품지 않을 수 없다.

북한 방문단이 원래 만나기로 예정된 재북 이산가족은 210명이었다. 물론 북한이 방문 전에 남한에 확인 통보해준 숫자이다. 그런데 실제로 우리 방문단이 만난 이산가족은 160명뿐이었다. 50명의 착오가 생긴 것이다. 이것은 무슨 이유로도 설명될 수 없는 해괴한 일이다. 북한이 '주민관리'를 철저하게 하고 있다는 것은 공지의 사실이다. 전 세계의 관심과 민족의 숨결이 집중된 이 역사적 대사건에서 상봉 예상자 210명 중 25%에 해당하는 50명의 차질이 생겼다는 것은 생각할 수도 없는 일이다.

　이러한 사례 중 가장 황당한 것은 김금자씨의 경우이다. 그녀는 "여행은 무리다"라는 의사의 권고도 물리치고 오빠를 만나기 위해 휠체어를 타고 평양에 도착했다. 그런데 그리던 오빠는 만날 수 없었다. 2년 전에 사망했다는 소식만 그녀를 맞이했다. 조카들이라도 만나게 해달라는 김금자씨의 간청에 북한측은 "아들은 행방불명이고 딸을 만나는 것은 곤란하다"라고 대답했다. 착잡한 심정으로 서울로 돌아오려는 동녀에게 북한 기자 한 사람이 "오빠가 살아 있다"라는 소식을 전했다. 그녀는 그 소식을 믿지 않기로 했다. 그리고 마음을 정했다. "이제 더이상 평양에 미련을 가지지 않겠다"라고.

　여기서 우리는 냉철한 마음으로 이 땅의 실체를 다시 한 번 살펴봐야 한다고 생각한다. 북한 구형법 제68조는 우리를 '원쑤'로 정의하고 있었다. 반면 북한은 그들의 '낙원'이다. 그렇다면 낙원을 마다하고 원쑤의 땅으로 탈출한 자는 배신자이자 원쑤이다. 북한의 구형법 제70조는 무서운 연좌제를 규정하고 있었다. 현행 형법에는 이 규정이 없어졌지만 근본정신에는 변화가 없다고 본다.

　북한이 용서할 수 없는 천인공노의 원쑤, 배신자의 가족을 이산가족으로 처우할 수 있느냐 하는 것이, 제기되어야 할 문제의 핵심이다. 헤어졌던 가족을 눈물과 감격으로 상봉했던 이산가족들마저 2명 중 1명꼴(48.17%)로 "상봉의 후유증이 클 것이다"라고 걱정하고 있는 원인도 이런 점에서 찾을 수 있다고 본다.

　이러한 문제의식을 가지고 상봉 예상자 25% 차질의 실체파악에 접근하게 되면 훨씬 합리적인 해답을 얻을 수 있다고 본다. 북쪽의 이산가족 상면은, 눈물과 감격 속에서 이루어진 남쪽의 상면에 비해서, 냉담하고 서먹한 분위기를 나타내었다. 이 원인의 뿌리도 같은 데서 찾을 수 있지 않나 하는 생각을 가져본다.

　이산가족 상봉의 문제는 인도적 차원에서 접근하자는 것이 남북한의 철저한 약속이다. 그러나 실제에 있어서 이산가족간의 만남은, 남쪽에서나 북쪽에서 모두, 이 약속대로 실천되지 아니하였다. 우리의 눈과 귀에 거슬리는 일이 한둘이 아니었다.

우선 북쪽 이산가족들이, 거의 예외없이 패용하고 있던 '수령님의 뱃지'가 우리의 눈을 피곤하게 하였다. 우리 쪽의 이산가족들이 가슴에 태극기를 달거나 김대중대통령의 뱃지를 달고 상봉장에 나타났다고 하면 북쪽의 반응이 어떠했겠는가? 우리 눈에 비치는 '수령님의 뱃지'는 그들 눈에 미치는 태극기와 같은 것이다.

북측 방문단의 소위 '계관시인' 오영재씨는 서울에서 <다시는 헤어지지 맙시다>라는 시를 지었다. 그는 이 시에서 "고려민주연방공화국이라는 큰 집을 세웁시다"라고 노래했다. 주체사상의 체제로 한국을 통일하자는 말이다.

북측 이산가족들이 가족상봉의 감격적인 자리에 쏟아놓은 말들을 모아본다. 이복연씨는 반세기 만에 만난 아내 앞에서 "장군님이 하루 사이에 그립다"라고 말했다. 해주농대 교수인 문병철씨는 오찬장소에서 공개적으로 "외세는 통일하는데 필요 없다"라고 외쳤다. 남한에서 올라간 아버지를 만난 딸 이도순씨는 "우리는 장군님의 크나큰 사랑으로 살아왔습니다. 아버지도 장군님의 품으로 돌아왔으면 좋겠습니다"라고 말했다.

북쪽의 기자들은 "저런 일은 시켜서 되는 게 아니다"라고 말했다고 한다. 그들의 귀에도 그 말이 민망스럽게 들렸기 때문이다. 북쪽 이산가족들은 사진기자들의 카메라가 자신에게 가까이 오는 것을 의식하고 하는 말이 아닌가 하는 생각을 떨쳐 버릴 수 없다. 우리 정부는 기회 있을 때마다 북쪽의 비위를 거스르는 일을 삼가하라고 당부하고 있다. 북한이 우리 정부의 10분의 1에 해당하는 배려만 했더라도 이처럼 부끄러운 일은 일어나지 아니하였을 것이다.

85년에 있었던 첫번째 이산가족 교환방문 때에도 북한의 이산가족들은 이렇게 말했다. "이곳(북한)은 수령님 덕에 모두가 잘 먹고 잘 살고 있는 천당이다", "분단의 주범인 미제를 몰아내어야 한다", 그들에게 있어서 이산가족 상호방문은, 예나 지금이나 인도주의적 행사가 아니라 정치적 의의를 동반하는 잔치라고 봐야 할 것이다.

1985년 첫번째 이산가족 상호방문이 있은 후 89년, 97년, 98년 등 수차에 걸친 이산가족 상봉문제가 남북의 협의대상이 되었다. 그러나 그때마다 이산가족 문제를 보는 시각의 차로 협상은 깨어졌다. 우리는 이 문제를 '인도주의의 문제'로 받아들이고 있으나 북한은 이것을 '정치의 문제'로 보고 있다. 이는 예나 지금이나 다름없는 일이다.

(6) 이산가족 상봉과 비전향장기수 송환의 등가성

우리는 남북한의 모든 문제가 상호주의 정신에 입각한 형평의 원칙 하에서 해결되어야 한다는 것을 신조로 삼아왔다. 남한이 아량과 양보의 자세로 북한을 대해야 한다는 것도 중요하다. 그러나 그것도 상호주의의 틀을 벗어나지 아니하는 한도 내에서 이루어져야 하는 것이다.

6.15 남북합의사항 중 이산가족 상봉과 비전향장기수 송환이 상호주의 정신에 일치하는가 하는 문제는 처음부터 논란의 대상이 되어왔다. 이산가족은 남북한에 고루 산재해 있다. 그런데 비전향장기수는 남한에만 있는 것이다. 그러므로 이산가족 상봉과 비전향장기수 송환의 교환이라는 것은 근본적으로 형평의 원칙과 상호주의 정신에 어긋나는 발상에서 출발한 것이다.

그러나 이산가족 상봉과 비전향장기수 송환은 이러한 산술학적 차이만을 가지고 있는 것이 아니다. 그 둘 사이에는 기하학적 차이가 있는 것이다. 이산가족은 6.25 전쟁이라고 하는 민족적 비극이 낳은 희생자이자 피해자이다. 그런데 비전향장기수는 대한민국의 국기(國基)를 붕괴시키려고 한 범법자이자 가해자이다. 이와같이 빙탄불상용(氷炭不相容)의 상극관계를 가진 두 실체를 동질·등가의 관계로 묶으려고 한 데에 근본적인 문제가 있는 것이다.

비전향장기수 송환의 문제는, 적어도 납북인사 및 국군포로 송환문제와 연계시켜야만 형평성과 상호주의가 발붙일 자리를 찾게 되는 것이다. 우리 정부도 비전향장기수 송환문제와 국군포로 및 납북자 송환문제를 형평과 상호주의 입장에 서서 풀어나갈 뜻을 그동안 여러 차례 밝혔다.

이산가족 상봉을 비전향장기수 송환과 맞바꾸기로 한 점에 대해서 정부관계자는 이렇게 말하고 있다. "이산가족 문제를 조속히 해결하기 위해서는 비전향장기수 문제를 이런 식으로 풀지 않을 수 없는 고충이 있었다"라고. 비전향장기수 송환과 이산가족 상호방문이 같은 차원의 문제가 아니라는 것을 자인하는 말이다.

우리 정부가 이러한 반상호주의적인 결정을 내린 데 대한 정당성을 정부는 이렇게 풀이하고 있다. "이산가족들의 한을 생각한다면 정부의 입장을 이해할 수 있을 것이다".

그러나 정부의 예상과 기대는 어긋났다. 많은 언론과 국민들이 흥분과 감격으로 이산가족의 상봉을 지켜본 것은 사실이다. 문제는 흥분과 감격이 문제를 해결하는 관건이 아니라는 점에 있다.

(7) 납북인사와 국군포로

이산가족들 중 가족상봉에 성공한 사람이나 그렇지 못한 사람을 가리지 아니하고, 이 상봉에 아쉬움과 분노를 느끼고 있는 사람이 적지 아니하다. 그런데 국군포로와 납북자의 가족들 그리고 국군포로 등의 귀환을 위해서 노력과 관심을 기울여온 시민단체들과 국민의 반응은 훨씬 더 강경하다.

이산가족 상봉이 이루어지고 있는 워커힐을 찾아가서 "아버지의 생사확인만이라도 해달라"며 부르짖다가 허무하게 발길을 돌려야 했던 납북자의 아들딸의 분노와 저항은 어떤 것이었겠는가?

납북 선원의 아내 임희순씨는 남편과 강제이별을 당한 후 외로움과 분노 속에서 살아온 30년의 세월을 되돌아보면서 이렇게 말한다. "남과 북 모두로부터 따돌림을 받은 삶을 살아왔다"라고. 그녀는 79년 8월에, 주위사람들의 강력한 권고를 받아들여 눈물을 흘리면서, 남편의 '사망신고'를 했다. 그녀가 이산가족 상봉을 바라보면서 하는 말을 우리 정부와 국민들은 귀담아들어야 할 것이다. "전쟁통에 헤어진 이산가족은 만나게 해주면서 납북된 사람들에 대해서는 생사확인조차 하지 않는 정부에 분통이 터진다".

13년간 납북 선원의 딸로서 외롭고 괴로운 삶을 이어온 최우영씨는

"2세를 낳는다면 절대 한국 국적을 갖게 하고 싶지 않을 만큼 배신감을 느낀다"라고 말했다.

국방부는 지금도 북한에 잔류하고 있는 국군포로의 수가 343명에 이른다고 말한다. 처음부터 문제되었던 전체 국군포로 19,000명을 고려에 넣지 않는다고 하더라도 343명은, 무시되거나 은폐되어야 할 숫자가 아니다. 한반도와 세계를 떠들썩하게 했던 송환 비전향장기수가 62명에 불과하다는 것을 생각할 때 더욱 그렇다.

납북 어부와 국군포로의 가족들이 비전향장기수의 송환을 지켜보면서 분노하고 있는 것은 당연한 것이라 하지 않을 수 없다. 비전향장기수는 우리 국가의 기본을 흔들기 위해 자기 발로 남한에 잠입해온 범죄자들이다. 그런데 납북 어부와 국군포로는 아무 잘못 없이 강제로 끌려간 선량한 국민이다. 그런데도 비전향장기수는 북으로 돌아가게 되었을 뿐 아니라 여기 있는 동안에도 양심범이라는 이름으로 큰소리 치면서 살아가고 있다. 그 중에는 "목숨이 다할 때까지 로동당혁명전통을 지키겠다"라고 선언하는 자도 있다. 이것은 오만하고 무례한 말이다. 도대체 여기가 북한 땅인가, 남한 땅인가?

납북 어부를 위시해서 453명 납북인사의 가족들은 죄인 아닌 죄인이 되어서 수사기관의 괴로운 감시와 국민의 차가운 경시를 받고 있다는 것이 그들의 분개의 요체이다.

박재규 통일원 장관은 "북한에는 국군포로가 한 사람도 없다"라고 공식적으로 선언했다. 이것은 처음 있는 일이 아니었다. 민주당의 중요당직자 한 사람도 똑같은 말을 했다가 논란이 일어나자 그 자리를 물러나기까지 한 일이 있다. 기회 있을 때마다 정부 여당 안에서 이 소리가 튀어나오는 것은 국군포로가 전혀 없다고 하는 북한의 주장과 관계 있다고 보는 사람이 많다.

북한은, 휴전협정 성립 후 세 차례의 포로교환이 있었던 것을 이유로, 북한에 잔류하고 있는 국군포로는 한 사람도 없다고 강변을 늘어놓고 있다. 이것은 궤변이자 간악한 논리다. 북한에 국군포로가 있느냐 없느냐 하는 것은 사실의 문제이지 법률논리의 문제가 아니다. 문제는 우리 정부가 말도 안 되는 북한의 '국군포로 궤변'에 대해서 "그게 무슨 소리냐?"라는 말 한 마디를 시원하게 하지 못하고 있다는 점에 있다. 많은 국민들은 이 정부가 북한의 거짓말과 궤변을 깨뜨리고 국군포로 송환문제를 얼마나 강력하고 효과적으로 대처해나갈 것인가 하는 점에 대하여 우려와 회의를 품고 있다.

통일원 장관은, 자신이 "북한에 국군포로가 하나도 없다"라고 말한 것으로 보도된 일이 있으나, 그것은 '와전'과 '오보'의 탓이라고 말했다.

그의 발언이 와전되고 오보된 것이었다고 하면 박장관의 발언내용에 관해서 통일부 장차관의 해명이 다르고 통일부와 국방부의 공식입장이 다른 것으로 나타났던 이유가 무엇인가? 이것은 정부에 대한 국민의 신뢰도를 결정하는 요인이 된다는 것을 잊지 말아야 한다.

(8) 이재환군의 경우

이산가족 상봉 또는 납북인사 귀환의 문제와 관련해서 꼭 생각해봐야 할 문제가 있다. 이 문제는 결코 정부의 논리적인 해명이나 홍보를 받아들이면서 감격하고 환희하기만 할 일이 아니다.

이 문제의 실체와 현주소를 냉철한 눈으로 직시하여야 할 때가 되었다고 생각한다. 이 일을 하는데 참으로 중요한, 그러면서도 별로 알려지고 있지 아니한 사례 하나를 살펴보고자 한다.

그것은 외국 유학중 납북된 이재환군의 사례이다. 이재환군은 나의 외우 이영욱변호사의 장남이다. 이재환군은 그 아버지 이영욱변호사가 국회의원으로 있을 때인 1987년 7월에 납북되었다, 그는 서울대학교 영문과에서 수학하다가 1983년에 도미하여 미시간대, 스탠포드대를 거쳐 MIT에서 박사과정을 이수하고 있던 수재이다.

그가 납북되었을 당시 그 사안의 중대성과 그 아버지의 사회적 신분으로 말미암아 충격적인 큰 사건으로서 온 세상을 떠들썩하게 만들었다,

이영욱변호사는, 이 사건으로 말미암아, 주의의 강력한 만류를 뿌리치고 정치를 포기하기로 했다. 그러나 그 부부가 장남의 피랍사건으로

입은 정신적 충격은 이 일에 비할 바가 아니었다.

이영욱변호사는, 이 내면적인 충격과 번민에도 불구하고, 밖으로는 그런 내색을 거의 보이지 아니하였다. 그만큼 그는 희비애로를 쉬 드러내지 아니하는 중후한 성품의 소유자이다. 그런 그도 가슴속에서 끓어오르는 자식에 대한 애틋한 부정은 어쩔 수 없었다.

그는 나에게 이렇게 말했다. "그놈은 어린 시절부터 어미, 아비의 속을 한 번도 썩인 일이 없었는데!" 그때 나는, 그렇게도 감정을 삭여오던 그의 눈에 이슬이 맺혀 있는 것을 보았다. 아들이 얼마나 보고 싶고 걱정이 되기에 그런 눈물을 보일 수 있을까?

이영욱변호사는 조용하고 또 신중을 기하면서도 아들의 행방과 근황을 알아보기 위해서 백방으로 노력하고 있는 것을 감지할 수 있었다. 그러던 중 어느날 그는 나에게 "재환이가 정치범 수용소에 수감되어 있다는데 이를 확인할 길이 없다"라고 말했다.

그 무렵 남북은 이산가족(납북인사 포함)의 생사확인 교환에 대한 합의를 했다. 그 후 나는 그의 얼굴에, 전에 볼 수 없었던 불안의, 그림자가 가끔 끼이는 것을 볼 수 있었다. 북한은 이 합의의 이행으로 국토통일원, 한국적십자사에 이재환군이 북한 정치범 수용소에 수감중 사망하였다는 사실을 통보해왔다.

그 사망통보에는 이재환군이 언제 어떤 경위로, 그리고 무슨 질병으로 사망하였는가 하는 점에 대한 언급이 있어야 한다는 것이 최소한도의 상식적 요청이다.

그러나 그 사망통지에는 그러한 점에 대한 언급은 전혀 없고 달랑하니 '사망'이란 말만 들어 있었다. 이것은 통보가 아니라 무시와 모욕이다.

북한의 중앙방송은 1987. 8.8 이재환군이 '의거 입북'한 것이라고 보도했다. 이재환군이 자진 월북할 이유는 전무하지만 백 보를 양보해서, 북한의 보도가 맞는 것이라고 보자. 그렇다면 자진 월북할 정도로 북한을 좋아하던 이재환군이 무슨 반북한 행동을 하다가 정치범 수용소에 수감되었는가 하는 점에 대한 해명은 있어야 할 것이다.

그럼에도 불구하고 북한의 통보에는 이러한 점에 대한 설시가 전혀 없었다. 간단한 사망사실의 통보만이 들어 있었다. 이것을 받은 사망자의 부모와 형제 자매들의 실망과 분노가 어떠했는가 하는 점에 대해서는 더이상의 설명이 필요 없을 것이다.

이처럼 무례하고 불손한 행위를 감행한 북한에 대해서 우리는 수모감을 느낀다. 그러나 우리가 저항감을 느껴야 할 상대는 북한에 한정되지 아니한다는 점에 문제가 있다.

북한의 상식 이하의 사망통보를 아무 문제제기 없이 그대로 받아서 그 가족에게 사망통보 전보를 전하듯이 사무적으로 처리하는 우리 정부도 비난의 대상이 되어야 한다고 생각한다.

우리 정부는 이 사망통보를 받게 되는 가족들의 충격과 분노를 생각할 줄 알아야 한다는 말이다. 재환군의 아우가 "차가운 수용소에서 형님이 돌아가실 때까지 정부는 과연 뭘 했는지 울분을 금할 수 없다"라고 절규하고 있는 이유도 여기에 있다고 할 것이다. 이 분노와 절규는 이재환군의 가족들에게만 한정된 것이 아니다. 납북자들에 대한 정부의 무관심, 무성의에 대해서 모든 납북자 가족들이 통분하는 것은 당연한 것이라고 할 것이다.

14년 동안 가슴 조이면서 행여나 하고 기다리던 아들이 사망했다는 소식을 접한 부모의 심정은 얼마나 참담했을 것인가? 이제 실낱같은 희망마저 날려보내고 아들을 가슴에 묻어야 하는 부모의 통한은 결코 남의 일만이 아니다. 이것은 인간의 본성이자 상식이다.

이 상식이 통하지 않는 곳에 이산가족 상봉과 납북인사(국군포로 포함) 송환문제가 제대로 이루어지기를 바란다는 것은 매우 어려운 일이라고 봐야 할 것이다.

이영욱변호사의 가족들이 이재환군 사망 비보의 충격에서 벗어나고 앞으로 힘찬 정진을 할 수 있기를 간절히 바란다.

(9) 이산가족 상봉과 남북통일

지금 우리나라에서는 이산가족 상봉과 남북통일이 한 사물의 표리,

즉 안팎과 같은 것이라고 생각하고 있는 사람들이 적지 않다. 그렇게 생각하는 사람들에게는 이산가족 상봉이 이산가족 상봉 이상의 의미를 가지게 되는 것이다. 그것은 곧 민족통일로 가는 관문이다. 그것도, 민족통일 바로 앞에 있는 관문이다. 그래서 이산가족 상봉의 감격과 눈물은 한반도 통일의 감격과 눈물로 되는 것이다.

그러나 이것은 너무나 환상적인, 너무나 위험한, 생각이다. 이산가족 상봉과 민족통일 사이에는 멀고 험한 길이 가로놓여 있다. 그래서 김대중대통령도 이러한 감상주의적 통일조급론자들에게 경고를 발했다. "통일은 20년이 걸릴 수도 있고 30년이 걸릴 수도 있다"는 것이 그것이다.

그런데 문제는 이와 같은 김대통령의 정확하고도 간곡한 권고가 우리 언론들과 국민들 그리고 정치인들에게 별로 먹혀 들어가고 있지 않다는 점에 있다. 이산가족 상봉이나 조급한 통일론의 문제점을 제기하는 언론이나 사람들을 향해서 어떤 사람들은 '보수반동주의자', '반통일분자'라는 원색적 욕설을 퍼붓는다.

통일에는 긴장의 완화와 전쟁의 억제가 선행되어야 한다. 이산가족 상봉이 긴장완화와 전쟁억제 분위기의 조성에 큰 도움을 주는 것은 사실이다. 그러나 이산가족 상봉이 곧 남북의 긴장완화, 전쟁억제 그 자체는 아니다.

95년에 남북이 각 50명씩 이산가족 상봉을 성사시켰다. 그러나 그 후에도 한반도의 긴장과 '피바다' 논란은 끊어지지 아니하였다. 이 사실은 무엇을 의미하는가? 이번 8.15의 남북이산가족 상호방문은 제1차 때의 이산가족 상봉과는 다르다는 논리를 내세울 사람들이 있을 것이다. 그러나 그것은 희망일 뿐 현실은 아니다.

외교·군사 전문가들 중에는 6.15 남북정상회담이 남북의 긴장완화와 평화정착에 관한 언급이 없을 뿐 아니라 현재로는 남북간의 평화정착을 아무도 확언할 수 없다고 평가하는 사람들이 예상외로 많다. 이러한 주장을 하는 사람들에 대해서는 다음과 같은 반론 제기가 예상된다. 6.15 공동선언으로 인한 남북간의 긴장완화와 평화정착은 '너무나 당연한 것'이라는 반론 말이다.

나는 이러한 반론 제기자들에게 반문하고 싶다. 지금까지 남북간에, '너무나 당연한 것'으로서 '당연하게' 처리 안 된 것은 하나도 없는가? 우리 국민 중 많은 사람은 지금 '빠른 통일'에 들떠 있다. 그러나 우리가 추구해야 할 통일은 '빠른 통일'이 아니라 '바른 통일'이다. "서둘면 일을 망친다"(Haste makes waste), "바쁘면 돌아가라"(Eile mit Weile)라는 것은 동서와 고금을 초월한 진리이다.

공산무력혁명을 선언하고 있는 노동당규약을 고치겠다는 언약을 북한이 지킬 것인가 하는 것은 두고볼 일이다. 북한이 노동당규약을 개정한다고 해서 한반도에 전쟁이 없어지는 세상이 오는가 하는 것은 또다른 문제이다. 그러나 근본적인 문제는 다른 곳에 있다. 북한의 헌법과 형법을 보면 조선인민공화국은 오로지 '수령님의 교시', '주체사상의 정신', '공화국의 이념'으로 한반도를 통일하여야 한다는 것을 지상 지고의 사명으로 삼고 있다.

김정일위원장은 방북 언론사 사장들 앞에서 "한반도 통일의 시기는 내 마음에 달려 있다"라고 말했다. 이 말은 "나는 공산통일이 확보될 때 통일한다"라는 말과 같은 의미를 가지고 있는 것이 아닌가?

북한은 120만의 인민군 병력을 가지고 있다. 미대륙을 사정권 안에 두고 있는 미사일 유도탄과 가공할 위력을 가진 생화학무기와 핵무기를 소유하고 있다. 북한은 이처럼 이념의 면에서나 무력의 면에서 남한을 절대적으로 제압하고 있다. 김정일위원장에게 대한 충성심과 막강한 무력을 바탕으로 철저하게 뭉쳐져 있다는 말이다. 그런데 북한을 대결할 남한은 남북대결에 앞서 남남 갈등으로 홍역을 앓고 있다.

북한은 이제, 지금까지 목이 터지라고 외치던, 주한미군의 철수와 국가보안법 폐지를 더이상 주장하지 않는다고 선언했다. 그것은 남한이 알아서 할 남한의 국내문제라고 말했다. 이것은 북한의 태도변화인가? 아니면 북한 주도의 통일에 대한 자신감의 표현인가? 북한은 자기들이 목이 아프게 외치던 구호를 남한이 대신 외쳐주니 이제 그 짓을 안해도 좋다고 판단한 것인가?

남한의 정치인, 대학교수, 학생, 성직자, 국민 중 적지 아니한 사람들이 민족통일의 촉진을 빙자하여 주한미군의 철수, 국가보안법의 폐지를 소리높이 외치고 있다. 이것은, 막강한 북한인민군의 병력과 대량살상무기, 강력한 법과 주체이념의 힘 앞에서, 우리가 무장해제를 하자는 주장과 같은 주장이다. 이런 상태하에서 이루어질 수 있는 통일은 단 한 가지뿐이다. 그것은 김정일장군님을 정점으로 한 공산통일이다.

지금 남한에서는 대학에서 인민공화국 국기가 나부끼고 있다. 앞에서 살펴본 바와 같이, 김정일장군님을 군사전략의 귀재, 탁월한 능력의 정치지도자, 민족사랑의 애국자로 추켜세우고 있는 서책이 버젓이 출판, 시판되고 있다. 우리는 이 책의 저자가 주장하는 통일, 즉 월남식 공산통일도 받아들여야 한다는 것인가?

지금 남한에는 민족통일을 최고의 가치로 받아들이고 있는 사람들이 적지 않다. 그 이외의 가치는 모두 열등한 가치로서 최고가치인 민족통일 앞에서 고개를 숙여야 한다. 자유민주주의도 민족통일을 위해서 필요하다면 희생되어야 하는 것이다. 이것은 중대한 문제를 내포하고 있는 말이다.

집권당인 민주당의 적잖은 최고위원 경선자들이 밝힌 정치적 소신을 들어보면 이러한 우리의 걱정은 기우가 아니라고 느껴진다. 그들의 주장은 다음과 같이 집약될 수 있다.

"한나라당에는 통일도 없고 개혁도 없다", "민족통일과 개혁은 민주당의 최고가치이다". 민주당의 최고가치는 자유민주주의가 아니고 민족통일이라는 말이다. 이것은 형식논리가 아니다. 그들이 주장하고 있는 '민족통일'에는 제한이 없다. 월남식 통일도 민족통일의 개념에 포함될 수밖에 없다. 적지 아니한 사람들이 "월남은 공산화된 것이 아니라 통일된 것이다"라고 말하고 있다.

그러나 이것은 결코 있을 수 없는 일이고 있어서도 안 되는 일이다. 자유민주주의가 없는 통일은 자유민주주의가 있는 분단보다 못한 것이다.

서독은 동서독의 통일과정에서 이 신념을 철저하게 실천해나갔다. 그러면서도 그들은 소리없이 꾸준히 이 한길로 매진했다. 그래서 그들의 통일은 조용하면서도 알차게 영글어갔던 것이다. 이것이 독일민족의 장점이다. 조급하고 요란한 통일은 황폐의 길목에 서 있는 것이다.

(10) 결 론

계약이나 협상은 체결되는데 의의가 있는 것이 아니라 실천되는데 그 가치가 있는 것이다. 그래서 Pacta sunt servanda(약속은 지켜져야 한다)라는 원칙은 동서와 고금을 초월하여 인정되는 진리인 것이다. 그리고 약속의 준수는 약속한 자의 인격과 자세에 달려 있는 것이다.

그러므로 6.15 남북협상 준수의 성공여부는 오로지 김정일위원장의 마음에 달려 있다. 북한의 체제와 문화를 살펴볼 때 이것은 명백 이상으로 명백한 것이다. 통일의 시기만 김정일위원장의 마음에 달린 것이 아니다. 6.15 남북협상의 전 운명이 그의 마음에 달려 있는 것이다.

나는 이 점에 관한 나의 솔직한 심정을 털어놓으려고 한다. 김정일위원장을 폄하할 생각은 전혀 없다. 또 그렇게 해야 할 이유도 없다. 내 나름으로는 나라사랑의 마음으로 나의 염려를 말하고 싶은 것뿐이다. 나는 나의 염려가 기우로 되기를 바라면서 나의 견해를 피력하고자 한다.

김정일위원장은 세계를 공포와 경악의 구렁텅이로 몰아넣은 6.25 전쟁, 청와대 무장습격 기도, 아웅산 폭거, KAL기 폭파 등에 대해서 북한을 대표하여 정치적 책임과 도덕적 책임을 져야 할 사람이다. 이것은 김위원장이 그 점에 대하여 현실적인 책임을 지라는 말이 아니다. 이 무서운 사건들에 대해서 김정일위원장이 종래 보여주었던 자세와 들려주었던 논리를 이제 앞으로 깨끗하게 버려야 한다는 말이다.

그렇게 하지 아니할 때 6.15 남북협상의 실천에 대한 김위원장의 말을 신뢰할 수 없게 된다. 신뢰가 없어질 때 협약은 없는 것과 다름없다. 6.25 북침론에서 6.25 열강책임론으로 바뀐 것으로는 김위원장에 대한 신뢰가 생겨나지 않는다. 더구나 6.25 사태를 민족해방 성전으로 각색하는 상황하에서는 생각할 수도 없는 일이다.

김위원장이 러시아대통령에게 한 말 즉 "미사일 생산을 줄이겠다"는 말은 농담으로 한 것이라고 우리 언론사 대표들에게 털어놓았다. 이것은 우리를 경악케 만드는 말이다. 러시아대통령에게 한 것이 거짓말(농담)이든지 남한의 언론사 대표들 앞에서 한 말이 거짓말(외교적 언사)이든지간에 이것은 중대사건이 아닐 수 없다. 어느 쪽이 거짓말이든간에 김위원장은 신뢰를 받을 수 없는 사람이 될 수밖에 없다.

한반도 통일의 시기는 자기 마음에 달렸다고 하는 말도 교만하고 무례하기 짝이 없는 것이다. 예의와 범절을 지키지 아니하는 사람은 믿을 수 없는 사람이다.

"을지연습이 강행되면 사태는 6.15 공동선언 이전의 상태로 돌아갈 수 있다"라는 '조평통'의 선언은 내정간섭의 단계를 훨씬 벗어난 것이다. 그것은 과거 북한이 즐겨 쓰던 '피바다'에 버금가는 위하적 언사이다. 이런 일이 계속되면 "사태는 6.15 공동선언 이전의 상태로 돌아갈 수 있다는 것을 명심해야 한다.

을지연습에 대한 북한의 경고 못지않게 우리를 분노케 하는 것은 북한의 경고에 대한 정부의 대응자세이다. 조평통이 을지연습 시행 이틀 전에 위 경고를 내린 것과 우리 정부가 그 훈련의 규모와 성격을 바꾸어, 언론이 말하는바 '껍데기만 남은' 을지연습을 실시한 것 사이에는 연관이 있다. 이것이 언론들의 시각이다.

그 중에는 "이 정부에 과연 최소한도의 안보의식이 있는가?"라는 문제를 제기하고 있는 시각도 있다. 정부가 예년과는 달리 을지훈련 홍보자료도 내놓지 않고 '몰래하듯 하는 을지연습'에다 (국민들에게) '정부가 쉬쉬'하라고 말하고 있다는 것이 언론들의 분석이자 불만이다. 언론은 한 걸음 나아가서 "그런 훈련은 도대체 왜 하는지 모르겠다"는 분노를 터뜨리기도 한다.

국군장병들도 정부의 이러한 을지훈련의 규모, 성격의 변경에 대해서 불만을 토로하고 있다. "군인을 보고 훈련하지 말라고 하는 말은 학생을 보고 공부하지 말라는 말과 같은 것이다"라는 소리가 밖으로 새어나오고 있다. 철저한 규율과 통제 속에서 생활하는 군인으로서는 생각할 수 없는 말이다.

언론은 정부가 을지연습 실시에 대해서 "줏대를 가지고 있나?"라고 탄식하고 있다. 우리의 자존과 긍지가 짓밟히고 있다는 말이다. 이와 같은 생각을 가지고 있는 국민들이 예상외로 많다고 하는 점에 주의를 기울여야 한다. 우리에게 이러한 피해의식과 분노가 있는 한 6.15 협상의 앞날이 밝기만 한 것은 아니다.

우리 정부 안에 재북 국군포로와 재남 반공포로를 동일시하고 있는 인사들이 있다고 하는 것도 국민들의 분통을 건드리는 요인이 되고 있다. 남한이 반공포로를 북송해주지 않는 것이나 북한이 국군포로를 송환해 주지 아니하는 것은 똑같다는 말이다. 이것은 말이 안 되는 말이다. 간악한 악의에서 나온 말이 아니면 철저한 무지에서 나온 말이다. 반공포로는 공산주의를 혐오하면서 북한으로 가지 않겠다는 결단을 내린 애국적인 대한민국 국민이다. 국군포로가 북한에 남겠다는 의사표시를 언제 했는가?

우리나라에는 '국군포로와 반공포로'를 동일시하는 논리 외에 또 우리를 분노하게 하는 다른 주장이 있다. 그것은 '납남인사'(拉南人士)가 있고 '북파간첩'이 있다는 주장이다.

납북인사의 송남을 희망한다면 납남인사의 송북도 함께 해야 한다는 것이 그들의 논리이다. 이러한 주장을 펴는 사람들은 남파간첩의 송환을 꺼리면서 어떻게 해서 북파간첩의 송환을 기다릴 수 있는가? 라고 주장한다.

남한이 북한사람을 납치해왔다는 것은 S.F소설보다 더 황당무계한 공상소설이다. 남한이 언제, 북한의 누구를, 무엇 때문에 납치해왔다는 말인가?

그리고 만약 북파되었다가 잡힌 남한의 간첩이 있다면 북한이 그를 지금까지 살려두었다는 것은 생각할 수 없는 것이다. 아래에서 살펴보게 될 북한의 선언에 의하면 이 의문에 대한 정확한 해답은 저절로 얻어질 수 있다. "북한에는 남파간첩이 없다"는 것이 그 선언의 내용이다.

북한에 전쟁포로와 납북인사가 없다는 북한의 궤변에 대해서는 이미 살펴보았다. 북한은 그 궤변을 정당화하기 위해서 다음과 같은 논리를 전개하고 있다. '우리에겐 지난 조선전쟁 시기 남조선 괴뢰들의 반인민적인 통치에 항거해 공화국 품으로 이거한 이전 괴뢰장병과 민간인이 있을 따름'(98년 6월 조평통 대변인 성명)이라고.

우리가 이러한 능멸적인 궤변을 듣고도 말 한 마디 하지 않는 것이 민족통일에 기여하는 것인가?

정부는 "국군포로가 없다"는 말에 국민들의 항의가 거세지자 "국군포로도 광의의 이산가족에 포함되므로 이산가족 문제로서 다룬다"라고 답변한다. 정부가 이러한 대북자세를 가지고 있는데 어떻게 해서 국군포로(납북인사) 송환이 이루어질 수 있는가라고 걱정하는 국민들이 예상외로 많다는 것을 명심해야 한다.

그러나 문제는 다른 곳에 있다. '남조선 괴뢰들의 반인민적인 통치에 항거해서 공화국의 품으로 이거한(해서 애국자가 된) 이전의 괴뢰장병과 민간인'을 북한이 '이산가족'으로 봐줄 것이냐 하는 것이 문제이다.

지난 장관회담 때에는 남북한 대표의 격이 문제로 부상했다. 북한의 조선일보 폭파선언과 야당총재에 대한 비상식적인 폭언에 대해서도 국민들의 분노와 비난이 비등했었다. 그러나 우리는 북한의 비위를 거스르지 말아야 한다는 이유 때문에 할말도 제대로 하지 못하고, 끓어오르는 분통을 억지로 식혀왔다. 6.25 전쟁, 아웅산 참사, KAL기 폭파, 그 어느 것에 대해서도 우리는 입을 다물어야 한다고 말한다. 그러나 언제까지 일방적인 인내와 양보가 강요되어야 하는가?

우리가 이렇게 참는 것이 마땅하다면 북한도 우리의 비위에 거슬리는 언동을 삼가는 흉내라도 내야 할 것이 아닌가? 적지 않은 사람들이, 우리는 북한의 비위를 거스르는 일만 삼가하고 있는 것이 아니라, 북한의 비위를 맞추기 위해서 노력하고 있는 것이 아닌가 하는 의심을 품고 있다. 이것은 우리가 깊이 생각해봐야 할 문제이다. 6.15 협상정신의 올바른 성취를 위해서 말이다.

제3장. 총선시민연대의 활동과 정도정치(正道政治)

1. 총선시민연대의 활동

(이 글은 월간중앙 2000년 9월호에 실렸던 것이다)

(1) 서 론

나는 총선시민연대 활동과 같은 탈법적 행위가 예찬되는 곳에는 법치주의를 부인하는 데서부터 시작하는 독재주의의 온상이 자리를 잡게 된다는 신념을 가지고 있다.

그러나 나의 이 주장은 총선시민연대 활동을 긍정적으로 평가하는 사람들이 모조리 국가보안법 위반행위를 예찬하는 사람들이라는 뜻을 함축하고 있는 것은 아니다. 더구나 그러한 신념을 가지고 있는 사람은 모두 다 자유민주주의 부정론자이거나 나아가서 공산주의 혁명론의 동조자라는 의미도 아니다.

한때 우리 사회를 휩쓸었던 총선시민연대의 활동은 그 활동의 적법성 여부에 관한 논란만을 우리에게 남긴 것이 아니다. 총선시민연대의 활동를 어떻게 평가하느냐 하는 문제는 법치주의와 자유민주주의를 어떻게 보느냐 하는 문제와 직결되는 것이다.

그것은 또 국가보안법을 어떻게 다루어야 하는 문제와도 불가분의 관계를 가지게 되는 것이다.

그러한 견지에서 총선시민연대의 활동을 돌이켜보는 것이 의미있는 일이라고 생각한다.

기대와 우려, 흥분과 냉담이 뒤얽힌 전국적 소용돌이 속에서 치른 제16대 국회의원 선거도 끝나고 이제 국민들이 평온을 되찾은 것 같다.

이번 국회의원 선거는 우리로 하여금 많은 것을 얻게 하고 우리에게서 많은 것을 빼앗아갔다고 느껴진다. 인간은 지난날에 얻고 잃은 것을 차분히 되새기면서 이것을 역사적 교훈으로 삼을 줄 아는 데서 그 참된 가치를 인정받을 수 있다고 본다.

그러한 역사적 평가라는 면에서 지난 선거 때의 총선시민연대의 활동과 거기에 대한 국민들의 반응을 차분하게 성찰하는 과정이 있어야 한다고 생각한다. 총선시민연대의 활동과 거기에 대한 언론과 여론의 뒷받침은 그야말로 '폭풍과 노도'(Sturm und Drang)와 같은 것이었다고 할 수 있다.

우리의 눈과 귀에 감지될 수 있는 것은 총선시민연대의 목소리와 활동상황 그리고 이를 환영하는 국민들의 호응뿐이었다. 다른 견해를 피력하는 소리가 사람들에게 들려지게 한다는 것은 불가능한 일이었다.

이제는 그러한 격량의 시기가 지나가고 우리 자신을 차분히 되돌아볼 수 있는 여유가 생겼다. 그래서 총선시민연대의 공과를 성찰해보는 것은 의미가 있는 일일 뿐 아니라 이것은 마땅히 해야 할 일이라고 생각한다.

총선시민연대의 소리만이 들리던 때를 '正'(또는 即自-an sich)이라고 하면 우리는 지금 '反'(또는 對自-fuer sich)의 소리를 내야 한다. 그래야만 조화와 균형이 이루어질 '合'(또는 即對自-an und fuer sich)이 달성되는 것이다. '정'과 '반'을 지양(止揚-aufheben)하여야 한다는 말이다.

그러므로 우리 사회의 건전한 변증법적 발전을 위해서도 이제는 총선시민연대에 대한 긍정론만을 펴지 말고 부정론에 귀를 기울여야 할 때가 되었다고 생각한다.

총선시민연대의 문제점을 항목별로 살펴보고자 한다. 이 문제점은 총선시민연대의 집행위원장으로 일하던 박원순변호사의 말을 중심으로 생각해본다. 박원순변호사는 총선연대의 활동면이나 이론체계 정립의 면에서 총선연대를 대표하는 사람으로 알려졌다. 총선연대는 박원순변호사이고 박원순변호사는 총선연대라고 하는 인식이 두루 퍼져 있었다는 말이다.

그는 깨끗하고 유능한 법조인으로 알려져 있다. 나도 같은 생각을 가지고 있다. 그러나 총선연대의 철학과 활동에 대해서 그는 이를 '正'으로 보고 나는 '反'으로 평가한다.

(2) 총선시민연대 활동의 불법성

총선시민연대의 근본적인 문제점은 그 활동이 불법적이라고 하는 사실에서 찾아야 한다. 월간중앙 2000년 3월호는 총선시민연대가 이번 선거에서 보여준 역할을 이렇게 평가하고 있다. "일반인들에게는 시민단체는 이제 정치판도 일거에 뒤엎어 버리는 힘있는 집단으로 인식되고 있다. 낙천·낙선운동에 대한 국민적 관심과 여론의 지지는 총선시민연대측의 선거법 위반사건을 수사하는 검찰의 자세마저 조심스럽게 만들었다"(53면). 총선시민연대는 그 사실을 인정하고 자신의 그런 힘에 대해서 긍지를 가지고 있었다

총선시민연대의 활동에 대하여 제기되는 가장 큰 문제는 시민연대가 무슨 권한으로 그런 막중한 권한을 행사했는가 하는 점에 있다. 총선시민연대는 이 점에 대한 명분론을 다음과 같이 펴고 있다.

"우리 정치가 절체 절명의 위기상황을 맞고 있습니다. 이 위기는 정당 차원의 위기나 정치권 내부의 위기가 아니라 우리 정치 전반의 총체적 위기입니다. 우리 정치는 국민과 철저하게 분리되어 있으며 국민적 요구를 대변하지 못하고 있습니다. 부패하고 타락한 정치의 일그러진 모습은 우리 정치권의 일상의 얼굴이 되었습니다. 그 결과 정치가 당면하는 개혁과정에서 개혁을 촉진하고 지원하기보다는 오히려 개혁의 발목을 잡으며 해방 이후 최대 국난인 IMF를 극복하는 과정에서도 소모적인 갈등과 정쟁으로 국민의 불신과 지탄을 자초하였습니다". 총선연대는 국회와 국회의원들이 그동안 국민들의 신뢰를 얻지 못하였다는 이유를 들어서 참신하고 유능하며 양심적인 국회의원의 선출을 위한 국민운동의 전개는 국민적 요청이고 시대적 사명이라는 명분을 내세웠다. 위 총선연대

의 집행위원장 박원순변호사는 이 점에 대해서 구체적인 설명을 다음과 같이 하고 있다.

"선거 감시운동 등을 해봐도 효과가 없었습니다. 부정하는 사람은 여전히 부정하고 적발되는 것은 송사리뿐인데 그마저 흐지부지되는 것이 다반사였습니다. 유권자들이 선거판 부정조차 제대로 바로 잡을 수 없는 상황에서 국회는 가장 부패한 집단으로 지목된 채 정책을 세우거나 비전을 제시하지 못했습니다. 중요한 법안일수록 이해관계자들의 로비에 의해 좌절되거나 변질되고 반개혁적 법안이 통과되는 것을 목도하면서 시민단체들은 절망을 느꼈습니다. 그런 상황에서는 뭔가 원천적인 변화가 불가능하다는 결론에 이르렀고 그 결과가 바로 의원들에 대한 인적 청산을 의미하는 낙천·낙선운동이었습니다"(위 월간지 54면).

그러나 총선연대의 단정이 옳은 것이라고 하더라도 그 사실만으로는 그 활동의 공익성과 정당성에 대한 담보가 될 수 없다. 이것은 너무나 명백한 일이다. 그렇다면 총선시민연대가 주장하는 바와 같은 건곤일척의 혁신을 가져올 중대한 사명을 총선연대에 맡긴 사람은 누구인가? 총선연대 회원들의 애국심과 사명감이 자신에게 그러한 임무를 맡겼다고 한다면 이것은 교만과 자기과신의 발로이다. 총선연대의 위 성명은 마치 쿠데타를 통해 집권한 군사정부가 기존 정치권에 대하여 추상같이 내리는 질타나 선언과 같다. 무슨 근거로 총선연대가 이러한 막강한 권한을 행사한 것인가?

총선시민연대 회원들은 자신들의 행위의 정당성을 '혁명적 결단'에서 찾고 있다. 그들은 자신들이 펼친 공천반대·낙선운동을 '조용한 유권자 혁명', '국회를 진정한 국민의 심부름꾼들로 채우는 선거혁명', '유권자선거혁명'으로 규정하고 있다(공천반대자 선정의 변 5,6면. 공천반대자 2차 명단 선정 취지 5면).

'혁명'이란 말은 정치적 용어이다. 그리고 낡은 구질서를 타파하고 새로운 가치의 구현을 뜻하는, 긍정적인, 의미로 쓰여질 때가 있다. 그러나 그것은 성공한 혁명(?)을 미화할 때 쓰여지는 말이다. '혁명'의 고유한 의미는 '비합법적 수단으로 국체·정체 즉 기본질서를 변혁'하는 것을 뜻한다.

국회의원 선거를 혁명의 차원에서 다루는 것도 문제이지마는 불법적인 수단을 통해서라도 자신의 주장과 목적을 관철하겠다는 것은 자유민주주의와 법치주의의 원칙에서 용납할 수 없는 폭거이다. 박원순변호사도 총선시민연대의 활동이 불법적인 것이라는 사실을 시인하고 있다. 그의 말을 옮겨본다.

"처음부터 법 위반을 목적으로 한 것이 아니라 온당하고 정당한 법질서를 회복하기 위해 불가피하게 법을 어긴 셈이 됐다는 게 저희의 기본입장입니다. (감옥에) 들어가면 면회 한 번 오세요"(위 월간지 54면). 이 말은 자신의 행위가 교도소에 수감될 정도의 중대범죄라는 사실을 알면서도 선거혁명을 이루기 위해 비장한(?) 각오로 공천·당선 반대운동을 편다는 말이다. 감옥에 갈 각오가 되어 있다는 그의 말이 진심이 아니라고 하면 그는 실정법을 농담거리로 보고 있는 셈이 된다.

그는 같은 면접기사에서 이렇게 말하고 있다. "그 후에 벌어지는 선거법 위반이나 명예훼손 등의 법적 책임은 얼마든지 짊어질 각오가 돼 있습니다"(위 월간지 60면).

그런데 그는 같은 면접기사에서, 위의 발언과는 정반대의, 말을 하고 있다. 그 말을 옮겨본다. "실정법이라고 하는 말 자체가 과거 군사정권에서 사용됐던 법률용어입니다. 실정법이란 이른바 자연법에 대비되는 용어인데요. 말씀하신 그런 실정법이라는 관점에서도 우리는 법을 위반하지 않았다고 말씀드리고 싶습니다. 우리가 하는 것은 헌법상 보장된 참정권의 핵심이자 공정한 선거와 정치개혁의 본질입니다. 이것은 법을 법답게 만들기 위한 합법 합헌운동이지 결코 불법운동이라고 생각해본 적이 없습니다" (위 월간지 60면).

'실정법'(positive law, positives Recht, droit positif)이 '자연법'(natural law, Naturrecht, droit naturel)에 대한 대립개념이라는 것은 맞는 말이다. 그러나 '실정법'이라는 말이 '군사정권에서 사용했던 용어'라는 말은, 얼토당토아니한, 무지와 무책임의 소산이다. 동서고금을 막론하고 '성문법'과 '관습법'이 있는 곳에는 항상 '실정법'이 있어온 것이다.

총선시민연대는, 실정법에 대한 개념을 혼동하고 있는 것과 꼭 마찬가지로 자신의 활동에 대한 적법·불법의 판단을 혼동하고 있는 것이다.

사회의 정화를 위하여 부정을 배척하여야 한다는 것은, 이론(異論)의 여지를 허용하지 아니하는 만고의 진리이자 불변의 원칙이다. 그러나 부정의 방법으로 부정을 척결한다는 것은 결코 용납될 수 없다. 이것은 민주주의와 법치주의의 생명이고 철학이다. 민주주의와 법치주의를 포기하면서까지 척결하여야 할 부정은 없다. 민주주의와 법치주의는 최고의 가치이다. 그러므로 그것을 희생시키는 것은 최악의 부정이다.

총선시민연대 회원들은 자신들의 행위가 민주주의와 법치주의를 희생시킬 정도의 중대한 범죄는 아니라고 주장할 것이다. 그러나 "법을 다소 위반하더라도 부정은 척결되어야 한다"는 신념은 이미 민주주의와 법치주의를 근본적으로 부인하는 철학에서 출발하는 것이다.

그리고 위 회원들의 행위는 '법을 다소 위반'하는 단계의 범죄행위가 아니다. 법이란 것은 총선시민연대 회원들의 안중에 아예 없다고 봐야 할 것이다. 총선시민연대는 자신의 활동에 대한 사회의 반응을 이렇게 보고 있다.

"여야 정치인의 상당수는 총선시민연대의 낙천 낙선운동을 시민단체의 본분을 벗어난 불법적 행위로 매도했습니다. 그러나 이와는 정반대로 유권자의 대다수는 폭발적인 지지와 관심을 보여주었습니다"(공천반대자 선정의 변 5면).

그러나 국민들의 건전한 양식을 대변하는 원로 언론인들은 "(총선연대가) 법의 테두리를 벗어나 선거운동을 벌인 것은 잘못입니다", "민주주의를 외치면서 국민의 눈을 가로막고 중간 심판한 것은 국민투표권을 방해한 행동입니다"라고 말하고 있다.

중앙선거관리위원회는 전체회의를 거쳐서 총선시민연대의 활동이 법에 위반된다는 점을 들어서 수차례 고발고치를 하였다. 그렇다면 총선시민연대의 활동은 자유민주주의 사회에서 용납되지 아니하는 범죄행위라고 볼 수밖에 없다.

(3) 단체선거관여활동의 한계

민주주의 국가에서는 국회의원 선거에 관한 국민들의 다양한 의견의 표출이 허용되어야 하는 것은 당연한 일이다. 개인의 목소리는 물론 단체의 의사도 자유롭게 발표될 수 있어야 한다. 그러므로 각종 이익단체 또는 지역단체도 자기들 나름의 의견과 요구를 발표할 수 있다.

그러나 총선시민연대는 그러한 이익단체 또는 지역단체의 영역을 훨씬 넘어선 것이다. 총선시민연대는, 총 470여 개의 단체로서 구성되고 10만 명을 바라보는 회원을 가지고 있다고 주장한다.

총선시민연대가 이렇게 엄청난 조직과 방대한 활동영역을 장악하고 있는 이유가 무엇인가? 그 이유는 간단하다. 국회의원 선거에 대해서 총선시민연대의 의사를 물리적으로, 권위적으로 관철시키겠다고 하는 결의 때문이다.

어느 단체의 활동범위의 결의가 이 단계에 이르게 되면 그것은 의사집결기구가 아니고 압력단체가 되는 것이다. TV, 신문 할 것 없이, 매일같이 총선연대의 활동상황과 그 활동의 적법성 여부에 관한 논란에 대한 보도를 하기에 여념이 없었다. 총선연대가 공개적인 불법집회를 개최하거나 자전거 순례 캠페인을 하면서 특정후보의 낙선운동을 하고 있는 모습을 언론들이 경쟁적으로 영상과 기사로 연일 소개하였다. 이것은 단순한 관심의 고조 때문이 아니고 압력적 분위기의 조성을 위한 것이었다고 봐야 할 것이다.

총선연대 참여단체는 473개로 이루어진 것처럼 되어 있지만 각 지역에 산재되어 있는 단체지부가 각 독립단체인 것처럼 계상되었다. 이 사실은 박원순집행위원장도 시인하고 있다. 그는 한 걸음 더 나아가서 "총선시민연대를 주도하는 단체는 서울의 1,20개이며 나머지는 지지참관단체적 성격을 갖는다고 보면 될 것이다"라고 말하고 있다(월간조선 3월호 접견기록).

<2000년 한국민간단체 총람>은 2만여 개의 민간단체를 소개하고 있다. 총선연대 참여단체 중 이 총람에 수록되지 아니한 것이 99개에

이르고 있다. 그리고 위 참여단체 중에는 한 사람이 여러 단체의 대표로 되어 있는 경우가 17개이고 여러 단체의 주요임직원으로 중복되어 있는 인사가 80명 이상이다. 왜 이렇게 숫자놀음에 신경을 써야 하는가? 이유는 간단하다. 수의 마력으로 국민의 여론을 끌고 가겠다는 것이다.

이렇게 허다한 형식적 문제 외에도 총선연대는 본질적인 문제점을 안고 있다. 그것은 남의 부정, 부패와 부도덕성을 질타하고 있는 총선연대 자신은 얼마만큼 법률적으로 도덕적으로 완전한가 하는 문제이다. 총선연대 참여단체들이 정부로부터 받아온 '사업계약'금의 규모와 내용이 지속적으로 문제되고 있다. 총선연대의 일부단체가 "기업체의 약점을 미끼로 돈을 뜯었다"는 의심의 소리는 끈질기게 나돌았다. 그리고 총선연대 참여자들 중 상당수가 제2건국위·민화협·대통령 자문정책 기획위원회·감사원 부정방지 대책위원회에 참여했다. 또 총선연대 단체회원들의 전과 공개도 끝까지 이루어지지 않았다. 시민단체의 한 핵심맴버가 어느 날 갑자기 여당의 비례대표 후보에 오른 것은 그 단체의 순수성을 의심받게 하는 요인이라 할 것이다. 이 모든 사실은 참여연대의 실체를 어둡게 하는 것들이다.

국회의원을 선출하는 일은 원천적으로 유권자의 몫이다. 국민이 주권자로서 자기책임하에 국정수임자를 선택하는 것이다. 제3자는, 개인이나 단체를 불문하고 유권자와 주권자의 선택을 위한 의견 또는 정보를 제공하는데 그쳐야 한다. 그러나 의견의 진술 또는 정보의 제공을 넘는 것은 간섭이고 강요이다. 단체의 권위나 다중의 위력으로 자기의사를 발표하는 행위는 바로 그러한 간섭이고 강요이다. 우선 총선시민연대의 출발점과 발상이 근본적으로 잘못된 것이다. 그것은 국민과 유권자의 선택 능력을 불신하거나 경시하는 데서 비롯하였기 때문이다.

개인이나 단체가 입후보자(또는 그 예상자)에 대하여 자신의 의견을 표현하는 행위는 합법적인 절차와 제한에 따라서 해야 한다. 그리고 그러한 행위는 근본적으로 후보자(또는 그 예상자)에 대한 정보제공의 선에서 한정되어야 한다.

정보제공은 대다수의 유권자가 모르고 있는 사실을 공개함으로써 유권자의 선택에 참고가 될 만한 사항을 알리는 것이다. 그런데 총선시민연대가 후보자들에 대하여 낙천·낙선 대상자로 삼는 사유들은 웬만한 사람이면 다 아는 사실이 허다했다. 그러므로 그것은 하나도 새로운 정보가 아니다.

그런데 위 회원들은 후보자들에게 붙인 낙천·낙선 사유가 마치 새로운 정보나 되는 것처럼 국민을 오도하는 홍보와 선전의 방법으로 유권자를 교육 향도했다. 이것은 국민을 우민으로 보고 유권자의 여론을 자신들의 의견과 일치하게 하려는 착상에서 비롯한 것이다.

모택동은 중국의 소위 '홍위병'이 처음으로 발생했을 때 '造反有理'의 논리로 그들을 격려했다. "(홍위병들이 기성세대에 대하여) 반대하고 저항하는 것은 충분한 이유가 있다"는 것이었다. 총선시민연대의 '특정 국회의원 후보자 집중 낙선운동'의 논리에 대한 변호론과 대단히 유사하다. 홍위병의 난동은 그 당시 성공적인 효과를 거둔 것 같았다. 그러나 오늘날 홍위병 운동은 전세계의 국가는 물론 중국에서까지 부정적인 평가를 받고 있다는 점을 주시하여야 한다. 더구나 놀랄 일은 홍위병들 자신들이 모택동에 의하여 배척당하고 그 말로도 비참하게 끝났다고 하는 사실이다.

공천시민연대(피고 박원순)는 총선연대와 홍위병의 활동이 서로 유사하다는 사람들의 말에 대하여 다음과 같은 주장을 펴고 있다. "뭐 눈에는 뭐만 보인다는 얘기가 있잖습니까? 저는 그분들이 홍위병시대에 살고 있는 분들이라고 생각합니다. 그렇지 않고서야 시민단체들의 활동을 보고 어떻게 그런 생각을 떠올릴 수 있겠습니까?(위 월간지 59면) 홍위병과 같이 볼 구석이 전혀 없음에도 불구하고 특정정파의 총재가 얘기를 한다는 이유만으로 그것을 집중 부각시키는 것은 문제죠. 안 그렇습니까?"(위 61면)

총선시민연대가 자신을 홍위병과 대비하는 점에 대하여 얼마나 신경질적인 반응을 보여주고 있는가 하는 것을 명백히 보여주는 대목이다. 그것이 총선시민연대의 가장 큰 약점이자 아픈 부위이기 때문이다. 총선시민연대를 '홍위병과 같이 볼 구석'이 왜 없는가? 이 두 기구의 활동은 두 가지 점에서 완전한 일치점을 보여주고 있다.

첫째는 둘 다 보수기존질서의 부정·부패를 척결한다는 명목으로 혁신세력이 일으킨 혁명운동이다. 둘째, 두 운동이 모두 정의와 혁명의 실현을 위해서는 실정법의 위반이 용인되어야 한다는 신념을 내세우고 있다. 이만하면 위 둘은 하나라고 봐야 할 것이다.

정치계의 부정·부패가 아무리 심각한 단계에 놓여 있고 정치계의 척결이 아무리 화급을 다투는 상태에 이르렀다고 하더라도 그것을 해결하여야 하는 기관은 따로 있다. 사법부와 정부기관 그리고 국민과 유권자가 그 일을 담당하도록 되어 있다. 총선시민연대가 이러한 직무를 수행할 수 있는 길은 전무하다.

(4) 총선연대의 낙천·낙선 대상자 선발기준

총선연대의 주장에 의하면 "현역 정치인의 70%를 교체하여야 한다"는 것이 '국민의 여론'이므로 총선연대는 그 올바른 여론을 실천에 옮기기 위해서 위 낙천·낙선운동을 전개한 것으로 된다. 심지어 "정치권에서의 '다선'과 '중진'은 곧 나태와 불법의 경력을 의미한다고 해도 과언이 아니다"라는 극언을 늘어놓고 있다.

총선시민연대가 자신의 판단에 책임을 지려고 하면 공천반대·당선반대자 명단 중 현역의원의 수도 '70%'선을 지켜야 할 것이다. 그런데 실제에 있어서 현역의원 중 공천반대·당선반대 명단에 들어간 사람의 비율은 34%에 그치고 있다. 70%와 34%의 차이는 무슨 논리로 설명할 것인가?

이렇게 되다보니 낙선 등 대상자 선정기준의 신뢰성이 문제로 떠오르게 된다. 박원순위원장의 말을 들어본다. "저희도 명단 자체가 100% 정당성을 갖고 있다고 주장하는 것은 아닙니다. 실제로 이번에 작업을 해본 결과 그러한 성격의 명단은 아무리 애써도 결코 완벽하게 만들어질 수 없다는 걸 느꼈습니다. 결국 형식적·외형적 기준으로 나아갈 수밖에 없습니다. 부정적 요소와 긍정적 요소를 결합해 평가하는 것은 더

어렵습니다. 그렇게 되면 굉장히 자의적일 수 있거든요. 오히려 선거법 위반, 부패전력, 헌정질서 파괴 등의 형식기준을 세워놓고 그것을 기계적으로 밀고 갈 수밖에 없었던 측면이 분명 있습니다"(57면).

많은 국민들이 총선시민연대가 1) 국회모독 발언의원 또는 여성편력 정치인, 2) 금품수수 등 비리사건으로 처벌받은 인사, 3) 재판 계류중인 인사 4) 총선연대 자신이 '철새 정치인'으로 보고 논란이 많았던 인사를 배척대상에서 배제한 사유에 대해서 의문을 품고 있다.

그런 반면 1) 보수지향성을 가진 정치인, 2) 국보위에 참여한 사실을 무조건적 배척의 사유로 삼은 것은 부당하다고 생각한다.

총선연대는 언론의 강력한 공개요구에도 불구하고 낙선 대상자를 최종결정한 소위 '100인 유권자위원회'의 정체를 끝까지 밝히지 않았다. 이것은 무엇을 뜻하는가?

총선연대의 부실한 기준설정과 불공정한 활동에도 불구하고 그 낙천·낙선운동이 선거에 영향을 미친 것이라고 하면 그것은 중대한 의미를 가지는 것이다. 국회의원 입후보자로서는 선거에서의 당락이 생사의 문제와 같은 것이다. 총선연대의 행위는 이솝우화에서 개구리를 향하여 생각없이 돌을 던지는 소년들의 행위와 같은 것이다. 그리고 낙선된 후보자들은 소년들이 던지는 돌에 맞아 목숨을 잃는 개구리와 같은 운명을 짊어지게 된 것이다.

박원순위원장은 이 사실을 솔직하고 겸허하게 시인하고 있다. 그의 인간적인 고백을 옮겨본다. "이번에 낙천대상으로 지목된 분들에게는 저는 개인적으로 정말 죄송한 생각을 갖고 있습니다. 그분들이 큰 역사의 움직임 속에서 희생당하는 부분이 분명 있습니다. 그에 대해서는 개인적으로는 너무 서글프고 가슴 아픕니다"(60면).

(5) 선거혁명공약의 성취

총선시민연대는 제16대 국회의원 선거에 대하여 어느 정도의 책임을 질 용의가 있는가 하는 점에 대하여 명백한 답변을 해야 할 것이다. 16

대 국회의원 선거는 역대 국회의원 선거투표율에 비해서 어처구니없는 저투표율의 선거가 되었다. 흑색선전, 비방, 금전살포, 관건동원 등 부정선거 운동이 판을 친 것으로 보도되고 있다. 입건된 선거사범은 평시의 4배에 이르고 있다. 지역감정의 표출은 극한상황에 이르렀다. 공천시민연대의 혁명공약은 어디로 갔는가?

선거의 열풍이 지나자 제16대 국회의원 후보자들이 사용한 선거비용 문제가 국민들의 중대관심사로 떠올랐다. 후보자 전원이 법정 선거비용 한도액(1억2,600만 원)의 선거비용을 쓴 것으로 선관위에 보고했다. 국회의원 당선자들은 평균 8,775만 원을 썼다고 보고했다. 이 돈은 법정선거비용 한도액의 69.6%에 해당한다. 도하의 일간신문들은 연일 이 문제를 크게 다루고 있다. 언론은 당선자들의 말을 믿을 수 없다고 한다.

그렇다면 그동안 총선연대가 벌인 그 격랑의 의미는 어디에서 찾을 것인가? 그 많던 선동적인 대중집회, 형형색색의 구호와 현수막, 국민들의 눈을 어지럽게 한 전국적 순회행진, 이 모든 것은 불성실하고 부정직한 국회의원을 탄생하기 위해 이루어졌던 것으로 되고 만다.

박원순위원장은 총선이 시작되기 직전에 자신의 심정을 이렇게 토로했다. "시민단체들이 정치를 개혁하자고 운동을 벌이고 있는데도 곳곳에서 온갖 부정선거가 판치고 있습니다. 선거운동기간이 되면 더 심해질 겁니다. 이러한 상황에서 그래도 지금까지 우리 사회에서 양심적 목소리를 내온 시민단체들의 발목만 묶는 게 말이 됩니까? 우리가 나섬으로써 선거판이 혼탁해진다면 우리도 양보해야 합니다"(54면).

이 말은 제16대 국회의원 선거의 결과를 미리 훤히 바라보면서 예언한 것이나 다름없다고 할 것이다. 그의 약속처럼 이제 총선연대가 '양보'할 차례가 되었다고 본다.

총선시민연대는 자신의 결정적 영향 아래 선출된 16대 국회의원들의 인품, 정치적 능력과 활동 및 청빈성에 대해서 자신있게 이를 확인할 수 있는가? 총선시민연대는 386세대 국회의원 당선자들의 주연 보도기사를 보고 무엇을 느꼈는가?

총선시민연대는 시민단체의 선거관여활동과 그 결과에 대한 단체의 책임에 관하여 다음과 같이 말하고 있다. "당선운동은 낙선운동보다 훨씬 위험한 운동입니다. 우리가 추천한 사람이 나중에 전력상 문제가 있었음이 밝혀지거나 후에 어떤 부패한 행동에 개입한다면 시민단체가 그 책임까지 지게 되거든요. 이러한 현실적 우려 때문에 외국에서도 시민단체의 선거운동은 당선운동이 아니라 낙선운동으로 전개됩니다"(59면-박원순위원장).

당선운동과 낙선운동이 결과에 대한 책임의 면에서 서로 다르다는 논리는 무엇을 근거로 한 것인지 알 수 없다. 엉뚱한 사람을 당선시킨 단체가 그 결과에 대해서 정치적·도의적 책임을 져야 하는 것은 당연하다. 그러면 훌륭한 후보자를 낙선시키는 반면 부적격 후보의 당선에 결과적으로 기여를 한 단체가 책임을 지지 아니해도 좋은 논리가 어디서 나온 것인가? 총선연대의 이러한 판단력과 가치관이 제16대 총선을 멍들게 한 것이다.

언론의 보도에 의하면 집권당의 당선자 연수회에서 다음과 같은 의견이 제출되었다고 한다. "중요 국정의 공론화 과정에서 시민운동단체의 적극적 참여를 유도하고 여론 중심의 국정운영으로 국정 방해세력에 대한 국민적 견제수단을 강화해야 한다"라는 것이 그 의견이다.

'국정 방해세력'은 무엇을 뜻하는가? 그것은 국회 밖에 있는 유권자나 시민단체, 지역단체를 지목하는 것이 아니다는 점은 명백하다. 집권당이 염려할 정도의 '국정 방해세력'은 국회 또는 국회의원의 조직체일 수밖에 없다. 총선연대의 요란한 '선거혁명' 활동에도 불구하고 제16대 국회의원 중에는 '국정 방해세력'이 어느 때보다 두드러지게 늘어났다는 말이다. 총선연대가 이러한 결과를 노리고 '선거혁명'론을 내세웠다면 결론은 하나뿐이다. 총선시민연대는 '국정 방해세력'을 만들어내기 위한 '선거혁명'을 주도한 것이라는 말이다.

그것이 아니라면 남은 정답은 하나뿐이다. "국회가 '국정 방해세력'의 온상이 되면 '국정에 대한 시민단체의 적극적 참여'가 불가피하게 됩니다". 총선시민연대의 목표는 이것이었다고 봐야 할 것이다. 이 해답이 맞는 것이라고 하면 총선시민연대는 '선거혁명' 운동을 전개할 것이 아니라 '국회해산, 직접민주주의 실현' 활동을 했어야만 옳다고 생각한다.

총선연대가 선거혁명을 일으켜 국회를 새롭게 하였다고 자랑하고 있는 제16대 국회의 모습을 살펴본다.

총선연대가 내건 선거혁명론에 가장 부합되는 386세대 국회의원 후보자의 상당수가 16대 국회에 진출하였다. 그들은 바로 총선연대가 내세운 이상적인 국회의원상의 원형이라고 할 것이다. 그런데 386세대 국회의원 중 상당수가 5.18 광주사태 기념 전야제로 술좌석을 벌인 끝에 보여준 언동은 많은 국민들에게 분노와 실망을 안겨주었다. 이것은 제16대 국회의원의 인품과 윤리성을 평가하는 중요자료가 된다고 생각한다.

제16대 국회가 구성된 후 초재선 의원들이 주역을 담당한 청문회에 대한 국민과 언론의 평가는 합격점에 이르지 못한 것이 사실이다. 새 국회에서 일어나고 있는 언어의 폭력과 부끄러운 사태는 옛날 국회의 그것과는 차원이 다른 것으로 느껴진다. '대정부질문 낙제점', '바람 잘 날 없는 국회', '국회 또 상극' 이런 것들이 중요일간지의 기사제목이다.

드디어 총선연대와 많은 점에서 의기가 투합되는 것으로 알려진 서영훈 민주당 대표마저 16대 국회를 '진짜 개판 국회'라고 불렀다. 한 중요일간지 신문은 사설의 제목을 '〔개판〕 국회'라고 붙이고 서영훈대표의 말에 맞장구를 쳤다.

"선거혁명의 결과가 이렇게 나타난 것이라고 하면 총선연대의 선거혁명은 어디에서 그 정당성의 근거를 찾아야 할 것인가. 총선연대가 명분 없는 일을 하기 위해서 전 국민을 폭풍과 노도의 황야로 몰아넣은 것이라고 하면 총선연대는 이 점에 대한 책임을 져야 할 것이다".

(6) 국회의원 부정·부패에 대한 책임의 소재

총선연대는, 전술과 같이, 현역 정치인의 70%가 교체되어야 한다는 '국민의 여론'을 자신의 정당성의 출발점으로 삼고 있다. 그런데 문제는 교체되어야 할 70%의 국회의원들이 하늘에서 떨어진 것도 아니고 땅에서 솟아난 것도 아니라는 점에 있다. 그들은 모두 국민의 손을 거쳐서 뽑힌 선량(選良)들이다. 그렇다면 오늘의 정치권의 부정·부패에 대하여 근본적인 책임을 져야 할 사람은 '현역 국회의원'들이 아니고 '국민'들이다. 국민들에게만 그 책임을 물을 수 없다고 치자. 그러나 국민들은 정치권의 부정·부패에 대하여 국회의원과 더불어 공동책임을 져야 한다는 것이 최소한도의 윤리적 요청이다.

그런데 총선연대는, 정치권의 부정·부패에 대한 공동책임자의 하나인 '국민'의 여론에 관해서는 정치권 정화의 기준과 근거로 삼는 반면 같은 공동책임자의 하나인 '국회의원'에 대해서는 선거혁명의 대상으로 삼아야 하는 이유가 무엇인가?

(7) 결 론

많은 국민들이 총선연대의 설립목적, 방대한 기구운영의 경비출처에 대하여 큰 의혹을 가지고 있는 것이 사실이다. 그러므로 총선연대는 남을 평가하는 입장에만 서지 말고 자신을 먼저 살필 줄 아는 단체가 되어야 할 것이다. 회원들의 정치적 배경, 성향과 앞으로의 활동목표 등을 공개함으로써 자신도 평가의 대상이 되도록 하여야 할 것이다.

총선연대는 국회의원 선거와 관련하여 이익단체 또는 지역단체의 하나로서 자신의 의사를 결정하고 선포하는 단계를 지나서 자신의 의사를 관철시키려고 노력하는 압력단체로서 활동하였다. 이것은 우리의 헌정질서가 용납하지 아니하는 것이다. 그런 의미에서 총선연대야말로 헌정질서 파괴단체이다.

이러한 헌정질서 파괴단체가 주도적인 영향력을 행사해서 만든 제16대 국회는 온전한 국회가 되기 힘들다고밖에 볼 수 없다. 온전치 않는 국회가 자유민주주의의 사활문제가 걸려 있는 국가보안법을 다룬다는 것은 매우 부적절한 것이라고 보여진다.

2. 정도정치(正道政治)와 의원임대(議員賃貸) 그리고 국가보안법

(이 글은 한국논단 2001년 3월호에 게재되었던 것이다)

(1) 서 론

2000년은 우리 모두에게 어두움과 괴로움을 안겨준 한 해였다. 한 때 한반도는 6.15 정상회담의 장밋빛 희망으로 꽉 찼었다. 그러나 그 후 이 땅의 정치·경제·사회 전체를 강습한 총체적 위기로 말미암아 온 국민은 좌절과 실의에 빠져 있다. 그래서 신사년 새해를 맞이하는 우리는 모두 불안과 한숨으로 가슴을 졸였다.

2001년은 새해 정초에 발표된 김대중대통령의 신년사는 온 국민에게 신선한 충격을 주었다고 나는 생각한다. 대통령은 새해를 '국민을 위한 영광의 해, 희망의 해'로 만들겠다는 국정지표를 밝혔다. 듣기만 해도 가슴이 벅찼다. 김대통령은 이 국정지표를 달성하기 위해서 '정도(正道)의 정치', '원칙의 정치'를 펴나가겠다는 결의도 함께 다짐했다. '정도와 원칙의 정치'가 있는 곳에 '영광과 희망'은 저절로 있게 마련이다. 그래서 국민들은 가슴 뿌듯했던 것이다.

그렇기 때문에 우리는 대통령이 선포한 '정도의 정치'가 구체적으로 어떤 정치인지 확실히 알지도 못하면서 무조건 새해에 희망과 기대를 걸어보았다. 궁금증과 함께...

김대통령의 '정도정치'가 선포된 지 며칠 되지 아니한 때 세칭 '의원임대' 또는 '의원꿔주기' 사태가 대한민국의 전국토를 강타했다. 이 사태발생과 때를 같이해서 소위 안기부(현 국정원)의 안전기금 유용사건에 대한 수사가 강도 높게 진행되고 있다. 이에 대해서 야당은 묵은 20억 원 + 문제의 제기와 함께 정치자금 전체에 대한 총체적 수사를 요구하고 나섰다. 언론과 세인들은 이 사태를 '3김＋1이의 싸움'으로 평가하고 있다.

언론은 '현재의 한국정치 시계는 0'이라고 보도하고 있다. 그러나 우리 정치상황은 시계(視界) 또는 시야(視野)의 자연현상으로 설명될 수 있는 차원을 훨씬 벗어났다. 전쟁이라는 사회현상의 차원으로 돌입한 것이다.

우리나라 원로정치인 한 사람의 현 시국관을 옮겨본다. "여야가 막말을 하면서 막가고 있다. 적국(敵國)이라도 이렇게까지는 하지 않는다. 국민은 안중에도 없다. 누구를 위해 정치가 존재하는지 근본부터 깊이 생각해야 한다. (여야 모두) 하루빨리 이성을 되찾아야 한다".

3김＋1이의 싸움이 전쟁보다 더 처절한 상태에 돌입했다는 말이다. 김종필 자민련 명예총재는, 적어도 이 전쟁 당사자 중 한두 사람은, 독사라고 하는 평가를 하고 있다. 소름이 끼치는 말이다. 우리 정치는 이처럼 "너 죽느냐 나 죽느냐" 하는 살벌한 사생결단의 장으로 전락했다는 것이다. 가슴 아픈 일이다.

3김 중의 하나로 꼽히고 있는 전직대통령 한 사람은 현 대통령을 겨냥하여 '다 썩어빠진 칼자루를 쥐고 흔드는, 완전히 이성을 잃은 도둑'에 비유하고 있다. 그는 또 김대중대통령을 '부정축재자', '정치보복의 화신(化身)'이라고 부르는 한편 그의 최근 통치행위를 '발악적 행위'라고 단정하고 있다. '의원임대'는, '정도정치'가 될 수 없다는 말이다. 우리는 참으로 무서운 세상에서 우리가 살고 있다는 느낌을 가지지 않을 수 없다. 이런 차원에서 2001년도에 들어와서 숨가쁘게 전개되는 우리 정치상황(경제상황은 고찰의 대상에서 제외한다)을 염두에 두고 국가보안법 개폐논쟁의 허실을 살펴보고자 한다. 이 일은 김대통령의 2001년도 연두사에서 주창한 '정도정치'를 중심으로 전개하고자 한다.

언뜻 생각해보면 정도정치와 국가보안법간에는 아무런 관련이 없는 것 같기도 하다. 정도정치는 말 그대로 정치다. 국가보안법은 법률이다. 정치는 정치이고 법률은 법률이다. 그러므로 정치 논리가 국가보안법 논리로 바뀔 수 없고 국가보안법 논리가 정치 논리를 대신할 수 없다.

그럼에도 불구하고 내가 정도정치라고 하는 정치 논리를 다루는 곳에서 국가보안법 논리를 전개하는 이유는 따로 있다. '정도정치'는 우리 정치의 현주소를 밝히 보여주는 좌표이다. 정도정치가 참으로 정도정치일 때 우리 국가보안법의 검토는, 국민의 기대에 부응하는, 바람직스러운 것이 될 것이다.

그러나 우리의 정도정치가 정도정치에서 벗어날 때 국민들은 국가보안법을 다루게 될 정치권에 대해서 불안을 느끼지 아니할 수 없게 되는 것이다.

나는 그런 의미에서 앞으로 국가보안법 개폐문제를 다루게 될 정치권의 현주소를 살펴보는 일이 무엇보다도 귀중한 일이라고 생각한다. 국가보안법의 본질과 기능을 다루는 이 저서에서 정도정치를 특별히 따로 떼어서 고찰하는 이유는 여기에 있다.

(2) 속칭 안전기금 횡령사건에 대한 수사의 성격

정치인들이 벌이고 있는 이 부끄럽고 끔찍한 싸움판 중의 하나가 최근 불거진 속칭 안전기금 횡령사건의 싸움판이라고 생각한다. 이 점에 대한 근본적인 문제는 수사기관이 밝힐 일이지만 우리가 짚고 넘어가야 할 일이 하나 있다고 생각한다. 그것은 아직까지 공론화되지는 않았으나 언젠가 한 번은 살펴보아야 할 과제라고 생각한다. 그것은 김대통령이 국가안전기금의 유용을 안 시점이 언제냐라고 하는 문제이다.

김대통령은 "대한민국의 안전보장 업무를 총괄하는 국정원(전 안기부)의 예산을 횡령하는 행위는 용서받을 수 없는 중대범죄이다"라고 선언했다. 지당한 말이다. 국가의 안전기금 유용사건에 대해서는 그 발생 시기나 범죄 인지시기를 가리지 아니하고, 오로지 중벌로 다스려야 한다는 것이 국가적 당위이다. 그러므로 지금 문제가 되고 있는 안전기금 횡령범죄에 대해서도 대통령이 그러한 범죄행위를 언제 알았느냐 하는 것은, 원칙적으로, 아무런 의미를 가질 수 없다.

그렇다면 왜 유독 이 사건에 대해서만은 대통령의 범죄 확인시기가 관심의 대상이 되어야 하는가 하는 문제가 제기될 수 있다. 그 이유는 다음과 같다. 먼저 대통령이 이회창 신한국당 총재와 여야 영수회담을 개최할 생각을 가지기 전부터 그러한 사실을 알고 있었다고 가정해본다. 여야 영수회담이 예상했던 만족한 합의에 이르렀다고 하더라도 지금 강행되고 있는 매서운 사정한파는 반드시 일어나게 되어 있었을까 하는 질문은 매우 흥미 있는 가상질문이다.

대통령이 말하는 국가안전기금 횡령범죄의 악성을 생각한다면 마땅히 그래야만 한다. 그러나 한편 그렇게 된다면 영수회담은 하나마나하는 모임이 되고 마는 셈이다. 대다수의 국민들은 무엇 때문에 그런 영수회담을 혼신의 힘을 들여가면서 열어야 하는가라고 생각할 것이다.

그래서 회담이 만족스러운 합의에 이르게 되면 "안전기금 횡령사건은 덮어두기로 한다"라는 묵계나 계획이 있었는가 하는 점도 한번 생각해 봐야 한다고 본다. 만약 그렇다고 하면 이것은 국정원 예산 횡령사건에 뒤지지 않는 중대한 범죄행위에 해당하는 것이다. 그래서 이 문제는 해결할 수 없는 고통과 모순을 국민들에게 안겨주게 되는 것이다.

다음으로 김대통령도 영수회담 개최 전에는 이 사실을 전혀 모르고 있다가 그 회담이 결렬된 후에야 비로소 알게 되었더라고 하는 가상을 해본다. 만약 "그렇다"라고 하는 것이 정답이라고 하면 또다른 문제에 봉착한다.

대통령이 1,000억 원을 넘는, 방대하고 복잡하게 얽혀 있는, 국정원의 공금횡령사건을 언제 보고받아서 며칠 사이에 그 내용을 완전히 파악했는가 하는 것이 의문의 핵이다. 국민들은 이 사건 발표의 주체와 발표시기에 따라서 사건의 내용, 횡령금액, 재원, 사건 관여자가 달라지거나 변질되어가는 것을 보고 고개만 갸우뚱거리고 있는 상태에 이르렀다.

그래서 국민들은, 대통령이 충분한 상황판단을 하기 전에, 영수회담 실패에 대한 실망과 분노로, 사건의 발표를 서둘러 한 것이 아닌가 하는 의구심을 가지게 된 것이다. 대통령이 이번 사건에 관하여 충분한 검토를 한 것이라고 해답하려고 하면, 전술과 같이, 영수회담 자체의 정치윤리성의 문제에 봉착하지 않을 수 없게 된다. 이래 저래서 이 문제는 대통령과 국민들에게 커다란 고민, 좌절, 분노를 안겨주고 있다.

(3) 정도정치(正道政治)

나는 한국의 사회현실과 정치상황에 관해서 언급하려는 생각을 가지고 있지 않다. 그것은 내 능력과 관심을 벗어난 일이기 때문이다. 나는 다만 법학도의 한 사람으로서 김대통령이 선포한 '정도정치'의 본체와 세칭 '의원임대'의 성격을 살펴볼 필요가 있다는 생각을 품고 있다.

나는 정도정치란 바로 법과 양식의 터 위에 시행되는 정치를 말하는 것이라고 믿고 있다. 그렇다면 '의원임대'가 바로 '정도정치'의 산물인가 하는 문제를 살펴보려는 것이 이 글의 목적이다. 나는 그 이외의 다른 목적이나 생각을 전혀 가지고 있지 않다는 것을 독자들이 믿어줄 것이라고 기대한다.

정도(正道)는 정당한 도리 또는 이치를 뜻하는 것으로 알려져 있다. 그러므로 정도는 곧 조리(條理)이다. 조리를 독일어로는 'Natur der Sache', 불어로는 'nature des choses'라고 하고 라틴어로는 'naturalis ratio'라고 한다. 그 어느 나라 말이든 '사물의 본성'이라고 번역될 수 있는 말들이다.

'사물의 본성'이라는 말은, 쉽게 말해서, '사회통념'·'상식' 또는 '신의성실'이라고 풀이될 수 있다고 생각한다. 그러므로 '정도의 정치'란 '건전한 상식인이 수긍할 수 있는 정치'를 뜻한다고 볼 수 있다. 그렇다면 우리의 관심의 초점은 오늘 한국사회의 정치적 쟁점이 되고 있는 속칭 '의원꿔주기'가 '건전한 상식인의 수긍'을 받을 수 있는 정치인가 하는 문제로 귀착된다.

나는, 이 문제를 살펴보기에 앞서서, 짚고 넘어가야 할 어휘의 문제가 하나 있다고 생각한다. 문제삼아야 할 어휘는 '의원임대' 또는 '의원꿔주기'라는 말이다. 나는 이러한 어휘가 우리 정치문화 속에서 없어져야 하는 말이라고 생각한다. 우리의 치부를 드러내주고 있는 말이기 때문이다.

우리는 국회에서 법안이나 의안을 변칙적인 방법으로 통과시키는 것을 '날치기 통과'라고 부른다. '날치기 통과'는 부끄러운 일이고 따라서 없어져야 하는 우리의 아픔이다. 그러나 국회가 아무리 바람직하지 못한 방법으로 의안을 통과시켰다고 하더라도 국회의원은 국민들이 뽑은 국민의 대표자이고 국민의 얼굴이다. 우리의 대변자를, 우리 스스로, '소매치기', '들치기'와 같은 범죄인의 대열에 세운다고 하면 그들을 뽑은 국민은 무슨 '치기'가 되어야 하는가? 언어는 우리의 의식과 가치관을 그대로 나타내는 것이다.

국회의원을 '들치기', '소매치기'로 보는 것이 부당한 것이라면 국회의원을 임대의 대상으로 보는 것은 얼마나 부끄럽고 무례한 일인가? '소매치기'나 '들치기'는 그래도 사람이다. 그러나 '임대'의 대상은 '물건'이다. '의원임대'라는 용어 자체가 우리 정치의식의 현주소를 보여주는 것이 아닌가 하는 암울한 생각을 해본다. 그 말이 우리의 뇌리에서 깨끗하게 없어져야 한다는 내 주장의 근거는 바로 여기에 있다.

(4) 의원 당적이전의 주역

의원꿔주기란 말의 뜻을 살피는 일은 이 정도로 끝내고 이제 본론으로 들어가고자 한다. 민주당 세 의원의 당적변경이 몰고 온 정치적 대혼란의 실체를 살펴보자는 것이다.

먼저 국민들이 제일 궁금하게 생각하고 있는 점부터 살펴보자. 그것은 문제된 세 국회의원의 당적변경이 어느 선에서 결정된 것인가 하는 점이다. 이 점에 대해서 당사자인 세 의원은 한결같이 이번의 결행이 자신들의 '독자적 결단'에 의한 것이라고 선언하고 있다. 이 '역사적 결단'에 대해서 민주당은 물론 자민련 고위당직자와도, 어떤 명목의 사전조율도 거치지 아니하였다는 것이다.

김중권대표는 "(그 점에 관해서) 나와 상의한 일이 없다. 사전에 알지 못했다"라고 말하고 있다. 청와대 정무수석은 "전혀 몰랐던 충격적인 일이다"라고 말한 것으로 보도되었다. 자민련 지도부의 답변도 마찬가지다. 민주당은 물론 당적을 옮긴 세 의원과 사전에 여하한 의견교환도 한 일이 없었다는 것이다.

이 문제에 대한 대통령의 답변은 매우 우회적이고 함축적인 뜻을 담고 있는 것 같다. "세 사람을 자민련에 보내고 싶지 않았지만 다른 길이 없었던 것 같다"라는 것이 대통령의 말이다. "세 사람을 보내고 싶지 않았다"라고 하는 부분을 들어보면 그가 세 의원의 자민련행을 사전에 알고 있었던 것처럼 느껴진다. 그러나, 남의 이야기하듯, 다른 길이 없었던 것 같다라고 말한 부분을 들어보면 대통령이 그들의 당적이전이 끝난 후에 보고를 받은 것처럼 느껴지기도 한다.

나는 일단 세 의원들과 양당의 고위 당직자나 청와대측의 발표를 사실이라고 받아들이기로 한다. 그런데 그렇게 하는 경우 엄청난 충격적 사건이 발생한다. 지금 우리 사회는 세 의원의 당적이전으로 말미암아 일대 혼란이 일어나고 있다. 국민을 대변하는 중책을 맡고 있는 국회의원들이, 그것도 세 사람이, 소속정당의 중진들과 아무런 상의 없이, 자기들 마음대로, 이러한 대변란을 일으킬 정치적 결단을 내린 것이라고 하면 이는 중대사건이 아닐 수 없다.

그러나 그것보다 더 중대한 문제가 있다. 그것은, 나라를 뒤흔들 정도의 정치적 격랑을 유발한, 중대사건이 진전되고 있었는데, 방대한 조직과 엄청난 힘을 가지고 있는 집권여당과 청와대가, 이것을 전혀 눈치채지 못하고 있었다는 것은 무엇을 의미하는가? 하는 문제다. 이는 생각만 해도 끔찍한 일이 아닐 수 없다. 북한이 무장간첩을 내려보내고 핵무기를 양산하고 무력남침을 위한 군사력 배치를 진행되고 있는데 이 정부와 집권여당이 이것을 모르고 있었다면 국민들은 어떻게 하여야 하는가?

여당 소속 국회의원 세 사람이 집단적으로 당적을 이탈하는 일과 북한이 무력남침준비를 하고 있는 것 중 사전에 발견하기 쉬운 것은 어느 쪽인가? 이것은 우리에게 절망감을 안겨주는 질문이다. 그런데도 국민은 이 사건을 사전에 전혀 몰랐다는 집권여당과 청와대의 말을 무조건 그대로 믿어야만 하는가?

민주당의 일부 중진은 세 의원의 당적이탈 사실을 사전에 몰랐다는 당의 주장을 "국민들이 믿겠느냐?"라며 문제제기를 했다는 보도가 있다. 어떤 당간부는 "지도부가 여론을 너무 모르는 것 아니냐?"라는 볼멘소리를 내었다는 말도 들린다.

김근태최고의원은 "(세 의원의 당적이전에 대하여) 여론이 부정적이고 비판적이며, 이번 일이 정치 불신의 계기가 된 것을 겸허히 수용해야 한다"는 발언을 했다는 보도도 있다. 김홍일의원마저 이번 사태에 대해서는 문제의식을 가지고 있는 것으로 알려졌다. 그렇다면 "사전에 몰랐다"라는 당지도부의 말을 쉬 믿을 수 없다고 생각하는 국민을 나무랄 수 있는 사람은 없다고 할 것이다.

(5) 정도정치와 당적이전

당지도부나 청와대가 세 의원의 당적이탈을 사전에 알았는가 몰랐는가 하는 문제에 대해서는 더이상 논란을 벌이지 않기로 한다. 보다 더 근본적인 문제를 살펴보기 위해서다. 보다 더 근본적인 문제란 세 의원의 당적이탈이 '정도정치'냐 하는 과제를 푸는 일이다. 그리고 이 문제는 세 의원의 당적이탈이 단독결정에 의한 것인가? 아니면 당지도부의 사전 양해하에 이루어진 것인가? 하는 사실은 문제삼지 아니한다는 전제하에서 살펴보기로 한다.

첫째, '정도정치'의 제창자이자 그 실천책임자인 김대통령은 세 의원의 당적이탈이 '광의의 정도정치'에 속한다고 언명했다. 이 말을 들은 국민들은 당혹감을 금할 수 없었다는 것이 나의 솔직한 심정이다. '광의의 정도정치'란 도대체 어떤 것인가? '광의'의 정도정치가 있다면 '협의'의 정도정치도 있어야 할 것이 아닌가? 그렇다면 '협의의 정도정치'란 무엇인가? 의문은 꼬리에 꼬리를 물고 끝없이 이어진다.

가치를 나타내는 명사에 형용사를 붙이면 엉터리 가치가 탄생한다는 것은 적지 않은 사람들의 판단이다. 그 전형적인 예가 '민주주의'라고 하는 가치이다. 민주주의는 우리가 가치 중에서는 최고 지상의 가치로 봐야 한다는 점에 대해서 이의를 제기할 사람은 없다고 생각한다.

그러나 지고 지선의 가치인 민주주의에도 형용사가 붙게 되면 그 민주주의는 변질되고 만다. 우리는 '교도민주주의'(guided democracy)라고 하는 엉터리 민주주의를 알고 있다. '민족적 민주주의'라고 하는 사이비 민주주의도 겪어봤다. 그러나 민주주의 중에서 가장 가공할 만한 기망적 민주주의는 '인민민주주의'라고 하는 가짜 민주주의이다. 그것은 전혀 민주주의가 아니다.

　나는 '광의의 정도정치'가 '인민민주주의'처럼 '사이비 정도정치'라는 주장을 펴기 위해서 이 논리를 내세우는 것이 아니다. 그러나 '광의의 정도정치'가 '진짜 정도정치'에 들 수 있다는 보장은 어디에서도 찾을 수 없다고 하는 점에 우리의 아픔이 있다.

(6) 의원의 당적이전에 관한 민주당의 자기평가

　민주당의원들의 당적이전에 관해서 집권당 수뇌부는 일단 "여론도 환영할 것이다"라고 자평한 것으로 보도되고 있다. 그런데 신한국당의 평가는 이와 정반대다. "이 사건으로 정의 · 진리 · 자유민주주의는 김대통령과 거리가 먼 단어가 됐다"는 것이다.

　민주당의원들의 당적이전을 '의원임대극'(議員賃貸劇)으로 폄하하고 이는 '대통령의 체면이고 국민의 비판이고 개의치 않겠다는 국정포기 선언'이라고 단정하기까지 하고 있다. 대통령에 대해서까지 "정신상태를 의심하지 않을 수 없다"라고 모욕적인 평을 하면서 "정계개편과 정권재창출에 눈이 어두워 나라를 DJP의 나눠먹기 대상으로 전락시켰다"라고 비난하고 있다.

　이것은 집권당을 헐뜯기 위한 야당의 악평이라고 치더라도 여론(?)은 민주당에 별로 유리하게 돌아가고 있는 것 같지 않다는 데 문제가 있다. 중요언론들이 민주당의원들의 당적이탈을 "너희는 짖어라, 우리는 간다"라는 식의 '막가파'에 비유하고 있다. 민주당이 이성을 잃고 오만과 독선으로 오기(傲氣)의 정치를 하고 있다라고 말하기도 한다. "정치지도자들이 뻔뻔스러운 거짓말로 국민들에게 냉소와 자조, 실망과 허무감을 안겨주고 있다"라고 분노하기도 한다.

　공조복원 선언을 '망국 선언'이자 국민 기만극이며 장관자리 나눠먹기를 위한 '정치야합'이라고 비난한다. 그것이 '너는 죽고 나는 살자식 사생결단의 전쟁'이자 '꼼수정치'라고 공격하기도 한다. YS는 속칭 안전기금 유용사건 수사를 '최후의 발악'이라고 욕설을 퍼붓기까지 하고 있다.

그런데 문제는 소속의원의 당적이전에 대해서 민주당이 일사불란한 평가를 하고 있지 않다는 점에 있다.

이인제최고위원은 세 의원의 자민련에의 이적이 "바람직하지 않다"고 하는 견해를 피력했다. '바람직하지 않은 정치'가 '정도정치'가 될 수 없다는 것은 너무나 당연한 사실이다. 의원의 당적이탈을 "바람직하지 않다"라고 보고 있는 정치인은 민주당 안에서도 이인제의원 한 사람에게 그치지 않고 있다. 심지어는 의원의 당적이탈 사건을 '불가피한 일'이라고 피력하고 있는 대통령 자신도 "그것이 바람직한 것은 아니다"라고 고백하고 있다.

김대통령도 이처럼 문제 많은 의원임대를 '정도정치'라고 강변하는 것은 무리한 것으로 판단한 것 같다. 그러나 그가 신년사에서 감동적으로 선포한 '정도정치'에의 미련은 포기할 수 없었던 것으로 보인다. 그래서 그는 '정도정치'의 이상과 비난받는 '의원임대'의 현실을 혼합하여 '광의의 정도정치'란 새로운 가치를 창출한 것이라고 생각된다.

그러나 문제는 대통령의 이 힘든 노고를 제대로 평가해줄 국민이 얼마나 되느냐 하는데 있다. '의원임대'는, 광의이든 협의이든, '정도정치'의 범주에 들어갈 수 없다는 것이 많은 국민들의 소박한 생각이다.

김대통령은, 이러한 상황을 염두에 두고 한 말인지는 알 수 없으나, 국회의원의 당적이전을 정당화하는 방안으로 다음과 같은 주장을 펴고 있다. "과거 여당도 그런 일을 했다"는 것이 그의 첫째 주장이다. '공동여당끼리 교섭단체를 도와준 것을 국정파괴라고 주장하는 것은 국민이 납득 못할 것'이라는 점이 그 둘째 주장이다. 그는 또 "야당의원 빼가기를 했던 한나라당은 이 문제를 비판할 입장이 못 된다"라는 말을 하기도 했다.

그러나 과거 여당이 의원 빼가기를 했다고 해서 현 정부하에서 일어나는 의원 빼가기가 정당화되는 것은 아니다. 김대통령은 과거의 정권이 하던 모든 정책을 비민주적 독재정치의 산물이라고 규탄했다. 그러한 사도(邪道)의 정치가, 정부가 달라졌다 해서, 실체를 달리하게 되는 것은 아니다.

그리고 공동여당끼리 하는 일은, 그 이유여하를 막론하고, 정당성의 인정을 받게 되는 것도 아니다. 그리고 한나라당은 전에 의원 빼가기를 했기 때문에, 의원 빼가기에 대한 비판의 자격마저 상실한다는 것도 논리의 비약이다. 그러므로 김대통령은 의원의 당적이전의 정당성을 주장하려면 지금까지의 주장과는 다른 논리를 개발하여야 하는 것이다. 이처럼 안타까운 심정을 가지고 김대통령의 '광의의 정도정치'론을 더 살펴보기로 한다.

김중권대표는, 대통령의 이러한 '정도정치' 철학을 바탕으로 하여, 의원이적이 '정국안정을 위한 살신성인의 실천이자 고육책(苦肉策)'이라고 선언했다. 김대표의 선언 속에서 '정도정치'의 실체를 찾아보기로 한다.

민주당은 앞에서 말한 바와 같이, 세 의원의 당적이탈에 관여한 일이 없다고 한다. 이것이 당의 공식적 입장이다. 그러므로 민주당에 관한 한, 처음부터 '살신'의 문제는 일어날 수 없다. 행위자가 모르는 가운데서 일어나는 살신성인은 있을 수 없기 때문이다. 그러나 대국적인 견지에서 민주당이 세 의원의 당적이탈로 '살신'에 비견할 만한 희생을 입었는가 하는 점을 살펴본다. 민주당의 중요당직자는 물론 당총재인 김대통령까지도 세 의원의 당적이전을 불가피한 결단으로 보고 있을 뿐 아니라 애당·애국적 행위라는 높은 평가를 하고 있다.

세 의원이 자살하는 사람의 비장한 심정으로 당적을 떠난 것인가? 그리고 그렇게 한 것이 '정국안정'을 위한 것이었는가 하는 문제에 대해서는 평가자의 주관적 가치관에 따라서 다른 답변이 나올 수 있다고 생각된다. 그러므로 이 점에 대해서는 언급하지 않기로 한다. 의원의 당적이전과 관련된 객관적 사실만을 살펴보고자 한다.

(7) '살신성인'(殺身成仁)의 실체

김대표는 '의원의 당적이전'을 '살신성인'에 비유했다. '살신성인'이 '의원이적'과 무슨 관계를 가지고 있는가 하는 점을 먼저 살펴본다. '살신성인'이란 자기 생명을 버려서 '인(仁)'을 이룬다는 말이다. 그것은 자기희생의 극치이자 최고의 덕이다. 그런데 여기서 생각해봐야 할 문제가 하나 있다. 그것은 이처럼 숭고한 자기희생을 결행한 주인공이 누구냐라고 하는 문제이다. 우선 민주당을 그 주인공으로 가정해보자. 민주당은 살신(殺身)한 것이 하나도 없는 것으로 보여진다.

정균환 원내총무는 세 의원의 탈당이 '기득권을 포기한 살신성인의 자체'라고 높이 평가했다. 그리고서는 "국회가 파행되고 있는 상황에서 나라도 입당할 생각이었으나 용기가 없었다"라고 자기개인의 심정을 토로하기도 했다. 그는 또 "한 달 전부터 이 문제를 해결하고 옥쇄하겠다는 마음을 품고 있었다"라고 말했다. 세 의원이 포기한 '기득권'이 어떤 것인지는 몰라도 그들의 용단(탈당)을 높이 평가한 것이다. 김옥두 전 사무총장도 우국충정에서 나온 결단으로 양당이 공조를 회복해 경제 살리기에 전념할 수 있도록 자신들의 불이익을 감수했다고 칭찬했다.

세 의원들이, 탈당이라는 돌출적 해당행위를 감행하여, 민주당을 죽음(殺身)에 이르게 하였다고 하면 민주당의 현재상황은 초상집과 같아야 할 것이다. 그런데 민주당의 어느 구석에서도 그러한 모습은 발견되지 아니한다. 오히려 세 의원의 당적이전의 덕으로 정국이 안정되고 여당(민주당)의 정국 주도권이 확보되었다고 보는 축제의 분위기가 충일하고 있다.

민주당이 세 의원의 결행을 '애당행위'라고 말할 때 그 애당의 대상은 자민련이 아니다. 민주·자민련의 공조체도 아니다. 이것은 너무나 명백한 사실이다. 결국 세 의원은 모두 다 자민련으로 당적을 옮긴 이 시점에서도 자신들은 민주당을 떠났다고 생각하고 있지 않다는 것을 공언하고 있다. 그들은 민주당으로부터 표창을 받아야 할 모범당원들이다. 해당행위를 하였다는 오명을 쓰고 징계를 받아야 할 문제당원들이 아니다.

이처럼 세 의원의 당적이전이 민주당에게 이루 말할 수 없는 기여를 한 셈이 되는데 거기서 살신의 논리가 나올 수 있다고 하는 것은 국민들에게 당혹감을 주고도 남음이 있다고 할 것이다.

만약 민주당의 말대로 이번 세 의원의 당적이탈이 민주당에 대하여

'살신'의 희생을 강요한 것이었다라고 하면 민주당은 무슨 대책을 강구했어야만 옳은가 하는 점을 살펴본다. 세 의원은, 상부와 상의도 없이 당적이탈이라는 중대사건을 자기들 마음대로 결행하여, 대한민국의 정국을 혹한과 격랑의 바다로 몰고 갔을 뿐 아니라 당을 죽음에 이르게 한 것으로 된다. 이 점에 대해서 당은 세 의원에게 마땅히 응분의 조치를 취했어야 할 것이다. 이것은 결코 형식논리가 아니다. 사물의 자연이자 도리이다.

자민련이 강창희의원에 대하여 제명결의를 했다는 것은 이 문제를 풀어보는데 중요한 시사를 주는 것이라고 본다. 강창희의원은 세 의원의 영입을 반대한 자신의 행위가 자민련을 위한 애당적 신념에서 비롯되었다는 것을 줄기차게 주장하고 있다. 그는 자민련이 오히려 자신의 충정을 이해하지 못하고 자신에게 제명조치를 취한 "죽을 짓만 계속하고 있다"면서 안타까워하고 있다.

필자가 이 문제를 제기하는 것은 세 의원의 당적이전에 대한 당부를 따지기 위한 것이 전혀 아니다. 더구나 강창희의원에 대한 자민련의 제명결정의 당부를 논하자는 뜻은 전혀 없다. 국민에 대하여 책임의식을 가져야 하는 공당은 자신이 내세우는 명분과 논리에 대해서 공명성과 일관성을 지켜나가야 한다는 말을 하고 있는 것이다.

다음으로 이번에 탈당한 세 의원이 '살신'의 주인공인가 하는 점을 살펴본다. 세 의원의 행위가 '살신'의 주인공이 되려면 그들이 이 사건 탈당행위로 말미암아 입은 유형 무형의 손실이 있어야 한다. 그런데 그들은, 지역의 유권자들로부터 "잘했다"라는 평가를 받았다고, 스스로 말하고 있다. 민주당으로부터는 그들의 당적이탈이 '애국적 결단', '정국안정을 위한 희생적 결단'이라는 높은 평가를 받고 있다. 민주당의 이러한 분위기는 당총재인 김대통령이 "(일정한 조건만 성취된다면 언제든지) 세 의원을 (당원으로) 맞아들일 수 있다"라고 한 말 가운데 잘 나타나고 있다.

그렇다고 하면 세 의원이 이번의 탈당으로 인하여 잃은 것은 아무것도 없는 것으로 된다. 남은 것이 있다면 그것은 그들의 탈당이 '애국애당의 결단'이었다는 칭찬과 '희생정신에 투철한 소신 있는 국회의원'이라고 하는 명예로운 평가뿐이다. 그러므로 죽음에 비견할 만한, 손실이 있었음을 전제로 한 '살신성인'이라는 말은 그들에게 붙여질 어휘가 아니다.

(8) '고육책'(苦肉策)의 실체

김대표는 민주당소속 세 의원의 탈당이 민주당의 불가피한 '고육책'이었다는 말을 하기도 했다. 그렇다면 그가 말한 '고육책'이란 말이 무엇을 뜻하는 것인가 하는 점을 살펴보기로 한다. '고육책'이란 '적을 속이기 위하여 자기 몸을 일부러 괴롭히는 계책'을 뜻한다. 그렇다면 민주당의 적은 누구인가? 혹시 그것이 한나라당을 뜻하는 것이라면 민주당은 정치를 정쟁으로 보고 있는 것인가 하는 질문을 받지 않을 수 없다. 또 한나라당이 적이라고 하면 김대표가 말한 고육책이란 한나라당을 속이려고 한 계략이 된다는 말이다. 한나라당을 어떻게 속이려고 짜낸 계략인가 하는 점도 궁금하다.

그리고 무엇보다도 이해하기 힘든 점은 의원 세 사람의 결행이 민주당에게 어떤 육체적 고통을 주었는가 하는 점이다. 의원이적으로 인하여 민주당이 그렇게도 애타게 바라고 있던 민주·자민련 공조가 회복되었다. 그렇다면 의원이적은 '고육책(苦肉策)'이 아니라 '감육책(甘肉策)'이 될 뿐이다.

어쨌든 한 가지 사실만은 분명하다. 그것은 이렇게 복잡하고 괴이한 문제점을 안고 있는 '고육책'이 '정도정치'가 될 수 없다고 하는 사실이다.

김대통령은 민주당이 내세우고 있는 의원탈당의 명분이 설득력을 가질 수 없다고 예견했는지 직설적인 상황논리도 펴고 있다. 그가 의원 당적이전이라는 비상사태 발생에 대한 책임을 야당에 돌리고 있다는 사실이 그것을 말한다고 볼 수 있다. 그는 "한나라당이 국회법을 지키지 않고 힘으로 막았기 때문에 이런 사태가 온 것이라고 생각한다. 내일이라도 국회법을 표결해서 통과시킨다면 돌아올 수도 있다"라고 말했다. 그러나 이 주장은 전혀 설득력을 가질 수 없다. 우선 국회 교섭단체 정족수를 줄이려고 하던 여권의 국회법 개정안이 실패로 돌아간 것은, 세인이 다 알고 있는 바와 같이, 명분과 여론의 악세 때문이었다. 한나라당의 물리적 방해 때문이 아니었다.

그리고 "내일이라도 (세 의원이) 돌아올 수 있다"라고 한 대통령의 말은 그가 세 의원들의 탈당을 '민주당에 대한 파괴행위(살신)'로 보고 있지 않다는 것을 뜻한다. 그리고 그 말은 동시에 이번 이 사태가 민주당의원의 '당적이전(이탈)사건'이 아니고 '자민련에 대한 민주당의원 임대사건'임을 인정하는 말이 되기도 한다. 그것은 정도(正道)가 아니고 정략(政略)이라고 평가받을 수밖에 없다.

강창희의원은 민주당 소속의원들의 당적이전 사건에 대하여 다음과 같이 말했다. "정도를 벗어난 교섭단체 구성에는 찬성할 수 없다. 계속해서 죽는 수를 써가면서 무리하게 교섭단체를 만들면 뭘 하나? 국민들이 받아들이지 않을 것이다". 많은 국민들이 그에게 소리 없는 박수를 보내고 있는 것도 속칭 의원이적이 '정도를 벗어난 것'이라고 보고 있기 때문이라고 생각한다.

(9) '강력한 정부'와 '여론'

(가) 강력한 정치

김대통령은 연두 기자회견에서 "강력한 정부를 만들어 힘있는 정치를 펴나가겠다"고 하는 정치적 신념을 선포했다. 대통령의 이러한 소신이 마침 민주당의원의 제2차 당적이전과 때를 같이해서 발표되었으므로 대통령이 말하는 '힘있는 정치'가 무엇을 의미하는가 하는 점에 관하여 많은 국민들은 깊은 생각에 잠기게 되었다.

사람은 누구를 막론하고 힘있는 나라와 힘있는 정치를 가지고 싶어한다. 보잘것없는 나라 무력한 정치를 희망하는 사람은 아무도 없다. 그런데 국가와 정부를 강력하게 만드는 힘이란 무엇인가? 일반적으로 군사력·경제력·사정력(司正力)을 힘이라고 부른다. 그렇다면 이러한 힘을 동원해서 통치자의 의사를 관철시키는 정치를 모두 강력한 정치로 평가할 수 있는가? 이것이 대통령의 위 선언에 대해서 국민들이 가지는 제1차적, 그리고 동시에 궁극적인 의문이다.

사실 국민들은 그런 의미에서 '강력한 정치'보다는 '올바른 정치'를 바라고 있다. '힘'보다는 '덕'을 중시하고 있는 것이다. 김대통령도 이 사실은 인정하지 아니할 수 없을 것이다. 그렇다고 하면 우리는 여기에서 역설적인 진리를 하나 도출할 수 있다. 그것은 김대통령이 신년사에서 강조한 '정도의 정치'와 그가 기자회견에서 선포한 '힘의 정치'는 모순 상충하는 것이라고 하는 사실이다. 최소한도로 그 둘은 일치하는 것이 아니다.

'강력한 정치'를 펴면서 '사도(邪道)의 정치'를 편 정권이 얼마나 많았던가 하는 것을 생각해보자. '힘의 정치'가 곧 '정도의 정치'가 아니라고 하는 사실은 누구도 부인하지 못할 것이다. 나치스의 정치와 공산독재의 정치는 강력한 힘을 배경으로 한 정치였지만 그것들은 동시에 모두 사악한 정치였다.

사실 '정도의 정치'를 펴는 정부는 저절로 힘있는 정부가 되지 않을 수 없다. 정도는 힘이기 때문이다. 그러나 힘은 반드시 정도로 통하는 것이 아니다. 정도를 걷는 정치라야 진실로 힘있는 정치가 될 수 있다.

(나) 여론정치

김대통령은 이 사실을 염두에 두고 '힘있는 정치'에 '수식어'를 붙여서 힘의 실체와 방향을 한정하고 있다. 그 수식어가 "여론을 두려워한다"는 형용사이다. 그래서 김대통령은 '국민의 여론을 최고로 두려워하는 강력한 정부'를 만들겠다고 강조했다. "국민의 소리를 두려움으로 받아들이겠다"라는 대통령의 선언에 가슴 설레는 감격을 느끼지 아니할 수 없다.

그러나 한편 대통령이 최고로 두려워한다고 고백한 여론은 어떤 여론을 뜻하는가 하는 점에 관해서 의구심이 생기는 것도 숨길 수 없다.

대통령에 대한 부정적 평가는 3개월 전의 48.2%보다 더 높은 58.8%

에 이르렀다는 것이 언론의 보도이다. 한국경제에 대한 비관적 전망은 3개월 전의 81.6%에서 85.5%로 상승했다. 김대통령이 그토록 두려움으로 받들고 있다는 여론이 무엇 때문에 김대통령에 대해서 그토록 가혹한가 하는 것은 커다란 불가사의가 아닐 수 없다.

김대통령은 이러한 여론의 배신적 속성을 미리 간파하고 "인기에 연연하지 않는다"라고 선언한 것인가 하는 생각도 해본다. 그러나 의문은 여전히 남는다. 그것은 김대통령이 정치인으로서 가장 귀하게 평가해야 할 '인기'를 포기하면서까지 추구한 '가치'가 무엇인가 하는 것이다. 다시 말하자면 그가 후세사람들로부터 '인기에 연연했던 대통령'으로 평가받고 싶지 않았다면 '무엇에 연연했던 대통령'으로 기억되기를 바라고 있는가 하는 것이다. 도무지 정답을 알 수 없다는 것이 솔직한 고백이다.

그런데 의문에는 의문이 꼬리를 물고 뒤따르는 것이 통상적인 일이다. 보통사람들은, 사람에 대한 평가에 관한 한, '인기'와 '여론'을 동일 또는 유사한 것으로 본다. 그런데 김대통령은 이 둘을 완전한 별개의 것으로 보고 있다. "인기에 연연해하지 않겠다"는 말과 "여론을 최고로 두려워한다"는 말을 같이 놓고 생각해보면 그러한 결론이 나올 수밖에 없다.

그렇다면 김대통령이 경시하는 '인기'는 무엇이며 그가 최고로 중시하는 '여론'의 실체는 무엇인가? 하는 것이 새로운 문제로 떠오른다. 이해하기 힘든 접근방법은 피하고 알아듣기 쉬운 말로 풀어나가보기로 한다. 그리고 설명의 편의를 위해서 일반론적인 원리보다 구체적인 사례를 살펴보기로 한다. 김대통령이 '인기론'과 '여론론'이 민주당의원들의 당적이전 문제와 때를 같이해서 일어났으므로 이 사건을 중심으로 이 문제를 살펴본다.

김대통령이나 그 측근의 참모들이 어떻게 보든지 그것과는 상관없이, 민주당의원들의 당적이전에 대한 국민의 여론은 부정적인 것이 사실이다. 최근 모 TV 방송국에 쇄도한 국회의원 당적이전 규탄전화가 전체 전화의 80%에 육박했다고 하는 사실은 이것을 뒷받침하는 것이라고 본다. 이 숫자는, 어떠한 논리를 따르더라도, '인기' 아닌 '여론'을 나타내는 것이라고 봐야 할 것이다.

　김근태최고의원은 "의원 3명이 자민련에 갔을 때 국민들이 깊이 불신했던 분위기가 다시 확인될 것 같아 우려스럽다"고 말했다. 조순형의원은 "여론의 지탄을 받으면서 이렇게 부자연스럽게 무리해가며 교섭단체를 구성할 것까지는 없다. 그러면 국민여론이나 정당정치가 무슨 의미가 있느냐"고 말했다는 것이다.

　장재식의원의 탈당을 국민들에게 공개하던 때 민주당이 보여준 모습은 비장한 것이었다고 말할 수 있을 것 같다. "욕먹을 것을 각오한다"라는 결단의 당심이 그것을 보여준 것이라고 봐야 할 것이다. 박상규총장은 "언론(여론)의 비난이 있더라도 어쩔 수 없다"라고 말한 것은 민주당 자신도 의원의 당적이탈이 언론(여론)에 역행하는 것이라는 사실을 알고 있다는 말이 된다.

　그렇다면 "민주당의원들의 당적이탈이 여론에 역행하고 있다"라고 말할 때의 여론과 대통령이 '여론을 최고로 두려워하는 정치'라고 말할 때의 '여론'은 어떻게 다른가 하는 것이 최고의 문제로 떠오르게 된다.

　그렇다고 하면 '여론을 최고로 두려워하는' 김대통령은 민주당 소속의원의 당적이전으로 발생한 이번 사태는 백지로 환원하든가 아니면 적어도 동일한 '여론 무시행위'는 하지 말아야 할 것이다.

　그런데 김대통령은, 나몰라라 하는 듯이, 또다른 민주당의원의 당적이전을 감행했다. 이것은 모 주요일간지의 사설제목처럼 '너희(여론)는 짖어라 나는 간다'라고 하는 것과 똑같은 행위이다. 국민들의 분노와 배신감을 더욱 부채질한 것은 민주당 박상규사무총장의 발언이다. 그는 "이번엔 거짓말하지 않고 사실대로 말하겠다. 장재식의원의 이적결정은 하루 전에 이뤄진 것이다"라고 말했다. 이것은, 대통령을 비롯해서 청와대 중요참모들과 당 중진이 제1차 때 한 말 곧, "세 의원들의 당적이전을 사전에 전혀 몰랐다"라는 것은 거짓말이었다는 것을 자백하는 말이다.

　그러나 당적이전의 주인공인 장재식의원의 말을 들어보면 고해성사와 같은 성격을 가진 박총장의 위 자백마저 거짓말이었다라는 것이 드러나게 된다. 김종필 자민련 명예총재와 함께 일본을 방문한 장의원이 도쿄에서 기자들과 만나서 한 말을 들어본다. 그는 "혼자 결심한 뒤 3-4일 전 당지도부와 협의했고 김명예총재와는 이틀 전 만나 얘기했다"는 것이다.

대통령이 신년사에서 밝힌 '정도정치'도 거짓말이고 국회의원 당적이전이 '광의의 정도정치'라는 말도 거짓말이 된 셈이다. 국민은 누구의 말을 어디까지 믿어야 하는지 전혀 알 수 없게 되었다. 신문은 "욕은 이미 먹을 만큼 먹었다. 갈 데까지 가보자"라고 말하는 민주당 당직자들도 있다라고 보도하고 있다. 이제 우리는 김대통령이 국민의 여론을 최고로 두려워한다라고 한 말도 액면 그대로 믿을 수 있는가 하는 괴로운 질문에 봉착하게 된다.

(다) 여론의 주체

여론이란 말은, 일반적으로, '사회대중의 공통된 의견'을 의미한다. 여론을 뜻하는 영어 'public opinion'이나 독일어 'die offentliche Meinung'도 같은 의미를 가지고 있다. 그러나 문제는 '사회대중의 공통된 의견'이 상품처럼 특정한 장소에 전시되어 있는 것도 아니고 그렇다고 해서 자신을 여론이라고 선언하고 나설 힘을 가지고 있는 것도 아니다. 그러다 보니 사람에 따라서 여론의 개념과 그 기능에 대한 견해가 달라질 수밖에 없다.

그러나 일반적으로 여론의 형성에 중대한 역할을 하고 있는 요인으로 첫째로 언론(매스컴)을 꼽고 그 둘째로 양식있는 사회적 엘리트를 꼽는다. 그런데 김대통령은 이 양대 여론주체에 대해서, 보통사람과 다른, 특별한 철학을 가지고 있는 것처럼 느껴지게 하고 있다는 점에 문제가 있다.

김대통령은 위 기자회견에서 자신의 언론관을 다음과 같이 나타내고 있다. "언론도 공정한 보도와 책임 있는 비판을 해야 한다. 국민 사이에 언론개혁 여론이 상당히 높은 만큼 언론계·학계·시민단체·국회가 합심해서 투명하고 공정한 언론개혁 대책을 세워야 한다".

적지 않은 우리 국민들은 한국의 언론들이 김대통령에 대해서 지나칠 정도로 우호적인 보도자세를 취하고 있는 것으로 보고 있다. 그런데 대통령 자신은 한국언론에 대한 불만이 대단하다. 놀라운 일이 아닐 수 없다.

이러한 사실은 청와대의 한 고위관계자가 설명했다는 다음과 같은 말 가운데 드러나고 있다. "김대통령의 언급은 시민단체들이 국회에 언론발전위를 구성할 것을 요구하면서 시위까지 하고 있는 현실을 지적한 것이다". 다른 청와대 참모 한 사람이 보고 있는 대통령의 언론관은 다음과 같다. "(현정부를 비판하고 있는) 언론들이 과거 독재정권시대에 무슨 비판을 했느냐, 민주적으로 하는 시대가 오니 하이에나처럼 달려들고 있다"라는 것이다.

결국 김대통령은 언론을 개혁의 주체로 보지 아니하고 있는 것처럼 느껴진다. 한국의 언론은 개혁의 대상이 되어야 하는 것으로 믿고 있다는 말이다.

적지 않은 언론들이 대통령의 언론관을 '언론 길들이기'로 받아들이려는 경향을 보이고 있는 것은 바로 이것을 나타낸다. 김대통령은 "(국민의 정부에서) 언론의 자유가 최대로 보장되고 있다"라고 선언하고 있다. 이 선언 가운데 "이런 상황 속에서 불만을 토로하는 언론들은 개혁되어야 한다"는 뜻이 담겨 있는 것이 아닌가 하는 우려를 하고 있는 사람들이 있다.

(라) 시민단체의 실체

다음으로 김대통령은 사회 일반대중도 그 전체를 여론의 주체로 보고 있지 아니하는 것으로 보인다. 그 대중 중 양식있는 엘리트만을 여론의 주인공으로 보고 있다는 말이다.

'국회에 언론발전위원회의 구성을 요구하는' 엘리트 그리고 스스로 '시민단체를 조직하여 시위행위에 참여하는' 행동인이라야 여론의 주인공이 될 수 있다는 것이다. 김대통령은 지난 총선 때 활동하던 총선시민연대 같은 시민단체가 여론의 주인공으로서 언론의 개혁, 사회 정치의 개혁을 이루어주기를 바라고 있는 것이 아닌가 하는 시각을 가지고 있는 국민들이 예상외로 많다.

당시 소위 시민단체는 무소불능(無所不能), 무소불위(無所不爲)의 단체였다. 그때도 시민단체의 활동내용과 활동목표 등에 관해서 많은 사람들이 우려의 목소리를 내었던 것이 사실이다. 그러나 그 당시 서슬이 시퍼렇던 시민단체 앞에 그런 목소리는 제대로 들리지 아니할 정도로 무기력했었다.

그러나 시간이 흐르자 상황은 달라졌다. 이제 시민단체 스스로가 지난날의 자기활동에 대해서 자성의 소리를 내기 시작했다. 시민단체 활동의 적법성, 단체규모의 적정성, 활동목적의 순수성, 회원들의 전문성, 활동기금의 공명성 등에 대해서 솔직하고 다각적인 자기비판을 가하고 있다.

그러나 이처럼 변화된 시민단체 활동모습은 아직 시민들의 시계에 들어오지 않고 있다. 많은 국민들의 뇌리에는 걱정스럽던 시민단체의 활동만이 남아 있다. 이러한 시점에서 김대통령이 새삼 시민단체의 활동에 대해서 언급하게 되자 "자라에 놀란 사람 솥뚜껑 보고 놀란다"는 속담처럼 가슴 철렁하는 국민들이 많을 수밖에 없다고 본다.

대통령은 국가질서 확립의 최고책임자로서 부디 지난 총선 때 활동했던 시민단체와 같은 단체는 생겨나지 않도록 혼신의 힘을 기울여주길 바랄 뿐이다. 그것이 법치국가가 요구하는 대통령의 최고 과제이기 때문에 많은 국민들은 이를 갈망하고 있는 것이다.

김대중대통령의 언론개혁 구상과 시민단체 옹호론에 대해서 노파심을 가지고 우려의 눈길을 보내고 있는 국민들은 바로 이 점을 주시하고 있는 것이다.

(10) 의원이적에 대한 자민련의 평가

의원이적으로 인한 최대 수혜자는 자민련이다. 그러므로 자민련이 이번의 의원당적이전 사건을 어떻게 보고 있는가 하는 점은 국민들의 관심의 대상이 되고도 남는다고 할 것이다. 이 점에 대한 김종필명예총재의 논리를 살펴본다. 그는 우선 "헌법기관인 국회의원 세 사람이 함께 움직이면 그것은 존중을 받아야 한다"라는 논리를 폈다. 그러나 명예총재의 이 논리는 전혀 설득력을 가질 수 없다고 생각한다. 국회의원 세 사람이 공동행동을 취한다는 사실과 그 공동행동의 정당성간에는 아무런 관련성이 없다.

세 사람이 아니라 30명의 국회의원이 공동행동을 취한다고 하더라도 30명이라는 숫자 때문에 그들의 공동행위가 정당성을 인정받을 수 있는 것은 아니다. 행위의 가치는 행위의 내용에 의해서 결정되는 것이다. 그 행위에 참여하는 사람의 수에 의해서 결정되는 것이 아니다. 다수의 국회의원이 합동해서 범죄행위를 저지르면 그 다수 때문에 그들의 범죄행위가 정당행위로 바뀌질 수 없다는 것은 너무나 명백한 사실이다.

김명예총재는 또 당적을 바꾼 세 의원들이 "대한민국의 정치가 이래선 안 되겠다라는 판단 아래 공동행위를 결행한 것이므로 이는 존중되어야 한다"라는 주장을 펴기도 한다. 그러나 이 논리 또한 설득력을 가질 수 없다고 생각한다. 그 세 의원이 당적이탈을 했다고 해서 대한민국의 정치가 이래야 한다라는 찬사를 보내고 있는 국민은 그리 흔하지 않다. 그렇다면 세 의원이 무슨 판단을 하고 당적이탈을 하였는가 하는 것은 아무런 의미도 가질 수 없다. 요컨대 그들의 당적이탈은 '객관적인 조리'로 평가할 일이다. 그들의 '주관적인 신념'을 따라서 평가할 일이 아니다.

김종필명예총재는 '영국 처칠경의 당적변경' 사례를 들어서 세 의원의 당적이탈을 정당화하려 하기도 한다. 그러나 그의 이 주장도 논리의 비약을 통해서 얻어진 결론이다. 우리가 상대방을 설득하기 위한 논리를 전개할 때 반드시 지켜야 할 법칙이 있다. 그것은 총론과 각론, 원칙과 사례의 순위를 결코 혼동해서는 안 된다는 것이다.

구체적인 사례·각론이 정당한가 하는 것을 살펴보기 위해서는 그것들이 일반적인 가치의 원리와 총론에 일치하는가 하는 점을 먼저 밝혀야 한다. 이 순서를 거꾸로 해서 문제된 사례와 각론이 그 원리와 총론의 산물이라는 이유를 들어서, 정당하다는 논리를 펴는 것은 위험천만한 독선으로 흐를 가능성을 내포하고 있다.

처칠경이 몇 차례 당적을 옮긴 것은 사실이다. 그러므로 "정치인이 당적을 옮기는 것은 있을 수 있는 일이다"라는 원리가 생길 수 있는 것은 사실이다. 그러나 그것을 이유로 해서 "세 의원의 당적이전은 정당한 것이다"(존중받아야 한다)라는 결론을 내릴 수는 없는 것이다.

우리가 풀어야 할 세 의원의 당적이탈 문제의 핵심은 다른 데에 있다. 세 의원의 당적이탈(구체적 사례 또는 각론)이 처칠경 당적이전의 정당성(일반적 원리 또는 총론)과 일치하느냐 하는 문제를 살펴봐야 하는 것이다. 여기서 우리가 아주 쉽게 얻을 수 있는 결론이 하나 있다. 그것은 처칠경의 당적이전과 세 의원의 당적이전 사이에는 엄청난 차이가 있다고 하는 점이다. 양사건의 사이에는 근본적으로 총론과 각론, 원리와 사례의 관계가 존재하지 않는다.

복잡한 설명은 피하기로 한다. 두 사건(처칠경의 당적이전과 세 의원의 당적이전)의 당사자들은 모두 자신들의 '소신'과 '판단'을 자기행동 결정의 동기로 들고 있으므로 이러한 주관적인 소신과 판단의 문제는 빼기로 한다.

그러나 뺄 수 없는 사실이 있다. 그것은 처칠경이 소속정당을 옮길 때마다 그는 그 전의 소속정당과 완전히 결별하고 몸과 마음이 함께 새 정당으로 옮겨갔었다고 하는 사실이다. 그런데 이 사건의 세 의원은 몸은 민주당을 떠나면서도 그 마음은 민주당에 그대로 남아 있다. 이것은 웬만한 한국사람은 다 알고 있는 공지의 사실이다.

김명예총재는 과거 한나라당이 자민련의원 세 사람을 '빼돌린' 사실을 강도 높게 비난하면서 이것이 이 사건 의원탈당을 정당화하는 명분이 될 수 있을 것처럼 말하기도 한다. 그러나 이것은 원로정치인에게 어울리지 아니한 감정적 대응논리라고 생각한다. 그가 이 말을 한 이유자체가 모호하다. 우선 생각할 수 있는 이유는 "너희(한나라당)가 했으니 우리(자민련)도 한다"라는 것이다. 이것은 보복을 뜻하는 것인지 선례를 말하는 것인지는 알 수 없으나 그 어느 것이든 그것으로 의원이적에 대한 정당화의 근거로 삼을 수는 없다.

여기서 우리가 반드시 짚고 넘어가야 할 문제가 있다고 본다. 그것은 한나라당의 민주당의원 빼돌리기와 자민련의 민주당의원 빼돌리기 사이에는 근본적인 차이가 있다고 하는 사실이다.

자민련의원들이 한나라당으로 당적을 옮겨갔을 때는 그 의원들 스스로 자민련과의 관계를 완전히 청산하고 한나라당으로 자리를 옮겨갔던 것이다. 한나라당이 그들을 빼돌리는 공작을 했느냐 안 했느냐 하는 것은 문제가 되지 않는다. 그들은 자민련을 버리고 한나라당을 선택한 것이다. 그러므로 그들에게는 다시 자민련으로 돌아간다는 생각이 추호도 없었고 실제로 돌아가지도 않았다. 이 사실을 김명예총재가 아무리 분하게 생각하더라도 그것은 김명예총재의 자존과 명예의 문제일 뿐 당적이탈의원들의 신념과 결단의 문제는 아니다.

이에 비해서 자민련으로 옮겨온 민주당의원들의 경우에 있어서는 비록 그들의 몸은 자민련으로 옮겨왔으나 그 애정과 충성심은 민주당에 그대로 남겨두고 온 것이다. 그들은, 전술한 바와 같이, 모두 "민주당을 위해서 정치적 위험을 무릅쓰고 자민련으로 옮기기로 결심했다"라고 말했다. 당적이전 의원 3명 중 한 사람은 'DJ를 위해서', 또 한 사람은 '이인제를 위해서'라고 말하고 나머지 한 사람은 '지금도 소속당은 자민련으로 바뀌었다고 생각지 않는다'라고 말하고 있다. 그러므로 구 민주당의원들의 자민련행과 구 자민련의원들의 신한국당행은 근본적으로 다른 것이다.

또 의문은 남는다. 한나라당이 자민련의 세 의원을 빼돌려간 행위에 대응하는 의원 빼돌리기를 하려면 자민련은 한나라당의 의원을 빼와야지 민주당의 의원을 빼와서는 안 되는 것이다. 그러므로 김명예총재가 민주당의원의 빼돌리기를 한나라당의 의원 빼돌리기에 대한 대항논리로 내세운다는 것은 전혀 엉뚱한 결론에 이를 수밖에 없다. 그것은 "종로에서 뺨 맞고 한강에 가서 눈물 씻는다"라는 옛말과 똑같은 것이다.

마지막으로 김명예총재는 항상 그렇게 해왔던 것처럼, 신사년 새해에도 재치있는 신년휘호를 국민들에게 공개했다. 그것은, 우리가 다 아는 바와 같이, '造反逆理'라고 하는 새로운 조성어이다. 그의 설명에 의하면 이 말이 국회의원의 당적이전과도 관계있는 것이라고 한다. 그래서 그 말의 뜻을 새겨보기로 한다.

지난 총선 때 총선시민연대의 활동이 폭풍과 노도(Strum und Drang)처럼 우리 사회를 휩쓸고 있었을 때 김종필 자민련 명예총재는 그 시민단체의 활동을 중국의 홍위병 활동에 비유했다. 그때 김명예총재는 홍위병의 난동이 홍위병 자신의 결단으로 이루진 것이 아니고 '造反有理(반란에는 이유가 있다)'를 외친, 모택동의 선동으로 말미암은 것이라고 선언했다. 그는, 총선시민연대도, 자신의 신념에 따라서 활동한 것이 아니고, 배후세력의 사주에 의해서 움직인 것이라는 용기있고 따가운 선언을 했다.

김명예총재는 조반유리를 외치면서 DJP 공조를 파괴하고 "앞으로 자민련의 사전에는 공동정부란 말은 영구히 없다. 우리는 한 번 속지 두 번 속지 않는다"라고 주장하면서 민주당과의 결별을 선언했다. 그렇게 한 자민련은 9개월만에 '造反逆理(반란은 순리를 거스른다)'라는 말과 함께 DJP 공조를 완전히 복원했다. 적지 않은 국민들은 造反有理와 造反逆理의 논리적 배경도 이해할 수 없고 DJP 공조의 이합집산의 명분도 이해할 수 없다고 말한다.

造反有理가 총선시민연대와 그 배후세력을 겨냥한 논리라는 것은 많은 국민들이 이해하면서 그 주장에는 "一理있다"(有理)고 생각했던 것이 사실이다. 그런데 造反逆理는 누구를 겨냥한 것인지 많은 국민들은 모르고 있다.

그것이 혹시 강창희의원을 지칭하는 말이라면 강의원의 배후는 누구란 말인가? '造反有理'와 '造反逆理'는 글씨 하나가 다를 뿐 다른 세 글씨는 똑같을 뿐만 아니라 어순의 배열도 똑같다. 그렇다면 '造反有理'와 '造反逆理'는 '有'와 '逆'의 차이가 있을 뿐 근본의미와 해석은 동일해야 할 것이다. 그런데 아무리 생각해봐도 '造反有理'와 '造反逆理'는 근본적으로 다른 의미를 가지고 있는 것이 아닌가 하는 생각이 든다.

'造反有理'는 배후조종자 규탄의 논리인데 비해서 '造反逆理'는 배후 없는 단독행위자에 대한 규탄논리 같다는 말이다. 그러나 이 말들이 국민에게 큰 혼란을 주는 근본원인은 다른 곳에 있다. 그것은 김명예총재의 설명을 아무리 분석해봐도 '조반유리'와 '조반역리'가 각각 어떤 경우에 쓰일 수 있는가 하는 것이 밝혀지지 않는다고 하는 사실이다.

나는 造反逆理의 말뜻이나 어문학적 의의를 따지기 위해서 이 말을 하는 것이 아니다. 造反逆理라는 말이 잘못 쓰여지는 것처럼 우리의 가치평가 기준이 흔들려서는 안 된다는 노파심으로 이것을 말해본 것이다.

(11) 결 론

김대통령은 많은 사람들을 사상에 이르게 하고 재산상의 손실을 입힌 최근의 폭설(暴雪)을 서설(瑞雪)이라고 불러서 일대소동을 일으켰다. 瑞雪은 祥瑞로운 눈을 의미한다. '祥瑞'라는 말은 '복되고 좋은 일이 일어날 징조'를 뜻한다.

그런데 사람들에게 큰 재앙을 가져온 눈이 계속 내리고 있는데 그 지긋지긋한 눈을 '복과 약속의 눈'이라고 말한다면 그것은 무슨 뜻으로 한 말이라고 생각해야 하는가? 김대통령이 서설이라는 말의 뜻을 모른다면 차라리 쉬 포기할 수 있다.

그런데 폭설의 피해를 입은 국민들이 김대통령에게서 서운한 감을 가지게 된 것은 김대통령이 그 말을 한 장소가 DJP 공조 복원을 위한 회담장이었다는 사실 때문이다. 김대통령은 오랫동안 갈망하던 DJP 공조가 이루어진다는 기쁨 때문에 폭설 피해자의 참상은 눈에 들어오지 않았던 것으로 국민들은 받아들이고 있다.

그러나 나는 김대통령의 그러한 마음가짐의 문제점이라든가 어휘사용의 적정성에 관해서 언급하고 싶은 생각을 가지고 있는 것이 아니다. 폭설을 서설이라고 우겨서는 안 되는 것과 마찬가지로 자신의 길만이 정도이고 자신의 생각을 여론이라고 강변하는 것은 궤변이 될 수밖에 없다는 말을 하고 싶은 것이다.

정부·여당에 대한 선의의 비판, 반대, 항의를 악의에 의한 욕설, 모욕, 악평으로 받아들여서도 안 되는 것이다. 더구나 지금처럼 정치·경제·사회의 모든 분야에서 가치의 전도가 위험수위에 이르렀다고 많은 국민들이 걱정하고 있는 때에는 이 점을 특별히 명심해야 하는 것이다. 가치의 기준이 명백히 정립되지 않는 곳에서는 외관상 남북교류, 구조조정, 정치개혁이 이루어진 것처럼 보이더라도 그것은 사상누각에 불과한 것이다. 그렇게 되는 경우 논리는 궤변으로 전락하고 명분(名分)은 구실(口實)로 떨어지게 되고 만다.

국민들이 언어 속에 함축되어 있는 뜻을 신중하게 생각하고 말이 곧 믿음이 되는 사회가 이 땅 위에 세워지기를 바라고 있는 이유는 여기에 있다. 그리고 우리는 말이 곧 믿음이 되는 정치가 구현될 때 국가보안법에 관한 정치권의 올바른 검토가 이루어질 수 있다고 믿는다.

부 록

1. 서 론

이 책의 부록으로 민주화운동 관련자 명예회복 및 보상 등에 관한 법률(이하 민주화법이라 한다), 제주 4.3 사건진상 규명 및 희생자 명예회복에 관한 특별법(이하 4.3 사건 특별법이라 한다)에 관련된 몇 가지 자료를 제시한다. 국회는 1999. 12. 위 양법률을 제정했다. 양법률은, 명칭의 여하와는 상관없이, 모두 다 '특별법'의 성격을 띄고 있는 법률이다. 특별법(jus special, Spezialrecht, droit special)이란 일반법(jus generale, gemeigueltiges Racht, droit general)에 대한 반대 개념이다. 특별법은 이론상 특정한 사람, 사물 또는 지역에 국한해서 적용되는 법률을 뜻한다.

그러나 필자가 위 두 법률을 특별법이라고 부르는 것은 그 법률들이, 위와 같은 통상적인 의미에 있어서의 특별법과는 다른, 독특한 특색을 가지고 있다는 것을 뜻한다. 위 법률들은, 매우 중대한 공통점을 가지고 있다. 4.3 특별법은 제주 4.3 사건에 가담하였다는 이유로 유죄확정을 받은 사람들에게 '4.3 사건 희생자'라는 명예를 부여하는 길을 열어넣고 있다.

민주화법은 '권위주의 정권'에 도전하였다는 이유로 유죄판결을 받은 사람들에게 민주화운동 관련자라는 명예를 주는 방안을 강구해놓고 있다. 전과자들의 누명을 벗겨주고 한 걸음 더 나아가서 그들에게 명예로운 새 자격을 부여하는 길을 열어놓았다는 점에서 위 양 법률은 중대한 의미의 공통점을 가지고 있는 것이다.

사법부의 판단에도 오류는 있을 수 있다. 그러므로 재판에 의하여 전과자가 된 사람들에게도, 오판을 이유로 하는, 구제절차가 있어야 한다는 것은 당연한 이치이다. 그러나 오판에 대한 구제는 법치주의적 방법에 의하여야 한다. 법치주의가 허용하는 전과자 구체절차는 재심뿐이다. 그런데 위 양법률은, 다같이, 재심절차를 거치지 아니한 채 국무총리 산하위원회로 하여금 관계 전과자들에게 4.3 사건 희생자, 또는 민주화운동 관련자로서 명예를 회복시켜주는 길을 열어놓았다.

이것은 법치주의를 파괴하는 일이고 자유민주주의를 송두리째 뒤집어 엎는 일이다. 그러므로 위 양법률들은 자유민주주의와 법치주의를 최고 가치로 받들고 있는 대한민국 헌법에 근본적으로 배치되는 위헌법률들이다.

그런 의미에서 이 법률들은 탄생하지 말았어야 하는 법률들이다. 이처럼 탄생하지 말았어야 하는 두 위헌법률들의 탄생으로 대한민국의 자유민주주의와 법치주의는 종언을 고하게 되었던 것이다.

자유민주주의와 법치주의를 다시 살리는 길은 이 두 위헌법률들을 폐지하는 것뿐이다. 위 두 법률에는 전과자들에 대한 '재심 없는 명예회복 강구'라고 하는 문제 외에도 여러 가지 법률적 문제들이 내포되어 있다.

나는 위와 같은 판단 아래 위 양법률을 중심해서 몇 가지 문제들을 이 저서 부록에서 다루어보고자 한다.

이 문제들은 대한민국의 국시와 이를 받아들이는 국민의식의 현주소를 파악하는데 큰 참고가 될 줄 안다. 자유민주주의에 대한 국민들의 신념과 결단은 대한민국의 안보에 대한 그들의 마음의 자세를 그대로 나타내고 있다고 본다.

대한민국의 안보에 대한 국민의 의식은 국가보안법에 대한 국민의 자세와 직결되는 것이기 때문이다.

2. 민주화운동 관련자 명예회복 및 보상 등에 관한 법률

(이 글은 2001. 1.20자 법률신문에 실렸던 것이다)

(1) 머리말

국회는 1999. 12. 28. 민주화운동 관련자 명예회복 및 보상 등에 관한 법률안(이하 민주화법이라 한다)을 통과시켰다. 국민회의 소속의원 105명은 같은 명칭의 법률안을 제안하였고 한나라당 소속의원 30명도 위 법률안 명칭 중 '보상' 대신 '예우 등에 관한 법률'이란 명칭을 가지고 있는 법률안을 제안한 바 있다. 그런데 행정자치위원회는 위 두 법안을 폐기하고 위원회 대안을 본회의에 제안하였다. 본회의는 이 행정자치위원회 대안을 통과시켰다.

이 법률은 민주화운동을 '이 땅에 민주주의 헌정질서를 뿌리내리게 하기 위한 활동'이라고 선언하고 있다. 그러나 위 법률은, 민주화운동을 한 사람의 명예를 회복해주고 그들에게 필요한 보상을 한다는데 대하여 문제를 제기할 사람은 아무도 없을 것이다. 그 명칭과는 달리, 민주주의 가치관에 어긋나는 문제점들을 안고 있다는 것이 나의 견해다. 그 이유를 아래에서 살펴본다.

(2) 진짜 민주주의와 가짜 민주주의의 차이점

우리가 통상 민주주의라고 부르고 있는 기본가치의 정식명칭은 자유민주주의다. 많은 사람들이 자유민주주의(Liberal Democratismus)를 하나의 체제 또는 가치로 인식하고 있다. 그러나 그것은 자유주의(Liberalismus)와 민주주의(Democratismus)라고 하는 두 개의, 그것도 서로 상충하는, 정치체제와 가치를 결합시켜놓은 원리를 일컫는 말이다.

민주주의는 국가권력의 원천을 국민에게서 구하는 세계관에서 출발한다. 이래서 민주주의는 국민주권의 원리, 참정권 보호의 원리, 평등의 원리로 발전해간다. 이것은 참여의 원리이자 긍정의 원리이다.

이에 비해서 자유주의는 국가권력의 비대와 절대화를 견제하여 국민(개인)의 자유를 보장하려는 정치원리를 말한다. 그래서 자유주의는 필연적으로 권력분립의 원리, 법치주의의 원리, 기본권 보장의 원리로 발전하게 된다. 그러므로 그것은 이탈의 원리이자 부정의 원리이다.

국민(개인)은 민주주의에 의하여 국가로 승화하고 자유주의에 의하여 자신으로 복귀하는 것이다. 참된 민주주의가 숙명적으로 자유민주주의가 될 수밖에 없는 이유는 바로 여기에 있다. 내가 이 점을 강조하는 것은 민주주의라는 이름으로 불리어지고 있는 정치원리 중에는 민주주의가 아닌 사이비 민주주의가 너무나 많다고 하는 점에 대하여 경각심을 고취하기 위한 것이다.

사이비 가짜 민주주의 중의 가장 전형적인 것은 인민민주주의라고 하는 공산주의이다. 공산주의는 노동자·농민의 주권행사를 빙자한 계급독재의 정치원리이다. 그러므로 그것은 본질적으로 민주주의가 될 수 없는 것이다.

교도민주주의라는 것이 있다. 교도민주주의(guided democracy)는, 영어의 표현을 따르게 되면, '교도민주주의'가 아니라 '피교도민주주의(被敎道民主主義)'이다. 그렇다면 '교도하는(guiding) 사람'은 누구이며 '교도받는(guided) 사람'은 누구인가? 통치권자 (대통령) 한 사람만이 '민주주의 교도자'이고 나머지 국민은 모두 '민주주의 피교도자'로 전락되는 것이다. 이 얼마나 독선적이고 교만한 발상인가? 이것은 결코 '민주주의'가 될 수 없다.

'한국적 민주주의'라는 것이 이 땅에 있었다. 그것도 참된 민주주의가 될 수 없다. 민주주의는 시간과 공간을 초월해서 적용되는 보편적인 가치이다. 그러므로 19세기 민주주의와 20세기 민주주의가 따로 있을 수 없다. '동양적 민주주의'와 '서양적 민주주의'도 있을 수 없다. 결국 '한국적 민주주의'는 사이비 민주주의가 될 수밖에 없는 것이다.

'민중민주주의'라는 것을 내세우는 사람들이 있다. 그 정체성에 대해서는 아직 정설이 없다. 그러나 '민중민주주의'의 개념을 어떻게 정립하든지간에 그것이 '자유민주주의'와 다른 것을 의미하는 것이라고 하면 그것도 사이비 민주주의가 될 수밖에 없다.

민주주의는 반드시 자유민주주의여야 하기 때문이다.

(3) 민주화법이 규정하고 있는 민주주의의 실체

위 제2항에서 살펴본 바와 같이, 민주주의에는 진짜 민주주의와 가짜 민주주의가 함께 공존하고 있다. 그런 견지에서 민주화법이 정의하고 있는 민주주의는, 위 두 가지 민주주의 중 어느 것을 말하는 것인지 살펴볼 필요가 있다고 생각한다.

민주화법 제2조(정의) 제1호에 규정되어 있는 '민주화운동'의 개념을 통해서 위 법이 말하고 있는 민주주의의 실체를 살펴보자. 위 규정을 그대로 옮겨보면 다음과 같다.

"民主化運動이라 함은 1969년 8월 7일(三選改憲案 發議日) 이후 自由民主的 基本秩序를 문란하게 하고 憲法에 보장된 國民의 基本權을 침해한 權威主義的 統治에 抗拒하여 民主憲政秩序의 확립에 기여하고 국민의 자유와 권리를 回復, 伸長시킨 活動을 말한다".

위 규정을 통해서 몇 가지 사실을 정리할 수 있다고 본다.

① 첫째로 민주화법은, 자유민주주의만을 참된 민주주의로 규정하고 있다고 봐야 한다.

'민주헌정질서의 확립에 기여하고 국민의 자유와 권리를 회복, 신장'하는 것을 최고의 가치로 삼고 있는 민주주의는, 자유민주주의일 수밖에 없기 때문이다. 뿐만 아니라 위 규정은, '자유민주적 기본질서'를 추구하고 있다는 것을 선언하고 있다.

② 둘째로 민주화법은 한국적 민주주의를 사이비 민주주의로 보고 있다. 위 규정은 한국적 민주주의가 '자유민주적 기본질서를 문란하게 하고 헌법에 보장된 국민의 기본권을 침해한 권위주의적 통치'의 원리라고 단정하고 있다. 그것은 결코 민주주의의 반열에 설 수 없는 것이다.

③ 셋째로 민주화법은 1969년 8월 7일 이후의 민주화운동에 대해서만 '민주화운동'을 인정한다. 그 이전의 민주화운동은 민주화운동이 아니라는 말이다. 예컨대 소위 4.19 혁명도 민주화운동이 아닌 것으로 된다. 이것은 이해할 수 없는 일이다. 민주화법은 거의 모든 국민들이 민주화운동의 정수라고 믿고 있는 4.19 혁명을 민주화운동의 범주에서 추방한 이유를 알아들을 수 있도록 설명해야 할 것이다.

④ 넷째로 민주화법은 민주화운동의 실체를 언제까지 인정하여주는가 하는 점에 대해서는 아무런 언급을 하고 있지 아니하다. 민주화법은 민주운동 인정의 시발점(始發點)을 1969. 8. 7로 규정하고 있을 뿐 그 종착점에 관한 규정을 두고 있지 아니하기 때문이다. 그러므로 그 종착점에 관한 문제는 사물의 자연(Nature der Sache)에 따라서 풀어볼 수밖에 없다.

민주화법이 한국적 민주주의가 시행되고 있던 기간에 있었던 '민주화운동'을 민주화운동으로 인정하고 있다는 점에 대해서는 이론의 여지가 없다. 속칭 5공화국과 6공화국 시대에 대해서는 어떠한가? 민주화법은 그 공화국 정권담당자들의 출신성분을 이유로, 그 정부를 '권위주의적 통치'의 주체로 평가하고 있다고 봐야 할 것이다. 결국 풀리지 아니하고 남게 되는 문제는 '문민정부'와 '국민의 정부'시대에도 민주화운동이 인정되고 있는가 하는 점이다.

이 문제를 풀기 위해서는 먼저 다음과 같은 사실을 인식하여야 한다고 본다. 그것은 '민주화운동'의 정의는 두 가지 관건을 사용하여 이를 정립하여야 한다는 점이다. 첫째 관건은 '국민의 기본권을 침해하는 권위주의적 정부'의 존재다. 둘째 관건은 '권위주의적 정부에 항거하는 민주화운동 관련자'의 존재다.

이 두 관건 중의 하나라도 빠지게 되면 '민주화운동'은 탄생될 수 없게 된다. '민주적 정부'에 대한 항거는, 어떠한 명분을 동원하더라도, '국헌파괴행위'에 불과하게 된다. '권위주의적 통치'에 대해서 항거하는 경우에도, 그것이 '민주헌정질서의 확립에 기여하고 국민의 자유와 권리를 회복, 신장'시키기 위한 것이 아니고 다른 목적을 달성하기 위한 것이라고 하면, 민주화운동으로 평가될 수 없다.

그런데 위의 두 관건 중 보다 중요한 것은 두번째 관건 즉 '민주화운동 관련자'라고 하는 점에 주의를 기울일 필요가 있다. 정권담당자치고 자신의 정권을 '국민의 기본권을 침해하는 권위주의적 통치기구'라고 인정한 사람은, 동서고금을 막론하고, 하나도 없었다. 그러므로 독재정권 여부에 대한 판단의 기준은 부득이 '민주화운동 관련자'의 몫으로 넘어오게 되는 것이다.

　그러나 '민주화운동 관련자'로 자처하는 사람들이 '항거'만 하면 그 항거대상은 무조건 '권위주의적 통치'로 판단되고 그 항거는 모두 다 '국민의 자유와 권리를 회복, 신장시키는 활동'으로 승화하게 되는 것인가 하는 것이 큰 문제로 부상하게 된다. 이것은 문민정부와 국민의 정부도 권위주의적 통치를 펴고 있거나 펼 수 있다고 믿는 나머지 '민주헌정질서의 확립에 기여하고 국민의 자유와 권리를 회복, 신장시키는 활동'을 전개하는 사람들을 '민주화운동 관련자'의 개념에서 배제할 수 있는가 하는 문제로 낙착된다.

　위에서 밝혀본 몇 가지 전제를 두고 민주화법이 말하고 있는 '자유민주주의'와 '민주화운동'의 핵심적인 실체를 추적해보고자 한다. 나는, 민주화법 제안자와 그 법 제정자들의 인식이나 의도와는 상관없이, 그 법이 말하고 있는 '민주주의'는 엄격한 의미에 있어서 자유민주주의가 아니라고 단언한다. 그리고 '민주화운동 관련자'라는 말은 국가권력과 정부에 저항하는 활동에 참여하는 모든 사람을 포함하는 용어로 풀이될 수 있다고 확신한다. 이것은 감정적인 흑백논리가 아니다. 나의 확신이다. 한 가지 사실만은 들어서 그 점에 대해 설명하고자 한다.

　민주화법은 제2조 제2호에서 '민주화운동 관련자'의 정의를 규정하고 있다. 그 중 '라' 항목에 의하면 '민주화운동을 (하였다는) 이유로 유죄판결...을 받은 자'는, 재심절차를 받지 않고도, '민주화운동 관련자'가 될 수 있다. 이들에 대해서는, 소극적으로 '전과자'란 누명만 벗겨주는 것이 아니라, 적극적으로 '민주화운동 관련'자로서 '명예회복'을 시켜주도록 되어 있다.

　이것은 무서운 (법률)규정이다. 대한민국 국회는 대한민국의 검찰과 법원이 민주화운동을 한 민주(양심)인사(민주화운동 관련자)를 범인으로 만들었다는 것을 확인해주는 법률이기 때문이다. 법원과 검찰은, 재심절차에 의하여, 그 유죄판결의 잘잘못을 살펴볼 필요가 없을 정도로, 무책임하고 불의한 오판을 양산하고 있다는 말이 된다. 그렇다면 그런 검찰과 법원의 존재이유는 무엇인가?

'민주화운동 관련자'들의 주장을 따르게 되면 '민주운동을 이유로 받은 유죄판결'의 죄명 중에는 국가보안법 위반, 내란죄, 소요죄, 살인죄, 방화죄, 공무집행 방해죄 등 온갖 중죄가 들어 있다고 할 것이다. 이러한 죄명에 대한 재판은 문민정부와 국민의 정부하에서도 끊임없이 일어날 수 있는 것이다. 이러한 죄명의 전과자들 전원에 대해서 '민주화운동을 (하였다는) 이유'로 면죄부를 주고 그 모든 과거를 백지화한다는 것은 경악할 일이다.

내가 앞에서 민주화법이 말하는 민주화운동은 자유민주주의의 회복 신장을 위한 활동만을 의미하는 것이 아니고 국가권력과 모든 정부에 대한 항거를 뜻하게 되는 것이라고 말한 이유는 여기에 있는 것이다.

(4) 재심과 보상심의

대한민국 헌법이 최고 지상의 가치로 받들고 있는 자유민주주의는, 법률적인 차원에서 풀이하면, '법대로 하는 정치원리'이다. 국가의 번영, 국민의 자유, 권리, 민족의 통일 등 가치의 추구가 아무리 긴요하고 긴급하더라도 그것을 '법에 따라서' 추구한다는 것이 자유민주주의의 핵심이자 생명이다.

추구하고자 하는 가치의 숭고성이나 성취하여야 할 목적의 긴급성을 이유로 법을 파괴하거나 무시하고 실력으로 이를 관철하려는 것을 자유민주주의는 결코 용납하지 아니한다. 먼저 법률을 제정하거나 개정한 후에, 또는 장애가 되는 법률을 폐지한 후에 그 일을 추진하여야 하는 것이다.

그런 의미에서 자유민주주의는 내용과 가치를 중시하는 원리가 아니고 절차와 형식을 중시하는 철학이라고 해야 할 것이다. 그런 견지에서 볼 때 예컨대 '민주화운동을 (하였다는) 이유로 유죄판결을 받은 자'에 대해서 '명예회복'과 각종 시혜조치를 하기 위해서 먼저 필요한 것은 위 '유죄판결'의 번복이다. 그것은 재심절차에 의해서만 가능한 것이다. 이렇게 하는 것이 법치주의의 기본적 요청이다.

그러므로 삼권분립의 원칙과 법치주의의 견지에서 볼 때 민주화법은

자유민주주의에 대한 장송곡이나 다름없다 할 것이다. 민주화운동 관련
자들 명예회복과 보상이 화급한데 재심절차를 밟을 시간이 어디 있는가
라고 하는 반론을 예상할 수 있다. 그리고 그들 중에 재심사유를 갖춘
민주화운동 관련자들이 몇 사람이나 된다는 말인가? 하는 항변도 있을
수 있다고 본다. 그러나 시간이 없다거나 재심사유가 없다는 핑계로 법
절차를 무시하는 주장은 바로 혁명의 논리에서 출발하는 것이다.

"바쁘면 돌아가라"는 것이 우리 백성들의 신조였다. 자유민주주의를
받아들이기 전부터 있던 우리들의 생활철학이었다. 그렇다면 법치주의
확립을 우리의 최고 가치로 삼고 있는 대한민국에서 "바쁘면 무엇이든지
하라"라는 새 교훈을 만들어낼 수 있는가?

영미 사람들에게는 "Haste makes waste"라는 격언이 있다. 독일사
람들은 "Eile mit Weile"라고 말한다. 위의 우리 속담과 같은 뜻을 가
지고 있는 말이다. 이것이 인류의 공통적인 상식의 표현이다. 우리가 이
인류의 상식을 져버려야 할 이유가 무엇인가? 이와 같은 인류의 상식을
깨뜨려서 법치주의적 절차를 무시하고 있는 민주화법은 바로 전형적인,
반자유민주주의적 발상의 산물이라고 할 수밖에 없다. 이와 같은 반자유
민주주의적 사상의 기초 위에서 입안된 '민주화법'이 어떻게 해서 '민주
화법'이 될 수 있다는 말인가? 행정자치위원장 제안의 민주화법 대안에
의하여 폐기된 전술한 국민회의 안과 한나라당 안에는 이러한 견지에서,
재심에 관한 규정들을 두고 있었다(국민회의 안 제4조, 한나라당 안 제
10조).

그런데 놀랍게도 위 양법률안은 글씨 하나 틀리지 않은 동일한 표현을
쓰고 있다. 국민회의 안을 그대로 옮겨본다. "제4조(名譽回復―을 위한
特別再審) ① 民主化運動을 이유로 한 유죄의 確定判決(다른 범죄와 경
합된 유죄의 확정판결을 포함한다)을 선고받은 자는 刑事訴訟法 제420
조 및 軍事法院法 제469조의 規定에 불구하고 再審을 請求할 수 있다".

'민주화운동 관련자'라는 이유로 이들에 대해서는 형사소송법과 군사
법상의 재심사유에 얽매이지 아니하고 임의로 재심청구를 할 수 있게
한다는 발상 자체가 자유민주주의 법률관을 근본적으로 파괴하는 것이

다. 그런데 그러한 '특별재심'의 규정마저 삭제한 민주화 법률대안이 통과되었다고 하는 점에 문제의 심각성이 내재한 것이다. 이러한 입법태도는 이미 제주 4.3 법 제정 때 표출된 바가 있다. 위 법률도 원래 한나라당 안과 국민회의 안으로 따로따로 상정되었다가 행정자치부 대안으로 교체되어 통과되었다. 그 당시에도 위 양당안에는 '특별재심'에 관한 규정을 두고 있었다. 그 후 대안으로 상정되어 통과된 행정자치부 안에 의하면 '특별재심'에 관한 규정은 삭제되었다. 그 무렵 나는 법률신문에 위 재심규정을 비롯하여 위 법안의 문제점에 관해서 강도 높은 비판을 가했다. 내 의견이 받아들여진 결과라고는 말하고 싶지 않지만 그 법률에서도 재심에 관한 규정이 삭제되었다.

그런데 문제는 그 법률이나 민주화법이 모두 국무총리 소속하에 '보상 등 심의위원회'를 두고 이로 하여금 관계자의 명예회복과 보상금을 심의, 결정하도록 하고 있다는 점에 있다. 민주화운동 관련자의 명예를 회복시켜주고 그들에게 각종 보상금을 지급한다는 것은 그들이 받는 유죄판결의 효력을 상실케 한다는 것을 의미한다. 삼권분립제도가 자유민주주의 정치원리의 근간을 이루고 있다고 하는 점에 대해서는 이론을 제기할 사람이 없다.

그런데 사법부에 의하여 유죄의 확정판결을 받은 사람에 대하여 사법부의 재심절차를 거치지 아니한 채, 행정부 소속의 위원회로 하여금 그 확정판결의 효력을 뒤집을 수 있게 한다는 것은 얼토당토아니한 발상이다.

(5) 맺음말

민주화법은, 제주 4.3과 더불어, 다른 모든 법에 대한 고찰은 피하고, 오로지 자유민주주의와 법질서 확립의 차원에서, 폐지되어야 한다고 나는 믿는다.

법질서를 파괴하여도 좋다는 민주화운동은 존재할 수 없는 것이다.

3. 민주화운동 관련자 명예회복 및 보상에 관한 법률시행령

(이 글은 2000. 7. 27자 법률신문에 실렸던 것이다)

국무회의는 2000. 7.4자로 '민주화운동 관련자 명예회복 및 보상에 관한 법률시행령'을 가결했다. 이 시행령의 모법인 속칭 '민주화운동 보상법'은 민주화운동을 다음과 같이 규정하고 있다.

"민주화운동이란 1969년 8월 7일 이후 자유민주적 기본질서를 문란하게 하고 헌법에 보장된 국민의 기본권을 침해한 권위주의적 통치에 항거하여 민주헌정질서의 확립에 기여하고 국민의 자유와 권리를 회복 신장시킨 활동을 말한다"(제2조 제1호).

이 규정은, 실제적용에 있어서, 어디까지를 민주화운동으로 볼 것이냐 하는 문제와 관련하여 해석상 논란을 유발할 가능성을 내포하고 있다. 그런데 위 시행령은 이 민주화운동의 범위를 확대해석하여 시행령의 운용에 있어서 많은 혼선을 일으킬 우려를 낳고 있다.

시행령 제2조는 '항거'는 직접 국가권력에 항거한 경우뿐만 아니라 국가권력이 학교·언론·노동 등 사회적으로 국가권력의 통치에 항거한 경우를 포함한다라고 규정하고 있다.

이것은 정부가 '국가 공권력에 의해 직접 피해를 본 사람'들 뿐만 아니라 '국가권력의 압력을 받은 사용자나 학교당국 등에 의해 간접 피해를 본 사람'들까지 민주화운동 관련자로 인정한다는 것을 의미한다.

이러한 정의를 따르게 되면 속칭 'YH농성사건'의 여공들, '청계천 피복노조' 등 노동운동가들도 민주화운동 관련자가 될 것으로 보인다.

'참교육운동' 참여로 해직되었던 전교조 회원 2,000여 명이 소위 '구사대'의 폭력에 의해서 피해를 본 경우도 민주화운동으로 평가받을 가능성도 큰 것으로 알려지고 있다. 그렇게 될 경우 이 시행령에 의한 보상액은 '광주민주화운동 관련자' 3,860명에게 지급된 2,100억 원을 훨씬 웃돌 것으로 추산된다.

정치·경제적으로 어려운 난제가 산적되어 있는 때이다. 이 문제를 당장 해결해야 할 긴박성이 있는가 하는 점은 논하지 않기로 한다. 그런 문제를 제기하는 것이 정치적인 논란을 일으킬 가능성이 크기 때문이다. 그러나 이와 관련된 법률적 문제점은 짚고 넘어가야 한다고 본다.

첫째 문제점은 다음과 같은 것이다. '민주화운동'의 핵심개념인 '반정부투쟁'을 어디까지 인정할 것이냐 하는 것이다. 이에 대해서는 '권위주의적 통치'를 강행하는 정부에 대한 투쟁만이 민주화운동이라는 것을 예상할 수 있다. 또 그 항거행위가 '민주질서의 확립에 기여하고 국민의 자유와 권리를 신장시킬 활동'이 될 때만 '민주화운동'으로 평가될 수 있기 때문에 '반정부투쟁' 전부가 민주화운동으로 되는 것은 아니라고 할지 모른다. 그러나 그것은 너무나 논란의 여지를 남기는 말이 된다고 본다. '민주화운동'의 이름으로 '반정부투쟁'을 하는 사람들은 모두가 자기 투쟁의 정당성을 위와 같은 논리에서 찾기 때문이다. 그렇게 될 때 앞으로 일어날 모든 '반정부투쟁'을 무슨 명분으로 대처할 것인가?

민주화운동 관련자는 결국 '권위주의적 정부'와 이에 대항하여 일어섰던 민주화운동 관련자의 신념의 대결에서 생긴 것이다. "지난날과는 달리 이제부터는 권위주의적 통치가 있을 수 없으므로 민주화운동도 있을 수 없다"는 논리가 성립할 수 있는가? 그러한 주장 자체가 '비민주적 독선'의 산물이라는 저항은 일어나지 않는다고 단정할 수 있는가?

둘째 문제는 국무총리 산하 심사위원회의 민주화운동 관련자 판정이 난 뒤에 "나는 왜 제외되었는가?"라고 항의하고 일어난 허다한 사람들의 불만을 해소하는 방법은 무엇인가 하는 것이다.

그러나 이 법률이 가지고 있는 근본적인 문제는 다른 데 있다. 그것은 '반정부투쟁'을 하다가 '범법자'가 되어 법원으로부터 유죄확정 판결을 받은 사람을 어떻게 처리할 것인가 하는 문제이다.

만약 그런 사람들도 위원회가 '민주화운동 관련자'로 보고 '명예회복과 보상'을 해준다고 하면(정부는 그런 방침을 가지고 있는 것으로 보인다). 어떻게 되는가?

이는 법치주의의 원리를 근본적으로 파괴하는 일이 된다. 행정부의 결정에, 법원의 확정판결을 뒤엎는, 힘을 부여하는 것이기 때문이다. 아무리 훌륭한 명분을 위해서라고 하더라도 자유민주주의의 원칙을 파괴할 수 있는 가치는 없다. 그러므로 유죄판결을 받은 '민주화운동 관련자'에 대한 명예회복과 보상은 법원의 재심에 의한 무죄선고를 거쳐야 한다.

이 절차를 거치지 아니한 채 위 심사위원회가, 재심절차 없이 자신의 재량으로 전과자를 민주화운동 관련자로 확인하는 법제도는 어떠한 명분을 붙이더라도 정당화될 수 없는 민주질서 파괴행위가 된다.

4. 미문화원 점거사건과 민주화운동

(이 글은 한국논단 2001년 6월호에 게재되었던 소론 중 이 주제와 관련된 부분을 발췌한 것이다)

(1) 개 관

국민의 대변기관이요, 자유민주주의와 법치주의 수호의 상징적 존재인 국회는 2000. 1. 12 민주화운동 관련자 명예회복 등에 관한 법률과 제주 4.3 사태 진상규명 등 특별법을 함께 통과시켰다. 이들 법률은 제주 4.3 사태 또는 속칭 반정부운동에 관여하였다는 이유로 사법부에 의해서 억울하게(?) 유죄의 확정판결을 받은 사람들의 명예를 회복시켜준다는 명분으로 제정되었다. 그러나 그러한 사람들이 구제받을 수 있는 유일한 방법은 법원의 재심절차에 의한 길뿐이다. 이것이 자유민주주의와 법치주의 철학의 출발점이자 종착점이다.

그런데 위 양법률은, 그러한 재심절차를 밟지 아니한 채, 그러한 사람들을 바로 4.3 사태 희생자 또는 민주화운동 관련자로 판단하는 권한을 행정부 산하 위원회에게 부여하고 있다. 이들은 헌법정신을 파괴하려는 발상에서 출발한 위원회 법률들이다. 그러므로 위 양법률들은 탄생해서는 안 되는 법률이다. 이들 법률의 탄생과 함께 대한민국의 비극도 동시에 탄생했다.

이제 이 비극을 없애는 길은 이들 법률이 폐기되는 길뿐이다. 필자는 이러한 신념으로 법률신문을 위시해서 여러 언론지에 이 문제를 제기했다. 필자가 위 법률들을 위헌법률이라고 단정하고 그 법률들로 인해서 법치주의 파괴적 사태가 생길 것으로 예견한 사례가 최근에 실제로 발생했다.

(2) 심의위원회의 결정

민주화운동 관련자 등 심의위원회는 최근(2001.2.21) 서울 미문화원 점거 농성사건으로 유죄의 확정판결을 받은 시위가담자들에게 민주화운동 관련자라는 영예의 월계관을 씌워줬다. 서울 미문화원 점거 농성사건이란, 전학련에 소속되어 있던 서울대, 고려대 재학생 등 대학생 73명이, 1985.5 정오에 서울 중구 미문화원 2층 도서관을 점거하여 '광주민주화운동 무력진압에 대한 미국의 책임인정과 사과요구'를 명분으로 내세우고 72시간 동안 농성을 벌인 사건을 말한다.

학생들은 농성을 풀면서 "미국이 우리에게 진정한 우방과 자유세계의 수호자로 인식되기에는 상당한 거리가 있음을 확인했다"고 밝히고 '보다 강력한 투쟁을 위해 농성을 풀기로 한 것"임을 천명함으로써 '(농성해제는 끝이 아니라) 효과적인 싸움을 위한 재출발'이라고 선언했다. 이 사건으로 시위가담 학생 중 20명이 구속되고 16명이 공무집행 방해 등의 혐의로 실형을 선고받았다. 실형선고를 받은 학생들은 교도소에서 복역하다가 지난 87, 88년 두 차례 특사에 의해 모두 사면조치되었다. 이것은 정치적으로나 법률적으로 볼 때 충격적인 일대사건이 아닐 수 없다.

(3) 위원회 결정의 이유와 그 문제점

위원회가 문화원 점거 농성자들을 민주화운동 관련자로 단정한 이유는 다음과 같다. "당시 미문화원 검거 학생들이 발표한 '우리는 왜 미문화원에 가야 했나'라는 성명서의 내용 중 1) 미국이 광주 민중시위의 무력진압을 지원하였다면 책임을 지고 공개 사과할 것, 2) 미국은 현정권에 대한 지원을 즉각 중단할 것 등의 주장이 민주화운동과 관련성이 있다"는 것이다.

그러나 위원회가 위와 같은 결정에 대해서 부담을 느끼고 있었다는 사실이 여러 곳에서 드러나고 있다.

우선 위원회는 "그러나 이번 결정이 반미운동 전체를 민주화운동으로 규정한다는 뜻은 아니다"라는 제한적 주석을 붙이는 한편 이 사건의 궁극적인 동기가 '단순 반미가 아닌 권위주의 통치에 대한 항거의 하나였다는 점에서 인권, 민주화운동에 기여했다고 본 것'이라고 해명했다.

이 점에 대한 위 위원회 이우정위원장의 구체적인 설명은 다음과 같다. "학생들의 성명서 내용 중 '미국이 광주 민중시위의 무력진압을 지원하였다면 책임을 지고 공개 사과할 것'이란 부분은 점거당시 광주에서 군인의 통수권을 미군사령부가 갖고 있었으므로 민간인을 학살한 책임도 미국에 있지 않느냐고 책임을 추궁한 것이기 때문에 사건을 일으킨 목적이 '민주화'에 있다고 보는 것이고, '미국은 현정권(전두환정권)에 대한 지원을 즉각 중단할 것'이란 부분은 "당시 정권이 권위주의 정권이므로 정권 퇴진운동은 민주화운동이며 따라서 정권퇴진을 위해 미국의 지원중단을 요구한 것도 민주화운동으로 해석됐다"는 것이다.

이것은 삼척동자도 설득할 수 없는 뒤죽박죽의 논리이다. 위원회 결정의 이유는 학생들이 '미국이 광주 민중시위의 무력을 진압하였다면'이라는 가정법적 주장을 했기 때문에 그것이 민주화운동이라는데 있다. 그런데 위원장은 학생들의 위 주장이 광주사태에 대한 미국의 책임을 단정적으로 추궁하고 있다는 것을 인정하면서도 결론은 위원회의 그것과 같은 것으로 만들었다. 그 의문점을 무엇으로 풀 것인가? 그리고 당시의 권위주의 정부에 대한 '지원중단' 요구가 어째서 권위주의 정권에 대한 '퇴진요구'로 평가되어야 하는가? 하는 문제도 구제받을 수 없는 논리 비약의 소산이다. 또 미문화원을 점거하여 미국에 대하여 정치적 일격을 가하는 것이 어째서 한국의 권위주의 정부에 대한 민주화운동이 될 수 있는가 하는 문제는 더욱 숙제로 남을 수밖에 없다.

이러한 가상적 문제점에 대한 위원회의 갈팡질팡하는 모습은 도처에서 드러나고 있다. 위원회가 2000년 8월 출범한 후 심의결과를 한 번도 외부에 공표하지 아니했던 것은 바로 이러한 의심을 사게 하는 기초적 원인이 되고 있다. 이런 연유로 위원회 내부의 상당수 위원들과 외부의 재야단체 등은 공식적으로 명예를 회복시켜주기로 결정을 하고도 이를 공개하지 않을 경우 실제로 명예회복이라고 할 수 없지 않느냐는 문제제기를 하기에 이르렀다.

위원회가 발족한 지 5개월 후인 지난 1월 10차 회의에서 결정한 '전태일열사의 민주화운동 관련자 인정'을 처음으로 발표한 것도 이러한 위원회 내외부로부터의 문제제기에 영향을 입은 것이라고 할 수 있다. 그러나 사실은 이것도 일부 언론이 이 사실을 기사화하자 위원회측이 마지못해 발표한 것으로 알려지고 있다.

특히 위원회는 지난 달 19일 13차 회의에서 "미문화원 농성사건이 민주화운동과 관련이 있다"는 결정을 내렸음에도 불구하고 김광진단장은 처음에 이 사실을 전면 부인하다가 나중에야 이를 인정하는 사태가 벌어지기도 했다. 이우정위원장은 11일 "홍보담당자를 정해 심의경과를 공개토록 하고 있다"고 말했으나 김단장은 "언론기관이 취재를 요청해올 경우에만 응하도록 하고 있다. 위원들도 심의내용의 외부공개를 바람직하게 보지 않고 있다"며 위원회 내부의 혼선을 드러내기도 했다.

미문화원 농성사건이 '반미'활동을 민주화운동으로 인정했다는 오해의 소지가 있다는 판단 아래 김단장이 관련사실의 외부유출을 꺼리고 있었기 때문에 이러한 혼선이 빚어진 것으로 풀이되고 있다. 이렇게 자신 없는 민주화운동이 무슨 민주화운동인가?

(4) 위원회 결정에 대한 법률적 분석

법률이론적인 측면에서 민주화운동 관련 위원회의 결정을 분석해보면 구제받을 수 없는 큰 혼란에 빠지지 아니할 수 없게 된다. 그 내용을 살펴본다.

첫째 문제: 위원회는 모든 반미운동이 민주화운동이 되는 것은 아니라고 단정하고 있다. 그러나 민주화운동으로 평가될 수 있는 반미운동과 그렇지 아니한 반미운동을 구별하는 기준에 관해서 위원회는 어떤 설명도 하지 않고 있다. 이것은 위원회의 결정으로 하여금 언어의 희롱이라는 비평을 받게 만들 틈을 주는 것이다.

위원회는 권위주의 정부 타도행위는 민주화운동이 될 수 있으나 반미운동은 민주화운동이 될 수 없다는 원칙을 지키려고 눈물겨운 노력을 한 것으로 보인다. 위 결정문의 곳곳에서 그러한 흔적을 찾아볼 수 있다.

이것은 위원회의 결정으로 한미간의 우호관계에 금이 가서는 안 되겠다는 정치적 고려의 결과인가? 아니면 미국이 법률상 전형적인 자유민주주의 정체를 고수하고 있는 민주공화국으로서 권위주의 정권의 나라가 아니기 때문인가? 참으로 아리송하기만 하다.

둘째 문제: 위원회는 여기서 논리 혼돈의 늪에서 탈출하기 위하여 특수한 법이론을 개발하고 있다. 그것은 '행위목적론'이다. 이것은 미문화원 점거 농성자들의 '목적'이 반미에 있지 아니하였기 때문에 그것은 반미운동이 아니고 민주화운동으로 평가될 수 있다는 논리이다.

그런데 나는, 내 머리에 털이 난 이래로, 이러한 목적행위론을 들어본 일이 없다. 형벌법규는 행위를 처벌하는 법률이다. 목적은 법률이 아니다. 예컨대 절도죄는 '타인의 재물을 취거하는 행위'를 처벌하는 것이지 그 절도행위를 통해서 달성하려고 하는 '목적'을 처벌하는 것이 아니다. 심지어는 가난한 사람을 도와주기 위한 절도 또는 독립투쟁용 군자금을 조달하기 위한 절도라고 해서 절도죄의 처벌이 면제되는 것은 아니다.

셋째 문제: 위원회는 미문화원 점거 농성행위 전체가 민주화운동으로 평가되는 것이 아니라고 못을 박았다. 이 점을 위 김광진단장은 예컨대 이 문화원 점거 사건 당시 학생들이 내세운 "미제국주의는 물러가라"는 구호 같은 반미운동은 민주화운동의 범주에 들어갈 수 없다라고 말했다. 미문화원 점거 농성행위는 포괄적인 하나의 범죄이다. 그러므로 그 하나의 범죄행위를 해부학적으로 분석하여 그 어느 부분은 범죄가 되고 다른 부분은 범죄가 되지 않는다는 판단은 있을 수 없는 것이다. 마찬가지로 전체적인 하나의 행위의 어느 부분은 민주화 관련운동이 되고 다른 부분은 민주화 관련운동이 될 수 없다는 판단도 있을 수 없는 것이다. 민주화운동 관련자는 머리를 둘 가진 로마의 신(神) 야누스가 아니다. 한쪽 머리는 민주화운동 관련자가 되고 다른 한쪽 머리는 반미폭력시위 가담자가 될 수는 없다.

그러므로 이러한, 법이론의 기초적 원리마저 지키지 아니한, 위원회의 위 결정은 일고의 가치도 가지고 있지 아니한 억지 결정이다. 그것은 궤변이 아니면 무책임의 논리이다.

(5) 사건 당시의 정치·사회적 분위기

서울 미문화원 점거 농성사건은 미묘한 성격을 가지고 있는 돌발사태이므로 그 실체를 파악하기 위해서 그 사건 발생 당시의 사회적 분위기를 살펴보고자 한다.

당시 국무총리직에 있던 노신영씨는 국회에서 다음과 같이 답변했다. "학생들의 행동은 한미관계를 이간시키는 것이다. 그것은 정부의 자율화 조치를 악용한 방종과 무법적인 집단행동으로서 장기간 계획하고 방법을 강구한 도시게릴라적 수법의 침입행위이다". 이것은 권위주의 정부의 반민주주의적 독선에서 나온 평가라고 치자.

야당인 신민당은 광주사태 진상규명을 촉구하는 학생들의 심정을 이해한다면서도 "그러나 문화원 점거가 학생들의 의도와는 달리 국가이익에 심각한 악영향을 끼칠 수 있다는 점 등을 충분히 고려해야 한다"고 말하였다. 또 학생들에게 "정치적인 문제는 정치인에게 맡기라"고 권고하기도 했다.

"국가이익에 심각한 악영향을 끼칠 수 있다"는 말은 무엇을 뜻하는가? 학생들의 미문화원 침입 난동행위가 반미운동으로 비춰져 한미간의 우호관계 유지에 심각한 악영향을 끼칠 수 있다는 말이 아닌가? 그런데도 그것이 반미운동이 아니라는 위원회의 단정은 무엇을 근거로 해서 나온 것인가?

이 점에 대한 해답은 당시 재야의 목소리를 들어보면 쉽게 얻어질 수 있다. 당시 재야 단체들의 연합체인 민주통일민중운동연합(의장 문익환 목사)은 '이번 농성사건의 근본적 책임은 미국측에 있음을 분명히 인식해야 할 것'이라고 주장했다. 점거학생들의 공격의 대상은 오로지 미국이라는 말이다. 당시의 권위주의 정부가 아니다. 그렇다면 위원회는 미국타도를 최고 유일의 목적으로 삼고 있었던 미문화원 점거사건이 왜 반미운동이 아니라고 고집해야 하는가?

요컨대 어느 측면으로 보든지간에 위원회가 이 사건을 민주화 관련운동이라고 결정한 이유는 도무지 설득력을 가질 수 없는 것이다.

(6) 일화(재판 거부와 민주화운동)

이제 민주화운동의 정의에 관한 법이론은 더이상 언급하지 않기로 한다. 그러나 위원회의 이 사건 결정의 당부를 판단하는 자료로서, 일반인에게 거의 알려지지 않고 있던, 사실의 문제를 하나 소개하고자 한다.

전술한 바와 같이 서울 미문화원 점거 농성사건으로 구속기소된 피고인들은 20명이었다. 그 피고인들은 대한민국 사법부의 재판을 거부하기 위하여 옷에 인분을 문질러 바르고 법정의 출정 자체를 거부했다. 이 사실은 피고인들이 얼마나 과격한 성품의 소유자라고 하는 점을 극명하게 보여주는 사례라고 할 것이다. 그리고 이 사실은 동시에 그들이 전개한 저항운동이, 물불을 가리지 아니하고, 반권위주의와 반미제국주의 타도의 장벽을 마음대로 드나들면서 전개되었다고 하는 사실을 분명하게 나타내는 것이라고 본다.

이러한 피고인들이 민주화운동 관련자라고 하면 대한민국의 민주화운동은 인분 같은 민주화운동이 될 수밖에 없다.

필자는 국민들이 오늘날의 과격한 불법 폭력시위의 증가추세에 대해서 불안과 분노를 함께 느끼고 있는 것이, 만시지탄은 있으나, 너무 당연하고 다행한 일이라고 생각한다. 그리고 이 폭력시위의 확산 방지를 위해서 정부와 경찰이 의연하고 강력한 대책을 마련해야 한다는 점에 대해서도 전적으로 동감한다.

그러나 필자는 우리 국민과 정부가 판단하고 있는 불법 폭력시위 확산의 원인분석과 대책수립의 자세는 기대치에 훨씬 못 미치는 것으로 보고 있다. 우리 국민들은, 조야를 가리지 아니하고, 지나치게 안일한 감상주의적 환상에 빠져 있지 않나 하는 것이 필자의 우려이다. 걸핏하면 범죄행위와 민주화운동을 혼동하는 것이 우리들의 의식상황이다. 선한 목적을 달성하기 위한 것이라면 범죄행위라는 방법을 동원해도 무방하다는 생각을 우리는 너무 쉽게 받아들이는 것 같다.

미문화원 점거행위를 민주화운동이라고 단정하는 행정부 산하 위원회가 있는가 하면 그러한 폭력 불법시위의 주모자에게 국가적 중책을 맡기는 국민이 있다. 그런가 하면 불법적인 총선시민연대의 활동을 바람직한 행위라고 부추기는 정치지도자들이 있다.

드디어는 유죄확정을 받은 전과자에게 민주화운동 관련자라는 명예를 안겨주는 법률을 제정하는 국회까지 등장하고 있다. 필자가 불법 폭력시위에 대한 근본적인 근절책은, 검찰이나 경찰의 시위단속 태도에 있지 아니하고, 정치지도자들과 국민의 의식 변화 및 국회의 피눈물나는 입법자세 방향전환에 달려 있다고 주장하는 이유는 여기에 있다.

5. 제주 4.3 사건 진상규명 및 희생자 명예회복 등에 관한 특별법안

(이 글은 1999. 12. 9자 법률신문에 실렸던 것이다)

(1) 서 론

한나라당 소속 국회의원 113명과 국민회의 소속의원 103명의 이름으로 제주 4.3 사건 진상규명 등을 위한 특별법안이 각각 국회에 제출되었다. 제주 4.3 진상규명·명예회복추진위·범국민위라는 단체도 이와 유사한 취지를 담은 '특별법안'을 성안한 것으로 알려지고 있다. 이러한 일련의 움직임과 때를 같이하여 제주 4.3 사태에 관한 논란이 새삼 뜨겁게 일어날 것으로 보인다. 우리는 이러한 때에 감정을 누르고 이성을 앞세워 4.3 사태 성격규명을 위한 대화적 접근을 하는 일이 매우 중요한 것이라고 생각한다.

위 세 법안의 근본성격은 동일한 것으로 봐야 할 것이다. 위 법안들은 제주 4.3 사태를 '국가권력에 의한 대규모의 양민학살' 사건으로 규정하고 있다. 이것은 국가권력을 폭력으로 본다는 것을 의미한다.

'군·경의 폭력진압행위'를 폭력으로 규정하는 것은 공산주의 폭력혁명론의 출발점이다. 위 법안들이 '공산주의 폭력혁명 예찬'을 담고 있다는 뜻으로 이 말을 하는 것은 아니다. 그러나 위 법안이 자유민주주의에 대한 신념과 사명의식에 투철하지 아니하다고 하는 점만은 부인할 수 없는 것이라고 생각한다.

바이마르공화국 헌법이, 동서고금을 막론하고, 가장 자유민주주의적인 헌법이었다고 하는 점에 대해서는 이론을 제기할 사람이 없다. 바이마르공화국 국민들은 그들 헌법의 뛰어난 자유민주주의 정신 때문에 그 제도는 저절로 지켜질 것으로 믿었다. 그러나 바로 그 가장 훌륭한 자유민주주의 헌법 체제 속에서 인류 역사상 최악의 나치스 독재체제가 싹트고 뿌리를 내리고 있었던 것을 그들은 모르고 있었다.

특별법안들이 제주도 4.3 사태를 '제주도의 양민에 대한 군·경의 무차별 대량학살사건'이라고 단정하기까지 얼마나 많은 자료분석과 연구를 거듭했는지 물어보고 싶다. 우리나라의 국사편찬위원회가 편찬한 고등학교 국사교과서는 제주도 4.3 사건을 '공산주의자들이 남한의 5.10 총선거를 교란시키기 위하여 일으킨 무장폭동'이라고 규정하고 있다. 그렇다면 국사편찬위원회는, 아무런 근거도 없이 독단적으로, 4.3 사태를 '공산주의자들의 무력폭동'으로 단정하였을까 하는 점을 생각해볼 필요가 있다.

(2) 4.3 계엄령의 합법성

제주 4.3 사태의 성격을 규정하기 위한 가장 중요한 출발점은 그 사태의 진압을 위해서 선포되었던 계엄령의 성격을 규명하는 일이다. 만약 그 계엄령이 적법하고 정당한 것이었다고 하면 법안 제안자들이 주장하는 '군·경에 의한 양민학살'이라는 개념 자체가 존립의 근거를 상실하고 만다.

국방부장관은, 1998. 8. 1, 제주도 4.3 사태 진압을 위해 선포된 계엄령이 합법적인 것이었다는 유권해석을 내리고 있다. 법제처의 견해도 이와 같다.

계엄업무의 주무관청인 국방부장관과 법률에 대한 유권해석기관인 법제처가 4.3 사태 관련 계엄령의 합헌성에 관해서 확실하고 명백한 유권해석을 내리고 있음에도 불구하고 이와 다른 개인의 주관적 견해를 내세워 그것을 불법 계엄령이라고 단정하는 것은 매우 부끄러운 일이라고 생각한다.

문제의 계엄령이 적법한 것이라고 하면 4.3 사태를 '공권력에 의한 불법 학살사건'이라고 하는 주장은 근본적으로 존립할 수 없게 된다. 따라서 위 법안은 출발점에서부터 잘못을 저지르고 있는 것으로 된다.

(3) 제주도민에 대한 대량학살의 문제

전술한 바와 같이 4.3 사태 진압을 위해서 선포된 계엄령이 적법한 것이었다고 하면 '양민에 대한 불법 학살'이라는 말 자체가 우리의 뇌리에서 사라져야 한다.

이 문제를 계엄령 선포의 대상이 되었던 난동행위자의 측면에서 살펴본다. 4.3 사태의 주동자들이 격렬한 남로당 계열의 공산당원들이었다고 하는 점에 대해서는 이론을 제기할 수 없을 것이다. 이 점은 김대중 대통령도 인정하였다. 계엄 군·경에 의하여 체포되어 유죄의 확정판결을 받은 2,971명의 죄명이 내란죄·살인죄·방화죄와 국가보안법 위반죄였다고 하는 사실도 분명한 것이다. 4.3 사태가 진압된 후에 그 사태를 주동했던 몇몇 사람들은 북한으로 탈출하여 거기서 중요한 직책을 맡았던 것도 명백한 사실이다. '내란죄'·'국가보안법 위반죄'·'방화죄'의 범인들이 어떻게 해서 '선량한 도민'이 될 수 있다는 말인가?

위 법안 제안자들은 무엇을 하다가 누구에 의하여 어떻게 희생되었는가 하는 점을 가리지 아니하고 '희생당한 모든 제주도민'을 희생자로 봐야 하는 이유를 국민들 앞에서 떳떳하게 밝혀야 할 것이다.

위 세 법안에 의하면 결국 가해자는 미국과 한국의 군경이고 피해자는 군·경과 재산무장대(빨치산)에 의해서 희생된 수만 명의 제주양민들이다. 대한민국과 군·경은 이들 모든 희생자(빨치산에 의한 희생자 포함)에 대해서 책임을 져야 하는 것으로 되어 있다. 빨치산은 어느 쪽 희생자에 대해서도 법률상의 책임을 지지 아니한다. 이런 독선과 모순이 어디에서 나왔는가?

위 법안들은 무서운 독소조항을 허다하게 내포하고 있다. 그러므로 이 법안들은 정의와 자유민주주의의 이름으로 즉시 철회되거나 폐기되어야 한다고 생각한다.

6. 제주 4.3 진상규명 등 특별법의 국회통과를 바라보면서

(우리 국회는 국군과 경찰을 양민 대량학살범으로 정죄하였다.)
(이 글은 월간조선 2000년 2월호에 게재되었던 것이다)

(1) 머리말

우리 국회는 1999. 12. 제주 4.3 사건 진상규명 및 희생자 명예회복에 관한 특별법안(이하 특별법이라 부른다)을 통과시켰다. 나는, 나름대로, 자유민주주의 신봉자로서 이 법안의 국회 통과를 바라보면서 탄식과 경악을 금할 길이 없다. 나의 이러한 심정은 위 법안에 대한 김용갑의원의 반대 토론 연설 가운데 잘 표현되어 있다고 본다. 김의원의 연설을 옮겨본다.

"대한민국의 정통성이 송두리째 뒤집혀 버리게 되었습니다. 대한민국 헌법과 대한민국 국회의 정체성마저 부정되는 사태에 직면하고 있습니다. 50여 년을 피와 땀으로 지켜온 역사가 우리의 시대에 모두 끄집어내어져 난도질당하고 있습니다... 젊은 세대에게 아버지 세대의 피와 땀을 이어주고 대한민국의 유구함과 영속성을 깨닫게 해주었던 우리의 역사가 더이상 아무런 의미가 없게 되어 버렸습니다... 4.3 사건 당시 군경을 죽이고 양민을 죽이다가 토벌대의 진압과정에서 사살된 인민해방군이라는 폭도들의 명예를 대한민국 국회에서 회복시켜준다는 발상이 어떻게 가능합니까?..."

김의원이 소속되어 있는 한나라당의원 116명도 위 법안의 공동발의

자로 동참하고 있었다. 그럼에도 불구하고 김의원이 위와 같은 반대토론을 전개할 때 그 마음이 얼마나 무겁고 착잡했을 것인가 하는 점에 대해서는 긴 설명을 요하지 아니한다고 본다. 그는 대한민국과 자유민주주의를 소속정당과 의리보다 더 사랑하고 존중했기 때문에 어려움과 괴로움을 초월하고 용감하게 그러한 정론을 펼 수 있었다고 나는 본다.

자유민주주의가 무엇인가 하는 점에 대해서는 여러 가지 설명이 가능하다. 그러나 나는, 법조인으로서 간단한 설명방법을 택한다. "자유민주주의는 법과 질서에 대해서 최고의 가치를 인정하는 제도이다"라고. 이러한 견지에서 볼 때 김용갑의원의 위 연설 즉 "대한민국의 정통성이 송두리째 뒤집혀 버리게 되었습니다"라는 말은 "대한민국의 법과 질서가 송두리째 뒤집혀 버리게 되었습니다"라는 의미로 받아들여져야 할 것이다.

이 사건 특별법안은, 좋게 말해서, 나무에 정신이 팔린 나머지 숲을 보지 못하는 잘못을 저지른 것이라고 말할 수 있다. 여기서 '나무'는 4.3 사태로 인하여 억울하게 희생된, 선량한 제주도민들이다. '숲'은 4.3 사태의 본질적인 성격이다. 4.3 사태의 실체는, 본질적으로 의문의 여지를 남겨두지 아니하는, 공산혁명을 위한 폭동이라고 하는 점에서 찾아야 한다.

대한민국 국회는, 이 사건의 특별법 제정을 통해서, 박헌영과 김달삼 등 19,000여 명에 이르는 공산폭도들에게 면죄부와 함께 사랑의 꽃다발을 안겨주는 한편 이들의 폭동을 진압하기 위하여 피와 땀 그리고 생명을 바친 국군, 경찰관들에게는 '무차별 양민 대량학살'에 대한 유죄판정을 내린 것이다.

(2) 제주 4.3 사태의 성격

위 특별법은 제주 4.3 사태의 성격을 '국가권력에 의한 무차별 양민학살사건'으로 보는 데서 출발하고 있다. 위 특별법의 제안자들은 "그 법에 양민학살이라는 말이 어디에 적혀 있는가?"라고 반문할지 모른다. 그

러나 이 질문에 대한 답변은 쉽게 얻어낼 수 있다. 위 특별법의 대표 제
안자 중의 한 사람인 국민회의 소속 추미애의원은 1999. 10. 29 제 2
08회 정기국회에서의 사회·문화분야 대정부질문을 통해서 제주 4.3
사태를 '미군과 한국 군·경에 의한 무차별 양민학살과 인권유린 사건'으
로 단정하고 있다.

추미애의원이 30분간의 대정부질문에서 '무차별 양민학살'이라는 말을
21번이나 사용하고 있다는 사실은 추의원과 그 특별법안의 제안에 동참
했던 의원들이 얼마나 4.3 사태의 '양민 대량학살' 사실에 치를 떨고 있
는가 하는 것을 극명하게 드러내어놓고 있는 것이라고 본다.

위 특별법은 '제주 4.3 사건'을 '1947년 3월 1일을 기점으로 하여
1948년 4월 3일 발생한 진압사태 및 1954년 9월 21일까지 제주도에
서 빚어진 무력충돌과 진압과정에서 주민들이 희생당한 사건'으로 정의
하고 있다(법 제2조 제2호). 행정자치위원회 위원장의 대안으로 제안되
어 통과된 위 특별법의 규정은 이 대안에 의하여 폐기된 한나라당 변정
일의원 외 112인의 동명의 법안과 국민회의 추미애의원 외 102인의 동
명의 법안에서도 거의 동일한 표현을 사용하고 있다. 이것은 무엇을 의
미하고 있는가?

제주 4.3 사태의 '진상규명'을 주장하고 있는 의원들의 뇌리에는 제주
도를 공산주의 폭력혁명의 기지로 삼기 위해서 폭동을 일으킨 빨치산,
즉 '무장유격대'와 이 공산폭동을 진압하기 위해서 동원된 군인과 경찰,
즉 '토벌대'가 동일한 '무력'의 주체로 새겨져 있는 것이 분명하다. 그 의
원들의 눈에는 '빨치산'의 '무력폭동'과 '군·경'의 '토벌작전'이 단순한 '무
력충돌'로 비춰지고 있는 것이다. 그래서 '무장유격대'와 '토벌대' 사이에
는 선과 악, 정과 부정, 적법과 불법에 관한 차별이 존재할 수 없게 된
다.

국가권력에 대한 폭력적 저항과 그 폭력적 저항에 대한 군·경의 진
압행위를 동일하게 보는 것은 공산주의 폭력혁명론의 출발점이 되고 있
다. 국가권력이 국가의 안보에 대한 수호자로서의 권위를 가지는 한 혁
명은 불가능하기 때문이다. 그러므로 국가권력을 격하시켜서 이를 단순

한 물리적 폭력의 주인공으로 만드는 것이 혁명논리의 기초적 요건이 되고 있는 것이다.

위 특별법안이 '무장유격대'와 '토벌대'간의 전투행위를 마치 국경선에서의 양국 군대간의 충격사건처럼, '무력충돌'로 규정하고 있는 것은 결코 우연한 일이 아니라고 본다. 그런데 '무장유격대'와 '토벌대'는 위 특별법상 동일하고 평등한 '무력충돌'의 주체로 규정되어 있는가 하는 점에 대하여 강한 의구심을 가지지 아니할 수 없다. 위 행정자치위원장 대안에 의하여 폐기된, 전술한 바 한나라당 특별법안 및 국민회의 특별법안과 거의 동시에 성안된 제3의 '제주 4.3 피해배상 등에 관한 특별법안'이 있었다. 그 법안의 성안자는 '제주 4.3 진상규명 명예회복추진위 범국민회의'이다. 이 단체는 위 법안의 공청회를 1999. 11. 1. 국회의원회관 소회의실에서 개최할 정도로 국회와 국회의원들의 강한 후원을 받고 있는 힘있는 조직체이다. 이 단체가 성안한 위 특별법안은 다른 세 개의 위 특별법안의 모체를 이루고 있다고 해도 과언이 아니라고 생각한다.

이러한 견지에서 위 범국민회의의 특별법안에 의한 제주 4.3 사태의 정의를 살펴보자. 동조 제2조 제1항은 다음과 같이 규정하고 있다. '제주 4.3'이란 1947년 3월 1일부터 1953년 7월 27일까지 제주도에서 일어난 무력충돌과 사태진압과 관련하여 미군정 경찰, 미군정 국방경비대, 국군, 경찰, 미군 그리고 서북청년단 및 기타 민간단체에 의하여 정당한 이유 없이 주민들이 피해를 입은 사건을 말한다.

'선량한 제주도 양민'들을 '무차별 대량학살'한, 천인공노할, 범죄자 즉 '가해자'는 '미군정 경찰, 미군정 국방경비대, 국군, 경찰, 미군 그리고 서북청년단 및 기타 민간단체'이다.

위 범국민위원회는, 한 걸음 더 나아가서, 위 공청회에서 다음과 같이 단정적인 선언을 내리고 있다.

"제주 4.3은 그 성격상 명약관화하게 국가공권력에 의한 대규모 인권침해사건으로 보아야 한다. 이는 단순히 '국가공권력에 의한 위법행위'라는 극히 상투적인 말만으로는 제주 4.3에 대한 국가의 책임을 표현할 수 없음을 지적하는 것이기도 하다. 그렇다면 제주 4.3으로 인한 모든 피해는 개개인이 사법적 구제절차를 통하여 해결할 수 있는 수준을 넘는 문제라는 결론에 이르게 된다".

무슨 방자하고 파괴적인 발상인가? 이는 국가의 기초를 뿌리에서부터 흔들어놓는 폭언이다.

추의원이 위 대정부질문에서 "오히려 대부분의 희생자가 우리 군과 경찰로 구성된 토벌대에 의해 희생되었다는 점에서 그 책임이 우리 정부의 것이기에 더욱더 간과해서는 안 될 중대한 인권유린의 문제라고 생각합니다"라고 주장한 것은 바로 이와 같은 뜻을 가지고 있다라고 할 것이다.

추의원의 논리를 따르게 되면 '선량한 제주도민'의 증오를 받아 마땅한 것은 무장유격대가 아닌 잔인무도한 토벌대인 것으로 낙착된다. 이것은 위에서 언급한 모든 법안의 공통된 평가라고 봐야 할 것이다. 어느 법안도 무장유격대의 책임에 대해서는 한 마디의 언급도 하지 아니한 채 토벌대의 '잔악행위'와 그 '책임'만을 추구하고 있는데 그 이유는 여기에 있다 할 것이다.

결국 추미애의원의 대정부질문의 핵심점 부분과 위 범국민위원회의 주장에, 위에서 언급한, 여러 가지 특별법의 규정을 종합하면 현재 이 시점에서 제주 4.3 사태의 진상규명을 외치는 사람들이 보고 있는 4.3 사태는 '국가권력에 의한 악랄하고 무차별적인 양민대량학살사건'이라는 결론에 이르게 된다고 할 것이다.

(3) 제주 4.3 사태 진압을 위해 선포된 계엄령의 성격

제주 4.3 사태를 위 항에서 본 바와 같이, '국가권력에 의한 무차별 양민대량학살' 사건으로 단정하기 위한 가장 간편한 논리는 제주 4.3 사태 계엄령을 불법·무효인 것으로 보는 것이다. 그 계엄령이 적법하고 유효한 것이라고 하면 무차별 양민대량학살에 대한 국가의 책임을 추구하는 논리가 복잡해지는 것이다. 그 계엄령이 적법한 것이었다고 하면

한 단계 물러서서 국가권력의 남용, 폭동진압 작전상의 실책, 상황파악의 오판 등을 문제삼아야 하는데 이것은 매우 힘든 일이다.

그래서 4.3 사태 진상규명주의자들은, 그런 힘든 작업을 피하고 간편한 방법으로 국가책임을 추궁하는 방법으로, 4.3 계엄령의 불법·무효론을 들고나온 것으로 봐야 할 것이다. 위 범국민위원회가 위에서 소개한 바와 같이 이는 단순히 '국가공권력에 의한 위법행위'라는 극히 상투적인 말만으로는 제주 4.3에 대한 국가의 책임을 표현할 수 없음을 지적하는 것이기도 하다. 그렇다면 제주 4.3으로 인한 모든 피해는 개개인이 사법적 구제절차를 통하여 해결할 수 있는 수준을 넘는 문제라는 결론에 이르게 된다라고 말한 것은, 이러한 견지에서 볼 때, 역설적이기는 하나, 매우 솔직한 고백이라고 볼 수 있다.

어쨌든 4.3 사태 진상규명주의자들은, 한결같이 4.3 사태 계엄령의 불법·무효론을 들고나온다. 그 한 예로 추의원이 위 대정부질문에서 편 주장을 그대로 옮겨본다.

"1948년 11월 17일 대통령령 제 31호로 발표된 '제주도지구 계엄선포에 관한 건'은 계엄령의 근거가 되는 계엄법이 존재하기도 전에 선포된 것이었습니다. 계엄법이 계엄령 선포 후 무려 1년 뒤인 1949년 11월 24일에 제정되었기 때문입니다". 요컨대 제주 4.3 사태는 불법한 계엄령으로 제주도 양민을 대량학살한 사건이라는 것이 추의원의 주장이다.

추의원의 4.3 사태 계엄령 위헌론이 얼마나 설득력을 가지고 있는가 하는 점에 대해서 살펴본다.

국방부장관은, 1998. 8. 1, 제주도 4.3 사태 진압을 위해 선포된 계엄령의 합법성에 대해서 다음과 같이 유권해석을 내렸다. "대한민국 헌법은 1948. 7. 17 제정 공포되었고, 계엄법은 1949. 11. 24. 제정되었으며, 1948.4.3 발생한 제주도 반란사건을 진압하기 위하여 1948. 11.17 제주 일원에 계엄령이 선포된 바 있습니다".

당시의 계엄령은 제헌헌법 제64조가 '대통령은 법률이 정하는 바에 의하여 계엄을 선포한다'라고 규정함으로써 계엄권의 근거를 두었고 신법이 제정될 때까지 잠정조치로서 동 헌법 제100조에 의하여 일본 계엄법이 계속 유효한 상태에서 위 일본 계엄법의 규정에 따라 국무회의의 의결을 거쳐 대통령령 제13호로 선포된 것입니다. 이 점에 관해서 법제처도 같은 견해를 피력했다.

민주주의는 법치주의의 터 위에서만 존립할 수 있는 것이다. 계엄업무의 주무관청인 국방부장관과 법률에 대한 유권해석기관인 법제처가 4.3사태관련 계엄령의 합헌성에 관해서 확실하고 명백한 유권해석을 내리고 있음에도 불구하고, 이와 다른 개인의 주관적 견해를 내세워, 그것을 불법계엄령이라고 단정하는 것은 매우 부끄러운 일이라고 생각할 것이다.

더구나 비단 제1심 법원의 것이기는 하나 위 계엄령의 합법성을 인정하는, 사법부의 판단도 있다(서울지방법원 서부지원 97가합 15722호). 추의원 자신도 자신의 계엄령 불법무효론에 대해서 심리적 부담을 느끼고 있다는 증좌가 있다. 추의원의 말이다. "설령 합법적 계엄령이라 하더라도 저항능력이 없는 어린이, 노인, 부녀자까지 무차별 학살하고 재산을 소훼시킨 것은 결코 정당화될 수 없다고 생각합니다. 그러나 이 논리는 논리가 될 수 없다. 법률의 세계에는 '합법'과 '불법'만이 존재한다. 불법과 설령 합법이 공존할 수는 없다. 적법한 계엄령으로도 '양민을 무차별학살'하는 행위가 '정당화'될 수 없다는 것은 상식에 속한다. 그런 상식론을 가지고 제주 4.3 계엄령의 합헌 여부에 관한 문제의 핵심을 흐리게 만드는 것은 무책임한 일이다. 결국 4.3 사태 진상규명론자들의 4.3 계엄령 불법·무효론은 전혀 근거 없는 억지논리에 불과한 것으로 밝혀진 것이다.

(4) 제주 4.3 사태 희생자의 실체

특별법이 내리고 있는 4.3 사태 '희생자'의 정의는 다음과 같다.

'犧牲者'라 함은 濟州 4.3 事件으로 인하여 死亡하거나 行方不明된 자 또는 后有障碍(后遺障碍라고 표기해야 한다—M.E.Mayer는 법률을 문화규범이라고 정의했다. 그 뜻은 법률의 어휘·문장·내용은 그 나라 문화수준의 기준을 이룬다는 것이다)가 남아 있는 者로서 第3條 第2項 第1號의 規定에 의하여 결정된 자(제주 4.3 사건 진상규명 및 희생자 명예회복위원회가 이를 결정한다)를 말한다(법제 2조 제2호).

앞에서도 밝힌 바와 같이 위 규정이 말하는 '희생자'는 '국군과 국립경찰 등 국가공권력 집행자에 의하여 무차별 대량학살된 제주도 양민'이다. 추미애의원은 위 국회 대정부질문에서 '양민대학살'에 관해서 다음과 같은 부연설명을 하고 있다.

"장장 7년 동안 피흘림이 계속되었던 제주 4.3 사건은 과연 그 희생자 수가 얼마나 될까요? 당시의 제주 인구 약 27만 명 중 적게는 3만 명 이상, 많게는 7-8만 명 수준에 이르렀으리라 추정됩니다". 이것은 추미애의원만의 판단이 아니다. 모든 4.3 사태 진상규명 주장자들의 공통된 견해라고 봐야 할 것이다. 그러므로 이 사건 특별법도 제주 인구 27만 명 중 3만 명 내지 7-8만 명을 당시 '무차별 대량학살된 양민'이라는 전제하에서 제정된 것이라고 봐야 할 것이다.

그렇다면 무엇보다도 먼저 3만 명 내지 7,8만 명에 이르는 제주 4.3 사태 '희생자 모두'가 '양민'인가 하는 것을 살펴볼 필요가 있다고 할 것이다. 이 점에 대한 판단은 첫째로 '무장유격대'의 실체가 무엇인가 하는 점과 둘째로 '피해양민'이 '무장유격대'와 어떤 관계를 가지고 있었던가 하는데 따라서 달라진다고 할 것이다.

1) 우선 무장유격대의 실체에 관해서 살펴본다.

무장유격대원들은 1948. 4.3 이 사태를 일으킬 당시 '오각별' 공화국 깃발을 앞세우고 '조선민주주의 인민공화국 만세'와 '적기가'('높이 들어라, 붉은 깃발을, 그 밑에서 전사하리라'라는 가사의 노래)와 인민항쟁가('원수와 더불어 싸워서 죽은 우리의 죽음을 슬퍼 말아라. 덮어다오, 붉은 깃발'을 이라는 가사의 노래)를 부르면서 폭동을 일으켰다. 다 알고 있는 사실이지마는 무장유격대원들은 1948년 5월 10일 거행될 예정이었던 제헌의회의원 선거를 방해하기 위해 선거관리위원들을 죽이고 경찰지서를 습격하여 경찰관을 살해하는 한편 방화, 약탈을 감행하여 제주도 내 3개 선거구 중 2개 선거구에서 선거를 무효화시켰다. 그들은 "5.10 총선의 투표에 참여하면 인민의 반역자가 되고 그러한 매국노는 단죄되어야 한다"라는 전단을 뿌렸다. 조선공산당 총비서겸 남로당의 실권자였던 박헌영은 '남로당 당원 동지에게 고함'이란 글에서 4.3 사태를 '인민항쟁'이라고 선언했다.

이러한 사실을 종합해볼 때 무장유격대의 실체가 완벽하게 파악될 수 있다고 생각한다. 위 특별법이 '제주 4.3 사태'의 기간을 '1947년 3월 1일부터 1954년 9월 21일까지'로 보고 있다는 점에 대해서도 우리는 주의를 기울이지 아니할 수 없다. '4.3 사태'는 그 말 자체가 밝혀주고 있듯이 재산무장대(빨치산)의 집단적 무력폭력의 출발점인 위 1948. 4.3부터 기산되어야 하고 또 그렇게 하는 것이 관행이다. 특별법이, 확립된 종래의 이러한 관행적 정의를 파괴하고, 4.3 사태의 출발점을 1년 1개월 이상 소급시켜서 1947년 3월 1일로 보는 것은, 위와 같은, 4.3 사태의 공산주의 무력 폭력성을 희석하려는데 그 목적이 있는 것이 아닌가 하는 의심을 품지 아니할 수 없다.

'무장유격대'가 대한민국의 체제를 전복하기 위해 집결된 군사조직체였다고 하는 점에 대해서 아무도 반론을 제기할 수 없다고 생각한다.

1957.4.3자 제주신보 보도에 따르면 제주도 인민해방군이라고 불리어진 무장유격대의 병력은 19,900명에 이르고 있다. 그 중 군·경 토벌대에 의한 피사살자는 7,893명, 귀순자는 2,000명, 피체포자는 7,000명으로 나타나고 있다. 이 조직과 병력을 살펴볼 때 무장유격대는 다름아닌 공산무장혁명군이라고 볼 수밖에 없다(이 인민해방군에는 방대한 조직과 인원을 가지고 있던 제주도 남로당 조직이 포함되어 있지 아니하다).

이런 견지에서 김대중대통령이 무장유격대의 실체를 공산주의 빨치산으로 본 것은 너무나 당연한 것이라고 본다(한라신문 98.11.24자)

위 인민해방군 총사령관 김달삼 등이 제주도 공산화 실패 후에 북한으로 탈출해서 북한의 국가훈장 2급을 받는 한편 거기서 중책을 맡았던 것도 결코 우연한 일이 아니라고 봐야 할 것이다.

2) 다음으로 특별법이 '희생자'로 정의한 '무차별피학살 양민'의 실체를 살펴본다. 특별법은 '무장유격대'에 소속되지 아니했던 희생자 전체를 '양민'으로 보고 있다.

추미애의원은 위 국회 대정부질문에서 이러한 견해를 대변하면서 제주 4.3 사태의 실체라고 할 수 있는 '토벌대에 의한 양민대량학살'사건의 사례로서 '북촌리사건', '토산리사건', '동광리사건'을 열거하고 있다. 시간과 지면관계로 위 사건들 중 '북촌리사건'에 대해서만 살펴보고자 한다.

추의원은 이 사건의 경위를 다음과 같이 구성하고 있다. "1947.1.7 아침 일부 군병력이 이동중 북촌마을 어귀에서 게릴라의 습격을 받아 군인 2명이 사망했습니다. 이에 격분한 군인들이 마을을 불태우고 무장대와 내통한 빨갱이 가족을 찾아낸다며 주민 약 300명을 처형했습니다".

추의원 주장의 요지는 토벌대 군·경이 아무런 이유 없이 북촌리 주민들을 위시해서 수만 명의 무고한 제주도민들을 대량학살했다는 것이다.

그런데, 추의원처럼, 제주 4.3 사태를 '군·경에 의한 제주도민 대량학살사건'으로 보고 있는 제민일보 4.3 취재반이 편찬한 <4.3은 말한다> 4권의 북촌리 부분을 살펴본다.

"북촌리는 일제 때부터 자존심 강한 마을이었다. 해방 후에는 항일독립운동가 출신들이 주도한 건준과 인민위원회를 중심으로 주민들이 똘똘 뭉쳐 있었다. 북촌리는 1947년 8월 13일 마을 안에서 총격을 가하기 위해 승선한 경찰관에게 뭇매를 가한 소위 '8.13 사건'을 계기로 주목을 받기 시작했다. 특히 1948년 6월 16일에는 북촌 포구에 피항한 배를 조사하던 중 동승했던 경찰관 2명을 살해했다. 이같은 사건이 벌어지면서 청년들은 수배를 받아 일찍부터 피신생활에 들어갔다. 입산시기도 다른 마을보다 빨랐다"(435면 20행-436면-437면 6행).

"유지들이 산에도 협조하고 토벌대에게도 협조하는 소위 '양면작전'으로 마을을 보호했다"(437면 4행). "입산한 북촌마을 청년들이 마을을 보호해줬기 때문에 산 쪽으로부터의 습격은 없었다. 또 어른들은 산 쪽뿐만 아니라 토벌대에게도 협조하는 '양면작전'을 써 강경토벌전을 피했다. 아버지가 민보단장일 때 군·경에게 소를 몇 마리씩이나 바치는 것을 목격한 아들의 증언도 있다"(437면 8행). "웬만한 젊은이들은 남녀를 불문하고 거의가 산에 올랐는데 산에도 못 간 채 집 부근에 토굴을 파 하루하루 숨어 지내던 사람들은 대대본부에 자수했다가 희생된 것이다"(438면 15행).

위 저서에 의해서 밝혀진 것은 북촌리 주민들(다른 마을 주민들도 대동소이하다) 중 희생자들은, 추의원의 주장과는 달리, 무고하게 사살된 것이 아니라고 하는 사실이다. 공산 빨치산(무장유격대)에 가담하거나 그 작전에 협조한 사람들이었다고 봐야 할 것이다. 그렇다면 추의원의 주장과는 달리, 북촌리를 위시하여 다른 마을에 이르기까지 그 '희생자'들은 '양민'이 아니었다고 볼 수밖에 없다. 그럼에도 불구하고 추의원이 소리높여 외치고 있는 제주 양민대량학살론의 근거는 무엇인가?

추의원은 '대량양민학살'을 외치면서 "희생자들의 원통함을 알 길 없는 표선백사장에는 오늘도 무심한 갈매기만 날고 있습니다". "아름다운 제주의 대명사격인 정방폭포 그러나 시원스레 떨어지는 정방폭포의 물살 아래에는 아직도 저 세상으로 가지 못한 원혼들이 폭포살을 맞으며 시신을 부대끼고 있습니다. 그렇지만 역사를 외면하도록 배워온 우리는 무심하게도 그 원혼들 앞에서 여행 기념사진을 찍습니다"라고 읊조리고 있다. 이 얼마나 자학적이면서도 자극적인 선언인가?

그러나 불행하게도(?), 추의원의 주장과는 달리, 북촌리의 '희생자' 전원이 '양민'은 아니었다고 할 수밖에 없다. <4.3 은 말한다>에서 다른 부분 몇 곳을 살펴보기로 한다.

"1948년 10월 25일 밤 대정면 모슬봉과 가시오름. 한림면 금오름등에서는 일제히 봉화가 올랐다. 또 마을에서는 무장대 쪽에 가담한 사람들을 중심으로 이른바 '왓샤시위'가 벌어졌다 무장대로서는 자신들의 존재를 과시한 시위였지만 이는 출동명령만을 기다리던 9연대에게 토벌대상 지역을 선정해준 격이 되고 말았다. 더구나 봉화는 9연대 제3대대가 주둔하고 있던 모슬포의 모슬봉에서도 올라 군을 더욱 자극시켰다. 9연대는 봉화가 오른 대정면 신평리와 일과리, 그리고 한림면 금악리에 즉

각 출동, 젊은이들을 눈에 띄는 대로 붙잡아 모슬봉 서쪽 일제 때 만든 탄약고 터에서 집단 총살했다"(70-71면).

"1948년 10월 29일 애월면 고성리에 진입한 토벌군은 우선 무장대 은신처를 찾았다. 곤한 잠에 빠져 있다가 불의의 기습을 받은 무장대는 혼비백산 도망치기 시작했다"(84-85면).

당시 이 마을사람들은 무장유격대원 40여 명에게 3,4일간 자기들 집에서 묵게 했다고 이 저서는 기록하고 있다.

"4.3 초기엔 무장대가 함덕리를 장악하고 있었다. 함덕지서는 번번이 무장대의 피습을 받았다. 주민들은 무장대의 요구에 따라 식량과 의복을 올려보냈다. 그러나 1948년 여름께부터 군·경의 강경작전이 벌어지자 대부분의 젊은이들은 은신생활에 들어갔다.... 주민들은 집에 숨어 지내는 것도 한계가 있었다. 그러나 밤에 몰래 내려온 무장대는 '이제 곧 통일된다. 며칠 있으면 해방된다'고 선전하며 여전히 기세를 올렸다... 양정근씨는 자신의 경험을 이렇게 증언했다. '나는 4.3 전에 남로당과 민애청에 가입했었습니다. 당시 남자면 누구나 그랬습니다. 아니면 따돌림을 받을 정도였으니까요. 그러다 사태가 심상치 않자 많은 젊은이들이 산으로 피했습니다. 80% 이상이 산으로 올랐을 겁니다... 아버지 집 마굿간의 거름 쌓아놓은 곳에 토굴을 만들어 숨었지요. 숨어 지내는 동안에도 토벌대가 세 번이나 가택수색을 했어요. 결국 나도 산으로 도망쳤습니다. 그때까지만 해도 마을에서 산으로 식량을 올려보냈습니다. 당시 마을에는 군경 원호회가 조직돼 있었는데 모금을 하면 반은 군·경 먹이는데 썼고 반은 산으로 올렸습니다"(431-432면).

상황이 이렇다면 추의원이 주장하는 희생자 7,8만 명이 모두 다 '양민'이라는 말을 할 수 없을 것이다. 그 중 적지 아니한 사람들이 '무장유격대'의 동조자였던 것이다. 그리고 무장유격대가 7년간의 항쟁기간 중 제주도민의 지원과 협조가 없었다고 하면 그 많은 총포와 탄환 그리고 군량미를 어떻게 구할 수 있었겠는가?

'토벌대'와 관공서를 끈질기게 괴롭힌 신출귀몰의 기습작전이 '제주도 양민'의 정보제공 없이 어떻게 성공할 수 있었겠는가?

계엄군·경에 의하여 체포되어 유죄의 확정판결을 받은 2,971명의 죄명이 내란죄·살인죄·방화죄와 국가보안법 위반죄였다. 이러한 재판을 받은 사람들이 모두 '무장유격대'에 소속된 사람들 뿐이었고 '선량한 제주도민'은 한 사람도 없었다고 누가 강변할 수 있는가? 그렇지 않다고 하면 '내란죄'·'국가보안법 위반죄'·'방화죄'의 범인들이 어떻게 해서 '선량한 도민'이 될 수 있다는 말인가?

이 점에 대해서 명백한 반론과 반증을 내놓지 못한다고 하면 이제 앞으로는 누구도 결코 4. 3 사태를 '군경에 의한 무차별 양민학살'이라는 말을 뱉어서는 안 될 것이다. 4.3 사태 기간 군·경의 과잉진압 또는 착오, 감정으로 인한 '양민 희생'은 있었을 것이다. 그러나 그것은 개별적 확인절차에 의해서 구제되어야 할 문제이다.

'무차별 양민학살'이란 예컨대 지금처럼 평온한 시기에 군·경이 갑자기 전차와 장갑차를 앞세우고 명동거리에 진입해서 총기를 난사하고 포격을 가해서 길 가는 행인이나 상인을 참살하는 경우를 말하는 것이다. 또 일본관헌에 의한 제압리 교민 집단사살사건 같은 것을 양민학살이라고 부를 수 있다.

4.3 사태는 군대식 무장을 갖춘 공산주의 체제 전복혁명투사들에 의해서 국기가 무너질 긴박한 7년간 전쟁상태 속에서 군·경이 필사적인 토벌작전을 펴는 과정에서 발생한 비극적 상태이다. 이것을 어떻게 '제암리학살'사건과 같은 표현 방법으로 국가권력을 폄하할 수 있는가?

1957. 4. 3자 제주신보 보도와 1988. 7월호 현대공론 기사를 종합하면 4.3 사태로 인한 전체 인명피해는 27,719명에 이른 것으로 나타난다. 그 중 무장유격대 피사살자는 7,893명, 무장유격대 동조자 피사살자는 15,600명, 우익인사 피살자는 4,200명, 무장유격대에 의한 피살자는 1,300명, 경찰관 순직자는 120명, 국군 전사자는 150-200명이다. 위 피해자 중 우익인사 피살자 4,200명, 무장유격대에 의한 피참살자 1,300명, 경찰관 순직자 120명, 국군 전사자 150-200명을 '군·경에 의해 무차별 학살된 양민'으로 볼 수는 없을 것이다. 무장유격대 동조 추정자로 분류되는 피살자 15,600명을 모두 '양민'으로 볼 수 없

다는 것도, 위에서 살펴본 바와 같이 명백한 일이다. 그렇다면 4. 3 사태를, 획일적으로, 군·경에 의한 양민 무차별 살상론으로서 설명하려는 입장은 설자리를 잃어버려야 할 것이다.

(5) 제주 4.3 사태와 역사교과서

특별법은 대한민국의 국사편찬위원회가 편찬한 고등학교 국사교과서의 4.3 사태관을 완전히 뒤집어놓는 결과를 가져오게 하고 있다. 이러한 특별법의 4.3 사태관을 추미애의원의 위 대정부질문에서 찾아본다.

"국내외의 학술논문과 연구성과물들은 '제주 4.3'과 공산당 당시 남로당 중앙당과의 연계는 희박하다고 주장합니다. 그런데 국사편찬위원회에서 편찬하여 현재 사용중인 고등학교 국사교과서는 '제주도 4.3 사건은 공산주의자들이 남한의 5.10 총선거를 교란시키기 위하여 일으킨 무장폭동…'이라며 제주 4.3 발발원인을 단정적으로 기술하고 있습니다. 희생자들이 마치 공산주의와 연계가 깊은 것처럼 오해받을 소지도 있습니다".

추의원의 위 주장과 관련하여 세 가지 점을 살펴본다.

1) '국내외의 학술논문과 연구성과물들' 중에는 '제주 4.3과 공산당과의 연계'는 확실한 것이라고 결론짓고 있는 것이 적지 아니하다. 그럼에도 불구하고 그 '연계가 희박하다'는 자료들만을 믿어야 할 이유는 무엇인가? 김대중대통령도 제주 4.3 사태의 주동자들이 격렬한 남로당 계열의 공산당원들이었다고 하는 점을 인정하였다.

2) '4.3 사건을 공산주의자들의 무장폭동'으로 본 국사편찬위원회 편찬 고등학교 국사교과서가 '단정'은 잘못된 것이고 추의원의 '단정'은 옳은 것이라고 하는 근거는 무엇인가? 국사편찬위원회는 증거와 자료검토를 거치지 아니하거나 잘못된 자료를 토대로 위와 같은 단정을 내렸다는 것인가?

(6) 제주 4.3 사태와 노근리사건. 대만 2.28 사건

4.3 사태 진상 규명론자들은, 예외없이, 노근리사건 및 대만 2.28 사건이 4.3 사건과 동일한 성격을 가진 사건이라고 주장한다. 그러면서 노근리사건과 2.28 사건에 대해서 미국정부와 대만정부가 취하는 자세를 한국정부도 따라야 한다는 것을 촉구하고 있다. 이러한 견해를 추미애의원의 위 대정부질문에서 찾아본다.

(가) 노근리사건

추의원은 노근리사건을 제주 4.3 사태와 동일한 성격의 사건으로 보고 위 대정부질문의 서두에서 이 문제를 다루고 있다. 추의원은 '미국의 AP통신'이 노근리사건을 '미군에 의한 무차별 양민학살'사건으로 보도하였다고 주장했다. 미국이 자신의 치부인 이 사실을 용감하고 솔직하게 밝혀주기까지 "우리는 역사의 진실을 외면한 채 이 사건을 보고도 못 본 척, 들어도 못 들은 척했다"라고 말하면서 이것은 '우스꽝스럽고, 수치스러운' 일이었다고 자탄하고 있다.

추의원이 지적한 AP통신은 연구논문집이 아니다. 더구나 정부문서 등을 근거로 한 증거서면이 아니다. 그 당시 전투에 참가했던 미군장병들의 경험담을 모은 인터뷰기사에 불과한 것이다. 기자와의 인터뷰에 응한 예비역 군인들이 "우리의 경험담은, 어느 누구의 것도 아닌, 우리 자신의 기억일 뿐이다"라고 말하고 있는 것은 그 기사의 성격을 잘 말해주고 있는 것이다.

이러한 전제하에서도 여전히 남는 문제는, AP통신에는 '무차별 양민학살'이라는 표현이 전혀 없다고 하는 점에 있다. 추의원이 '무차별 양민학살'이라고 번역하기에 이른 원문은 'US forces killed 400 South Korean refugees'라고 하는 것이 아닌가 생각한다. 이 표현 이외에는 추의원의 '학살' 주장에 근접한 어휘를 찾을 길이 없다.

'kill'이라는 말은 '살인' 행위를 포함하기도 하지만 '살인'보다 훨씬 넓은 개념을 가진 어휘이다. manslaughter(과실치사)는 물론 형사책임의 대상이 되지 아니하는, 결과적 사망원인 제공(예컨대 태풍이나 재해,

질병 등으로 인한 사망 등)까지 'kill'이라는 말로 표현된다. 고의적인 살인은 murder 또는 homocide 라고 말한다. 특히 추의원이 말하고자 하는 '대량학살'에는 massacre라는 말이 쓰여진다. 그러므로 kill이라는 말에는 '학살'이라고 하는 '독살'스러운 의미가 들어 있지 아니한다. 결국 Bollinger 등 몇 사람이 말한 것으로 되어 있는 위의 문장은 "미군의 손에 의하여 (결과적으로) 한국의 난민 400명이 희생되었다"라는 뜻을 가지고 있는 것이다. 이 사실은 위 AP기사의 다른 부분에서 더욱 분명하게 드러나고 있다. 그러한 부분을 옮겨본다.

"Texas주 출신의 Al Olsovsky 예비역 중위는 (노근리) killing에 관해서 아는 바 전혀 없다고 말했다. 그러면서 그는 북한침략군이 때로는 남한의 피난민으로 가장하기도 하고 피난민 대열을 방패로 삼기도 했다". "당시 우리 미군은 8,000명의 행방불명자를 내고 있었다. 그런데 그 문제에 관해서 관심을 표명하고 있는 사람은 없다"라고 위 중위는 말하고 있다.

Herman Patteson은 희생자들 중에는 적군이 포함되어 있었다고 본다라고 말했다. AP통신이 미군의 비밀문서 가운데서 발견한 예비역들의 인터뷰자료에 의하면 미국지휘관들은 전쟁초기의 절망적인 수주간의 후퇴기간중 위장적군의 침투를 막기 위하여 민간인에 대한 발포명령을 내렸다. 예비역들은 (민간인) 사망자 중에서, 위장한 북한병사들의 시체를 발견하였다고 말했다.

"Hobart R. Gay 소장은 기자들에게 말하기를 당시 미군전선을 압박하던 대부분의 백의집단(白衣集團)은 분명히 북한의 게릴라였다라고 말했다". "Hobart소장의 부대는 피난민대열을 향해서 수없이 경고발사를 가했지만 그들을 되돌려 보내지 못했다. 드디어 어두워지기 시작했다. (마지막 수단밖에) 다른 방책은 없었다".

AP통신의 기사는 위와 같이 적혀 있는데 추의원의, '미군에 의한 무차별 양민학살'론은 무엇을 근거로 한 것인가? 이 점에 대한 명백한 답변이 없다고 하면 추의원의, 편견에 찬, 속단은 얼마나 '우스꽝스럽고 수치스러운' 것인지 알 수 없는 것으로 된다.

(나) 대만의 2.28 사건

추의원은 대만 2.28 사건과 제주 4.3 사태의 성격을 동일한 것으로 보고 2.28 사건에 대한 대만정부의 해법을 한국정부가 배워야 한다고 주장을 펴고 있다. 그 주장을 옮겨본다.

"장개석 정권이 저지른 대만 원주민 무차별 대학살사건을 사건 발생 45년이 지나 해법을 찾은 대만의 예입니다. 대만 2.28 학살사건은 47년에 발생하여 희생자가 2만 명이 넘었고 가해자측에서 '공산폭동'으로 몰아 40여 년간 사건관련 논의를 금지했다는 점에서 제주 4.3 사건과 매우 흡사합니다. 1947년 당시 장개석 정권은 약탈에 대한 원주민의 저항으로 빚어진 2.28 사건을 평화적으로 해결하지 못하고 무력으로 진압했습니다.... 대만정부는 사건 50주년인 97년 과거 정권의 잘못에 대해 정부의 공식사과를 발표하고 2.28 기념탑과 기념관을 건립했습니다".

한국정부는, 대만정부가 한 것처럼, 제주 4.3 사태에서의 양민대량학살에 대해서 '선언적 사과'를 하고 '제주 4.3 희생자 합동위령제'의 거행과 '제주 4.3 평화공원'의 조성, '제주 4.3 사태 진상규명위원회'의 구성을 서둘러야 한다는 것이 추의원의 주장이다.

그런데 대만 2.28 사건과 제주 4.3 사태는 근본적으로 다른 성격을 가지고 있는 사건들이다. 추의원이, 성격을 달리하는 두 사건을, 동일한 성격의 사건으로 보고 있는데 문제가 있다. 우리는 추의원의 이러한 잘못이 편견으로 말미암은 것인지 착오로 인한 것이지, 알고 싶다.

4.3 사태에 대하여 추의원과 동일한 견해를 가지고 있는 '제민일보' 편저서 <4.3은 말한다>도 추의원과 똑같이, 4.3 사태 해법의 시범으로 제4권 445면 이하에서 '대만 2.28 대학살 진상-제주 4.3의 거울'을 게재하고 있다. 그 책을 보면 그 사건 당시 대만 원주민들은, 무기 하나 들지 않는 맨손으로 본토 출신의 이재민들의 억압에 항의하다가 대량학살을 당했다고 적혀 있다. 위 저서 중 해당부분을 옮겨본다.

"대만인 앞에 나타난 장개석 정권의 본토인 지배자들은 1년도 못 가서 섬 주민의 원수로 화했다. 본토에서 온 권력자들은 일본인이 놓고 간

공장·가옥·회사 등 재산을 원주민들에게서 빼앗아 사유화하고 착복했다. 일본이 남기고 간 '국유화'된 원자재·가공품·농산물은 파렴치한 국민당 정부·군 요인과 그들의 앞잡이 상인들에 의해서 빼앗기고 탕진되거나 밀수행위로 본토에 반출되었다...본토에서 쳐들어온 자들이 장악하고 운영하는 기업들에는 20억 원(대만 元)의 정부지원이 융자됐는데 대만인의 그것에는 모두 8백만 원밖에 제공되지 않았다. 대만주민의 경제생활은 졸지에 도탄에 빠지게 되었다"(447면).

"대만인들의 원한은 안으로 안으로 곪아 들어갔다. 조그마한 계기만 있으면 거대한 불을 뿜을 모든 조건이 갖춰진 상태였다.

1947년 2월 27일 밤 극우 반공주의 장개석 정권의 야만성으로 전세계를 놀라게 한 그리고 분노케 한 2.28 사건은 작은 일로 시작됐다. 이 날 밤 무장한 일단의 전매청 관리들과 사복경찰 보조원들이 한 여자 노점 담배장수를 덮쳐 탈세품이라는 이유로 몇 푼어치 안 되는 사제담배와 담뱃값을 몰수하였다. 그 아낙네와 두 어린 자식이 이에 항의하자 전매청원은 여자를 매질하였다. 폭행을 당한 담배장수는 그 자리에서 숨졌다. 그 장면을 목격하고 격분한 주민들이 항의하자 장 정권의 말단관리는 총기를 난사하여 그 중 한 사람을 죽이고 경찰서로 도망쳤다. 격분한 대만 원주민들이 경찰서를 포위하여 범인의 인도를 요구하자 헌병대가 긴급 출동하여 그들을 구출해나갔다. 군중은 일체 폭력을 쓰지 않고 헤어졌다... 다음날인 2월 28일 아침 더 많은 대만주민이 그 자리에 모였다. 그들은 질서정연하게 행진을 시작하여 장개석 정권의 배후자인 미국영사관 앞을 지나 전매청으로 향했다. 그들은 무장한 전매청 직원과 깡패 청년단원들의 폭행에 항의하고 책임자의 처벌과 전매청장의 사임을 요구하는 구호를 외쳤다. 공교롭게도 이들이 시내를 행진해가고 있는 동안 때마침 길가에서 원주민 노점상을 펴고 있던 두 사람의 전매청 직원과 맞닥뜨려졌다. 두 사람은 격분한 원주민 데모대원들에 의해서 맞아죽었다. 더욱 분노한 원주민들은 근처에 있는 수도(首都) 대복의 한 지청건물로 밀고 들어가 물건을 끌어내어 길 가운데 쌓아놓고 불질러 버렸다. 본토인 직원들은 도주했고 원주민들은 정부에 항의하기 위해 성청으로 향했다. 그들은 여기서 행정장관과의 면담을 요구하면서 기세를 올렸다. 그때 건물 옥상에서 대기하고 있던 정부군이 아무런 예고도 없이 군중 속으로 기관총을 난사했다"(449면).

"이날의 현장을 목격한 미국정부 기관원의 공식보고서를 보면 원주민들은 본토인의 개인 집이나 재산을 약탈하는 일은 서로 말리고 삼가는 것이 확실해 보였다고 쓰여 있다… 미국 국무성의 보고서에 의하면 대북시에서 이날 대만 원주민이 무기를 휴대했거나 무기를 사용했다는 한 건의 보고도 없었다고 한다"(450면).

위 저서 내용대로 2.28 당시 대만 원주민은 ① 무기를 사용하지 아니하였다. ② 본토인 개인에 대한 약탈을 하지 아니하였다. ③ 공산당의 지시나 개입이 없었다. 그런데 제주 4.3 사태는 이미 우리가 알고 있는 바와 같이, 이 세 가지 점에서 2.28 사건과는 근본적으로 다른 성격을 지니고 있다. ① 추의원이 인정하고 있는 '무장유격대'는 군대조직에 버금가는 조직과 무기를 가지고 있었다. ② 그들은 제주도민들에 대한 약탈을 수없이 자행했다. 이것은 그 많은 재산유격대원들이 7년 동안 무엇을 먹고 살았는가 하는 것을 생각해보면 금방 해답을 얻을 수 있는 문제라고 생각한다. 재산유격대가 '약탈'을 범하지 아니하였다고 하면 그것은 제주도민의 자발적인 협조가 있었다는 것을 의미한다(이 사실은 결코 가볍게 넘길 수 없는 부분입니다). 그렇다면 이 무장폭도들에게 협조한 제주도민들은 선량한 양민이 될 수 없다.

③ 제주 4.3 사태는 분명히 공산당원들이 주동한 체제전복 폭동이다.

이와 같이 제주 4.3 사태와 대만 2.28 사건은 근본적으로 성격을 달리하고 있음에도 불구하고 억지논리를 전개하면서 이 양사건을 동질화하려는 추의원과 제민일보의 진의가 무엇인지 알고 싶다.

(7) 맺음말

우리는 지금까지 자유민주주의가 대한민국의 최고 지상의 가치라고 배우고 또 그렇게 생활해왔다. 그런데 특별법은 우리들에게 이 자유민주주의 가치관에 대한 재검토를 강요하고 있다.

제주 4.3 사태가 자유민주주의를 전복하기 위한 공산주의 무력폭동이었다고 하는 점에 대해서는 이론을 제기할 여지가 없다. 19,000여 명의 빨치산들의 7년에 걸친 무장폭도들의 발호를 방치하였다고 하면 제주도는 물론 남한 전체가 공산화되었을 것이라고 하는 점도 의심의 대상이 되지 아니한다.

그렇다면 4.3 사태 당시로 돌아가보기로 하자. 무장폭도들을 진압하기 위해서 군·경이 출동한다고 하면 무력충돌(전쟁)은 불가피하게 발생한다. 전쟁의 와중에는 억울한 희생자가 나게 마련이다. 이런 경우 희생자 발생을 이유로 '무차별 대량학살'의 범법자가 되지 않기 위해서는 무력폭동을 방치하여야 한다.

결국 자유민주주의보다 개인의 안전과 권익이 우선하여야 하는 것으로 된다. 원래 자유민주주의는 개인의 기본권을 최고의 가치로 받드는 원리인데 여기서 자유민주주의와 개인의 기본권은 대립과 괴리현상을 일으키고 만다.

자유민주주의와 시장경제원리는 그 제도의 우수성 때문에 저절로 지켜지는 것이 아니다. 이들은 사람들이 피와 땀을 흘리며 목숨을 걸고 지키는 곳에서만 열매를 맺는다.

바이마르공화국 헌법이 동서고금을 막론한 모든 헌법 중에서, 가장 자유민주주의적인 헌법이었다고 하는 점에 대해서는 이론을 제기할 사람이 없다. 바이마르공화국 국민들은 그들 헌법의 뛰어난 자유민주주의 정신 때문에 그 제도는 저절로 지켜질 것으로 믿었다. 그러나 바로 그 가장 훌륭한 자유민주주의 헌법체제 속에서 인류역사상 최악의 나치스 독재체제가 싹트고 뿌리를 내리고 있었다. 바이마르공화국 국민들은 안일과 태만 속에 살다가 어느 날 아침 잠에서 깨어보니 그들의 산과 들에서는 Hakenkreuz(나치스의 철십자)가 나부끼고 있었다. 이것은 우리가 깊이깊이 생각해봐야 할 대목이라고 생각한다.

7. "4.3이 공산폭동이라니"에 답한다

(이 글은 한국논단 2000년 4월호에 실렸던 것이다)

(이 글은 한겨레 21에 게재된 제민일보의 반박문에 대한 나의 답변을 담고 있다. 나도 이 답변의 글이, 관행에 따라서, 한겨레 21에 실리기를 바랐다. 그러나 한겨레 21은 나의 이 요청에 대해서, 동사의 편집방침을 이유로 난색을 표했다. 이 글이 한국논단에 게재된 경위다)

제민일보 4.3 취재반 정치부 차장 김종민씨는 내가 월간조선 2000년 2월호에 발표한 나의 4.3 특별법관에 대해서 한겨레 21 2000.2.24자 제 263호에 반박의 글을 싣고 있다. 그 글의 주제목은, 위에서 본 바와 같이 "4.3이 공산폭동이라니"로 되어 있다. 그 부제는 "4.3특별법과 제주도민들을 더이상 우롱하지 말라"라는 것이다. 그 글 1면은 '4.3 사건 희생자' 합동위령제의 사진을 게재하면서 그 사진 설명이라는 이름으로 다음과 같은 문제를 제기하고 있다. 〔이진우씨의 주장대로라고 하면 4.3 희생자들이란 소련의 사주에 따라 움직인 '공산분자'가 된다〕

한겨레 21에 게재된 김종민씨의 글에 대하여 차례대로 답한다.

(1) "4.3 이 공산폭동이라니"

제민일보가 위 반박문의 주제를 "4.3이 공산폭동이라니"라고 내세운 목적은 4.3 사태가 공산폭동이 아니라는 것을 주장하려는데 있다고 본다. 위 반박문은 '4.3이 공산폭동이라는 사실에 동의하지 아니하였기 때문에' 조선일보로부터 반론을 위한 지면제공을 받지 못하였다라고 한다. 이것은 제민일보가 4.3 사태를 절대로 공산폭동으로 보지 아니한다는 것을 뜻하는 말이다. 제민일보가 4.3 사태의 실체를 무엇으로 보느냐 하는 것은 제민일보의 자유이다. 그와 똑같은 이유로 4.3 사태를 공산폭동으로 보는 사람의 자유도 존중되어야 한다. 이것은 자유민주주의 체제가 지켜야 할 가장 기본적인 가치이다.

그런데 제민일보는 나와 이현희교수가 자신과 다른 4.3 사태관을 가지고 있다는 것을 이유로 도전적이고 감정적인 표현으로 우리 두 사람을 매도하고 있다. "이진우씨와 이현희씨의 글은 역사적 사실관계를 깡그리 무시한 채 오로지 억측으로만 점철한 궤변들이다", "이 글은 없는 내용을 있는 사실인 양 멋대로 전제해놓고 그 전제를 바탕으로 결론을 맺는 치명적인 논리적 결함을 갖고 있다". 이러한 단정은 감정적 흑백론의 전형적인 사례라고 생각한다.

본론으로 옮겨서 4.3 사태의 본체를 살펴본다.

대한민국 교육부 산하의 국사편찬위원회에 의하여 편찬된 고등학교 교과서는 4.3 사태를 공산폭동으로 규정하고 있다. 국사편찬위원회의 단정은 '억측으로만 점철한 궤변'의 결과가 아니다. 명백한 역사적 사실과 방대한 자료를 토대로 내려진 결론이다.

김대중대통령도 1998.11.21 미국 CNN 방송과의 대담에서 제주 4. 3 사태를 공산주의자들에 의한 난동이라고 단정했다. 상황이 이 정도에 이른 이상 4.3 사태에 대해서는 그것을 공산폭동으로 보지 않으려는 사람들이 그 사실을 입증해야 한다는 것이 상식이다. 확인된 역사적 사실에 반하는 자기주장만을 편다고 해서 그 확인된 사실이 저절로 뒤집어지는 것은 아니다. 분위기나 다중의 힘으로도 진실을 바꿀 수는 없다. '역사 바로세우기' 운동도 이 진리를 바꿀 수 없다. 제2의 건국을 한다고 해서 다른 결론이 나오는 것도 아니다.

4.3 사태의 성격규정이라는 차원에서 4.3 특별법을 살펴볼 때 그 법에서 절묘한(?) 규정을 하나 발견할 수 있다. 동법 제2조는 제주 4.3 사태를 '1947년 3월 1일을 기점으로 하여 발생한 소요사건'으로 정의하고 있다. 제주 4.3 사태는 이름 그대로 (1948) 4.3에 발생한 사건이다. 그런데 위 법이 4.3의 발생기점을 1년 이상 소급시키고 있는 이유가 무엇인가?

1948. 4.3에 발생한 사건은 그 동기와 상황 그리고 그 발생과정을 살펴볼 때 그것은 공산폭동이라는 단정 이외에 다른 어떤 설명도 불가능한 것이다. 그래서 그 사건의 성격이 약간 애매한 속칭 1947.3.1 절 소요사태를 4.3 사태에 접붙인 것이다. 4.3 사태의 공산폭동성을 희석하기 위한 것이다.

　이처럼 4.3 사태는 적지 않은 사람들에게 있어서 공산폭동 컴플렉스를 일으키고 있는 것이다. 위 특별법이 이러한 컴플렉스를 해소하였다. 그렇다면 4.3 사태는 공산폭동이 아니고 무엇인가?

　4.3 사태의 성격을 규정하는 데 중요한 평가기준이 되는 사건이 있다. 그것은 4.3 사태 진압을 위해서 대한민국 정부가 계엄령을 선포한 사건이다. 그 계엄령이 합법적인 것인가 불법적인 것인가 하는 것은 제주 4.3 사태의 성격을 판단하는데 중요한 의미를 가지게 된다.

　물론 계엄령의 합법성이 반드시 4.3 사태의 불법성(공산폭동성)을 의미하는 것은 아니다. 마찬가지로 계엄령의 불법성이 4.3 사태의 합법성(비공산폭동성)을 뜻하는 것도 아니다. 그러나 이 양자(4.3 사태와 계엄령)는 상호밀접한 관계를 가지고 있다는 것을 부인할 수는 없다.

　4.3 사태의 불법성과 공산폭동성을 부인하는 사람들이 사생결단의 자세로 한결같이 위 계엄령의 불법성을 외치고 있는 이유도 여기에 있다 할 것이다. 그러나 제주계엄령을 불법한 것으로 만들려는 노력은 전혀 무의미한 것이다. 국방부장관은 그 계엄령선포의 근거와 절차 및 내용이 합법적이라는 유권해석을 내리고 있다. 대한민국의 사법부도 같은 판단을 내려놓고 있다. 이러한 국가기관의 판단에 어긋나는 몇몇 사람들의 무책임한 감정적 흑백론만을 옳다고 외치는 것이 과연 옳은 것인가?

　근본적인 문제를 생각해보자. 공산폭동일 수밖에 없는 제주 4.3 사태가 노리는 목표는 무엇인가? 그것은 대한민국과 자유민주주의의 전복이다. 국가의 기본질서와 안보가 송두리째 허물어지는 것을 바라보면서 속수무책으로 바라볼 나라가 어디 있는가? 총력을 기울여 이를 막아야 할 것이 아닌가? 국가안보를 위한 최후의 비상대책은 계엄령의 선포이다.

　이러한 점을 생각해보면 4.3 사태가 공산폭동이 아니라는 주장이나 그 진압을 위한 계엄령이 위법한 것이라는 주장은 함께 설자리를 상실하게 되는 것이다.

(2) "이진우씨의 주장대로라면 4.3 희생자들이란 소련의 사주에 따라 움직인 '공산분자'가 된다"

제민일보는, 위에서 본 바와 같이, '4.3 사태 공산폭동'론에 대해서 알레르기성 반응을 보이고 있다. 그것이 자신의 아픈 상처이기 때문이라고 생각한다. 이러한 '공산주의' 컴플렉스는, 엉뚱하게도, '4.3 사태 소련사주론'으로 비약한다.

위에서 인용한 한겨레 21의 사진설명을 읽어보면 내(이진우씨)가 '4.3 희생자'를 '소련의 사주에 따라 움직인 공산분자'라고 주장한 것으로 되어 있다.

그러나 나는 4.3 사태가 '소련의 사주'로 말미암아 일어났다고 말한 일이 없다. 제민일보도 위 반박문의 내용에서는 다른 주장을 펴고 있다. "이현희교수의 글에는 4.3 사건이 소련의 사주로 발발했다는 어마어마한 주장도 있었다"라는 부분이 그것이다. 결국 그러한 주장을 한 사람은 이진우가 아니라 이현희교수라는 것을 인정하고 있는 것이다.

그런데 제민일보가 '억측으로만 점철한 궤변들'을 늘어놓고 남을 비방하고 폄하하고 있는 이유를 알 수 없다. 그리고 4.3 사태의 진상규명에 있어서 가장 중요한 것은 그것이 '공산폭동'인가 아닌가 하는 점이다. 그 사태가 공산폭동으로 밝혀진 이상 그것이 '소련'의 사주로 인한 것인가 '북한'의 사주로 인한 것인가 하는 것은 별다른 의미를 가질 수 없는 것이다.

이럼에도 불구하고 그 배후세력에 '어마어마한' 의미를 부여하고 있는 것은 '말썽을 빚을' 수밖에 없다.

그리고 4.3 희생자가 무엇을 뜻하는가 하는 점에 관해서는 뒤에서 다시 논의를 펴고자 한다. 그러나 이 항목에서 한 가지 사실만은 짚고 넘어가고자 한다. 나는 제민일보가 말하는 '4.3 희생자' 전부를 '공산폭도' 또는 그 동조자라고 주장한 일이 없다. 그 중에는 여러 종류의 사람들이 들어 있다는 것이 나의 주장이다.

순수한 의미에서의 희생자들도 그 중에 포함되어 있는 것이 사실이다. 그러나 제민일보가 말하는 '희생자' 전원(토벌군경 또는 재산 빨치산이 아닌 모든 제주도민)를 '희생자'로 예우할 수는 없다는 것이 나의 주장이다.

(3) "4.3 특별법과 제주도민들을 더이상 우롱하지 말라"

제민일보가 나를 향하여 우롱의 중단을 요구하는 대상들을 차례로 살펴본다.

(가) 4.3 특별법

제민일보는 내가 위 특별법을 우롱하고 있다고 단정하고 있다. 제민일보의 주장을 옮겨본다.

"4.3 특별법 그 어디에도 대한민국 국회가 공산 게릴라들에게 면죄부를 주고 국군과 경찰을 양민대량학살범으로 정죄한 내용이 없음에도 불구하고 이진우씨의 글은 사실 아닌 내용을 사실인 양 멋대로 전제해놓고 그 전제를 바탕으로 결론을 맺는 치명적인 논리적 결함을 갖고 있다". 물론 위 특별법에는, 제민일보가 지적하고 있는, 그러한 규정이 없다. 그러나 그 법률이 추구하는 궁극적 목표와 정신은 수많은 공산폭동 동조자들(결과적으로 다수의 무장게릴라도 포함)에게 피해자라는 이름으로 면죄부를 주는 대신 대한민국 국군과 경찰을 양민대량학살의 범죄단체로 정죄하고 있다는 점은 제민일보도 부인하지 못할 것이다.

제민일보는 기회가 있을 때마다 대한민국의 군경이 제주도의 양민들을 잔인무도하게 대량학살한 범죄단체라고 주장해왔다. 이점에 대해서는 제민일보도 더이상의 반론을 제기할 수 없다고 생각한다.

제민일보와 생각을 같이하고 있던 사람들이 4.3 특별법 제정을 강력하게 촉구한 것은 바로 이러한 주장을 구현시키기 위한 것이었다. 그리고 그 법이 국회를 통과했을 때 그들이 축제를 벌인 것도 그러한 목적이 완벽하게 달성되었다고 생각했기 때문이다.

4.3 특별법으로 제주사태 공산폭동 컴플렉스는 완전히 사라진 것이

다. 오히려 한 걸음 나아가서 4.3 진압에 가담한 대한민국의 군경은 양민대량학살범의 낙인을 받게 된 것이다. 그럼에도 불구하고 4.3 특별법에는 "국군과 경찰을 양민대량학살범으로 정죄한 내용은 없다"라는 말이 무슨 말인가?

위 특별법의 문제점 중 여기서 한 가지 사실만을 지적하고자 한다. 제주도민 중 빨치산의 활동에 동조하던 사람 특히 그 중에서 그 행위로 말미암아 유죄판결을 받은 사람들을 피해자로 볼 것이냐 아니냐 하는 것은 중대한 문제로 부상하게 된다. 위 특별법의 구성과 법문의 취지를 살펴보면 이들은 원칙적으로 '피해자'의 처우를 받을 수 있게 된 것으로 봐야 한다. 그렇다면 4.3 특별법이 (특히) 공산게릴라 동조자에게까지 면죄부를 주고 그들의 명예(?)를 회복해준다고 하는 나의 주장에 아무런 문제제기도 있을 수 없는 것이다. 나의 이 주장은 다음 사실을 살펴보면 더욱 수긍을 받을 수 있다고 본다.

한나라당이 제안한 4.3 특별법안에는 '재심'에 관한 규정이 들어 있었다. 4.3 사태에 가담하였다가 내란죄·국가보안법 위반죄·살인죄·방화죄 등으로 유죄판결을 받은 사람들에게 대한 재심청구의 길을 열어놓은 규정이었다. 그런데 현행 형사소송법에 의하면 재심청구는 아무나 할 수 있는 것이 아니다. 일정한 요건을 갖춘 자에게만 재심청구가 허용된다.

그런데 위 4.3 특별법안이 규정하고 있는 재심은 그러한 제약을 받지 아니하는 것으로 되어 있었다. 그래서 그 법안은 이 재심에 '특별재심'(재심의 특례)이란 특별한 이름을 붙였다. 이것은 재심제도의 근본원칙과 취지를 파괴하는 폭거라 하지 않을 수 없다.

재심에 무슨 '보통재심'이 있고 '특별재심'이 있을 수 있는가. 이것은 재심을 '우롱'하는 처사이다.

이 점에 대한 논란이 일자 국회 행정자치위원장의 대안에서는 '특별재심'이 슬그머니 그 자취를 감춰 버렸다. 그래서 국회를 통과할 때의 특별법에는 '특별재심'의 모습을 볼 수 없었다. 여기서 중대한 문제점이 제기된다. 그것은 4.3 사태에 가담했다가 위와 같은 죄명으로 사법부의 확정판결을 받은 사람들이 4.3사태의 '피해자'가 될 수 있는가 하는 문제이다.

전과자에 대한 명예회복은 재심절차에 의해서만 가능하다라고 하는 것은 현대 형사재판제도의 기본원칙이다. 이 원칙을 따르게 되면 위에서 문제제기된 사람들은 현상태 그대로는 4.3 사태의 피해자가 될 수 없다.

그런데 4.3 특별법이 '특수재심' 제도를 인정하지 아니하는 목적이 위와 같은 전과자들에게 그 특별법상의 명예회복과 시혜를 주지 아니하려는 것인가? 이것이 문제의 핵심이다. 형식논리의 측면에서만 이 문제를 살펴보면 결론은 쉽게 얻어질 수 있다. 특별법은 재심청구 절차를 인정하고 있지 아니하므로 위에 적시한 사람들이 명예를 회복하고 4.3 사태의 피해자가 될 수 있는 길은 없다는 것이 그것이다.

그러나 4.3 특별법이 실제로 그러한 결론을 수용하는 취지로 제정된 것이라고 말할 수 있는가? 나는 그렇지 않다고 생각한다. 4.3 특별법에 의하면 '피해자'가 되는 길은 하나뿐이다. '피해자'가 되기를 희망하는 사람들은 국무총리 휘하에 설치된 '제주 4.3 사건 진상규명 등 위원회'에 신청처를 제출하도록 되어 있다. 위 위원회는 각종 자료와 조사를 토대로 하여 위 신청자들에 대한 '피해자 적격성' 유무를 심판한다.

위 특별법은 위와 같은 전과자들을 적격판정에서 제외시킨다는 아무런 제약을 두고 있지 아니하다. 결국 위 위원회는 4.3 사태와 관련이 있는 것으로 사법부가 최종확인한 판결을 뒤집고 이를 무효화시키는 결정을 할 수 있는 것으로 된다. 이것은 자유민주주의, 더 구체적으로는, 삼권분립 정신을 정면으로 부정하는 위험천만한 발상의 표현이라고 할 수밖에 없다.

위 특별법에는 이 점을 위시하여 많은 결정적 문제점을 가지고 있다는 것이 나의 신념이다.

그러므로 위 특별법은 위헌법률이 될 수밖에 없다. 이 법률에 대해서는 하루속히 헌법재판소에 의한 무효결정이 내려지거나 국회에 의한 폐기의결이 있어야 한다고 생각한다.

제민일보는, 위에서 본 바와 같이, 나에게 위 특별법에 대한 우롱을 중단하라고 요구하고 있다. 나는, 전술한 바와 같이, 위 특별법을 우롱한 일이 없다. 그러나 위 특별법은 우롱의 대상이 아니라 폐기의 대상이 되어야 한다고 생각한다.

이러한 나의 확신의 표현을 '우롱'으로 격하하고 이 확신의 표현을 중단하라고 요구하는 것은 '치명적인 논리적 결함'으로 인한 독선의 산물이라고 생각한다.

(나) 제주도민들

나는 내가 왜 김종민씨로부터 '제주도민들을 우롱하는 사람'이란 평가를 받아야 하는지 그 이유를 알 수 없다. 나는 대한민국의 모든 국민들을 동포로서 사랑한다. 이와 꼭 마찬가지로 나는 제주도민들도 사랑하고 있다. 나는 특히 제주도의 아름다운 자연환경과 제주도민들의 슬기와 인정에 큰 사랑을 느끼고 있다.

그러나 제주도에 대한 나의 사랑과 4.3 사태에 대한 나의 역사인식은 혼동될 수 없는 것이다. 만약 내가 4.3 사태 관련 제주도민 전체를, 김종민씨의 단정과는 달리, '피해자'로 보고 있지 않다고 하는 점 때문에, 나에게 그런 평가를 내리는 것이라고 하면 나는 기꺼이 그리고 당당하게 그 비판을 받아들인다. 나는 제주도민 중 대한민국 군경의 과잉진압 또는 감정적 처분에 의하여 억울한 희생을 강요당한 사람들이 있다고 하는 점을 인정한다. 그러나 이 사실을 이유로 국가의 안전을 근본적으로 허물어뜨리기 위해서 무장폭동을 일으킨 빨치산들에게 동조한 사람들까지 포함한 전체 제주도민들을 똑같은 피해자로 봐야 한다는 견해에 대해서는 한 치의 양보도 없이 이에 반대한다. 진짜 피해자(양민)와 빨치산 가담자에 대해서는 엄격한 선별작업이 선행되어야 한다고 생각한다. 시간의 경과와 자료의 일실 등으로 인한 선별작업의 곤란을 이유로 제주도민 전체를 동일한 양민으로 처우해야 한다는 주장은 받아들일 수 없는 것이다.

그렇게 하는 경우에는 우리가 피와 땀 그리고 생명을 바치면서 지켜온 자유민주주의와 법치주의가 하루아침에 허물어지기 때문이다.

(4) 제민일보와 필자와의 관계

김종민씨는 위 반박문에서 다음과 같은 진술을 개진하고 있다. "이진우씨는 제민일보의 '4.3 계엄령은 불법이었다'는 보도에 대해 정정보도와 3억 원의 손해배상 청구소송을 제기한 이승만의 양자 이인수씨의 변호인이기도 하다". "이진우씨가 이런 글을 쓰는 이유는 양민학살 범행을 희석시키려는 가당치 않은 주장을 펴기 위한 것이다".

이 글이 말하고자 하는 바는 명백하다. "이진우씨는 제민일보를 피고로 하는 소송사건에서 원고의 변호를 맡는 사람이므로 이해관계와 편견에 얽매여서 엉뚱한 주장을 펴고 있다는 것을 의미한다". 그러나 이것은 잘못된 판단(?)이다.

내가 위 사건의 원고인 이인수박사의 소송대리인을 맡은 것은 사실이다. 그러나 나는 나의 소신과 사명감 때문에 그 사건소송 수행의 위임을 받은 것이지 다른 이유 때문에 그렇게 한 것은 결코 아니다. 첫째로 그 사건은 무료변론이나 다름없는 조건으로 수임한 것이다. 둘째로 나는 위 사건 수임 이전부터 자유민주주와 법치주의의 수호에 관해서는 오래전부터 끊임없이 나의 소신을 피력해왔던 것이다.

나는 오히려 김종민씨가 충분한 역사적 인식과 학문적 고찰 없이 불쑥 위와 같은 반박문을 게재한 것은 내가 위 사건을 수임했다고 하는 감정 때문이 아닌가 하는 의심을 품어본다. 그렇다고 하면 김종민씨의 글이야말로 '제주 4.3 사태의 공산폭동성을 희석시키려는 가당치 않은 주장'을 펴기 위한 것이라고 볼 수밖에 없다고 생각한다.

지은이 약력

약력   서울대학교 법과대학 졸업
        서울대학교 대학원 졸업(법학석사)
        미국 버클리대학교 수학(형사정책)
경력   고등고시 사법과 합격 · 해군법무관 · 검사 및 부장검사
        부산대학교 법과대학 강사(형법, 법철학) · 11대 국회의원
        민정당 정책위 의장 · 88 서울장애자올림픽대회 조직위원장
        국회사무총장 · 청와대 정무제1수석비서관
        13대 국회의원 · 11. 13대 국회조찬기도회 회장
        숙명여대 강사(법철학) · 변호사 · 한글학회 모두모임 이사
        한양대학교 대학원 강사 · 법률신문사 사장

저서
≪군형법≫ ≪사회안전법강해≫ ≪사랑과 미움이 이 한몸에≫(에세이) ≪구름 위에 저 하늘이≫(에세이) ≪눈을 들어 하늘을 보라≫(에세이) ≪민주주의의 본질과 가치(한스 켈젠 저, 독문번역)≫ ≪법률학사전(법문사편)≫ 집필위원 ≪민주정부론(존 록 저, 영문번역)≫ ≪이야기법철학≫
수상경력
≪경북문화상≫ ≪국민훈장맹호장≫ ≪황조근조훈장≫

국가보안법 개폐론의 허와 실   값 15,000원

2001년 6월 20일 초판 인쇄
2001년 6월 25일 초판 발행
2001년 7월 15일 재판 발행

지 은 이 / 이 진 우
펴 낸 이 / 최 석 로
펴 낸 곳 / 서 문 당
주소 / 서울시 마포구 성산동 54-18호
전화 / 322—4916~8 팩스 / 322—9154
창업일자 / 1968. 12. 24
등록일자 / 2001. 1. 10
등록번호 / 제10-2093
SeoMoonDang Publishing Co. 2001

ISBN 89-7243-131-2   * 잘못된 책은 바꾸어 드립니다

서문문고 목록

001~303
◆ 번호 1의 단위는 국학
◆ 번호 홀수는 명저
◆ 번호 짝수는 문학

001 한국회화소사 / 이동주
002 황야의 늑대 / 헤세
003 고독한 산책자의 몽상 / 루소
004 멋진 신세계 / 헉슬리
005 20세기의 의미 / 보울딩
006 가난한 사람들 / 도스토예프스키
007 실존철학이란 무엇인가/ 볼노브
008 주홍글씨 / 호돈
009 영문학사 / 에반스
010 쯔바이크 단편집 / 쯔바이크
011 한국 사상사 / 박종홍
012 플로베르 단편집 / 플로베르
013 엘리어트 문학론 / 엘리어트
014 모옴 단편집 / 서머셋 모옴
015 몽테뉴수상록 / 몽테뉴
016 헤밍웨이 단편집 / E. 헤밍웨이
017 나의 세계관 /아인스타인
018 춘희 / 뒤마피스
019 불교의 진리 / 버트
020 뷔뷔 드 몽빠르나스 /루이 필립
021 한국의 신화 / 이어령
022 몰리에르 희곡집 / 몰리에르
023 새로운 사회 / 카아
024 체호프 단편집 / 체호프
025 서구의 정신 / 시그프리드
026 대학 시절 / 슈토롬
027 태초에 행동이 있었다 / 모로아
028 젊은 미망인 / 쉬니츨러
029 미국 문학사 / 스필러
030 타이스 / 아나톨프랑스
031 한국의 민담 / 임동권
032 모파상 단편집 / 모파상
033 은자의 황혼 / 페스탈로치

034 토마스만 단편집 / 토마스만
035 독서술 / 에밀파게
036 보물섬 / 스티븐슨
037 일본제국 흥망사 / 라이샤워
038 카프카 단편집 / 카프카
039 이십세기 철학 / 화이트
040 지성과 사랑 / 헤세
041 한국 장신구사 / 황호근
042 영혼의 푸른 상혼 / 사강
043 러셀과의 대화 / 러셀
044 사랑의 풍토 / 모로아
045 문학의 이해 / 이상섭
046 스탕달 단편집 / 스탕달
047 그리스. 로마신화 / 벌핀치
048 육체의 악마 / 라디게
049 베이컨 수상록 / 베이컨
050 미농레스코 / 아베프레보
051 한국 속담집 / 한국민속학회
052 정의의 사람들 / A. 까뮈
053 프랭클린 자서전 / 프랭클린
054 투르게네프 단편집
　　/ 투르게네프
055 삼국지 (1) / 김광주 역
056 삼국지 (2) / 김광주 역
057 삼국지 (3) / 김광주 역
058 삼국지 (4) / 김광주 역
059 삼국지 (5) / 김광주 역
060 삼국지 (6) / 김광주 역
061 한국 세시풍속 / 임동권
062 노천명 시집 / 노천명
063 인간의 이모저모/라 브뤼에르
064 소월 시집 / 김정식
065 서유기 (1) / 우현민 역
066 서유기 (2) / 우현민 역
067 서유기 (3) / 우현민 역
068 서유기 (4) / 우현민 역
069 서유기 (5) / 우현민 역
070 서유기 (6) / 우현민 역
071 한국 고대사회와 그 문화 /이병도
072 피서지에서 생긴일 /슬론 윌슨
073 마하트마 간디전 / 로망롤랑
074 투명인간 / 웰즈